当代中国管理科学优秀研究成果丛书

中国地方政府规模与结构研究

李和中　著

本书系国家自然科学基金重点项目
"基于善治取向的我国地方政府规模与结构优化研究"
（项目编号：70733003）的终期研究成果

科学出版社
北京

内容简介

本书共14章，分为4篇，分别为“基础理论”、“模型与方法”、“地方政府规模：财政、人力、职能规模的视角”、“地方政府结构优化的案例分析”。全书以“善治”理念作为终极价值取向，坚持宏观角度与微观角度相结合、理论探讨与对策研究相结合、分类研究与分层研究相结合，联系我国行政管理体制改革的最新走向，对我国地方政府规模与结构现状进行了纵横两个维度的分析。在纵向维度上，分层分析政府规模的内生决定因素；在横向维度上，分类分析每一层级政府的规模特征，并就优化各层级、各类型地方政府的规模与结构，节约和控制行政成本、提高行政效率与治理绩效提出了相应的政策建议。

本书适合公共管理、经济学等领域的研究者，高等学校相关专业教师和研究生，以及政府相关部门人员阅读与参考。

图书在版编目(CIP)数据

中国地方政府规模与结构研究/李和中著．—北京：科学出版社，2012
(当代中国管理科学优秀研究成果丛书)

ISBN 978-7-03-033161-8

Ⅰ.①中…　Ⅱ.①李…　Ⅲ.①地方政府-行政管理-研究-中国
Ⅳ.①D625

中国版本图书馆CIP数据核字(2011)第275658号

责任编辑：马　跃 / 责任校对：张怡君
责任印制：张克忠 / 封面设计：蓝正设计

科学出版社 出版
北京东黄城根北街16号
邮政编码：100717
http://www.sciencep.com

中国科学院印刷厂 印刷

科学出版社发行　各地新华书店经销

*

2012年2月第 一 版　开本：720×1000 1/16
2012年2月第一次印刷　印张：30 1/2
字数：610 000

定价：120.00元

(如有印装质量问题，我社负责调换)

当代中国管理科学优秀研究成果丛书编委会

总 序

管理科学是促进经济发展与社会进步的重要因素之一，作为一门独立的学科，它主要在20世纪发展起来。在20世纪的前半叶，从泰勒式的管理科学发展到以运筹学为代表的着重于数据分析的管理科学；而在20世纪下半叶，管理科学与信息技术和行为科学共同演化，从一棵孤立的管理科学大树发展成为管理科学丛林。

现代管理科学在中国得到迅速发展得益于改革开放后管理实践的强烈需求。从20世纪80年代开始，管理科学与工程学科得到广泛关注并在管理实践中得到普及应用；随着市场经济"看不见的手"的作用逐渐增强，市场的不确定性增加，作为市场经济细胞的企业，想要更好地生存和发展就要掌握市场经济发展的规律，对工商管理学科的需求随之增加，从而推动了企业管理相关领域的研究。进入21世纪，公共管理与公共政策领域成为管理科学的后起之秀，而对它们的社会需求也越来越大。

"管理科学，兴国之道"。在转型期的中国，管理科学的研究成果对于国家富强、社会进步、经济繁荣等具有重要的推动作用。《当代中国管理科学优秀研究成果丛书》选录了国家自然科学基金委员会近几年来资助的管理科学领域研究项目的优秀成果，本丛书的出版对于推动管理科学研究成果的宣传和普及、促进管理科学研究的学术交流具有积极的意义；对应用管理科学的最新研究成果服务于国家需求、促进管理科学的发展也有积极的推动作用。

本丛书的作者分别是国家杰出青年科学基金的获得者和国家自然科学基金重点项目的主持人，他们了解学术研究的前沿和学科的发展方向，应该说其研究成果基本代表了该领域国内的最高水平。丛书所关注的金融资产定价、大宗期货与经济安全、公共管理与公共政策、企业家成长机制与环境、电子商务系统的管理技术及其应用等，是国内当前和今后一段时期需要着力解决的管理问题，也关系到国计民生的长远发展。

希望通过本丛书的出版，能够推出一批优秀的学者和优秀的研究成果。相信通过几代中国管理科学研究者的共同努力，未来的管理科学丛林中必有中国学者所培育的参天大树。

国家自然科学基金委员会
管理科学部
2007年12月

目　录

第二篇 模型与方法

第三篇 地方政府规模：财政、人力、职能规模的视角

第四篇 地方政府结构优化的案例分析

导　论

本书是2007年度国家自然科学基金立项资助的管理科学重点项目“基于善治取向的我国地方政府规模与结构优化研究”（项目编号：70733003）的终期研究成果。

一、本书缘起

基于我国国情，研究市场经济条件下地方政府规模与结构的内生决定因素与发展、演进规律，从而科学配置地方政府公共职能，优化地方政府的规模与结构、降低行政成本已成为我国行政体制改革研究的基础性课题。

首先，地方政府规模与结构优化是当前我国行政管理体制改革的关键点。我国当前政治体制改革是以行政管理体制改革为切入点，为适应市场经济发展的需求，在中央政府层面已进行了五次重大的结构调整，中央政府规模无序膨胀的趋势得到了有效遏制，从宏观层面较为科学地界定了政府宏观调控职能和社会管理职能。然而中央政府层面改革的最终成效，有赖于中央与地方的财权与事权关系及权力配置的理顺，建立合理的地方治理网络体系与政府管理模式。地方治理体系的核心主体——地方政府的公共职能定位，依赖于设定地方政府规模与结构的适度性标准，据此对其基本规律进行科学的揭示，做出优化规模、降低行政成本的政策选择，进而在此基础上对外部环境因素的影响路径与作用方式以及内部结构要素的排列方式与互动机制进行深入分析和准确判定。因此，相对落后于中央政府层面改革步伐的地方政府改革，必须以规模与结构优化为关键突破口。

地方政府规模与结构的研究是极具实践挑战性的课题。以“假设—验证—完善”为基本链条进行分类、分层的实证研究是实现这一研究的最佳范式。理论创新与实践创新的结合，在于将理论假设进行严谨的实证验证，在于对研究对象及其内外环境、系统要素的互动规律的客观揭示与互动模型的科学构建，在于理论思辨所阐发的观点与对策必须有实证论据的支撑。这就要求不但要在充分、准确的调研资料的基础上建立理论假设，同时也要求将理论假设运用于实际情境进行实验验证，根据实验结果调整完善理论假设。需要特别指出的是，我国地方政府规模与结构优化，必须注重分类、分层的针对性研究和典型案例研究。我国区域发展不均衡，地方政府所承担的公共职能存在地区性差异；同时，我国地方政府层级、类型复杂多样，即使同级、同类地方政府其规模与结构的内生决定因素与发展轨迹都不尽相同。依据这些研究特点，本课题选择了“年度蓝皮书”作为研究载体，以便及时地在不同时点上客观反映中国地方政府规模与结构的演变轨迹，揭示其变革的内在规律，而本书正是对课题组所发表的2008～2010年度蓝皮书实证描述的理论抽象。所以，本书不限于宏观层面的一般性探讨，而是深入不同实际情境，选择具有代表性的地方政府进行了个案分析和实证调查、实验，从而为不同类型、不同层级地方政府优化规模与结构提供切实可行的改革路径与政策建议。

诞生于西方的治理理论及其“善治”理念，已成为现阶段国际公认的公共管理研究语境和公共管理改革实践的普遍价值追求目标，它必须实现与中国国情的对接与本土化改造，对西方公共管理研究普遍采用的实证研究范式及研究方法论则需要针对中国的现实问题进行运用和贯彻。

在此背景下，本书将坚持两个方面的有机结合：一方面，以“善治”理念作为终极价值取向与统帅观念，使之成为将理论前沿与现实实践紧密结合的契合点；另一方面，针对我国地方政府层级、类型复杂多样的现实，以“假设—验证—完善”为基本链条进行分类、分层的实证研究。

本书编纂的目的即在于促进地方政府规模与结构理论研究的创新，以实现满足改革需要、降低行政成本、提升治理绩效的现实意义。

首先，推动我国行政改革研究范式的转换及研究视角的拓宽。一方面，以治理理论为分析框架，既从治理分析、合作网络等视角和范畴入手剖析和构建新时期地方政府公共职能配置及其规模与结构优化路径，又利用包含制度分析、经济分析和文化分析等在内的分析方法体系，以及PPS抽样调查、实验研究、数学建模等实证研究方法，以“善治”价值目标为统率，通过完整、严谨的实证研究链条实现理论创新，推动我国行政改革研究范式在方法论上的创新。另一方面，着重于实证研究，特别是分类、分层的典型个案分析和实验研究，这有助于摒弃当前国内同类研究偏重引进、评介国外理论，脱离中国实际，教条式抒发“借鉴”或“启示”，缺乏科学严谨、周密客观的调查实证研究方法和经验的局限，既为我国各级政府及各地区当前改革提供可资参考的、操作性强的改革方案和制度安排建议，也为我国宏观管理与政策科学紧密联系实际、服务实际、创新研究方法，促进研究成果的转化提供新的研究视野。

其次，满足我国当前地方政府及行政管理体制改革的迫切需要。我国当前的行政管理体制改革已走出单纯的机构调整及组织更新的传统做法的局限，着眼于调适深层次的体制矛盾与社会矛盾，因而迫切需要切合我国国情的理论和方法指导。本书针对改革实际，建立地方政府规模与结构适度化模型，提出改革路径的抉择和制度设计的创新。一方面，力图摸索出一套本土化、具有原创性的地方政府规模与结构优化理论，包括地方政府公共职能配置，以及作为地方治理主体系统核心的地方政府的规模、结构优化的方法系统和制度系统的设计原则、价值目标、实现模式；另一方面，通过实证研究，在全面掌握现实需求的基础上，通过理论假设和反复实验，在实践中验证与实现前述理论研究，为我国地方政府改革提供一套可行性较强的方法体系与模型框架，并通过典型地区的试点与实践，为我国不同发展水平、不同层次的地方政府提供可资借鉴的改革路径。

最后，提升参与本书编纂地区的政府治理绩效。本书选择我国改革开放的前沿——深圳特区，两型社会的实验区——武汉城市圈，省管县改革试点区——河南省邓州市、河北省大名县，在吸收其党政部门人员参与课题研究的同时，通过三种途径帮助上述地区提升公共管理及公共服务水平：一是通过调研，为当地党政决策部门提供地区公共管理及公共服务现实环境、现实问题、现实需求及改革重点的全貌性评估意见，并针对性地提出改革建议；二是结合研究，参与或承担当地政府规模与结构优化改革方案的具体设计，跟踪指导当地的改革实践，配合当地党委、政府及时总结经验并纠正偏差；三是通过实验，推动当地党政部门公务人员更新观念，提高素质，增强行政能力，掌握现代管理技术。

二、研究目标

本书旨在以"善治"理论为基本指南，对我国地方政府规模与结构现状进行测度和评价，针对我国实际国情，进行分层、分类设计和实验；注重规范研究与实证研究的结合、定性分析与定量分析的结合；坚持宏观角度与微观角度的结合、理论探讨与对策研究的结合、理论假设与实验研究的结合；力求使所构建的模型具有较广泛的推广应用价值。具体而言，本书在文献回顾和实地考察的基础上，科学合理地界定我国地方政府规模与结构的定义和范畴，构建分析和评价我国地方政府规模与结构测度、评价模型；结合我国地方公共管理改革和经济发展现实，系统研究地方政府公共职能配置、政府规模与结构优化的关系，揭示地方政府规模与结构之间的互动规律；参考、借鉴国外不同发展程度的国家和地区，以及我国改革开放以来政府规模和结构优化的经验和教训，提供前瞻性的政策建议。

本书拟采用三维视角切入：

第一，从地方经济发展视角切入，主要是深入探求地方经济发展战略中政府的职能定位，以及地方经济发展与政府规模、结构的互动关系与数理模型。

第二，从地方社会和谐发展视角切入，即是要从地方政府"善治"目标实现的层面，分析政府的"顾客"对政府现实规模、结构的满意度与主观感受，以及对政府规模与结构优化的期望，并以社会整体和谐发展、实现"善治"为目标，重点研究地方政府规模与结构测度的非财务指标。

第三，从行政成本的视角切入，即对政府规模与结构的实际绩效进行综合评价与分析，并从财务成本、人力成本、政策成本，以及诸如政府权威、行政文化等角度多方位分析、评价地方政府对经济发展与社会和谐发展需求的满足程度，纵向上梳理改革开放以来地方政府规模与结构的发展轨迹、演变趋势及各类因素在不同时期的作用表现，横向上厘清各类因素互动方式与路径。

我们认为，地方政府规模和结构的优化，其终极目标应定位于地方政府规模的适度化、结构的合理化。所谓地方政府规模的适度化，是指地方政府规模必须与当地发展水平、治理环境等相适应，政府财力消费与人力投入既能圆满实现其公共职能，也不会导致规模的无限膨胀。所谓地方政府结构的合理化，是指地方政府各类机关之间在现有法律框架和政治体制下，各类公共事务的管理、决策、执行和监督分工明确、权责匹配、沟通顺畅，共同组成高效低耗的治理体系。

本书力图在两个方面进行创新：

其一，建立本土化的地方政府规模与结构优化理论。科学合理地界定我国地方政府规模与结构的定义和范畴；参考、借鉴国外不同发展程度国家和地区，以及改革开放以来，特别是市场经济体制下，政府规模和结构优化的经验和教训，在结合我国地方行政改革和经济发展现实的基础上，系统研究地方政府公共职能配置、政府规模与结构优化，并力求揭示二者的互动规律。

其二，建立较为科学、可操作性强、具有普适意义的地方政府规模适度化与结构合理化测度、评价模型。以“善治”理论为研究语境和基本框架，针对我国实际国情，进行分层、分类设计和实验，将理论与实践紧密相连，将国际经验与中国现实作对比分析，注重规范研究与实证研究的结合、定性分析与定量分析的结合、宏观角度与微观角度的结合、理论探讨与对策研究的结合、理论假设与实验研究的结合，力争使所构建的模型具有较强的科学性，通过实验所得出的经验性结论具有较广泛的推广应用价值。

三、关键问题

本书以“善治”理念为统帅观念，并在地方政府规模与结构研究中吸收、借鉴、创新地方治理理论，将“善治”理念作为价值追求目标贯彻、实现于规模测度、结构评价的模型、对策设计之中。关键问题涉及以下五个方面。

1. 地方政府的概念

本书将“地方政府”的概念界定为“为治理国家一部分地域公共事务而设置的政府单位。”依据《地方各级人民代表大会和地方人民政府组织法》及《公务员法》的相关规定，本书所称的“地方政府”包括地方人大机关、地方政协机关、中国共产党地方组织、地方人民政府、地方审判机关、地方检察机关、民主党派地方机关，以及由本级地方财政支持的群众团体。

2. 地方政府规模和结构优化的终极目标

1）地方政府规模。地方政府规模，即地方政府的外在边界，本书将其分为地方政府财政规模、地方政府人力规模、地方政府职能规模。其中，财政规模指本级地方政府财政支出或消费的总量；人力规模指由本级地方公共财政供养的人员总量；职能规模指本级地方政府公共管理与公共服务供给的职能及其边界。

2）地方政府结构。地方政府结构，指前述组成地方政府的各类政府单位间的排列组合方式，可归结为党政结构、宪政结构、科层结构三种模式。其中，党政结构指中国共产党地方组织与其他政府单位之间的结构关系；宪政结构指宪政体制下地方政府各组成单位间的结构关系；科层结构指地方政府单位内部的次级组成要素的结构关系。

3）地方政府规模和结构优化的终极目标。本书将地方政府规模和结构优化定位于地方政府规模的适度化、结构的合理化。所谓地方政府规模的适度化，是指地方政府规模必须与当地发展水平、治理环境等相适应，政府财力消费与人力投入既能圆满实现其公共职能，也不会导致规模的无限膨胀。所谓地方政府结构的合理化，是指地方政府各类组成单位在现有法律框架和政治体制下，各类公共事务的管理、决策、执行和监督，分工明确、权责匹配、沟通顺畅，共同组成高效低耗的治理主体系统。

3. 地方政府规模与结构的内生决定因素

本书认为，地方政府规模与结构的内生决定因素，大致产生于三个方面，即市场经济体制下地方经济发展对政府承担公共职能的需求，地方社会和谐发展对政府公共服务与公共物品供给的需求，以及地方政府自身对投入-产出效益最大化的追求。

4. 地方政府规模适度化的测度

对地方政府规模适度化的测度，本书基于以下基本认识：不能将衡量指标狭隘地限定在财政规模和人力规模两个点上，必须从内外两方面的影响因素出发；除内生因素外，还要考量经济、政治、社会、行政客体等外部因素予以综合评判，并在此基础上建立模型；在测度模型中，从公共职能数量与履行难度、人口数量与结构、财政力量三个维度筛选指标，对不同地区分类配置指标权重。

5. 地方政府结构合理化的评价

对地方政府结构合理化的评价，本书着重从不同层级政府党政结构、宪政结构和科层结构的不同实现程度出发，结合经济发展、社会和谐发展与政府消费设计指标体系，并按公共职能数量与履行难度、人口数量与结构，以及可用财政力量等分层配置指标权重。

四、研究方法与研究模型

本书从文献与背景调研入手，建立基本理论框架和理论假设，然后通过全国抽样调查和典型调查，设计结构和规模测度模型，并将模型付诸实验，通过实验反馈和跟踪调查，修正、完善理论框架和理论假设。

本书根据全国经济普查数据，按照“政府与公共管理组织支出”数额，从财政规模、人力规模、职能规模三个不同侧面，分层收集了全国31个省区（不包含香港特别行政区、澳门特别行政区和台湾省）省级政府规模测度的相关数据；成都、大连、福州等31个中心城市政府规模测度的相关数据；湖北省84个县级行政区、广东省102个县级行政区政府规模测度的相关数据作为样本数据，利用SPSS 13.0分析软件进行统计分析。并在全国42个不同的地区，采用PPS抽样，分领导职务公务员、非领导职务公务员、当地公众等分别设计问卷，发放问卷100 000余份，依据不同区划行政层级及东部、中部、西部不同地域和不同经济发展水平分类对问卷数据进行了统计分析。同时选择了3个地区，作为地方政府结构优化的个案研究。

在测度模型构建方面，采用分层分类方法构建。根据前述政府规模的相关概念，将政府规模具体分为财政规模 X_1、人力规模 X_2、职能规模 X_3 三个不同侧面进行测度。

对财政规模的测度，分别从财政支出比率 $X_{1.1}$、财政自给率 $X_{1.2}$ 和人均财政支出 $X_{1.3}$ 三个侧面进行测量，其中，财政支出比率用财政收入与本地区国民生产总值GDP的比值表示；财政自给率用本级政府财政收入与财政支出的比值表示；人均财政支出用本级政府财政支出与常住人口数之间的比值表示。

对人力规模的测度，分别从财政供养比例 $X_{2.1}$、单位GDP财政供养人员数 $X_{2.2}$、公共部门地域就业系数 $X_{2.3}$ 和公共部门城镇就业系数 $X_{2.4}$ 四个侧面进行测量，其中，财政供养比例用财政供养人数与年末常住人口数之间的比值表示；单位GDP财政供养人员数用本地GDP与财政供养人数之间的比值表示；公共部门就业系数用财政供养人数与本地就业人数之间的比值表示；公共部门城镇就业系数用财政供养人数与本地城镇职工数之间的比值表示。

对职能规模的测度，分别从行政运转职能规模 $X_{3.1}$、公共秩序维持职能规模 $X_{3.2}$、经济投资职能规模 $X_{3.3}$、基础型公共品供给职能规模 $X_{3.4}$、再分配型公共品供给职能规模 $X_{3.5}$ 五个侧面进行测度。其中行政运转职能规模用一般公共服务占财政支出的比例表示；公共秩序维持职能规模用公共安全支出占财政支出的比例表示；经济投资职能规模用农林水事务、交通运输、工业商业金融事务等支出总和占财政支出的比例来表示；基础型公共品供给职能规模用外交、国防、教育、科学技术、文化体育与传媒、医疗卫生、环境保护、城乡社区事务等支出总和占财政支出的比例表示；再分配型公共品供给职能规模用社会保障和就业、社会保险基金支出、转移性支出等支出总和占财政支出的比例表示。

在具体测度模型构建过程中，首先根据测度指标体系分别构建财政规模、人力规模、职能规模测度的多元回归模型，然后在此基础上构建政府规模测度的多元回归模型。在构建模型过程中尤其要注意变量间的相关性问题的处理，避免多线共振的情形。

在综合评价方面，本书采用聚类分析方法对样本间的相似性和差异性进行比较分析，分析观测样本总体的相似性以及样本之间的差异性。在聚类分析过程中，采用了分层聚类的方法进行聚类。为使各种聚类方式之间的分析结果容易比较，首先将政府规模综合得分按照升序规则进行排序，确定各个样本的排列顺序和编号。具体聚类方式可以从以下四个维度进行聚类：第一个维度是从政府财政规模评价的维度进行聚类分析，分析样本总体财政规模的相似性和样本间财政规模的差异性；第二个维度是从人力规模评价的维度进行聚类分析，分析样本总体人力规模的相似性和样本间人力规模的差异性；第三个维度是从政府职能规模评价的维度进行聚类分析，分析样本总体职能规模的相似性和样本间职能规模的差异性；第四个维度是从政府规模与结构评价的维度进行聚类分析，分析样本总体政府规模与结构的相似性和样本间政府规模与结构的差异性。

模型构建示意图如图 0-1 所示。

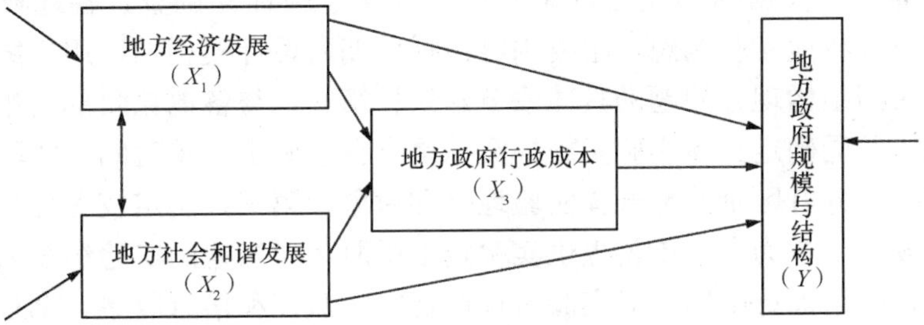

图 0-1　我国地方政府规模与结构内生决定因素的因果模型构建示意图

模型：$Y = a + b_1X_1 + b_2X_2 + b_3X_3 + e$，$X_3 = a + b_1X_1 + b_2X_2 + e$

方法：OLS、LISREL

数据：历年全国统计年鉴数据、全国经济普查数据、全国抽样调查样本、本地区官方统计数据、实验地区官方统计数据、问卷调查数据。

具体而言，对规模适度化的测度，通过层次分析法和数据包络分析分类确定指标及其权重，并结合使用综合模糊评定方法进行测度，模型如下：

我国地方政府规模适度化测度模型。

模型：适度的地方政府规模＝F（经济发展水平、产业结构、管辖地域面积、地方政府类型、当地发展战略、地方政府公共职位数量、公共职位履职难度、当地人口数量与结构、当地民族数量与构成、地方政府可支配财政收入、地方政府财政支出、“顾客”期望值、“顾客”满意度）

方法：AHP、DEA、FCA。

数据：历年全国统计年鉴数据、全国经济普查数据、全国抽样调查样本、本地区官方统计数据、实验地区官方统计数据、问卷调查数据。

对于结构合理化的评价，分层确定指标及其权重，并使用综合模糊评定方法进行评价，模型如下：

我国地方政府结构合理化测度模型。

模型：合理的地方政府结构＝F（经济发展水平、产业结构、管辖地域面积、地方政府类型、当地发展战略、地方政府公共职位数量、公共职位履职难度、当地人口数量与结构、当地民族数量与构成、地方政府可支配财政收入、地方政府财政支出、“党政结构”实现程度、“宪政结构”实现程度、“科层结构”实现程度）

方法：AHP、DEA、FCA。

数据：历年全国统计年鉴数据、全国经济普查数据、全国抽样调查样本、本地区官方统计数据、实验地区官方统计数据、问卷调查数据。

本书的实验采取个案研究的形式，在河南省邓州市、河北省大名县、深圳市、武汉市等 4 个地方进行。具体实验方法是：第一，由武汉大学地方政府与公共事务研究中心根据前期设定理论假设，以及全国抽样调查、各地典型调查资料，分别设计各地实验构想，主要内容包括前期所设计模型的试用方案，针对各地政府规模与结构现存问题的具体改革建议；第二，与各地党政部门进行充分沟通和讨论，共同确定具体实验实施方案，重点在于确定实验时间、实验资源及实验运作方式，并有区别性地选择实验地点和对象；第三，制定较为详尽、可行的实验操作规程，并为实验单位提供实验技术手册，对当地的实验组织人员、实验单位人员进行培训；第四，对实验过程进行实时监控和信息收集，全程跟踪，保证实验数据和信息搜集的完整性和有效性；第五，实验共进行两轮。

第一篇　基础理论

第一章　理论与实践背景

第一节　地方治理研究综述

地方治理理论是当今整个治理思想和多层治理结构中的重要的、不可或缺的组成部分，是我国地方政府规模与结构优化研究的重要理论基础。对我国地方政府规模与结构的优化研究，将以“善治”理念作为终极价值取向，以地方治理理论作为分析框架，从治理分析、合作网络等视角和范畴入手，剖析地方治理体系的核心主体——地方政府的公共职能配置，并据此设定不同类型、不同层级地方政府规模与结构的适度性标准，以构建地方政府规模与结构的优化路径，为我国不同发展水平、不同层次的地方政府提供可资借鉴的改革路径。

一、关键概念的界定

任何一种理论都有其核心的分析单位与基本概念，正如西蒙认为的那样：“在一门学科能够创立原则之前，首先必须具备某些概念。”[①] 地方治理理论也是如此，它是建立在对地方政府这一概念的严格界定基础之上的，与治理理论和善治理念有着密切联系，同时又不同于地方政府治理。只有厘清了这些基本概念，才能对地方治理理论有全面的把握。

（一）关于地方政府的界定

对地方政府的界定是进行地方治理研究的基础，只有在界定了地方政府这一基本概念的内在含义与外在边界的基础上才能厘清地方治理理论并展开论述。在不同的政治制度和国家结构下，地方政府具有不同的内涵。在单一制的英国，地方政府是指那些对所在地域进行直接治理的政府，即基层政府；在联邦制的美国，它既包括联邦成员单位的分支机构县、市、乡、镇，也包括学区、特别区等特殊目的的政府；在中国，它是中央政府的对称。

《国际社会百科全书》所指的地方政府是基层政府，即“地方政府大致可定义为，在全国政府或地区政府的一小块领土上，拥有决定和管理有限范围公共政策的一种公共组织。在金字塔式的政府结构中，地方政府处于最低层，顶端是全国政府，中间政府（州、地区、省）占据中间一层。”据此，地方政府是与全国

---

① 西蒙．行政行为．纽约：麦克米兰出版社，1957：37.

政府、中间政府相对而言的最低层政府。

《新时代百科全书》把“地方政府”作为与“城市政府”相区别的词语，分列两个词条，强调“地方政府”一词包括城市政府以外的地方行政单位和州（省）。据此，地方政府包括除全国政府以外的所有层级的政府。而“城市政府”则作为一种特殊的“地方政府”被专门加以讨论。

《美利坚百科全书》认为，“地方政府，在单一制国家，是中央政府的分支机构；在联邦制国家，是联邦成员政府的分支机构。”据此，联邦制国家的成员政府（如美国的州）不属于地方政府的范围。美国的公共管理学著作普遍持这种观点。在美国学者看来，所有的地方政府都有一个宪法上规定的地位，它们是“州政府的创造物”。归结起来，美国的地方政府可以定义为：为满足不同利益群体的共同需求而产生、履行各种不同类型的服务、为数众多的地方单位。

《布莱克维尔政治学百科全书》认为，地方政府是“权力或管辖范围被限定在国家的一部分地区内的一种政治机构，经过长期的历史发展，在一国政治机构中处于隶属地位，具有地方参与权、税收权和诸多责任。”

法国的《拉鲁斯百科全书》没有“地方政府”这一词条，只有“领土行政单位”这一词条。在这一词条下，作者认为：“领土行政单位这一术语，既适用于单一制国家的地方行政单位，也适用于联邦制国家内拥有主权的州。”显然，该词条的作者，并不认为联邦国家的成员单位州与单一制国家的地方行政单位有何区别，两者都是“领土行政单位”。

中国学者在“地方政府”这一术语所指的范围上，存在着类似的歧见。

《辞海》认为“地方政府是中央政府的对称，是设置在地方各级行政区域内负责行政工作的国家机关。”在这里，它一方面把地方政府定义为地方国家行政机关，另一方面则把除中央政府以外的所有政府都归于地方政府。

丘晓主编的《政治学词典》对此则有不同看法，在解释“地方政府”一词时，明确指出：“在联邦制国家，构成联邦的各成员国或州（邦）政府都不是地方政府。如美国，其地方政府是指州政府以下的各级政府。”

《中外政治制度大辞典》认为：“地方政府有广义与狭义两种解释。广义的地方政府是与中央政府的对称。从这个意义上讲，除中央政府以外的各级政府都称为地方政府。狭义的地方政府则是指直接治理一个地域及其居民的一级政府，即基层政府。与之相对应的则是在中央政府与地方政府之间的中间政府，也有称这为区域政府的。”

徐勇、高秉雄在其所著的《地方政府学》一书中结合中外政治制度的具体安排重新定义了地方政府。他们认为，地方政府是中央政府为治理国家一部分地域或部分地域某些社会事务而设置的政府单位。此外，该书还对其组成单位作了重新说明，认为地方政府的组成仅限于地方权力（议决或立法）机关与地方权力执行机关（行政机关），其他任何机关如司法机关不属于地方政府。

归结中外学者的不同见解，对“地方政府”这一术语所指的范围，实际上可分为三种情况：第一种见解认为，地方政府仅指我们通常所称的基层政府；第二种见解认为，地方政府包括单一制国中除中央政府以外的其他各级政府，但不包括联邦制国家的成员政府；第三种见解认为，联邦成员政府也属地方政府范围。除此以外，不同的认识还表现在地方政府是否即指地方行政机关或地方权力（议决或立法）机关与地方权力执行机关（行政机关），领土行政单位与地方行政单位是否有区别。在对中外学者有关“地方政府”的不同见解进行梳理的基础上，我们认为，地方政府是中央政府为治理国家一部分地域或部分地域某些社会事务而设置的政府单位，具有权力的非主权性、治理的局部性、管辖的有限性等一些特征。我们在这里使用的地方政府概念是指“大政府”，即广义的政府概念，是由一切国家机关构成的整个政权，不仅包括了我们通常所说的狭义的行政机关，更包括了与之相对应的立法机关、司法机关等。这是由我国历史传统和政治体制所决定的，从历史上看，我国长期封建历史传统中政府职能并没有明确的分工，几乎所有的政府职能都是杂糅在一起的，政府总揽了所有的国家事务，大政府在我国有着深厚的历史根基。从现实来看，依据2006年颁布实施的《中华人民共和国公务员法》，“公务员是指依法履行国家公职、纳入国家行政编制、由国家财政负担工资福利的工作人员”，这不仅包括了行政机关的工作人员，还包括了党、政协机关等其他机构的工作人员。从逻辑上讲，这类机关都应当被纳入广义政府的范畴中来。基于“大政府”概念基础之上的政府规模和政府结构，相对于狭义政府来讲，其在涵盖范围、内在特征和外在表现上都具有一定的复杂性。

（二）治理与善治

治理与善治是两个紧密联系但又不完全相同的概念，要理解善治首先必须把握治理的基本内涵。根据《高级汉语大词典》的解释，“治理”包含两种含义：一是整治调理，二是整修、改造。这种解释与我们所探讨的“治理”的含义相去甚远。英语中的治理（governance）一词源于拉丁文和古希腊语，原意是控制、引导和操纵。但是，自从20世纪90年代以来，西方政治学和经济学赋予“governance”以新的含义，不仅涵盖的范围超出了传统的经典意义，而且其含义也与“government”相去甚远。我国学者毛寿龙认为：“英语词汇中‘governance’既不是统治（rule），也不是指行政（administration）和管理（management），而是指政府对公共事务进行治理，它‘掌舵’而不‘划桨’，不直接介入公共事务，只介于负责统治的政治和负责具体事务的管理之间，它是对于以韦伯的官僚制理论为基础的传统行政的替代，意味着新公共行政或者新公共管理的诞生，因此可译为‘治理’”。治理理论的创始人之一詹姆斯·Z. 罗西瑙（J·N. Rosenau）在其代表作《没有政府的治理》和《21世纪的治理》中将“治理”定义为一系列活动领域里的管理机制，它们虽未得到正式授权，却能有效发挥作用。与统治不同，治理是指一种由共同的目标支持的活动，这些管理活动的主体未必是政府，也无须依靠国家的强制力量来实现。全球治理委员会在 1995 年发表了一份题为《我们的全球伙伴关系》的研究报告，对治理的界定具有很大的代表性和权威性：治理是各种公共的或私人的个人和机构管理其共同事务的诸多方式的总和。它是使相互冲突或不同的利益得以调和并且采取联合行动的持续的过程。这既包括有权迫使人们服从的正式制度安排和规则，也包括各种人们同意或以为符合其利益的非正式的制度安排。

因此，治理的基本含义是指在一个既定的范围内运用权威维持秩序，满足公众的需要。其目的是在各种不同的制度关系中运用权力去引导、控制和规范公民的各种活动，以最大限度地增进公共利益。治理的主体是多元的，并非一定是政府机关，它可以是私人机构，还可以是公共机构和私人机构的合作；治理的目的不是以政府为中心，公民是社会治理的主人，“政府是我们使用的工具”；治理主要是通过合作、协商、伙伴关系，确定认同和共同的目标等方式实施对公共事务的管理；治理是个上下互动的管理过程，其权力向度是多元的、相互的。

杰索普认为，“治理的要点在于：目标定于谈判和反思过程之中，要通过谈判和反思加以调整。就这个意义而言，治理的失败可以理解成是由于有关各方对原定目标是否仍然有效发生争议而未能重新界定目标所致。”[①] 针对存在着治理失灵的可能性这一问题，不少学者提出了“善治”或“良好的治理”（good governance）理论，治理失灵是与“良好的治理”相对应的一个名词，善治理论是对治理理论的完善。善治当然要追求效率地、经济地、协调地管理公共事务，但它的核心价值是社会公平，治理的最终目标和最高境界是实现“善治”。概括地说，善治就是使公共利益最大化的社会管理过程。善治的本质特征就在于它是政府与公民对公共生活的合作管理，是政治国家与公民社会的一种新颖关系，是两者的最佳状态。[②] 政府善治指的是政府与公民合作管理公共事务，并能达到最佳治理状态的一种政府管理模式。国内外学者对于善治的构成要素观点各异，但综合起来讲，善治的基本要素被归纳为以下 6 个方面：合法性（legitimacy）、透明性（transparency）、责任性（accountability）、法治（rule of law）、回应性（responsiveness）、有效性（effectiveness）。很显然，“善治”比“善政”拥有更多的民主要素和灵活要素，对公民的权利和地位也给予更多的重视。[③]

---

① 杰索普．治理的兴起及其失败的风险：以经济发展为例的论述．国际社会科学（中文版），1999，(2)：33-34.

② 俞可平．治理与善治．北京：社会科学文献出版社，2000：7-8.

③ 胡仙芝．从善政向善治的转变——“治理理论与中国行政改革”研讨会综述．中国行政管理，2001，(9)：22-24.

（三）地方治理与地方政府治理

治理是一种比统治更宽泛的现象，它是由共同目标支持的活动，目标本身可能来自法律的和正式规定的责任，但也可能并非如此，而且无须依靠警察的力量迫使人们服从。在各国政府公共管理领域，治理正在被越来越广泛地应用，地方治理作为一个重要的领域也越来越为人们所重视。英国的罗茨把治理的用法归纳为以下6种：①作为最小国家的管理活动的治理，它指的是国家削减公共开支，以最小的成本取得最大的效益；②作为公司管理的治理，它指的是指导、控制和监督企业运行的组织体制；③作为新公共管理的治理，它指的是将市场的激励机制和私人部门的管理手段引入政府的公共服务中来；④作为善治的治理，它指的是强调效率、法治、责任的并且被审计监督的公共服务体系；⑤作为社会-控制论系统的治理，它指的是政府与社会、公共部门与自愿部门及私人部门之间的合作与互动；⑥作为自组织网络的治理，它指的是建立在信任与合作基础上的自主而且自我管理的网络。①

英国著名学者威廉·L. 米勒、马尔科姆·迪克森和格雷·斯托克认为，地方治理是“关于地方服务的委托、组织和控制，这些地方服务包括地方区域内卫生、教育、治安、基础建设和经济发展等。”② 孙柏瑛教授在总结了西方学者的一些具有代表性的观点后认为，地方治理是“在一定的贴近公民生活的多层次的地理空间内，依托于政府组织、民营组织、社会组织和民间组织等各种组织化的网络体系，应对地方的公共问题，共同完成和实现公共服务和社会事务的改革与发展过程。理想的地方治理模式包含以下思想：是具有弹性的地方制度与组织结构安排；是地方政府改革和自主选择可持续发展道路的行动过程；其运作依靠在地方形成的应对公共问题的公共政策和公民参与网络；关注环境变化和挑战，视野始终放在地方的战略发展前景上。”③ 可见，地方治理的主体是多元的，不仅仅指地方政府，还包括非政府组织和其他社会组织；地方治理的内容是广泛的，不仅仅包括地方地域内的政治经济事务，还包括教育、卫生等其他社会事务；地方治理的结构是多维度的，不仅仅包括完善的组织结构安排，还包括动态的运行机制、公众参与等。

目前学界对“地方治理”与“地方政府治理”鲜有进行明确区分的，有的甚至将“地方政府治理”等同于“地方治理”。地方政府治理相对于地方治理来讲，其范围和研究视角则更为狭窄一些。“地方治理”的范畴更大些，其主体包括除

---

① 胡仙芝．从善政向善治的转变——“治理理论与中国行政改革”研讨会综述．中国行政管理，2001，(9)：22-24。

② Miller W L，Dickson M，Stoker G. Model of Local Governance Public Option and Political Theory in Britain. Palgrave：Macmillan，2000：1.

③ 孙柏瑛．当代地方治理——面向21世纪的挑战．北京：中国人民大学出版社，2004：33.

地方政府外的第三部门、私人组织等，强调多主体的合作对地方公共事务的治理；而“地方政府治理”主要指在治理理论的指导下地方政府如何通过分权、重组等改革提高能力以适应全球化等不确定因素的挑战，如何促进公民参与，如何促进多中心网络的建立、发展，如何在多中心合作中起到核心作用，以更好地处理地方公共事务，促进整个地方治理的发展的过程。当然，在中国目前仍主要以地方政府为治理中心的状况下，地方治理主要是指地方政府的治理。

二、理论基础的阐释

当代地方治理的理论和实践于 20 世纪 80 年代初中期发源于西方发达国家，因而地方治理带有十分明显的西方社会话语特征。尤为重要的是，在西方国家，过去 20 多年来，许多前沿理论被应用于地方政府或地方治理的研究，成为地方治理的理论基础。因此，对我们而言，要真正实现将此前沿理论用于深化我国地方制度研究、指导地方治理实践，有必要首先对这些理论进行分析、梳理。概括而言，有关地方治理的理论，主要有以下三种。

（一）实力-依赖关系论

实力-依赖关系论（power-dependence in central-local relations）的代表人物是英国的罗兹（Rhodes），该理论试图对英国中央与地方的关系进行理论阐释，被作为地方治理的理论之一。

实力-依赖关系论假定，中央与地方都有办法对付另一方及其他组织。但这里的办法是指宪法、法律、组织、财政以外的各种对策，如政治、信息、执行任务等方面的对策。无论是中央还是地方，都试图调动其所掌握的资源使其影响最大化，并将对对方的依赖降到最小，但没有一方能够完全掌握实现其目标所需的宪法、法律、组织、财政、政治、信息资源。因此，尽管有个别的政府可能按科层结构组织外，大多数的政府组织都是以相互依赖为特征的，资源交换是相互依赖的结果。

罗兹试图将中央与地方的关系从宏观、中观和微观三个层面进行分析，并特别指出，随着社会复杂性的加强，对社会政治的治理，已由一个自我管理、自我组织的互动系统所主导，它既非市场，也非国家，但与以上两者存在着互补的关系，这个互动系统就是“政策网络”。政策网络依政策领域的不同而有所不同。

罗兹认为，权力可能会在某些集合体中集中，但国家的变异结构产生了相互依赖，其潜在的权力并不能总是被动员。这种分析模式暗示，中央政府受到比过去更复杂的限制。这些限制有内在和外在两方面：在内部，中央政府受到自身部门化和协调其他组织能力的限制；在外部，中央政府要依赖其他组织实施其政策。因此，中央政府不能直接对其他组织发号施令，或将自身的意志强加于下级政府。为取得政策目标，中央政府必须通过广泛的政策网络起作用，其中包括地方政府的作用，否则将不可避免地产生政策混乱。

实力-依赖关系论受到了诸如理论不够宏观、政策网络封闭性、中央与地方合作关系不明确等批评，但经验和实施结果，证明着这种理论原则的意义和政策网络的价值。例如，罗兹应用这一理论原则，审视了英国自1979～1995年地方政府的发展变化，指出其中的政策失误和后果，并认为中央政府未参考政策网络是造成失误的主要原因。

（二）都市政权论

美国学者斯通（Stone）1989年从他在美国亚特兰大所作的研究中，提出"都市政权"的概念。斯通指出："都市政权是一种非正式但相对稳定的、易于获得体制内资源的集合体，这一资源使之在决策中保持持久的作用"。"政权论"的观念较倾向于新多元论，强调了经济力量的重要性，并注意到成长机器（growth machine）未能关注的其他冲突和妥协的政治过程。

与美国城市政治学的传统一样，"都市政权论"（regime theory）也关注权力问题，但与"多元论"和"精英论"不同，斯通将对于都市政治辩论的设问由"谁统治?"转向"如何统治?"。"都市政权论"认为地方政治具有多样化和复杂性的特征，要受相互依赖关系而非简单的、科层权力关系的制约。地方政治制度呈现出控制的分散性，都市权力在政府组织与非政府组织间，被分解成复杂的关系网络，都市政府的回应常常造成政策的偏离和意外的后果。因此，关键的问题是，都市政府组织与非政府组织在多大程度上能进行合作以取得共同的经济和社会目标。

"都市政权论"者更关注都市政府和非政府的行动者在复杂情况下有效进行地方治理是如何结盟的，而不太关注由谁控制这些结盟。斯通认为，权力的概念应该是"power to"而非"power over"；同时承认权力的"不对称性"，特别是商业利益通常在都市地方政治制度中占据优越地位，但都市的政治家和公众并非是无权的。不仅都市政府拥有强大的资源，而且它们还承担着保护广大公众利益的角色。尽管都市政府不具有控制地方经济的能力或充当竞争社会组织仲裁者的地位，但它"更有可能成为社会资源的动员者和协调者"。

"都市政权论"强调应改变都市政府角色，以适应从地方政府管理到地方治理的转变。斯通认为，政府和非政府力量之间的权力划分，"并不有助于建立对领域广泛的活动的直接和有力的控制"。为了实行有效治理，地方政治家应承认都市地方政府独立行动是有限的："都市政府应将自己的职能与各种非政府的职能结合起来"。尽管这里隐含着都市政府并非事事要听从居民意愿且政策选择也不一定非要有利于大多数人利益的意思，但地方政府毕竟是民意机关。因此"都市政权论"暗含了地方民主与政策效率的交替使用。

（三）调节论

由于"都市政权论"比较关注城市发展的经济层面，并采取地方性的取向，忽视更广泛的社会经济过程以及地方政治与外来力量的联结而受到批评。在20

世纪 80 年代末，一些学者开始从经济领域的讨论中将“调节论”（regulation theory）带入城市政治的范畴，引入社会调节的观点，试图找到经济、政治与社会转型之间的关系。

调节论渊源于马克思主义的资本积累理论，认为资本积累是一个矛盾冲突的过程，必须要建立一个政治、社会、文化的调节机制，即所谓的社会调解机制（mode of social regulation），才能支持资本积累的再生产。

1989 年斯托克首次将“调节论”应用于英国地方政府的研究。斯托克总结出地方政府在英国 20 世纪当中所扮演的三种角色，并认为每一种角色都与资本发展的特定阶段有关：①在 20 世纪上半叶，地方政府主要是提供和管理基础设施，为工业生产提供必要的条件；②在第二次世界大战后进入福特主义时期，地方政府的角色发生了变化，更多地方政府履行诸如供气、供电和供水、住房和教育等社会福利的职能，地方政府日益成为福利国家的工具；③70 年代，开始从福特主义转型进入后福特主义时期，地方政府角色也随之转换，主要表现在地方政府服务的签约外包、在民选的地方议会控制之外设立地方准政府公共机构、私人部门对地方政府影响增大等；同样，公共服务提供方式发生变化，如出现了更分散的公共服务消费方式、以消费者为本的服务理念增强等，也改变着地方政府的传统角色。此外，地方政府管理方式也出现了变化，使用了更灵活的劳动管理方法，弱化了等级结构，并引进了新公共管理技术等。

1994 年鲍勃·杰索普论述了后福特主义下国家的角色转变，认为从福特主义到后福特主义资本积累形式的转变，其实可以用从“凯恩斯福利国家”（Keynesian welfare state，KWS）到“熊彼得工作福利国家”（Schumpeterian workfare state，SWS）的转变来分析。他认为“凯恩斯福利国家”终将被“熊彼得工作福利国家”所取代，并提出国家要重新考虑在不同地理层面对社会经济生活的干预问题，特别是认为中央政府可以上移职能（给欧盟跨国机构），也可以下移职能（给新的和已有的地方和地区机构）。

三、国内外研究现状

“20 世纪 80 年代中期以后，地方治理运动逐渐发展成为一个遍及欧美发达国家及许多亚非拉发展中国家的国际性现象”，“它是在民族国家受到经济全球化冲击，社会形态和国家权力性质发生重大变化的背景下，政府组织为有效回应环境变化和危机挑战而选择的一条新型发展道路。”[①] 鉴于地方治理理论起源于西方，目前学术界关于地方治理理论的研究，都带有明显的西方话语色彩。但是国内一些学者也进行了开创性研究，取得了一些成果。

---

① 孙柏瑛．当代地方治理——面向 21 世纪的挑战．北京：中国人民大学出版社，2004：1.

（一）国外研究现状

将各国学者对地方治理理论的认识进行一番梳理，到现在为止，可概括为如下五种论点：其一，地方治理意味着一系列来自地方政府，但又不限于政府的社会公共机构和行为者，它对传统的政府权威提出挑战，认为政府并不是唯一的权力中心。各种公共的和私人的机构只要其行使的权力得到公众的认可，就都可能成为各个共同层面上的权力中心。其二，地方治理意味着在地方社会和经济问题寻求解决方案的过程中，存在着界线和责任方面的模糊性。它表明，在现代社会，国家正在把原先由它独自承担的责任转移给公民社会，即各种私人部门和公民自愿性团体，后者正在承担着原先由国家承担的责任。这样，国家与社会之间、公共部门和私人部门之间的界限和责任便日益变得模糊不清。其三，地方治理明确肯定了在涉及集体行为的各个社会公共机构之间存在着权力依赖。所谓权力依赖，是指致力于集体行动的组织必须依靠其他组织，为达到目的，各个组织必须交换资源、谈判共同的目标，交换的结果不仅取决于各参与者的资源，而且也取决于游戏规则以及进行交换的环境。其四，地方治理意味着参与者最终将形成一个自主的网络。这一自主的网络在某个特定的领域中拥有发号施令的权威，它与地方政府在特定的领域中进行合作，分担政府的行政责任。其五，地方治理意味着办好事情的能力并不仅限于政府的权力，不限于政府的发号施令或运用权威。在地方公共事务的管理中，还存在着其他的管理方法和技术，政府有责任使用这些新的方法和技术来更好地对公共事务进行控制和引导。此外，全球治理委员会于 1995 年在题为《我们的全球伙伴关系》的报告中指出了地方治理的四个特征：认为治理不是一整套规则，也不是一种活动，而是一个过程；治理过程的基础不是控制，而是协调；治理既涉及公共部门，也包括私人部门；治理不是一种正式的制度，而是持续的互动。

如果从国外相关资料来源和研究取向上分析，对地方治理问题的研究，在宏观层面上，集中在民族国家与公民社会的关系，以及地方治理在多层治理结构中的位置和作用的研究；在中观层面上，集中在地方治理的基本理论、结构模式、运行基础和制度设计的研究；在微观层面上，集中在一个地方乃至一个社区治理经验的描述、案例分析和比较或者治理策略、工具的研究。

1）有关地方治理哲学与政治层面的研究。主要侧重于当代地方治理发展的环境条件和社会基础，依靠政治哲学、政治理论、社会学的诸多思想和知识来解释、分析地方治理的发展状况与面对的困境。该研究包括：第一，治理与地方治理的内涵与外延；第二，公民社会与地方治理的发展；第三，国家权力变化与地方治理运动的开展，“空心化国家”的含义；第四，地方治理发展中的利益结构与利益关系；第五，政府、市场与治理的“第三条道路”理论；第六，信任关系与地方治理；第七，社会资本状况与地方治理发展；第八，参与式民主与地方治理制度设计；第九，地方治理与政党政治的变化；第十，地方治理思想与不同历史传统和文化背景国家治理实践的契合性等。

2）有关地方治理制度体系和制度分析层面的研究。主要侧重于地方治理本身系统、制度构造与地方政府组织重组问题，新制度主义经济学、政治学及公共行政学科理论为其提供了解释和研究途径。该研究包括：第一，全球化与当代地方治理的形成与发展；第二，多中心的制度安排与地方治理制度设计；第三，地方治理中的制度约束；第四，地方治理与政府组织职能和机构再造；第五，地方治理发展与政府间权力关系的调整；第六，地方治理中的公共政策网络体系构建；第七，地方治理与税收、财政和转移支付制度的改革；第八，社区公民治理形式和途径；第九，地区间区域合作治理；第十，地方治理中的分权化改革等。

3）有关地方治理发展策略与手段层面的研究。主要侧重于研究在地方治理中政府组织及其他参与治理的组织采用的有效治理策略和工具。该研究包括：第一，地方治理中的政治领导艺术；第二，地方治理中的战略管理与规划；第三，地方治理与社会合作、参与网络体系的维持；第四，地方治理中的利益关系人之间对话、沟通、协商与讨价还价过程；第五，地方治理中的伙伴关系建设；第六，地方治理与地方公共服务的管理模式创新；第七，地方治理中冲突控制与危机解决等。

（二）国内研究现状

自从"治理"这一理论框架引入国内之后，少数中国经济学家开始研究公司治理，而一些政治学者则开始研究善治问题。但在我国，由于地方治理概念框架比较宽泛并带有十分明显的西方社会话语特征，一时难以与中国地方制度的现状和现有研究途径对接。但这并不意味着中国没有地方治理的相关问题的研究。事实上，随着政府间关系调整、地方政府改革、中国基层民主政治的发展，国内众多的社会学、政治学和行政学学者已开始对地方制度、基层政权和公民自组织等问题给予了极大的关注，在不同层面上取得了一些重要的研究成果。

根据孙柏瑛教授的归纳，从总体上看，我国已开展的相关研究大致可涉及五个方面主题的研究：以邓正来、何增科等学者为代表的对国家与"公民社会"关系理论的研究；以谢庆奎教授为代表的"地方政府"制度改革研究，形成以中国地方政府形态与体制变迁为中心的分析框架；以俞可平、杨雪冬等学者为代表的对"治理理论"和善治、多层治理结构的研究；以薄贵利、王绍光、林尚立等学者为代表的对"中央与地方关系"、"政府间关系"的研究；以徐勇、范瑜、贺雪峰等为代表的学者、官员对乡村治理的研究。①

1）宏观层面的研究。以邓正来、何增科等学者为代表所进行的国家与"公

① 孙柏瑛．当代地方治理——面向21世纪的挑战．北京：中国人民大学出版社，2004：13，14.

民社会”关系理论的研究。主要以相关的“公民社会”理论为基础，探讨国家与公民社会之间的互动关系、公民社会的成长及基本模式，以及公共领域界定和“公”、“私”之间存在的“第三域”等问题，试图为“重塑国家和社会间的良性关系”铺垫理论基础。这属于宏观层面的基础性研究。

2）中观层面的研究。以俞可平、杨雪冬等学者为代表所进行的“治理理论”和多层治理结构的研究。主要从当今国际风行的治理理论和标准出发，探讨治理模式的特征及其与传统公共行政管理模式的显著区别。以此为基础，引入国外创新的公共管理理念、治理制度和运行机制。与此同时，这些学者还大力介绍与当代治理密切相关的一系列理论，其中主要包括“社会资本”理论、“公益政治”理论和“第三条道路”理论等。这基本上属于兼有宏观和中观层次的研究途径。

3）微观层面的研究。以徐勇、范瑜、贺雪峰等为代表的一大批学者和官员所进行的乡村治理研究，以及日益成为新的研究热点和重点的城市社区居民自治研究，主要通过大量的直接观察、访谈和典型个案分析，展现了我国公民自治管理的直观的画卷。这属于微观层面的直接观察和经验性分析。需要说明的是，我国地方治理微观层面的研究到目前为止仍是以乡村治理研究为主，而专门研究县级治理的文献非常少见，省市一级则更为鲜见。

四、研究述评

地方治理理论不仅在西方产生了深远的影响，对中国同样具有不可忽视的重要意义，对分析我国地方政府规模与结构有着重要的启示意义。地方治理理论作为一种新的分析框架，有着四个方面的比较优势：首先，它提供了新的研究视角和范畴，将作为民间参与网络和互惠信任关系的“社会资本”引进治理分析，着眼于政府与公民的合作网络。其次，它提供了比其他分析方法更全面的方法体系，在地方治理理论中，包含了当前正在兴起的制度分析、经济分析和文化分析等方面的内容，理论上也涵盖了新公共管理理论、市民社会理论和政府发展理论等。再者，地方治理理论体现了政治发展的方向。它特别强调地方政府与公民社会的合作，强调公民自治和非政府的公共权威，反映了全球化时代的民主要求。最后，地方治理理论用于分析我国的地方政府改革具有更方便的价值。

但从上述国内外研究的现状可以看出：目前国外学者对于地方治理的研究已较成熟，成果颇丰，已从宏观、中观、微观三个层面就当代地方治理发展的环境条件和社会基础、制度体系和制度分析、发展策略与手段等地方治理问题进行了研究。而我国对地方治理问题的学术研究起步较晚，目前还没有超越概念、理论的介绍和引进阶段。虽然在与地方治理相关问题的研究方面取得了一些重要的研究成果，但研究所涉及的主题也只是地方治理的某些方面，没有全面系统地考察中国的地方治理现状以及治理的社会基础和体制因素，尤其缺乏以地方治理理论作为分析框架对作为多元治理主体之一的地方政府形态与体制变迁进行的系统研究，对这方面问题的研究仍主要以传统的地方政府理论作为分析框架。

综上所述，通过对国内外地方治理研究内容的梳理及比较分析，我们可以得出以下判断：

其一，国内外地方治理研究的背景和前提条件不同。由于“地方治理”的相关理论是“舶来品”，其产生的背景与中国的国情大相径庭；另外，国外相关研究涉及地方治理的体制、机制及运行方式等多个方面，较为成熟与全面。而鉴于我国特殊的国情，地方治理的研究内容还较为单一。

其二，国内外地方治理研究的阶段不同。国外相关研究已经比较成熟，而目前我国主要还处于理论引进阶段，还有待与中国国情相结合的较长的吸收、消化、内化的过程，目前缺乏本土化的理论创新。

其三，目前国内对地方治理的研究总体水平有待提高，还存在不少研究的空白地带。总的来说，中国学界对地方治理问题的研究还未达到成熟、完善的程度，尚存在许多研究方面的薄弱环节和尚待开垦的处女地。目前中国在地方治理方面的实践可给学术界提供的经验性养料并不多，这也从一个方面限制了理论的发展。

其四，国内关于地方治理结构问题的研究大多是论证政府、社会和各组织的关系，致力于外部治理结构的功能分析和构建。对内部权力的分配结构、权力协调和行使的机制，以及从内部权力制度安排反映内部和外部关系的研究还不是很成熟。

其五，国内对地方治理研究的理论支撑较多来自于政治学与社会学，研究方法也过于单一。

尽管国内关于地方治理的研究还有很多不尽如人意的地方，但将地方治理置于地方政府改革的“轴心”地位对其作前瞻性的考察，对地方政府规模与结构的优化具有十分重要的理论及现实意义。首先，这源于地方治理对社会管理力量多元化格局的关注，对社会组织群体势力的重视和关切。地方治理理论认为政府并不是管理社会的唯一权力中心，社会上的一些志愿性的或属于第三部门的机构也可以致力于社会种种问题的解决，把传统上属于政府的一些责任和职能都接收过去。其次，地方治理理论在关注社会管理力量多元化的同时，必将对地方政府的角色给予重新定位。一方面，地方治理并没有将地方政府从其概念中剔除出去，依然认为政府在当代社会发挥着重要作用，但已不是全能政府，而是有效政府；另一方面，治理理论还提出了“元治理”（meta-governance）的概念。元治理是西方学者为寻求解决治理理论失灵所用的词汇，充当元治理角色的仍然是政府，元治理是治理理论重视政府在社会公共管理网络中的重要功能的另外一种表述。最后，在明确了政府的角色之后，地方治理理论对治理的网络管理体系做出了重要的阐释。它认为，在社会公共管理领域内，地方政府与其他社会组织群体势力共同构成了相互依存的治理体系。它的运作逻辑以谈判为基础，强调行为者之间的对话与合作。

地方治理理论为我们描绘出一幅全新的画卷，它打破了传统地方政府统治所依靠的路径——正式的权威和规章制度，意味着世界各国的政府治理社会时并不完全垄断一切合法的权力。承担维持秩序、调节经济和协调社会发展职能的既有政府组织，也有非政府组织、跨国公司、私人企业、利益集团和社会运动等其他的主体，它们一起构成了国家的和国际的某种政治、经济和社会调节形式。这些主体相互依存，以共同的价值观为指导，以达成共同立场为目标进行协商和谈判，通过合作的形式来解决各个层次上的冲突问题。

诞生于西方的治理理论及其"善治"理念，已成为现阶段国际公认的公共管理研究语境和公共管理改革实践的普遍价值追求目标，作为其重要组成部分的地方治理理论，必须实现与中国实际国情的对接与本土化改造。作为我国政治体制改革切入点的行政体制改革，必须在地方层面贯彻地方治理的思想，这是由于：一方面，我国地方政府的公共职能定位，以及据此设定地方政府规模与结构的适度性标准，进行优化规模、降低其行政成本的政策选择，必然依赖于对地方治理的基本规律进行科学的揭示；对外部环境因素的影响路径与作用方式；内部结构要素的排列方式与互动机制进行深入分析和准确判定。另一方面，我国地方治理体系的核心主体——地方政府，由于区域发展不均衡，所承担的公共职能存在地区性差异，其规模、结构优化的方法系统、制度系统的设计原则也存在差异性，而地方治理理论为我国地方政府改革提供了一套较具普适性、可行性较强的方法体系与模型框架。

我国地方政府规模与结构的研究，应当置于地方治理的语境之下，以善治理念作为终极价值取向，从"治理分析"、"合作网络"等视角和范畴入手剖析新时期作为地方治理体系的核心主体——地方政府的公共职能配置，并据此设定不同类型、不同层级地方政府规模与结构的适度性标准，以构建地方政府规模与结构的优化路径，为我国不同发展水平、不同层次的地方政府提供可资借鉴的改革路径。这不仅给地方政府角色转变带来了契机，为地方政府规模结构优化提供了机遇，还为实现地方政府治理社会公共事务增添了生机和活力。

第二节　政府规模与结构研究综述

人类历史发展至今，几乎所有国家的政府都面临一个两难性的抉择：一方面，随着公共问题的不断增加，各级政府在经济社会发展、公共事务管理和公务服务提供方面的职能不断扩张；另一方面，伴随这种职能的扩张趋势，政府的规模不断扩大，政府边界无限膨胀，政府结构也日益复杂化。政府职能的扩张、服务提供的有效性与政府机构本身日益臃肿而导致低效的现状之间的矛盾似乎成了所有国家政府都普遍面临的一个困境。在我国，转型时期的这一矛盾体现得尤为明显。历数改革开放以来的五次机构改革及最近的“大部制”改革，我国政府规模与结构的演变无疑都围绕着一个核心：行政职能的变迁。随着我国社会经济、政治的不断发展，我国行政职能的重心也在不断转移，由原来的经济管制型政府向市场监管、社会管理和公共服务型政府转变，这无疑对我国政府规模与结构提出了新的要求。从宏观上来讲，政府的规模与结构涉及政府与市场、政府与社会之间的关系、力量对比及组合方式等问题；而从微观上看，政府组织的规模、结构与政府内部各种资源要素的分配、各种权力和职能的配比平衡密切相关。

一、政府规模的研究综述

政府规模与一个国家的经济增长、行政管理效率和社会稳定密切相关，扩张是政府规模发展演变的总趋势。把政府规模控制在适度的水平，始终是各国行政改革追求的目标。如何确定我国政府的适度规模，不仅关系到行政体制改革的目标选择和机构改革的方向设定，还影响到社会主义市场经济的发展。

（一）规模与政府规模

从词源学的意义上来看，规模的概念起源于一种量器，即测量大小、体积、重量、范围等的器具。在《辞海》中，规模意指“事业、机构、工程、运动等所具有的格局、形式或范围”。在英文中，规模翻译为 dimensions、scale、size、scope 等，意为大小、体积、范围等。

关于政府规模，存在内在规模与外在规模，广义规模与狭义规模的理解差异，不同的学者从政府职能、权力、机构、人员、财政等角度对政府规模进行了较为广泛的研究，从古典经济学到现代政治学、经济学、管理学都有论及。目前在国外学术界，对政府规模主要是从狭义政府的角度进行论述的，即行政机关的规模。国外的大多数学者以政府与市场的关系为平台，认为要对政府规模进行严格限定。很显然，这里的政府只涵盖了三权分立中的行政部门。而在我国，政府规模概念是随着行政体制的不断转变而逐渐为人们所熟知的。大部分学者都认为，根据政府这一概念的规定性不同，政府规模分两个层次，即广义规模和狭义规模。对于狭义规模，还有学者认为，其是指以政府职能和权力配置为基础，按照一定的组织原则所组成的各级政府及其部门之总和，它包括内在规模和外在规模，前者是由政府职能、政府权力等无形要素构成的规模，后者是由政府机构、公务人员、财政支出、公共事务等有形要素构成的规模。无形要素的规模决定有形要素的规模，有形要素是无形要素的物质载体。另外，有些学者还从政府规模的构成内容来看，认为政府规模包括财政规模、人员规模、机构规模、公务规模等。

（二）政府规模扩张的倾向及原因分析

从政府与社会的关系发展来看，随着社会的发展，社会事务日益复杂和繁重，特别是现代社会经济作用日益突出，社会需求日渐增加。因此，政府为满足不断增长的社会需求，必将在职能、权利等方面有所扩大和增强，从而导致规模的增长。目前学术界对此已达成共识。公共选择学派认为，政府和市场上的经济主体一样都是“理性经济人”，政府在提供公共产品、消除外部不经济的同时，也是追逐自身效用最大化的利益实体。因此，政府在实现其功能的同时，为了更多地获取自身利益必然导致规模扩张。国内学者张康之也曾撰文指出，政府规模的扩张具有历史必然性，政府作为一个相对独立的社会存在物，本身就有自我发育、自我成长的要求，就有不断扩大、不断膨胀的可能性。而这种可能性向现实性的转化，又根源于它所掌握的公共权力。对公共权力的占有使政府对于社会资源的配置有了最终决定权，因此，社会对政府公共供给的需求是政府规模膨胀的基本原因。此外，他还将近代官僚制视为政府规模膨胀的总根源。

关于政府规模扩张的原因分析，学术界主要是从政治学和经济学两个方面进行解释的。从政治学的角度，政府规模扩张的根源在于权力不断扩张的本性。掌握政治权力的各级政府及其组成人员为了维护所拥有的资源和对资源的支配权，必然不断地增加预算，这种利益导向促成了政府规模的不断扩大。另外，西方公共选择理论和新公共管理理论从经济学和管理学的角度对政府规模扩张进行了论述。著名的“瓦格纳法则”、公共选择学派缪勒的政府的几种角色、尼斯坎南的官僚利益最大化模型、塔洛克及奥尔森的利益集团与政府规模分析、唐斯的民主的经济理论、帕金森定律以及财政幻觉理论等都从不同角度对政府规模的扩张提出了自己的见解。而我国政府规模的扩张，有着特殊的历史和现实原因，国内学者在尝试性的运用以上理论分析政府规模的基础上，还提出了一些自己的见解。朱立言教授在《政府组织适度规模研究》一书中就曾指出，我国政府组织扩张的起源在于：①传统文化观念与职业利益的诱导；②社会需求与更多的公共问题的出现；③政府组织的权力属性；④官僚制与其专业化分工。

（三）影响政府规模的因素分析

关于政府规模的影响因素，中外许多学者都做过论述。德国学者瓦格纳在考察了当时几个先进工业国家的公共支出后，提出了“政府活动扩张法则”。瓦格纳曾预言：随着经济的发展，政府公共支出必定比产出以更快的比率增加，从而导致政府活动的扩张。大量实践证明，这一 19 世纪提出来的理论在现代经济条件下仍然是有效的。而后来的公共选择学派独辟蹊径，指出政府的三种角色和诸多功能，进而把政府规模的影响因素进一步扩大到除政府以外的其他制度安排。公共选择理论认为，政府除了需要作为公共物品的提供者、外部效应的消除者和社会财富的再分配者应对不断增加的公共需要，从而导致规模扩大以外，还需要考虑社会构架中其他的制度安排，譬如利益集团的存在、政党的竞争、市民社会的成熟度等对政府规模的影响。总体来看，国内外关于政府规模影响因素的分析有两种倾向，一种是研究政府规模的总体性影响因素，即普适性的影响因子；另一种是对某国或某地政府规模进行实证性分析，进而得出一些影响当地政府规模的特殊的作用因素。

国内对于政府规模影响因素的观点趋于一致，归纳起来，大致有以下几个方面：①经济因素，如经济体制选择、经济发展水平、市场成熟度、政府对税收以及市场的监管程度等；②政治因素，如政体结构、政府职能定位、政府能力，甚至政局稳定与否等；③社会因素，如人口结构、就业结构、城市化水平、第三部门发育及社会自我组织能力、人文观念和价值取向等。譬如，王玉明认为决定政府规模的主要因素有：环境因素（包括政治因素、经济环境和行政客体的基本状况）、组织因素（组织角色、组织结构和组织运作）和人员因素（包括行政人员的数量与素质）。[①] 刘博逸把影响政府规模的因素分为外部因素和内部因素。其中，外部因素主要有：政治因素、经济因素、社会因素、人口因素、地理因素、科技因素和文化因素；内部因素主要有：政府价值观、政府机构和公务人员。[②] 潘卫杰通过对学界普遍认同的经济发展水平、经济体制、人口因素、地域面积以及民族因素进行考量，发现经济发展水平与中国省级政府规模呈负相关，说明瓦格纳法则并不适用于现阶段的中国；市场化指数与中国省级政府规模呈高度负相关；人口因素与政府规模呈高度负相关。[③]

（四）衡量适度政府规模的标准

萨缪尔斯曾明确指出：世界上有两种坏的政府，一种是管得太多的政府，它导致强制；另一种是管得太少的政府，它导致软弱。[④] 政府的职能和边界即政府规模的大小应在这二者之间合理选择。那么到底何种政府才是规模适度的政府呢？从政府与市场的关系上来看政府的规模，沃尔夫指出："市场与政府之间的选择是复杂的，而且，通常并不仅仅是这两个方面，因为这不是纯粹在市场与政府间的选择，而经常是在这两者的不同组合间的选择以及资源配置的各种方式的不同程度上的选择。"[⑤] 所以，在市场经济发展的不同时期，不同的市场经济国家，政府公共管理的范围、内容、力度和方式是不同的。国际上公认的衡量政府组织适度规模的标准主要有三个：①财政预算指标，即政府财政预算占 GDP 的比例；②政府就业指标，即政府就业人员占社会就业总人数的比例；③人口指

① 王玉明．论政府合理规模及其尺度．南京社会科学，1998，(11)：16.
② 刘博逸．政府规模适度化的评价标准．湘潭大学社会科学学报，2000，(2)：17-18.
③ 潘卫杰．对省级地方政府规模影响因素的定量分析．公共管理学院，2007，(1)：34-35.
④ 高洁．政府公共管理职能及其边界研究综述．湖北经济学院学报，2004，(3)：62-64.
⑤ 沃尔夫 C. 市场与政府：权衡两种不完善的选择．北京：中国发展出版社，1994：113.

标，即公务人员、政府支薪人员与社会总人口或辖区人口的比例。由于我国各地各级政府具体情况不一，以上三个指标在实际运用过程中“水分”很大。于是，有些学者提出，政府规模至少应符合以下几个方面的要求：政府与市场的耦合度、政府对资源的支配度、政府支出的约束度、公共物品的供给度。实际上，对政府规模适度性的衡量，可以从政府职能的界定入手，其理想状态是保证政府与其他部门在提供公共服务的职能的分配上保持相对均衡。根据这一思路，我们可以从三个维度来衡量政府规模：一是经济发展指标，即明确在经济发展战略中政府的职能定位；二是社会发展和公共服务指标，即政府在社会管理和公共服务职能上的完成情况和公众对此的满意度与期望值；三是行政成本指标，规模与成本直接相关，可以借助相关的成本核算来评价政府的规模。

（五）政府规模的测度及应用模型

政府规模涉及政府的权力区间、职能范围、财政收支、机构数量和人员构成状况，那么，对政府规模的测度也应从这几方面入手。徐理明主编的《走向卓越的中国公共行政》一书指出：“要评价政府规模的合理性，就必须考虑决定政府规模的五个因素：公务数量、人口数量、可用财政数量、机构数量、公务人员数量。”① 由于不可计量的因素，政府权力区间和职能范围主要采用定性的研究方法，主要是价值阐释和规范研究。定量分析主要应用于政府的财政收支、机构与人员数量上。目前，关于政府规模的测度，一般有两种方法：一类是基于国民账户体系（SNA）框架的测算，即用政府控制的或支配的（包括政府的收入、支出、消费）社会资源占 GDP 的比重表示，通常采用财政支出与 GDP 的比率计算；另一类是从人力资源角度出发，用政府部门占用的人力资源（政府部门的从业人数）占全社会人力资源（就业人数）的比重来表示。

从交易费用理论来看，政府履行任何职能都是要花成本的，即政府的运作是要有投入成本的。政府职能的大小或多少，政府规模的确定应该取决于政府交易的边际收益等于政府组织内的边际成本，即政府交易的边际费用等于市场交易或企业内部交易或社会组织内部交易的边际费用。当政府职能增加时，政府组织运作的成本自然要增加，相对于市场交易本身来说，政府的规模自然会在某一点上达到均衡。均衡由以下原则决定：当政府的职能扩张到如此的范围和规模以至于政府再组织一项交易所引起的成本等于市场机制组织这项交易的成本，等于企业内部组织这项交易的成本，等于某一社会组织（某一协会、中介机构）组织这项交易的成本时，政府、市场、企业、社会的职能界限也就确定了。在此时，社会资源的运作在政府、市场，以及社会组织、企业之间就能达到一种成本最小的状态，政府规模也最为合理。

---

① 徐理明，徐颂陶．走向卓越的中国公共行政．北京：中国人事出版社，1996.

另外，国外研究结果也证明，政府支出与经济增长之间的关系是非线性的，从而存在政府的最优规模。巴罗指出，政府规模与经济增长之间存在倒“U”关系，阿密则明确提出了政府最优规模曲线。他指出：政府规模较小时，政府支出对产出的增强效应将占主导地位，此时政府规模的扩大将伴随着产出增加；但当政府规模达到某一临界点之后，产出的增强效应会递减，政府规模的进一步扩大就会阻碍产出增加。这意味着在该临界点上，政府支出的边际效应为零，政府规模最为合适。[①]

（六）一些关于政府规模的实证研究

自20世纪80年代以来，一些学者运用数学、经济学和其他一些相关学科的理论与发展，就一些国家和地区的政府规模问题进行了实证性的探索，这些探索主要涉及政府的财政、人员及机构规模。马栓友利用1979～1998年的数据，以GDP增长率为被解释量，以按就业人数平均的政府消费支出之增长率、劳动力增长率、资本增加额占GDP的比例等为解释变量进行回归分析，发现关于人均政府消费支出增长率这一项的回归系数显著且为正，他由此得出结论：我国政府劳务具有显著的生产性，进一步扩大政府规模能够促进经济增长，甚至提出，我国地方政府的最优规模（政府消费支出占GDP的比例）为26.17%。[②] 娄胜华采取了数据分析的方法对澳门地区的政府规模进行了实证性研究，得出了澳门政府规模的一些基本特征。[③] 温娇秀运用省级面板数据对地方政府的最优规模进行了估计。[④] 孙群力采取采用巴罗（Barro）和卡拉斯（Karras）的分析方法，利用我国28个省市区1978～2004年的面板数据检验了“Barro规则”。[⑤] 研究发现，我国地方政府的财政支出和政府消费是显著生产性的，但财政支出和政府消费支出均提供过度，最优政府规模为10%（±1%），比实际政府规模要小，且财政支出及政府消费的边际产出与相应的政府规模呈显著负相关。胡书东用政府财力作为衡量政府规模的指标，运用1986～1997年的数据进行过回归分析，表明政府规模和人均GDP呈负相关关系。[⑥] 陈健则用政府官员占总人口的比重作为衡量政府规模的指标，通过对1997～2001年各省政府机构工作人员人数占各省人口比重和各省人均GDP水平的数据进行计量分析，得出地方政府规模与当地人均GDP水平呈显著负相关的结论。[⑦] 张紧跟对广东省政府规模及行政管理现代化进

---

① 杨首，刘淼．Armey曲线与中国最优财政支出规模．黑龙江社会科学，2008，(3)：86-87.

② 马栓友．政府规模与经济增长：兼论中国财政的最优规模．世界经济，2000，(11)：63.

③ 娄胜华．澳门政府规模的实证研究．学术研究，2003，(3)：61-66.

④ 温娇秀．中国地方政府最优规模设计——基于省级面板数据的实证分析．经济与管理，2007，(3)：24-27.

⑤ 孙群力．财政分权与政府规模：中国的经验分析．经济纵横，2006，(12)：96-98.

⑥ 胡书东．政府规模和财政分权、集权的适宜度．改革，2002，(1)：70-73.

⑦ 陈健，胡家勇．政府规模与经济发展．财经问题研究，2003，(8)：4-7.

程进行了思考，提出必须在广东现代化进程中进行相应的改革，不断压缩政府规模，以使行政管理现代化与经济发展形成良性互动。① 还有一些学者对国外一些政府组织的相关数据进行分析，得出了一些对我国可资借鉴的建议。

（七）限制政府规模的理论和途径

政府组织有着不断扩张的倾向，这种扩张也导致了行政成本的增加，加重了社会负担，并且暴露出了政府机构及其职能的不合理性，由此催生了限制政府规模理论的兴起。限制政府规模的激进理论可以以货币理论、供应学派、新制度学派和公共选择理论等新自由主义为代表，他们无不主张限制大政府，推行小政府，限制政府工作人员的规模，限制政府职能。德鲁克从管理学的角度对政府规模的膨胀提出批评，在《大变革时代的管理》中，他甚至认为 20 世纪建构的大政府，无论是在道德上或财政上都已破产，它没有达成承诺。②

国内外学者为限制政府不断扩张的趋势，把政府规模维持在一个合适的范围之内，进行了一些有益的尝试。关于限制政府规模的途径和方法，主要集中在以下几个方面：一是调整政府的行政理念和行为方式；二是进一步界定和完善政府职能；三是控制政府行政成本；四是整合政府与社会、政府与市场之间的关系；五是预算与制度的刚性约束。从政府与社会的关系中思考政府规模的问题，必然会把社会自治视为缩小政府规模的根本途径。马克思关于国家和政府必然走向灭亡的理论就目前来看还只是一个理想，社会对公共物品需求的无止境与其自身在提供公共物品能力上的缺失决定了政府存在的必要性，因此，伴随着市场经济的不断发展和市民社会的日趋完善，“小政府，大社会”成为政府与社会间的理想关系模式。国内学者刘伏龙认为，政府的有限性应当体现在以下几个方面：一是能力限度，政府的规模、功能应该严格限制在政府实际能力的范围之内，不能随意扩大，不断膨胀、扩张；二是效率限度，如果政府、社会组织、个人在能力上都能提供某方面的服务，谁能够更经济地提供某项服务，就应该由谁来承担；三是权力限度，政府的权力是有限度的，并且这种权力要受到有效的规则、法律和限制性措施来确定和规范，不得损害社会公共利益，更不得侵犯公民私人权利。

综观 20 世纪后半叶大多数国家进行的机构改革，虽然各个国家改革的具体思路和做法有较大差异，但它们在缩小和削减政府规模上有一个共同之处，就是都把重点放在限定政府职能、下放权力、调整机构、精简人员和提高效率上。

二、政府结构的研究综述

从狭义上看，中国政府结构可划分为纵向的层级结构和纵横交错的条块结

---

① 张紧跟．政府规模视角下广东行政管理现代化进程分析．广东行政学院学报，2006，(5)：9-13.

② 德鲁克 P. 大变革时代的管理．赵干城译．上海：上海译文出版社，1999.

构。可以说，正是政府层级结构与条块结构的相互交错，才构成了中国庞大而坚固的政府体系。政府结构的合理与否直接影响着国家的有效运转和管理效能。朱光磊教授提出，我国各级政府结构存在“职责同构”的模式，即不同层级的政府在纵向间职能、职责和机构设置上的高度统一、一致，中国每一级政府都管理大体相同的事情，相应地在机构设置上表现为“上下对口，左右对齐”。这是对中国政府间关系总特征的一个理论概括，而且在国家的法律和制度基础、政府经济与社会管理体制等领域有着多方面的表现，是政府职能转变不到位、条块矛盾突出等一系列重要问题难以解决的主要体制性原因。

在“大政府”概念基础上进行的政府结构研究，不仅仅涵盖了狭义的政府体制结构，即横向的职能结构和纵向的层级结构，还包括了行政机关与政党、权力机关、司法机关等一系列结构在内。归纳起来，我国政府由三重结构排列整合而成：党政结构、宪政结构和科层结构。

（一）基本概念

“结构”原意为建造房屋、屋宇构建的式样，如杜甫诗曰：“新亭结构罢，隐见清湖阴。”引申意为各个组成部分的搭配、排列与组合，即指物质系统内各组成要素之间的相互联系、相互作用的方式。客观事物都以一定的结构形式存在、运动、变化。物质结构多种多样，可分为空间结构和时间结构。在自然辩证法中，结构与功能相对，组成一对范畴。

“政府结构”从属于“政治结构”范畴，“政治结构”系政治学中的一个基本概念，即政治角色的特定组合和特定的政治行为模式。而政府结构概念的流行是由于“结构-功能主义”在行政学的普遍运用。狭义政府机构（组织）的结构就是表现政府机构各部分排列秩序、空间与位置、聚集状态、联系方式，以及各要素之间相互关系的一种模式，是以一定的具有权威性的制度所规定的政府组织形式及关系模式。可分为纵向的层级结构和横向的部门结构（即纵向的权力结构和横向的职能结构）。基于我国“大政府”概念基础上的政府结构，不仅仅是指狭义的政府各层级和各职能部门之间的关系，还包括了行政机关与相应层级的中国共产党组织、人民代表大会、法院、检察院等机构之间的关系。具体来讲，广义的政府结构包括党政结构、宪政结构与科层结构三个方面。

（二）党政结构

现今几乎世界上所有的国家都实行政党政治，政党与政府之间的关系已成为政治学的一个重要研究范畴。在我国的政治架构中，党政结构是指中国共产党与各级政府的结构关系。中国共产党在整个国家政权中具有不可动摇的统治地位，党政结构在整个政府结构中的地位显得尤为重要。中国宪法原则上规定了党和政府的这种特殊关系，并在政府长期的运行惯例中，形成了党对政府的直接领导。在《中国共产党章程》中，把这种领导地位规定为“政治、思想和组织”的领导。在这些原则性规定的基础上，在党和政府长期运行的实践中，形成了我国的党政结构，正如毛泽东形象描绘的，“大权独揽，小权分散。党委决定，各方去办。办也有决，不离原则。工作检查，党委有责”。可见，党政结构是剖析中国政治和政府的一个重要切入点。我国实行的实际上是一种党政并行的制度，党掌管着最根本的权力，党的领导是具体的、实实在在的，政策制定的最终决定权掌握在党中央机构手中。同时，党的书记担任各级政府的重要职务，由此，党的领导得到了双重保障。

党的结构有高度组织化的特点，并与各级政府形成相应的组织系统。党对国家政权的领导，通过对各级政权组织的领导得以实现。另外，各级政府在接受上级政府领导的同时，又要接受同级党组织的领导。党通过纵横交错的网络结构实行对各级政府的领导，各级政府在党的领导下，有力地把各个部门整合在一起，实现了中央与地方的高度统一。美国学者汤森指出：“在实践上，党直接控制政府过程的程度随级别的不同而有异。在中央一级，党的精英垄断了决策权，也垄断了执行其决定的国家、党和军队官僚机构中的关键职位。在中等级别，党员在领导职位中的比例足以保证党对政府机关的统治。”①

这种党政高度一体化的政府结构的一个重要特征就是单一的权力中心——各级党组织，这对维系国家的统一、中央的政令畅通和保持一个安定的政治局面发挥了重要的作用，同时，也面临着巨大的挑战。权力过分集中这一体制性的弊端造成了各级政府在运行过程中的许多问题。如何进一步完善党政关系，已成为我国行政体制改革中的一个重大课题。

（三）宪政结构

当代各国基本政治构架一般都由各国宪法做出原则性的规定。宪政结构就是指由宪法所规定的政府行政机关与其他政权组成部门之间的关系。在我国，按照宪法规定，政府是国家权力机关即各级人民代表大会的执行机关，由它产生并受它监督，权力机关拥有对行政机关的决定、监督等权力。审判机关、检察机关也都由权力机关产生，对其负责，受其监督。审判机关、检察机关和行政机关之间，是一种特殊的相互监督与制约的关系。行政机关通过掌握一定的财政权对其他机关形成一定程度的制约。这就构成了我国宪政结构有别于“三权分立”结构的关系网络图。

按照宪法和组织法的规定，中国的宪政体制遵循议行合一的原则，各级人民代表大会是国家权力机关，其他机关由它产生对它负责，体现了权力关系的法定性，这亦是研究中国宪政结构必然以“大政府”视角的法理依据。宪政结构的运作，与宪法和法律遵守的程度、宪法和法律框架下各方政治参与的程度有直接的

---

① 汤森 J R，沃马特 B. 中国政治 . 南京：江苏人民出版社，1996：280.

关系。由于各地法治和民主发展程度的差异很大，宪政结构在全国各地运行的状况存在相当大的差异。这种差异的基本原因在于：全国各地市场经济的发育程度、由市场经济所带来的社会转型力度、社会主义法治建设发展深度的不均衡性。总而言之，在宪政结构下，各级人民代表大会是国家和社会之间进行能量交换的通道，社会各方力量通过人民代表大会进行利益表达、利益聚合和利益实现；行政机关通过执行人大决定的法律法规维护整个社会利益。审判机关通过解决各种纠纷来维护社会公平和正义，检察机关通过公诉职能维持社会秩序。

另外，从系统论和博弈论的角度来看，我国宪政结构的形成是多重博弈的结果，是政治系统进行输入输出的互动。

科层是现代官僚制的一个重要特征，是指一种权力依职能和职位进行分工和分层、以规则为主线的组织体系和管理方式。在我国的政府体制中，科层结构与行政机关内部的横向和纵向分工密切相关。从横向上看，科层结构表现为部门职能结构的专业化；从纵向上看，表现为政府从中央到地方的层级节制。与宪政结构和党政结构相比，科层结构更多涉及具体的管理体制和管理职能的运行。

虽然在实际研究中，任何一个国家的政府，无论是规则化和专业化程度，还是法理型权威的确立，都没有达到韦伯所说的理性官僚制水平。但这并不妨碍我们用科层制结构来描述和分析我国各级政府的内部结构特征，这种特征是由整个政府的组织特征决定的。我国政府通过在内部设立层级性机构和功能性机构的纵横双重配置来构筑科层结构。层级性机构的配置在当代中国表现为两个方面：一是双重领导结构，在业务上由中央主管部门领导，基本上按行政区划进行设置，实行以中央部门为主和地方政府为辅的双重领导；二是纯粹的垂直管理机构，其特点是工作直接向中央业务主管部门负责，人、财、物都由中央业务主管部门直接管理。而功能性机构是指那些直接受各级政府领导的管理机构，即政府的各职能部门。

在组织运作层面，按照《组织法》的规定，下一层级政府的机构设置、人员编制等要报上一级人民政府批准，同时报同级人民代表大会备案。由此，上级政府对下级政府形成了更为直接的管理。另外，科层结构的一个重要表现就是上下级政府之间的财政关系，通过财政的上缴、支付、转移等方式，形成了上下级之间赖以生存的科层结构。

正如官僚制本身所受到的质疑一样，政府科层结构在这个快速变迁的时代，同样面临着许多挑战。正如韦伯本人所说的那样：科层制一旦形成，必然会形成巨大的制度惯性，陷入“铁的牢笼”，任何的改变和创新似乎都不大可能。面对快速发展的经济和举步维艰的民主化进程，政府科层结构的完善似乎不仅仅只是政府自身的问题，它关系到政府在整个社会中的定位等更为严峻的政治问题。

三、政府规模与结构的内在逻辑联系

根据结构-功能主义的看法，社会是具有一定结构或组织化手段的系统，社会的各组成部分以有序的方式相互关联，并对社会整体发挥着必要的功能。结构的优化与否直接决定着整个系统功能的发挥，进而影响到系统的边界。政府作为一个整体，是社会系统的一个重要组成部分，其内部结构也应当是关联而有序的。同时，政府作为一个极具特殊性的社会系统，其自身要素的排列组合方式是多样性的，有着自己独特的结构体系。结构的好坏制约着整个政府系统功能的发挥，进而影响到政府的规模。政府的结构必须是有序且有效的，只有构建一整套能有效协调政府观念、利益，政府职能，政府人员、机构等制度性因素的结构框架，才能确保政府与外部环境的和谐统一，才能保证政府系统内部的有效整合，才能实现政府规模的适度化与结构的合理化。

在国内外关于政府规模和政府结构的探讨中，学者们很少有从政府规模与结构的关系角度进行论述的。但实际上，政府规模与结构并不是截然分开的，它们之间存在着内在的逻辑联系。

理查德·斯格特在其《组织理论》一书中指出，“就像形式化和集中化一样，规模是组织结构的范围——即组织的几个结构性质之一。”① 他认为，组织规模与结构分化呈正相关。对不同组织的研究表明，组织规模和各种结构分化程度之间存在连续的、正相关的关系。这种结构分化程度包括职业分类数目、等级层级数目以及组织的空间分布，较大的组织倾向在结构上显示出更复杂的趋势。布劳认为，大的规模必定与结构上的分化相关，而相应的分化又创造出一种促使行政部门内部规模增大的压力。这是因为，结构上的分化增大了不同子单位和个体之间在工作上的差异性，从而提出了协调和整合方面的问题。行政部门因此延伸其权限，并承担了这些责任。另一方面，组织规模又与子单位平均规模的增长息息相关，而相对来说，可把在子单位内进行的工作归为同一类型。从事同一工作的人数越多，需用于管理他们的行政人员就越少。所以，总体看来，较大的组织规模通过增加结构间的分化——即通过增加组织内子单位的种类数量，可以使行政部门的规模扩大，从而有利于协调这些部门之间的工作；同时，较大的组织规模通过增加组织内较小部门中同类工作的工作量，以缩小行政部门的规模，从而对这些部门的工作进行有效的管理。

因而，对于政府的规模与结构关系及优化研究，需要站在更为宏观的层面进行分析、设计。政府的职能、结构与规模并不是完全孤立地存在的，它们之间相互依存、相互影响。

---

① 斯格特 R. 组织理论. 北京：华夏出版社，2002：244.

首先，政府职能是政府结构设计的依据，是政府规模的外在边界。政府职能决定了政府应该做什么和不应该做什么，决定了政府结构设计的功能指向。正如我国的历次行政改革均围绕着政府职能转变这一核心一样，政府结构的调整也要跟随职能转变的步伐。随着我国有中国特色社会主义市场经济体制的确立和完善，政府的职能也逐步实现着从对经济和社会事务的微观管理向宏观调控、公共服务等职能的过渡，这就要求政府要实现结构性转换，把重点转移到承担这些职能的子结构上来。同时，职能规模从根本上制约着财政规模和人力规模。职能的调整必然伴随着机构和人员的调整。

其次，政府结构的好坏和有效性直接关系着政府职能的发挥，从而影响政府规模优化的实现。正如结构-功能主义所强调的那样，系统结构的好坏直接影响着系统整体功能的发挥。政府系统也是如此，如果政府系统的内部结构排列是合理有序的，政府的职能也能通过这种有效的结构顺利地得以发挥，规模也能得以控制。反之，如果结构混乱不堪，各机构之间权责不清、相互推诿，职能的实现情况必然不容乐观。与此同时，政府系统的内耗增大，规模必然庞大。因而，政府系统结构是否合理直接关系着政府职能的有效实现，进而直接影响着政府规模的大小。

最后，政府规模是政府结构及其组织体系运作的外在表现。“在组织理论研究领域中，组织规模一直被认为是影响结构设计和控制方法的一个重要因素。”①各类组织都有其特定的制度性框架，组织规模的大小是进行结构设计的一种重要影响因素。正如组织学经典理论论述的那样，规模，尤其是相对规模，与组织的可视度和明晰度紧密相连。较大的组织更可能成为制度实施者（如国家制度机构）的目标，因此，这些组织更可能成为其他组织模仿的对象。

在我国，对政府结构与规模的讨论，应当在市场经济的大前提下，根据本地区实际情况，制定本地区经济与社会可持续发展战略，并据此划定地方政府总体上的职能边界和行政成本边界，再以此为基础，合理、科学地设定政府规模的上限，并配置职能、设计组织系统结构。在我们看来，职能、规模、结构之间存在一个三维互动关系，即职能决定了政府权力规模边界与成本规模边界，同时决定了政府组织结构体系的功能指向；而规模则是政府为全面、高效地履行职能的外在形态与活动范围，同样也是政府结构及其组织体系运作的外在表现；地方政府的结构，既要全面满足履行职能的需要，也是实现规模适度化的内在决定因素。

四、对现有研究的述评

经过初步的文献检索与综合分析，我们认为，地方政府规模与结构的国内外

---

① 达夫特 R. 组织理论与设计. 第七版. 北京：清华大学出版社，2003：326.

研究成果主要集中对四个方面的问题进行了多角度、多层次的梳理与探讨。

第一，“善治”理念与地方治理理论已成为国内外地方政府改革研究的主流观点与理论框架。

第二，权力的非主权性、治理的局部性、以地方公共服务为主要职责是地方政府概念与范畴界定的主要构成要件。

第三，对政府规模，一直存在政府规模必然随经济发展扩张和为了降低行政成本而限制政府规模扩张的两种基本理论观点。关于政府规模的测度，一般有两种方法：一种是用政府控制的或可支配的社会资源占 GDP 的比重表示，另一种是用政府占用的人力资源占社会人力资源的比重来表示。关于政府规模的影响因素，经济发展水平、经济体制类型、人口、地域面积，以及民族因素是国内外学者公认的影响政府规模的决定性因素。

第四，地方政府结构可划分为纵向的层级结构和纵横交错的条块结构。地方人民政府与相应地方党组织之间形成了“党政结构，”与同级人大、法院、检察院之间是“宪政结构”，与上级政府之间是“科层结构”。

国内外研究界的探索，为本书提供了重要参考和有益启示。同时，我们认为，国内现有研究成果及改革实践也存在下列局限。

第一，对政府规模与结构的认识尚欠系统、明确。规模是“所包括的范围”；结构是指“各个组成部分的搭配和排列”。我们认为，规模是由外在边界所决定的；结构则是由内在的层次（层级）决定，包括横向与纵向两方面。而国内同类研究对于规模的定义过于狭隘，尤其是衡量指标限定于财政规模和人力规模两个点上。在我们看来，这两个指标属于比较刚性的规模指数，而衡量一个地方政府的规模，必须从内外两方面的影响因素出发，即综合考量经济因素（经济发展水平、经济体制、产业结构）、政治因素、社会因素（人口结构、地域面积、社会组织结构、社会文化、科技水平、民族构成）、行政客体因素等外部因素，以及政府价值观、地方政府战略、政府公共职能、公共资源的获取与配置、政府组织与人事等内部因素的影响与要求，并结合治理绩效、顾客满意度、社会认知等较为软性的指标进行综合评判，并在此基础上建立模型。

第二，对政府职能配置与其规模、结构的互动关系尚欠深入的剖析。我们认为，对于政府的规模与结构优化，需要站在更高的层面进行分析、设计，即探讨市场经济条件下，根据地区实际情况，制定地区经济与社会可持续发展战略，并据此划定地方政府总体上的职能边界和行政成本边界，再以此为基础，合理、科学地设定政府规模的上限，并配置职能、设计组织系统结构。在我们看来，职能、规模、结构之间存在一个三维互动关系，即职能决定了政府权力规模边界与成本规模边界，同时决定了政府组织结构体系的功能指向；而规模则是政府为全面、高效地履行职能的外在形态与活动范围，同样也是政府结构及其组织体系运作的外在表现；地方政府的结构，既要全面满足履行职能的需要，也是实现规模适度化的内在决定因素。

第三，西方前沿理论的本土化及政府规模与结构优化的分类、分层研究不够。对西方前沿理论，我国学者推介、评述较多。例如，关于地方治理理论的研究，虽有少数学者对中国适用治理或善治的可能性进行了分析，并有学者提出“竞争-合作主义”这样的中国实现“善治”的理论模式，但总体而言，现阶段大多数成果还停留在介绍国外成果的基础上，地方治理理论尚未实现与我国公共管理及公共服务改革的全面对接，更谈不上本土化改造或创新。对国外行政改革的经验，介绍并提出启示或借鉴是当前研究成果的通用模式。然而，最具创新意义的启示或借鉴部分往往限于作者自身对于国内外实践及其环境的认知程度，容易走向两个极端，即要么缺乏实际应用的可能，要么简单照搬国外做法而缺乏针对中国实际的改造，因而对地方政府改革实践的现实和实际意义不大，缺乏直接的应用价值。当前关于政府结构与规模的研究，国内学者从宏观层面提出的原则性建议较为多见，但针对我国类型、层次复杂多样的地方政府，从实践操作层面进行典型个案深入分析的并不多见；对省级政府的横向比较较多，但对其他层级政府的同类比较或异质性分析不够；对财政规模和人力规模的研究较为普遍，但对于特定类型或层级的地方政府规模与结构的内生决定因素的研究不够。

第四，实证研究尚待加强。对政府规模的定量分析，国内同类研究虽从不同方面推出了很多成果，但该类成果仅限于已有统计数据的挖掘分析，以及国外模型的验证分析。国内本领域实证研究的局限主要在于：一是未能形成从假设出发，通过实验验证并完善调整假设的完整链条；二是尚未针对我国实际建立适用性强的地方政府规模与结构测度模型。

第五，对中国特色的科层制结构的局限性尚欠深入的认识。在对地方政府规模与结构的研究上，现有文献大多是从西方的语境出发，讨论我国中央与地方政府的规模评价与结构关系。但是应当看到的是，西方大多数国家都实行地方自治，地方政府是有自治权的独立实体，中央与地方之间、地方政府府际之间主要是合作与伙伴关系，伴有少许良性的竞争。而在我国，中央政府与地方政府之间从本质上是一种行政隶属关系。横向上，许多机构重复设置、职能臃肿；纵向上，下级政府对上级政府依赖性较强，地方政府只有少量的自主权，这从根本上妨碍了地方政府的积极性。同时，我国地方政府府际之间更多的是一种带有“地方保护主义”色彩的恶性竞争。这从根本上导致了我国“职责同构”的行政架构。我们的研究正是基于这一点，从我国的现实出发，借鉴了西方较为流行的地方治理理论，针对我国横向上职能重叠与纵向上职责同构这一特点展开，更加具有现实性。

基于我国国情，研究市场经济条件下地方政府规模与结构的内生决定因素与发展、演进规律，从而科学配置地方政府公共职能，以及优化地方政府的规模与结构、降低行政成本，是我们研究的主旨和主题所在。针对上述现有研究的不足，一方面，我们利用治理理论作为分析框架，既从治理分析、合作网络等视角和范畴入手，剖析和构建新时期地方政府公共职能配置及其规模与结构优化路径，又利用包含制度分析、经济分析和文化分析等在内的分析方法体系，以及PPS抽样调查、实验研究、数学建模等实证研究方法，以“善治”价值目标为统率，通过完整、严谨的实证研究链条实现理论创新与实践创新，来推动我国公共管理学科研究范式走出狭隘的学科视野、单一的研究方法，从而为我国公共管理研究提供具有启迪性的范式途径。另一方面，我们着重于实证研究，特别是分类、分层的典型个案分析和实验研究，这有助于摒弃当前国内同类研究偏重引进、评介国外理论，脱离中国实际，教条式抒发“借鉴”或“启示”，缺乏科学严谨、周密客观的调查实证研究方法和经验的局限，既为我国各级政府及各地区当前改革提供可资参考的、操作性强的改革方案和制度安排建议，也为我国宏观管理与政策科学紧密联系实际、服务实际，创新研究方法，促进研究成果的转化提供新的研究视野。此项研究力图为我国地方政府改革提供一套可行性较强的方法体系与模型框架，并通过典型地区的试点与实践，为我国不同发展水平、不同层次的地方政府提供可资借鉴的改革路径。

第三节　中国地方政府规模与结构的历史回顾

新中国成立初期，由于社会主义建设经验的不足，我国政府尤其是地方政府不管从职能配比、机构设置，还是人员配置等多面都处于急剧变动的状态。直到1978年党的十一届三中全会以来，随着改革开放的不断深入和社会主义现代化建设事业的发展，我国的地方政府才进入了一个相对稳定的调整期。改革开放30多年来，我国的地方政府先后经历了六次改革，时至今日，地方政府的职能、机构、编制、人员、结构都有了一个较为科学合理的定位。

一、新中国成立以来我国地方政府变迁的宏观回顾

各级地方政府在我国的政权体系中占据着非常特殊的地位，长期以来，它一直是中央政府各项方针政策的执行机关，同时又是地方经济和社会发展的管理决策机关，承担着承上启下、沟通“条块”的重要作用。

新中国成立初期，共和国在借鉴苏联政治、经济模式的基础上，以法律条文的形式基本确立了我国地方政府管理体制的格局：以党管干部委任制为核心，以行政命令体制为主体，以意识形态动员为推动力，构成了一个相对稳定的操作系统和组织结构，它具有高度集权、计划管理、党政不分等特点，这种地方政府管理体制，基本上是我国在革命战争年代形成的战时管理体制的延续。在新中国成

立初期特定的历史环境下，它基本适应了当时尖锐的政治条件和特殊的建设任务之需要，促进了国民经济的恢复和发展，但是历史上的成功经验又往往会成为其后发展的包袱。随着社会主义改造的完成，特别是改革开放以来社会主义市场经济战略的实施，这种地方政府管理体制在运行过程中，越来越暴露出其缺陷与不足，难以适应和平时期执政及现代化发展的需要，地方政府面临着空前的困境与挑战。

自改革开放以来，为了顺应市场经济体制的要求，我国的政府职能发生了前所未有的变化，我国政府从上至下进行了多次的机构改革，以期从根本上转变地方政府职能，优化地方政府结构，遏制地方政府规模的增长。十一届三中全会以后，我国地方政府围绕职能转变这一核心，以地方政府机构改革为关节点，经历了一系列的演变和探索。

1982 年的机构改革是改革开放以来第一次规模较大的政府改革。首先从国务院做起，地方政府机构改革于 1982 年年底开始进行。其主要内容包括：按照规定的领导职数精简和重新配备领导班子；精简机构，减少中间层次；实行地市合并，推广市管县体制。1982 年，《宪法》和《地方组织法》对行政公署的性质和地位重新作了规定，仍作为省、自治区人民政府的派出机构。同年，中央、国务院针对地、市并立，机构重复，人浮于事，关系难以协调，扯皮现象严重等弊端，提出在经济发达地区，将省辖中等城市周围的地委、行署与市委、市政府合并，实行市管县体制。经国务院批准，江苏、辽宁两省撤销了全部地区行政公署，实行地市合并，由市管县。随后，其他省和自治区也相继推行这种体制。到 1988 年年底，全国有 168 个市对 712 个县实行了市管县体制。1983 年 10 月，中央、国务院针对政社合一的弊端，提出以原有人民公社的管辖范围为基础，实行政社分开，建立乡人民政府；有条件的集镇可以成立镇人民政府，以适应农村经济、文化发展的需要。到 1988 年，全国共建立乡镇政府 69 842 个。这是 20 世纪 80 年代，对地方政府结构所作的两次较大的调整。这次改革，实际上涉及三个层面的问题：一是精简机构，力图减少机构数量、缩小政府规模；二是调整政府层级结构，减少中间层级；三是改革农村基层政府的管理体制。

1988 年的机构改革是在经济体制改革不断深化和政治体制改革逐步展开的背景之下进行的，这次改革着重大力推进政府职能转变，政府的经济管理部门要从直接管理为主转变为间接管理为主，强化宏观管理职能，淡化微观管理职能。改革的重点是那些与经济体制改革关系密切的经济管理部门。按照党中央、国务院的部署，地方政府机构改革从 1989 年开始，首先是进行省一级和计划单列市的机构改革。1988 年 11 月 29 日至 12 月 4 日召开的全国人事工作会议对地方政府机构改革的基本思路及其实施步骤进行讨论后，各地即着手进行机构改革的准备工作，包括调查研究、拟订方案等。1989 年年初，根据经济发展趋势，为了集中力量搞好治理整顿，中央决定适当推迟省级机构改革。据此，中央组织部和人事部党组认真研究了调整 1989 年地方政府机构改革部署问题，向国家编制委员会作了汇报。总的考虑是，1989 年暂不全面铺开省级和计划单列市的机构改革，先进行试点，开展调查研究，制订改革方案，待做好治理整顿工作后，具备环境条件时再进行。7 月经党中央、国务院领导同志同意，国家机构编制委员会发布了《关于当前地方机构编制工作安排的通知》。其基本精神是，要利用暂缓进行地方政府机构改革的时机，充分做好机构改革的准备工作；要结合治理整顿，加强机构编制的宏观控制和搞好机构的局部调整。具体做好四个方面的工作：一是在广泛调查和深入研究的基础上，提出省级地方政府机构改革的具体调查方案；二是根据各地实际情况，对地方机构进行局部性调整；三是加强机构编制管理，严格控制机构编制膨胀，做好机构“消肿”工作；四是搞好地方机构改革的试点。因为各方面的原因，这次地方政府机构改革最终没有完全推开。

1993 年地方政府机构改革的最大特点是，围绕建立社会主义市场经济体制的目标，从政府体制改革的高度推进机构改革。改革的长远目标是逐步建立具有中国特色的功能齐全、结构合理、运转协调、灵活高效的政府管理体系。改革的重点是转变政府职能，转变职能的根本途径是政企分开。此次地方政府机构改革在总结以往机构改革的经验教训和总的指导思想、指导原则下，形成了改革的具体思路。省级地方政府机构改革主要包括：第一，在行政权限上，合理划分省、自治区与市、直辖市及区、县的职责权限，理顺上下关系；第二，在机构设置上，省、自治区党政机构平均控制在 55 个左右，直辖市党政机构限额控制在 75 个左右；第三，在人员编制上，省、自治区机关人员编制总数控制在 16 万人左右，直辖市机关人员编制总数控制在 11 万人左右；第四，在领导职数方面，省级领导班子职数为 6～7 人。地（州、市）级机构的改革是把地区机构改革与完善地区行政管理体制结合起来。全国有 14 个地区机关与地市级机关并存一地，要求原则上予以合并，实行市领导县的体制。地级市机构设置分为三类，一类市的机构控制在 60 个左右，二类市的机构控制在 50 个左右，三类市的机构控制在 30 个左右。县、乡机构改革主要是按照“小政府、大社会”的方向，将专业经济部门改为经济实体或服务实体，其行政职能集中到政府有关部门，实行综合管理。这次改革主要是在确定各级政府职能边界的前提下，实现其规模的量化规范。在政府结构上，进行了横向的调整。

虽然 1993 年机构改革取得了很大成绩，但政府机构存在的诸多问题仍未得到根本性的解决，管理体制和机构设置与社会主义市场经济发展的矛盾日益突出。鉴于这种情况，1998 年 3 月 10 日，九届全国人大一次会议审议通过了关于国务院机构改革方案的决定。地方政府机构改革按照党中央、国务院的统一部署，于 1999 年开始实施。1999 年，省级党委和政府机构改革开始进行。经过改革，省级党委机关人员编制由3.4万名减为2.7万名，减少0.7万名，精简19%；省级政府机构设置平均由55个减少到40个，人员编制由15.8万名减为8.4万名，减少7.4万名，精简47%。省级人大、政协机关及群众团体机关也先后进行了机构改革，人员编制由1.8万名减为1.5万名，减少0.3万名，平均精简17%。2000年，市县乡机构改革全面启动。市（地）级政府机构由平均45个减少到35个，县级政府机构由平均28个减少到18个。市县乡各级人员编制由460万名减为371万名，减少89万名，精简19%；全国政法机关按照"精简机关，加强基层"的原则，专项编制（不含基层队伍）由88万名减为79万名，减少9万名，精简10%。在市县乡机构改革中，清退超编人员约43万人。为保持社会稳定，在这次机构改革中，调整、充实了西藏和新疆沿边乡镇的行政编制。这次改革，集中在对政府规模的载体——政府工作人员的分流与精简上。

2003年的政府机构改革，是在我国加入世界贸易组织的大背景之下进行的，这次改革主要在中央一级进行。改革的目的是，进一步转变政府职能，改进管理方式，推进电子政务，提高行政效率，降低行政成本。改革的重点是，深化国有资产管理体制改革，完善宏观调控体系，健全金融监管体制，继续推进流通体制改革，加强食品安全和安全生产监管体制建设。这次改革重大的历史进步，在于抓住当时社会经济发展阶段的突出问题，进一步转变政府职能。比如，建立国务院国有资产监督管理委员会，深化国有资产管理体制改革；建立中国银行业监督管理委员会，建立监管体制；组建商务部，推进流通体制改革；组建国家食品药品监督管理局，调整国家安全生产监督管理局为国家直属机构，加强食品药品安全与安全生产监管。

2008年2月27日，中国共产党第十七届中央委员会第二次全体会议通过《关于深化行政管理体制改革的意见》，要求推进政府机构改革，探索实行职能有机统一的大部门体制，完善行政运行机制。由此，"区域整合"成为2008年我国第六次政府机构改革的关键词。这次机构改革的主要任务是，围绕转变政府职能和理顺部门职责关系，探索实行职能有机统一的大部门体制，合理配置宏观调控部门职能，加强能源环境管理机构，整合完善工业和信息化、交通运输行业管理体制，以改善民生为重点加强与整合社会管理和公共服务部门。改革后，新组建工业和信息化部、交通运输部、人力资源和社会保障部、环境保护部、住房和城乡建设部；不再保留国防科学技术工业委员会、信息产业部、交通部、人事部、劳动和社会保障部、建设部；除国务院办公厅外，国务院组成部门设置27个。依据中央政府要求，在中央"三定"方案出台后，大部制在地方层级正在逐步推进。地方推进大部门体制没有一个统一的模式，主要是依据地方政府的特点自主探索展开。其实在地方政府层级，大部门管理体制早已萌芽，1988年海南建省，根据中共中央和国务院的要求，海南省从本省实际出发，借鉴有关国家和地区的经验，创建了"小政府、大社会”的体制模式。湖北随州在2000年经国务院批准为地级市后的机构改革，没有增设人员和机构编制，而是把相近职能整合在一个机构当中，由一套人马负责，“几块牌子、一套班子”。四川省成都市以打破城乡分割的二元管理结构为目标，近年来成都开展了多项把密切相关的职责集中在一个大的部门统一行使的改革。从大部门体制在中央和地方的改革实践来看，大部制改革的目的是试图通过对政府内部横向结构的重组来解决政府职能重复、政出多门的顽症，它契合了行政管理体制创新的内在要求，对我国行政管理体制的革新和促使政府职能向更适应市场经济的方向上的对接，具有十分重要的理论和现实意义。

二、我国地方政府规模的演变进程

地方政府规模作为地方政府职能的一个外在表现形式，也随着职能的变化不断地进行着调整。地方政府规模的变化从实质上来讲就是政府职能的不断调整。自改革开放以来，随着社会主义市场经济体制的不断深入，我国的地方政府职能也相应发生了一些调整，从原来较多的干预微观经济领域到现在的宏观调控、市场监管、社会管理、公共服务，地方政府也由原来的“全能管制型”政府向“公共服务型”的有限政府过渡。地方政府规模围绕着职能变迁这一核心，在很大程度上表现为地方财政收支情况、地方政府机构设置情况和地方政府人员配置状况。

（一）改革开放以来地方政府财政支出情况

地方政府财政支出是各级地方政府对筹集的财政资金进行的分配和再分配，它体现了地方财政的活动范围和方向。各级地方财政支出规模作为国家财政体制中的一个重要方面，也是上层建筑的一个组成部分，地方政府财政支出必须保持相对适度的规模。很明显，地方财政支出规模过高，则必然需要相当的财政收入支撑，将可能导致税负过重，老百姓难以承担；财政规模过小，则政府在履行其职能时将捉襟见肘。

应该说，地方财政规模的大小首先应取决于地方经济发展的状况，经济发展水平的提升会引起地方财政支出绝对量的增长，公共支出必须为地方政府公共性职能的履行提供资金保障。其次，地方财政支出规模必然要与政治体制、财政体制以及其他的相关政策相一致，一国地方政府职能的范围取决于该国的政治体制、财政体制。而不断扩大的地方政府职能范围是导致各国地方财政支出不断增长的重要原因。此外，地方财政支出规模的大小，一定程度上也可以说是取决于中央与地方事权、财权的划分。

我国实行中央、省、市、县、乡五级政府，一级政府一级财政。基本上每个级次的财政都有其本级次的支出范围，从事本级次的相对独立的财政活动。首先，省一级财政要切实履行区域经济调节和社会管理的职能，按照国家法律、法规和方针、政策，制定区域性的经济社会发展规划，加强社会主义精神文明建设，创造公平、公正、公开的竞争环境，维护市场秩序，打破地区条块分割。其次，市一级财政要逐步管理从企业分离出来的社会事务，实行属地管理；进一步改善投资环境，加强城市基础设施建设，维护市场秩序，搞好社区服务，充分发挥城市的中心作用和辐射功能。再次，县一级财政要切实把职能从管理企业职能转向服务与协调职能，加强农村基础政权建设，逐步发展小城镇，促进农业的专业化、市场化、现代化。最后，乡镇一级财政要进一步推动农业社会化服务体系的发展与完善，为乡镇企业的发展创造条件，加强农村社会主义民主政治和法制建设，依法行政，规范管理。

1. 总量分析

改革开放以来，我国地方政府的财政支出总量在逐年扩大，支出规模不断扩大。地方财政支出不仅在绝对量上逐年增加，而且占全国财政支出的比重大体上也在不断上升。1994 年实行了分税制改革后，初步使得地方财政收入所占比重有所下降，但在支出方面地方财政支出占总支出的比重仅仅从 1993 年的 71.7% 下降到 69.7%，只下降了 2 个百分点。而且从 1994 年以后，地方财政支出占全部财政支出又呈现出连年上升的趋势，1997 年高达 72.6%，1999 年也高居 68.5%，2005 年则达 74.1%，见表 1-1。

表 1-1　GDP、中央和地方财政支出及比重情况

年份	GDP/亿元	绝对数/亿元			比重/%	
		全国	中央	地方	中央	地方
1978	3 645.20	1 122.09	532.12	589.97	47.40	52.60
1980	4 545.60	1 228.83	666.81	562.02	54.25	45.75
1985	9 016.00	2 004.25	795.25	1 209.00	39.70	60.30
1990	18 667.80	3 083.59	1 004.47	2 079.12	32.60	67.40
1991	21 781.50	3 386.62	1 090.81	2 295.81	32.20	67.80
1992	26 923.50	3 742.20	1 170.44	2 571.76	31.30	68.70
1993	35 333.90	4 642.30	1 312.06	3 330.24	28.30	71.70
1994	48 197.90	5 792.62	1 754.43	4 038.19	30.30	69.70
1995	60 793.70	6 823.72	1 995.39	4 828.33	29.20	70.80
1996	71 176.60	7 937.55	2 151.27	5 786.28	27.10	72.90
1997	78 973.00	9 233.56	2 532.50	6 701.06	27.40	72.60
1998	84 402.30	10 798.18	3 125.60	7 672.58	28.90	71.70
1999	89 667.10	13 187.67	4 152.33	9 035.34	31.50	68.50
2000	99 214.60	15 886.50	5 519.85	10 336.65	34.70	65.30
2001	109 655.20	18 902.58	5 786.02	13 134.56	30.50	69.50

续表

年份	GDP/亿元	绝对数/亿元			比重/%	
		全国	中央	地方	中央	地方
2002	120 332.70	22 053.15	6 771.70	15 281.45	30.70	69.30
2003	135 822.80	24 649.95	7 420.10	17 229.85	30.10	69.90
2004	159 878.30	28 486.89	7 894.08	20 592.81	27.20	72.30
2005	183 084.80	33 930.28	8 775.97	25 154.31	25.90	74.10

资料来源：《中国财政年鉴》(2006 年)

1）从地方财政支出规模的绝对量和相对量来看，从改革开放以来一直逐年扩大，只在 1994 年有一个小型的迂回波动。从 1994 年开始，地方财政支出的绝对量不断上升，到 2005 年，地方财政支出的绝对数已达 25 154.31 亿元。地方财政支出相对量也一直稳定在 70%左右，近年又有扩大的趋势。这说明在我国市场经济体制改革的过程中，分权化改革使得地方政府事权不断扩大，职能也不断扩张，地方政府可支配的财政资源大幅增加。

2）地方财政支出的增长低于 GDP 的增长。经上表的计算得出，经济体制改革以来，我国 GDP 快速增长，但地方财政支出增长相对缓慢，地方财政能力逐渐弱化，对地方经济的影响亦相对淡化，有的地方甚至沦为“吃饭财政”。2005 年我国 GDP 总量是 1978 年的 50.2 倍，年均增长 120%左右。地方财政支出则由 1978 年的 589.97 亿元，增加到 2005 年的 25 154.31 亿元，增长 42.6 倍，年均增长 115%左右，低于国内生产总值的增长速度。地方财政支出占国内生产总值的比重由 1978 年的 16.28%下降至 2005 年的 13.7%。

3）地方政府财政支出占全国财政支出的比重稳中有升。在地方财政占国内生产总值比重相对下降的同时，地方财政支出占全国财政支出的比重却不断提高，由 1978 年的 52.6%到 2005 年的 74.1%。主要是在经济体制改革过程中，中央为调动各级地方政府的积极性，逐步下放财权，统收统支的财政体制被打破，地方掌握的财力相对增加。中央与地方财力对比关系的变化，是分权式改革的结果，反映出地方事权不断扩大，说明地方财政职能相对增强。

4）从地方财政支出占 GDP 比重的变化来看，虽然地方和国家整体一样都处于下降的趋势，但比国家要慢得多。这至少可说明两点问题：一是在改革开放的过程中，地方财政比中央财政状况要好，整体而言，地方财政是改革的受益者；二是地方财政的经济影响力比中央要大，若把地方的预算外资金支出纳入统筹考虑，则这种差别就更加明显。地区间重复建设、区域结构趋同与此不无关系。

2. 结构分析

从近年来地方财政支出结构的变化情况来看，改革开放以来，随着经济结构的调整，地方政府职能的转变，地方财政支出结构有了较大的变化，见表 1-2。

表 1-2　地方财政支出主要项目表　　(单位：亿元)

项目	1998 年	1999 年	2000 年	2001 年	2002 年	2003 年	2004 年
合计	7 672.58	9 035.34	10 366.70	13 134.60	15 281.50	17 229.90	20 592.80
基本建设费	778.24	1 061.90	1 092.93	1 647.56	1 889.84	1 906.53	2 093.70
企业挖潜改造资金	419.42	477.45	498.07	602.03	552.69	634.25	741.51
科技三项费用	73.33	94.28	120.67	142.48	177.29	190.38	228.05
流动资金	20.90	24.73	21.56	9.21	2.08	1.40	1.29
地质勘探费	1.03	8.22	44.14	69.27	72.99	81.36	88.07
工业、交通、流通部门事业费	75.19	88.06	107.87	139.21	164.91	200.72	277.90
支农支出	577.23	608.82	689.47	818.87	982.96	999.27	1 551.99
科学、文教、卫生	1 912.50	2 150.40	2 450.91	3 000.93	3 531.59	3 997.57	4 623.09
抚恤和社会救济费	164.92	177.66	210.82	264.76	370.29	493.69	555.74
行政管理费	1 235.72	1 410.30	1 659.46	2 054.92	2 486.24	2 898.18	3 472.81
政策性补贴支出	348.22	383.71	395.86	443.11	373.58	379.79	378.47
城市维护建设支出	439.14	472.31	539.23	640.35	732.43	850.78	1 061.92
支援不发达地区	110.80	119.62	122.95	133.51	141.01	155.99	172.53
商业部门简易建筑支出	8.68	—	—	—	—	—	—
其他支出	1 527.26	1 987.80	2 412.71	3 168.35	3 803.55	4 439.94	5 345.11

资料来源：《中国财政年鉴》(2005 年)

由表 1-2 看出，在 1998～2004 年，中国地方财政支出结构中的主要支出项目，从绝对数看，除流动资金、企业挖潜改造资金、政策性补贴支出外，其余的项目，如基本建设支出、企业挖潜改造资金支出、支农和农业事业费支出、抚恤和社会救济费支出、行政管理费支出都是上升的。从相对数角度看，中国地方财政支出中的基本建设支出占地方财政支出的比重小幅上升，上升幅度从 1998 年的 10.14％到 1999 年的 10.17％，与中国全部财政支出中基本建设支出所占比重下降的趋势相反，说明了地方政府加大了对基本建设的重视程度。

1）用于经济建设的支出比重降低。截至 2004 年，全国地方财政用于经济建设的支出仅占 28.83％，且在经济建设支出中，基本建设支出大部分为非生产性支出，而用于企业的挖潜改造资金等大多是地方政府对一些企业采取税收返还优惠政策，直接用于一些竞争性项目，真正用于基础设施建设以及改善投资环境的支出相对很少。从各省 1998 年以来地方财政支出结构的变化情况看，地方财政用于经济建设的支出增长幅度较小，其占整个地方财政支出比重由 1998 年的 31％下降为 2004 年的 28.83％。

2）用于行政管理费和各类事业费的比重大幅度增加。财政供养人员与财政支出呈正相关关系，当前我国财政运行面临的一个重大难题就是财政供养人员管理失控，规模庞大，增长迅猛，财政不堪重负，这是导致各级财政困境日益加深、财政支出结构不合理的一个关键因素。截至2004年，行政管理费及各类事业费所占比重达到43.36%。资料显示，1995年，行政事业支出占财政总支出中的比重为11%，到2007年已经达到19%～20%；2006年，31个省市自治区的行政事业支出超出财政支出部分高达5780多亿元。行政管理支出不断增长，挤占了财政用于公共产品等其他方面的资金，致使财政调控经济和社会事业发展的能力受到严重限制。

3）由于各级政府普遍重视教育事业发展，各地财政支出中文教科学卫生事业费逐步增长，社会文教费由1998年的1912亿元提高到2004年4623亿元。然而，我国无论从公民受教育的普及程度还是从接受教育的质量上都在世界上处于较低水平，这其中主要原因就在于教育经费投入不足。在20世纪80年代，发展中国家教育经费占GDP的比例平均是4%，而2003年中国的教育经费只占全国生产总值的2.87%。而政府预算内的教育支出只占教育总经费的53%，剩下的47%则要求家长资助或其他途径填补。

4）社会福利和保障事业急需国家财政扶持。在地方财政支出中，抚恤和社会救济费支出绝对量虽逐年增长，但是它在地方财政支出中的比例50多年来一直徘徊在1%～2%，这一比重不仅远低于发达国家水平，甚至低于发展中国家平均水平。

（二）地方政府机构和人员设置变迁情况

我国实行中央统一领导、地方分级负责的行政管理体制。自改革开放以来，我国地方政府已经经历了自上而下的六轮机构改革，在转变政府职能这一中心的引导下，地方政府的机构和人员数量经历了“精简—调整—规范”这三个阶段，现已基本趋于稳定。目前省辖市政府工作部门一般设置40个，县政府工作部门按22个左右设置。除了政府工作部门以外，还有一定数量的事业单位履行部分行政管理职能。

1. 精简阶段

党的十一届三中全会以后，中国进入了一个新的发展时期，开始了经济体制改革，对外开放。而此时，臃肿的管理机构已不能适应改革开放和经济社会发展的需要，亟待改革。从20世纪80年代初开始，地方政府的机构和人员数量精简一直是改革的重点，这一阶段一直持续到1993年。

1981年，国务院的工作部门有100个，达到新中国成立以来的最高峰。在1981年12月五届全国人大四次会议的政府工作报告中，国务院决定，从国务院各部门首先做起进行机构改革，限期完成。于是，从1982年开始，首先从国务院做起，自上而下地展开各级机构改革，这次改革历时 3 年之久，范围包括各级党政机关，是新中国成立以来规模较大、目的性较强的一次建设和完善各级机关的改革。这次改革明确规定了各级各部的职数、年龄和文化结构，减少了副职，提高了素质；在精简机构方面，国务院各部门从 100 个减为 61 个；省、自治区政府工作部门从 50～60 个减为 30～40 个；直辖市政府机构稍多于省政府工作部门；城市政府机构从 50～60 个减为 45 个左右；行署办事机构从 40 个左右减为 30 个左右，县政府部门从 40 多个减为 25 个左右；在人员编制方面，国务院各部门从原来的 501 万人减为 3 万人；省、自治区、直辖市党政机关人员从 18 万人减为 12 万余人。市县机关工作人员约减 20%；地区机关精简幅度更大一些。

1988 年 4 月 9 日，七届全国人大一次会议通过了国务院机构改革方案，启动了新一轮的机构改革。改革采取了自上而下，先中央政府后地方政府，分步实施的方式进行。由于后来一系列复杂的政治经济原因，这一命题在实践中没有及时“破题”；再加上治理、整顿工作的需要，原定于 1989 年开展的地方机构改革暂缓进行。但是，由于经济过热，这次精简的机构很快又膨胀起来。

2. 调整阶段

从 1993 年 8 月到 1998 年年底，为中国地方行政体制改革的第二阶段——调整阶段。在这一阶段，我国围绕建设有中国特色社会主义经济体制改革的要求，大力转变政府职能，调整政府机构的设置和人员配置情况。在这一时期内，改革不再一味地精简机构和裁撤人员，而是根据社会发展需要适当的调整，弥补地方政府职能的“越位”和“缺位”，该精简的决不手软，该承担的职能也要及时落到实处。

1993 年，中央机构编制委员会下发了《中央机构编制委员会关于地方各级党政机构设置的意见》，该意见规定，省、自治区党委、政府的工作机构一般设 55 个左右；自治州的党政工作机构设置 35 个左右；地区党委和行署的办事机构设 30 个左右；市党委、政府的工作机构限额按市的分类确定：一类市设 60 个左右，二类市设 50 个左右，三类市设 30 个左右。县党委、政府的工作机构限额按县的分类确定：一类县设 30 个左右，二、三类县设 25 个左右，四类县设 20 个左右。乡、镇党委、政府的工作机构限额按乡、镇的分类确定：一类乡、镇可设党政、财经、社会事务、乡村建设等 4 到 5 个综合性办公室，二类乡、镇可设党政办公室、财经办公室和民政、文教卫生、乡村建设、计划生育等助理员；三类乡党委可设组织、宣传、纪检等委员，政府设民政、财政、生产、科教文卫、计划生育、乡村建设等助理员，不设职能机构。这是我国改革开放以来，首次以文件形式明确规定地方政府的机构设置。

1994 年，为推进并力求尽早完成中央政府机构改革，积极推进地方政府机构改革。重点是转变政府职能，并要做好三个方面的工作：一是把属于企业经营自主权范围的职能切实还给企业；二是把配置资源的基础性职能转移给市场；三是把经济活动中社会服务性和相当一部分监督性职能转交给市场中介组织。到1994年年底，中国有130多万个事业单位、2600多万名从业人员。

1995年，机构改革的工作重点是抓好省级机构改革的方案和市地县乡的改革，制定事业单位机构改革的方案和主要措施，推动事业单位改革的不断深化。事业单位的改革是机构改革工作的一个重点。改革的原则是政事分开和社会化。目标是建立符合事业单位自身发展规律、充满生机与活力的管理体制和运行机制。重点是搞好事业单位的分类管理。省级机构改革方案实施的关键在于搞好定职能、定机构、定编制的“三定”工作。市地县乡的改革，要认真做到有利于发展农业和农村经济，深化企业改革，加强党的基层组织建设。

3. 规范阶段

从1998年开始，经过近20年的摸索和国外先进经验的学习，我国的地方政府行政体制改革沿着规范化和法制化的轨道向前发展。地方政府机构和人员不再是简单的加减法，而是根据职能的设定，力求实现较为完善的体系化和网络化结构，实现职能、机构和人员的三重整合。

1998年，国务院机构改革首先进行，随后中共中央各部门和其他国家机关及群众团体的机构改革陆续展开；1999年以后，省级政府和党委的机构改革分别展开。经过改革，省级党委机关人员编制由3.4万名减为2.7万名，减少0.7万名，精简19%；省级政府机构设置平均由55个减少到40个，人员编制由15.8万名减为8.4万名，减少7.4万名，精简47%；省级人大、政协机关及群众团体机关也先后进行了机构改革，人员编制由1.8万名减为1.5万名，减少0.3万名，平均精简17%。2000年，市县乡机构改革全面启动。市（地）级政府机构由平均45个减少到35个，县级政府机构由平均28个减少到18个。市县乡各级人员编制由460万名减为371万名，减少89万名，精简19%。在市县乡机构改革中，清退超编人员约43万人。截至2002年6月，经过四年半的机构改革，全国各级党政群机关共精简行政编制115万人。这次地方政府机构改革，通过大力精简机构，压缩编制，优化结构，调整体制，为转变地方政府职能，克服官僚主义，提高政府工作效率和减轻财政负担，奠定了较好的基础。

为进一步巩固改革成果，适应新形势，2003年，根据国家和省的统一部署，市和县大都在中央和省的规定下进行了调整。比如，2003年以来，为了强化安全生产管理，市县两级先后独立设置了安全生产监督管理部门；为了加强国土资源管理，将原来的市规划和国土资源局分设为规划和国土资源两个部门；为了有效控制重大动物疫情，将动物卫生管理职能从农业部门分离出来，独立设置了动物卫生监督管理部门；为了相对集中办理政府部门的行政审批事项，市县两级均设立了公共行政服务中心，作为政府的派出机构等。经过几年的努力，地方政府的机构设置和人员配备基本趋于稳定。

但是，此次机构改革之后，市县部门还是出现了不同程度的扩张。现行的地方政府机构，普遍设有政府工作部门、直属特设机构、派出机构、议事协调机构、直属事业性机构及部分临时机构等。为了避免这种职能交叉和重叠的现象，进一步完善政府的经济调节、市场监管、社会管理和公共服务职能，党的十七大提出“加大机构整合力度，探索实行职能有机统一的大部门体制”的要求。2008年8月25日，中央机构编制委员会召开地方政府机构改革工作电视电话会议，国务委员兼国务院秘书长、中央机构编制委员会委员马凯指出，按照中央部署，国务院机构改革已完成阶段性任务，适时跟进地方政府机构改革十分必要和迫切。随着“三定”方案（主要职责、内设机构和人员编制规定）的实施，新一轮地方政府机构改革提上议事日程。近年特别是今年以来，一些地方政府已经启动机构改革的试点，出现了“海南模式”、“随州模式”、“富阳模式”等一些积极的探索和经验。

因为中国各个地方的情况比较复杂，各地发展不一，有经济发达地区、相对发达地区、欠发达地区、不发达地区之分；人口总量不同，所处环境各异。基于此，省一级政府机构的设置将会与中央政府保持一致性，比如设立交通运输厅、住房和城乡建设厅、人力资源和社会保障厅等。但是越到下一级政府，尤其是县级政府，其机构设置的差异性越大，越会体现出自身的特殊性，从而不一定在机构设置上与中央对口。

对此，《关于深化行政管理体制改革的意见》指出，必须坚持发挥中央和地方“两个积极性”，在中央的统一领导下，鼓励地方结合实际改革创新，根据各层级政府的职责重点，合理调整地方政府机构设置。在中央确定的限额内，需要统一设置的机构应当上下对口，其他机构因地制宜设置。

这次地方机构改革，根据各层级政府的主要职责，合理调整和设置机构，除中央有权要求上下对口外，地方政府可以从实际出发，因地制宜，不搞“一刀切”，不设时间限制，有利于调整和完善垂直管理体制，进一步理顺和明确权责关系，有利于深化乡镇机构改革，加强基层政权建设。这次的地方行政体制改革以“区城整合”为方向、以“新三定”为契机，成果令人期待。

三、我国地方政府结构的演变情况

根据广义的政府观，我们对地方政府的界定，不仅包括了地方行政机关本身，还涵盖了党组织、人民代表大会及其常委会、政协、人民检察院、人民法院和群团组织等七大类机关和组织。由此，我国的地方政府结构可以分解为地方党政结构、地方宪政结构和地方科层结构。地方政府党政结构以地方各级党组织为核心，由各级党组织同其他六类机关和组织的关系构成，主要体现为党组织对行政机关的领导；地方政府宪政结构以地方人大为核心，主要体现的是地方人大对地方行政机关和司法机关的监督；地方政府科层结构是指地方政府的七类机关和组织内部的横向职能组织结构和纵向层级组织结构。

（一）地方政府党政结构变迁

地方政府党政结构在中国政治发展进程中表现出来的不同的阶段特征，从中华人民共和国成立到如今的地方政府政治体制变革与发展的实践表明，地方政府党政结构的变迁主要经历了以下四个阶段：寓党于政、以党代政、党政分开、以党统政。

1）寓党于政。中华人民共和国刚成立时的国家性质与政府形态是新民主主义的国家政权与人民民主的联合政府，当时的地方政府党政结构是按照抗日战争时期党政结构的模式来处理的。其基本精神是，党不直接指挥国家政权机关的工作，党对国家政权的领导主要是通过国家政权机关的党员负责人和在国家政权机关建立党的组织来实现的。1954 年宪法颁布，我国的国家机构虽发生了重大调整，但地方政府党政结构并未发生本质变化，党的领导权与国家权力事实上是统一的。1954 年宪法对国家体制的设置，对处于领导地位的执政党的处理，仍沿用“寓党于政”的思路。

2）以党代政。我国地方政府党政结构的实质性变化发生在 1957 年。1957 年 7 月中共中央在青岛召开省市委书记会议，毛泽东写了一篇题为《一九五七年夏季的形势》的文章在会上印发。毛泽东在文章中指出：“在不违背中央政策法令的条件下，地方政法文教部门受命于省市委、自治区党委和省、市、自治区人民委员会，不得违反。”① 从此，在地方上，党组织与地方人民政府就确立了直接的领导与被领导关系。这种直接的领导与被领导关系事实上是将各级党委嵌入国家政权之中。党组织实际扮演了国家机构或人民政府的角色，行使了直接管理国家事务与社会事务的人民政府的职能。

3）党政分开。始于 20 世纪 70 年代末的地方政府党政结构转型就是从改变党政不分、以党代政开始的。邓小平认为“以党代政”的问题在于“在很多事情上党代替了政府工作，党和政府很多机构重复。”② 这一阶段地方政府党政结构转型的目的是使党从直接管理地方公共事务中脱离出来，还“政”于地方政权机关，实现党的领导职能与地方政权机关权力职能分开，使地方政权机关的工作更有效率。党政分开的基本精神是党要集中精力做好自己的领导工作，国家机关要依法行使职权、发挥自己应有的法定的职能。

4）以党统政。1989 年 6 月党的十三届四中全会后，新的一届党中央果断停

① 毛泽东选集．第五卷．北京：人民出版社，1977：459.

② 邓小平文选．第三卷．北京：人民出版社，1993：179.

止推行十三大确定的政治体制改革方案，强调党对政府不仅实行政治领导还要实行组织领导和思想领导。党对政权机关的领导是统一领导，并且政权机关必须接受党的领导，任何削弱、淡化党的领导的想法和做法，都是错误的。党的执政地位，是通过党对国家政权机关的领导来实现的。凡属方针、政策的重大问题，都要经过党委讨论，然后分头执行。党政关系的前提是党对国家政权实行统一领导，在统一领导下国家政权各司其职。在党的十六大报告中指出，党的领导主要是政治、思想和组织领导，通过制定大政方针，提出立法建议，推荐重要干部，进行思想宣传，发挥党组织与党员的作用，坚持依法执政，实施党对国家和社会的领导。

我国地方政府党政结构的变迁是党政关系的一个缩影，在分析地方政府党政结构的同时，我们也可以从中清晰地观察到我国政府整体党政结构的演进脉络及存在的实际问题。实际上，政治权力的运行实际上主要是政府党政结构的运行，各种政治关系和政治现象都在一定程度上包含着政府党政结构的因素。我国政府结构中的党政结构与西方国家政党与国家政权的结构存在着根本性的差异，这既是历史原因，也是我国马克思主义政治学中的政府党政结构理论与西方政党理论的差异使然。政府党政结构在中国的政治发展进程中表现出来的不同的阶段特征，是与中国政治体制变革与发展演进的不同历史阶段相适应的。从一定程度上讲，政府党政结构是一种自上而下设计出来的制度系统，反映了政府实际运作状况。在新中国成立以来地方政府党政结构的制度变迁进程中，由于一些历史原因，党与国家政权的权威具有不对称性，政党权威大于国家权威，这就决定了我国的地方政府党政结构在其发展过程中的某种曲折性和特殊性。

（二）地方政府宪政结构变迁

地方政府宪政结构是“宪政”的产物。我国地方政府宪政结构的演变过程，由1949年9月至2006年8月，即由《中国人民政治协商会议共同纲领》颁布而至《中华人民共和国各级人民代表大会常务委员会监督法》颁布，历时57年。在此期间，地方政府宪政结构的制度演变虽然几经波折，但总的过程是不断完善、不断发展的。

1. 准备与确立时期

1949年9月21日，中国人民政治协商会议第一届全体会议通过了具有临时宪法性质的《中国人民政治协商会议共同纲领》，原则上确定了地方政府宪政结构的大致框架，即地方人民代表大会由人民用选举方法产生，地方人民代表大会选举地方人民政府，地方人民代表大会闭会期间，地方人民政府为行使地方人民代表大会权力的机关。地方人民政府向地方人民代表大会负责并报告工作。《共同纲领》提出了地方政府宪政结构的最初的原则设想，为1954年宪法确立、设计地方政府宪政结构提供了思路和方向。1954年宪法及组织法正式确立了地方政府宪政结构的基本框架：各级地方人民代表大会、人民代表大会代表监督地方人民委员会、地方人民法院和地方人民检察院；确认了地方人民代表大会在地方政权机关中的最高地位，并赋予其最高监督权力及其行使监督权的基本方式和程序。

2. 曲折和恢复时期

1957 年反右斗争扩大化后，各级地方人民代表大会的会期越来越不正常，严重地影响了地方政府宪政结构的稳定。但是，在“文化大革命”暴发前，地方人民代表大会仍发挥着一定的作用。1966 年“文化大革命”全面发动后的十年间，地方政府宪政结构也因遭受严重破坏而名存实亡，地方人民代表大会在地方政府宪政结构中的作用彻底消亡。1978 年 3 月 5 日，第五届全国人民代表大会一次会议通过了 1978 年宪法，这标志着地方政府宪政结构得以正式恢复。首先，恢复了地方人民检察院的设置；其次，1954 年宪法关于地方人民代表大会的监督职权基本得到恢复；最后，增加了地方人民代表大会保证宪法的遵守和执行，保证国家计划的执行的规定。一年之后，第五届全国人民代表大会二次会议审议并通过宪法修正案及地方人民代表大会组织法和选举法等重要法律文件，这对全面恢复地方政府宪政结构起了巨大的作用。

3. 重塑和发展时期

1982 年 12 月第五届全国人民代表大会五次会议通过了沿用至今的《中华人民共和国宪法》，它将基本科学合理的地方政府宪政结构的框架、原则和一系列具体制度确定了下来，为日后地方政府宪政结构的发展与完善提供了明确的方向和目标。1982 年宪法的颁行标志着地方政府宪政结构得到了重塑。地方人民代表大会组织法和选举法均在 1986 年和 1995 年由全国人民代表大会及其常委会进行了修改，根据这些修改的内容，地方人民代表大会及其常委会的会议制度和选举、任免制度得到了进一步完善。2006 年 8 月 27 日，《中华人民共和国各级人民代表大会常务委员会监督法》在制定工作历时 20 年后终获通过，并于 2007 年 1 月 1 日起施行，标志着我国地方政府宪政结构终于形成具有中国特色，并且日益显现出其效能的制度体系。

我国地方政府宪政结构围绕“议行合一”原则，以各级人民代表大会与地方政府的关系为核心，经历了 50 多年的发展，终于形成具有中国特色且日益显现出效能的制度体系。在“议行合一”的原则指导下，我国的地方人民代表大会与政府之间的关系不同于西方立法机关与执行机关之间的“分立”，而是一种非均衡的分离，地方政府是地方人民代表大会的执行机关，两者在地位上并不是平等的。虽然在实际操作过程中，我国地方政府与人民代表大会之间的关系还存在诸多问题，譬如地方人民代表大会监督乏力、存在“盲区”等，但随着社会主义民主化进程的不断深入，地方政府宪政结构将朝着好的方面不断发展。

（三）地方政府科层结构变迁

地方政府科层结构是用来描述地方政府内部组织体系的构成、组织形态及组织间关系的概念。虽然地方党委、地方人民代表大会、地方人民政府、地方司法机关、地方政协机关等由于性质和功能的差异具有不同的内部组织，但是，这些机关内部的科层结构无不体现着组织学的基本原理。其中，以县人民政府的科层结构最为典型，充分反映了管理层次与管理幅度之间的关系。新中国成立以来的几十年间，地方人民政府的科层结构变化很大，主要经历了以下几个阶段。

1. 过渡与初创阶段

新中国成立之初，宪法尚未制定，地方人民政府的科层组织设置，由当时的政务院依据《共同纲领》，以行政法规形式公布确定，分别对地方人民行使国家权力的机构，地方各界人民代表会议、地方人民政府的产生、组成、职权以及机构、设立原则作了具体规定。1954 年宪法和地方组织法规定，地方各级人民政府一律称“人民委员会”，是地方人民代表大会的执行机关。这一时期地方人民政府的科层结构具有如下特点：一是过渡性。当时正值新中国成立初期，地方人民政府科层组织的设置正处在由战时形态向和平建设形态的转变过程中，它虽带有适应战争需要的痕迹，但适应和平建设时期地方管理需要的功能已日趋明显；二是初创性。当时新中国的社会主义经济建设尚未大规模展开，地方政权机构虽有所变化，但地方人民政府委员会的行政事务还相对简单。

2. 渐进调适阶段

“一五”期间，我国计划经济的管理体制大体确立。1957 年，毛泽东同志强调应扩大地方自主权，建议党政机构进行大精简。为此，全国各级地方人民政府的组织结构曾作了一些调整。到 1959 年 9 月，第二届全国人大常委会第九次会议决定，直辖市和较大的市可以领导县和自治县。这一时期，县的行政隶属关系出现了一些混乱，但在 1962 年后，逐步恢复正常状态。这一阶段，地方人民政府的科层结构的主要特征表现在：第一，“议行合一”的政府结构体系在各级地方政府确立，地方人民委员会既是地方人大的执行机关，又行使地方人大常设机关的职权；第二，地方人民政府的科层结构逐步实现了制度化与规范化。第三，地方人民政府科层结构的设计由混合型向专门型方向发展。随着社会主义改造的胜利完成和社会主义公有制的确立，地方人民委员会委员的职能是对地方政治、经济、文化和社会公共事务实行高度集中的统一管理。所以，在社会经济领域不断拓展的条件下，地方人民政府的科层结构呈现横向扩张，由混合型结构体系向各类专门化结构体系发展。

3. 失范和恢复阶段

1966 年，在“文化大革命”影响下，国家机关普遍受到冲击，地方各级人民政府一样基本处于瘫痪状态。从 1967 年年初开始，各地实行军事管制，成立了“抓革命、促生产”办公室，由其主持日常工作。在“文化大革命”期间，地方人民政府科层结构的差异较大，很不规范。1978 年 12 月，十一届三中全会召开，党和政府的工作重心开始转向社会主义现代化建设，地方人民政府的科层结构也得以由“文化大革命”期间的不正常状态逐渐恢复正常。1979 年出台的地方组织法将“地方各级革命委员会”改为“地方各级人民政府”。根据 1982 年宪法和组织法的规定，地方人民政府依照民主程序选举产生，地方人民政府的组成结构及派出机构等有了明确的依据，地方政府科层结构逐步恢复和完善。

4. 改革与发展阶段

为建立规模适度、结构合理、人员精干、运转高效的行政管理体制，我国从 20 世纪 80 年代开始进行了六次规模较大的地方人民政府机构改革。这一阶段的改革与发展，本质上是由经济体制改革推动，以适应发展社会主义市场经济需要为目标，对地方人民政府的科层结构进行根本性的改造和重塑。历次地方人民政府机构改革的进度、力度不尽相同，但总体上以建立符合社会主义市场经济要求的行政管理体制、促进地方经济快速发展和社会全面进步为目的，对地方人民政府的机构设置、职能定位、人员分流进行了积极的改革。经过改革，在促进政府职能转变，实现机构编制精简目标，探索建立新的政府体制和平衡分流人员等方面，取得了一定的成效。

从地方政府科层结构的发展历程可以看出，政府科层结构根深蒂固，其结构的重组更为艰难且更高度政治化，涉及的因素众多而复杂，最终的变化将是多种因素在一定历史条件下复合博弈的结果。信息社会的到来，对传统社会的权力结构造成了极大的冲击，对传统的科层权力结构发生了强烈的侵蚀作用，使之发生重组：网络平行结构正在简化科层等级制度，使权力下移，组织扁平化。在纵向上，地方政府科层结构也越来越显现出多元化的特点，简化中间层级，扩大管理幅度成为一种发展趋势。地方政府也逐渐开始突破“职责同构”的制约，显现出自主性和创新性。由此我们可以看出，地方政府科层结构和政府管理本质上应当是不断调整和革新的。因此，对政府科层结构和管理方式的改革不是一次性而应当是连续性的。任何一个时点、基于任何一种直接目的而设计的政府组织结构和政府管理模式，都不是永远合理和有效的；政府组织和政府管理的合理性、有效性存在于政府对社会生活事务的动态调适过程之中。

第二章　基本概念与基础理论

第一节　基本概念界定

一、地方政府

在通行的政治学教科书中，对政府含义的表述是："所谓政府有广义和狭义之分，广义的政府指的就是包括立法、行政、司法等所有国家机关在内的国家机构的整体，狭义的政府则仅仅指国家行政机关。一般说来，当人们使用'政府机构'这个概念时，多是指狭义的政府即国家的行政机关，更为狭义的则只是用来指中央行政机关。"[①] 有学者将政府的含义分为五个层次：一是指制定规则，为居民提供服务的机构，这是最广义的政府，包括国家、社团和民间组织；二是指治理国家或社区的政治机构，这是次广义的政府，包括国家和社区政治机构；三是泛指一切国家政权机关，包括国家的立法机关、行政机关和司法机关，这是广义的政府；四是指一个国家的中央和地方的行政机关，这是狭义的政府；五是指中央行政机关的核心部分，即内阁各部，这是最狭义的政府。[②] 也有学者认可"政府等于国家机构的总体和执政党之和"。

在国内外学者关于"地方政府"的定义中，地方政府权力的非主权性、治理的局部性，以及管理地方公共事务的职责已成为共识，但在"地方政府"概念、范畴的界定上仍存在传统的"广义政府"与"狭义政府"之分，即分别有"大政府"与"小政府"两种解释。"狭义的'地方政府'指地方行政机关，广义的'地方政府'则是由地方代议制机关与行政机关组成的整体。"[③]

本书主张使用政府的广义界定，但是在广义政府的含义上，与上述界定略有不同。本书所称的"地方政府"，为治理特定地方（行政区划单位内）公共事务而设置的政府单位的总和。依据《地方各级人民代表大会和地方人民政府组织法》及《公务员法》的相关规定，"地方政府"包括中国共产党地方组织、地方人民政府、地方人大机关、地方政协机关、地方审判机关、地方检察机关，以及

---

① 王惠岩．政治学原理．北京：高等教育出版社，2006：134.

② 乔耀章．政府理论．苏州市：苏州大学出版社，2000：4-5.

③ 沈荣华．中国地方政府学．北京：社会科学文献出版社，2006：4.

由地方本级财政支持的地方群众团体和民主党派的地方机关。①

二、政府规模

一般认为，政府规模包括内在规模和外在规模两个方面。内在规模指政府职能和行政权力的范围及结构，即职能规模和权力规模。外在规模是指政府机构设置、人员配置的数量、结构以及行政成本消耗的数量。政府内在规模决定外在规模，但内在规模难以用指标进行衡量，所以在有关政府规模的实证研究中，常用的是政府外在规模的概念。

本书所称的政府规模主要还是采用"外在规模"的界定，并将其定义为政府的外在边界。

一方面，外在规模虽然由内在规模所决定，但内在规模只有外显出来，才具有实际的意义。因此，外在规模，即政府的外在边界才是衡量政府规模的具有确定性的客观指标。而且，政府的权力和职能配置，属于政府结构体系中的各种因素的调整、分配，属于其自我调适的范畴。而本书所要探讨的政府规模，则是需把政府置于社会母系统中，探讨其绩效与其投入的关系。另一方面，政府内部的职能分担与权力配置，对于其所面对的公众而言，并不具备直接的感知可能，公众所关心的是作为整体的政府做了多少事、服务质量如何。因此，对于政府规模是否恰当的衡量，只有以政府整体，即所有政府单位的总和作为考察对象。当然，衡量政府规模却又必须从公共管理和公共服务的各个方面去一一考量。但是，政府对每一项公共品的供给，都不是某个政府组成单位单独完成，存在上下级之间的权力、资源分配，存在决策、执行、监督的综合制衡和相互作用，存在不同政府部门的博弈。因此，即使是职能规模，也只是作为整体的政府管着多少事情、提供了多少公共品，也是一种外显出来的，有确定边界的外在规模。

另外，政府规模就是外在边界的定义，表明规模指标必须是确定性的，是相对于社会总体而言的。首先，政府的外在边界是公域与私域的分界线，这一分界线并非社会生活空间中公共领域与个人生活领域的生活场域划分，而是政府在社会生活中可以拥有的活动空间的划界，即政府应该占据和支配的社会资源，以及运用这些社会资源管理公共事务的质量。从政府开支占 GDP 比重的极限角度看，最小比重就是政府开支为零；最大比重就是政府开支等于 GDP。如果政府开支为零，公众能够支配所有的收入，但这种情形相当于成为无政府

① 根据国家统计局的"国民经济行业分类"标准，群众团体属于"公共管理和社会组织"中"依法成立，不在社会团体登记管理机关登记的群众组织"。在本书所称的地方政府层面，主要包括工会、共青团、妇联，以及残联、青联、工商联、科协、台联、侨联、贸促会、国际友谊促进会等"参照公务员管理"的单位或部门。

状态，没有社会秩序，产权得不到界定和保护。如果政府控制全部的GDP，则相当于政府决定整个社会的消费和投资，要么就是原始社会，要么就是人类社会实现了共产主义。其次，政府的外在边界是政府责任的边界，社会主义市场经济的逐步建立，已经表现为政府经济发展职能规模的缩小，政府正从微观经济领域中逐步退出，凡是政府退出的领域，必然有市场机制作用下社会其他力量的进入，市场与政府之间不存在真空地带。即使是第三部门所属的领域，政府一样有责任进行监管。当然，政府责任的大小、幅度有一个应然与实然的不完全等同的现实问题，而测度政府规模、优化政府规模，就是确定政府边界、驱动政府将实然等同于应然的过程，是政府高质量地承担起应负责任的过程。最后，政府的外在边界就是政府能力的边界，政府必须有一定规模，不然不足以维持政权，也不足以承担治理责任。这是一个“有多少钱办多少事”的无奈的现实。处于社会主义初级阶段的现实条件下，对于社会向自己提出的要求，对于社会公共服务的需求，政府只能是有所为、有所不为。再以财政规模的极限值来讲，如果财政收入率为1，政府控制了所有的社会资源，当然也就可以包揽下公共和私人生活的全部，但那是计划经济的思维，历史经验告诉我们这种包揽是低水平、低质量的，整个社会体系是十分脆弱的；如果财政收入率为零，政府就什么也不能做，即使是最低限度的国家安全和社会秩序都缺乏保障。因此，政府规模虽然不代表着政府实际能力的大小，却能代表政府现有能力发挥的程度与质量。

三、政府结构

所谓结构，主要是指事物系统内，各个组成要素之间所具有的一种相对稳定的相互联系和相互作用方式。地方政府是一个十分严密的权力组织体系，地方政府结构就是地方政府组织体系内各组成部分之间按一定的方式组织、结合起来，从而形成的一种相对确定的相互构成关系和作用方式。地方政府组织体系内各组成部分具有较为确定的稳固联系和明显的序列层次关系，这就决定了地方政府组织体系的秩序性。同时，地方政府组织体系内各组成部分也有自身的结构和组织，本身也构成了一个有机整体。

如前所述，本书采用“大政府”的概念定义地方政府范畴，包括地方党组织、地方人民代表大会及其常委会、地方人民政府、地方政协、地方人民检察院、地方人民法院、民主党派地方机关及群众团体地方机关等8类机关和组织。一般而言，地方政府结构在横向上可分解为党政结构、宪政结构和科层结构。地方政府党政结构以党委为核心，由党委同其他6类机关和组织的关系构成，主要体现的是党委对其他机关和组织的领导；地方政府宪政结构以人民代表大会为核心，由人民代表大会同地方人民政府、人民法院和人民检察院的关系构成，主要体现的是人民代表大会对地方行政机关和司法机关的监督；地方政府科层结构是指地方政府的7类机关和组织内部的横向职能组织结构和纵向层级组织结构。地方政府党政结构是地方政治改革与发展不可回避的问题之一。地方政治权力的运行实际上主要是地方政府党政结构的运行，各种政治关系和政治现象都在一定程度上包含着地方政府党政结构的因素。这是由党的执政地位和领导核心作用所决定的。可以说，地方政府党政结构在地方政府结构中占据主导地位。在地方政府党政结构中，地方党委与地方人民政府、人民法院、人民检察院的关系结构是地方政府党政结构的三个核心子结构。但是，这三个子结构功能的实现，即实现党委对地方人民政府、人民法院、人民检察院的领导与监督，却部分有赖于地方政府宪政结构功能的实现。人民政府、人民法院、人民检察院由人民代表大会选举产生，对它负责，受它监督。所以，在一定条件下，党委须通过县人民代表大会实现对“一府两院”的领导与监督。也可以这样认为，在一定程度上，地方政府宪政结构可以成为制约地方政府党政结构功能实现的因素之一。“宪政结构与党政结构相结合，并以党政结构为核心，构成了中国政治系统的主体部分，无论是宪政结构还是党政结构又都通过民主集中制的组织原则，在反映和代表人民（社会）的利益和愿望上取得了根本的一致，从而体现了执政党和国家机关的人民性质。”[①] 地方政府科层结构是否合理会直接影响地方政府党政结构和宪政结构的合理化。举例来说，近年来，不少地方在县人民代表大会常务委员会内设督查室，由县人民代表大会常务委员会或主任会议授权独立行使督查权，有效地加强了县人民代表大会对“一府两院”的监督，这一举措的效力便是通过调整县人民代表大会的科层结构来实现的。可见，通过对地方政府科层结构的优化可以生成促进地方政府党政结构和宪政结构功能实现的内推力。

从纵向上看，地方政府结构可以按照行政区划层次大致划分为“中央-省”、“省-地”、“地-县”、“县-乡”四级结构。

中国行政区划自辛亥革命建立“中华民国”之后，从立法角度来说，理论上属于实行三级行政区划制度。《中华人民共和国宪法》第三十条规定，“中华人民共和国的行政区域划分如下：（一）全国分为省、自治区、直辖市；（二）省、自治区分为自治州、县、自治县、市；（三）县、自治县分为乡、民族乡、镇。直辖市和较大的市分为区、县。自治州分为县、自治县、市。”实际上，在中国大陆各省、自治区实行四级行政区划制度，即省（自治区）为一级、地级（地级市、自治州和盟）为二级、县（自治县、县级市和旗、自治旗）为三级、乡（民族乡、镇）为四级的区划制度。其中，湖北省、海南省、新疆维吾尔自治区实行

① 金太军．论政治文明建设的中国特色．江海学刊，2003，（5）：73-76.

局部的省直接管辖县、县级市、自治县，即所谓省（自治区）直辖县级行政单位。[①] 而在直辖市，则实行三级行政区划制度，即直辖市为一级，市辖区、县、自治县为二级，乡、镇、民族乡为三级。至2007年年底，全国共有34个省级行政区，其中，4个直辖市、23个省、5个自治区、2个特别行政区；共有333个地级行政区划单位，其中，283个地级市、17个地区、30个自治州、3个盟；共有2866个县级行政区划单位，其中，856个市辖区、368个县级市、1463个县、117自治县、49个旗、3个自治旗、2个特区[②]、1个林区[③]，以及海南省所辖的西沙群岛、南沙群岛、中沙群岛的岛礁及其海域[④]，黑龙江省大兴安岭地区所辖或管理的加格达奇区、松岭区、新林区、呼中区。[⑤]

根据现有中国政府纵向的层级结构，与行政区划的级别划分并不完全一致，表现为一种极为复杂的7级架构，这7级分别为中央政府、省级（含直辖市和自治区）政府、副省级政府（包含10个副省级的省会城市和5个计划单列市）、地级市政府、副省级城市市辖区政府、县级政府（包含县、县级市及地级市的市辖区）、乡（镇）政府。此外，在某些地方还存在副地级的县（市、市辖区）政府以及副县级的镇政府。然而就单个省级行政区而言，其地方政府的纵向层级结构一般为四级，即“省、地（市）、县（市、区）、乡（镇、街道）”。根据宪法、《中华人民共和国地方各级人民代表大会和地方各级人民政府组织法》，以及《中国共产党党章》的有关规定，地方政府与中央政府及省、地两级地方政府在职能方面的不同，从现行的法规体系中反映并不明显，仅做了原则性的规定，并未通过立法对各级政府的事权加以明确划分。实际上各级政府间并没有明显区别，除了少数事权如外交、国防等专属中央政府外，地方政府拥有的事权几乎全是中央

① 根据国家统计局所公布的《最新县及县以上行政区划代码》（截至2007年12月31日），仅此三个省、区有省级直辖的县级行政区划单位。而所谓“省直管县”，依据财政部的解释，是指“为缓解基层财政困难，解决政府预算级次过多等问题，在现行行政体制与法律框架内，省级财政直接对县（市）财政的一种财政管理方式”，而非正式的行政区划。

② 即贵州省六盘水市所辖的六枝特区，铜仁地区所辖的万安特区。

③ 即湖北省所辖的神农架林区，为省直辖县级行政区划单位。

④ 国家统计局所公布的《最新县及县以上行政区划代码（截至2007年12月31日）》与《最新县及县以上行政区划代码（截至2007年12月31日）》均将西沙群岛（2006年代码为469037，2007年代码为469031）、南沙群岛（2006年代码为469038，2007年代码为469032）、中沙群岛的岛礁及其海域（2006年代码为469039，2007年代码为469033）列入海南省直辖的县级行政区划单位中，但2007年《中国统计年鉴》中海南省县级行政区划数仍为20个，似未将这三地计入。究其原因，可能是三地尚未建立包括人民代表大会、人民政府在内的国家机关序列。根据海南省政府网站，该省仅在永兴岛设有“西、南、中沙群岛办事处”（县级），应为省政府的派出机构。

⑤ 国家统计局所公布的《最新县及县以上行政区划代码（截至2007年12月31日）》特别注明：“根据中发［1979］42号文及其他相关规定，大兴安岭四区（加格达奇区、松岭区、新林区、呼中区）非国家标准行政区划，只宜作为统计汇总用地址代码。”其中，加格达奇区和松岭区是内蒙古自治区属地，但一直由黑龙江省管理，大兴安岭地区行署就驻于加格达奇区。这四区均设有完整的国家机关序列。

政府的事权翻版。[①] 县级以上人民政府的职权有 60%与中央人民政府存在对应关系；中央人民政府职权中则有 2/3 与地方人民政府存在对应关系。[②] 地方人民政府职权与中央人民政府无对应的三项职权都属于享有社会和经济微观管理范畴。也就是说，我国宪政与政府层级设计之初，就已经确定了“中央政府管宏观，地方政府管微观”。然而计划经济与高度集权行政架构，使得现实中中央政府通过以行政审批为代表的手段行使着原本属于地方政府的微观管理职能。当然，由于我国中央集权的行政体制与行政生态环境所决定的中央与地方各级政府“上下对口”关系客观存在，其强势的影响惯性短时间内还难以扭转。而相对应的就是，地方政府虽是一级有责任能力的，甚至是直接面对乡村社会或城市社区、功能完备的基层政府，其机构设置既要与上级“对口”，又要直接面对乡村、社区的需要，使得机构急剧膨胀，且与施政绩效不成正比。地方政府的权、责往往是分离的，有决策权力，却不直接承担行事与亲民责任，其决策容易脱离实际或只对上不对下。[③]

正是因为“上下对口、职责重构”现象的普遍存在，致使地方政府结构在纵向上表现为财权事权分离、职能一致重叠；在横向上则表现为同一级地方政府与上一级地方政府，以及同级其他地方政府之间，在党政结构、宪政结构、科层结构的组织形式与运作机制方面大同小异。

第二节　地方政府规模与结构的影响因素

一、地方政府规模与结构的内生决定因素

对于我国地方政府规模与结构优化的研究，本书采用三维的研究视角切入。

如图 2-1 所示，我们认为，对于地方政府规模与结构的内生决定因素大致产生于三个方面，即市场经济体制下地方经济发展对于政府承担公共职能的需求，地方社会和谐发展对于政府公共服务与公共物品供给的需求，以及地方政府自身对投入-产出效益最大化的追求。从地方经济发展视角切入，主要是深入探求地方经济发展战略中政府的职能定位，以及地方经济发展与政府规模、结构的互动关系与数理模型；从地方社会和谐发展视角切入，则是要在地方政府“善治”目标实现的层面，分析政府的“顾客”（包含不同地域背景下个人和社会组织）对于政府现实规模、结构的满意度与主观感受，以及对政府规模与结构优化的期望，并以社会整体

---

① 魏星河．处理中央与地方关系的关键：财权与事权的合理划分．江西行政学院学报，2004，(2)：15-18.

② 钱道赓．县域地方政府规模研究．武汉大学博士论文．2008：30.

③ 徐勇，吴理财．走出“生之者寡，食之者众”的困境：县乡村治理体制反思与改革．西安市：西北大学出版社，2004：26.

和谐发展、实现“善治”为目标，重点研究地方政府规模与结构测度的非财务指标；从行政成本的视角切入，是对政府规模与结构的实际绩效进行综合评价与分析，并从财务成本、人力成本、政策成本，以及诸如政府权威、行政文化等角度，多方位分析、评价地方政府对于经济发展与社会和谐发展需求的满足程度，纵向上梳理改革开放以来地方政府规模与结构的发展轨迹、演变趋势及各类因素在不同时期的作用表现，横向上厘清各类因素的互动方式与路径。

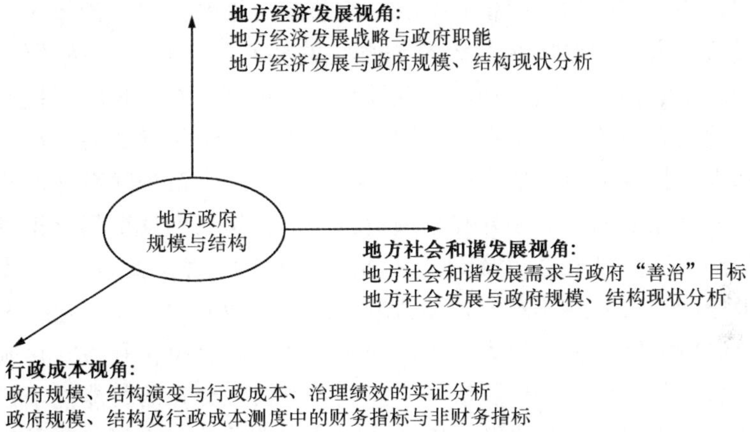

图 2-1　地方政府规模与结构的内生决定因素

二、影响地方政府规模与结构的制度因素

根据新制度主义的观点，制度是社会或组织的规则，这种规则通过人们在与别人交往中形成合理的预期来对人际关系进行协调。它们反映了在不同的社会中有关相对于人们自己的行为和他人的行为和集体行为而演化出来的行为准则。制度质量不同，导致政府支出的产出效应不同，从而影响最优政府规模，导致经济增长差异。如果制度质量较高，则政府支出的边际产出较大，从而最优政府规模也较大。由于制度差异导致政府支出边际产出差异，引起对经济增长率贡献的区别，从而影响经济增长差异。[①] 我们认为，影响地方政府规模的制度因素既包含地方政治架构和行政、财政体制，也包括人们一般逻辑层面对政府及其规模的认知和把握。

1. 地方政治架构

地方政治架构决定了地方政府是包含地方中国共产党组织在内的“大政府”。传统的广义政府，或者“大政府”的概念范畴将立法、行政、司法机关都包含在内。在西方国家，立法与司法独立性更强，行政基本上不具备直接的约束能力。

① 张光南，李军．制度、最优政府规模与经济增长．统计研究，2008，(3)：36-41.

但在中国的独特政治体制下，人民代表大会、人民政府、法院和检察院除因宪政架构而分立之外，还存在一条制度化的联系纽带，即“中国共产党”的领导。党对人民代表大会、人民政府、法院和检察院的领导，对地方治理重大事项的决策和指导，客观存在且十分“强势”。在中国地方，地方党委与本地人民代表大会、人民政府、法院和检察院的职能确定、职能履行、人力与财力分配，绩效评价有着毋庸置疑和不容挑战的影响力和决定权、监察权。在当前中国的政治体系下，地方政府“是职能和机构最完备并拥有一定管辖层级的基层政治系统。党委、政府以及人民代表大会这些次级系统是该系统的核心组成部分。按照结构-功能理论，这三个系统承担着不同的功能。党委承担着决策功能，政府承担的是执行功能，而人民代表大会执行的是授予合法性的功能。无论是党的决策还是政府的行为必须得到人民代表大会的法律程序的批准。而把这个系统联系在一起主要通过两种方式：一是党委的政治领导和普遍覆盖性；二是三个系统都承担着政治输入功能，从不同角度反映和表达着社会利益。”① 从此出发，既然地方政府是治理本地公共事务的机关或主体系统，那么就必然包含地方中国共产党组织在内。

地方政府所掌握的公共权力派生出的非工资和非货币化利益，普遍存在的政府职员责、权、利不对称，以及市场经济条件下权钱交易的可能性，是地方政府规模持续膨胀和难以压缩的重要原因。政府工作人员的职业利益除了法定工资和正常奖金以外，还存在非工资和非货币利益，包括在住房、医疗、交通通信方面的优越地位，优先占有社会经济信息，较容易构筑良好的社会人际关系以及办事方便等。这些利益没有或根本不能表现在工资或货币收入上，但确实会给个人带来实在的经济社会利益，在享有上述利益和权力的同时，政府工作人员的责任边界是十分不清晰的，政府工作人员的职业责任和职业风险较小。虽然法律条文上有渎职罪的条款，在行政条款上有对渎职行为进行处罚的规定，但目前政府机关实行的是集体行政决策、对行政决策结果集体负责的行政决策体制，这就必然导致行政责任难以具体到个人，因而形成难以对具体的个人实施有效处罚的局面。在这种行政决策体制下，政府工作人员行政决策和行政行为的风险是由公众承担的。对渎职行为进行调查会遇到诸如利害共同体的庇护等复杂因素的影响，且要耗费大量的人、财、物，因而查出的概率往往不高。即使渎职官员被查出来，目前对其惩罚的力度也不够，往往大事化小，小事化了。行政人员的劳动强度、职业责任、对其渎职行为的查出概率、罚处强度构成行政行为的个人成本。目前，政府工作人员的个人成本与他们的收益，以及与其他职业的个人“成本-收益”相比是不相称的。总之，政府工作人员面临的是一条有利于自己的“收益-成本”

① 杨雪冬．市场发育、社会生长和公共权力构建：以县为微观分析单位．郑州市：河南人民出版社，2002：60.

曲线，从而使政府部门的工作岗位产生持久的吸引力。还有，在计划经济与市场经济双重体制并存时期，政府干预经济活动会形成巨额“经济租金”，这些经济租金使政府权力具有实实在在的经济价值，一些“寻租者”便不愿离开政府机关或想方设法挤进政府机关，造成政府机关工作人员难以精简和日益膨胀的局面。

地方政府的权力配置所催生政府行为导致了行政成本的攀升。主要体现在五个方面：其一，行政首长个人负责制的实施及法律的有限性，为政府权力自行其是提供了客观空间和主观可能性。政府权力被用于非公共目的的可能性极大，政府官员有可能不惜浪费社会资源，以维护自己的既得利益或小集团利益。其二，政府的政绩考核方式及各级政府公务员的升迁制度和方法的不完善，导致了政府行为的短期化和各级政府公务员片面追求任期政绩，于是出现了超出城市规划、财政实力的“形象工程”，造成了国家和人民财产的浪费。其三，政府在提供公共物品或服务的过程中，或者是由于管制的需要，为了维护社会秩序，政府采取强制消费，如治安管制、市场稽查等；或者是出于外部经济的考虑，政府承担那些前期投资大、回收期长的公共服务项目，如道路、桥梁建设等；或者是缘于规模经济的原因，政府负责那些投资总量巨大、不宜重复建设的公共服务设施，如电信、电网、管道等，如此种种，都属于垄断性行为。政府高度垄断的行为，在排除竞争外在压力的同时也就消除了提高服务质量、降低生产成本的内在动力。其四，政府也是“经济人”，政府行为是按个人或组织成本-收益原则计算，追求自身利益最大化。公共权力的大小与其控制的社会资源数量正相关，从而与政府预算的规模正相关，其结果是：追求公共机构权力的极大化必然带来政府预算规模的极大化。其五，奢侈消费普遍存在。①

2. 地方公共财政与行政体制

从现行的地方公共财政体系出发，有中国特色的财政供养体系决定了地方党委、人民政府、法院、检察院均由本级财政支持，而作为最重要的政府规模通用指标的“公共支出占GDP比重”必然在分子的计算上包含本级党委、法院、检察院的支出金额。除此之外，地方政协机关及民主党派机关、群众团体等也都由本级财政支持。在我国，根据2007年开始实施的政府收支分类改革，公共财政的支出按照支出功能分类，“支出功能分类主要反映政府各项职能活动及其政策目标。”“根据政府管理和部门预算的要求，统一按支出功能设置类、款、项三级科目，分别为17类、170多款、800多项。类级科目综合反映政府职能活动，如国防、外交、教育、科学技术、社会保障和就业、环境保护等；款级科目反映为完成某项政府职能所进行的某一方面的工作，如‘教育’类下的‘普通教育’；项级科目反映为完成某一方面的工作所发生的具体支出事项，如‘水利’款下的‘抗旱’、‘水土保持’

① 谭桔华．降低县级政府行政成本．国家行政学院学报，2005，(2)：26-28.

等。新的支出功能科目能够清楚地反映政府支出的内容和方向，可有效解决原支出预算‘外行看不懂、内行说不清’的问题。”其中，第一类“一般公共服务”，分设32款。人大事务、政协事务、政府办公厅（室）及相关机构事务、发展与改革事务、统计信息事务、财政事务、税收事务、审计事务、海关事务、人事事务、纪检监察事务、人口与计划生育事务、商贸事务、知识产权事务、工商行政管理事务、食品和药品监督管理事务、质量技术监督与检验检疫事务、国土资源事务、海洋管理事务、测绘事务、地震事务、气象事务、民族事务、宗教事务、港澳台侨事务、档案事务、共产党事务、民主党派事务、群众团体事务、彩票事务、国债事务、其他一般公共服务支出。第四类“公共安全”，分设10款：武装警察、公安、国家安全、检察、法院、司法、监狱、劳教、国家保密、其他公共安全支出。①

值得指出的是，垂直管理部门的人力和财力配置均不由驻地政府管理和负担。以质监部门为例，在垂直管理前，各地（市）、县经费领拨和行政事业性收费及执法执罚收入都由各级财政块块管理，而垂直管理后，各种经费由财政统一核拨到省局，由省局统一管理并逐级发放，同时各种收费、罚没款也直接上缴到省。② 自1998年国家决定对省以下工商行政管理机关实行垂直管理以来，越来越多的行政部门实行了垂直管理，并且力度不断得到加强。从传统的海关、安全机关等部门扩展到地税、环保等归地方管理的部门。另外，垂直管理模式呈现多样化的特点。垂直管理包括中央垂直管理、省垂直管理和特殊垂直管理。如安全机关、海关、国家税务机关、外汇局、粮食局、煤矿安全监察局、地震局、气象局、测绘局、出入境检查检验机关、烟草局、邮政局、物资储备局、海事局、央行、证监会、保监会、银监会、电监会等是中央垂直管理；工商、地税、土地管理、质量技术监督、食品药品监督是省垂直管理；国家土地督察局、审计署驻各地特派办、财政部驻各地财政监察专员办、环保执法监督机构、统计局驻各省调查队等则是特殊垂直管理。特殊垂直管理部门是近年来加入垂直管理队伍的“新军”。例如，针对环保执法的困境，2006年国家环保总局组建11个地方派出执法监督机构，直接由国家环保部门垂直管理。针对土地管理中存在的严重问题，2006年7月国务院建立国家土地监察制度，在全国设立7个地方局，由国土资源部垂直领导。③ 这就造成了我们衡量和评价地方政府规模的困难，一方面，地方政府财政支出不包括上述部门的行政经费和事务经费，另一方面，这些部门职能履行状况和行政成本、管理绩效却又直接作用于、反映于本地，它们“不是分子，却是分母”。我们可以从地方政府的角度，将它们从财政规模和人力规模的

① 财政部预算司．政府收支分类改革问题解答．北京：中国财政经济出版社，2006：11，14.

② 王国强．山西省质量技术监督系统垂直管理后财务工作的总体思路//载崔俊．中国管理科学研究文库．北京：中国社会科学出版社，2001：236.

③ 中国“垂直管理”加力“条块”矛盾增多待制度化解．中国新闻网，2007-12-11.

计算中剔除出去，但是地方整体的治理绩效和公众对政府规模的认知和评价，却是实实在在地将它们包括在内的。

3. 政府规模产生与外显的逻辑链条

政府规模是政府的外显边界，它的产生有其独特的逻辑链条，即政府职能决定了政府在人力和资金，以及政策上的投入。因此，职能和投入是政府规模这一外在边界得以显现的内部驱动力。本书不赞成传统上单纯通过人力投入与财政投入，即以衡量政府某一时限内人力资源总量与财政支出总量的数量与比例来界定政府规模的观点。这是因为，一方面，政府的投入过程一般都是内隐的，其公开和透明程度有限，作为外显边界的政府规模就难以"外显"，对于政府规模的划界就是模糊和欠准确、不完备的。另一方面，一定的投入必然带来相应的产出，而政府人力和财政、政策投入的产出就直接体现为政府的治理绩效，即辖区经济、社会发展的速度、水平、质量。与私人部门的产出直接体现为经济收益不同的是，政府投入的产出往往是软收益与硬收益并存，后者可用 GDP 增减以及社会事业发展与建设状况确定，前者则有赖于辖区公众对于政府绩效的主观认知和评价。无论是政府投入的软收益，还是硬收益，都还要考量投入产出率，即从行政成本的角度进行绩效的衡量。只有在政府绩效结果呈现出来时，政府规模这一外显边界才真正清晰和明朗起来。基于"职能—投入—产出—绩效—规模"这一逻辑链条，我们可以清楚地看到，政府规模的外显并非行政机关独力所致，因为根据宪政原则和框架，行政机关的职能由代议制机关设定，投入也由代议制机关审定和监督，而根据我国国家机关的系统运行模式，人民政府是人民代表大会的执行机关。由此看来，地方治理绩效的形成与表现，不是由地方行政机关独自承担。在中国地方，虽然在现实上人民政府较人民代表大会更"强势"，但根本的宪政原则和框架并未因此而扭转。因此，本书的地方政府采用大政府的概念，包含作为代议制机关的地方人民代表大会和行政机关的人民政府。

三、影响地方政府规模与结构的地域因素

政府体系是一个复杂的社会系统，其内部有许多相互依存、相互作用的子系统和要素，同时，政府体系与其外部环境系统存在着相互影响、相互制约的关系。政府规模既取决于政府体系自身的职责、权力、结构、功能、规制等组织因素及人员因素，又受外部政治、经济、社会、文化环境及行政客体状况等方面的制约。政府规模应该是由政府行政环境各种因素构成的变量综合作用而最终决定的一个因变量。[①] 因此，对于地方政府规模的优化，或者说是政府规模适度化的

① 张继军．论行政生态学视角下的政府规模：再论瓦格拉假说与凯恩斯主义．现代商贸工业，2007，(10)：95-96.

评价标准与调适路径的构建必然需要以厘清各种地域因素的影响方式或演进规律为前提。本书所指的地域因素包括本地域经济发展水平，以及本地方政府所辖区域面积、人口及人口密度。

1. 地域经济因素

现代政府的核心职能是发展经济，政府职能反映出经济的发展水平，政府规模与经济规模构成一定的比例关系。政府机构的设置和调整常常是为一定时期经济发展服务。① 政府规模必须与一定时期经济发展水平相适应，必须与一定时期财政供给能力相一致，政府行政费用通过财政制度从社会征集，社会所能承担的财政支出或者政府可用财政收入的多少决定政府所能提供的公共服务的数量，从而决定政府规模的大小。

作为凌驾于社会之上的公共机构，政府的各种行政支出只能从财政收入中支付，政府的规模在一般情况下，不能超过财政供给能力。如果在一个财政供给能力很低的地区，仍然保留着庞大的政府规模，其结果只能是阻碍而不是促进这个地区的经济发展与社会进步。而政府的财力与区域经济发展水平密切相关，因此，区域经济发展水平，可以说是对政府规模影响最为显著的因素。关于经济增长对政府财政规模的影响，一部分学者认为经济增长会导致政府财政规模的扩大，即前文所述的“瓦格纳法则”。Rubinson 根据相当多的跨国样本得到两者具有正相关性的结论。② Ram 利用 115 个国家 20 世纪 60 年代与 70 年代的数据，对政府服务（消费）和经济增长的关系进行计量分析，发现两者的相关系数为正且至少在 1%水平上显著，而且这种正效应在低收入国家更明显。③ 另一部分学者的研究认为经济增长会导致政府财政规模缩小。Landau 曾经选取了几组不同时间段的不同跨国样本对政府财政规模与经济平均增长率进行回归，都发现人均 GDP 增长与政府消费占 GDP 比重显著负相关。④ Grier 和 Tullock 利用 24 个 OECD 国家 1951～1980 年和其他 89 个国家 1961～1980 年的数据进行回归分析，发现政府财政规模与经济增长显著负相关。⑤ 我国部分学者如曹阳、陈健、胡家勇进行的实证分析也支持这种观点。⑥ 在对我国省级政府财政规模的经验研究

---

① 王玉明．论政府规模及其合理尺度．特区理论与实践，1998，(9)：48-49.

② Robinson R. Dependency，Government Revenue and Economic Growth，1955-1970. Studies in Comparative International Development，1985 (12)：3-28.

③ Ram R. Government Size and Economic Growth：a New Framework and Some Evidence from Cross-section and Time Series Data. American Economic Review，1986，76 (1) 191-203.

④ Landau D. Government Expenditure and Economic Growth：a Cross-Country Study. Southern Economic Journal，1983，49 (11)：783-792.

⑤ Grier R K，Tullock G. An Empirical Analysis of Cross-national Economic Growth，1950-1980，Journal of Monetary Economics，1987，24 (2)：259-276.

⑥ 金玉国，杨冬梅．政府规模的地区差距及其形成机制．改革，2005，(7)：114-115.

中，人均 GDP[①] 的分析结果表明，经济发展水平与我国省级政府规模（财政支出比率）呈负相关关系。瓦格纳法则的结论在现阶段的中国有所偏离。也就是说，随着我国经济的发展，政府规模会随之缩小。换言之，在目前的中国，经济发展程度与政府财政规模呈负相关关系，随着经济的发展，政府规模将逐渐缩小。相对而言，经济发展程度较高的地区其政府财政规模要小于经济发展程度较低的地区。人均 GDP 对政府财政规模的影响在统计学上是没有意义的。[②] 本项目前期研究已就我国地方政府财政规模对瓦格纳法则进行了验证，并得出了与上述研究基本一致的结论，即就财政规模的绝对数量而言，财政支出的总量增速大于人均 GDP 的增速；但就相对数量而言，财政支出比率与人均 GDP 的比值呈逐步下降的趋势。对于经济相对欠发达地区，这一结论则不完全成立。[③]

产业结构和地方政府的财政规模关系十分密切。产业结构，在我国一般指三次产业增加值占地区生产总值的比例关系。根据瓦格纳法则等经济学理论，以工业为代表的第二产业的发展是政府规模扩张的经济影响因素中最活跃的因素。一方面，产业结构的不同比例和层次决定着财政收入的规模和水平；另一方面，财政又通过自身的收支调整产业结构和产业布局，使产业结构向着有利于地区经济发展的方向调整和变化。因此，从产业结构的角度分析财政收入及其构成，了解和掌握不同产业部门运行状况和发展趋势，从而有针对性地对产业结构加以调整和优化，不断促进财政收入的增长和地区经济的全面发展。[④]

除了从经济增长角度研究政府规模外，也有一些学者研究政府规模形成的制度性原因。一些学者认为，体制转型会扩大政府规模。例如，张雅林认为，在传统计划经济条件下，政府承担的部分职能由企业承担（企业办社会），所以政府规模相对较小。但随着计划经济体制向市场经济体制的逐步转轨，政企分开，原先由企业承担的职能逐步转移到政府手中。而且市场经济要求社会经济运行更加规范化、法治化，社会的管理协调工作量日益增加，所以，总的趋势是政府规模随着市场化改革和市场经济体制的确立逐步扩大。[⑤]

另一部分学者认为，体制转型将有助于缩小政府规模。金玉国利用1991～2002年的经验数据，测得在经济规模保持不变的前提下，市场化水平每提高一个百分点，我国的外在性相对交易费用就下降 0.103 187 个百分点。而政府

---

① 区域经济发展水平可以用 GDP 总量及其增长率表示，也可以用人均 GDP 表示。由于后者考虑了不同地区人口数量的多寡，所以更全面一些，故本章利用人均 GDP 代表区域经济发展水平。参见金玉国，李杰，尚明月．政府规模对区域经济发展的影响效应：以 2004 年为例．山东经济，2006，(5)：112-114.

② 潘卫杰．对省级地方政府规模影响因素的定量研究．公共管理学报，2007，(1)：36-37.

③ 钱道赓．地方政府规模研究．武汉大学博士学位论文，2008.

④ 许林．地方财政收入的影响因素分析：以重庆市为例的实证研究．特区经济，2006，(9)：122-127.

⑤ 张雅林．适度政府规模与我国行政机构改革选择．改革论坛，2001，(3)：103-104.

支出是外在性交易费用的主要组成部分，所以，体制转型有助于缩小政府规模。① 潘卫杰在将金玉国所提出的市场化指数与省级政府财政支出比率进行了回归分析后发现，市场化指数与中国省级政府规模呈高度负相关，并且在 0.05 的水平上呈现统计意义上的显著性，验证了金玉国等学者的研究结论，说明体制转型是影响我国政府规模的主要因素。② 换言之，随着我国经济体制的转型，政府规模将随之缩小。究其原因，我们以为，目前我国处于从传统的经济体制向完善的市场经济体制转型的过程中，之所以出现政府规模随经济发展水平的提高而缩小的现象，主要是由于政府职能调整过程仍在继续，政府正在逐步退出经济活动和部分公共服务供给领域，并通过分权和简化行政程序摆脱“管得过多、统得过死”的局面。

市场经济的发展要求政治方面的制度创新和制度安排适应经济发展的需要，传统的机构臃肿、人员过剩、职能交叉等行政弊端正在逐渐克服之中。当经济体制的运行走上市场经济的健康轨道后，上述下降趋势理应逆转，政府规模随经济发展下降的趋势可能会在某一时期中止，转而趋于回升达到适度水平，以适应市场经济发展的要求。然而，目前对于大多数地方政府而言，因行政体制改革重心下移相对滞后于经济体制的转轨，“双重政府机构”，即依照计划经济模式建立的政府机构，以及依照市场经济需要新设立的政府机构，二者同时并存是目前地方政府结构的普遍特点。这种局面使政府机构数量大大增加，造成政府规模膨胀，并可能造成行政机构层级的增多和行政程序的复杂化。原有的地方行政机构体系是按计划经济的理论逻辑建立起来的，发挥着计划配置资源的功能。

在改革过程中，必然有一部分原有机构功能过时，同时需要建立一些用于调控市场和宏观经济的新机构。设立新机构很容易，但撤销旧机构却普遍遇到了既有权力结构和既得利益的阻力，结果形成新旧两种机构同时并存和行政机构数量骤增的局面。另外，我国许多行政机构是分地区、分部门自上而下层层设置的，有的甚至一直延伸到基层企业、事业单位。因此，一旦上一级政府设立某一机构，马上就会引发“乘数效应”。此外，我国政府有许多非常规和突击性的任务，为此设立了大量的临时性政府机构，临时机构一旦设立，就会形成既得权力和既得利益，从而深化为准永久性机构。再加之还有大量的内部机构，政府机构数量的增加必然导致政府工作人员以更快的速度增加。③

2. 人口与地域面积因素

国土面积、人口数量和素质以及交通设施等因素都是影响政府规模的重要因

---

① 金玉国，杨冬梅．政府规模的地区差距及其形成机制．改革，2005，(7)：114-119.

② 潘卫杰．对省级地方政府规模影响因素的定量研究．公共管理学报，2007，(1)：36-37.

③ 李含琳，魏奋子，李印峰．中国西部财政供养人口适度比例研究：经验模型及实证应用．北京：人民出版社，2003：162.

素。[①] 政府行政管理客体即对象，主要是国家和社会的公共事务。如果政府管理的公共事务数量多而复杂，政府规模就大；反之则相反。而政府管理的公共事务与一个国家的人口数量和地域范围有密切的联系。[②] 人口与地域因素包括人口总量、地域面积、人口密度等。一定行政区域面积的大小、人口数量和人口密度是行政编制核定的重要依据。通常较大的行政区域中，如果人口数量多，则公务量大，需要提供的公共品也多，政府机构和人员相应地就多，反之，政府规模就小。[③]

人口的数量涉及劳动成本、人口拥挤、污染、社会问题的成本等，人口数量与社会公共事务数量互成正比关系。[④] 一般地说，一个国家的人口越多，公务量就越大，政府规模也相应越大，反之，政府规模则越小。但有的学者认为，对一级政府来说，政令的传达、情况反馈等控制行为都需要有人做载体，如果居民过于稀少，人类活动发生频率低，政治行为也就相应减少，国家对这类地区的控制成本高，从而导致政府规模的扩大。[⑤] 人口增长常常被看作是促使财政支出增长的一个因素。总人口的变化会对一些公共服务产生影响，诸如国防、治安、消防等。从直观上看，随着人口增加，公共部门提供的活动水平必定提高，以便为更多的人口提供服务。例如，学龄儿童数量增加，那么，在其他条件不变的情况下，从事教育的教师以及用于教育的其他投入品也得增加。这种总投入的引致需求增加必定反映在财政预算的总支出增加上。人口规模与财政规模间关系的性质取决于所要提供的公共品的性质。在纯公共品的情况下，新增人口的社会边际成本为零，故没有理由认为人口增加就必然导致财政支出增加。然而，不同的物品公共性的程度不同。在“接近纯公共品”的情况下，虽然人口增加了，但社会中的每一个成员所消费的产出水平保持不变，那么，财政支出的增长率会低于人口增长率。同样，在公共服务的提供能力过剩的情况下，财政支出增长率也会低于人口增长率。由于公共部门生产是劳动密集型的，人口总量越大，社会事务越多，政府及公共部门需要的劳动力也就越多，因此财政供养人员的数量与人口应该呈显著的正相关关系。另一方面，由于存在“规模经济”[⑥] 现象，地方政府财政供养比例与人口总量负相关，在控制了其他变量的情况下，人口每增加 1 万，每万人政府雇员就减少 1.2 人。[⑦]

---

① 张雅林．适度政府规模与我国行政机构改革选择．改革论坛，2001，(3)：104-105.

② 孙亚忠．适度政府规模的数量和质量分析．南京社会科学，2005，(7)：58-59.

③ 王玉明．论政府规模及其合理尺度．特区理论与实践，1998，(9)：48-49.

④ 刘博逸．政府规模适度化的评价标准．湘潭大学社会科学学报，2000，(2)：18-19.

⑤ 潘卫杰．对省级地方政府规模影响因素的定量研究．公共管理学报，2007，(1)：36-38.

⑥ 曾明，张光．规模经济对政府规模的影响：基于湖北省分县的实证研究．江汉论坛，2007，(8)：63-64.

⑦ 张光，曾明．规模经济和分税制对政府雇员规模的影响：基于河北省分县数据的实证研究．武汉大学学报，哲学社会科学版，2008，(1)：53.

根据经济地理学中的距离衰减理论，区域面积大到一定程度，政府对地区内的控制就会遇到困难。由于地域辽阔，地形复杂、交通不便等因素，都会使政治信息的传播速度下降。在行政过程中，政治权力的能量随距离的增加而逐步衰减，因此，地方政府的管辖面积与政府规模应该呈正相关的关系。地域范围的大小涉及政府举办和维护社会公共工程的多少，社会公共工程数量大则需要政府提供的社会资源（人力、物力、财力）数量多，从而使政府规模扩大。[①] 另外，由于技术手段的进步，可以部分地克服地域辽阔、地形复杂等弊端带来的信息传播速度下降的问题。现代交通工具和通信设施的发展，使得距离衰减理论遭到挑战，其适应性也可能出现了局部的偏离。

① 刘博逸．政府规模适度化的评价标准．湘潭大学社会科学学报，2000，(2)：18-19.

第三章　组织整合理论与地方政府规模

组织整合是关于组织宏观理论研究的重要方面，也是社会学和组织理论分析的一个核心概念。随着学科的不断融合与发展，组织整合理论也逐步被运用到公共行政领域当中，成为一种重要的分析工具。而地方政府作为一种典型的公共组织，它的形态本身就体现了组织环境、资源与要素等方面的整合。运用组织整合理论来分析地方政府规模问题，正是基于这二者之间的天然契合。要了解组织整合机制在地方政府规模研究当中发挥的作用，就应当首先明确基本的概念和理论。基于此，本章首先对组织整合理论进行了综合性的分析与考察，然后对研究的主题——地方政府规模进行了进一步的阐释，并界定了不同的整合类型所对应的地方政府规模形态。

第一节　理论工具——组织整合理论

一、整合与组织整合的概念辨析

（一）整合的理论渊源

“整合”一词最初在哲学上的使用是基于部分与整体的关系趋向于统一性和完整性这一含义。英国哲学家赫伯特·斯宾塞（1820—1903 年）在《第一原理》中阐述了著名的进化公式：“进化是经过不断的整合与分化，是从不确定、不协调的单纯性到确定的、协调的繁杂性的变化。”[①] 他认为，任何事物的发展都包含着分化阶段和随后的整合阶段。在这里整合与分化是一对哲学概念，他将这一对分化与整合的关系运用到生物学、社会学、心理学和哲学等领域，奠定了整合在其他各个学科中运用的基础。

“整”是“合”的前提，“合”是“整”的结果，“整”是开始，“合”是相对的、暂时的均衡，而“整”与“合”所产生的效应是“发展”，发展是整合的最终目标。[②] 在生命科学中，整合是指有机体的各阶段中各组成要素在结构上组织严密、功能上协同运作、从而融合成完整的、统一系统的过程；在生态学中，

---

① 斯宾塞．第一原理．英文版．1895：380.

② 王士君．城市相互作用关系的一种新模式——近域城市整合研究．地理科学，2001，(6)：513-563.

“生态整合”是指由人及涵盖了人的所有属性和关系所组成的人类社会，在遵从自然和社会客观规律的前提下，与自然界在生存与发展的基本走向和趋势上凝聚或汇合成一个结构完整、功能完善的“社会—经济—自然”复合生态系统的过程及结果；从心理学角度，神经系统的构造与机能是互相平行发展的，动物的神经系统越复杂，它的心理也越复杂，越来越具有高级的机能整合。心理是分化与整合的相互交替，联想是心理上的整合机制。人格心理学家强调把人看作“整合”的整体，而不是部分的机能。发展心理学家提出发展的有秩序进步阶段：未分化—分化—整合。[①]

社会科学中首先使用“整合”概念的是人类学。博阿兹（1858—1942 年）认为，考察风俗应从主观的整合的观点来进行，这也是“文化整合论”的开始。E·迪尔凯姆（1858—1917 年）认为，社会整合是指在一个社会共同体中，各组成部分基于相互赞同而达到的团结一致。H·卡特认为社会整合是指调整社会中不同因素的矛盾、冲突和纠葛，使之纳入统一体系的过程。[②] 在这个过程中，社会各分立而又有联系的单位通过相互适应，遵循相同的行为规范，从而达到团结一致，形成一个均衡的体系。20 世纪初形成了文化是整合的这一观念，是指相异的或矛盾的文化特质在相互适应以后形成的一种和谐的文化体系[③]；经济学中，“经济整合”是指对产业结构、经济的组织结构等进行战略性的调整和重组，提高产业的集约化程度、扩大经营规模，实现资源的有效配置、优势互补，从而增强竞争力。[④] 随后，整合概念进入组织学领域，成为组织理论的一项重要研究内容。虽然“整合”一词在各学科中应用的含义有所区别，但各学科对整合的理解与运用具有两个共同点：①经过整合最后形成协调、完整的系统；②整合本身是个高级化的过程。

（二）整合与一体化

《辞海》对整合的解释为：整合是指两个地层的走向和倾斜都一致，在沉积上没有明显间断的接触关系。[⑤] 从语义学角度看，“整合”与“一体化”在英文中均翻译为“Integration”，在《英汉辞海》中注释为“综合、合并、一体化”，在汉语中可译为“整合”或“一体化”。而实际上，二者在内涵上有着微妙的差别。“整合”有“调整与融合”之意，即结构调整、系统融合，由无序到有序，

---

① 黄宏伟．整合概念及其哲学意蕴．学术月刊，1995，(9)：12-17.

② Carter H. The study of Urban Geography. co-Published by Halsted Press，1995：217-225.

③ Roehner. Evolution of Urban System in the Pareto Plane. Journal of Regional Science，1995，35(2)：227-300.

④ Patchell J. Kaleidoscope. Economies：The Processes of Cooperation Competition and Control in Regional Economic Development. AAAG，1996，3：481-506.

⑤ 辞海．上海：上海辞书出版社，1980：1367.

由矛盾到统一，由失衡到均衡，使系统能最大限度地发挥其功能进而实现系统目标。[①] 由此可见，整合是一个动态的过程，侧重整合机制和系统的最终优化；而一体化指系统通过战略调整而达成的状态，侧重于整合结果和系统的一致性。一体化是一种结果和状态，可以看作是整合在某个阶段的一种表现形式，是整合之后所呈现出来的系统状态。

（三）组织整合

实际上，组织整合又叫组织化，是指通过组员之间的安排和组织结构的设计实现各部分之间较为稳定的关联过程状态。组织整合实质上是不同组织资源和组织结构的重组和融合，通过各种管理手段和技术使新系统内的资源重新达到一种有序状态，其目的在于提高组织的最终效能的发挥和输出，在组织分工的基础上取得各职位、部门层次、组织职能的协调运作。组织整合以变革中的组织为研究对象，探讨如何将组织内部与组织之间的互不相容、互不协调的组织体系资源，包括组织宗旨、愿景、价值、文化、战略、组织结构、组织流程、等级链、人员等要素进行有效的协调、融合乃至创新，使其融为一体，从而保证组织协调、灵活、高效的运转，并最终实现组织长期发展的目标。

关于组织整合的大量文献都集中在企业管理领域，主要研究企业并购后如何将使并购企业与目标企业的管理组织融为一体，最终达到整个管理系统的协调运转，实现并购见效益，管理出效益的目标。企业并购整合在最一般的意义上，是指组织采用强制的或非强制的方式对组织成员的心理与行为具有一致性要求实施的措施和手段。一般认为，企业组织可以通过组织资源、组织制度和组织文化来实现组织整合。

二、组织整合理论研究综述

（一）组织整合在企业管理领域

从经济学角度讲，整合就是对已有的经营资源进行重新配置，以保证资源得到最理想的利用。从手段上看，整合就是资源重新配置的一种运作；从目的上看，是获得资源运作效果的最大化。西方学者对企业组织并购后的整合进行了广泛的研究，普遍认为并购整合是一个系统工程，涉及政治分析、心理分析和战略分析等观点。不同的研究学派有不同的研究视角和维度。

1. 过程整合学派以任务整合和人事整合为研究维度的观点

由于是两个文化历史各异、有独立特色的企业一次性并购完成，所以企业整合是一个长期持续磨合的过程，而不是一次性的购买行为。通过对若干案例较长时间的踊跃调查和深入分析后，总结出在实践中的整合过程，其中，企业的任务

① 陈重．公司重组与管理整合．北京：企业管理出版社，2001：144-145.

整合与人事整合是最为重要的。亚力山德拉·里德·拉杰科斯从任务整合的视角全面探讨了并购整合过程涉及的有关资源（含人力资源）、流程与责任等整合问题。[①] 博金肖等和哈坎森从人事整合和任务整合两个维度研究瑞典三家跨国公司并购后的R&D单位整合案例，并指出人事整合与任务整合两过程之间仅是有限的联系，但作为并购成功的驱动因素——人事整合的低水平将会限制任务整合的有效性，人事整合所形成的共同身份和彼此尊重会为公司任务的紧密整合奠定基础。[②]

2. 组织行为学派价值链重构的观点

鲁贝金认为，并购双方在管理风格、评估与报酬系统、组织结构与组织文化的不协调影响潜在价值的实现。[③] 舒威格等提出了一个整合模式，指出并购双方的价值链要重新构造，以实现收购方的价值形成的目的。这种重新构造包括三个方面：技术方面、政治方面和文化方面。技术方面的重构类似于能力转让模式，它对价值链的不同组成部分有重要的影响。然而，价值链除了技术方面的重构以外，还包括其他更多的东西，正如舒威格等所说的，它也是“社会相互影响和政治关系的重构”，它代表着影响人们行为能力和行为动机的一种随意的过程和体系。狄塔的实证研究证明，高层管理者的管理风格差异对并购后的绩效有不利影响。[④] 韦弗（Samuel C. Weaver）和威斯通（J. Fred Weston）认为，文化差异能够导致并购失败或使并购潜能无法得以发挥。[⑤] 卡特维特和库珀认为，处理文化差异的最好办法是控制双方的整合程度，尽量保持被并购企业的独立性。[⑥] 因此，文化整合和价值链重构在企业并购战略中占据核心地位，应将整合研究重点放在文化重建和流通交流中，通过对他人和自身行为方式、基本信念的改造塑造新的企业文化。

3. 战略管理学派组织体系内部要素整合的观点

纳多扎认为，整合要获得成功，关键在于帮助公司实现领导团队、公司文化、公司战略、人员、产品、流程和技术等几个方面的快速整合[⑦]；梅耶斯发现，并购成败的最为关键和微妙之处就在于组织整合、商业流程整合、信息系统

---

① Lajoux A R. The art of M&A integration. NewYork：McGraw-Hill press，1998：12.

② Birkinshaw J，Hakanson B. Managing the Post-Acquisition Integration Process：How the Human Integration and Task Integration Process Interact to Foster Value Creation. Journal of Management Studies，2000，37 (3)：395-425.

③ 程兆谦，徐金发．购并中价值创造的三个基本问题．经济管理，2001，(18)：5.

④ Datta D K. Organizational Fit and Acquisition Performance Effects of Post-Acquisition Integration. Strategic Management Journal，1991，(11)：281-297.

⑤ 韦弗 C，威斯通 J F. 兼并与收购．北京：中国财政经济出版社，2003：78.

⑥ Cartwright，Cooper. The Role of Culture Compatibility in Successful Organizational Marriage，Academy Management Review，1993，7 (2)：57-70.

⑦ Nardozza F J. After the Merger：Now what? . Lodging Hospitality，1997，54 (3)：5-9.

整合和生产整合等方面[①]；池维瑞尔认为，在整合的实施过程中，需要考虑的主要因素是公司的规模、公司的民族特征和公司的组织结构这三个方面[②]；拉尔森和芬克斯迪恩建立了企业并购后在战略、组织、人力资源等方面的整合模型，并在整合方面提出了积极合理的建议[③]；泰坦鲍姆认为文化是整合的核心，并且指出了改善并购整合的 7 个准则：让高层人力资源管理者参与并购决策、建立组织能、战略联合和实施恰当的系统及程序、管理文化、通过快速管理过渡来管理并购后的运转、管理信息流动、建立标准化的整合计划。[④]

在我国，近年来对于并购后整合过程的研究成为企业管理领域一个新的研究方向。目前在这方面的研究已经涉及并购后的战略、资产、组织、人力资源、技术和企业文化的整合等诸多方面。王长征在研究企业并购价值创造源的基础上，提出企业并购分为战略并购和财务并购，战略并购以价值创造为目的，财务并购以价值转移为目的，并购整合主要是战略并购中的一个问题。他还从企业能力的角度对并购整合过程中的企业能力管理、战略管理、文化管理、人力资源管理、流程再造等进行了深入的探讨。[⑤] 项保华和殷勤提出了并购后整合应从管理制度、经营业务、组织文化三个层面展开，并认为并购企业应根据自身组织文化的强弱程度和企业间经营业务领域的相对程度，选择相适宜的并购后整合模式。[⑥] 程兆谦和徐金发在企业文化与并购绩效的关系、企业文化差异与整合的关系的研究方面取得了重要成果。[⑦] 魏江运用企业能力理论，提出了企业并购整合方式应有利于核心能力的提升。[⑧] 徐彬认为并购双方有可能在制度、机制、心理、文化四个方面存在冲突，因此必须进行并购整合，加强并购当中的整合管理。他还指出企业整合的目的就是提高核心能力，并购整合应该包括组织整合、财务整合、文化整合三个方面。[⑨] 齐艳秋等与魏江提出了基于核心能力的并购后整合模式，即核心能力层次，独特资源、技能及知识的要素层次，职能活动层次等三个层次的整合管理。[⑩]

---

① Myers B T. Merger Integration. Chain Store Age，1998，74（1）：7.

② Chevriere J P. Rules of the Road in Post-merger Integration. Offshore，1999，59（1）：73-74.

③ Larsson R，Finkelstein S. Integrating strategic，organizational，and human resource perspectives on merger and acquisitions：A case survey of synergy realization. Organizational Science，1999，10（1）：1-36.

④ Tetenbaum T J. Beating the Odds of Merger&Acquisition：Seven Key Practices that Improve the Chance for Expected Integration and Synergies. Organizational Dynamics，1999，(9)：53-54.

⑤ 王长征．并购整合：通过能力管理创造价值．外国经济与管理，2000，(12)：14-15.

⑥ 项保华．购并后整合模式选择和对策研究．中国软科学，2001，(4)：56-59.

⑦ 程兆谦，徐金发．从主导逻辑看企业购并与整合．现代经济探讨．2001，(6)：44-45.

⑧ 魏江．基于核心能力的企业购并模式框架研究．管理科学学报．2002，(2)：42-47.

⑨ 徐彬．企业并购后的整合与协同．学习与探索，2000，(4)：30-33.

⑩ 齐艳秋，等．论购并后整合战略．外国经济与管理，2001，(9)：17-18；魏江．基于核心能力的企业购并模式框架研究．管理科学学报，2002，(2)：44-45.

纵观企业并购后的组织整合理论，国内学者都还处于初期接触与研究阶段，大多还是引进和介绍西方国家中有关并购整合的一些研究成果，如对“企业兼并整合应重视核心能力培养”观点的引进、翻译和出版国外有关并购整合的论文或著作，观点过于零散，无法形成一个完整的理论体系。

（二）组织整合在公共行政领域

组织整合理论运用到公共行政领域是学科融合的结果，随着学科的发展，运用多种研究方法对公共行政领域的诸多问题进行分析是一种必然趋势，组织理论就是其中非常重要的一种。李习彬在《政府管理创新与系统思维》一书中首次提出了组织整合在政府管理各个领域的运用，并发表了一系列论文。在《“政治与行政二分”命题的组织整合理论解析》一文中他运用组织整合理论的两个分支理论（三层设计理论与三元整合理论）对“政治与行政二分”命题进行剖析，从管理体制、机构设置与运行机制三个层次上揭示了民主与专制的根本性区别，展现了“政治与行政二分”更为广泛和深刻的含义，展示公共管理学科建设中国化与科学化的途径。[①] 他还运用组织整合理论对公共政策进行了解析，分析了我国公共政策偏差分析及和谐社会构建的政策模型。

汤敏轩在《民主集中制的组织整合解析》中，从体制、结构、运行三个层次分析了民主集中制在每个子系统中存在的问题，指出系统边界模糊以及不同系统对民主和集中有不同要求是导致问题产生的原因，鉴于此，并对民主集中制进行了体制整合与重构。在其另一篇文章《危机管理体制中的信息沟通机制——基于组织整合的流程分析》中指出，一个有效的危机管理体制在很大程度上取决于能否进行良好的信息沟通，而良好的信息沟通机制又必须以适度的组织整合作为基础。文章从政府组织整合的角度出发，构建了一套信息流程的系统模型，旨在通过对政府组织整合失灵的克服，建立科学的信息沟通机制，为良好的危机管理打下基石。

国内还有一些学者探讨了公共组织的整合因素和整合机制。张康之在《论组织整合中的信任》一文中介绍了三种基本和主要的整合因素——权威整合因素、价格整合因素和信任整合因素。组织发展史也就是这三种整合因素的依次介入。组织协调的基本内涵就是追求组织行为的统一性和连贯性，而这一点只有在信任整合因素发挥作用的情况下才能实现。同时，他还指出，只有信任整合机制才能避免组织成员的边缘化。齐明山、陈虎指出，在公共行政发展的历史坐标中，公共组织发展史实质上是权威整合、竞争整合和合作整合三种基本的和主要的组织整合机制的依次介入并取得主导话语权。和谐社会中的服务行政必然要求和生成

---

① 李习彬．“政治与行政二分”命题的组织整合理论解析——兼谈公共管理学科建设中国化与科学化的途径．学术研究，2006，(3)：73-78.

以合作整合占主导的三元公共组织整合机制。

在国外，组织整合在公共组织领域的研究主要集中在以下两个方面：

1）整合对公共部门人力资源的影响。大量的文献集中讨论了组织整合对人力资源的影响和对这种影响的管理。这类文献的作者既有大量的实务工作者，也有理论研究者。他们的分析既包括整合前的问题，也包括整合后的事件。重点是如何消除整合的消极影响，如冲突、紧张、冷漠、职业不稳定性、行为难题、压力及同事间的信任等。

2）整合中的文化兼容性。许多研究者把整合看作是一种文化驱动的现象。在原有考察组织内和组织间文化差异文献的基础上，这些研究者认为，在进行整合决策时，应更多地考虑组织间的文化兼容性。从文化冲突的视角看，整合是一个文化冲突过程，因为整合中很可能会出现强势方单方面地把自己的文化强加给弱势方。有人建议，一是增进对两个整合单元文化要素的了解和组织间的相互理解和尊重。另一项措施是将发生的变迁进行高度有效的沟通。

（三）研究述评

目前国内外关于组织整合的研究归纳起来主要有以下两个特点：

第一，从研究内容上看，目前国内外组织整合研究在某种程度上弥补了传统研究中的疏漏与不足，不仅研究静态的结构整合，还将动态的管理整合纳入了分析范围；研究领域涉足组织内外。对于导致整合失败的因素分析也开始着眼于对组织契合度（organizational fit）、人力资源（human resource）、文化碰撞（culture clash）等要素来剖析。

第二，从研究视角来看，目前国内外整合研究注重从“过程观点”（process perspective）和“组织行为观点”（organizational behavior perspective）出发来展开。所谓过程观点即将整合看作是一个长期持续的过程，而不是一次性的行为。而组织行为观点意味着整合主体和整合对象在整合过程中均发挥着重要的作用。

现有理论缺陷及不足主要表现在，尽管各种整合理论从不同的角度对宏观、微观，静态、动态，横向、纵向的整合进行了描述，但在实际整合过程中这些理论并不能很好地解释并指导整合案例，总体来说，有以下几个方面：

其一，大多数理论只是从单一的因果角度对复杂的组织整合过程作机械的现行思考，势必造成指导整合的顾此失彼、片面局限，导致并购后组织整合过程的认识存在很大偏差。

其二，现有组织整合理论多运用在企业管理领域，内容缺乏系统性和层次性。其在公共行政领域的运用也处于起步阶段，过于强调客观事实，而忽视了对具体案例的推导与分析。

其三，由于环境、组织等多种局限，现有的整合理论很难对整个整合过程及可能导致整合失败的因素进行深入的考察与剖析，因而不可能达到最理想的整合状态，只能是在各种局限条件下的最合适的整合程度。

三、组织整合的分类

自上个世纪中后期以来，组织整合理论已经成为组织理论家们热烈讨论的一个话题。按照不同的分类标准，他们把组织整合分为不同的类型。

（一）组织间整合与组织内部整合

按照整合机制发生的范围不同，组织整合可分为组织间的整合和组织内部的整合。组织内部整合是传统的组织整合研究领域，它把组织看作一个封闭的系统，主要涉及组织内部的资源、要素与结构的整合，通过集结组织内部各种有利条件达到期望的目标与结果。而随着时代的向前发展，组织理论不断深化，理查德·L. 达夫特认为，全球化竞争以及技术、通信和交通的迅速发展不但给组织创造了惊人的新机会，而且也使业务经营的成本上升了，并且每个组织都愈加难以把握这样的机会。在这种新经济中，组织网络正在形成，组织的协同行动成为一种趋势。[①] 詹姆斯·莫尔也提出，现在的组织正在向生态系统演进，所谓组织生态系统，是指由组织的共同体与环境相互作用而形成的系统，它常常跨越了传统的行业界限。传统的组织边界正在消失。[②] 由此，组织间整合也成为组织理论研究的重要方面。组织间整合是指发生在两个或两个以上组织之间相对持久的资源交换、流动与联系，组织通过相互间的交流，拥有共同的愿景，建立联盟以及处理相互之间复杂的关系，使得各方都得到发展。

而在组织间的整合当中，根据组织整合在进行急迫性方面的差别，又可分为后应式（reactive）与先应式（proactive）两种形态。所谓后应式组织整合，是指组织与环境之间的互利共生关系已趋破裂，原先的组织架构已然失效，组织运行出现危机时，所进行的组织整合；反之，在组织尚无明显危机时进行的组织整合，则称为先应式组织整合。

（二）横向整合与纵向整合

根据整合机制的发生机理不同，组织整合又分为横向整合与纵向整合两种不同的形态。横向整合又可称为组织的横向结构整合，是通过对组织的不同职能层的资源重组和要素重列，使组织的各个职能层面达到一种井然有序的状态，其目的在于使组织各个职能部门之间协调运作，从而提高组织的整体效能。而纵向整合是相对于横向整合而言的，它是指组织在纵向结构和运行程序上的整合，包括

---

① 达夫特 L R. 组织理论与设计. 第七版. 北京：清华大学出版社，2003：189.

② Moore J. The Death of Competetion：Leadership and Strategy in the Age of Business Ecosystem. New York：harpercollins，1996.

两个方面——组织纵向结构整合与组织业务流程整合。组织横向各个职能层面的整合只是给组织发展提供了条件，组织发展还需要有纵向的推动力，只有形成纵横交错的整合结构，才能构成经纬有序的组织整合网络图，从而推动组织的最终发展。正如众多组织理论家都意识到的那样，在组织生态系统中，管理者逐渐学会从传统的制定组织战略、设计层级结构和控制系统的职责中解脱出来。在新时代，管理者需要考虑的重点不仅仅是横向的结构，还有纵向的结构与业务流程。重大的创新是在突破将各组织单位分割开来的边界中实现的。①

（三）权威整合、竞争整合、合作整合与模糊整合

在人类组织发展的历史坐标中，我们可以看到三种基本的和主要的整合因素，它们分别是权威整合因素、价格整合因素和信任整合因素，整个组织的发展史也就是这三种整合因素的依次介入，而与此相应的组织整合有三种不同形态——权威整合、竞争整合与合作整合。组织的整合因素对组织结构有着决定性的影响。从历史发展的总体过程看，农业社会的组织基本上属于权威整合型的组织；近代以来，权威整合的因素日益趋微，而价格整合因素则愈显重要，形成了权威整合与竞争整合的二元组织整合机制；20 世纪后期以来，权威-竞争整合的机制也开始变得越来越不适应新的形势，这就迫使人们不得不寻求新的整合因素的介入。目前看来，这种新的因素以信任为首选，合作整合以信任、规范、宽容、理解和网络等为组织必备的特点，而且，组织拥有这些特点具有巨大的生产性价值，它能够通过整合组织行动来提高生产效率。② 而在实际上，对于复杂的组织系统，我们很难捕捉和准确描述组织的关键整合因素，因而难以把握组织整合的内在机理和运行机制。于是，对于过于复杂或难以准确描述的组织系统整合，笔者尝试运用一种“模糊”的语言来处理这一问题——模糊整合。模糊整合说明复杂系统的整合因素多元并相互作用，整个整合过程很难明确把握。

（四）适度整合与整合失灵

从效果上看，组织整合可以分为适度整合与整合失灵。适度整合是指通过整合，分散的各部分形成了完整与和谐的统一体，实现了“整体大于部分之和”，我们可以形象地将其表述为“1＋1＞2”。整合失灵又可以分为欠整合与过度整合，前者是指整合之后的各组成部分之间仍然很松散；后者则指组成部分之间过于紧密，丧失了应有的自主性和创造性。整合失灵的结果是各部分在一起发挥不出整体功能，即“1＋1＜2”。组织整合失灵就意味着，组织之间、组织各部门之间以及部门内部各机构之间，要么缺乏有效的约束以致过于松散（欠整合），要么既定的规则对它们限制得太死以致失去了能动性（过度整合），这两种情况都

① 达夫特 L R. 组织理论与设计．第七版．北京：清华大学出版社，2003：194.

② 帕特南 R. 使民主运转起来．南昌：江西人民出版社，2001：204.

导致组织形成不了应有的合力。组织要实现适度和有效的整合，就需要有一个与之配套的高效运作、能够实现“1＋1＞2”的组织整合机制，科学合理地设定组织与外部环境、组织内部各子系统之间的功能，密切协同，实现组织目标。

第二节　组织整合类型与地方政府规模

一、组织生命周期与地方政府规模

生命周期是一个为了说明生物体生命过程特征的纯粹的生物学概念，它用来指有机体的产生、发展和死亡过程，是一个历时性的概念。后来生态学的观点被引入组织研究中，生命周期的概念也被嫁接到组织研究中来。组织因它所承担的任务、服务的群体以及环境的变化也有一个产生、发展、消亡的过程。生命周期反映了组织的发展过程。一个组织的成长大致分为创业、聚合、规范化、成熟、再发展或衰退五个阶段。[①] 每个阶段的组织结构、领导方式、管理体制和职工心态都有其特点，并表现为不同的组织规模。每一阶段最后都面临某种危机和管理问题，都要采用一定的管理策略去解除这些危机以达到成长的目的，如图 3-1 所示。[②]

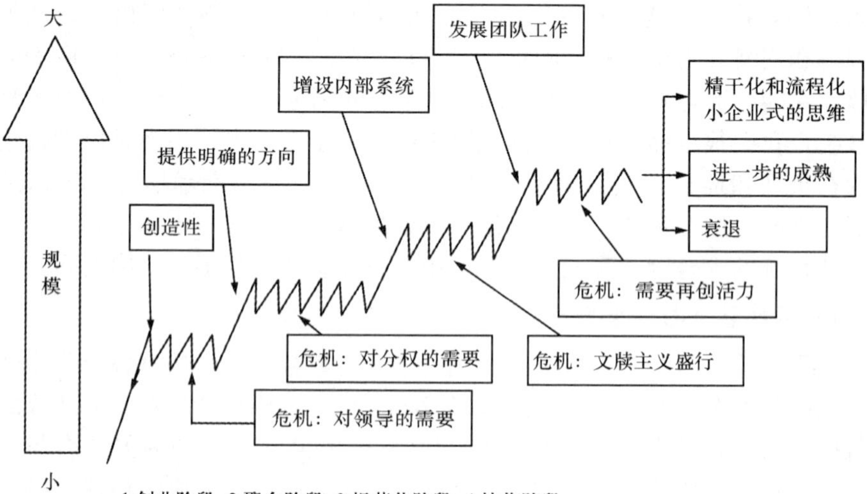

图 3-1　组织的成长阶段

① 达夫特 R L. 组织理论与设计．第 7 版．王凤彬，张秀萍等译．北京：清华大学出版社，2003：331.

② Quinn R E，Cameron K. Organizational Life Cycle and Shift Criteria of Effectiveness：Some Preliminary Evidence. Management Science，1983，29：33-51.

地方政府作为一种典型的公共组织，其产生、发展、变化也应符合组织生命周期规律。公共组织相比较一般组织，其生命周期更加复杂，更易受到外界环境的制约和影响。无论是组织的产生、消亡还是组织成员的构成和领导者的变更都过多地受到政治发展的影响。虽然运用“创业、规范化”这类经济色彩过浓的词汇来形容地方政府组织的发展历程有些不太恰当，但我们可以根据地方政府组织的特点来重新划分地方政府的生命周期。我们认为，地方政府组织的发展可分为产生及设立阶段、成长成熟阶段、衰退或再发展这三个阶段。每一阶段的地方政府组织都有其各自的特点，呈现出不同的形态。

在地方政府组织的产生及设立阶段，地方政府组织就要不断地展示其存在所提供的服务的价值，以获得有效资源，否则就很难生存下去，这就进入一个为自主权而奋斗的阶段。官僚组织必须迅速组织起来，为用户提供有价值的服务。只有这样才能激励用户支持它的存在。一旦用户坚定不移地认为可以从官僚组织的服务中获益，而且与之形成了常规化的关系，则官僚组织能够依靠特定的惯性来获得它所需要的外在支持。这是获得自主权的关键动力，将决定它是否能够长久地生存。① 地方政府组织此时会把组织的生存作为首要的目的，为了获得足够的外力支持，组织成员具有高度的团结精神，尽力提供好的服务。几乎每个组织中的官员都将创造能够保证官僚组织生存的条件放在首位。唐斯认为，此时官员的自利性可以产生积极的效果，组织成员为了实现自己的远大理想和利益追求，就要提供很好的服务和产品，这样就会产生很好的社会效益。新成立的官僚组织不断开发自己的潜能，尽力挖掘所能提供的有效服务的种类，赢得上级领导和利益相关者的青睐，为自己的未来发展铺平道路。所以，他们必须在最初获得的资源被消耗殆尽之前，迅速向足够多的顾客提供服务，否则，其资源获取将受到限制。此时的地方政府规模处于一个稳定的上升时期，为提供更多更好的服务来获取合法性，地方政府组织必然不断扩充机构和人员，增加财政预算，来获取上级政府的支持。

在地方政府组织获得自主权后，组织能否实现新的发展，这要取决于组织的外在环境因素。组织的快速成长可以带来更多的晋升机会和更多的财政资源支持，从而会更进一步地促进组织成员的工作热情，而且可以吸引新成员的加盟，从而进入一个“权力攀登者增加和保守者减少的过程”。实际上，组织就进入了一个快速成长的阶段——成长成熟阶段。这一时期，地方政府组织已为人们所认可，组织发展所展现出来的美好未来前景“驱使官僚组织更加愿意、也能够创新和扩张”。地方政府组织会抓住组织快速发展的机遇来扩大自身的影响力，增加自身可控制和可利用的资源，这种资源包括对优秀人才的吸引、对技术创新的运

① 唐斯 A. 官僚制内幕. 郭小聪等译. 北京：中国人民大学出版社，2006：9.

用以及对财政资源的攫取等。这一阶段的地方政府规模急剧膨胀，不论从地方政府职能范围，地方政府的职能载体——政府机构和人员数量，还是从地方财政的可支配度来看，都呈现出一种不断增加的态势。

当然地方组织的加速发展也不是没有限制因素的，唐斯总结了可能的五种阻碍因素：①仍然必须与其他职能为了引进社会关注和资源获取而竞争；②会遭到与其职能相互竞争的官僚部门的敌意和抵制情绪；③“规模的扩张，官僚组织变得更加难以管理，官僚组织的绩效就会降低”，“组织中的优秀人才将从职能行为中分离出去，转换为行政行为”；④组织的平均才智水平会逐渐降低；⑤权力攀登者之间的冲突具有一定的内部控制功能。这一阶段的地方政府组织虽有减速发展的效应，也还有促使组织加速发展的因素存在，这就进入了我们所说的第三个阶段——衰退或再发展阶段。在唐斯看来，一些组织之所以死亡，是因为它们没有能够执行足够重要的社会职能，以使其成员或客户愿意为那些职能赋予必不可少的资源。这种无能的发生有如下三个原因：组织执行的特定职能的相对重要性消减；职能仍然重要，但是组织已经不能有效地履行它了；或者职能仍然重要，但一些其他组织能够更好地履行它。① 这一时期的地方政府组织面临着巨大的挑战，如果不能很好地适应环境和社会发展的需要，它最终会逐渐走向减速阶段，进入僵化周期，进而消亡。另一种情况是敏锐地洞悉外界环境的变化，扬长补短不断自我完善，有计划地、主动地寻求各种变革以求生存和再发展。这一时期的地方政府规模处于一种不稳定的局面，政府内部有些机构由于职能调整和任务变更而走向衰减和消亡，而另一些机构则通过重新调整，获得再发展。

组织的成长与生命周期理论说明了地方政府组织进行整合是一个必然的过程。没有一个地方政府能永远保持不变，为了获取持续的发展动力，一个健康的、有活力的地方政府必须时刻评估自己的组织效能，掌握组织自身发展规律，敏锐地洞悉外界环境的变化，进行有效整合，保持组织的合理规模，从而实现可持续发展。

二、地方政府的组织整合机制

在公共行政发展的历史坐标中，主要的整合因素有三种——权威、价格及信任，公共组织发展史实质上是权威整合、竞争整合和合作整合三种基本的和主要的组织整合机制的依次介入并取得主导话语权。公共组织也因为这些不同的整合因素表现为不同的组织形态。在地方政府的整合机制中，由于处于主导地位的整合因素的不同，地方政府的规模与结构也各有特色。

---

① 唐斯 A. 官僚制内幕．郭小聪等译．北京：中国人民大学出版社，2006：24.

（一）权威整合——职责同构、等级森严的地方政府

以权威为主导整合因素的组织是基于权力的功能而做出的制度设计与安排，权力在结构上的集权或分权可以表现出不同的组织支配体系和支配方式的合理性状况，组织成员在决定进入或退出组织的选择时，需要考虑权力和权威能够给他带来的损益。一般说来，在以权威为主导整合因素的组织中，组织结构与成员之间的关系是一种等级化的关系，组织可以通过对权力的行使或者通过权威暗示的方式来控制下级机构或成员，使下级机构或组织成员的行为能够指向权力所确立的方向。也就是说，下级机构和组织成员在本质上是没有自由和自主性的。即使组织的权力结构是分权制的，下级机构及成员也必须接受权力和权威的支配，至多，分权制只为他们表达意见和形成参与意识提供了较大的空间。学术界普遍认为，传统公共行政时期的组织整合机制基本上属于权威主导型的。

这是由于，建立在“政治-行政二分法”与韦伯的理性官僚制基础之上的传统公共行政模式，试图用“彻底渗透着理性主义思想的结构规范和角色规范来促进组织有效地运转”。正是由于这种结构的“金字塔化”和角色的规范化，公共组织形成了一个高度秩序化的、以“森严的等级制度”和严格的“命令-服从”关系链为特征的权威主导型整合机制。在这种权威整合机制的笼罩下，下级地方政府组织毫无自主性可言，在结构形态上要与中央政府高度一致，在纵向间职能、职责和机构设置上要与中央政府高度统一，在规模上也表现为机构叠加、人员冗多。

于是，在传统的以权威为主导的整合机制下，我国的地方政府是处于一个森严的等级链条下，职责同构的地方政府形态。所谓“职责同构”，是指在政府间关系中，不同层级的政府在纵向间职能、职责和机构设置上的高度一致。其具体表现为地方政府在纵向间职能、职责和机构设置上与中央政府高度统一、一致，中国每一级政府都管理大体相同的事情，相应地在机构设置上表现为“上下对口，左右对齐”。这种等级森严、职责同构模式的弊端主要体现在：在这一模式下，每一级政府都管理或参与管理所有种类的国家事务。中央政府对地方政府拥有全面的、绝对的控制权，在所有事务上实行垂直的、一竿子插到底式的管理。在机构设置和行政职责上，每一级政府都是雷同的。这就直接导致了我国地方政府的结构性扩张，为了与中央保持一致，人为地设立了一些并不适应地方经济社会发展的机构和人员。譬如在一些严重缺水的地方竟然设立水产部门，这都是纵向职责同构所导致的，属于典型的整合过度。在这种情况下，为了优化地方政府规模，必须在纵向上打破职责同构的状况，合理调整政府纵向间职责配置，引入新的整合机制。

（二）竞争整合——扁平化的地方政府

以价格为整合因素的组织是根据市场原则而做出的设计和安排，组织成员与

组织之间以定价的状况来决定任务的执行、进入还是退出组织。这种以价格为整合因素的机制，我们称之为竞争整合。自 20 世纪 70 年代末开始，以企业家精神和西方新自由主义经济学为理论基础的新公共管理模式逐渐掌握了公共行政的话语权，“相信市场和私营企业的管理办法……用经济理性主义的语言表达种种行政理念”，“‘竞争性政府’的概念可以说是全球行政改革的一个关键指向”。[①] 这种模式下的公共组织是一种“理性经济人”，市场配置是其治理之道，以价格为杠杆，市场驱动其组织动力与公共责任，经济、效益、效能是其价值取向，分权、扁平化是其组织结构。由此，公共组织打破了官僚制一统天下的局面，转而形成官僚制与其他几种组织模式诸侯割据的组织格局。在一定范围内，公共行政的总体利益和目的，公共组织的总体效能与效率，通过组织个体之间的相互竞争来实现，此时，公共组织整合主要通过组织间的竞争机制来实现。

在这种以价格为主导整合因素的整合机制中，地方组织成员以及组织之间的关系在形式上是平等的，而且，组织机构和成员能够拥有较大的自由度，能够根据价格来做出自主的行为选择，组织对其成员也往往通过价格的变动来确定其地位和评定其业绩。

显而易见，在竞争整合模式下，地方政府组织为实现高水平的组织效能，必须打破原有等级森严的权力链条。原有的金字塔形的层级结构为组织之间的竞争树起了高高的壁垒，为了能经济有效地提供公共服务，地方政府必须减少行政层级和纵向的信息交流，扩大横向沟通，实现组织结构的扁平化。组织结构的扁平化，即通过减少管理的中间层次，扩大管理跨度，使组织结构向扁平化方向发展，从而提高沟通效率，提高管理效率，降低运行成本。扁平式组织结构的特点：更少的中间管理层，更宽的管理幅度；采用自我管理；向下授权并明确责任；顺畅的信息流动渠道，等等。在这一整合类型中，各级地方政府组织有相对较大的自主权，纵向层级的减少，使地方政府内部沟通更加快捷有效，减少了政府运作的成本。从规模上看，地方政府结构与机构设置也较为灵活，公共产品和服务的提供也因为竞争的引入较为有效。在充分实现了有效竞争的领域，地方政府规模应当是较为合理的。

但是应当注意的是，在公共行政领域，单纯依靠竞争进行整合是不现实的，正如大家都意识到的那样，公共领域中的组织往往会强化权威因素的整合功能，而私人领域中的组织则会较多地突出价格因素的整合功能。新公共管理模式中，在政治上的权利平等、市场主体的行为自由和管理控制机制中的权威需求共存的条件下，组织存在的合理性和合法性需求又迫使它不得不把竞争和权威两种整合

---

① 戴维·奥斯本 D，盖布勒 T. 改革政府——企业家精神如何改革着公共部门. 上海：上海译文出版社，2006：68.

因素结合起来使用。

（三）合作整合——网络型的地方政府

在现代社会中，组织已经不仅仅只是通过权威或价格为主导因素来进行整合，在社会系统和社会网络日益发达的今天，组织需要通过其结构和制度安排来保证组织成员以及组织成员与组织间有着充分的信任关系，才能促使组织成员自愿地选择合作行为。用鲍曼的话：建立在成员间信任基础上的组织可以产生合作的“内在”动机，而仅仅建立在外部贡献诱因基础上的组织则不具备。如果众人追求的岗位按信任的标准进行安排和配置，会对这些动机大有裨益。[①] 合作制组织中的合作行为是稳定的、制度化的合作，是基于信任关系和根源于合作制组织性质的合作。所以，无论是组织成员还是在组织运行的整体上，都会表现出行为的统一性和连贯性。也就是说，稳定的、制度化的合作是发生在合作制组织之中的。

具体地说，合作制组织用相互信任、相互了解、相互协商和相互接受的合作关系取代了官僚制组织的“命令-服从”、“施动-回应”关系。在合作制组织里，合作关系的制度化有效地消解了“命令-服从”关系的强制性和“施动-回应”关系的被动性。如果说官僚制组织的困难在于：当组织的整体意志与社会需求之间发生冲突的时候，组织成员的职业责任、法律责任与道德责任之间也存在着矛盾，以至于他们要么做出违心的行为选择，要么因渎职而使个人利益受到损失。那么，合作制组织在自己的制度安排中，从合作关系出发而为信任整合机制提供了充分的空间，从而消除了官僚制内在冲突的根源，进而也消除了组织成员行为选择中的矛盾，使他们所应有的职业责任、法律责任和道德责任同一化。结果，他们在组织活动中的一切行为也必然是统一的和连贯的。

建立在民主公民权理论、组织人本主义和后现代对话理论基础之上的服务行政模式，使所有公共组织的一切目的和终极目标都指向更好地提供公共产品和公共服务。多元配置、注重政府责任的回归成为其治理之道，共同价值观为其运行基础，以对话回应来实现公共利益，以公平、责任和公共利益为其价值取向，以公共服务、为社会作贡献的愿望为其行政理念，这一切都使公共组织不得不自觉地去建构一种合作主导型的组织整合机制。由于合作因素的介入，竞争与权威的二元整合因素所构成的组织整合机制发生了根本性的变革，从而促使组织模式发生了根本性的变革。如果说组织的竞争整合被意识到和被引入组织设计中之后，创造了新的组织类型，从而使传统官僚制的组织形式被市场式组织模式所取代，那么，由于组织的合作整合得到认识并付诸组织设计，势必也将会实现组织模式的根本性变革，组织日益向网络化发展。

---

① 鲍曼 M. 道德的市场．北京：中国社会科学出版社，2003：434.

现代服务行政模式下，公共组织对合作机制的关注，只不过是要为组织整合开辟一条不同于传统的、也不同于新公共管理时期公共组织整合的途径。或者说，它把官僚制权力作用机制的强制性协调、市场式模式的竞争性协调转化为组织成员自觉的、主动的合作。网络型地方政府是指以各个机构和部门为结点，以彼此之间复杂多样的联系为线路而形成的一种制度安排。地方政府的这种网络型趋势表现为技术的网络化、沟通的网络化及结构的网络化三个方面。地方政府各部门间、部门与人员间、人员与人员之间及地方政府与外部日益为互联网所联结。沟通网络化意味着地方政府各要素间不断在信任的基础上保持接触，减少了命令链的束缚而能够直接接触到源，有利于知识的获得、传播与利用并使工作效率得以提高。地方政府网络结构由自主、创新的组织单元构成，与过去相比更具灵活性。

因此，在对此种整合机制下地方政府规模的解读中，信任构成了组织网络结构和合作模式的基础。有了信任，地方政府组织才会建立起网络结构，或者说，地方政府的网络结构就是信任的形式化和表现方式。同样，有了信任，地方政府才能够在根本上具有合作的性质，信任不仅在组织成员间、组织成员与组织间确立起合作关系，不仅催生组织成员的合作行为，而且赋予了地方政府组织以合作性质，使其成为网络化的合作组织。

（四）模糊整合——复杂型的地方政府

然而，从整体上把握组织的整个整合过程比较困难，组织整合机制的发生常常是一种主要因素在起作用，或者是几种整合因素的交互作用。因此，我们通常会从整合过程中提取关键因素入手，分析整个整合过程尤其是它们与整合效果之间的关系。上述三种整合形态就是这种理论演绎的结果。而在现实生活当中，组织系统尤其是公共组织系统是相当复杂的，整合的因素远远不止上述的三种，组织所面临的环境复杂、变量甚多，这种提取关键性因素的做法远远不能达到准确把握整合机制的效果。笔者尝试运用一种“模糊”的语言来处理这一问题——模糊整合。

这种想法起源于对混沌理论与模糊数学应用性的广泛关注。在较长时间里，精确数学及随机数学在描述自然界多种事物的运动规律中，获得显著效果。但是，在客观世界中还普遍存在着大量的模糊现象。以前人们回避它，但是，由于现代科技所面对的系统日益复杂，模糊性总是伴随着复杂性出现。1965 年美国控制论学者 L. A. 扎德发表论文《模糊集合》，标志着这门新学科的诞生。随后，模糊数学进一步完善，构成了一种思辨数学的雏形，逐渐渗透到其他学科领域，它已经在医学、气象、心理、经济管理、语言、控制、遥感、教育等方面取得具体的研究成果。在日常生活中，经常会遇到许多模糊事物，没有分明的数量界限，要使用一些模糊的词句来形容、描述。比如，比较年轻、高个、好、漂亮、善、热、远等。这些概念是不可以简单地用是、非或数字来表示的。在人们的工作经验中，往往也有许多模糊的东西。在组织整合领域对模糊性的引入，也是源于对地方政府系统复杂性和地方政府规模影响因素不明确性的思考。

同样，在传统的组织整合领域当中，组织整合因素的明确与否是影响组织系统整合有效性的关键，组织整合因素越明确，则越能达到有效整合的目的。然而，对于复杂的组织系统，由于参数和变量太多，存在着大量的模糊现象，往往难以正确捕捉和描述组织的整合因素，因而难以把握组织整合的内在机理和运行机制。其实，从认识论上说，模糊性是指概念外延的不确定性，从而造成判断的不确定性。复杂性总是和模糊性相生相伴的。我们对地方政府规模的认识也是如此，由于模糊性的存在，对规模的认识和判定也较为复杂，地方政府系统也呈现一种复杂的状态。

正是由于地方政府系统的复杂性，传统的单一或多元整合理论显得有些势单力薄。在复杂的公共行政系统中，各种限制地方政府规模扩张的声音甚嚣尘上。殊不知，地方政府的整合机理相当复杂，规模扩张的原因也不是那么简单。这就导致了各种限制地方政府规模的途径效果不甚理想。只有在深刻了解了地方政府复杂性的基础上，剖析其中的模糊性要素，才能对地方政府规模有准确的把握。正是因为如此，笔者才借助模糊性这一概念来分析地方公共组织的整合机理，以期能对地方政府复杂性及地方政府规模的模糊性做出解释。

不容否认，在地方政府研究中，模糊是一种客观存在的现象。在地方政府整合的各种因素中，很难明确到底是哪一种或哪几种关键性因素在起作用，整个整合过程并不像我们想象的那样明晰顺畅。因而在对地方政府规模的认知上，也很难准确把握到底是什么原因引起了规模的膨胀。地方政府规模的扩张，是等级森严的结构链条导致的结构性膨胀，还是地方经济发展不平衡导致的差异性膨胀，是由人们权力及利益意识驱动所导致的思想性膨胀，还是由这些因素交互作用而产生的复杂性膨胀？对于这些问题，我们很难明确地给出答案。而在现代公共问题日益增多和地方政府复杂性日益增加的情况下，地方政府规模更是呈现出一种多元、复杂的趋势。

第四章　政府结构变革——公平与效率的平衡

列宁在晚年的时候指出，国家机关及其改善的问题是一个非常困难、远未解决同时又亟待解决的问题。[①] 政府结构变革看似简单，其实是相当复杂且与人们的生活息息相关的重要问题。政府结构变革直接影响着政府的形象及其合法性，涉及方方面面的利益关系，可谓牵一发而动全身。然而，改革总是难免的，社会在发展，人们的需要也在不断变化。对于政府部门来讲，变革与其说是一种特例，不如说是一种惯例。只要有一个不完美的政府，人们就会持续不断地寻求理想的政治形态。[②] 政府结构总是要在实践中不断对其加以改革的，问题的关键是怎样的改革才是合理的、有效的、成功的改革，而如何把握改革，则涉及政府结构变革的主旨，即政府结构变革的全部根据问题。

第一节　政府结构变革主旨

综观国内外政府结构有关的改革，在有关政府结构的问题上似乎总是围绕着政府结构的数量问题展开。而每次政府改革，显然并非只是单纯的数量精简。有些比较稳定、看似没有变化的机构，其实早已与时俱进地扩展了内涵，从而跟上了形势的需要；有些机构则经过加强、改造了，或者是撤销了；还有些机构则是根据形势的需要，予以新增。也就是说在政府结构变革当中，可能会出现政府结构数量上的增加、减少或不变三种情况。然而，毫无疑问，政府结构数量的多少并不是政府结构变革的主旨，它仅仅是政府结构变革的表象，不是反映政府结构变革的普遍的体现本质的规律，但是却是不可避免地会出现的情况。

许多专家、学者都有过精辟的论述与颇有见地的见解，从一定的角度反映了政府结构变革的主旨问题。有学者对此进行了一定的总结，认为存在四种关于政府结构变革主旨的观点。第一种是“理想主义”的观点。这种观点从某种教条理论出发来演绎现代政府发展历史，推导出政府结构“应该”如何改革的结论，或者按照其推崇的“西方式”民主政府体制，提出“应该”如何建立理想政府的建议。第二种是“经验主义”的观点。该观点认为只有“相对合适”的政府体制，且能解决现实问题的政府就是好的体制，他们把古今中外的政府结构变革看作是

---

① 列宁选集·第四卷．北京：人民出版社，第 2 版，1972：693.

② 彼得斯 G. 政府未来的治理模式．北京：中国人民大学出版社，2001：5.

政治家斗争的需要，认为政府结构变革是“任人打扮的小姑娘”；第三种是单纯的数量精简观，持这种观点的人把政府结构变革的主旨等同于“人员的精简”指导下的删减机构；第四种是片面的经济增长观，认为政府结构变革就是为了发展经济，只有经济增长了，机构改革才算是取得了成效①，存在的就是合理的。所有这些观点都是对政府结构变革主旨的误解，在实践上具有危害性。没有价值层面的变革，一切物质层面的变革都会恢复如前。② 公共行政价值在政府结构变革中具有决定性的作用，有什么样的公共行政价值，就相应地有什么样的政府结构设置或改革。所以，价值决定结构，价值处于核心的位置，政府结构变革受行政价值的左右和支配，由此地方政府结构必然也是由公共行政价值所决定的。

由此可见，对政府结构起决定性、支配性作用的是价值。公共行政价值是一种不以人的意志为转移的、普遍存在于社会领域的客观实在，是公共行政客体对公共行政主体的客观公共需要，它包含效率与公平两个方面。在这里，公共行政价值意义上的效率是一种整体效率，包括内部效率和外部效率；相应地，公平也是一种整体公平，包括内部公平与外部公平。因此，公共行政价值是否科学、合理就成为一个至关重要的问题，直接影响并最终决定政府结构变革或运作。而公共行政价值科学、合理与否归根到底归结于公共行政价值公平与效率平衡与否。一个不断满足公平与效率两方面，并保持公平与效率平衡的公共行政价值就是科学的、合理的。因此，评价或判断某一政府结构变革是否成功或有效的标准在于其是否满足公共行政价值的公平与效率两方面，即是否确保实现行政价值——公平与效率的平衡。这里的公平与效率的平衡是一种全面的平衡，不仅包括政府结构总体设置上的公平与效率的平衡，更重要的是要实现政府结构内部运作的公平与效率的平衡；不但要实现整体公平与整体效率之间的平衡，即实现人与人之间公平与效率的平衡、人与自然之间公平与效率的平衡，还要实现政府结构内部效率与外部效率、政府结构内部公平与外部公平之间的平衡。唯有如此，才能真正全面理解、把握行政价值公平与效率平衡的内涵，真正厘清政府结构所存在的问题。

政府结构变革的主旨或全部根据就在于此，那就是准确把握、实现公共行政价值公平与效率的全面平衡，这才是政府结构变革过程中真正需要抓住的体现本质的规律。在政府结构运作和改革中，对于公共行政价值公平与效率平衡的认识、理解和把握越是准确、合理与到位，政府结构变革则越会取得较好的、理想的效果；反之，政府结构变革就难以取得根本的效果，即使有效果，也只是暂时的、表面的效果。

---

① 刁田丁，等．中国机构改革的理论与实践：机构改革调控机制研究．北京：法律出版社，1999：177-179.

② 陶学荣，陶睿．中国行政体制改革研究．北京：人民出版社，2006：68.

一个能够不断满足公平与效率两方面，且保持公平与效率平衡的政府才是有效的政府，那么一个好的、成功的、有效的政府结构变革也只能是一个能够不断满足、合乎公共行政价值公平与效率两个方面的改革。英国经济学家阿马蒂亚·森指出，民众缺乏经济保障（效率）往往源于民众民主权利和法权自由的短缺（公平），他进一步解释道：实际上，民主和政治权利的运作甚至能够有助于防止饥荒或其他经济灾难。权威主义统治者，他们自己绝不会受到饥荒（或其他类似的经济灾难）的影响，因而他们通常缺少采取及时的防范措施的动力。与此相反，民主政府需要赢得选举并面对公共批判，从而有较强的积极性来采取措施，防止饥荒或者其他类似的灾难。毫不奇怪，饥荒在世界历史上从来没有发生在有效运行的民主体制中，不管是经济富裕的国家（如当代的西欧或北美），还是相当贫穷的国家（如独立后的印度、博茨瓦纳或津巴布韦）。[①] 任何单从公共行政价值公平与效率某一方面着眼进行的政府结构变革或运作都是失败的；任何无力确保公共行政价值公平与效率平衡的政府结构变革或运作同样也是失败的。政府结构的改革或运作，如果无法不断满足、合乎公共行政价值公平与效率两方面，无力实现保持公共行政价值公平与效率的平衡，政府的改革或治理就会把人类社会带入一个困境中：不仅使人与人之间的关系处于紧张甚至对抗状态，而且也会使人与自然的关系也同时处于一种紧张甚至对抗的状态。这些都不是人类社会所需要的，更不是人类社会所希望的。

总之，政府结构变革的全部根据或主旨就在于不断满足、合乎公共行政价值的公平与效率两方面，且必须要保持公平与效率平衡的改革。政府结构变革就是一个公共行政价值公平与效率由平衡到不平衡，再由不平衡到平衡，这样一个不断循环往复的过程。政府结构在这个不断循环往复的过程中得到不断发展与完善。

可以说，从公共行政价值平衡的视角来解剖和分析政府结构变革或运作，抓住了政府结构变革、运作的本质，把握了政府结构变革、运作的出发点和落脚点。从终极意义上，使人们对政府结构变革或运作一目了然，不再纠缠、迷惑于权力或职能的表层现象而不能自拔。在政府结构运作或改革中，实现公共行政价值公平与效率平衡，应当坚定不移，贯穿始终。否则，政府结构变革就不可能真正得以根本解决。

第二节　我国政府结构变革的构想

政府结构变革必然涉及如何合理、高效地设置政府结构的问题。一定的政府结构，都有其法定的行政地位层次和相应的职责权限与利益。存在就有其一定的

---

① 阿马蒂亚·森. 以自由看待发展. 任赜译，北京：中国人民大学出版社，2002：11-12.

合理性和适应性，一定的政府结构一经设置成立就有了合法性，会想方设法为自己的存在与发展而顽强斗争。英国学者密尔曾言：我们首先要记住，政治制度（不管这个命题是怎样有时被忽视）是人的劳作；它的根源和全部存在均有赖于人的意志。[①] 也就是说，一切政府结构都不可避免地带有时代的印痕和人的思想因素的影响，并顽强地表现自己。

依据不同的标准可以对政府结构进行不同的设置，由此也会产生不同的效果。一般说来，政府结构设计有三种：按照地域划分，得到一级政府领导下的若干区域性政府组织，如省级政府下有若干个地级政府；按照职能划分，得到一级政府下属的若干具体工作部门；按照管理程序划分，得到决策部门、执行部门、信息部门等工作机构。[②]

在我国一般是按照功能-结构模式，即根据职能来设计和划分政府结构组织的，通常有两种形式：一是把政府结构区分为中枢机构、职能机构、辅助机构、咨询机构、派出机构。所谓中枢机构即领导机构或首脑机构，是进行决策的机构；职能机构是指负责管理某一方面具体事务的机构；咨询机构是专门为决策进行出谋划策、收集相关信息的机构；辅助机构则主要是为了中枢机构和职能机构能顺利有效地进行管理活动，在机关内承担辅助性业务工作的机关，即协调行政首长处理日常事务的综合性办事机关。辅助机关又可分为综合性、专业性、政务性、事务性四种辅助机关；派出机构是政府职能机构根据工作或管理的需要而派出的从事某项专门职能的机构。二是把中枢机构以外的所有机构都视为政府职能机构，主要可以细分为日常办公机构、组成部门、直属机构、办事机构、部委归口管理机构、议事协调机构、直属事业单位等。

从我国政府结构的现状及与国外政府结构的比较分析中，不难发现，整体上，我国有相当一部分机构的设置存在着难以满足、适应社会公平与效率平衡的弊病。有些部门只有一个职能要素（组）构成；有些部门虽由若干职能要素（组）构成，但每个职能要素内含管理量太少；有些部门由次一级的部门升格而来；有些部门则存在着职能要素（组）交叉、重合的普遍现象。这种以职能为导向的政府结构设计，不但无法全面囊括政府所有职能，造成职能混乱，而且会使政府结构陷入“二律背反”的境地：本来按照职能分工来设计政府结构是为了满足人们的需要、追求较高的效率，然而由于众多的分层和部门形成了众多的隔离，例如，部门与部门之间的隔离、部门与工作人员的隔离、政府与人民群众的隔离、政府与媒体的隔离等，这些隔离使政府各层次和部门把政府满足人们需要、为人民服务的目标抛弃在一边，而着力追求各自的利益，从而引发政府间的

① 密尔．代议制政府．汪瑄译．北京：商务印书馆，1982：7.

② 曾俊．公共管理新论——体系、价值与工具．北京：人民出版社，2006：253.

冲突，导致无法及时满足人们的需要，且大大地降低了效率。如果政府各层次和部门出现随意运用和支配权力的现象，甚至以权谋私、以权侵害公共利益等使公共权力异化，这种现象就更加明显，而这似乎是永远无法杜绝的事情。

我国政府结构设计所存在的问题中最突出的表现就是“职责同构”现象的普遍存在。即不同层级的政府在纵向间职能、职责和机构设置上高度统一或雷同，主要表现在各级政府间并没有明显区别，除了少数事权如外交、国防等专属中央政府外，地方政府拥有的事权几乎全是中央政府事权的翻版。① 这原本是为了保证效率的举措，最后反而阻碍效率的提高。正是因为“上下对口、职责重构”现象的普遍存在，致使地方政府结构在纵向上表现为财权事权分离、职能一致重叠；在横向上则表现为同一级地方政府与上一级地方政府，以及与同级其他地方政府之间的组织形式与运作机制方面大同小异，② 最终导致公平与效率的失衡。

任何组织安排都是在一定程度上希望产生所需要的结果。无论什么组织安排都具有一定的局限性。当这些局限性占上风时，组织安排的缺陷和失败就会显现出来。我国政府结构功能导向的设计与安排，如果说在一定时期产生了一些好的结果，那么现在这种政府结构设计和安排的缺陷就凸现出来了。我国政府结构的职能导向使政府付出了巨大的代价，它“导致了政府职能的四分五裂、职责重复和无效劳动”，“束缚了卓有才华而勤劳尽责的政府文官的手脚，大大降低了政府活动的质量和效率”。③

如前所述，决定政府结构的真正因素是公共行政价值，有什么样的公共行政价值就有什么样的政府结构，体现一定公共行政价值的政府结构才有存在的意义，公共行政价值含有公平与效率两方面。行政机构是行政价值得以产生与实现的载体与工具。④ 因此，我们完全可以、也完全有必要从公共行政价值的视角来对政府结构进行构建。

按照价值-结构模式，在实践中，我们可以把政府结构分为六部分：第一部分是协调部门，这个部门拥有整体的资源与权力，处于决策与统帅的地位，协调实现公共行政价值效率与公平的平衡。第二部分为侧重于处理与效率有关的事务的部门，着重于整合政府的资源，提高政府和社会的效率，降低行政成本和社会的交易成本，满足人们对公共行政价值效率的需要。第三部分则是侧重于处理有关公平事务的部门，主要在于最大限度地保障、实现公平，满足人们对公平的需要。第四部分是综合部门，这一部门所要处理的主要是一些既涉及公平又涉及效

---

① 魏星河．处理中央与地方关系的关键：财权与事权的合理划分．江西行政学院学报，2004，(2)：16-17.

② 李和中．中国地方政府规模与结构研究（2008）．北京：中国社会科学出版社，2009：53.

③ 林登 R M. 无缝隙政府：公共部门再造指南．汪大海译．北京：中国人民大学出版社，2002：39.

④ 陈世香．行政价值研究——以美国中央政府行政价值体系为例．北京：人民出版社，2006：85.

率的相关事务。换言之，综合部门所要涉及的事务在处理时，既要考虑公平方面，又要考虑效率方面，保持二者的平衡。第五部分是监督、监察部门，对政府所有部门的公共行政管理工作以及工作人员的行政行为进行全面监督、监察，这一部分主要是从公平与效率平衡出发，对政府结构进行监督、监察；这应成为今后政府建设的重要部分。有序的竞争是发展最好的保障，对政府结构的监督其实就是政府中的竞争得以实现的保障。第六部分是综合诉求部门，全权负责人民群众的所有诉求并及时、妥善地加以处理、解决，凡涉及群众的切身利益和实际困难的事情，再小也要竭尽全力去办；凡是涉及群众疾苦和呼声的诉求，再忙也要去解决，并且要妥善予以处理好，让人民满意。这一部分主要解决的是人民群众所急切关心的和随时可能提出的有关公平与效率的事务，理所当然是一个极其重要的政府组成部分。

这种按照-结构模式建立起来的政府结构体系最根本的特点就是变"政府本位主义"为"社会本位主义"，从公众的需要出发，倒过来进行政府的工作，设计政府结构，贯穿其中的主线就是保持或实现公共行政价值的公平与效率的平衡。这样设计政府结构有以下几方面优点：一是可以实现机构组织的扁平化，扩大管理与服务幅度，减少管理与服务层次，尽可能提高服务和公共事务处理的通畅性；二是使政府结构处在一个开放的系统状态，便于内外部信息的沟通与交流，能有效地回应环境的变动与要求，及时解决各种问题；三是政府的每一部分都具有很大的弹性，使政府工作人员跨越功能界限，全力负责解决与本部分有关的事务；四是使政府结构具有一定的动态适应性，不但能够适应环境的变化，根据环境的变化及时满足社会的需求，而且还能够灵活运用权变的观点全力、迅速地处理相关公共问题。

这可以说是行政组织理论完整、精干原则的体现。科学技术，特别是网络、通信等信息技术和交通技术的不断发展、民主与参与的广泛化以及党的立党为公、执政为民理念的强化，都为按照公共行政价值的公平与效率来进行政府结构设计提供了可能。政府的活动不应以自身的能力和资源为导向，而应以社会和公众的需要为导向。① 这样的政府结构设计从社会和公众的需要出发，打破了传统的以政府自身需要为出发点的职能导向来设计政府结构，根本目的就在于构建一个把"社会和公众需要放在中心地位"、"以社会和公众需要为导向"的政府结构组织体系，让公民及时、自愿、全程地参与到公共行政决策和公共事务中，实现公共行政价值公平与效率平衡。当然，这里也包括政府的工作人员在内。

第三节 服务型政府结构：公平与效率的平衡

德国学者厄斯特·福斯多夫很早就提出了服务行政，并将服务行政与干涉行

① 张尚仁，郑楚宣．政府机构改革的理性思考．国家行政学院学报，2000，(4)：23-26.

政相并称。他认为，现代社会人与人之间的相互依存关系日益紧密，人们比以往任何时候都离不开社会公共物品的供给，如水、电、煤气、各种交通工具、邮政、电报电话、医疗设施、教育等，单独依靠个人能力在现代社会已无法生存。人们总是在能够生存的基础上，才会要求享有自由、秩序与福祉。因此国家负有广泛照料人们生存的义务，并受这种义务的约束。任何一个国家为了维持国家稳定，就必须为人们的生存提供保障。国家只有为人们提供生存保障，才能避免被倾覆的命运。① 这是从国家负有义务的角度来阐述服务之于政府是天经地义的事，做好服务是政府应尽的义务。一个连应尽的义务都没有履行的政府，必然会遭受人们的谴责、唾弃。服务已经成为21世纪政府行政管理的本质，服务精神是21世纪政府行政的灵魂。② 服务行政理念把一直被颠倒了的政府和公民的关系重新摆正，确认了公民作为政府主权者的地位、权利和责任，也确定了政府为公民服务的主体地位和职责。这一理念也正是价值原则指导下政府结构变革根据的体现。

20世纪80年代以来，世界各国政府都面临着一个无法回避的共同挑战：一方面社会公众期盼政府能够提供更多更好的公共服务；另一方面则希望政府避免公共开支过大，在不加重税负、不影响经济的情况下实现更多更好的服务。由于我国是社会主义国家和中国共产党几十年来一贯倡导和贯彻的“为人民服务”的宗旨，我国天然地有着发展服务型政府的优势和坚实的基础。服务型政府才是人民群众真正向往的能够全心全意满足人民群众公共需求的政府。服务型政府表明政府存在的目的就是为社会提供服务、为公民提供服务。在服务型政府中，政府或直接提供服务，或协调服务，或促进服务，或二者兼之，或三者兼之。对于不同层次的政府，这三者可能会有不同的侧重点，但不管怎样，政府结构的所有工作都与服务有关。

马克思曾分析道：“服务这个名词，一般来说，不过是指这种劳动所提供的特殊使用价值，就像其他一切商品也提供自己的特殊使用价值一样，但是这种劳动的特殊使用价值在这里取得了‘服务’这个特殊名称，是因为劳动不是作为物，而是作为活动提供服务的……”，“对于提供这些服务的生产者来说，服务就是商品。服务有一定使用价值和交换价值”。③ 这说明服务是具有价值的，它可能是生产性劳动，也可能是非生产性劳动，服务就是为他人提供实物、非实物的使用价值的活动，服务的价值体现在满足人们一定的需求。服务从本质上来说是以服务的接受者的意愿为导向并受其支配的。诚如我国著名服务经济学家白仲尧所说：“所有的服务，最低限度有两个人进入角色，一个是服务的消费者，他提

① 薛刚凌．行政体制改革研究．北京：北京大学出版社，2006：164.

② 李文良．中国政府职能转变问题报告．北京：中国人民大学出版社，2003：3.

③ 马克思恩格斯全集（第26卷）．北京：人民出版社，1979：435.

出需要，支配‘他人’为满足自己的要求而活动；另一个，是服务的提供者，他则是根据‘他人’的要求，即在‘他人’的支配下进行恰当的活动，以达到‘他人’的目的。所以，服务总是处于被支配的地位。”① 服务型政府服务就是要满足广大人民群众的需要，以广大人民群众的意愿为导向，并由广大人民群众来决定服务的。政府的价值就在于通过这种服务来实现和体现。

目前，世界上有三种形态的政府服务。第一种是效率与公平并重型的服务，以美国为代表。这种服务由政府、企业、个人共同筹资，共同支撑社会保障体系，突出了公平与效率；第二种是效率主导型的服务，以新加坡为代表。这种服务是通过国家立法等强制手段，以个人或家庭的储蓄来进行自我保障；第三种是全面公平型服务，以北欧国家为代表。这种服务把公平作为首要价值理念，强调公民享受公共服务是公民的一种政治权利，而不是接受慈善家施舍。有学者认为，据统计研究表明，从国民经济良性运行标准上判断，以人均 GDP 增长率、国内储蓄、国内投资、通货膨胀、失业率等指标来衡量，“全面公平型”的公共服务模式与“效率与公平型”的公共服务模式相比，较不利于国民经济的良性运行。② 然而，服务与效率有一定的必然关系，但这种关系绝不是一种必要而充分的关系。也就是说，服务肯定是一定经济基础上的服务，服务不可能脱离一定的经济基础，但是我们不能说较高的经济水平必然有较好的服务，较低的经济水平就不会有好的服务。以上三种服务都不是服务型政府所应有的形态。

服务无非是为了满足广大人民群众的需要。政府的服务必须根据社会公众的需要来进行，必须满足社会公众的公共需要。24 年的经验告诉我们，凡属正确的任务、政策和工作作风，都是和当时当地的群众要求相适合，都是联系群众的；凡是错误的任务、政策和工作作风，都是和当时当地的群众要求不相适应，都是脱离群众的。③ 如前所述，我们知道社会的公共需要无非有两个层次：公平与效率的需要，因此，政府的服务也必须要不断满足、合乎人们公平与效率的需要，并保持它们的平衡。易言之，政府服务应是实现公平与效率平衡的服务，好的服务、真正的服务必须要体现公平与效率的平衡。我们判断政府服务的质量好坏就在于政府的服务是否体现或实现了公平与效率的平衡。只有公平或效率的服务，都不是好的服务；着重于公平或效率某一方面的服务，也不是好的服务。这些都不是我们所要的服务，我们所需要的服务必须是体现或实现公平与效率平衡的服务。

那么，服务是否有着能够体现或实现公平与效率平衡的力量？服务能不能做到公平与效率的平衡？服务既规定着公平要求的现实性和理想意义，又是对效率

① 白仲尧．服务经济论．北京：东方出版社，1991：11.

② 李军鹏．深化行政管理体制改革若干重要问题解析．北京：中共党史出版社，2008：136.

③ 毛泽东著作选编．北京：中共中央党校出版社，2002：300.

实现方式及其内容的价值规范。为人民服务的宗旨，内含了效益和公平两方面的内容。[①] 服务是目的和手段的统一。就是说，服务内含有公平与效率的双重规定性，公平与效率的平衡完全可以统一于服务中，服务也完全能够体现或实现公平与效率的平衡。因此，我们所需要的服务或真正的服务是不断满足、合乎公共行政价值的公平与效率两方面。这样的服务要求我们，在社会需要倾向于效率的时候，我们完全没有必要牺牲局部的公平来换取社会整体的效率，我们完全可以做到在不忽视、不损害公平的前提下去实现社会的整体效率的提高；在社会需要倾向于公平的时候，我们也完全没有必要牺牲局部的效率来换取社会整体的公平，我们完全能够在不忽视、不损害效率的基础上去实现社会的整体公平。

当社会发展水平较低时，人们的公共需求较少，可能主要集中在衣、食、住、行等较简单但又是必不可少的公平与效率的需求上，政府结构通过服务能够加以满足；当社会发展到一定的水平，人们的较简单的基本需求得以满足，进而追求较高层次的公共需求，如健康的环境条件、丰富的娱乐文化等，政府结构进行服务可以满足；当社会继续发展，人们生产生活水平达到较高程度时，其公共需求就会处于一个更高的层次，呈现出广泛性、强烈性、多样性和个性化。人们则希望政府能有力地、有效地满足他们的需要。例如，要求获得更多的自由和权益保障，追求自主和自尊等，这些需求政府结构通过服务会得到解决。从公众的角度来看，生活水准或生活质量的提高，是人的终极价值即幸福生活的基础，是个人发展和社会发展的终极目标，最有利于或最能更好地实现人们生活水平或生活质量提高的政府就是服务型政府。如果说在统治型或管理型的政府里，政府满足了人们一定的需要，还称作服务的话，那么这样的服务也只能是一种强迫的、强制性的服务，是以政府的意愿和利益为中心，以满足政府及其工作人员需要的服务。这不是真正意义上的服务。

服务型政府的服务，“它将彻底抛弃旧的‘治民’观念或‘为民做主’的观念，确立起为民服务和‘人民做主’的理念”。[②] 可以说，服务型政府的服务是以民众的需要为中心的，提供什么服务，怎样提供，需不需要提供，满意不满意，都是由民众说了算，能够快速、及时、有效地适应或满足人民群众不断增长的公共需求，这也正是政府合法性的最根本性的来源。只有服务才能够真正满足、合乎公共行政价值的公平与效率两方面，进而实现公共行政价值公平与效率的平衡。没有服务理念，就谈不上有效管理，没有服务理念，政府的一切活动都可能成为经济社会发展的阻力而不是推动力。[③]

服务型政府结构的服务最大的魅力就在于能够不断满足、合乎公共行政价值

① 景云祥．公共行政的价值基础．中共南京市委党校南京市行政学院学报，2003，(3)．

② 张康之．公共行政中的哲学与伦理．北京：中国人民大学出版社，2004：186.

③ 中国（海南）改革发展研究院．建设公共服务型政府．北京：中国经济出版社，2004：44.

的公平与效率两方面，保持或实现公共行政价值公平与效率的平衡，不仅可以实现社会的有序，而且还能带来社会普遍的、可持续的繁荣。因此，我们的政府结构建设就是要建立服务型的政府结构。服务型政府能够涵盖政府结构变革，全面反映、体现政府结构本质的规律性或全部根据：保持或实现公平与效率的平衡。服务型政府结构不可能自然而然地得以实现，其重在建设，我们需要从以下几个方面来加强服务型政府结构的建设，方能真正实现公平与效率的平衡。

1. 透明性

"阳光是最好的防腐剂"，阳光也是为人民服务的最好体现和保障。十七大报告明确指出："确保权力正确行使，必须让权力在阳光下运行。""让权力在阳光下运行"实际上就是说政府的运作要透明。透明性是指政治信息的公开性，每一个公民都有权获得与自己的利益相关的政府政策信息，包括立法活动、政策制定、法律条款、政策实施、行政预算、公共开支以及其他有关的政治信息。[①] 除涉及国家机密、经济安全和社会稳定外，所有政府结构的运作、政府结构的工作人员和生活中与社会公共利益相关的部分都要公开透明，让政府的一切在公众面前公开进行，不公开、不透明的仅是例外。一个透明的政府结构才能保证权力在该结构里运作规范、合法，才能保证政府的决策等相关的活动按照民众的意愿进行，才能有效地防止和惩治腐败；一个透明的政府结构，民众才能随时知道政府的活动是否违背了社会公众的需求，是否具有对民众的回应性，是否是以为人民服务为中心。

2008年5月1日《中华人民共和国政府信息公开条例》正式实施，其最大的亮点在于将信息公开视为政府的法定义务。然而，我国的政府信息公开情况并不理想，与广大人民群众的实际期望和需求相差甚远，这绝不是服务型政府结构应有的表现。一个真正透明的政府结构不仅公开除涉及国家机密、经济安全和社会稳定以外的所有与社会公共利益、与社会需求有关的信息，而且还要免费、方便地为民众提供所需要的政府应该提供的信息。

列宁曾经指出：没有公开而来谈民主是很可笑的，并且这种公开性还要不只限于对本组织的成员的公开。[②] 事实上，政府秘密越多，信息越垄断，权力寻租的空间与可能性就越大，暗箱操作与腐败就越多，政府结构就根本无法做到为人民服务，更谈不上服务好的问题。

一个服务型政府结构必须是透明的，这是衡量服务型政府结构的一个重要指标，也是服务型政府结构建设的必要方面。一个无法保证透明性的政府结构，很难会是服务型政府结构。

---

① 俞可平．治理与善治．北京：社会科学文献出版社，2000：11.

② 列宁选集．第五卷．北京：人民出版社，1960：448.

2. 信息化

迄今为止，人类社会已经历了三次重大技术革命：一是农业革命，使人类社会从游牧民族过渡到农业社会；二是工业革命，使人类社会实现了农业社会向工业社会的成功跨越；三是正在进行的信息革命，这是人类社会有史以来最伟大的一次技术革命。[①] 信息技术以其广泛的适应性和强大的渗透性为服务型政府结构建设提供了强有力的技术支持，电子政务是服务性政府结构实现公共行政价值公平与效率平衡的最现实、最可靠的平台，是服务型政府结构建设不可或缺的重要手段。

就世界范围而言，政府信息化可以追溯到20世纪50年代计算机在政府部门的初步应用，20世纪末期，政府信息化已经在全球普及。可以说，实施电子政务，以信息化的手段不断提高政府的决策、服务水平，从而满足社会各方面的需要，已经成为世界各国政府创新和建设的重要内容。

2010年7月15日，中国互联网络信息中心（CNNIC）在北京发布了《第26次中国互联网络发展状况统计报告》（以下简称《报告》）。《报告》显示，截至2010年6月底，我国网民规模达4.2亿人，互联网普及率持续上升增至31.8%。[②] 目前，我国部委、省级、地级和县级政府网站的拥有率已经超过90%。这显示我国建设信息化政府结构已具有坚实的现实基础。正如美国联邦通信委员会技术政策主管迈克尔·尼尔森所说："正像信息技术深刻地改变了美国的商业结构一样，我们可以预见计算机技术和信息交流技术的发展将极大地影响政府的结构和职能。"而从长远来看，一个更重要的问题是：信息技术和网络经济的发展将如何深刻地改变公众的期望和政府的工作方式。[③] 这就是说，信息化将会在我国政府结构建设中产生深远的影响，也是我国政府结构建设必须要注重和依赖的重要方面，尤其对服务型政府结构建设来说。然而，我国政府信息化建设仍存在诸多问题。据统计，目前全国2500多个政府门户网站中，约1/3的网站难以打开，约1/3的政府网站应用价值比较低。[④] 最近，中国软件评测中心发布的《2010年中国政府网站绩效评估报告》显示，一项有45万名公众参与投票的网上调查显示，仅有15.8%的用户对政府网站表示"满意"，而表示"很不满意"的占78.5%。该报告还进一步指出，老百姓对政府网站的不满意具体体现在三个方面："想要的内容没有"、"网站上的内容不实用"及"网站内容和政府的业务结合不紧密"。可见，我国政府结构信息化的建设还存在着严重的缺陷，远远不能满足广大人民群众的实际需要。换言之，这实际上与服务型政府结构建

① 顾平安．政府发展论．北京：中国社会科学出版社，2005：238.

② 数据来源于中国互联网络信息中心。

③ 唐·泰普斯克特．数字经济的蓝图——电子商务的勃兴．大连：东北财经大学出版社，1999.

④ 李永清．打造公共服务型政府．深圳：海天出版社，2005：196.

设的要求相距甚远。可以说，政府结构信息化建设的不完善将直接影响着服务型政府结构建设的力度和成效。

一些国家已经通过电子政务向公众提供公民日常管理服务、电子医疗服务、电子化教育服务、电子社会福利服务、电子税务等范围广泛的服务，值得我们借鉴。电子政务所要提供的最根本的内容应是既要包括信息公开的内容，更要包括政府为社会民众所服务的内容，以便使民众在任何时间和地点都能方便地了解政府状态和获得相应的服务。同时，政府结构不但要以方便、快捷、多样化、个性化等方式满足社会民众已有的服务需求，而且通过对制度创新、技术创新等不断提供新的服务需求，引导或引领民众的需要，最大限度地满足社会民众的公平与效率的需要，实现公共行政价值公平与效率的平衡。

3. 回应性

回应性就是指政府要及时、准确地反映公众的偏好和意愿，使其所提供的服务符合公众的要求和愿望，使民意得到足够的尊重，使公众能够通过自己表达的需求影响政府的活动和决策。根本就不存在什么独立、客观的方式可以用来确定政府的理想规模或界定到底哪些活动适用于公共部门。社会中的公共部门是其公民思维的产物。[①] 也就是说，政府结构到底提供什么服务并没有一个绝对的界定，服务型政府结构一个最重要的方面就是必须时刻对人民群众的实际需求做出及时的判定，采取相应的服务措施来加以满足。正如前文所述，社会的公平与效率的需要是不断变化的，服务型政府结构必须对社会公平与效率的需要做出充分、及时的回应，并尽可能实现。

回应性的一个重要体现还表现在，民众有足够的方式或渠道且能够方便地参与到政府公共决策和服务的过程中。在这样的一个时代里，如果没有公众的积极参与，政府很难使其行动合法化。[②] 同时，如果没有民众积极、方便的参与，政府结构对于民众的需求就难以了解和准确把握。民众如果对政府结构做的事情和将要做的事情知之甚少、知之艰难甚至一无所知，那么其在表达或反映自己的需求时，就会缺乏根据与保障。因此，这样也就难以很好地体现出政府结构的回应性。

当然，我们所说的回应性绝不是一种被动的、消极的回应，而是一种主动的、积极的回应。正如学者刘熙瑞所说：作为积极的服务型政府的内涵包括两方面：一是政府的职责本质上是为人民、为社会提供服务。这意味着政府是一种对社会、对人民负责的身份。二是这种服务又不是完全消极被动的，它本身又具有相当的积极性和主动性。这又表现为对人民、对社会的某种规范、引导职能，一

① 欧文·休斯．公共管理导论．北京：中国人民大学出版社，2001：126.

② 盖伊·彼得斯．政府未来的治理模式．北京：中国人民大学出版社，2001：59.

种对社会的超越。[①] 因此，换言之，在服务型政府中，政府结构还要将民众的需求与现实条件等有关信息综合起来。在与民众不断进行广泛协商、沟通的基础上，前瞻性地预测民众的需求，将民众的需求转化为现实可行的政策或行动，而不是在民众需求未满足并引起一定危机时才被动应付。不过这种主动性不能是命令或强迫型的，而是以其说服力和可行性来赢得民众的信任与赞同。

很难设想一个对人民的需要无法回应，对民意的要求不闻不问，对人民群众反映强烈的事情反应迟钝甚至没有任何有效行动的政府，会是服务型政府。积极的回应性是服务型政府的重要标志，其衡量的标准就在于民众答应不答应、高兴不高兴、赞成不赞成、满意不满意、需要不需要、愿意不愿意。

4. 法治化

亚里士多德认为：法治应包含两重意义，已成立的法律获得普遍的服从，而大家所服从的法律又应该本身是制定良好的法律。[②] 可见，法治化的关键在于所制定的法必须是“良法”，只有“良法”的法治化才是服务型政府所要求的。在服务性政府结构中，所谓“良法”就是指政府结构所制定的一切法律、法规、规章、制度等所有的规范，必须真正体现广大人民群众的意愿，反映民众的需求，而不只是满足、反映一部分人的意愿，也不是从政府自身的意愿出发，来满足政府自身的需要。所以法治化在这里，最重要的是政府结构所做出的所有规范要以民众的需要为中心，尽可能地实现公平与效率的平衡。

法治化还要求政府结构及其工作人员的一切行为必须在法治的范围内进行，严格按照法律规定的正当程序来进行服务。法治化的首要本质是，政府首先要在宪法和法律的范围内做好自己应该服务的事情，而不能随心所欲地行政，更不能以执法的名义或以执法为手段，实质上却在做着违法的事情，侵害或侵犯了民众合法的权益。政府所有的一切权力，既然只是为社会谋幸福，因而不应该是专断的和凭一时高兴的，而是应该根据既定的和公布的法律来行使。[③] 政府结构的一切行为在没有明确的法律依据，没有确凿的证据和事实时，所有不利民众权益的行为，都应是违法的，非法治化的行为。“有权必有责，用权受监督，侵权要赔偿”，这是温家宝总理所承诺的法治化政府执政的理念。一个侵犯民众权益的政府绝不是一个真正服务型的政府结构，侵犯民众权益意味着根本没有把民众放在眼里，依然是一种高高在上的权贵姿态，谈何服务？诚然，政府结构在服务的过程中，可以有一定的自由裁量权。但是，问题的关键是自由裁量权应当以为民众提供更好的、更人性化的、更令人满意的服务为前提条件，绝不是去侵犯甚至是侵害民众的权益，也绝不是行事实上的私利之事。

---

① 刘熙瑞．切实加强积极服务型政府的研究和建设．新视野，2004，(2)：47-49.

② 亚里士多德．政治学．北京：商务印书馆．1981：199.

③ 洛克．政府论．叶芳译．北京：商务印书馆，1996：86.

法治化是一个服务型政府结构的最低要求，法治的要义应以不侵犯民众的权益为最低标准。

5. 责任性

政府组织由公众创立，为公众服务，就需要对公众负责。[①] 服务型政府结构的责任性表明，政府的服务不仅是其法定的义务，而且也是神圣的责任，必须为自己提供的服务以及由此而产生的行为负责。这里的责任不仅意味着政府结构要积极地对社会民众的需求做出回应，还要采取相应的措施，公平、有效率地实现民众的需求与利益。如果做不到或者没有做好，都要负一定的责任。这是一个有着多方面、多层次含义的责任。美国公共管理学者斯塔林认为，行政责任的内容应体现在：回应，即意味着政府对民众、对政策变革的接纳和对民众做出反应，并积极采取措施解决问题；弹性，即在政策形成和执行中，政府不能忽略不同群体、不同地域或对政策目标达成的情景差异；能力，即行政责任同样要求政策的制定和执行受到恰当的、认可的目标标准的指引，政府的行为应是谨慎的，而不是仓促的，应当关注结果，不应玩忽职守。同时政府的行为应当是有效率和有效能的；正当程序，即政府的行为应受到法律的约束，而非受武断的意志的支配，非经法律程序不得剥夺任何人的生命、自由和财产；责任，即一个组织必须对其外部的某些人和某些事负责；诚实，即政府行政必须遵守信用的原则。[②] 因此，在服务型政府结构框架下，责任意味着政府必须时刻以服务好民众为己任，以民众的福祉为基点，以民众的需要为依归，容不得半点马虎。违法服务、服务不当、过失服务及服务不能让人满意都要受到追究，都应负相应的责任。

6. 廉价

成本问题实质上反映的是政府结构的效益问题。服务型政府结构所提供的任何服务都是有一定成本的。无论是从纵向的时间序列，通过与既往中国政府的对比，还是从横向的空间序列，通过与其他国家政府的比较，抑或是从直接与间接成本分类角度考察，中国政府的高成本运转都是不争的事实。[③] 服务型政府结构的廉价是指政府结构的服务活动必须要考虑成本问题，既要好，又要快；既要高效率，又要保证公平，实现公共行政价值公平与效率的平衡。也即廉价不能是为了公平而不计效率，也不能是为了效率不考虑公平，这两方面都不是服务型政府结构所应有的廉价。

同时，一个廉价的政府结构也必须是一个不以权谋私、化公为私、徇私枉法的结构。也即这样的结构还应是杜绝腐败，做到权为民所用，情为民所系，利为民所谋的廉洁政府的结构。一个不廉洁的政府结构，显然无端浪费了大量的资

---

① 休斯 O E. 公共管理导论. 北京：中国人民大学出版社，2002：268.

② 颜廷锐. 中国行政体制改革问题报告. 北京：中国发展出版社，2004：139.

③ 何翔舟. 论政府成本. 中国行政管理，2001，(7)：53-55.

源，破坏了政府的形象，损害了政府的威信，其造成的代价是巨大的，有时甚至是无法估量的。

一个不廉价的政府结构，就是一个不懂得珍惜人民资源的政府，就是一个无端浪费的政府，显然不能称之为服务型政府结构。只有廉价的政府才是服务型政府结构。服务型政府结构必须是廉价的政府。

7. 人民监督

孟德斯鸠曾言：一切有权力的人都容易滥用权力，这是万古不易的一条经验。有权力的人们使用权力一直到遇到有界限的地方才休止。① 不幸的是被他言中，世界各国的政府似乎从来没有幸免。服务型政府结构也要涉及公共权力的运用问题，尽管我国的服务型政府与西方国家有重大的不同。

监督，这是任何公共权力所必须格外注意的。因为公共权力的特殊性，使得它对人民权益侵犯的危害性更大。要防止滥用权力，就必须以权力制约权力。②然而，这种以权力制约权力的方式却并没有取得好的效果，从权力制约的实践来看，迄今为止的权力制约都走了一条表面化、外在化的道路。③ 看来，权力制约权力并非是实现公共权力监督的最有效办法。我国目前对政府的监督主要有三部分：一是基于政府体系内的内部监督，如主管监督、下级监督、自我监督；二是政府体系之外的外部监督，如人大监督、司法监督、媒体监督等；三是专门监督，如监察部门、审计部门的监督等。所有这些监督都是一种权力制约权力的监督，不可谓不完备，但事实上这些监督的作用有限，甚至有时是苍白无力的。服务型政府结构到底实行一种什么样的监督或者采取什么样的监督才最为有效呢？

政府服务，也是一种公共权力，也必然要受到监督与制约，尽管在服务型政府结构里，由于坚持以人为本，坚持民众至上，坚持为人民服务，公共权力被异化的几率很小。但是，我们说，正是坚持以人为本，坚持民众至上，坚持为人民服务，才更需要监督，才不惧怕监督。因此，我们在监督政府方面，需要充分发挥人民的力量。正所谓“群众的眼睛是雪亮的”。如果没有人民运用民主权利对权力的约束，各种权力的执掌者很可能沆瀣一气、官官相护。故此，要真正实现对公共权力的有效监督，必须实施“以权利约束权力”。④

早在 1945 年，在与黄炎培讨论共产党如何跳出“其兴也勃焉，其亡也忽焉”的盛而衰的历史周期率支配时，毛泽东就明确指出：我们已经找到新路，我们能跳出这周期率。这条新路，就是民主。只有让人民来监督政府，政府才不敢懈

①② 孟德斯鸠．论法的精神（上册）．北京：商务印书馆，1961：154.

③ 张康之．公共行政中的哲学与伦理．北京：中国人民大学出版社，2004：127.

④ 胡连生．公民权利本位：现代民主政治的基本走向．长白学刊，2004，(3)：27-29.

息。只有人人起来负责，才不会人亡政息。[①]

2008 年 3 月 5 日，温家宝总理在十一届全国人大一次会议上作政府工作报告时强调指出："大力推进政务公开，健全政府信息发布制度，完善各类公开办事制度，提高政府工作透明度，创造条件让人民更有效地监督政府。"

中国共产党的领导人早就意识到人民监督的重要性和力度。"我们想事情，做工作，想得对不对，做得好不好，要有一个根本的衡量尺度，这就是人民拥护不拥护，人民赞成不赞成，人民高兴不高兴，人民答应不答应。""人民，只有人民，才是我们工作价值的最高裁决者。"[②] 让我们的政府结构及其工作人员的一切行为完全处在人民监督的汪洋大海之下，在法律上、制度上，确定人民监督权力的权威，让人民有更多、更大、更有力的发言权和决定权，把评判政府及其工作人员服务质量的权力真正赋予接受其服务的被服务者民众手中。只有人民这种无时不有、无所不在的监督才能对被监督者产生有力的威慑。当然，这里我们还要建立一系列的制度来保证民众这种权力的实现和确保民众真实意思的表达。

对于一个真正的服务型政府结构来说，接受人民群众全方位的、随时的监督是很自然的事情。一个服务型政府结构必然不会惧怕人民的监督，也只有这种接受人民全方位监督的政府结构才称得上是一个真正的服务型政府结构。

毫无疑问，我们所要建设的政府结构必然是服务型政府结构，因为这符合我国政府结构变革的全部根据——实现公共行政价值的公平与效率的平衡。同时，服务型政府结构在现实中产生了巨大的魅力，这也进一步证明了我国政府结构变革的全部根据在于实现公平与效率的平衡。

本篇所剖析的案例即是试图说明在服务型政府架构下，以"大部制"为经，以结构整合为纬，多层级、多角度、多视野地反映地方政府如何实现"公平与效率平衡"为主旨的政府结构变革。

历史已经证明并将持续证明，服务型政府结构不仅能够极大地摆脱社会生产力的束缚，推动社会生产力的发展，而且能够摆脱政府生产力的束缚，推动政府生产力的发展。1950 年以来的 50 多年的时间里，西方发达国家创造的财富超过了以往所有时代创造财富的总和，而其奥妙就在于不断强化公共服务职能。[③] 只有服务型政府结构才能够满足、合乎公共行政价值的公平与效率两方面，保持二者的平衡，真正实现经济、社会又好又快地平衡发展，让广大人民群众共享改革开放的胜利果实，实现广大人民群众的根本需要与利益。

---

① 中共中央文献研究室．毛泽东年谱（1983-1949）．北京：中央文献出版社，2005：688.

② 中共中央文献研究室．江泽民论有中国特色社会主义（专题摘编）．北京：中央文献出版社，2002：638.

③ 高小平．服务型政府导论．北京：人民出版社，2009：290.

第五章　国外地方政府的改革实践

在过去的30年间，全球范围内出现了一股地方政府改革的浪潮。无论是在欧洲大陆、北美洲，还是在大洋洲、亚洲，都可以听到地方政府改革的声浪。这一方面源于公共行政理论的长足发展，在此期间，新公共管理理论、新公共行政理论、治理理论以及新公共服务理论的产生与发展大大拓宽了公共管理的研究领域且实用性不断增强。另一方面，“所有的一切变革都来自于需求”，随着各国中央与地方关系的不断调整，治理语境下的地方政府环境在飞速地发生变化。“地方”界限的不断模糊，服务提供多元化等问题都要求地方政府不断地进行变革。

第一节　国外地方政府改革的背景：一般性的描述

作为一种制度安排，地方政府是一个国家政治与政府制度的重要组成部分。因此，各国政府改革不仅关注中央政府层面的治理与变革，而且更注重地方政府层面的改革。[①] 相对于中央政府而言，地方政府更容易发生变革与创新。事实上，20世纪80年代以来，世界许多国家的地方政府在中央政府体制保持不变的情况下进行了深刻的变革。地方政府的变革不仅包括地方政府公共政策的变化，而且包括地方政府本身治理结构的变革；不仅有技术方面的微调，也有制度领域的深层变革；不仅包括政治与行政关系的调整，也包括政府与市场、政府与社会关系的重新定位；不仅包括政府权力与公民权利的调适，也包括政府权力的内部转移。这场变革持续了近30年，影响深远，被一些学者称为西方社会的“治道变革”。

尽管“政府改革是一个持续不断的过程，是一种惯例”[②]，但这场改革运动却极为特殊，几乎波及各大洲的主要国家，而且至今方兴未艾。缘何如此？只因到了20世纪80年代，各国地方政府普遍面临着几乎相同的压力与挑战。

一、全球化的挑战

从20世纪80年代以来，全球化席卷了世界各地。全球化及其衍生的一些问题，譬如全球竞争加剧、金融危机的连锁反应等，给各国的地方政府提出了严峻

---

① 陈振明．中国地方政府改革与治理的研究纲要．复旦大学学报，哲社版．2007，(6)：12-13.

② 彼得斯 B G. 政府未来的治理模式．北京：中国人民大学出版社．2001：4.

的挑战。全球化所体现的自由流动的经济和社会事物更加复杂多样，民众要求获得更多的自主和自治权力。介于政府和市场之间的非政府组织的兴起也要求地方政府做出回应。全球化要求一个扁平化的权力结构来代替传统国家中的垂直权力结构，因此分权化成为了地方政府改革的潮流。

全球化在一定程度上限制了地方政府的行为，却没有使其制定制度、政策及以此进行治理的权力削弱。伴随着全球化进程的不是政府权力的弱化，而只是政府权力实施条件的改变。① 地方政府如何提高自身应对全球化的能力，在政府与市场运作之间保持平衡，与非政府组织、公民进行相互交流、协调合作，是地方政府改革所必须解决的问题。

全球化浪潮浩浩荡荡，势不可挡。全球化不仅对发展中国家来说是一个巨大的考验，而且对发达国家来说，也是一个挑战。全球化所带来的“国际问题国内化”、“国内问题国际化”以及全球竞争的加剧，对地方政府能力提出了严峻的挑战。全球化的发展，使某些关系人类生存发展的共同问题，不可能由一个民族国家来解决，而是需要某些国际组织来代替民族国家回应这些问题。而且，由于国际组织掌握着资源分配和合作项目的选择权力，它可以直接与地方政府接触，并干预地方政府的施政。因此，全球化的发展使民族国家的权力和作用有相对减弱的趋势，地方组织的功能和作用则被激活了。② 为了回应全球化，地方政府需要改革，需要建立一整套自主决策、灵活迅速、富有弹性的地方组织体系。目的在于：一是能够在复杂多变的环境中，迅速做出适应于地方的决策反应；二是灵活的和弹性的组织体系能够强化对公民多样化需求的反应能力，提高公共服务的品质。而这正是公民、企业、社会组织信任政府和其他公共服务组织的重要条件。③

二、民主化的压力

在过去的几十年间，民主化一直是各国地方政府努力改革的方向。在地方治理的语境下，多元化的公民诉求导致这种民主化的压力不断上升，民众需要地方政府给予更多的自主权，更好地回应他们的需求。

西方古典政治学家如密尔和托克维尔认为，地方政府是现代民主的本质要素之一，它在提供渠道给公民参政、议政、培养公民的权利和义务意识、提高他们的自治能力、提供有效而符合地方社区需要的公共服务、制衡中央政府的集权倾向方面，都具有重要意义。曾有学者用四个标准来衡量地方政府的代议民主性

① 郁建兴．政治学导论．杭州：浙江大学出版社，2003：102.

② 孙柏瑛．当代地方治理．北京：中国人民大学出版社，2004：33-35.

③ 孙柏瑛．当代发达国家地方治理的兴起．中国行政管理．2003，(4).

质：公众授权；向公众负责；具有回应性；代表公众利益和要求。① 应该说，在西方国家，地方民主有着很长的历史传统。但是地方民主作为一种体现人与人之间相互关系的生活方式，作为一种政治的制度安排，本身有一个“维持和可持续发展的问题”。在过去的30年的地方政府改革中，几乎所有国家都把加强地方民主作为一个重要的目标。

除此之外，20世纪的后30年，越来越多的威权政体势微，并向民主政体转型，这一过程被塞缪尔·亨廷顿称为是民主的“第三波”。民主的“第三波”也反过来深刻地影响到各国的地方政府。由于地方政府直接面对公众，公众的民主化诉求更为直接和实际，公众要求地方政府增强民主意识，拓宽民众的政治参与渠道，增强对公众诉求的回应性。这一诉求必然迫使地方政府进行改革，政府要公开透明，政府行为要接受民众监督，政府决策要有公民的参与。只有改革，地方政府才能灵活应对环境迅速变化的压力，对公众需求才能有更好的回应性。

三、三大危机的威胁

财政危机、管理危机和信任危机，是世界各国地方政府改革运动发端的缘由和契机。

20世纪70年代，石油危机引发全球性的经济危机，西方世界经济普遍陷入“滞涨”。此时，多国地方政府面临来自两个方面的压力：一方面是政府间拨款的减少和政府征税能力的下降，由此而导致公共开支的危机；另一方面是居民的公共服务需求仍在增加。这两方面的矛盾引发了地方政府空前的财政危机，使得各国政府必须考虑如何花最少的钱办更多的事。譬如日本，20世纪70年代的石油危机终结了日本经济的高速增长，但地方政府的财政在经济高速增长时期已经随着政府职能领域的扩大而迅速增加，此时已经欲罢不能。② 政府必须改革以走出当前的经济困境。

与财政危机同时显现的，还有来自政府内部的管理危机，传统官僚体制的弊端日益显现。建立在政治与行政二分法基础上的政府管理模式，已经无法应对日益增多的社会问题。以“二分法”为基础的官僚制组织，不能适应这种变化，显得僵化、缺乏回应性和效率低下。传统的官僚制在提供公共产品和公共服务方面，开始失去效率和效益，其固有的弊端如官员的自利行为、寻租腐败、漠视公共利益等也日益暴露。因此急需对其进行改革或者寻找新的替代方案。

随之而来，公民对于政府的信任产生危机。20世纪70年代美国《时代》周刊曾出现过这样的封面——“政府死亡了吗?”，民间对政府的质疑甚嚣尘上。对

---

① Beetham D. Theorizing Democracy and Local Democracy//King D，Stoker G. Rethinking Local Democracy. Macmillan，1996：33-34.

② 吴寄南．新世纪日本的行政改革．北京：时事出版社，2003：239.

政府抱有怀疑和警惕是西方世界根深蒂固的传统。在自由主义看来，政府是一种“必不可少的恶”。这一保守主义或者说是古典自由主义的传统在20世纪60年代末70年代初得以“复兴”。传统“复兴”的后果就是政府在公民心目中的形象大打折扣，公民以更加怀疑甚至蔑视的眼光看待政府及其公务员。人们对公共事务不是采取表达和参与的方式，而是采取退出的消极方式，公民对政府的冷漠情绪不断加深。[①] 这一点体现在地方政治层面，情况尤甚。因此，重新建立公众对地方政府的信任，塑造新型的政府与公民关系，是“民主政府”要迫切解决的一个难题。

另外，技术革命尤其是信息革命的发展，是当代西方政府改革的催化剂。首先，信息时代的来临以及数字化生存方式要求政府对迅速变化的经济、政治和社会形势及时做出反应。其次，信息技术，尤其是通信技术的快速发展打破了长期以来政府对公共信息的垄断，使得公民和社会团体更容易参与公共管理活动，从而为建立起灵活、高效、透明的政府创造了可能性。

第二节　西方发达国家地方政府改革概况

面对全球化、民主化和三大危机的挑战，西方发达国家以差别相当大的方式进行着地方政府改革，以不同的改革路径回应着时代的需求，许多地方政府根据自身特点推出了与众不同的地方治理方式。

一、美国——“百衲被模式”

美国著名政治学家查尔斯·A. 比尔德《美国政府与政治》一书中，认为美国政府分为三个层级：联邦政府、州政府、地方政府。州政府是联邦成员单位州的政府，不是“地方政府”；“地方政府”是州的下属政府。所有地方政府都有一个宪法上规定的地位，它们是“州政府的创造物”。这些地方政府大致可以分为县、市、乡（镇）、特区和学区五大类。

（一）美国地方政府改革的动因分析

美国地方政府在19世纪实行的是“领袖模式的地方政治和行政管理”，到20世纪初，领袖模式的地方政治和行政管理过时了，美国政府一直在间断性地进行周期或长或短、规模或大或小、主题不尽相同的行政改革。直到20世纪80年代新公共管理运动的兴起，美国地方政府再次出现行政改革高潮。

1. 外部动因

美国地方政府改革是在全球经济一体化、市场竞争日趋激烈的背景下发生

① Baldersheim H. Stahlberg K. Toward the Self-Regulating Municipality. USA：Partmouth Publishing coltd. 1994：206.

的。政府管理的事务更加综合化、复杂化和多样化；但美国的传统官僚型管理模式以行政权力集中化、行政组织等级化、行政职能专门化、行政行为程式化等为特点。其组织形态绝大部分都是中央纵向控制，组织内部层级森严，各功能部门之间缺乏横向联系与合作，制度规定亦颇为繁杂，传统行政管理显然难以应对新时代的挑战，迫使美国地方政府进行重塑政府的改革。

2. 内部动因

美国地方政府改革的直接原因还在于其面临着财政来源减少的压力。美国地方财政收入来源分为三个部分：税收、非税收入和拨款。在 1978 年，加利福尼亚州选民投票通过把地方财政税收减少一半的议案后，抗税和减税运动蔓延全美各地。地方政府对中央政府的依赖性增强，最为突出的表现是，地方政府开支中来自于中央政府的拨款比例越来越大。奥巴马政府为保证房屋救济贷款而提出的增税政策，甚至遭遇主张减税的“茶党”的抨击。地方税收的减少直接导致了地方政府的财政和治理危机。

3. 需求动因

地方社会及民众的需求，包括参与的需求、社会福利和保障的需求等的推动。自 20 世纪 80 年代以来，虽然地方政府财政收入减少，但民众对地方政府提供服务的需求却有增无减。如何调和需求的多样性和服务的可及性，这使美国地方政府面临巨大压力。

（二）改革内容及举措

1. 地方政府组织形式的多样化

随着地方治理理论的不断深入，“一个城市只能有一个地方政府”的单中心理论被打破。大量的实证研究证明，在单中心治理理论引导下开展的地方政府合并形成的大而单一的地方政府所提供的公共服务未必就是高效的。为了满足公众的分散的多样需求，有针对性地解决一些专门性的、地区性的特殊问题，有必要建立次级的、小规模的地方政府机构，使得政府官员能够更充分地了解不同公民群体的不同偏好，从而更加迅速全面地回应公民的要求——大量的邻里政府就应运而生。同时，对于一些涉及公众范围较广、规模效益明显且影响面较大的一些公共问题，则力求突破行政区划或原有地方政府体制的制约，谋求成立跨县、跨市或跨市县的特别区政府。这样的特别区政府在 1962～2002 年，数目翻了一番。可见，合并和分立这两种趋势并存于美国地方政府的改革和发展过程中，其结果是进一步扩大了地方政府数量，增进了地方政府的多样性和地方治理的分散化，大小地方政府同时并存的地方治理体系得以形成和巩固。

2. 政府间合作的加强

与邻里政府出现相伴随的还有一个趋势，就是政府与政府间合作的加强。为了满足公众对政府服务的共同要求，也为了应对各类政府共同面临的挑战和任务，如区域经济一体化、环境保护和灾害防治、公共安全和反恐怖主义等，美国地方政府逐渐抛弃传统地方主义思维和孤立主义态度，转而采取责任分担和合作主义的策略。[①] 这种合作不仅有横向的，即地方政府间的合作；也包括纵向的，即地方政府与州政府、地方政府与联邦政府之间的合作。合作的形式也多种多样，有正式的也有非正式的，如成立共同委员会、签订互助的非正式协定（如合作开展消防工作）、联合购买大型公共设施、设立政府理事会（councils of governments，COG）和地区规划理事会（regional planning councils，RPC）。[②] 政府间合作的动因是经济以及社会纽带日益将它们紧密联系在一起，使其在许多方面成为利益共同体或者常常面临共同的问题和任务。地方政府结构逐渐趋于扁平化，相对规模得以控制。

3. 地方政府治理结构的企业化

由于建置标准不一，美国地方政府的治理模式存在很大差异，有委员会制度、议会-经理制、弱市长制、强市长制等诸多模式。在这诸多模式中，以前主要是议会-市长制，而今天，凡是人口超过 25 000 的大多数城市都建立了议会-市行政官制度。议会-市行政官制的主要特征是像管理企业那样去管理市政机构，最大限度地 发挥政府雇员的效率和技术专长。议会-行政官制也是对议会-市长制的取代。同议会-市长制实行的分权原则相反，委员会以及议会-行政官的体制把权力集中在由普选产生的非党派的小型议会手中。议会行使所有的决策权，并雇用一个市行政官来管理城市的行政工作。

4. 政府与社会合作的强化

在公共事务的管理中适当运用市场机制，即确认地方政府作为组织、协调和管理者而非单一服务提供者的角色，充分利用本地区的各种资源，与私人公司、金融机构、非营利组织及基金会等建立伙伴关系，通过多种合作方式，如制定税收政策、财政补贴、特许经营、合同承包、股权投资、代用券或凭单制度等，为公众提供有效服务。破除行政机构本位主义和对上级机关、立法机关、利益集团负责的传统思维定式，确立本地区纳税人是政府及各行政机构顾客的观念，通过社区调查、客户问卷、联系走访等方式了解公众需求，在此基础上，按照调查统计数据对公众需求进行归类，并进而对顾客群体进行细化，为公众提供量身定制式的个性化服务。同时，还仿照企业顾客管理的模式，建立健全公众对政府服务的快速反馈机制，及时矫正政府自身不当或偏离公众目标的行为。

通过上述地方政府改革的措施，美国地方政府建立起了“扁平化”的组织结构，缓解和减轻了财政压力，机构臃肿的现象得到了缓解，公共服务职能的市场

---

① 孙柏瑛．当代地方治理：面向二十一世纪的挑战．北京：中国人民大学出版社，2004：59.

② 奥斯特洛姆 V. 美国地方政府．北京：北京大学出版社，2004：14.

化、社会化越来越明显。1997～2002 年，虽然美国地方政府的数量增加 72 个，但政府员工却减少了 25 万多人，开支减少约 1300 亿美元，许多机构被撤并。地方政府的财政支出中社会保障类占 60％以上，职员工资支出只占 20％～30％。

（三）简评

在美国持续进行的地方政府改革并没有一个固定的模式，各地方政府在地方自治理念的主导下，发展出不同的地方治理模式，我们称之为“百衲被”现象。这是由于，美国地方政府行政改革的驱动力完全来自于公众的多样化、个性化需求，而非改革者或联邦政府、州政府的有目的的规划设计。不同的美国地方治理模式充分体现出高度自治、多治理中心、平等合作、治理对象相对有限和治理技术的高信息化等特征，在防止地方权力滥用、推进地方民主发展、提高地方管理效率、维护地方社会稳定等方面取得了令人惊叹的成绩。

通过分析这 20 余年来关于地方政府的统计数字，我们在掌握美国地方政府发展轨迹的同时，可以初步预测其改革发展的总体趋势：随着地方公民对公共产品和服务的个性化需求的增加，美国地方政府多样化、分权化的“百衲被”模式不仅不会削弱，而且会继续发展；美国地方政府和州政府以及联邦政府之间的权力博弈和冲突仍然存在，地方政府的自治地位虽然存在不少变数，但它们之间权力关系的相对平衡将在博弈中继续保持；传统类型的政府如县、乡镇将长期稳定下去，而为了实现特定目标的区政府将随着社会经济发展而不断创新、演进；随着现代信息交流技术的大力应用，以及地方政府“草根化”程度的加深，美国地方政府的效率效益将会继续得以提升。①

虽然中美两国在历史传统、经济形态、政治体制、社会环境和技术发展水平方面存在明显差异，我们不必去复制美国地方治理的整体发展目标和模式，但却可以充分吸取其在地方自治方式和技术方面的宝贵经验。

二、英国——“新地方主义”

（一）英国地方政府基本情况

英国地方政府的职能不是由宪法规定，而是来自于国会的授权。随着国会不断调整委托给地方政府的权力，地方政府的管理权限和地位也随之不断变化。也正是因为这个原因，英国中央与地方政府的关系具有以下三个特征：一是“伙伴”关系。将地方政府视为对地方社区利益负责的民主政府。从理论上说，地方政府与中央政府的关系是平等组织间自主的合作。但是，地方政府必须在中央政府设置的总体法律和政策框架内在当地推行公共政策。二是“代理”关系。认为地方政府主要是负责执行中央政府政策并提供中央政府所确定的公共服务，只拥

① 张智新．美国地方政府改革及其对中国的借鉴意义．行政论坛，2005，(6)．

有少量的自主权。三是“讨价还价”关系。中央政府与地方政府间的关系是两个具有不同的资源（即达到自己意志的手段）的组织之间谈判或讨价还价的关系。①

英国地方政府构成较为复杂，并且不断变动。根据2005年英国选举产生的地方政府情况，第一层为郡、大都市、大伦敦地区政府，数量为66个；第二层为郡属区、城市区政府，数量为848个；第三层为教区和城镇议会，这一层比较弱，数量约10 000个。② 在基于地方自治的基础上，对于各级政府的关系而言，地方是平等的自治体，之间不存在行政隶属关系，各自只对本范围的选民负责。

在地方政府之外，英国社区与地方政府部（2006年5月由副首相办公室改名而来）下设9个区域办公室，代表中央政府在该区域面对各地方自治体。1999年开始又陆续设置了12个地区发展署（Regional Development Agency），接管了区域办公室的某些职能，负责地区经济发展和复兴，重点在于商业支持和促进投资、就业与可持续发展。作为外部的推动和支持机构，地区发展署要求地方政府公开自己的治理目标和绩效评估措施，定期检查。一旦出现地方政府无法处理的复杂事项，或绩效长期达不到要求，中央政府将直接介入，帮助其改进工作。

截至2007年，英国人口为6059万，就业人数为3169万，全国公职人员（含国家卫生体系）为579万。地方政府的公职人员为294万，分别占总人口、就业人数、全国公职人员的4.85%、9.28%、50.78%。

（二）英国地方政府治理变革

自20世纪80年代开始，在快速的社会变迁和众多的社会矛盾、冲突的作用下，英国地方政府也兴起了一场规模空前的治理变革。从撒切尔夫人到梅杰政府，再从布朗政府到工党的布莱尔，英国的地方政府持续不断地进行改革，地方治理经历了一个从政治统治为主到公共服务为主的变化过程。英国人对其改革速度的评价是“改革的步伐只能以英寸计，决不能以英里计”。③ 在这种缓慢的渐进改革之后，无论是英国地方治理的职能、参与治理的主体还是地方治理的实现方式都已经发生了巨大的变化。

1. 地方政府的职能的转变

总的来说，英国地方政府改革中地方政府的职能转变是通过以下途径来实现的。一是通过出售的方式将原来由政府所承担的职能直接交由私人来承担。如撒切尔夫人上台后一项重要的改革措施就是将地方政府用于出租的物业直接出售给私人。二是通过竞争招标的方法将地方政府所提供的服务承包出去。从20世纪80年代开始英国地方政府开始陆续在道路维护、街道清扫、住房管理和政府的

---

① 董礼胜．欧盟成员国中央与地方关系比较研究．北京：中国政法大学出版社，2000.

② 胡熙华．英国地方政府改革的几点启示．华中师范大学学报，2008，(5)．

③ 胡康大．英国政府与政治．扬智文化事业股份有限公司，1997：8.

辅助服务方面实行强制竞争投标，实行合同外包政策。① 三是将一部分地方政府职能交由准自治、非政府组织去承担。

2. 地方治理结构的调整

调整治理结构，由传统的以政府为主导的单中心治理向政府、民间组织、社会团体、公民共同合作并相互影响的多中心治理转变，在深层次上改变政府与市场、公共与私人领域之间的关系。撒切尔上台后放弃了福利国家的这种单一的治理主体，把企业和志愿部门引入了地方治理体系，只是相对新工党而言，保守党政府更重视企业的参与，为了让地方政府退出某些领域，保守党政府还成立了大量的准自治组织作为服务主体，这样地方治理的主体又变得空前多元化起来。新工党上台后并未完全放弃保守党的治理体系，只是把公民从过去纯粹的地方治理对象转变成更加主动的参与者。除了中央的间接参与之外，地方治理的直接参与者就变成一个包括地方政府、私人部门、第三部门和地方居民在内的复杂体系。

3. 区域化的地方政府重组

主要表现为一些区域化政府的设立，在这场地方治理变革中，大伦敦的重新设置只是其中的一个特例并且是提前进行的。区域化政府改革的特征是新设立的地方政府单位有了更大的管辖范围，便于在更大的范围内进行未来的发展规划、协调各组成部分的冲突，人们倾向于把这个新设立的政府称为区域化政府。区域化政府与其下的各自治单位就成为一种新型的合作关系——他们在各自的职权范围内各负其责，互不干涉，而不存在上下级的隶属关系。

4. 权力下放、地方自治，提倡公民对地方公共事务的直接参与

授权于地方政府，授权于民，建立参与型的、民主的治理模式。突破传统的代议制民主的局限和束缚，激发公众直接参与地方公共事务治理的积极性和主动性。但无论是立法分权，还是行政分权，英国的权力下放都只是一种单一制国家中央政府将一定立法权和执行权进行下放的制度安排，中央政府保留了最终主权，并且在理论上能够收回任何下放的权力。② 正如其制度设计者所说的那样，权力下放“既不是某种准民族主义的政府形式，也不是一种淡化了的分裂主义的形式或联邦主义的形式。”它只是“更广泛的权力下放进程的组成部分”而已，目的是“使权力更接近人民”，“使中央政府集中精力满足整个国家的战略要求”，“确保英国的持续统一”。③

5. 地方治理的绩效评价

以最佳价值模式提高公共服务绩效。最佳价值模式的目标被概括为了 3E 原

① Sullivan H. 1992. Local government reform. Indenrigsministeriet.（8）：5.

② Atkinson H，Wilks-Heeg S. Local Government from Thatcher to Blair：the Politics of Creative Autonomy. Cambridge：Polity，2000：227.

③ 托尼·布莱尔．新英国：我对一个年轻国家的展望．北京：世界知识出版社．1998：312-319.

则：经济、效率和效益（economy，efficiency，effectiveness），即必须达到最低成本、产出与投入比值的最大化、服务最大限度地满足居民的要求。最佳价值模式要求地方政府在提供服务时必须做到 4C 要求：挑战、比较、咨询、竞争（challenge，compare，consult，compete），即进行下面四个方面的反思：我们为什么以及如何能够提供服务？其他人的服务哪些指标比我们的服务更好？咨询纳税人、消费者我们的服务他们满意吗，还有什么新的建议和要求？与其他服务者竞争我们的服务能胜出吗？最佳价值模式对地方公共服务形成了新的评价体系。

（三）简评

英国是世界上最早实行现代地方自治的国家，享有“地方自治之母”的美誉。在新一轮的地方政府改革中，英国也是秉承了这一传统，以地方自治为核心，进行着地方治理的变革。

撒切尔主义地方治理改革的特征是以服务的市场化来实现去国家化的目标。在具体的地方治理方式上，撒切尔等主张以市场代替地方政府提供公共服务。为了达到让地方政府退出服务的目的，他们减少中央对地方的财政补贴，限制地方税收额度，改变地方税种，试图以釜底抽薪的方式让地方无力提供服务。从实施的效果来看，保守党的部分目标实现了即短期内缓解财政赤字、通货膨胀和低发展的压力，但守夜人国家时期的病症却又有卷土重来之势：“300 万人失业，500 万人生活在贫困中。富人与穷人、北方与南方的差距加大了。”①

新工党第三条道路中的地方治理改革不仅是对英国病的医治，同时又包含着对撒切尔主义的反思和学习。一方面，这些改革给传统的地方治理带来了巨大冲击，迎合了时代发展的要求。比如区域化政府的设立改变了传统地方政府各自为政的局面，形式多样的公民参与弥补了传统代议制的不足，直选市长制反衬了传统的委员会制的低效与守旧，最佳价值模式以服务的要求代替了纯粹的经济指标等。另一方面，这些改革能否被英国人民及各地方接受及长期效果如何还有待观察，无论是区域性政府还是直选市长制，凡是需要全民公决才能实践的改革项目都遇到了不小的阻力。

三、法国——“集权夹缝中分权”

（一）法国地方政府概况

众所周知，法国是一个具有高度集权传统的国家。在法国本土，1982 年以前其领土单位分为省和市镇两级。1982 年以后，原由中央设置的作为经济计划单位的大区改为正式领土单位，这就形成了三级制。长期以来，在中央政府与地方政府的权限划分上，法国中央政府具有绝对的权威，地方自治的权力是有限

---

① 哈里斯 K. 撒切尔首相传 . 北京：职工教育出版社 . 1989：263.

的，主要限于表决地方预算案和负责地方税收以及制定市政规划、发展公用事业等。各地方的主要行政事务在改革前皆由中央政府在地方的派驻机构负责管理。

同时，中央政府还从多方面对地方政府进行控制。这种控制首先体现在严格的行政控制上。在中央有部门专门处理地方事宜，在地方则通过派驻机构或中央政府代表对地方进行全面监督。法国中央监督机关甚至有权解散或停止地方议会的活动，控制其会议内容和进程。中央对地方在行政上强大的控制权由此可见一斑。其次，法国中央政府还通过立法控制，即通过各种法律以及立法监督的方式规范地方政府行为。当地方政府行为或者立法超越权限或与有关法律、规定相抵触时，中央政府有权依法要求地方政府将其修改、暂停实施或废除。而在财政控制方面，改革前，法国中央财政在全国财政总收入中占 3/4 以上，具有绝对的优势，地方财政收支的一半以上要依赖中央的补助和贷款，中央政府得以利用这种财政优势，对地方政府实行严密控制，地方预算必须由国家代表拟定，中央政府批准。这种财政控制大大限制了地方政府的自主行政能力。

随着法国社会的发展，这种高度中央集权的地方管理制度逐渐显现出其固有的弊端，在两个方面表现得尤为明显：首先，导致行政机构庞大重叠，行政效率低。中央派驻机构和地方议会的双重管理机制造成了法国地方行政机构管理机构和人员的重叠，直接导致了行政低效率和行政手续繁杂，而且高度中央集权难以调动地方积极性，法律、法令和计划也因此难以真正贯彻。其次，在法国地方政府的实际运作中，掌握地方实权的均是中央任命和派驻的国家官员，而民选的地方官员和议员，有职无权，经常处于无所作为的状态。

20 世纪 80 年代，伴随着经济发展和政治民主化进程的加快，在法国的许多地方，要求权力下放的呼声日益高涨，法国政府的地方分权改革在这样一种社会背景中拉开帷幕。

（二）法国的分权化改革

1982 年 3 月 2 日，一部关于《市镇、省和大区权利与自由》的法令出台，它被视为法国分权改革的基石。1982 年 7 月 22 日，又颁布了一项相关法令。两项法令的主导思想是：取消国家对地方行政和金融上的直接干预，取而代之的是建立事后监督机制，彻底分开国家事务与地方事务；将大区改造为地方政府。此后 10 多年间，法国还出台了一系列法规文件，进一步明确了国家和地方政府的关系，确定了它们各自的运作方式。

1. 地方权力结构的调整

从立法上进行了一系列推动分权与地方自治的改革，这些法律法规的实施使得法国政府的集权程度不断降低，中央和地方的权限得到明确划分，地方享有一定的立法自主权。分权改革还包括地方官员的任命制逐渐被选举制取代。2003 年，法国通过《关于共和国地方分权化组织法》的宪法修正案，确定法国为“地方分权”的国家，即“单一制分权”国家。

2. 地方行政区划的调整

第一，增设了新的行政层级——大区。1982 年通过的《权力下放法案》正式将法国的行政区划分为大区、省和市镇三个层次，大区正式成为地方行政单位，三级政府之间没有直接的从属关系。大区政府成为中央政府对区域经济发展和国土整治权力下放的接口。第二，市镇联合体与城市共同体的出现。法国现有市镇 3 万多个，数量显得过于繁多。在 3 万多个市镇中，有 4/5 市镇的居民人口不足 2000 人，而在这当中，又有一大部分市镇人口不足 500 人。市镇划分如此分散，差异如此巨大，使得发展计划、国土整治、城市规划等政策常常难以实施。为了克服这种缺点，法国政府开展了市镇间的联合和合并运动。

3. 地方政府与公民社会合作的“格勒诺布尔”

在法国，地方政府与公民社会的合作中，最有代表性的是所谓“格勒诺布尔”模式。“格勒诺布尔”在法国是地方政府与公民社会密切合作的同义词。“格勒诺布尔”模式强调政府应该加强与公民社会对话，鼓励地方政府与公民社会建立合作网络。

4. 扩大地方自治权限和地方民主

改革后，某些过去由中央政府负责的事务下放给地方政府管理，还扩大了地方政府在地方经济发展中的活动范围，增强了地方当选者的决策权和公民参与的可能性。内容上，地方权限扩大具体体现在计划发展与领土整治、城市建设、职业训练、参与经济、警察事务等方面。地方行政机关不仅有权决定本地区的问题，还有权参与与其有关的国家事务。

（三）简评

不可否认，法国以分权为主要内容的行政改革受到了全球市场化改革风潮的影响，然而，有着深刻政治传统和独特行政体制的法国更多地表现出了自己的特征。新公共管理从来没有成为法国行政改革的口号，在理念上，新公共管理关于效率、效益、经济的“三 E”核心理念并没有获得法国政界主流的一致认同；在改革措施上，法国的行政改革不仅涉及中央与地方关系的重新调整、地方层面权力格局的变动，还涉及行政现代化、公共企业的市场化、公民参与的推进等结构性的变革。这些变革，无论是行政中心的权力下放还是公共部门的市场化改革，其实质与地方分权改革一致，均为“分权”二字，分别是国家向地方、职能部门的垂直分权及国家向市场、公民社会的横向分权。也即，分权实为法国行政改革的线索。

从 20 几年推行改革的情况来看，法国地方分权改革还是比较成功的。让地方自主管理和发展地方事业，有利于调动地方的积极性和主动性，减轻了中央的压力，在很大程度上缓和了中央和地方的矛盾。同时，它在很大程度上也使长期盛行的官僚主义作风得到遏制，提高了行政效率。在扩大地方民主、加快地方经济和社会发展、促进各地区平衡协调发展等方面均取得了显著的成效。

诚然，法国分权改革也不是尽善尽美的。地方分权化政策的关键在于分权，实现中央权力向地方的转让，这些权力的转让是真正地方化的体现。然而改革最初的法国政府并没有关注这一方面，集中体现在其在法律中对集中权力进行的理想化分割过于理想化，这也体现了经验式管理是法国行政中的一大特色。而且从技术角度看，权力划分得越详细，权力之间的配合协调就会越困难，比如公共卫生和社会福利管理权力的划分所遇到的情况就明显地反映出这方面的问题。

四、德国——“新掌舵模型”

（一）1989年两德统一后的政府改革概述

德国素以法治国家、大政府和官僚主义的强大传统而著称。从第二次世界大战后到1989年两德统一，德国政府一直保持高度稳定。一些人认为，这是讲究质量的德国官僚机构的灵活性和适应性的标志；而另一些人认为，这充分说明了高度法制化的德国政府官僚机构极其僵化。直到20世纪70年代末到90年代初，尤其是两德统一后，德国地方政府开始出现财政危机，公民对地方政府管理和公共服务如社会保障制度感到不满，其他西欧国家的改革也在逐渐传播，才促进了这场影响深远的行政改革。这场改革引起了德国行政学界的持续关注，将其改革的模式称为“新掌舵模型”（new steering model，NSM）。这场行政改革采取了非连续性渐进主义模式，即改革具有非连续性、非系统性和渐进性的特点，其基本内容为调整公共事业、“给国家减肥”、削减公共服务人员、压缩公共人事开支、转变公共组织结构等。

德国是一个联邦制国家，由16个州组成，其中包括3个城市州（柏林、汉堡、不来梅）。德国政府机构分为三级：联邦政府、州政府和地方政府。其地方政府分为县市政府和市镇政府，地方政府遵循自治原则，而市镇则是德国最基层的地方自治单位，但它不是州政府的下属行政单位，而是组成县的自治机关。德国市镇也同样遵循着自治原则，这种自治的权限主要体现在地方性的社会管理和公共服务领域。例如，建造居民住宅、图书馆、医院，学校管理、维护公共治安及公共设施建设，以及提供清洁的自来水、直饮水和公共交通等。地方各级政府职责的明确划分为确定各级财政支出责任提供了基本依据，政府的机构设置根据社会管理或公共服务的需要同时考虑到具体地方政府的行政能力，而不是根据上下对口的原则来设置的。

（二）改革的主要内容

新掌舵模型的基本共识和基本原则是参考、仿照私人部门的组织、运行和市场导向原则，以克服福利国家失灵和公共管理失灵的现象。它是一个包含一些不同主张的复合体，在管理主义原则的指导下，是地方政府为克服传统的自上而下的行政官僚机构的弊端而改造内部组织结构的一种改革方式。新掌舵模型有利于重塑组织间的关系和政府与外部环境的关系，通过市场化和外包的方式提供公共服务和建设公用设施。

1. 地方高度自治

德国是一个地方自治传统成熟的发达国家，其地方政府以提供充足的公共产品、促进地方的和谐发展而著称于世。德国的地方自治的特色在于十分注重集权与分权的统筹与结合，管理权适度分散、调控权高度集中。县（市）乡镇地方政府能办的事，州政府不干预；州政府能办的事，联邦政府不干预。与此同时，通过财政资金的纵向和横向平衡，引导和影响州与地方的财政行为。地方政府在提供公共产品时，可以根据自身财政力量和自身能力，完成属于自己职责范围内的任务，不上移至上级政府。上级政府也不会超越法律，将自身的任务摊派给下级政府。不同的任务，总是在不同的政府层级分解并完成。

2. 行政区划改革

德国贯彻的是地方自治制度，也就是州政府以下都是地方政府，地方政府大小不一，区划改革以前，原西德有 24 278 个市镇，2/3 的市镇不到 1000 人，95%的市镇不到 5000 人。[①] 区划调整改革通过两种方式得以实现：一种方式是区划合并，撤销原来的政治和行政机构，在合并的区划范围建立统一的地方政府；另一种方式是保留原来的政治单位，同时由几个市镇联合成立市镇联合会，作为行政单位，市镇联合会由一个委员会领导，委员由各个成员市镇的议会任命，联合会下面设置专门的行政机构，配备专职的行政人员。改革不仅扩大了地方政府的行政范围，改变了地方政府的管辖范围，而且对地方政府结构和行政功能产生了深远的影响。

3. 地方政府组织结构变革

随着东西德国的统一，直接民主在德国的正式兴起。各州先后修改了地方政府法，实行市长直接选举和地方全民公决。至此，德国正式兴起了直接民主。直接民主让公民的各项权利尤其是选举权得到了最大程度的发挥，也符合德国全民一以贯之的民主传统。同时，地方政府的组织结构也发生了巨大的变化，如市长直接选举和地方全民公决，市长不是由议会选举产生，而是由选民直接选举产生；市长是行政部门首长，行政部门实行市长负责制，市长对行政部门日常事务具有决定权，同时负责执行议会的决定。

4. 电子政务的推广

为提升政府的公共管理，德国政府于 2000 年 9 月颁布了“联邦在线 2005”

---

① 王勇兵．德国地方政府治理及其改革与创新．中国行政管理，2006，(10)：88.

的电子政府建设目标，即到2005年年底实现联邦政府所有服务全部上网。随后，德国成立了国务秘书委员会，全权负责国家电子政府建设和联邦行政管理现代化之进程，并任命联邦内政部国务秘书任委员会主席。为配合具体实施，联邦各部还设立了工作组，统一归国务秘书委员会领导。“联邦在线2005”是联邦政府为使德国成为信息化社会所制定的重要规划和政策。“联邦在线2005”计划的目标就在于突破某一政府部门的信息化，随着项目的推进，“联邦在线2005”涵盖了16个联邦州和数千个地方政府。为统一地方政府的电子政府建设，联邦政府为所有地方政府的公共服务制订了一个详细的实施计划，该计划直接影响到107个独立的政府部门与机构。它确保公民、企业、院校及其他管理机构能更方便、快捷和花钱最少却最有效地享受联邦政府的各种服务。

（三）对德国地方政府改革的思考

综观德国近年来的地方政府改革，我们可以看出，尽管并没有依照某种特定的路径进行，但德国的改革成效非常明显。在改革中，德国政府管理的地方化程度在逐步加深，随着中央权力的逐步下放，地方拥有越来越多的行政自主权。首先，公共部门的管理主体扩大到政府以外的各种非政府组织甚至私营部门，利用私营部门的管理理论和技术方法对公共部门管理进行改革，拓展了政府改革的思路。其次，德国在改革中充分重视了法律的作用。作为世界上法律法规最完备的国家之一，在德国，除了州有自己的法律法规以外，仅联邦一级就有各种法律法规4000多项，可以说，在德国几乎一切领域都是有法可依，有章可循的。政府行为严格受法律约束，政府行政管理走在一条法制化、规范化、科学化的道路上。再次，德国地方政府改革积极探索集权与分权的相结合，下放权力必须与明确责任联系起来，使下级组织更清楚自己的目标和责任，达到权力和责任平衡。德国地方自治为中国现行地方治理体制改革提供了全新的视角，为解决中国地方体制中存在的许多问题提供了可行的思路。

但也应当看到，德中两国在地方政府的改革中背景与起点是不一样的。德国是在已经实行市场经济的情况下进行政府与市场关系的调整，而中国是在由计划经济转向市场经济的条件下实行的，是政府与市场关系的全新确立过程。

第三节　北欧四国的地方政府改革

北欧的瑞典、挪威、芬兰和丹麦四国，有着历史较长的地方自治传统，属于分权型的福利国家。高福利在保证人权、缩小贫富差距、关注弱势群体等方面取得了显著成效，但同时也制约了效率，造成了财政重负。在新公共管理运动的冲击下，北欧各国纷纷开展了政府改革，并逐渐波及地方政府。

一、北欧国家福利制度的困境

第二次世界大战后的几十年间，北欧各国地方政府所承担的服务类型从生产相关型（production-related）向消费导向型（consumption-oriented）转变。[①] 福利国家成为欧洲各国一种共性的社会发展模式，在北欧国家表现得尤为突出。福利国家的出现对地方政府的地位和地方政府与中央政府的关系产生了广泛而深远的影响，中央政府与地方政府的关系更为密切，地方政府职能进一步扩大，公共开支不断增加。到 20 世纪 80 年代，地方政府开支占整个公共开支的 60%～70%。

北欧福利国家推行的高福利、高补贴、高税收政策，虽然在一定程度上保护了弱者，抑制了贫富分化，维护了社会稳定，具有一定的进步意义。但是，它也妨碍了竞争，制约了效率，加重了财政负担，造成了许多社会问题。

首先，高福利制度培植了“惰性”，降低了效率。高福利和福利平均化助长了不劳而获的习气，导致了工作动力真空。在瑞典，人们工作和不工作的收入相差不到 20%。这使人们对缺勤抱轻率态度，导致职工缺勤率高达 20%。正如瑞典人自己所言，他们创造了人的寿命和旷工（请假）率“两个新高”。这使福利国家陷入了失业率居高不下而劳动力供给严重不足的怪圈。所以，在某种意义上，这是一种奖懒罚勤、违反经济动力原理的制度。它在提高福利的同时，牺牲了效率，从而孕育了大批纯粹靠社会福利生活的“福利妈妈”、宁愿失业也不愿工作的“懒汉”、靠社会福利支持的隐君子。

其次，高福利制度造成了沉重的财政负担和通货膨胀。全民福利的实行，使北欧国家的各项福利开支过分膨胀，在公共支出中所占比例不断提高。例如，瑞典每年用于社会福利、社会保险和社会服务的总开支占到 GNP 的 70%以上。[②] 随着人口老龄化问题的日益严重，福利国家的医疗费用迅速上升；失业人数的不断增加，使失业救济金迅速膨胀，而纳税者却越来越少；公民“惰性”的横生，致使大多数企业的经济效益降低。这进一步造成了福利国家经济增长速度的大幅度下降，甚至出现负增长，从而导致社会福利支出与经济增长失衡，加剧了财政赤字和通货膨胀。

最后，高福利制度导致了公平与效率双重失衡。福利制度表面上缩短了社会成员的贫富差距，体现了社会公平，但在平均的背后隐藏着不平等。因为福利国家往往是高福利和高税收同步增长。一个普通工人在职期间要缴的各种税和保险占到其总收入的 45%～50%。在瑞典，甚至出现了工人加一天班收入的绝大部分被征收，而在家泡一天却得到全工资的怪现象。这不仅有悖于公平，而且挫伤了工人劳动的积极性，从而使企业的生产效率和竞争力降低，陷入了公平与效率双重失衡的恶性循环。

与此同时，在中央与地方政府的关系上，福利国家的发展战略导致中央政府

---

① Loughlin M. Ldgality and Locality. The Rde of Law in Central-Local Government Kelations: Clarendon. OXFIORO.

② 李宏，廖晓慧．瑞典的社会福利制度及其危机与改革．价格月刊，2005，(3)．

制定政策、地方政府执行政策的所谓分权模式，地方政府实际成为中央政府的代理机构。中央政府为地方政府的服务供应制定非常详尽的规定和标准。因此，中央与地方的关系变成了计划与执行的关系，留给地方自治的空间实在是微乎其微。

北欧国家建设从“摇篮到坟墓”的高福利制度对地方政府造成了巨大的财政负担，地方的自主性日益降低，急需进行改革。

二、北欧地方政府改革的主要内容

为了改变这种现状，从 1983～1991 年，名为“自由市镇试验（free commune experiments)”的改革先后在北欧四国一些城市政府中实施。

1. 地方政府的职能转变与改革

通过“自由市镇试验（free commune experiments)”的做法，把更多的职能从国家层面转移到市一级政府，使瑞典本已明显分权的政府间安排进一步分权化，地方政府的多功能模式得到加强。同时，设立更基层的地方治理机构并将地方政府的部分服务职能下放给他们。譬如瑞典地方政府法规定城市政府可设立城区委员会（district committees)、邻里议事会（neighborhood councils）或镇议事会（borough councils)，将学校管理、老年人的照料、幼儿的护理和文化娱乐项目等方面的服务职能下放。

2. 地方政府分权化改革

这场改革的主要内容是：扩大地方政府的自主决策权，地方政府可根据地方特点安排自身的事务而不必受原先规范他们行为的全国性立法和规定的束缚；中央政府将一些职能转移到地方政府；中央政府改革那种对地方政府行为实行事无巨细规定的做法，而代之以提出指导性意见。改革的目标是培育和增强地方政府自我规制（self-regulation）的能力，使地方政府的组织安排更具多样性，适应能力更为增强。①

3. 地方民主的发展

在北欧四国，除了实行上述自由市镇试验外，还从以下几个方面推动地方民主建设：①开辟多种公民表达机制。除了参加四年一度的选举外，北欧四国还提供公民多种渠道，增强公民对地方事务的影响力。这些渠道包括：民意调查、服务消费者圆桌会议和消费者委员会、服务电话、作为城市规划程度的一部分讨论论坛、互动电子媒介、邻里委员会、消费者选择机制。②制定市民宪章，强化政府的服务意识，提高服务质量。在芬兰的亨米尼那市，市政府就各项服务的类

① Baldersheim H，Stahlberg K. 1994. Toward the Self-Regulating Municipality USA：Partmouth Publishing Co Ltd.

型、标准、要求、投诉、监督、处罚制定了详细的规定，公开印发，并将相关供应部门首脑的照片印在上面。③通过非完全的公民创制权和否决权让市民直接参与到地方公共事务中来。

4. 地方政府增收节支，改革福利制度

地方政府通过提高职工个人缴纳社会保险费的上限或取消纳费上限，提高社会保险费率，包括提高职工和雇主各自的保险费率，征收社会保障所得税，对疾病保险金、退休金、失业救济金收取一定的税，修订社会保障金的调整办法，提高福利行政部门的效率。另外，让更多的私人部门参与到社会福利制度中来，成为近年来北欧社会福利制度改革的重要趋势。为了减轻财政负担，各国都在努力实行社会福利制度的“私人化”、“资本化”。“资本化”，即鼓励私营部门以职业年金与私人养老计划、医疗计划形式参与福利资源的配置，推动福利管理中的合作主义兴起。“私人化”，即政府尽量缩小干预社会福利的范围，把这些项目交由非政府志愿机关、工人合作社和其他社会团体承担。

北欧四国的自由市镇试验采取渐进的步骤和模式，在改革中逐步形成一种试验的文化和学习的文化。如瑞典的自由市镇试验从开始到实施经历了 9 年的时间，而且即使在实施阶段，也不进行一刀切，成熟的地方进行正式的立法实施阶段，其他地方可继续试验。挪威的改革则经历了发动—制订多种方案—选择—计划—实施—结果评估—改革的正式过程。

综上所述，北欧四国的地方政府改革是在新公共管理的大背景之下，为解决福利制度出现的问题而进行的应激型改革，改革采取了自上而下与自下而上相结合的改革策略，遵循温和的渐进改革路线，取得了一定成效。通过上述改革措施，北欧四国基本实现了公共服务供给的多元化、有效性和民主化的有机结合。

三、北欧四国地方政府改革对我国的启示

北欧四国地方政府改革的一个基本趋势是地方自主权的不断扩大，以提高政府管理效率。但是，随着地方权力的扩大，作为同是单一制体制的国家，中央政府面临着一个如何对地方政府加以控制的问题。而既有控制，也就存在着地方反控制的活动和倾向，更何况中央对各地的情况并非采取完全一致的政策。这就使得中央与地方的关系变得有些微妙了。既要控制，又要放手，在处理这一令人棘手的问题上，北欧四国中央政府的主要做法为我国地方政府改革中如何处理中央与地方的关系提供了有益的借鉴。

财政预算是中央政府控制地方的有力杠杆之一。譬如，挪威的地方政府尽管有相应的自主权，但市的收入受到中央政府的控制。这样，中央政府就在很大程度上控制了地方活动的规模。丹麦政府引入税收杠杆，据已确定的标准实行拨款的包干分配，以最终对地方加以控制。中央对地方的另一种主要控制形式是法律

规范。瑞典地方政府的活动（包括非规定活动）必须符合有关的具体规定。这些规定或者以国会通过的法律形式出现，或者以国家机构的详细指导形式出现。中央政府在对地方进行控制的同时，又要注意发挥地方的主动性和积极性。简言之，就是要分权。这就迫使中央改进其对地方的管理方式。瑞典的一个做法是，中央制定一个大概的政府框架，具体问题由地方决定，改变以往中央政策和规定过细，使地方难以周旋的状况。中央影响、控制地方的过程，也是地方影响中央的过程，这里表现出来的是一种互动。

在我国新一轮的地方政府改革中，如何正确处理中央与地方之间的关系，科学配置中央政府与地方政府之间的权力结构，成为改革的关键。尽管北欧四国在其价值理念、制度环境和社会目标等方面同我国有着本质区别，但它在具体的实施措施、运行机制等方面积累的经验却给我国提供了很多启示。

第四节　新西兰、澳大利亚的地方政府改革

地处大洋洲的澳大利亚与新西兰，在新一轮的改革浪潮中也不甘落后，顺应新公共管理的潮流开展了各种声势浩大的地方政府改革运动。

一、新西兰的地方政府改革

新西兰的行政改革被许多国家誉为“改革的典范”。历经十多年的多方位改革，新西兰以政府运作的高透明度把管制的经济引向开放，达到了高于美国的经济增长率，低于德国和法国的通货膨胀率，低于荷兰的失业率。有学者评论说，新西兰作为改革试验室和政策创新者，取得了改革的成功，“它对经济的管理、改革计划的激进性和内在一致性赢得了全世界的赞佩和关注。”

（一）新西兰地方行政改革概述

新西兰是一个只有 410 万人口的国家，畜牧业发达，羊的数量甚至超过人口数，有“骑在羊背上的国家”之称。新西兰地方政府是由 12 个区域政府（regional council）和 74 个基层地方政府组成的两级结构。区域的地方政府由议员和议员选举的首长组成，基层地方政府则由直接选举的议员和首长组成。

新西兰自第二次世界大战结束后，奉行“福利国家”的原则，政府实施高开支、高福利的政策，垄断了公共服务的供给，这样保持了经济在一段时期内的稳定发展。但 20 世纪 70 年代以后，传统福利国家模式的弊端逐渐显现，新西兰的经济发展趋于停滞，失业率攀升，出口下降，财政状况恶化。造成这种状况的原因很多，有当时的外部原因，诸如 70 年代的国际原油价格震荡，但最主要的还是新西兰政府对于国民经济的积极干预政策。当时政府控制着大部分的国民经济，大量的公共补贴、高额关税和进口控制这些措施保护着新西兰的国内企业，市场受到大量管制。在这种情况下，新西兰政府不得不着手经济改革，放松对经

济的规制。1979 年，英国撒切尔夫人上台，出台了放松规制、重视市场调节的新保守主义经济政策。其他国家的改革也为新西兰政府实施放松规制等改革提供了理论支持。工党自 1984 年上台之后，就对公共部门、公共服务等方面进行了一系列大刀阔斧的改革。这次改革的深度、广度、持续时间和效果被许多国家奉为典范，也使得新西兰得以在公共管理改革运动中占据重要地位。

此次行政改革从中央到地方共持续了十多年之久，主要分为三个阶段。第一阶段是 1984～1986 年新西兰政府主要对大量国有企业进行了民营化。第二阶段是对政府机构和公务员管理制度进行了改革。第三阶段始于 1989 年，此时改革的重点转向了公共财政管理。这三个阶段奠定了改革的基本框架。此后，又陆续有新的改革措施出台，几乎所有的政府部门都被纳入到这次改革之中。新西兰地方政府在此次改革后缓解了财政困难，对政府组成机构进行了调整，并通过市场化和民营化等手段拓宽了公务物品的供给渠道，自治权进一步加强。

（二）新西兰地方政府改革的主要举措

如上所述，新西兰地方政府是由 12 个区域政府（regional council）和 74 个基层地方政府组成的两级结构。地方政府在法律规定的范围内，独立于中央政府。国防、教育、保健、社会福利、警察、消防等属于国家事务，由中央政府负责管理。区域政府（其管辖的区域是按河流水系划分的）的职能，主要是根据资源管理法的规定，管理资源和环境，统一管理土壤、病虫害、有害废弃物、噪声等事务。基层地方政府除规制土地利用、管理港湾外，还负责垃圾处理、公园、图书馆管理等区域性公共服务。新西兰地方政府不受中央政府的干预，可以自主处理属于自己的事务。地方两级政府都有固定的财源，主要是作为地方税的土地税，税率由地方政府依照法律的规定自己决定。地方政府在法定范围内，有自主立法权，可以制定条例。

1. 地方自治与分权

分权化也是新西兰改革的一个重要组成部分，它已被应用到中央人事部门（国家公务员委员会）的人力资源管理，给一线主管以更多的权力，其他部门亦如此。整个政府体制被重组，地方行政当局的数目由 700 多个减少到 73 个（不包括城市社区委员会和地区委员会）。其运作方式、职能和文化也受到变革的冲击，主要是用商业组织和外部机构提供公共服务。

2. 对政府组织结构的改革

上至中央政府各部门，下至地方行政部门，改革的主要目标是提高决策质量和对绩效的责任感，提高公共部门的效率。在组织形式方面，新西兰政府对中央政府内部上下级的关系进行了彻底的变革。具体的内容是：把部门内的中下层组织转变成独立性质的单位，而单位的负责人也不再是官僚，而是被赋予了编制、人事、财务等大权的经理。这一举措突破了传统官僚制在上下级关系上的限制，上下级之间不再是直接隶属关系，而是契约合同关系。这被称为“公司化的改革模式”。在这种新的关系模式之下，政府上级主要负责决策，中下级已经公司化的部门则负责执行。

3. 地方政府职能的梳理与调整

新西兰地方政府改革的一般原则是，凡可以由私营部门和非政府组织履行得更好的任务不应继续保留在公共部门。公共部门一切商业性质的活动应按照私营企业的方式组织运行。各级各类政府组织都应明确自己的目标。在存在冲突（如商业性和非商业性活动）、角色明显不同（如部长和部门行政主管）和职能性质不同（如采购与提供服务、政策咨询和管制）时，应进行责任的分离。通过民营化、政府部门公司化改革、公共服务外包等方式，改变了传统福利国家政府包揽一切的职能模式，实现了政府掌舵与划桨的分离，政府更多只是政策的制定者和绩效的监督者。这样，政府就由微观管理转向宏观管理，由直接管理转向间接管理，真正成为了超然于社会之上的公共管理者。

4. 地方政府部分机构重构与调整

新西兰的改革者在重构地方部门结构时强调遵循一些基本原则，其中最重要的两条是对政策部门和提供服务的部门实行职责分离，对不同的组织赋予不同的职能。这种划分的根据是，有些部门规模小且集中于政策制定，其他部门则履行其他职能。所谓的“职能模式”具有几个优点，包括为公共服务领域的竞争提供了更大的可能性。

（三）简要述评

新西兰政府改革的最根本理论是公共选择理论，其中的代理理论和交易成本经济学对新西兰改革的影响尤其深远。管理主义的具体方法正是发端于这些理论基础。在此框架下，新西兰政府尤其是地方政府的改革方案，是一个“设计精湛，内容完整，各组成部分相互增强”的方案，在执行过程中体现了“严格性和内在一致性”，取得了较好的效果。

由于改革拥有相当充足的理论和法制基础，新西兰的地方政府改革具有连续性。可以说新西兰的政府改革不是一蹴而就，而是一个有机的持续过程，长达数年之久。为了提高政府绩效，为民众提供更好的公共服务，各地方政府在方法上虽然略有不同，但都不外乎机构变革、分权化、民营化等。改革政策的连续性保证了改革的稳定性，虽然新西兰的改革看似大刀阔斧，但一直都在平稳中进行。同时，新西兰的地方政府改革有着很强的绩效主义倾向。不论是对公共服务提供方式的改革，还是对政府结构的变革，都折射出绩效管理的光芒。

在我们今天看来，新西兰的多数改革是相当成功的。成功的一个标志是新西兰的经济，它在20世纪90年代大为改善，它的经济体被认为是管理得最好的经济体之一，同时也被视为腐败最少的国家。历经十余年的锐意革新，新西兰已走在改革的最前列。尽管其模式对许多国家都有影响，但新西兰模式的许多部分还有待评估。

二、澳大利亚的地方政府改革

（一）澳大利亚地方政府情况概要

澳大利亚是在1901年由6个英国的殖民地组成的一个联邦国家。目前全国划分为6个州（state）和两个区（territory），每个州/区都有自己的宪法、政府和法律。澳大利亚的政府体系由联邦政府、8个州/区政府以及769个地方政府组成。联邦议会和政府负责处理联邦宪法规定的涉及全国利益的外交、国防、移民、高等教育、就业和社会福利等事务；各州均有自己的议会、政府、州总督和州总理，州政府与联邦政府之间存在着财政依赖和行政分工的关系，各州按照自身不与联邦宪法相抵触的法律，独立管理本州事务；地方政府（城、镇、市和郡）则是国家行政管理的基本单位。在澳大利亚联邦、州、地方（Commomwealth ，State and Local）三级政府架构中，地方政府规模小、职能有限，州政府承担着主要的行政管理和社会服务职能。

在联邦政府、州政府与地方政府的关系上，直至20世纪80年代初，澳大利亚还保持着传统的行政体制，实行严格的等级制度和集权化控制，由政府管制经济并提供一切公共服务。但随着社会环境的变化和发展，集权制所导致的腐败、低效、区域发展不平衡等弊端也日益凸显，因此80年代后期，霍克政府执政期间，正式调整了联邦政府与地方政府的关系，联邦政府将社会保障与福利、教育等多个领域的权责逐渐下放给地方政府来承担，鼓励社区参与社会管理，此外，经济管理、政治管理（包括公务员管理）领域的一些地方性事务，也逐步交由地方政府自主处理。澳大利亚开始全面推行富有弹性的行政管理制度。

（二）澳大利亚地方政府改革的主要内容

1. 地方政府机构的重组与调整

澳大利亚实行了大规模的政府职能优化，将建立一个“Smart Government (灵活政府)”作为改革的目标，重新界定政府的职能范围，还权于市场和社会，实现政府的适度规模化，同时引入市场竞争机制来增强公共部门的活力，充分发挥私营部门在国家经济发展中的作用，具体内容有：国有企业私有化改革；分权改革；大部制模式改革；城市民族社团管理改革等。

2. 地方财政体制改革

澳大利亚联邦设有专门管理公共部门债务的机构“联邦贷款委员会（Loan council)”，该管理机构是根据宪法设立的，其基本职责就是统一协调和控制各州政府融资行为，“联邦贷款委员会”的主要职责就是依法对公共部门债务进行统一协调和管理，以限制地方政府过度融资，防范地方财政风险。全国各州和联邦政府各机构必须向联邦贷款委员会提供融资计划的季度报告和年度报告，贷款委员会负责对各级政府呈报的融资计划报告进行调查，并根据国家财政政策目标对联邦和各州融资计划进行有效的调控，在综合分析宏观经济条件和金融资本市场的基础上，协调和确定各级政府的具体融资计划。这样一种制度安排，可以较好地激励和引导各级政府重视财政风险，追求一种理想的信用等级，从而对财政状况差的机构形成一种制约，对财政状况良好的政府也是一种支持。

3. 限制地方政府开支，控制地方政府规模

在向地方政府分权的同时，澳政府为防止地方政府规模的膨胀，采取了一系统税收和债务改革的策略来限制地方政府的开支。由于长期实行膨胀性的财政政策，澳大利亚陷入了赤字、债务、通货膨胀的恶性循环之中，日益严重地威胁着国家的经济发展和社会稳定。20 世纪 80 年代中期，澳政府开始改革税收制度，并借鉴英美等国的经验，努力提高国内公共支出管理的科学性与效率性，强化中央与地方公共预算的约束力。具体措施有：裁减机构人员，控制公务员工资增长；限制政府消费，降低政府经常性支出；降低政府资本性支出，缩减政府投资范围，压缩基本建设规模，停止投资建立新的国有企业；削减或取消对公共产品与服务的亏损补贴和价格管制；调整个人所得税率；实行各级政府公共预算的年度“滚动”制等。

4. 地方政府的合并趋势

在澳大利亚，合并一直贯穿着地方政府的发展史。但值得注意的是，近十多年来，地方政府的合并呈现加速发展的趋势。从 1901～1991 年，地方政府数量减少 20%，而从 1991～2001 年，地方政府数量又减少了 25%。减少幅度较大的州是：维多利亚州的地方政府数量从 1991 年的 210 个减少到 2001 年的 79 个，南澳大利亚州的地方政府数量则从 122 个减少到 68 个，塔斯马尼亚州的地方政府数量则从 46 个减少到 29 个。① 合并背后的基本假定是它能创造规模效益，有助于建立起有效的、更为负责和更公开的地方政府。②

（三）简评

澳大利亚与英国和新西兰并称为“改革最为迅速、系统、全面和激进的国家”。经过几十年的不断探索，澳地方政府的角色定位与职能划分已日渐明晰，与联邦、州政府之间的关系也日渐明朗，地方政府逐步接近一种良性互动与健康发展的轨道。

在分级管理的体制下，地方政府有相当大的自主权，通过精简机构，削减政

---

① Local Government National Report 2000-2001 in Australia，54-55.

② Vince A. Amalgamation. Australian Local Gorenmenli：Reform and Renewal. Melbourne：Moumillan，1997：152-153.

府开支；改革税收制度；改革公共支出的管理技术等手段缓解了日益严重的财政压力。通过地方政府和部门的合并，提高了政府部门的宏观管理能力。同时，部门的内设机构也开始了理性化重组，强化了自上而下的控制，有利于决策透明、合理竞争和注重效果的政府机制的形成。通过城市民族社团管理改革，实现了管理重心的下移，借助社团来提供包括咨询服务、就业帮助、语言翻译、文化广播、教育医疗等在内的诸多公共服务项目。通过地方公务员制度的改革，优化了地方政府的结构，实现了地方事务管理的弹性化。从上述几个方面来说，澳大利亚的地方政府改革取得了相当大的成功。

与许多国家相比，澳大利亚地方政府的职能相对较少，不提供其他国家一些常见的职能和服务，如教育和警察。一些可以由地方政府提供的职能现在由国家成立和控制的半国有企业或准非政府组织（Quasi Non-Government Organization，QUANGO）提供。

第五节　日本的地方政府改革

第二次世界大战以后，日本进行了持续的、不间断的行政改革，在各方面都积累了丰富的经验。特别是20世纪90年代开始并持续至今的中央和地方行政改革，呈现市场化、分权化与绩效化的趋势。

一、日本地方政府改革的背景

日本在第二次世界大战后经济恢复和高速增长时期形成和确立行政体制，实际上是政（国会议员）、官（政府官员）、财（财团）联合的政府主导的赶超型体制。这种体制对日本创造“经济奇迹”发挥了积极作用，但随着日本成长为世界经济强国，其赶超任务基本完成之后，这种体制的负面影响、消极作用日益显现和突出，过多的行政干预和规制已经成为阻碍日本发展的桎梏。

（一）长期的经济低迷，国际金融危机的冲击

自20世纪90年代以来，日本经济一直在谷底徘徊，甚至一度出现负增长的局面，经济增长率在90年代平均只有1%。同时，由于严格的管制，政府的财政负担进一步加重，地方财政举步维艰。雪上加霜的是，由雷曼兄弟银行破产引发的国际金融危机对日本经济造成了严重冲击，各大金融机构因“泡沫经济”带来的不良债权以及中小企业的还贷能力不足而纷纷倒闭。由此带来了日本国内市场的萎缩，企业破产以及失业率上升。

与此同时，日本经济的体制性与结构性的弊端日显突出。政府“护航”式的金融体制到了尽头，而扩张型财政体制也已山穷水尽，更为严重的是日本落后的经济双重结构问题凸显。主要体现在日本长期实行赶超式的经济发展战略和政府主导型的发展模式，造成了面向出口的高效产业（如汽车、电子产业）和受国内

保护的低效产业（如农业、服务业）同时并存，在国内市场萎缩的情况下，大量的低效的中小企业步履维艰，严重影响了日本在世界的竞争力。

（二）行政规制泛滥，社会和市场缺乏活力

日本各级政府对经济的干预范围极为广泛，干预形式也多种多样。其中，被称作“规制”的干预项目就达 1 万多项。所谓“规制”，就是中央政府和地方政府为实现特定的政策目标，对企事业和居民的活动通过许可、特许、承认、确定、决定、证明、公认、指定等手段进行干预的行为。政府规制削弱了企业、银行等各类经济主体自负其责的意识和承担风险的能力，造成企业和银行对政府过分依赖，压抑了民间企业的活力。日本政府有关部门对企业实行的“行政指导”也是日本政府干预民间经济活动的一种常用手法。它是行政机构以“协商”的办法诱导和劝告民间企业的行政行为。它虽不是行政命令，也不一定具有法律依据，但民间企业大都被迫接受。其主要原因在于它的背后隐藏着对民间企业实行奖惩的经济手段。也就是说，民间企业服从政府的“行政指导”，按照政府的意图行事，就可能得到补助金、减免税收或者长期低息贷款等经济利益，反之则可能受到政府的经济制裁。

（三）行政体制僵化，地方政府协调性差

日本的行政机构设置及行政管理体制，是在第二次世界大战后官僚政治体制基础上建立并逐步发展起来的，是与赶超时期的经济与社会发展相适应的，而在经济全球化和国内经济低迷、挑战与竞争加剧的形势下，其固有的规模庞大、行政管理失调、人浮于事、效率不高、官僚主义严重等弊端日益显现，并越来越成为经济与社会健康、持续、快速、协调发展的桎梏，到了非改不可的地步。同时，日本的各个地方政府为了自身的利益和所辖地区的经济利益，每年都为财政预算分配问题发生争执，都力图在不低于上一年度份额的基础上多瓜分一些。地方政府的恶性竞争导致政府在一些全局问题的处理上缺乏协调性。

（四）愈演愈烈的政府官员渎职丑闻所造成的社会舆论压力

由于政府官僚拥有为数众多的审批权限、政府资金投融资批准权限，以及无须偿还的巨额政府补助，导致行业团体为利益所驱往往对其进行巨额贿赂。在经济高速增长时期，行政官僚的政策空间和民间企业的活动空间均有较大的回旋余地。因此，双方正常性的互动就可以满足各自不同的需求。但在经济转入低速增长而产业结构未发生变化时，政策空间和活动空间均呈现急剧缩小的趋势，竞争的激烈化迫使企业采取非正常的手段，即用拉拢或收买拥有权限的政府官员的方式以获得更多的资源和市场份额，这样一来势必造成政府官员的腐败。

（五）社会步入老龄化，制度性和结构性矛盾突出

日本政府日前公布的 2010 版日本老龄化社会白皮书显示，截至 2009 年 10

月，日本65岁以上的老人同比增长79万人，达到2901万人，创下历史新高，占总人口的22.7%。从20世纪70年代起日本便进入了老龄化社会，据专家预计，到2055年日本人口的老龄化比率将达到40%左右。伴随着“少子化”现象，也就是低生育率的凸显，日本财政在养老金、医疗等社会福利方面的支出每年要增加1万亿日元。在日本政府2010年度的预算案当中，社会保障方面的支出规模占整个预算案的30%左右。然而在现行的税收制度下，预算案的庞大支出将越来越需要依靠外债来支撑。随着人口老龄化的进一步加深，日本现行的社会保障制度将使日本的财政状况不堪重负。与此同时，许多原本隐性的制度性和结构性问题日益显现，譬如医疗、劳动力结构、税收等问题都困扰着日本的地方政府，日本国内要求行政改革的呼声日益强烈。为此，地方政府只有不断地寻求变革。

二、日本地方政府改革的主要措施

迫于上面的压力，在西方国家经济“滞胀”和新保守主义思潮抬头的国际背景下，在英美等国推行体制改革的影响下，日本国内要求行政改革的呼声日益强烈，尤其是对于地方政府而言，改革已迫在眉睫。

（一）地方分权自治

分权与非集中化是日本政府行政改革的基本取向。根据权责相匹配的原则日本政府在进行行政改革的过程中，正确地处理了中央与地方、政府与社会的权限划分和责任分配。以责任的需要授予权限，以权限的大小规定责任，使得国家机关在纵横的权限划分和责任分配上形成一个有机的整体。

日本在20世纪90年代初期也加入了分权改革的行列。第二次世界大战后日本宪法和地方自治法规定地方政府采取地方自治形式，地方政府有权处理不属于全国事务的各种地方事务。地方政府既是地方行政机构，又是中央政府的委派机构，虽然实行地方自治，但中央政府事实上控制着地方政府的财政资源、人事安排和服务的供应。[①] 20世纪90年代初期，一些国会议员和学界人士积极推动日本地方分权改革，他们认为，日本高度依赖上层的公共行政体制难以适应全球化时代的经济和社会环境，必须减少和下放中央政府权力。日本可以说是一个规制大国，高度的规制对于第二次世界大战后日本经济的恢复起了不可替代的作用。但是随着经济的发展和国际形势的变化，高度规制已严重阻碍了经济的发展和社会的进步。同时，多年来，日本社会稳定，但由于缺乏竞争，导致活力不足，一定程度上影响了行政效率。加之，日本已经进入成熟社会，制度性矛盾积累已经显现。而且2005年开始步入老龄化社会，人口趋减，经济过分依赖出口，中央

① 谢林，方晓．外国政府机构职能．北京：中国经济出版社，1986：223.

财政赤字加大，社会保障能力不足，在上述背景下，无论从政界还是民间都渴望社会政治、行政管理体制的民主化。

地方分权的主要内容是改变中央政府集权制，扩大地方政府在立法、财政、税收等方面的权力，通过实行中央政府和地方政府新的分权制度，把国家与地方的主从关系调整为对等与协调关系，使地方政府成为相对独立的自治体。日本政府运用分权的理论，把原本该由地方政府管理的事务交还给地方，地方政府可以在不违宪法和国家的根本政策的原则下自主管理本地区的事务，而中央政府只需通过财权加强对地方政府的引导与控制，并且制定法律保证分权后的责任连带问题。

（二）地方行政区划的调整

日本政府实行中央、县、市町村三级行政体制，行政区划则分为两级，第一级为“都道府县”，第二级为“市町村”。

由于受社会老龄化影响，大部分市町村的规模过小，原有市町村出现了人口与劳动力锐减，政府功能严重退化等趋势，带来了行政效率低下以及公共设施重复建设等一系列问题。自2000年以来，日本政府采取了一系列政策措施促成市町村合并：一是制定了规划，设立了机构。2000年中央政府设立了“市町村合并支援本部”的改革管理机构，并提出了详细的《市町村合并支援计划》；二是及时出台相关鼓励政策法规。通过制定《合并特例债法》，对提出合并申请的市町村发放相关费用补助金，并在税费方面予以优惠政策。赋予人口30万人以上的市町村以更大权利，同时缩减小规模市町村的权限，甚至直接收归都道府县管理；三是提供了合并调整的操作程序。首先，在有合并意向的市町村以居民投票方式了解民意，若大多数居民有合并意向，则须提交有该地区1/50居民签字的《“合并协议会”请求》。然后，由各相关市町村村长对提案进行协商，达成一致意见并经各有关市町村议会批准，在对新建市的远景建设规划、合并相关事宜等作论证、协商后签署“合并协议书”。最后，向所在县知事提出申请，并在县议会做出决议后，上报总务大臣作正式公布。此项改革力度很大，在不到10年的时间里，日本市町村的数量已从3232个合并调整为1786个。

（三）地方大部制的缓慢推进

日本“大部制”改革始于2001年，这次改革对中央政府各部门进行了一次大的整合和调整。① 在机构改革过程中，坚持立法先行，共提交立法机关审议通过了数十部相关法律，保证了改革的规范性和严肃性。如机构设置、职能、编制、机构之间的相互关系都要通过立法来规范，先后制定了《中央省厅等改革基本法》、《总定员法》、《省厅改革关联法》、《独立行政法人个别法》等法律。

在法律的充分保障下，在规划和实施地方大部门体制改革过程中，日本政府

---

① 施雪华，孙发锋．政府“大部制”面面观．中国行政管理．2008，（3）：38-39.

专门成立了由首相直接领导的“行政改革推进协议会”，行政改革推进事务局等专门机构，吸收专家和相关学者参与，多次组织专家进行反复论证、听取各方面的意见和建议，通过充分研讨，独立形成改革建议。① 另外，日本政府为配合此次机构重组，建立了三个层次的协调机制：一是在首相直接领导下的最高协调机制；二是由首相就特定政策问题任命的“特命内阁大臣”主持召开相关阁僚联合会议机制；三是省厅部门间和地方政府间的直接协调机制。

通过地方政府改革，中央和地方政府明确了各自的目标。中央政府承担国际性和事关全国范围的决策事务，而与人民密切相关的事务则应尽可能由地方政府办理。废除了职能授权制度，在中央与地方之间建立起新的平等与合作关系。通过修改个别法案，废除和放松中央政府对地方政府的规制性义务。推动城市之间的自愿合并，加强地方议会，放宽对核心城市的要求，增强地方政府的行政和财政能力。

（四）地方政府的信息化改革

日本的政府信息化是在 20 世纪 90 年代发展起来的。1993 年 10 月，日本临时行政改革推进审议会将政府信息化作为行政改革的重要内容之一，要求制订政府信息化的推动计划。1994 年 8 月，日本政府成立了高度情报通信社会推进总部，内阁总理大臣亲任总部部长。1994 年 12 月，内阁会议通过了关于政府信息化推进基本计划的决议，该计划从 1995 年度开始，为期 5 年。1997 年，日本将原来的《计算机白皮书》更名为《信息化白皮书》，政府信息化与产业信息化、家庭信息化一起，构成三个主要组成部分。

日本政府信息化的主要目标是：建立一个高效、统一、能迅速应变的，与国民关系和谐、能够满足公众需求的政府行政网络系统。在行政领域普遍使用信息技术，使之成为行政活动不可或缺的一环，促进政府内部沟通顺畅和资源共享，保证政府决策迅速有效，提高政府服务的品质和效能。在确保信息安全的前提下，实现从“纸张”的信息处理，转为通信网络、资料电子化信息处理。

三、日本地方政府改革的特点

从总体而言，日本的行政改革自 20 世纪 80 年代以来与西方发达国家的行政改革运动的总体发展趋势是一致的。基本上体现了一种市场化、分权化、绩效化的改革趋向。

1）市场化趋向主要是指重新调整政府与市场之间的关系，尽量收缩政府职能的范围，转变政府工作方式。日本 20 世纪 80 年代以国铁、电信、烟草三大公社民营化为代表的民营化改革，90 年代的放松规制改革就是日本市场化改革的

① 石运玲．政府机构改革与体制创新．行政与法．2007，(4)：18-19.

典型体现。

2）分权化趋向的改革主要是指重新调整政府间纵向关系，重新配置政府间的财权与事权，以更好地满足新形势下社会对政府的需求。日本三级政府之间依次进行的权力下放的努力，实际是中央政府管理负担加重与地方政府要求提高自治实现程度双重压力下的一种结果。

3）绩效化改革主要是指纳税人不再愿意只为政府的工作而纳税，强调愿意只为政府的结果而纳税，因此政府应改革政府组织与政府工作程序，改革资源配置方式与激励机制，降低成本，提高效能，探索一种对结果与质量负责的政府模式。

1. 立法引导

沿着立法改革的途径，确立统一行动的标准。日本政府十分重视行政立法，发挥国家法律的威力，坚持用法律手段来引导和把握行政改革以及巩固改革的成果。日本在行政改革的立法中，注意以下几个环节：①通过立法形式确定改革的总体方向和方针、内容以及步骤、措施。日本历次的行政改革，都是通过立法整顿行政机构和裁减人员，推进行政机构的改革和调整公务员队伍。②运用立法手段确立行政改革的领导机关、咨询机构和监督组织，明确其任务和职责、权限以及工作期限，明确行政改革推进组织的合法性和权威性。日本政府先后成立的各种审议会、行政改革本部、行政改革推进本部等机构，都是依据国会通过的有关法规设置的。③通过法律形式巩固行政改革的成果。当行政改革取得某些进展和一定成果时，就及时制定相应的法规，将其巩固下来。日本的行政法规、有关行政制度的法规大多数就是为巩固成果而制定的，如《国家行政组织法》、《行政程序法》等。

2. 专家参谋

成立由政界、学界、商界和新闻界等各界知名人士组成的行政改革和参谋机构，以增加改革方案的科学性和可行性。综观日本第二次世界大战后的行政改革史，几乎每次行政改革前都要成立专门的咨询或参谋机构，如 1961 年和 1981 年分别成立“临时行政调查会”，1996 年 11 月桥本内阁成立“行政改革会议”等，这些机构的成员有首相、企业界负责人、大学教授和新闻广播媒介负责人等。这些咨询机构，根据不同时期和不同的情况，都要对改革做精心周密的调查研究，弄清问题的所在，判断其性质，确定改革的重点和主攻方向，并根据轻重缓急，明确改革的步骤和推进改革的方针、措施。这种做法使得改革具有针对性，避免了改革的盲目性以及由此带来的失误，日本的历次行政改革基本上都是按照这些咨询参谋机构提供的改革方案、计划为先导，“最大限度地尊重咨询报告的方针”，去推进改革而不得随心所欲，朝令夕改。

3. 民间参与

行政改革，尤其是政府作用领域的变革涉及多种层面的利益关系，也意味着对社会资源的再分配。因此，遇到阻力是巨大的。所以，改革离不开既得利益集团的参与，更离不开社会的广泛支持和参与。这种广泛的社会参与是科学决策的重要保证，也是审视改革政策可行性的重要指标。另一方面，通过强调公开透明，让国民了解改革的程序，让他们充分理解并赞成改革的长远意义，就能吸纳各方人士参加和统合不同的利益要求，这是当今行政改革成功的必要保证。就日本20世纪80年代以来进行的行政改革而言，多是要增加受益者的付出、强调国民应确立必要的自主性和自助性，这不仅是对以往的日益扩张的福利国家政策的修正，更重要的是加大了一般国民的负担程度。在这种情况下，没有国民的广泛支持和参与，很难想象行政改革会取得成功。

四、简评

日本政界和学界把政府改革看成是长期的历史性任务，是促进国家机器正常运转和社会发展进步的客观必然。认为行政是现代社会的钥匙，是实现国家目标的主要工具。现在已经“到了这样一个时代，应该把过去那种由中央集权政府，用指导和强制管理的方式硬拖着国家前进的做法，来个大转变。”①

日本这次世纪之交的行政改革是第二次世界大战后以来动作最大、涉及面最广的一次改革。这次改革使日本的中央集权、官僚支配体制发生某些变化，在对官僚制进行根本性改造中实现政府职能的全面清理和定位，由根据官僚“酌情处理”和“事前调整”型行政，向在明确规则基础上的“事后检查”型行政转变。在政府职能的清理与定位方面，日本的这次行政改革与以往相比，其最大的成就是实现了政府与企业的关系及政府对公共事务管理方面的深刻变化，完成了从赶超式经济发展到经济全球化时期行政管理体制的相应变革。通过规制缓和，改变政府管理方式，收缩政府职能，重塑政府与企业的关系。把政府对公共事务方面的职能更多地转给社会，实现“由官向民的转移”。尽可能地把公共事务的项目交由民间去完成，政府只起补充作用。原来中央政府经营的邮政、国有林地等实行民营化，并加大公营部门对民间企业开放的力度。而对一些不能民营化和委托民间部门去完成的公共事务，则实行独立行政法人制度，为以后的民营化打下基础。

但是，应该强调指出，对日本来说，政府存在的根本问题不是机构臃肿和人浮于事，而是政府干预得过多过滥，这一任务不是靠撤并一些省厅就可以达到和完成的。这次中央及地方政府的重组并没有动摇“族官僚”（即代表特定行业、地区和集团的官僚）结构，这些“族官僚”的背后有“族议员”。这种族议员和族官僚互相勾结的“政官复合体”并没有因行政改革发生多大的变化。

---

① 森田朗．行政学的基础．东京：岩波书店，1998.

日本政府在世纪之交进行的这场行政改革的成果尚不明晰，尤其是在目前和今后相当长的时期里难以稳定的日本政局，行政改革能否取得实质性的进展尚难预料。总之，日本这场行政改革尽管朝实现“小政府”目标迈出了重要一步，但真正摧毁行政权限集中于某些特定官厅、条块分割型的行政体制，从而改变或改善政府主导型的经济体制，仍任重而道远。

第六节　国外经验对我国地方政府大部制改革推进的启示

尽管各国地方政府改革在改革背景、内容等方面与我国正在推进的地方政府大部制改革存在差异。但是，各国地方治理发展的内在逻辑对于每一个国家包括像中国这样的转型国家却都是相同的。世界范围内各国地方治理创新使我们认识到，地方治理是面对新时期各种力量对地方政府的冲击所做出的积极回应。具体来说，各国地方政府改革对我国地方大部制的推进有如下几方面的启示。

一、从治理的语境出发，在地方治理的广阔背景下思考地方政府改革

“当代的地方政府改革实践已超越地方政府本身而进入地方治理的范畴”。[①]地方治理是面对新时期各种力量对地方政府的冲击所做出的积极回应，是在一定的贴近公民生活的多层次复合的地理空间内，依托于政府组织、民营组织、社会组织和民间的公民组织等各种组织的网络体系，共同完成和实现公共服务和社会事务管理的过程，以达成以公民发展为中心的、面向公民需要服务的、积极回应环境变化的、使地方富有发展活力的新型社会管理体系。地方治理是当今整个行政改革思想和多层治理结构中的重要的、不可或缺的组成部分，它既是一种创新的制度选择，也是一种应变策略的选择。

地方治理概念从奥斯特洛姆等在 20 世纪 80 年代提出后迅速进入改革实践层面，多国的经验告诉我们，地方公共事务的有效治理并不能仅仅依赖于地方政府。地方治理的一个核心观点就是治理主体的多元化，在地方政府改革的推进过程中，应让公民和社会组织承担更多的职责，与私营部门建立起合作伙伴的关系，公共产品的供给应通过多渠道来实现。在治理的语境中，地方政府不再仅仅是地方利益的聚合与表达体，更是治理结构的重构者和地方宪政和民主制度的建设者。

我国地方政府大部制改革正在如火如荼地推进，信息的双向流动和技术的飞速发展、各地人们需求的多样性、不同地区的人文社会环境的差异性，都对地方政府提出了挑战。在治理的语境下，地方政府如何调整自己的角色，使自己从地

① 万鹏飞．2004．地方政府改革：一种全球透视．公共管理评论，（1）：30．

方事务的管理者向地方治理的主体之一转化，成为我国地方大部制改革能否落到实处的一个关键性问题。国外的经验告诉我们，地方政府改革并不能就地方而谈地方，就改革而谈改革，而需要把它放置在整个治理的大环境中考量。一方面，地方政府的服务必须采取多样化的生产方式，引入竞争机制，提高效率。另一方面，地方政府也应该注意地方宪政民主制度的建设，使得政府与私人和各种非政府组织的多重关系进一步制度化。

二、通过地方自治来协调各级政府间的关系

政府间的关系，尤其是中央与地方政府的关系，一直是公共行政学和政治学探讨的重要话题之一。我国历次地方政府改革都是以中央政府放权为序幕的。综观各国地方政府改革的历史，中央向地方分权是一个基本的趋势，而地方自治能力的完善则是地方政府改革取得成功的重要因素之一。

在地方治理的广阔背景之下，地方政府改革已经超出地方政府本身，进入一个更为广泛的空间。复杂的府际关系（包括中央与地方政府的关系，地方政府之间的关系）构成了地方治理的舞台。外国经验告诉我们，只有保持一定程度的地方自主权，地方政府改革才具有更为长远的动力机制。

这是由于，今天的分权化改革不仅仅是以政府为中心的传统行政理论下政府间的关系调整，即中央和地方关系的调整以及中央政府各部门之间的关系调整，而是涉及多种形式，不同层次、不同程度的权力的重新调整分配。具体包括：一方面，在各级政府之间和政府各部门之间围绕政治和决策权、事权与财权分配而进行的权力、责任转移过程，它主要表现为权力在政府间平行或垂直移动的过程，具有府际间权力、利益关系的调整的属性；另一方面，分权化指不同层级政府部门在公共事务管理和公共服务中，将相关权力、责任向市场与公民社会转移的过程，表现为政府、市场和公民社会的关系结构。而分权化改革并不是以分权本身为目的和结果的，而是借助于分权化结构功能调整的过程，发展制度化的治理模式和组织体系，构建地方治理的运行规则和激励机制——地方自治。

地方自治能力的改善能够有效地协调各种府际关系，制度化的分权使地方政府的组织安排更具多样性，适应能力更强。我国行政体制改革经常陷入一种“一统就死、一放就乱”的循环怪圈，这是因为我国权力和职能的纵向划分并没有一个明确的、具可操作的制度化方案，中央想收就收，想放就放。这一方面是由于我国没有地方自治的传统，另一方面是缘于地方自治能力过差。应注意到，有效的地方自治可以显著改善府际关系，促进地方大部制的推进。但地方自治并不意味着随心所欲，它需要一定的公民和社会基础。

三、大部制在地方的推进并不能仅仅依靠合并及扩大规模等手段，应“合并”与“分立”并举，多方面考量

如前所述，第二次世界大战后许多国家如澳大利亚、北欧四国、英国、美国等都曾出现过通过合并小的地方政府和机构来减少地方政府单位扩大其规模的改革运动。近几十年来，沿着这条路径进行的改革运动在有些国家则更为激进，如英国、新西兰等。但是，对这种政府机构和部门合并的批评却一直没有停止过。奥斯特洛姆教授曾从理论和实证两个方面对这种趋势提出了质疑。

第一，公共产品和服务的类型多种多样，劳动密集型的组织不同于资本密集型的组织，它们所需要的组织规模也大小不一，要想建立一个单一的适应所有服务的组织模式（one for all）不但不切实际，而且有违规模效益原则，导致规模不经济。

第二，在很大程度上，组织规模的扩大会降低官员的回应速度和效应力。从美国的地方政府改革实践我们可以看出，合并遇到了巨大的阻力，出现了更小规模更为有效的邻里政府。近来，越来越多的人对合并趋势持反思态度，认为这种改革常常以牺牲民众的参与性为代价。而且，也没有证据表明合并的确能导致地方政府公共开支的减少。因此，地方政府及内部机构的合并应慎重行事，不能抽象地从一种考虑出发，组织越大越好。地方政府规模的大小应综合考量多种因素，如公共产品与服务的类型、历史与地理环境、组织交易成本、地方民主参与程度等。

我国的地方政府改革多是由上到下的，在中央政府大部制改革之后，在我国地方改革的过程中掀起了一股机构合并的风潮。这是为了解决各部门职能分立从而导致的责任碎片化的问题，但部门的调整不应“一边倒”。随着公共服务提供范围的扩大化和细致化，有些以往没有的职能部门也可以分立，而不是一味地合并。

四、改革的战略问题——自上而下与自下而上相结合

大多数国家的地方政府改革采取一种自上而下的形式，由中央政府发起或是由州政府发起。这种自上而下的形式经常忽略地方社区的利益和偏好，对地方自然、社会和历史环境的多样性视而不见，将整齐划一的组织模式推广到全国各个地方，英国和加拿大就存在这样的问题。相反，在北欧四国，地方政府改革采取的是一种自上而下与自下而上相结合的战略，中央政府的改革发动是对地方政府所反映问题的一种回应，改革的立法充分考虑到了地方的意见和要求，地方政府的酌情处理权较大。而且，在中央政府设定的框架下，地方政府被允许进行一些大胆的尝试，试验的方案和计划由地方政府与中央政府共同制定。因此，北欧四

国的改革显得平稳有序。

在我国地方政府大部制改革的过程中，也应多多借鉴他们的做法，积极发挥地方政府的主动性和创造性，因地制宜地采取不同的改革策略。

五、地方政府大部制的推进不应过多的寄望于外在组织形式的变革

组织结构的变革是地方政府改革的重要内容，但地方政府改革是否达到预期目标却取决于多种因素。一般而言，改变正式的组织结构比较容易，改变与其组织结构相应的人们的观念、行为却比较困难。另外，地方政府改革是在既定的体制内的变革，这种体制是一种行政传统和心理的积淀，承载着传统的行政文化与民族习惯。如何继承和发扬传统体制中的合理因素，革除弊端，成为各国改革者必须解决的问题。

用抽象的原则自上而下地重塑地方政府的组织结构很容易忽略地方政府结构赖以存在和运行的习惯、社会心理，以为只要变更正式的组织结构就能解决原有体制下的所有问题，这样的改革不仅动摇了原有地方政府的根基，而且使新建立的地方政府组织结构难以按预期目标运行，甚至产生相反的效果。①

因此，地方政府的有效运转并不仅仅取决于组织的正式结构，更主要地取决于地方政府所处的一系列正式与非正式的制度背景，包括地方政府与其他各级政府和公共组织之间的关系、地方政府与非政府组织和个人之间的关系以及在上述关系中所发展起来的信任、合作和互助等多种形式。我国地方政府大部制改革应多多考虑地方组织变迁背后的制度和文化因素，不应过多关注外部组织形式的调整。

① 万鹏飞．地方政府改革：一种全球性的透视．公共管理评论，(1)：30.

第六章　中国封建时代地方政府的规模与结构

秦统一全国以后，在全国推行郡县制，郡县制作为地方政权建制在我国历史上正式确立。在以后长达 2000 多年的封建社会里，地方政权建制及其规模和结构经历了不断的调整和优化，地方政府层级结构由两级到三级再到多级最后到三级的不断变化，其规模也随之做出相应的调整。总体来看，中国封建社会地方政府层级结构以两级和三级居多。对我国历史影响较为深远的是秦朝的郡县制和元朝行省制度的建立。郡县制开了县作为基层政权组织的先河，从秦到现在，县级政权一直是我国重要的基层政权组织。元朝行省制度的建立，是我国省制设立的标志，我国现在的省建制源于元朝的行省制度，也是我国地方政府由多级制走向三级制的转折点。中国封建社会地方政府规模和结构的不断调整和优化，总体上呈现了历史的继承性和与时俱进性两个方面。

第一节　中国封建社会初期——秦汉魏晋南北朝时期

公元前 221 年，秦王嬴政兼并六国，建立了我国历史上第一个统一的中央高度集权的专制帝国，结束了春秋战国以来诸侯争霸，纷争割据的混乱局面，把我国推进一个新的历史发展时期。秦统一中国后，在地方政府机构的设置上，废除了西周时期的分封制，实行郡县制，建立了一整套统治全国的政府官僚机构。此后，经过两汉、三国、两晋、南北朝，至公元 589 年，隋统一全国，共计历时 810 年。这一时期的政治演变过程，既存在着长期统一的政治局面，又相继出现了分裂割据的政治局面。由于统一和分裂割据的局面都曾长期存在，对当时地方政府规模的大小和政府机构设置产生了深刻的影响。但郡县制一直是这一时期我国各朝代主要的地方行政组织制度。

一、秦

秦（公元前 221 年—公元前 206 年）是中国历史上一个极为重要的朝代，它结束了中国历史上自春秋起 500 年来长期分裂割据的局面，建立了中国历史上第一个统一的、多民族的、中央集权的国家。秦统一以后在各方面都取得了长足的发展。领土方面：管辖面积日渐扩大，至汉时，东至辽东、乐浪，南达交趾、日南，西及巴蜀，北界大漠，并打通河西走廊，设西域都护府，管理西域各国。政治方面：确立了皇权至上，颁布了严苛的法律。经济方面：实行土地私有，统一了货币和度量衡。文化方面：统一了文字。行政组织制度方面：在中央建立了高度的中央集权；在地方，秦始皇采纳丞相李斯的建议，废除分封制，建立郡县制，全国最初划分为36个郡，后来增加到40多个。郡县制的建立，后来成为我国封建时代各朝代基本的地方行政组织。

秦灭六国后，为了防止地方势力对中央政权的威胁，罢诸侯置郡县，地方政府实行郡、县二级制，是建立高度统一的中央集权的重要标志。据《史记·秦始皇本纪》记载，秦最初在全国建立36个郡，后来随着疆土的开发和郡制的不断调整，逐渐增加到46个。但秦郡管辖面积较大，一个郡一般管辖十几个到二三十个县。比如，秦设立的蜀郡所管辖的领域就是现今的四川成都大部分地区，设立的苍梧郡管辖范围就是现在的湖南长沙市。郡下设县，当时有县1000多个，县又以人口的多少划分为大县和小县，万户以上为大县，万户以下为小县。相对秦郡地域区划的变化，县的地域区划就相对稳定。但据史书记载郡县制并不是秦始皇首创，早在春秋战国时期就出现了郡县的建制，但这也毫不影响秦灭六国后在全国范围内普遍建立郡县制的历史意义。春秋时期，县制的出现，大多是灭小国后设立。战国时期，郡的出现，也多为边疆地区所置。郡之记载，最早可见于《周书作雒片》："千里百县，县有四郡"。郡大都设在新扩拓的疆土上，面积较大，地位较低。虽然春秋战国时期开始设立郡县，但郡县还不是整个国家普遍的地方行政组织。秦统一六国后所建立的郡县制，不但是中央集权不可缺少的重要组成部分，而且是第一次在全国范围内普遍实行严密的地方行政组织制度，且形成制度化，奠定了我国封建时代地方行政制度的基本模式。

秦郡是地方最高一级政权组织，受中央政权直接领导，郡府直接对中央负责，郡的组织机构的设置是中央机构的缩影。郡级机构的设置仿效了中央政府机构的模式，行政、军事、监察三权分立。"秦变封建为郡县，恐其权重，故每郡但置一监一守一尉，此上别无统治之者"。[①] 由此可见，秦郡机构的设置，开始注重分权制约。秦设郡守（主持民政）为一郡最高行政长官，由皇帝直接任命，掌管全郡一切大小事务，因而是实现封建国家职能的重要地方官职。郡下设郡丞，作为郡守的副职。设郡尉以辅佐郡守，掌管军事。设郡监主管监察，是中央政府设在地方的耳目。他们都直接受中央政府的节制，郡守对丞相、郡尉对太尉、郡监对御史大夫，分别受上级的监督和领导，由皇帝来直接控制，又各自对皇帝负责。这样，便于加强中央对地方的直接管辖，防止地方出现分裂割据的局面。

秦朝郡以下的地方机构为县。县是封建国家地方行政层级中最基本的行政单位，封建国家主要是通过县来征收赋税，招募士兵，推行政令和法令，县之长官

---

① 《汉书·百官公卿表》王鸣盛《补注》。

通常被民众称为“亲民之官”，它也直接接受中央政权的领导，并直接对中央政权负责，要受郡的节制，但由中央直接任免。秦代县以人口的多少分为大县和小县，万户以上为大县，设置县令，其秩600～1000石，万户以下为小县，设置县长，其秩300～500石。县令（长）掌管一县，其职责是全面负责该县的各项具体事务。县令（长）以下的属官主要设有县丞协助县令（长）管理日常事务，并兼管司法；设县尉掌管士卒的征召、训练军队和维持社会秩序。二者地位基本平行，其秩200～400石。县丞、县尉统称“长吏”，与县令（长）一样同为中央任命，又号称“命卿”。

县以下还设有基层行政组织，主要有乡、亭、里等。乡设有秩（或啬夫）、三老、游徼等乡官。其主要职责是征收赋税、徭役、兵役以及维护社会治安，处理民事纠纷等。乡以下的行政组织为里，里设正里，一百家为一里。里下设什、伍等基层居民组织，它们的主要职能是协助乡、里、亭对居民进行教化以及维持社会治安。亭不同于乡、里，是独立于乡里的另一种行政系统。亭是县廷的派出机构，主要设置在城区和交通要道，行使两项主要职能，及管理地方治安和负责文书传递工作。

二、汉

汉朝是中国历史上继短暂的秦朝之后出现的朝代，分为“西汉”（公元前2002年—公元9年）与“东汉”（公元25年—公元220年）两个历史时期，历史上亦称两汉。两汉时期是当时世界上一个伟大的历史时期，领土面积不断扩大，经济实力缓慢上升，“汉”文化开始形成。在政治、经济、教育、文化、科技和外交等领域都取得了较大的成就，成为东方第一大国，与西罗马并称两大帝国。在行政区划方面，汉承秦制，基本实行郡县制，但秦代的地方行政制度实行的是比较单纯的郡县制，而汉代则是以郡县制为主的郡国并行制，另外州在西汉时期萌芽发展，到东汉时期宣告形成，但州在东汉末年以前并非一级行政区划，而是监察区。

汉初，袭秦制，设郡县。但有鉴于秦“事不师古”而未能长久，于是兼行封建，分封诸侯国，与郡平级，后小诸侯有与县平级者，是为郡国并行制。由于秦郡辖区面积较大，且汉又扩大了疆土面积，于是汉增加了郡的数目。“汉兴，以其郡太大，稍复开置，又立诸侯王国。武帝广开三边。故自高祖增二十六，文景各六，武帝二十八，昭帝一，讫于孝平，凡郡国一百三”。[①] 西汉平帝时，全国有郡国103个，其中诸侯王国20个，郡83个；东汉顺帝时，全国郡国105个，其中郡108个，王国27个。汉代虽然置郡较多，但郡的大小却各有不同，每郡

① 参见《汉书·地理志序》。

辖县从十数到几十不等，较小的郡等同于现在的几个小县相加，人口在百万左右；较大的郡相当于现在的一个省，人口达数百万者。郡的划分依据主要以户口的多少为标准的，民稀则幅员大，民稠则幅员小。郡国地位也有轻重之分，主要由所处的地理位置决定，离首都越近的地位越高，如离首都近的三辅河南诸郡地位最高，享有同中央大臣一样参加朝会的机会，而一般的郡守没有这种资格。汉代县的规模同秦时相差不大，县的管辖面积大致方圆百里，人口则在一万户至三万户之间。《汉书·百官公卿表》称："县大率方百里，其民稠则减，稀则旷，皆秦置业"。

两汉时期地方政府主要包括两部分：一是普遍实行秦时建立的郡县制；二是对有功之丞及亲王实行的侯国制。郡县制与侯国制并行，相互交错，并以郡国统县。郡作为一级地方行政机构，其作用是多方面的。郡守作为地方上的高级行政长官，对郡中的大小事务全权负责。郡在整个国家行政系统中，起着承上启下的作用，即衔接中央和地方（主要指郡以下的行政组织），居极其重要的地位。郡设郡守、国设相，为郡国的最高行政长官。郡守在本郡握有地方行政、选举及司法大权。除此之外，郡守也有发展地方农桑、整齐风俗、守土为民的责任。除郡守之外，还设都尉、国中尉，协助郡守分管军事。设郡丞、国内史，辅助郡守、国相管理郡国的行政及刑狱事务。郡监改为郡丞，郡没有固定的监察官，到汉武帝时增设了刺史，在没有成为行政长官之前，负责监察郡国官吏。

郡以下的行政机构有县、邑、道、国四种类型。县是汉代中央政府落实一切政令的基本地方行政组织。县主要负责赋税的征收，士卒的招募，天下安定也要看老百姓是否安居乐业，县级政府的这些职能对封建国家政局的稳定、治乱兴亡有着不可估量的作用。万户以上为大县，设县令，其秩 600～1000 石，万户以下为小县，设县长，其秩 300～500 石。县令（长）是一县的主要行政长官，其职责是"皆掌治其民，显善劝义，禁奸惩恶，理讼平贼，恤民时务，秋冬集课，上计于所属郡国"，[①] 全面掌管县中的大小事务。县令（长）由中央任命，但他们的直接上司是郡守，要对郡守负责，并随时听从和接受郡守的调遣和指导。县的属官有县丞和县尉，县丞协助县令（长）管理文书、仓库与刑狱；县尉主管军队和维护地方治安。县丞和县尉都由中央直接任命，其他属吏如列曹等设置与郡府列曹之设置大体相同，都由县令（长）自行设置和辟除。

县以下的地方组织，基本上与秦一致，设置乡、里、亭。乡下设里，一里百户。里下还有什、伍组织。亭邮是治安和交通系统组织，主要设置在城区和交通要道，大概是每隔五里设一邮，十里设一亭。

① 参见《续汉书·百官志五》。

三、魏晋南北朝

魏晋南北朝（公元220年—公元589年）从曹丕代汉到隋重新统一全国，历时369年。这一历史时期，由于长期的封建割据和连绵不断的战争以及民族大融合，使得魏晋南北朝成为我国历史上政权更迭最为频繁、政局最为动荡的时期。这既给普通百姓带来流离失所的痛苦，又给国家行政管理造成了严重困难。在中国古代的地方行政制度中，没有比魏晋南北朝时期更紊乱和复杂的了。这一时期的地方行政体制基本上是州、郡、县三级。此外，还有军政一体不分的双轨制以及后来出现的侨州郡县制度。到了南北朝末期，就全国范围而言，一个州平均有两郡，一个郡平均有两三个县。这样，一个州总共才五、六个县。因而，三级制逐渐丧失了其存在的意义。总之，地方政权的更迭及行政制度的紊乱，既是魏晋南北朝时期分裂割据的主要原因之一，也是它的必然结果。

魏晋南北朝时期，承东汉末年州牧刺史职权发展的趋势，将东汉末年的监察区设为一级行政区划，遂以州、郡、县三级制作为这一时期基本的地方行政组织体制。但由于战乱的不断和人口的大量流动，地方政府的规模较秦汉相比发生了较大的变化。首先是州的数量急剧增加，管辖范围则相对缩小。两汉时期作为监察区的州的数量基本保持在13个以下。魏晋南北朝时期，为了限制地方势力的膨胀，防止内轻外重，逐渐增加州的数目。西晋有19个州，南陈有42个州，南梁有州130个，北周更高达211个州，几乎是东汉末年13个州的20倍。与州的数量急剧增加正好相反，州管辖的范围则急剧减小。使一些州徒有虚名，有些州直辖郡数在两个以下，也还有不领郡的州。如东汉时13个州，领县最多者为荆、益两州，皆领100余县，交州领县最少，亦50余县。到南北朝的梁朝时，有州130个，但领县较多的司州，仅辖60余县。还有一个州不领县。其次是郡的滥设。到西晋时，根据《晋书地理志》记载，有郡173个，据《文献通考辑要》载，有郡156个，已远远超过汉朝。而北方到北周之时郡数已达508个之多。随着郡数的增多，郡管辖的区域范围则变得狭小，这时一郡辖两县，甚至很多郡不辖县，同一个地方设立两个郡名。州、郡的滥设必然导致地方行政机构的臃肿和重叠，造成行政效率低下，地方割据分裂，加剧了政局的动荡。魏晋南北朝时，强化了县级行政管理，虽然州、郡等中高级行政区建制大为增加，但作为初级行政区的县建制相对稳定。魏、晋、宋、齐以及北魏，诸县分等，仍承汉旧制。直到北齐时，县分为三等，称为上中下，每等又分为上中下三级，共有九级。

魏晋南北朝时期，地方政府机构设置基本上是州、郡、县三级制。州设刺史或州牧。所谓刺史，就是皇帝派遣的刺举不法的使者。由于当时战争频繁，刺史除了管理民政外，封建皇帝多委任刺史监管军事，称都督诸州军事，后周改都督诸州军事为总管诸州军事。由于刺史监管军民两政，权高位重，加上又缺乏中央的有效监督，这也是造成地方分裂割据的政治原因。刺史下面又设三职，作为刺史的助手。一是别驾，其职责是“主吏及选举事”，“分诸曹，兵、贼、仓、户、水、凯之属”，[①] 地位最为重要，是刺史的重要助手。二是治中，其主要职责是统领州府机关诸曹的文书，与别驾构成相互制衡之势。三是主薄，主管刺史府的节杖文书，统领门亭长、录事、记室等文秘承传机构。这三个支系统各有自己所属的副官，既有一定的分工，又相互制衡，共同管理州府的行政事务。

郡机构的设置。三国时郡的设置同两汉时大体相当。魏晋南北朝时所采取的是分州列郡的方法，其目的是削弱地方权力，职官设置基本同东汉，但到南朝时，由于别驾、治中的地位重要，所以由中央直接任免。考虑到当时政局混乱、战争频繁，因此郡守多兼军职且制度化，郡府与州一样设有军、政两套组织。东晋南北朝时，由于析郡过多，郡的数目增加，郡的大小差别很大，郡逐渐出现等级。如北魏郡分为上中下三级，北周郡分为五等。所以无论地位还是作用，都不如秦汉时那样重要。级别不同，长官的品级也不同，行政设置也有所区别。

县机构的设置。魏晋南北朝时，大县设县令，小县设县长。县为封国者，则设相。县令（长）是县级政府的最高行政长官，其主要职责是掌管本县民政。中央的一切政令，均要通过县令（长）贯彻实施。由于魏晋南北朝时期长期处于分裂割据状态，战争频繁，百姓流离失所，多灾多难。作为亲民之官的县令（长），除了主管民政外，也随着时局的变化而拥有一定的兵权。这一时期县令（长）下设县丞、县尉等佐贰官，功曹、列曹等衙门机关。县衙设主薄、主记室史、门亭长等职。列曹机关设户曹、仓曹、狱吏、都厅长等。

县以下的基层行政组织。魏晋南北朝基本因循汉代的乡、亭、里体系，但这一时期的民户多依附于世家大族，国家掌控的民户越来越少。到东晋时，乡、里组织实际上遭到破坏，已无乡里之治之说。但就制度而言，乡置有秩、三老和游檄。亭设有亭长和亭侯。到孝文帝时，对乡里制度进行了一系列改革，其推行“三长”制度：五家为“邻”，设一邻长；五邻为“里”，置一里长；五里为“党”，立一党长。三长制最主要的目的是正户籍，平赋税。

四、总结

秦汉魏晋南北朝时期是我国封建社会的初创和形成时期。这一时期即出现了各民族的大融合，建立了多民族的、高度统一的中央集权的帝国，实现了民族的融合和国家的统一，促进了政治、经济、文化、科技、教育等各方面的发展，推动了我国封建帝国的繁荣和发展。但也出现了封建割据和连绵不断的战争，成为我国历史上政权更迭最为频繁、政局最为动荡的时期。这既给普通百姓带来流离

---

① 参见《宋书》卷40《百官志》。

失所的痛苦，又给国家行政管理造成了严重困难。严重影响着地方政府的规模和机构的设置。总体来看，这一时期地方政府机构的设置是从郡县两级制转向州郡县三级制。

秦王朝是建立在国家高度统一的基础之上的。秦建立以后，秦始皇采纳丞相李斯的建议，废除分封制，实行郡县制。秦建国之初，全国分为36郡，后来随着管辖面积的不断扩大和郡制的不断调整，到秦末时增加到40多个郡，1000余个县。因此，秦时一个郡一般管辖十几到二十多个县，这样的管理层次和管理幅度是比较合理的。到了汉朝，汉承秦制，基本上实行郡县制。但随着疆土的扩大，郡的建制也有较大的发展，有些郡分封给诸侯，称为王国，是为郡国并行制。

东汉顺帝时，全国郡国105个，其中郡108个，王国27个。汉武帝时，把全国的郡国分为13个刺史部，另外首都附近的7个郡称为司隶校尉部。这是一种监察区域，并不是行政区域，直到魏晋南北朝时才成为一级地方行政组织州。西汉后期平帝时，全国有103个郡、国。到东汉中期，又在边境的少数民族地区设立了属国，相当于郡一级的政区。汉代虽然置郡较多，但郡的大小却各有不同，每郡辖县从十数到几十不等，而且郡国政治地位也有轻重之分，主要由所处的地理位置决定，离首都越近的政治地位越高，离首都越远政治地位越低。三国时郡县数量略同两汉，曹魏有12州，东吴有4州，蜀汉只有1州。到南北朝末期，由于州郡的滥设，州增加到300多个，郡增加到600多个。由于州郡的数量急剧增加，管辖范围则迅速缩小。此时平均一个州只管2个郡，每个郡只管2～3个县。州—郡—县三级制的意义已经完全丧失了。所以到了后期，只有州刺史和县令（长）到任理事，郡的太守并不上任理事，实际上已经变成了州—县二级制。

在地方政府机构的设置方面。

1）州机构的设置。东汉时，州为中央设置的监察区，原为监察区长官的刺史便成为最高的地方行政长官。到魏晋南北朝时，州已成为最高一级行政区划。州府机构的设置，东汉时已基本形成，设有别驾、治中、都官等从事史以及主簿、门亭长等书佐。魏晋南北朝时变化不大，只是分工更加细密，逐渐形成三个支系。一是别驾，二是治中，三是主簿。三个支系各有所属吏员，各司其职，又相互制约，共同管理州府的行政事务。

2）郡机构的设置。秦朝在郡设郡守作为地方最高行政长官，掌管全郡大小事务，设郡尉以辅佐郡守，分管军事；置郡监以掌监察，是中央设在地方上的耳目，以便加强中央对地方官员的监督。他们都直接受中央政府的节制，由皇帝直接控制，并对皇帝直接负责。汉代实行郡国并行制，郡设守（太守）、国设相，为郡国的最高行政长官。另在郡设尉（都尉）、国设中尉，协助守、相分管军事。

郡不再设固定的监察官员，只是由中央不定期地派遣御史、丞相史等到郡视察。秦汉的郡府直接对中央负责，因此郡府组织比较庞大，府属称为椽史，“分曹治事”，这些曹大体相当于现代国家机关的科室。魏晋时，由于战争的需要，郡守多兼军职，郡府与州一样设有军、政两套组织。东晋南北朝时，由于郡的滥设，郡的辖地缩小，辖户减少。分郡达五六百，无论地位还是作用，都不能像以前那样重要。由于军权集中，太守虽兼军职，但都是州的属将，不够置府的资格，所以郡中仅设有一套组织。秦汉的郡直接统属中央，郡府组织是依照中央三公府组织而对口设置的，既有对上负责的一面，又有督察属县的职责，郡的主要长官由中央直接任免。东汉以后，郡统属于州，郡府组织则与州府组织对口设置，对下职责不变。

3）县机构的设置。自秦以来，县的主要长官就是令（大县）、长（小县），到南北朝而未变。县令（长）掌管一县。国家通过县来征敛赋税，募集兵源，推行政令、法令。历代县令（长）的职责不变，被号称“亲民之官”。县令（长）之下设县丞、县尉，是县令（长）的主要助手。魏晋南北朝时，丞、尉废置不定，依据州郡长官一人主管的制度而不设副职。由于一人主管，身为县令长的秘书长的主簿的地位有所提高，逐渐成为重要的佐贰职而由中央任命。

4）县下的基层行政组织。秦汉在县以下的基层行政组织设有乡、里、亭等。乡设有秩、啬人、三老、游徼等乡官，掌管基层民政和税收等事。乡以下的行政组织为里，里下设什、伍等基层居民组织，它们的主要职能是协助乡、里、亭对居民进行教化以及维持社会治安。亭是县廷的派出机构，主要设置在城区和交通要道，行使两项主要职能，即管理地方治安和负责文书传递工作。魏晋南朝基本因循汉代的乡、亭、里体系，但此时民户多依附于世家大族，国家所控制的民户越来越少，乡里组织实际上遭到破坏，到东晋时，已无乡里之治而言。

第二节　中国封建社会中期——隋唐宋时期

隋唐宋（公元 581 年—公元 1279 年）历时 698 年，隋代在继承北周统一中国北方的基础上，进而统一全国，结束了过去长达数百年分裂割据的局面，重新实现了国家的统一，从而把我国历史推进一个新的时期。继之而起的唐王朝，因袭隋制而惩隋之弊，在政治和经济上实行了一系列改革，逐渐走向繁荣强盛。虽经“安史之乱”导致国家再度出现分裂割据的局面，但这种局面只持续了 53 年，便因赵宋王朝的兴起，再度实现国家的基本统一。

隋唐宋时期是中国封建社会行政管理发展的又一个重要历史时期，国家的行政管理体制日益成熟和稳定，行政管理走向制度化和法律化。在政治体制上，建立了以皇帝为中心的中央集权制度，形成了一整套等级森严、相互制约而又明确分工的官僚体系，完善和强化了对官员的任职考察和考核。中央集权制度要求将地方的权力集中到中央，加强中央对地方的行政控制。正因为如此，隋、唐、宋的统治者都曾经采用过许多措施来完善地方行政体制，以期达到对地方进行牢固控制的目的。地方政府的规模及机构设置也发生了较大的变化。

一、隋唐

隋唐（公元581年—公元907年）共存326年。隋唐时期，为了加强中央集权，巩固国家统一，在政治、经济、法律、兵制等方面，整顿和建立了一系列制度。如政治制度方面：在中央建立了三省六部制，创建了影响深远的官吏选拔制度——科举。经济方面：对外采取较为开放的政策，中外经济文化交流频繁，成为世界政治经济文化交流中心。这些制度对隋唐以后的各王朝都产生了深远的影响，做出杰出的贡献。在地方行政体制的设置上最重要的变化就是从隋及唐初的地方州（府）县二级制演变成了道、州（府）、县变相的三级制。

隋建立之初，仍实行州、郡、县三级制。据《隋书·地理志》记载，杨坚即位时，有州201个，郡508个，县1124个。依据地理位置、辖区的重要程度、政务的繁简和人口的多少以及赋税状况等将州、郡、县划分为上、中、下三级九等。开皇三年（583年），鉴于魏晋南北朝时期由于州郡的滥设而造成中央对地方失控的历史教训，隋文帝开始大量精简裁撤地方政府机构，对地方行政机构进行了大幅度的改革。将原来地方行政管理体制中的州郡县三级制变革为州县二级制，合并了一些州县。据徐文范考证，开皇三年后有州197个，县837个，从而减少了地方行政机构的层次。到了隋炀帝大业三年（607年）时，又改州为郡，地方行政体制有州县二级制变为郡县二级制。全国有郡190余个，县1255个，平均每郡领六县以上。唐初及盛唐时地方政府建制基本上是州县两级。唐全盛时有358个州，1573个县。虽然隋唐设置的郡县二级制减少了管理层次，加强了中央对地方的控制。但由中央直接管理如此多的州（郡）县，无疑是相当困难的。因此需要一种中介组织，以行使调节中央和地方关系的职能，而这种中介组织既要能够控制州郡，同时又不能对中央集权造成威胁。于是有了“道”的设置。道的大小各不相同，太宗贞观元年（627年）依据地理位置，将全国划分为十道。最小的道领五六十个县，最大的道领250个左右的县，中间的道一般领县在100～200个。

隋朝建立后，鉴于南北朝的教训，即由于州郡的滥设，导致地方行政组织数量大增，一方面造成中央对地方的监管不力，地方势力急剧增长，最终出现分裂割据的局面，另一方面官吏较多，行政费用消耗较大，但行政效率低下。隋文帝采纳了杨希“存要去闲，并小为大”的建议，精简层次，废除了郡一级地方政权，将州郡县三级制改为州县两级制。地方政府机构即州设刺史、县设县令。县下五家为保、五保为闾、四闾为族，分别设置保长、闾正、族政，以加强对人民的严密控制。到隋炀帝时，又改州为郡，地方行政机构则变为郡县两级制。郡分为上中下三等，郡的长官仍为太守，但增加了副职的权力。在命令文书的承传上，必须有副职的签署，形成了一郡三位长官体制，不再是政决于一人，削弱了个人的权力。在实行地方政府机构两级制的同时，隋朝还将任免州（郡）县主要官吏的权力收归中央。对于地方长官，隋朝还规定实行“本籍回避”和任期轮换制度。隋朝对地方政府机构的改革，不仅调整了中央和地方的关系，加强了中央对地方的有效控制，在一定程度上预防、限制和约束了地方官员与地方豪强势力的勾结，减少了地方政府内部结党营私的可能，有助于消除地方封建割据的局面，从而在组织上保证了中央集权，同时提高了地方政府机构的统治效能。

唐代的地方行政机构设置实行州府二级制。州是唐朝封建国家统治地方最重要的一级地方政权。州的长官为刺史，以别驾、长史、司马为佐官，属官有上佐、录事参军事、经学博士等。此外，唐朝还在特殊地区设与州同级的府。府的长官称牧或尹，但实际上府的行政长官为府尹。副长官称为少尹或治中、司马，属官有录事参军事及功曹、仓曹等。府、州之下设县。县的长官称县令，其主要职责是劝课农桑，编造户籍，征督赋税等。县令之下设县丞、主薄、县尉各一人。此外，县均有经学博士、助教各一人，掌管教育。唐朝县下的基层组织是乡、里、保、邻等。四家为“邻”，五邻为“保”、五保为“里”、五里为“乡”。乡置耆老一人、里设里长一人，保设保长，邻设邻长，均为各级头目。他们的主要职责是核查户口；监督农业生产，收受田地；维护地方治安管理，征收赋税等。

唐代为了加强对地方的控制，在州府之上还设立了道。道最初的性质为行政监察区，不是一级行政区划，其主要职责是考察和纠察地方政纪，监督地方官员，其长官为节度使。后来随着道的权力的增大和地位的上升，道就成为一级行政区划。唐代的道和汉代的州都是由监察区演变成行政区的，但两者之间有所不同，唐代的道是以监察和军事合成演变的，具有很强的独立性，因此很快就演变成了一级行政区划。

二、两宋

宋朝（公元 960 年—公元 1276 年）是中国历史上上承五代十国、下启元朝的时代，根据首都及疆域的变迁，可分为北宋与南宋，合称两宋。宋朝建国后为了避免唐代末期以来藩镇割据和宦官乱政的现象，政治上采取重文轻武、文人治国、强干弱枝的施政方针，以加强中央对地方的控制。宋朝同时也是中国历史上经济与文化教育最繁荣的时代之一，儒学复兴，社会上尊师重教风气浓厚，科技发展突飞猛进，政治也较开明廉洁，战乱相对较少。在地方行政体制的设置上，为了防止地方割据，加强中央集权，对地方行政体制方面进行了一系列的调整，由唐朝的州（郡）县二级制过渡到路、州、县三级的行政管理体制，在各级地方行政官员之间形成了错综复杂的制约关系。这些措施一方面加强了中央集权，有效地防止了地方割据局面的重演，另一方面也使地方政府缺乏相应的应变能力。著名史学家陈寅恪曾言“华夏民族之文化，历数千载之演进，造极于赵宋之世。”而西方与日本的史学界中不少人认为，宋朝为中国历史上的文艺复兴与经济革命做出了重要贡献。

宋朝建立后，鉴于晚唐、五代时，由于地方权力较大，最终导致中央政权无力控制地方势力而导致灭亡，收回了节度使的权力，由中央直接统领州、府、军、监。但州、府、军、监数量较多，管理幅度显然较大，需要对管理层次进行调整，故在州、府之上又增加了一级行政区划——路。总体来看，宋代的地方政府分为三级，最高一级政权为路，路下是府、州、军、监，府州之下是县。宋朝全盛时期，全国有路 26 处，京府 4 处，普通府 30 处，州 254 处，军 59 处，监 4 处，县 1234 处。

宋朝地方政府机构设置总的原则是：缩小管理幅度，增加管理层次；地方机构职权极为分散，中央机构职权特别集中。宋初，地方政权基本上只有州县两级，后来改为路、州、县三级制，其目的是加强中央对地方的控制，防范地方分裂格局的局面再度出现。

路是当时地方的最高行政机构。路的设置是中国古代地方政府机构设置上的一次新变化。宋朝的路既不同于汉代的州，也不同于唐代的道。汉代的州是监察区，主要职责是监管下级政府及主要官员，唐朝的道最初也是监察区，管辖区域并不固定，到后来才演变成一级行政区划，则是地方最高一级政权，没有统一的机构和长官，主要机构和长官设置如下：①经略安抚使，俗称“帅司”。其长官为安抚使，主要职责为掌管军事和民政。安抚使的属官有参议官、参谋官、指使等。②转运使司，俗称“漕司”。其长官为转运使，一般每路设两名转运使，下设副官和判官。转运使的主要职责为赋税及谷物转运等事务。后来随着职权的扩大，转运使还监管军事、社会治安、监察等事务。③提点刑狱司，俗称“宪司”。其长官称提点刑狱公事，职责为主管司法、刑狱和监察，本来是文武臣兼用，后专用文臣。神宗以后职权进一步扩大，对一路的治安、矿冶、兵器等事务均可过问，并有举荐官员之责任。④提举平常司，俗称“仓司”。其长官称提举常平使，主管本路的赈灾、市易、茶盐专卖、水利等事，神宗时还负责推行新法。这四个机构之间互不统属，相互监督，直接对皇帝负责。这种着眼于加强中央集权，削弱地方权力、使之相互牵制的做法，必然造成职能交叉，多头行政，人浮于事，行政效率低下的局面。

介于路、县之间的地方政府机构——州、府、军、监。州的长官由朝廷委派，称为“知州”。知州可以直接向朝廷奏事，多用文人，且经常调换。为了加强对知州的监视和牵制，在知州之外又设立了通判。府、军、监与州是同级政权，都直属中央。其中府设于地理位置重要的大城市，如首都、陪都、军政要冲以及皇帝出生地和皇帝即位前居住或任过职之州，在即位之后便升为府。军大多设于边境或国家军事要地。监多设于盐、铁等矿产区和马匹产地，一般不管民政。这些机构的主要职能是宣布教化、劝课农桑、赋役钱谷、法令刑名等。

县和县以下的基层行政组织。州下为县，县是隶属于州的基层地方机构。县的长官称县令或知县。县令出自州、府属官，由吏部铨选；知县由京官出任，为朝廷所特命。其基本职责是编造户籍，征收赋税等。县的属官有县丞、主薄和县尉。县丞为知县之副贰；主薄管理一县户口和钱粮，文书及财务；县尉主管一县治安。

县之下，原设有基层组织乡、里。王安石变法后，为加强兵政和增加赋税收入，在县治内推行保甲制度，以“十家为一保，选主户有干力者一人为保长；五十家为一大保，选一人为大保长；十大保为一都保，选为众所服者为都保正，又以一人为副”。[①] 保的任务是联比民户以相保任，以寄兵政。同时，以税户 30 家为一甲，设甲长主管放贷青苗和税收。保甲制度的核心功能是负责强化地方治安。王安石变法失败后，保甲制度也名存实亡。

三、总结

隋唐宋是中国封建社会高度繁荣和发展的时期，在中国历史上以及世界历史上具有重要的地位，给后世留下了深远的影响。这一时期中国在政治、经济、教育、科技、文化等领域都取得了显著的成就。中国四大发明其中就有两项是在这一历史时期发明创造的。在地方行政区划及政府机构的设置上，这一时期主要围绕在以皇帝为中心的基础上，以加强中央集权，防止地方分裂割据为目标，进而对地方行政区划及政府机构的设置进行了相应的调整。

隋唐时期，地方行政区划最主要的变化就是从隋及唐初的地方州（府）县二级制演变成了道、州（府）、县三级制。道被确立为一级行政区划有一个发展过程。唐初，道是被作为监察区的，其功能主要是加强对地方政府及其官员的监察。

到中唐以后，由于军政权合二为一，形成了所谓的藩镇，道也就成为了行政实体，成为州以上的一级地方行政管理机构。在地方政府机构的具体设置上，除道的机构设置外，隋唐的其他政府机构设置相差不大。地方政府机构的设置主要是为了实现两个主要目标：一是有利于中央加强对地方政府的控制和地方政府机构及其主要官员之间的相互制约；二是降低施政成本，提高行政效率，提高地方

---

① 参见《宋史》卷 192《兵志六》。

政府的管理能力。

宋朝的地方行政制度同以前相比，发生了一些变化。宋建立政权后，吸取后唐、五代时地方权力强大，藩镇割据，最终导致中央政权无力控制地方势力而灭亡的教训。为了防止地方割据势力的再起，在地方行政体制的建立上，增加了管理层次，减少了管理幅度，分散了地方行政机关的职权，强化了中央对地方的控制。路的设置成为这一时期地方机构设置上的一次新变化。宋代为了防止地方长官权力过大，把路分置为四个机关：经略安抚使、转运使司、提点刑狱司、提举平常司，这四个机构之间互不统属，相互监督，直接对皇帝负责。这种做法有利于加强中央集权，削弱地方权力、使各机构之间相互牵制，维护了国家的统一和稳定。

第三节　中国封建社会后期——元明清时期

元明清（公元 1206 年—公元 1911 年）历时 705 年，是中国封建社会发展的后期，也是中国封建政治制度相对健全和固化的时期。这一时期出现了中国历史上由两个少数民族统治中国的局面。在政治制度的建设上，它们一方面积极借鉴汉民族长期以来在政治制度建设上所取得的成果，又结合本民族的风俗习惯，建立了一整套相对完善的政治制度体系。

一、元

元朝（公元 1206 年—公元 1368 年），又称大元，是中国历史上第一个由少数民族（蒙古族）建立并统一全国的王朝。元朝的疆域空前广阔，元朝采取各个击破的方法，先后攻灭西辽、西夏、金和南宋，统一全国，疆域大为扩展，东和南都到海，包括台湾及其附属岛屿，西到今新疆，西南包括西藏、云南，北面包括西伯利亚大部，东到白令海、锡金、不丹、克什米尔东半部、缅甸北部、泰国北部、老挝、朝鲜东北部。领土面积 2200 万平方公里，是当时世界上领土面积最大的国家。元朝的大统一，奠定了元以后 600 多年来中国封建国家长期统一的政治局面；促进了我国各民族之间的融合、经济文化的交流和边疆地区的开发；为科学技术的创造，教育的发展提供了良好的环境；加强了我国同世界各国之间的交流；促进了我国统一多民族国家的大发展。

元朝地方行政区划沿袭宋、金制度，由于元的疆域空前辽阔，于是在路之上设置行省、在行省与路之间设置宣慰司作为行省的派出机构，行省以下的行政区划为路、府、州、县。总体来看，元朝的地方行政区划分为省、路、州（府）、县四级制。

行省在金代已十分普遍，元初沿用了行省的称呼，每占领一地即设一行省。元初的行省与前代行省一样，是因军事原因而临时设置的，是中央机构到地方行使中央权力的称呼，还不是一级地方行政区划的名称。南宋灭亡以后，行省成为常设的地方行政机构，并逐渐成为一级行政区划。元代除了河北、山东、山西、河南北部、内蒙古中东部地区成为“腹里”，直属中央的中书省管辖，以及宣政院直辖的吐蕃和诸王封地外，将全国划分为 11 个行省，即辽阳、岭北、陕西、甘肃、四川、云南、湖广、江西、江浙、河南、征东。元代的行省，就从统县的角度来看，规模大小不一，除征东、岭北两省地处边陲，基层行政单位不以县命名外（但这并不意味着此二省无辖区），其余 9 个行省，领县最多者为河南省，领县 217 个。领县最少者为辽阳、甘肃两省，辽阳领 22 个县，甘肃领 7 个县。其余 6 个省皆领百余县。

行省——地方政府最高行政机构。行省的职权，在于长官所辖区域内的庶务，统领州县，管理边境事务。“凡钱粮、兵甲、屯种、漕运、军国重事，无不领之”。[①] 每省设有丞相一人，平章二人，皆为从一品；左右丞相各一人，皆为正二品；参政知事二人，从二品。由于行省的位置在元朝特别重要，行省的丞相、平章多由蒙古亲王充当，权力极大，除中央直接任命的官吏外，有权自选官吏。各省还设有行枢密院和行御史台掌管军事和监察。行省制度的建立，有效地防止了分裂，巩固了多民族国家的统一。这是秦汉以来郡县制的一大发展，也是我国省制的开端，在我国行政区划和地方政治制度史上具有深远的影响和意义。

行省之下的路府州县机构的设置。元朝时期，元大都附近的河北、山西、山东地区叫“腹里”。“腹里”地区一般设路、府、州、县四级；非“腹里”地区一般设路、州（府）、县三级。路为行省以下的二级行政区，统属于行省。路的规模的大小以户为标准分为上路和下路。10 万户以上称上路，10 万户以下称下路。路下设府（州），府规模的大小，可以用领县的多少来说明。元朝的府领县最多者是汝宁府，领 19 个县，最少者为庆阳、永昌两府，皆仅领 1 县。元代还有不领县之府，元代共有府 35 个，其中不领县者有 9 个。路大都设万户府、总管府。路的主要官员有达鲁花赤、总管、同治、判官等，分领各项政事。路下设有司狱司、织染局、杂造局、录事司等分管各项专门事务的部门。此外还有儒学教授、蒙古教授、医学教授、阴阳教授各一人，主管路的教育事务。路下设府，元代的府比较杂乱，分为散府和属府两种。有的属于路，有的属于行省，有的直属中书省。有的管辖州县，有的不管辖州县。官员设置如路，一般设有达鲁花赤、知府或府尹为主要长官，属官设有同治、判官、推官、知事及提控案牍等官分管各项事务。元代的府数量极少，因此府在地方行政系统中并不重要，只是一种特殊政区。府下设州，元代的州有省领州、路领州、府领州之分，最初没有等级区分，后来以管辖人口的多少为标准将其划分为上、中、下三等。具体说“一万五千户

① 摘自《元史·百官志七》。

之上者为上州，六千户之上者为中州，六千户之下者为下州。”后来又有所变动，即“五万户之上者为上州，三万户之上者为中州，不及三万户者为下州。”① 元朝的州数量较多，且大部分是属州，占总州数的五分之四。州的长官为知州或州尹，属官有同治、判官、推官等。元朝州下设县，县同样分为上、中、下三等。县的隶属关系相对较复杂，一般统于州或府，也有直隶于路的。由于县的等级不同，其长官及编制也有所差异。一般设有达鲁花赤、县尹各一人，属官有县丞、主薄、县尉等。

县下的基层行政组织。元朝为了更深入地控制居民，实行乡都和村社制度治理乡村。乡都设里正，村社置主首。村社以下设里甲，甲有甲主，由蒙古人或色目人担任。负责征收赋税和征发徭役等事情。

二、明

明朝（公元 1368 年—公元 1644 年）是中国历史中上承元朝，下启清朝的时代，是以汉族为主推翻蒙古族统治者而建立起来的汉族复兴王朝，也是中国历史上最后一个由汉族建立的君主制王朝。明朝是继中国周朝、汉朝和唐朝之后的盛世，史称“治隆唐宋”，“远迈汉唐”。明朝建立后，对中央和地方的行政体制进行了一系列重大改革，不但继承了传统的专制制度，而且在此基础上采取了一系列新的措施，进一步完善和加强专制统治。体现在行政管理体制上就是将各种权利加以分割，形成政府机构之间，政府官员之间的相互制约，实现高度的中央集权。

明朝在地方行政区划上，撤销了元朝的路，实行省、府（直隶州）、县（属州）三级，另外在省之下设道作为省的派出机构，主要行使监察职能。与元代相比，明代地方行政体制中对省进行了较大的调整。明朝初年，地方政府省的设置仍沿袭元朝的中书省制度，以中书省作为地方最高行政机构。至洪武九年（1376 年），朱元璋在稳固了政权之后，决心改变地方政府权力过大，容易造成地方分裂割据的局面，采取“强干弱枝”的政策，把地方大权收归中央。于是改革行省制度，设承宣布政司、提刑按察使司、都指挥使司，简称“三司”。明初全国共有 13 个承宣布政司。明代建立后，府的数量剧增，全国共计有府 160 个。明朝的府之所以急剧增加，原因有二：一是将元代的路改为府；二是改州为府。明代的府规模大小不一，以领县的多少为标准，主要分为三种。其中普通府 146 个，领县最多者为西安府，领县 37 个。最少者为广南等 6 府，都仅领 1 县。还有 8 个府不领县。明代有县 1171 个。明代县的分等，与以前各朝代有所不同，以往根据户口的多少以及所辖区域的地理位置来划分，明朝则以应征税粮的多少将县

---

① 摘自《元史·百官志七》。

划分为三等。税粮10万石以下为上县；6万石以下为中县；3万石以下为下县。

省——明朝的一级地方政府。明朝建立之初，沿袭元朝行中书省的制度，设置行中书省，或中书分省。行中书省的负责人被称为参知政事和平章政事，省内设置的机构和官吏，大体上和中书省相同。至洪武九年（公元1376年），朱元璋下诏将全国各行省一律改为承宣布政使司、废除行省制度，但人们习惯上仍然称行省，简称省。各行省原有的参知政事改称为布政使。朱元璋废除行省制度后，省一级由承宣布政司、提刑按察使司、都指挥使司分管行政、司法监察、军事行政。承宣布政司设左右布政使、左右参政、左右参议等主要长官，总管本省的行政、民政、钱谷等事。下设经历司、库、仓、织染局等机构，分管各方面具体事务；提刑按察使司设按察使、副使等主要长官，主管本省的刑名按劾之事，并负责本省所辖县府的巡查和监察，下设经历司、司狱司等机构，分管各项具体事务；都指挥使司设都指挥使、都指挥同治等主要长官，主管本省军政，下设经历司、草场等机构，分管各项具体事务。三司机构的长官皆为掌印管，彼此互不隶属，直接接受朝廷的领导。将一省的地方军政大权一分为三，其目的是消除省级官员权力过大，独揽全省的局面，本意是加强中央集权，提高行政效率。但同时出现了三司之间相互推诿，无人主管全省的行政大事，政务处理缓慢，甚至贻误时机的现象。特别是遇到紧急军务、突发事件和复杂事件时，三司之间很难相互协调，不能及时制定并采取相应措施，从而在一定程度上降低了行政效率。

府——地方的第二级行政机构。明朝的省下设府。明朝初年，改元朝的诸路为府。北京的顺天府和南京的应天府直隶于中央，其他府则直隶于布政司。顺天府设府尹一人、府丞一人，通判六人，其属有推官、教授等。应天府设府尹、府丞、治中各一人，通判二人，推官、经历、知事、检校、照磨各一人。省属府设知府一人，职掌一府之政，宣风化，平狱讼，均赋役，以教养百姓。知府下属有同治和通判，分管一府钱粮、水利屯田诸事务，另设推官掌司法事务。府之外根据需要也设置州，州与府平级，但不作为一级政权机关。州有两种，即属州和直隶州。每州设知州一人，掌一州之政令，设属官同知、判官等。

县——地方的第三级行政机构。明朝的府（州）之下设县，明代的县按照纳粮的多少分为上、中、下三等。县的长官为知县，对本县内的一切生产、生活、宗教、户籍、教育等全部负责。县官为亲民之官，明代对县官的选拔和任命特别重视。对治理绩效较好的官员，尽量使其久任。知县下设县丞为副，设主薄掌粮马巡捕之事。在市镇、关隘或距县城较远处设巡检司，其长官为巡检，巡检是知县的属官，其职责是加强对基层人民的及时控制。

县下的基层行政组织。明代对乡村的管理实行的是乡老人制和里甲制并行的管理方法。朱元璋下令州县地方官吏在每一乡挑选一名德高望重的老者担任“老人”，协助地方官吏统治广大乡村，负责教化乡民和乡民的诉讼事务，只有重大案件才诉诸官府。和老人制度并行的还有里甲制度。以一百一十户为一里，设里长十人，以丁粮多的人充任，轮流为首，十年为一轮。里长的主要职责是督促生产，征收钱粮等。里下为甲，设甲长一人，负责地方民政、教化、赋役等事。

三、清

清朝（公元1636—公元1911年），又称大清，简称清，是由女真族建立起来的封建王朝，它是中国历史上继元朝之后的第二个由少数民族（满族）建立并统治全国的封建王朝，也是中国历史上最后一个封建王朝。清军入关之前，地方行政体制上实行八旗制度，八旗制度兼有军事、行政和生产三方面职能。八旗各级衙署既是军事组织，又是生产单位，还起着地方各级行政机构的作用。清军入关后，清地方行政体制基本上沿袭了明代地方的行政管理体制，在此基础上又作了适当的调整和变革。

清朝地方政府实行省、府（州、厅）、县三级。清代前期全国划分为18个省，盛京、黑龙江、伊利、吉林、乌里雅苏台5个将军辖区以及西藏、西宁两个办事大臣辖区。清承明旧制，仍以府为中级地方行政区划骨干，清朝有府184个。府规模的大小仍以领县的多少来说明。领县最多者为顺天府，领24个县。领县最少者为广南等府，皆仅领一个县。不领县的府在清朝则没有。以领5～8个县的府最为普遍，共有91个府，占总府之半数。府下设县，县是地方基层政权机构。清朝末年全国共设有1358个县。

省是清朝最高一级地方行政组织。清朝共设18个省，另有两个较为特殊的行政区域，即顺天府和奉天府。两府均为正三品衙门，高于一般的府，地位相当于省。总督、巡抚衙门是省级最高行政机构，总督、巡抚即是省级最高行政长官，总管一省或数省的军政事务。总督其具体职责为“掌厘治军民，综治文武，察举官吏，修饬封疆”。[①] 总督例兼兵部尚书、左右侍郎和都察院右都御史衔，表明其管理军事、监察地方的身份。总督的权力较大，拥有部分人事任免权和对所属文官的检察权，有制定一省行政法规的权力和对下属机构所审案件的司法判决权，还享有一定的对外交涉的权力。巡抚一般管辖一省的政务，其主要职责是考察全省的官吏，管理关税、漕政，如果战时用兵则要督理粮饷。巡抚权力略低于总督。总督、巡抚都直接对皇帝负责，这样有利于加强中央集权。巡抚之下设置两个平行的省级机构：布政使司和监察使司，合成二司。其长官分别为布政使和按察使。布政使长官一省行政和财政事务；按察使专管一省司法和监察，但重大案件的处理要和布政使一起商议。此外，省还设置提督学政一人，掌管一省的教育行政事务；设有跨省的专职领导某项事物的总督，如河道总督等。

① 参见《清史稿》卷116《职官志二》。

省下设府（厅、州）为清朝的二级地方行政机构。府是宣布国家政令的重要机构，其长官为知府。一般的府设知府一人，掌管一府政令，其具体职责是管理百姓、考核属吏、诉讼事务、征收赋税等，然后将这些事再汇总于布政使和按察使，是承上启下的地方行政长官。知府之下设有同知、通判和推官，其人数的多少依政府的繁简而定，没有固定的编制，他们主要负责粮、盐、江海防务以及农田水利之事。其属官有经历、知事、司狱等，他们主要在文书、司法、监察等方面协助知府。清朝的府在地方行政系统中具有重要的地位，成为中级地方行政区划的主干。厅、州不是固定的地方行政机构，知府的副职同知或通判通常被派出分防，专门管理某地政务，其办事处所就称厅，厅的长官为同知或通判。州分为直隶州和属州两种。直辖于布政司的州称直隶州，相当于府。隶属于府的州称属州，其身份实乃县之例外。州的长官均称知州，副职为州同或州判。

府下设县，县为最基层的地方政府。清代的县有府属县、厅属县和州属县之分。县的长官称知县，设一人，正七品，为一县之长。主管一县之政令，一县之赋役、诉讼、文教等事宜都由知县亲自办理。副长官有县丞和主薄，分管钱粮、户籍、征税等事。县以下设有巡检司，置于市镇、关隘处，其长官巡检为知县的属官。

县以下的基层行政组织。清朝的县下还有里社制和保甲制，是统治和管理人民的基层组织，但非正式的政府机构。里社制基本沿袭明代的里甲制。里社制是在全国普遍设里（农村）与坊厢（城市），以一百一十户为一里，选人多者十人为里长。其余百户为十甲。保甲制度采用保、甲、牌三级统属体制，以十户为一牌，十牌为一甲，十甲为一保。分别设牌头、甲长、保正。保甲制与里社制的户籍统计和主要功能有所不同，里社制以户为主，主要是为了弄清一户负担的钱粮情况，保甲制则以人为主，目的是弄清人口的流动情况。

四、总结

元明清时期是中国封建社会高度统一的历史时期，这一时期的中国在政治制度建设、经济社会发展、教育科技文化、对外交往上都取得了显著的成就，特别是在地方政府机构的设置上，日益完善并相对固化，这对当时及以后我国政府机构的设置都具有深远的影响和借鉴意义。

元朝建立后，重新实现了民族的大融合和国家的大统一，在以后较长的历史时期内，中国再也没有出现长期分裂割据的局面，这是一个重要的历史转折点。元朝也是中国历史上建立的第一个以少数民族为主的政权。在政治制度的建设上，既保留了本民族的传统文化和制度特点，又积极借鉴各民族，特别是汉民族传统政治制度的特点，将中国的政治制度建设推进到一个新的发展阶段。元朝实现大统一后，由于疆土面积较大，为了加强中央对地方的有效控制，因此增加了地方政府的层次，由原来的三级制变为省、路、州、县四级制。行省制度的确立是元朝地方行政制度最大、也是最重要的变化，是我国省制的开端。对强化中央集权，防止地方分裂割据，调整中央和地方的关系具有重要意义。

明清两代是我国封建社会最后出现的两个朝代，这两个朝代作为全国性的政权，先后对全国都进行过有效的统治。也都有过自己繁荣昌盛的时期，国力强大，在社会经济和文教学术等方面都有过较大的发展。明清的政治制度一方面是对我国古代政治体制长期发展结果的继承，另一方面又围绕着如何加强中央集权和对全国进行有效的统治，增设了一些国家机构，制定和实施了一系列规章制度和法令法典。因此这一时期是中国古代政治制度日益完善和相对固化的时期。在地方行政区划和政府机构的设置上，这一时期是中国封建社会历史上相对稳定的时期，与元朝相比，明朝减少地方政府的层次，取消元朝“路”这一级政府，地方政府由四级变为三级。明清地方政府主体上都实行省、府、乡三级，各级政府机构的设置也大同小异。

第四节　中国封建社会地方政府规模与结构评价

中国封建社会地方政府规模和结构经历了不断的调整和优化，这种调整和优化主要是以加强中央集权，实现政治统治职能为目的。我们将从中央集权与地方分权博弈的视角来阐述地方政府规模和结构的调整；从政府官员的数量规模和财政收支两个方面来对地方政府规模进行量化分析，有助于我们进一步深入了解中国封建社会地方政府规模及结构变化的内在动因。

一、述评

地方政府是中国封建社会历朝历代统治的社会基础，在国家行政体制的设置和运行中具有重要的地位和作用。在中国封建社会，地方政府的稳定与否直接关系到整个国家的统一和分裂、稳定和发展。因此，历朝中央政府对地方政府的设置和管理都较为重视。要使地方行政体制正常运转，就必须在管理层次和管理幅度之间保持一个合理的比例。纵观历代地方行政体制的变迁，可以发现，地方政府变化的核心就是政府规模（行政区域）和政府结构（政府组织层级）的变化，这一变化也充分体现了中央集权和地方分权之间相互博弈的过程。不过总体来看，中国封建社会地方政府的变化主要表现在地方政府层级的变化中，要么由两级变为三级，要么兼而有之，但这一变化无不以加强中央集权和维护国家统一为前提。依据地方政府层级（纵向结构）的变化情况，可以把中国封建社会地方政府规模与结构的变化分为三个阶段。

（一）秦汉魏晋南北朝时期——从郡县两级制转化为州郡县三级制

秦灭六国后，在地方全面推行纯粹的郡县二级制，是建立中央集权制的重要标志。秦初分天下为 36 郡，后来随着边疆的不断开发和郡制的调整，郡的数目增加到40多个。关于秦朝县的数目没有详细的文献记载，大概有1000个县。按照这一统计数字，秦朝每郡大约管理20个左右的县。从政府规模和结构的角度来看，这样的管理层级和幅度是较为合理的，符合秦朝当时的实际情况。

两汉时期，地方政府包括两部分：一是普遍推行秦时的郡县制，但随着管辖面积的不断扩大，郡的数量大增。对中央政府而言，直接统辖103个郡，管理幅度太大，不利于中央集权的加强，而且行政效率也不高。鉴于此，汉武帝时，在郡之上设立13部，作为监察区。同时汉依据郡的地理位置，即离京都的远近将郡分为三辅郡、普通郡和边郡。二是对有功之臣及亲王实行侯国制。郡县制与侯国制并行，并以郡国统县。因此，两汉时期，从地方政府的规模来看，主要是对郡的管理幅度作了调整，主要是缩小郡的管理范围，其目的是为了加强中央对地方有效的控制和管理；从地方政府的纵向结构来看，在郡之上设立了监察区部，从横向结构来看，除将郡分为三类，郡县机构内部设置同秦相比，变化不大。

总之，秦汉时期确立的以郡县制为核心的地方行政管理体制，管理层次分明且层级较少，管理幅度适中。对加强中央集权，维护全国统一和对地方进行有效治理起到了积极作用。郡县制的确立并普遍推行，对中国地方行政体制有着广泛而深远的影响。郡县制的确立不仅标志着分封制的废除，而且削弱了诸侯在政治上的影响力，动摇了建立在氏族血缘关系基础之上的宗法制和分封制，以地缘关系为基础的行政区划正式建立，反映了历史的巨大进步。同时，郡县制的建立，有利于加强中央集权，避免西周时期由于分封制而导致地方诸侯之间争霸，出现地方势力分裂割据的局面。秦汉时期郡县的机构设置较为完善，管理范围涉及民政、财政、司法、教育、监督等方面。中央掌控了郡县主要官员的任免，将行政权与军权分离，加强了对地方政权的监督。

魏晋南北朝时期各王朝在地方政府机构的设置上，一方面沿袭了秦汉朝某些地方政权的组织形式；另一方面又根据形势的发展变化对地方政府规模和结构进行了相应的调整。这一时期地方政府在结构上（主要指纵向结构）最大的变化就是由秦汉的郡县两级制变为州郡县三级制。由于州郡的数量急剧增加，政府规模则迅速缩小。到南北朝末期，此时平均一个州只管两个郡，每个郡只管两三个县。州—郡—县三级制的意义已经完全丧失了，实际上又回到了二级制。在中国封建社会地方行政制度中，魏晋南北朝是较为紊乱和复杂的历史时期。由于大部分时间处于战争时期，考虑到战争的需要，魏晋南北朝时期地方政权军政合一，实行州郡政权的军事化，这就造成地方政权实力大增，与中央分庭抗礼，成为这一时期战乱频繁、社会动荡的根源。中央为了加强对地方的控制，从政府规模和结构上都做了相应的调整，主要采取拆州分郡的方法来增加政府层级，缩小政府规模以分割地方势力，加强中央对地方的控制。但由于当时中央缺乏足够的权威，无法从根本上彻底解决中央和地方之间的关系问题。总之，地方政权的更迭及行政制度的紊乱，既是魏晋南北朝时期分裂割据的主要原因之一，也是它的必然结果。

（二）隋唐宋时期——从州县两级制转化为三级制

中央集权管理体制要求将地方权力集中于中央，建立有利于中央加强对地方控制的行政管理体制。在中国封建社会，中央强化对地方的控制是逐步实现的，隋唐时期是一个重要的环节。拥有实权的州县两级制实质上是隋唐时期地方政府的主要政体。这一时期地方政权基本上实行州县两级制，只是在隋朝初年十余年实行短期的州郡县三级制。这一时期，中国在行政区划上有两大创举，就是道、府的设立。道最初是中央的监察区，直到中唐以后才成为一级行政区划。这一时期主要从以下两个方面对地方行政体进行了调整。

一方面是对地方政府纵向结构，即行政层级进行了调整。鉴于魏晋南北朝时期由于州郡的滥设而造成中央对地方管理的失控的历史教训。隋唐建立之后，将魏晋南北朝地方管理中的州郡县三级制调整为州（郡）县两级制。压缩了地方政府的管理层级，相应扩大了地方政府的管理幅度。到中唐以后，又将州县两级制演变成道、州（府）、县三级制。隋唐时期对政府规模和结构（主要是纵向结构）都做了相应的调整，有利于加强中央对地方的行政管理。

另一方面是削弱地方政府的自主权。魏晋南北朝时期，由于地方政府自主权相对较大，导致地方政府不服从中央管理，最终造成分裂割据的局面。隋唐建立后，为了加强中央对地方的控制和管理，废除了原来地方政府自辟官吏的制度，将所有官吏的任免统一收归中央，这一举措强化了中央集权，大大削弱了地方政府的自主权，有利于维护国家的统一和社会的稳定。

宋朝的行政体制是在对唐朝行政体制略加调整的基础上朝着加强中央集权的方向发展。为了避免唐末藩镇割据之祸的再现，在地方政府的规模和结构上进行了一系列的调整。缩小地方政府规模，收缩长史的权力。在地方政府的纵向结构上，形成路、州、县三级行政区划的管理体制；在地方政府的横向结构上，在各职能部门、政府官员之间形成了错综复杂的制约关系。这些措施的实施一方面加强了中央集权，有效地防止了地方分裂割据局面的重现、维护了国家的统一、社会的稳定和发展；另一方面也使地方政府缺乏应变能力和活力，降低了地方政府的行政效率和处理紧急事件的能力。

（三）元明清时期——从省路府县多级制转向省府县三级制

元朝统一全国后，疆域面积空前绝后，为了加强对全国的统治和管理，形成了一套较为复杂、相对紊乱的多级制地方行政管理体系，开始了中国封建社会地方行政体制运行的第三个阶段。元代地方行政体制最重要的变化就是行省作为一级行政区划正式确立。行省由最初的中央派出机关转化成为地方最高一级政权。行省制度的建立，对加强中央集权、防止地方的分裂割据、调整中央和地方之间的关系具有重要的意义。它也是我国省制的开始，对以后地方行政制度的发展具有深远的影响。元代对省的划分，也初步奠定了现在我国省的规模的基础。元代地方行政制度的特点主要表现在以下几个方面：一是地方政府层级增多，相应地地方各级政府规模有所缩小。元朝建立后，管辖领域过于广袤，行政区划，即政府规模较大。因此对管理幅度和层次作了调整，即增加管理层次，地方政府达五级之多，即省—路—府—州—县；同时压缩政府管理幅度，即政府规模。二是多元管理方式并存。元朝统一全国后，对地方管理体制没有统一起来，把被征服政权的临时性的和永久性的区划都叠加起来，如元代有路辖县、府辖县等多种形式，是我国历史上管理体系或手段繁复的典型。三是元代开始实行“实三级”的地方行政体制。元代虽然实行省—路—府（州）—县四级政府。但按照元朝地方行政制度的规定，地方政府以省为最大，省统领路、府（州）各级政府，路、府（州）分别各自统辖县。路、府（州）实际上是平级。所以元朝地方政府结构实际上是三级制，简称为“实三级”。实三级制的确立，是中国地方行政制度史上的一件大事，也是中国地方政府纵向结构的一次重大改革。元朝实三级制的确立不但加强了中央集权，而且促进了中国这样一个多民族国家的统一，促成民族的融合和团结，对后世产生了深远的影响。

明清两代同元代相比，在地方政府规模和结构方面同时作了相应的调整。在政府规模方面，随着行省设立的逐渐增多，管理范围也逐渐缩小。在政府纵向结构上，简化行政层级，由元代的五级制逐渐演变为较为稳定的省—府—县三级制。由于明清时期疆域面积较大，人口众多，其地方政府层级只能简化到三级。在地方政府横向结构上，分化权力，加强了各职能部门之间的相互制衡。尤其是省级政府，设立三司，各司各尽其职，相互制衡，这就大大加强了中央对地方的控制，确保了君主的绝对权力。

总之，地方行政体制的建立是国家发展到一定历史阶段，伴随着中央集权制的确立而产生的。中央政府必须通过地方政府才能更好地管理全国的政治、经济和社会等事务，才有可能确保社会的繁荣和稳定。因此，国家的稳定和社会的进步与中央与地方行政制度的协调和完善密切相关。地方政府作为承接中央政府和地方民众的中介，起着上传下达的作用，其地位和作用不可忽视。纵观中国封建社会历朝历代地方行政管理体制的变迁，从秦初的郡县两级制，发展到三级、四级甚至更多级，最终回归到相对层级分明的、稳定的省府县三级制，可以发现其核心就是围绕政府的管理层级和管理幅度而变化，这一变化也集中反映了中央集权和地方分权之间此消彼长的相互关系。地方行政体制要保持正常运转，必须使地方政府组织层级与管理幅度之间保持合理的比例。地方政府规模和结构是否适当，与国家的统一、民族的团结，以及经济社会、科技教育、文化的发展密切相关。因此，地方行政管理体制必须随着环境的变化适时地进行调整和改革，才能不断地适应社会经济发展的需要。

二、模型的量化分析

（一）中国封建社会公共职位规模（官员数量规模）的量化分析

职位是指承担一系列工作职责的某一任职者所对应的组织位置，它是组织的基本构成单位。这里强调的是“组织位置”，也就是说，职位是组织的一个节点，因为组织工作层次的需要而存在。职位一旦确定，就需要配备相应的工作人员，因此可以说组织职位的规模决定了组织人员的规模。

公共职位具有独占性和稀缺性，它是通过具体的个人来行使职位所赋予的职权而完成其工作任务，这些人就是我们所说的“官员”。一般情况下，公共职位的数量规模与官员数量大致等同。而公共职位数量规模和官员人数规模又是影响或者决定政府规模大小的重要因素。因此，在分析政府规模大小时，公共职位规模，即政府官员的数量就成为关键因素。通常情况下我们用“官民比”作为衡量官员规模的尺度。“官民比”是指一个国家的官员总数与该国人口总数的比例。中国古代的官员既包括国家各级行政机构系统内部的官员，也包括现代意义上的事业单位管理人员，既包括中央政府机构官员，也包括地方行政官员，是“官”和“吏”的统一。在分析封建社会公共职位规模，即官员数量规模对地方政府规模的影响时，我们理应从地方政府官员的数量规模对地方政府规模的影响角度出发。但由于数据采集的困难，我们所采用的数据包括全国官员的数量，即从整体上分析官员数量规模对政府规模的影响。

根据以上对公共职位规模，即政府官员数量规模的界定，我们对中国封建社会政府官员的数量规模尤其是官民比进行了比较，为了分析的方便同时考虑到使数据更加明了简洁，特列下表。表 6-1 中的数据主要采取中国封建社会自两汉以来至清朝各个朝代特定年代的数据。

表 6-1　中国封建社会官员数量规模一览表

朝代（世纪）	官员数量/人	全国总人口/人	官民比	官民比值/%
西汉（公元前 6 年）	130 258	59 594 978	1∶457	0.22
东汉（157 年）	152 986	56 486 856	1∶369	0.27
隋朝（609 年）	159 937	46 019 956	1∶235	0.43
唐朝（754 年）	368 668	52 880 488	1∶143	0.70
宋朝（1102 年）	24 000	45 342 154	1∶1 888	0.053
元朝（1294～1307 年）	22 500	58 810 000	1∶2 613	0.038
明朝（1578 年）	25 274	60 692 856	1∶2 401	0.042
清朝（1673 年）	30 000	95 152 000	1∶3 171	0.032

从上表的分析我们可以得出如下结论。

1. 中国封建社会政府官员的绝对数量呈迅速增长的趋势

秦朝是我国封建社会的初创王朝，经过多年的兼并战争，最终统一了全国，建立了我国历史上第一个统一的中央集权的封建帝国。由于政权刚刚建立，各项制度还不完善，因而秦朝的官员人数及全国人口的总数还没有确切的统计数据。但从西汉开始，中国封建社会的官吏数量开始有了相对较为确切的文献记载和统计数据。这对分析中国封建社会官员数量规模及与政府规模之间的相互关系提供了一定的依据。通过对表 6-1 的分析我们可以看到，中国封建社会官员总数呈现出不断增长的趋势，且增长幅度较大。

西汉初期政府官员总量超过 13 万，但到东汉末年时已达到 15 万之多，增长速度还是较快的。这与两汉时期政治较为稳定，社会经济发展较快，政府机构日益完善和社会人口急剧增长有密切的联系。魏晋南北朝时期，由于政权更迭、疆域的不断变化，加上战争频繁、人民流离失所，社会总人口有所减少，相应地政府官员的人数也出现了波动，数量有所减少。这一时期，各个朝代政府官员的数量分布如下，晋 6836 人、南朝的宋 6172 人、齐 2103 人、北魏 7764 人、北齐 7764 人、北周 2989 人。[①] 隋朝时期政府官员的人数已接近 16 万人，唐朝是我国封建社会历史上一个相对稳定且繁荣的时期，政治较为开明，社会较为安定，政府机构设置进一步完善。受这些因素的影响，到唐朝时，全国官员总数已达 16 万人。从宋朝开始直到封建社会末期，对官员的统计口径发生了变化，官员的统计数字里不包括吏官，吏官是中国封建社会政府官员的重要组成部分，占政府官员总数的绝大部分。以基层县政府为例，官与吏之比，在常态下，基本上达到 1∶30。因此从宋朝以后，政府官员总数表面上看好像急剧减少，其实不然，如果将吏官数量包括进来，政府官员仍然呈增长态势。就吏官这一数据来看，宋 24 000人、元 22 500 人、明 25 274 人、清 30 000 人。除了元朝人数略有下降外，其他朝代官员的人数都逐渐增加。由此可见，如果将吏官人数包括进来，中国封建社会后期政府官员总数仍然急剧增加。如果从政治制度方面进行分析，仍可得出政府官员急剧增加的事实。如宋朝采取重文轻武，开官取士、职官分离的政策，造成政府官员的数量大大增加；明清时期，科举制度是统治者维护其统治，笼络人才的重要途径，加官晋爵，数量必然增长，再加上清朝买官泛滥，必然导致政府官员急剧增加。就政府官员增长速度而言，从西汉到东汉的 151 年中，官员数量增加了 22 701 人，官员数量规模增长了 17.4%；从东汉到隋朝，在这 452 年中官员数量增加了 42 951 人，规模增长了 28.1%；从隋朝到唐朝，官员数量增加了 172 731 人，规模增长了 88.2%；明清时期，官员数量增加了4 726 人，官员规模扩大了 18.7%。就增长速度来看，中国封建社会历代政府官员增

① 王子令．中国古代的官数．学习时报，2005-01-03。

加速度快慢不一，但绝对数量都在增加。

2. 官员数量相对规模不断扩张并略有波动

中国封建社会官员数量相对规模同样出现不断增长的趋势，虽然在一定历史阶段出现波动，但其总体趋势是官民比趋势不断拉大，官员数量在总人口中逐渐增加，并呈现加快发展的趋势。西汉时期，官民比为 1∶457，官员数量在总人口中所占的比重为 0.22%；东汉时期，官民比为 1∶369，官员数量在总人口中的比重为 0.27%；隋朝时，官民比发展为 1∶235，官员比重增长到 0.43%；而到了唐朝末年，官民比达到 1∶143，官员比重也达到了前所未有的 0.7%；宋元明清时期，由于政权的更迭，政策的变动，官员数量规模和社会总人口规模都出现了波动。但总体来看，官员的数量增长同社会总人口的增长呈正相关关系。社会总人口数量的增长会推动官员数量的增长，且官员增长的速度超过了社会总人口增长的速度。

3. 官员数量规模变动呈现周期性

通过对中国封建社会历朝历代政府官员数量规模的变动分析，我们不难发现，政府官员数量规模变动呈现周期性，即在每个朝代建立之初，政府官员总量相对较小，到该朝代中后期，政府官员总数急剧增加，直到旧的王朝被新的王朝所代替，新一轮的周期变化又出现。造成这一现象的主要原因是，新的朝代建立之初，一方面政府机构设置变动较大，机构设置相对不完善；另一方面统治者吸取前朝的教训，为了减轻财政支出和人民的负担，缓和社会矛盾，往往采取轻徭薄赋，休养生息的政策。通过精简政府机构，裁减冗员，紧缩编制来缩小政府规模，缓和社会矛盾，因此在历朝建立之初，政府官员的数量规模相对较小。到该朝的中后期，一方面随着政权的日益稳固，政府机构的日益健全，社会总人口的增长，社会经济的发展，政府客观上需要增加其官员来实现其职能；另一方面，统治者在主观上想通过加官晋爵，依靠庞大的官僚队伍来维护其统治地位的长治久安，这就必然造成政府官员数量的增加。当冗员膨胀到社会无力承受的程度，矛盾日益激化时，新旧政权更替就在所难免，政府官员数量规模又进入下一轮的周期变化中。

（二）中国封建社会财政收支的量化分析

秦汉时期管理财政的机构有治粟内史和少府。治粟内史掌管租税收入和国家财政开支；少府掌管皇室财政。在地方行政机构方面，县的县丞和乡的啬夫都管税收；最基层的里，有什伍户籍组织收纳税赋。这表明在秦汉各级行政组织中，财政机构设置较为完备。

秦汉时期的财政收入主要是赋税。赋税主要分为三种：田赋、口赋和力役。秦汉时期田赋为实物，即粮食和草料。田赋最初是按户征收的，因为当时政府只掌握户籍，并没有可靠的耕地记录。后来随着耕地制度的完善，到西汉时，按照土地征收田赋。汉初“轻田赋，什伍而税一”，可见当时的税率比秦朝时要轻。文帝时实行“三十税一”。西汉时中熟之年，每顷田大约可收获粮食 150 石，三十税一为五石，以全国耕地 800 万顷计算，总共可征得田赋约 4000 万石。口赋，是按人口征收的赋税，又叫人头税。秦汉时期，口赋是按钱数征收的。西汉平帝时人口 5900 余万，口赋总计收入大约 50 亿钱左右。为田赋总数的一半。力役，秦朝时全国人口大约 2000 万左右，而同时在全国各地服役的人数总计不少于 300 万，约占总人口的 15%，可见秦朝时人民担负的力役相当繁重。汉朝时，将力役分为三种，即徭役，在郡县每年服役一月，不愿服役的可纳钱 2000；兵役，男子一生服役两年；过更，就是每年戍边三日，不愿戍边的可交钱 300。

秦汉时的财政支出主要包括军费、政费和修建等几个方面。军费支出，秦统一全国后，继续向南进军，军费支出较为庞大。汉朝建立后，吸取秦亡的教训，采取休养生息、轻徭薄赋的政策，缓和社会矛盾，促进社会经济的发展。这就意味着政府财政收入的减少，迫使政府厉行节约。其中一项重要的措施就是减少军队的军费支出。汉初政府以各种优惠条件让士兵回家务农来减少军费的支出，这一时期，军费的支出还不是很大。但到了汉武帝时，为了打击匈奴，维护边境的安宁，军费一度急剧增加。政费支出中，主要是官员的俸禄。秦建立了以郡县制为基础的中央集权的国家机构。设置各级大小官员通过他们的管理来维护皇帝的统治地位，而供养官员的俸禄就构成国家财政支出的重要组成部分。如秦时郡守 2000 石，县令 600～1000 石，县长 300～500 石。这笔俸禄支出也是非常巨大的。汉朝时官员的俸禄，据桓谭《新论》记载，当时“百姓赋敛一岁为四十万万，吏俸用其半”。修建支出，秦统一全国以后，连续修建各项规模巨大的工程，有长城、建造宫殿、营造陵墓、兴修水利等。这些巨大工程的修建，有些对当时加强国防、维护社会稳定、促进社会经济发展起到了积极作用，有些则是劳民伤财。所费的人力、物力和财力是十分惊人的，是当时国家财政的一项重大支出，这无疑加重了人民的负担。汉代大量兴修水利，同样花费了巨大的财政支出。但汉代所修建的水利工程，对当时农业生产的发展起了很大的作用。

从秦汉的财政收支对比分析我们可以看出，秦朝的财政支出相当庞大，因此政府需要通过各种财政收入来维持其巨大的财政支出，这就是秦朝赋役繁重的原因。这种庞大的财政支出加重了劳动人民的负担，激化了社会矛盾，最终爆发农民起义，致使秦朝在农民起义的打击下土崩瓦解，成为一个短命的王朝。汉朝建立之初，吸取秦亡的教训，采取轻徭薄赋、休养生息的政策，减免人民的赋税负担，在一定程度上缓和了社会矛盾，恢复了社会经济的发展。但东汉末年，随着战争的频繁发生，统治集团的腐败，各项建设费用激增等，国家财政支出再度增加，人民负担日益加重，封建社会的基本矛盾日益激化，最终爆发了黄巾起义，使东汉政权名存实亡。

魏晋南北朝时期，由于政权更迭频繁，各国财政收支相当混乱，各国没有统一的财政收支制度，都是根据当时的需要，随时征收各种杂税，大抵遇到国用不足时，就增设一些税目，加大财政征收的力度，当情况好转后，有的就不征收了。为数都不是很大，如北朝的入市之税，每人一钱。从当时的财政支出来看，由于连年战争不断，财政支出大部分用于军费和官员的俸禄，用于修建的费用较少。但总体来看，魏晋南北朝时，由于要支付庞大的军费支出，当时人民的各种赋税负担还是相当沉重。

隋唐时期的财政。隋朝建立后，采取了一系列的措施，希望通过改革来减轻人民的各种税收负担，其中和财政相关的改革措施主要有：①精简行政机构。隋朝建立后，由南北朝的州、郡、县三级制变为郡县两级制。裁减了不必要的政府机构和人员，降低了政府的财政支出，有利于政令的贯彻执行，同时也减轻了人民的负担。②明确规定官吏的俸禄。隋朝对各级官吏的体制、俸禄作了明确的规定。如将刺史、太守、县令，按大、中、小县分为 9 等，计户给禄，大州 620 石，每等减 40 石，最下为 300 石；大郡 340 石，最下为 100 石；大县 140 石，每等减 10 石，最下为 60 石。其他吏官不发禄，都由地方自行解决。③降低赋税。隋朝的赋税主要是租、调和力役。租即田赋，隋朝规定成年男子每年交粟三石；调指缴纳的布帛，按户计算，交绢四丈、绵三两，单丁及奴仆减半；力役即成年男子每年服役一个月。由此可见，隋朝初期，人民承担的赋役相对较轻，这反过来又促进了当时社会经济的发展，增加了国家的财政收入。隋炀帝即位后，大肆修筑宫殿，挥霍无度，大量征收人民服役，甚至强迫妇女服役。无穷无尽的赋敛，大量的征役，加重了人民的负担，激化了阶级矛盾，农民起义在各地相继爆发，隋王朝在农民起义中灭亡，仅存 37 年。由此可见，隋朝末年，财政支出较大，人民的各种税收负担较重。

唐朝建立后，吸取隋亡的教训，励精图治，制定了各项政策和措施，奠定了唐朝强盛的基础。唐朝的财政收入，主要来源于租庸调，其次是盐、茶、酒专卖，再次是各项杂税等。天宝年间，据天下记账，有户约 890 余万，租庸调收入如下：户税约 200 余万贯，地税约 1240 余万石。大力末年，岁收盐利约 600 余万缗。德宗时，岁收茶税约 40 万缗。此外，屯田收入也十分可观，如天宝八年（公元 749 年），全国屯田总收入为 1 913 960 石。此外，还有关市税收、上贡的物品、买官的收入等，都成为唐代的财政收入来源。关于唐代的财政支出，主要是军费和官员的俸禄，此外还包括行政支出，公共工程支出等。就军费开支而言，以开元、天宝年间为例。“每岁军用日增其费，籴米粟则三百六十万匹段，给衣则五百三十万，别支则二百一十万，馈军食则九十万石，大凡一千二百六十万。”① 就官员的俸禄而

① 《通典》卷 6《食货典六》。

言，据《新唐书》、《旧唐书》记载，京官除职田禄米之外，高宗以前，每年给50 000余贯；代宗时为260 000贯；德宗时上升到610 000余贯。这里还不包括政府的日常行政费用，公共工程的开支等。除军费和官员的俸禄开支外，皇室费用开支应该说是最多的。它不仅包括皇室的各项享用开支，还包括赏赐、修建宫廷、陵寝等方面的开支。总之，唐朝同其他朝代相比，人民的各种赋役有所减轻，这也是唐朝繁荣昌盛的重要原因之一。但唐朝的财政收支分配，在本质上仍然反映了封建社会地主阶级压迫农民阶级的实质。

明清时期的财政收支情况。明朝的财政收入主要包括以下几个方面：①田赋。明朝重视恢复农业生产，土地耕作面积逐年增加。随着农业生产的迅速发展，政府的税粮收入也同时逐步增长。洪武十八年（公元1385年）全国征粮2080万余石，到洪武二十六年增加到3278万余石，比元代增长近两倍。永乐十七年（公元1419年），征收布帛120余万两，丝绵24万余斤，棉花580余斤，果钞1594万余锭。这是封建社会财政收入呈现一片充裕景象的时期。②屯田。明朝初期的屯田收入，在当时的财政收入中占有十分重要的地位。当时的屯田分为军屯、商屯和民屯三种，最早实行的是军屯。洪武年间全国卫所军士总数约180万人，军屯约893 000顷。洪武二十一年（公元1388年）全国军屯共交税粮500多万石。民屯的税率是“官给牛种者十税五，自备牛种者十税三”。③盐税、矿税和茶税。盐税、矿税和茶税是封建社会财政收入的重要组成部分。朱元璋在未统一全国时，即征盐税5%以助军饷。统一全国后，继续征收盐税，以增加财政收入。茶税中江南产茶地政府征收实物税1/30，陕西、四川1/40，其余由政府收购。明朝征税的有银、铜、铁等矿，当时的税率税额多依照前代旧例，一般征实物1/15，除银矿外，其他矿征收较少。洪武年间银税一年收入5470两，永乐年间为114 870余两。④商税。明朝中后期，商业非常发达，商品经济已有了较大的发展。与商业相关的税收也成为政府财政收入的主要来源。明朝的财政支出，同以前朝代的财政支出类型大体一致。行政费用，主要包括官员的俸禄和日常的行政费用。明朝官员的俸禄较低，但冗员急增，明末政府文武官员多达21万余人，这项支出还是明朝较为沉重的财政负担。军费，明朝初年，军粮全部由军屯自行解决，国家财政不承担大部分的军费支出，但后来由于军屯制度的破毁和战争的需要，军队人数急剧增加，军费支出也日益增加。如嘉靖三十年（公元1511年）京边岁用增至595万两，后来每年军费急增1000万两以上，财政入不敷出。皇室费用也占用了明朝财政支出的较大部分。明朝后期，财政常常入不敷出，财政赤字巨大，统治者为了维护其统治地位和奢华生活，横征暴敛，社会各方面的矛盾日益尖锐。

清朝建立后，前期经过康熙、乾隆两帝的励精图治，社会矛盾缓和，出现了所谓的“康乾盛世”。全国耕地面积和人口都有很大的增长。全国耕地面积顺帝十八年（公元 1661 年）为 549 万余顷，到嘉庆十七年（公元 1812 年）扩大至 791 万余倾；顺帝十七年（公元 1660 年）全国人口为 1908 万，康熙五十年为 2462 万，嘉庆二十四年（公元 1819 年）超过三亿人。商品经济有了进一步的发展，资本主义生产关系开始在中国东南沿海地区萌芽。就财政收入而言，也在逐年增加。一是岁入逐年增加：顺治七年（公元 1650 年）岁入银 1485 万余两；康熙二十四年（公元 1685 年）收入田赋银 2444 余万两、粮 433 万石；乾隆五十六年（公元 1791 年）岁入银 4359 万两。二是田赋收入也逐年增加。顺治十八年（公元 1661 年），银 21 576 006 两，粮 6 479 465 石；乾隆三十一年（公元 1776 年），银 209 917 761 两，粮 8 317 735 石，草 5 144 658 束。三是国库存量逐渐有大量的结余，康乾时期约有 5000 万～7000 万两的结余，约为当时岁出额的一半。但到中后期，地主阶级腐朽反动性日益加深，吏治腐败，财政收入困难，杂税多如牛毛，农民负担日益加重，阶级矛盾越来越尖锐，农民起义彼此起伏，直接威胁到清王朝的统治地位。就财政支出来看，清朝的财政支出主要包括以下几个方面：①皇室费用。清朝中期以前的皇室费用同明朝相比是较为节俭的。至道光帝时进一步节约支出，宫内一年支出仅 20 余万两；道光二十一年因户部奏报当年军政费用支出增加，就从内务府广储司拨存银数百万两给户部应用。从这些方面来看，清朝的宫廷还不是太浪费，注重节俭。②清朝前期，政费支出比较节俭。顺帝时每年政费支出约为 200 万两，大约占总支出的 15%。但是后来，为了弥补自然灾害和军费的大量开支，开始买官，导致官吏大量增加，行政费用支出日渐增多。到乾隆年间，仅武职官员每年的养廉银就达 300 万两，约为当时全国田赋收入的 1/10。③清代的军费每年占财政支出的比例较大，顺治七年（公元 1650 年）财政支出 1570 余万两，其中兵饷为 1 300 余万两，约占 83%。后来由于战争不断，军费不断增加。可以说，军费一直占清代财政支出的绝大部分。整体来看，清朝前期，财政收支较为合理，出现了节余。但到清朝中后期，政治日益腐败，加上对外战争和自然灾害频发，国家的财政支出较大，财政出现赤字，统治者通过各种手段，加大向农民征收赋税的力度，这就导致阶级矛盾的不断激化，这也是清王朝走向灭亡的一个重要原因。

总之，从中国封建社会历朝历代财政制度来看，其本质具有阶级性，是占统治地位的地主阶级对被统治农民阶级的一种压迫。就其财政支出来看，绝大部分财政支出用于维护地主阶级政治统治职能的实现和其奢华生活，包括军政费用的支出和皇室费用支出，而用于生产建设和社会管理的费用极少。农民承担的赋税不断增多，且日益加重。这种不合理的财政支出制度，必然激化阶级矛盾，当赋税超出农民的承担能力时，必然激起农民的反抗，最终导致封建社会走向终结。

第二篇　模型与方法

第七章　中国地方政府规模的分析模式

第一节　地方政府规模的测度指标

根据上述对政府规模的分析，本书采用财政规模、人力规模、职能规模这三类指标来测度、分析和评价地方政府规模。

（一）“财政规模”指标

“财政规模”是指地方政府财政支出的总量，采用财政收入率、财政支出率、人均财政支出、财政自给率（一般预算收入与一般预算支出的比值）、一般预算收入与本级财政支出的比值，财政支出与一般预算收入的比值，政府投资性支出占财政总支出的比重等指标来衡量。

本书引入人均财政支出是考虑我国地方人口分布的不均衡现状，如果仅使用财政支出率难以表现政府对于当地公共事务的投入力度，以及当地民众个人享受到的公共品数量。引入一般预算收入与本级财政支出的比值，是考虑到县这一级普遍有数额不小“专项补助收入”，这部分资金是专款专用，给了就必须花掉的，没有这笔钱地方上有很多公共事业就无以为继。这部分资金不列入一般预算收入中，但在一般预算支出中反映，属于所谓的上解支出。如果仅采用财政自给率，分子变小了，致使自给率“虚”低，用以衡量规模自然也就“显得”更“精简”。因此，我们将一般预算收入与本级财政支出的比值称为“实际财政自给率”。对于地方政府而言，财政自给率低当然是好事，至少再向上要补助的理由更充分，但由此带来的博弈成本和寻租行为是危害巨大的。引入“财政支出与一般预算收入的比值”这一指标，是为了更清楚、更直观地观察单位财政收入的产出，我们称之为“财政收支指数”。

（二）“人力规模”指标

“人力规模”指由本地方本级财政供养的人员总量，或者说是靠本级财政投入支持的地方政府人力资源总量。

所谓“财政供养人员”，“就是指通过财政支付个人收入和办公费用的人员

（为了理论研究的方便，这里暂不考虑优抚人员）”①，“在财政供养人员在统计口径上应表示为所有吃财政饭的人”②，“财政供养人员编制使用的范围包括全省党和国家机关、群团机关、民主党派机关（以下简称行政机关），以及列入财政预算的事业单位”。③ 之所以不采用公务员或政府雇员，而用财政供养人员的概念，是由于我国特殊体制所决定，“中国的‘公务员’，按照2006年1月1日实施的《公务员法》的界定，大体上是通常所说的‘党政干部’，包括了‘党、政、群’三大领域，即国家行政机关干部（近650万人）、党派机关专职干部和主要人民团体的专职干部之和，近三年规模约为1100万人。与此相关的概念还有：①‘干部’，是个身份概念，主要指‘党、政、军，企、事、群’这六大领域，也即党政军、人民团体和公有制事业企业单位工作的所有脑力劳动者，约为3600万人；②‘财政供养人员’，包括了党政机关干部、事业单位干部、两者的工勤人员和退休人员、农村部分领补助的村组干部，目前规模约为5000万人。发达国家所使用的‘政府雇员’概念与我国的‘财政供养人员’概念所界定的范围大体上接近。”④ 另外也有人使用“政府雇员”的概念，以财政供养人员加上“自收自支单位人员”来测算地方政府人力规模。⑤ 本书所称的“财政供养人员”的范围包括由财政预算拨款开支的县（县级市、市辖区、自治县）即和乡（镇、街道）行政、公检法司部门，以及由财政全额或差额补助开支的各类事业单位人员，不包括自收自支事业单位人员。所谓“本级财政供养人员”不含在本地方垂直管理机关和事业单位的人员，因为他们的机构、人员编制和财务收支均由中央或省级派出机构管理，不由本级财政负担。

对于地方政府的人力规模总量指标，本章采用财政供养人员占总人口的比例、财政供养人员占地方全社会从业人员的比例、财政供养人员占地方城镇职工人数的比例、单位GDP财政供养人员数量、财政供养人员人均财政支出。之所以分列财政供养人员占地方全社会从业人员的比例，是因为目前各地方经济发展不够均衡，在农业县，大部分从业人员集中于农业，而城镇职工数量只占较小比例。如果仅考虑财政供养人员占总人口的比例，政府人力规模就相对小多了，但政府供养人员绝大多数是非农业人口，因此需要看其占城镇职工的比例。除此之

---

① 李含琳．中国西部财政供养人口适度比例研究：经验模型及实证应用．北京：人民出版社，2003：41.（但该书所称的“财政供养人口”只包括“我国国家机关、政党机关和社会团体从业人口”，“不含军队、警察、教师等”，见该书第161页）

② 陈广桂．中国财政供养率问题的初步研究．当代经济科学，2003，（4）．

③ 高萍，黎一阳．湖北省县乡两级政府财政供养人口的现状与改革．湖北社会科学，2006，（5）．

④ 朱光磊等．中国公务员“超标”近20倍？科学探讨公务员规模．人民网，http：//politics.people.com.cn/GB/1026/4124916.html［2006-02-21］．

⑤ 张光，曾明．规模经济和分税制对政府雇员规模的影响：基于河北省分县数据的实证研究．武汉大学学报（哲学社会科学版），2008，（1）．

外，本章还将计算每万人口财政供养人员数，以及财政供养人员与总人口、全社会从业人口之比。这三个数字或比数与前述几个指标其实没有数学意义上的差异，相当于取了它们的倒数或乘以相应倍数，但这几个数字更直观，可以反映诸如“多少人养一个公家人”这样的社会认知。其中，财政供养人员数占地方人口的比例，一般称之为“财政供养系数”，而其倒数，我们把它称之为“财政供养指数”，以有别于“官民比”这一容易引起歧义的名称；财政供养人员占全社会从业人口比重，我们称之为“公共部门地方就业系数”，而财政供养人员占城镇职工的比重称为“公共部门城镇就业系数”。

（三）“职能规模”指标

“职能规模”指地方政府公共管理与公共服务供给的职能结构及其边界。政府职能规模的指标确定，首先需要明了政府职能到底是什么。国家和政府是作为极端的社会矛盾冲突的调节力量和缓和力量而出现的。“国家是表示：这个社会陷入了不可解决的自我矛盾，分裂为不可调和的对立面而又无力摆脱这些对立面。而为使这些对立面，这些经济利益互相冲突的阶级，不致在无谓的斗争中把自己和社会消灭，就需要有一种表面上凌驾于社会之上的力量，这种力量应当缓和冲突，把冲突保持在‘秩序’的范围以内；这种从社会中产生但又自居于社会之上的并且与社会脱离的力量，就是国家。”① “现代的国家政权不过是管理整个财产阶级的共同事务的委员会罢了。”② 但另一方面，任何国家及其政府只有介入社会经济活动和社会公共事务管理，才能最终实现统治阶级的利益。首先，任何阶级统治都是以实现一定的社会公共职能为前提的，都是建筑在一定规模的社会公共事务的基础上的，只是由于受生产力水平的制约，不同时代、不同社会、不同时期的国家公共事务规模的大小不同，政府履行社会公共事务管理的职能有所不同。“一切政治权利起先总是以某些经济的、社会的职能为基础的”③，“政治统治到处都是以执行某种社会职能为基础，而且政治统治只有在它执行了它的这种社会职能时才能持续下去。”④ 履行社会公共事务管理职能，对缓和社会矛盾，维持阶级统治，实现统治阶级利益具有重大意义，这是任何国家都不可缺少的职能。其次，统治阶级的特殊利益在一定程度上受到社会普遍利益的制约。虽然国家本质上是为维护和扩大统治阶级的特殊利益服务的，但却不能无视社会的普遍利益，甚至不能不考虑社会的普遍利益。因为若不兼顾、甚至扩大社会的普遍利益，如建设公共设施、发展社会保障系统、治理环境等，就无法维护和扩大统治阶级的特殊利益。

① 马克思恩格斯选集．第4卷．北京：人民出版社，1995：170.
② 马克思恩格斯选集．第1卷．北京：人民出版社，1995：274.
③ 马克思恩格斯选集．第3卷．北京：人民出版社，1995：526.
④ 马克思恩格斯选集．第3卷．北京：人民出版社，1995：523.

对于地方政府而言，政权运转是保护性政府职能的体现，公共品提供是生产性职能的体现。通过财政支出的基本功能分类可以看出，地方政府的保护性功能突出表现在行政管理费和公检法司事业费的支出上。而生产性的功能则体现在两个方面：一是通过直接投资或扶持产业发展的活动支出，直接或间接地参与经济活动，即经济建设费的开支；二是通过购买社会文教科学卫生类公共品和无偿地转移支付支出来满足公民对公共品供给即社会文教卫生费支出、社会保障费支出等。其中社会文教卫生费支出，因这部分公共品地方政府尚无法负担其全部成本，还需要服务对象支付部分费用，并借以减少“搭便车”现象。而属于财政补贴支出的公共支出经济性质分类中的转移性支出，无偿性是其最大的特性。当然，转移支付可以分为政府对微观经济主体的转移支付，和上下级政府间的转移支付。

根据上述分析，并考虑目前我国财政支出科目分类的实际情况，我们将地方政府职能分为行政运行职能、公共秩序维持职能、经济投资职能、公共品供给职能四类，为便于区分公共品供给的有偿性与无偿性，又将公共品供给职能分为基础型公共品供给职能和再分配型公共品供给职能。其中，行政运行职能的责任是维持本级政权，以及各类行政机关的正常运转，体现为“一般公共服务”类支出科目；公共秩序维持职能，则是为了保障社会公平正义，保障社会秩序的安定、和谐，体现为“公共安全”类支出科目；经济投资职能指政府运用财政资金，直接或间接参与经济建设的职能，主要体现为“农林水事务”、“交通运输”、“工业商业金融等事务”等类支出科目；基础型公共品供给职能是政府提供“纯公共品”，如外交、国防等，以及为了弥补“市场失灵”，而在教、科、文、卫等公共服务领域，或一般私人部门不愿进入的准公共品领域负责提供或主要投资以保障供给的责任，主要体现为“外交”、“国防”、“教育”、“科学技术”、“文化体育与传媒”、“医疗卫生”、“环境保护”、“城乡社区事务”等类支出科目；再分配型公共品供给职能是政府为进行公平的社会再分配，救济和帮扶弱势群体和落后地区发展的职能，主要体现为“社会保障和就业”、“社会保险基金支出”、“转移性支出”等类支出科目。

第二节　地方政府规模的测度模型及方法

（一）测度模型

在测度模型构建方面，采用分层分类方法构建。根据前面的政府规模的相关概念，将政府规模具体分为财政规模 X_1、人力规模 X_2、职能规模 X_3 三个不同侧面进行测度。对财政规模的测度，分别从财政支出比率 $X_{1.1}$、财政自给率 $X_{1.2}$ 和人均财政支出 $X_{1.3}$ 三个侧面进行测量。其中，财政支出比率用财政收入与本地区国民生产总值 GDP 的比值表示，财政自给率用本级政府财政收入与财政支出的比值表示，人均财政支出用本级政府财政支出与常住人口数之间的比值表示。对于人力规模的测度，分别从财政供养比例 $X_{2.1}$、单位GDP财政供养人员数 $X_{2.2}$、公共部门地域就业系数 $X_{2.3}$ 和公共部门城镇就业系数 $X_{2.4}$ 四个侧面进行测量。其中，财政供养比例用财政供养人数与年末常住人口数之间的比值表示，单位 GDP 财政供养人员数用本地 GDP 与财政供养人数之间的比值表示，公共部门地域就业系数用财政供养人数与本地就业人数之间的比值表示，公共部门城镇就业系数用财政供养人数与本地城镇职工数之间的比值表示。对于职能规模的测度，分别从行政运转职能规模 $X_{3.1}$、公共秩序维持职能规模 $X_{3.2}$、经济投资职能规模 $X_{3.3}$、基础型公共品供给职能规模 $X_{3.4}$、再分配型公共品供给职能规模 $X_{3.5}$ 五个侧面进行测度。其中行政运转职能规模用一般公共服务占财政支出的比例表示，公共秩序维持职能规模用公共安全支出占财政支出的比例表示，经济投资职能规模用农林水事务、交通运输、工业商业金融等事务的支出总和占财政支出的比例来表示，基础型公共品供给职能规模用外交、国防、教育、科学技术、文化体育与传媒、医疗卫生、环境保护、城乡社区事务等支出总和占财政支出的比例表示，再分配型公共品供给职能规模用社会保障和就业、社会保险基金支出、转移性支出等支出总和占财政支出的比例表示。具体测度指标体系见表 7-1。

表 7-1　地方政府规模测度指标体系

一级指标		二级指标	
变量名称	变量含义	变量名称	变量含义
财政规模（X_1）	地方政府财政支出总量	财政支出比率 $X_{1.1}$	财政支出 /GDP
		财政自给率 $X_{1.2}$	财政收入 / 财政支出
		人均财政支出 $X_{1.3}$	财政支出 / 常住人口数
人力规模（X_2）	本地方本级财政供养的人员总量	财政供养比例 $X_{2.1}$	财政供养人数 / 年末常住人口数
		单位 GDP 财政供养人员数 $X_{2.2}$	GDP/ 财政供养人数
		公共部门地域就业系数 $X_{2.3}$	财政供养人数 / 本地从业人数
		公共部门城镇就业系数 $X_{2.4}$	财政供养人数 / 本地城镇职工数
职能规模（X_3）	地方政府公共管理与公共服务供给的职能结构及其边界	行政运转职能规模 $X_{3.1}$	一般公共服务占财政支出的比例
		公共秩序维持职能规模 $X_{3.2}$	公共安全支出占财政支出的比例
		经济投资职能规模 $X_{3.3}$	农林水事务、交通运输、工业商业金融等事务的支出总和占财政支出的比例
		基础型公共品供给职能规模 $X_{3.4}$	外交、国防、教育、科学技术、文化体育与传媒、医疗卫生、环境保护、城乡社区事务的支出总和占财政支出的比例
		再分配型公共品供给职能规模 $X_{3.5}$	社会保障和就业、社会保险基金支出、转移性支出等支出总和占财政支出的比例

在具体测度模型构建过程中，首先根据测度指标体系分别构建财政规模、人力规模、职能规模和地方治理绩效规模测度的多元回归模型。然后在此基础上构建政府规模测度的多元回归模型。在构建模型过程中尤其要注意变量间的相关性问题的处理，避免多线共振的情形。

（二）指标筛选及权重确定方法

在上述模型中，测度指标数目繁多，测度指标之间可能存在较强的相关性，为了减少计算量，避免多线共振的问题，在指标选取方面采用主成分分析方法，这种方法能够有效降低变量维数，比较客观地确定各个变量的权数。“主成分分析（主分量分析）是一种实用的多元统计分析方法，是一种化繁为简将指数尽可能压缩的降维技术，由皮尔逊首先引入，后来经霍特林发展。其独特之处在于能够消除指标样本之间的相互关联，并在保持样本主要信息量前提下，提取少量具有代表性的主要指标；同时，在分析过程中得到主要指标的合理权重，用主成分作为决策分析的综合指标值。”①

正是因为主成分分析方法具有上述特点，所以在多指标综合评价方面主成分分析方法得到广泛应用。在实际分析中，一般用特征值大于 1 作为确定主成分的标准。主成分分析包含如下四个基本步骤：第一步，对原始数据标准化处理；第二步，计算无量纲数据的相关系数矩阵 R；第三步，求 R 的特征值、特征向量、贡献率，确定主成分个数，把所选主成分作为解释因子，对各主要因子的经济意义做出解释，其意义由因子负载最大的几个指标的综合意义确定；第四步，按主成分方差贡献率对各主成分得分进行加权求和得出各样本的最后综合得分。

具体分析步骤可以通过以下四步来完成：第一步，应该对测度数据进行标准化处理，消除测量指标获得数据的数量级或单位上的差异，使数据在更平等的条件下进行分析。本书中采用观测值与数据均值之差除以标准差的方法进行标准化处理。第二步，应该计算无量纲数据之间的相关系数矩阵，考察测量指标之间的共线性或者相关性程度。第三步，对相关性程度较高的多线共振数据进行合并，形成公共因子降低变量间的相关性，并对公共因子的意义做出解释，其意义由因子负载最大的几个指标的综合意义来确定。第四步，按照方差的贡献率确定主成分的个数，并以各个主成分的方差贡献率作为各个主成分的权重，对主成分的得分进行加权求和计算各个样本的综合得分。

（三）综合评价方法

在综合评价方面，本书采用聚类分析方法对样本间的相似性和差异性进行比较分析，分析观测样本总体的相似性以及样本之间的差异性。“聚类分析（cluster

① 于瑞娟，吴广谋．基于主成分分析的区域产业竞争力评价．价值工程，2008，(7)：38-40.

analysis）是研究‘物以类聚’问题的一种多元统计方法，也称为群分析、点群分析、簇分析等，它和回归分析、判别分析一起被称为多元分析的三大实用方法。聚类分析实质是一种建立分类的方法，它能够将一批样本数据（或变量）按照它们在性质上的亲疏程度在没有先验知识的情况下自动进行分类，有效克服了过去人们主要靠经验和专业知识做定性分类而带有的主观性和任意性，特别是对于多因素、多指标的分类问题，定性分类更难以客观准确分类”。[①]“聚类分析是建立在某种优化意义下，对样品或指标之间存在的相似性进行度量，将‘相似’的归并成类。其优点在于：能综合利用多个变量对样本进行分类。分类结果是直观的，聚类谱系图明确、清楚地表现其数值分类结果，聚类分析所得到的结果比传统分类方法更细致、全面、合理”。[②]“聚类分析的基本思想是：首先将一定数量的样本（或指标）各自看成一类，根据样本（或指标）的相似程度，将相似程度最高的两类进行合并；其次考虑合并后的类与其他类之间的相似程度，再进行合并；重复这一过程，直至将所有的样本（或指标）合并为一类；最后根据各类之间的相似关系，绘出一张完整的分类谱系图”。[③] 本章在具体聚类方法选择上采用 SPSS13.0 中的 Hierarchical Cluster 方法进行聚类分析。Hierarchical Cluster 方法的原理是先将所有 n 个变量/观测看成不同的 n 类，然后将性质最接近（距离最近）的两类合并为一类；再从这 n-1 类中找到最接近的两类加以合并，依此类推，直到所有的变量/观测被合为一类。[④]

在聚类分析过程中，可以采用分层聚类的方法进行聚类。为了各种聚类方式之间分析结果比较容易比较，首先可以根据政府规模综合得分按照升序规则进行排序，确定各个样本的排列顺序和编号。具体聚类方式可以从以下四个维度进行聚类：第一个维度是从政府财政规模评价的维度进行聚类分析，分析样本总体财政规模的相似性和样本间财政规模的差异性；第二个维度是从人力规模评价的维度进行聚类分析，分析样本总体人力规模的相似性和样本间人力规模的差异性；第三个维度是从政府职能规模评价的维度进行聚类分析，分析样本总体职能规模的相似性和样本间职能规模的差异性；第四个维度是从政府规模评价的维度进行聚类分析，分析样本总体政府规模的相似性和样本间财政规模的差异性。

---

① 范林榜．聚类分析法在高效学生培养中的应用．统计教育，2007，(4)：49-50.

② 王庆建．聚类分析在上市公司财务数据中的应用研究．安徽电子信息职业技术学院学报，2007，(2)：88-89.

③ 惠俊刚，卫海燕，郎玉泉．陕西区域经济发展水平的聚类分析．兰州商学院学报，2007，(2)：56-59.

④ 张文彤．世界优秀统计工具 SPSS11.0 统计分析教程（高级篇）．北京：北京希望电子出版社，2002，(6)：171.

第八章　中国地方政府结构的分析模式

第一节　地方政府职能与结构分析

一般而言，政府的政治职能的弱化，社会职能的加强是政府职能演变的一般规律。在新的历史时期，政府的职能定位必须转型，要由片面强调经济增长转到全面加强社会管理和公共服务上来，切实推进公共服务型政府的建设。这就要求，一方面地方政府要致力于社会主义市场经济的建设。这需要切实转变地方政府职能，明确规范地方政府权力运作的范围与方式，实现政治与经济的适度分离，真正使得市场在资源配置中起到基础性作用。另一方面，地方政府要切实加强社会管理和公共服务，增强地方政府对公众需求的回应性，提供或组织提供公共产品和公共服务。加强社会管理、保障公民权利、维护社会秩序、实施社会福利政策、培育管理社会组织、提供社会安全网、加强危机管理能力，建立和完善适应市场经济社会的制度化、程序化和理性化的利益表达、利益整合与利益协调机制。

为此，我们有必要重塑地方政府的职能体系。

第一，突出地方政府的职能重点。西方福利国家政府职能划分和转移的依据是地理上的就近性、管理能力和经济能力。地方政府如郡、县、市镇承担五类公共服务职能，包括保护性职能、环境管理职能、对公民个人的服务性职能、提供社会文化和娱乐服务、商业规制管理功能。一般而言，只有当低一层级政府在人口和经济方面不足以承担某一职能时，上一级政府才会承担。无论从法律文本层面还是社会实践层面，我国各层级地方政府的职能没有进行科学合理的划分，下级地方政府能管的事情，上级地方政府也能管，各级地方政府职能基本上没有差别，只是管辖的地域不同而已，这不符合科学合理配置地方政府职能的要求。在改革中，应该按照不同的政府层级，列出不同的职能重点，并以法律的形式确定下来。地方政府作为直接面对群众的低层级政府，应当强化社会管理和公共服务职能。其一，社会管理职能大致包括如下重点领域：规范社会组织或团体，培育社会治理的多元主体；创设完整的社会规制体系，推行社会安全系统工程；实施配套的社会政策，维护社会公正；树立科学的发展观，培育健康的市民社会；调整社会管理执行机构，健全地方政府社会管理体制。其二，公共服务职能应集中选择在如下重点领域：提高公共教育服务的水平，普及 12 年制的义务教育；提高社会保障公共服务水平；提升公共医疗服务水平；提高科技服务的公共服务水平等。

第二，合理分离和综合地方政府职能。地方政府要结合当地的比较优势和竞争优势，通盘考虑职能重心与战略目标，合理分离和综合地方政府的职能体系。所谓分离，就是原先由地方政府承担的一些竞争性、赢利性的职能可以从地方政府的职能体系中剥离出来，交给市场或社会中介组织去做。即使诸如提供公共产品和服务等职能，也可以通过外包、合同出租、公私合营、社区化等方式实现。所谓综合，就是指要改变按产品门类和行业划分职能的计划经济模式，克服职能分割过细、协调不灵的顽症及其由此带来的扯皮掣肘、推诿争利、管理低效的问题。在深化改革中，应当按照职能本身的特点及其管理的有效性与便利性，科学合理地划分各项职能。地方政府的职能应向“宽职能、少机构”方向发展，通过整合职能，拓宽一些职能部门的职能范围，向大经济、大农业、大交通、大文化、大环保等大职能过渡。

第三，割断与经济主体不正当的利益连带。要从理顺利益关系入手，割断地方政府部门与其投资、主管的经济主体不正当的利益连带关系，当前，尤其需要注意的是，一方面要深化改革，切实把中央政府或上级政府下放给企业的权利放给企业，地方政府不得截留；另一方面，要进一步规范地方政府及其部门与私营企业之间隐秘的利益连带关系，如严禁政府机构直接参与赢利性的经营活动，切实转变层层下达经济增长指标的做法；严禁以“为企业办实事”为名对经济项目和企业活动直接介入；严禁政府官员与企业的私下结合、权钱权色交易等违法违规行为。

第四，培育与发展社会中介组织。社会中介组织具有利益表达与整合、协调沟通、参与管理、民主训练、归属感培养等功能。当前地方政府要从社会建设的战略高度，培育和管理社会中介组织，一方面，要破除理念上的错误认识，采取统筹规划、重点扶持的政策，根据市场经济、社会建设和发展的需要，大力鼓励社会中介组织的发展，积极稳妥地实现社会中介组织与行政机构的分离，引导中介组织积极参与市场的公平竞争，积极承担政府职能转变所剥离的职能，使之成为自主经营的社会中介实体。另一方面，还要加强对社会中介组织的治理和管理，把中介组织的建设和管理纳入法制的轨道，也使社会中介组织的发展获得法律的保障。

第五，建立社会运行状况的监测体系，加强政府危机管理。总体来说，当前社会处于矛盾突显期与多发期。这就需要地方政府从具体的经济事务中抽身出来，随着社会形势的发展不断转换关注点，拓展视野、提高层次，走向宏观性的本地战略管理和社会资源的整合管理，当务之急是建立社会运行状况的监测体系，在完善体制内社会检测机构的同时，培育和发展社会独立评估机构，逐步形成纵横交叉式、立体网状的监测体系；重构社会信息的采集、整理、分析和披露渠道，拓宽社会信息的收集源，增强信息的真实性和全面性，尽量减少信息在官僚层级传递中的失真和扭曲。建立和完善信息的分析评估中心，增强预测指标体系的科学性，构建社会稳定的预警、预控管理系统，加快建立健全各种突发事件应急管理机制，提高政府公共危机的管理能力。

第二节　地方政府组织结构现状分析

一方面，部门职能交叉、政出多门、协调不顺依然是职能部门之间存在的老问题。解决这一问题的关键在于打破计划经济体制下按行业和产品门类设置专业管理部门的组织结构模式，将同类性质或性质相近的行政事务并入一个部门或机构进行系统性综合管理，在此基础上，明确各职能部门的分工与权限，从而理顺关系；加强经济调控部门，精简专业经济部门；重点加强社会服务部门和执法监督部门。针对上述现状，总体而言，具体的解决办法包括：

1）裁减专业经济部门，设置综合经济管理部门。将农机、畜牧、林业、水产、商业、物资、粮食、外贸、医药、供销社等部门成建制地转为经济实体或服务实体，不再承担行政职能，在人、财、物等方面与政府财政脱钩，成为独立法人。组建综合性管理机构，承接前述各部门分解出来的行政职能，从事间接管理。

2）合并职能相近和业务交叉的部门。将农、林、牧、渔、海洋等职能归入农业局，设置“大农业”综合管理机构：侨办、对台办、民族、宗教等机构可适当合并；文化、广电、体委、教育等机构可以设置“大文化”综合管理机构；卫生、计划生育、爱卫办等可设置“大环保”综合管理机构；可以考虑撤销经济发展局、对外贸易经济合作局、市场贸易发展局，成立商务局，将内、外贸职能及机构进行整合；建立健全综合执法机构，或者通过一定的法律程序，设置综合性的执法机构，集中行使几个行政机构的行政检查权和行政处罚权，减少乱执法、重复执法现象，也有利于执法机构和人员编制的精简。

3）加强各职能部门之间、职能部门内部科室之间的协调。协调规划、环保、国土局之间、国土局与房管中心之间的职能；职能部门内设科室也可以整合，具有行政审批职能的科室可以整合到一个科室，或进驻行政审批中心，这样可以大大提高行政效率和服务能力。

4）加强对非常设机构的管理。非常设机构的设立，应当由地方政府编制管理机构提出，报经地方政府常务会议或全体会议决定，并报上一级地方政府备案；应当在该机构设立之时向社会公布其性质、任务、职能和存续的期限；若超过其存续期限，该机构则自动撤销，其行为不再发生法律效力；若到期仍有存在的必要、需要延长期限的，应当依照设立程序重新报经批准。

5）建立政府组织体系的自我调节机制。未来行政生态的变化迫切需要建立和完善政府组织体系的自我调节机制。政府组织体系的自我调节主要表现在：一是政府机构的设置与经济社会发展的需要相呼应、相匹配，当原有机构不能适应发展的形势时，政府组织体系能够较为迅速地调整和优化；二是根据不断变化的行政生态环境，适时改进管理的范围、方式、手段等，及时调整机构内部的结构模式及其运行机制；三是政府组织体系与管理方式的自我调节，主要不是受命于上级政府，而是基于管辖区域经济社会发展的内在需要，在很大程度上是本级政府基于内生机制的自我调整行为。

另一方面，要建立地方政府组织体系的自我调节机制，应做到以下几点：第一，确立地方政府的相对自主性。地方政府在承担越来越多的经济、社会、文化管理事务的同时，应该经由法律分权而非行政分权的途径，重建地方政府的相对自主性，也就是说，地方政府在体现一级国家行政机关特性的同时，更须体现作为地方国家权力机关的执行机关的特性，必须代表好、维护好、实现好管辖区域内人民群众的利益。表现在机构设置上，就是要突破传统的政府机构设置模式，在机构设置上充分考虑到地方特色和地方实际，不强求上下对口，在编制法律体系内给予地方政府一定的设置机构的自主性。第二，建设开放型政府，实现政府与公民社会的对话协商，形成良好的协作伙伴关系。地方政府应该敏锐地收集和整合个人、组织、社会所表达的利益和要求，充分发挥资源转换功能，促进各种资源的有效配置，发挥资源的整体效益，最后通过一定的方式释放能量，回应公民诉求，实现预先的目标。在这一政治系统中，政府机构就需要按照政治系统的流程，做出相应的调整，如畅通公民政治参与的渠道、增强政策制定机构的能力、信息反馈机构的效率等。配合政治系统的循环运作，政府机构也需要做出基于内在机制的调整和优化。

第三节　编制管理的科学化与法制化分析

根据现实的条件，以下措施对于完善地方政府机构编制具有重要意义。

1. 健全法制，严格规范行政机构设置的法律程序

我国现行的组织法对机构设置的规定过于原则和抽象，国家又没有一部各级地方政府机构的编制法。因此，在实践中，机构设置主要是依据政策性的规范性文件。这有两类：一类是作为指导性政策的党和国家的有关规范性文件；另一类是直接经上一级地方政府批准的地方政府机构设置的“三定方案”。这些政策性文件在历次机构改革中起到了重要作用，但是由于“文件”本身的模糊性与不稳定性，容易被领导者个人意志左右，扰乱机构设置的正常程序，影响机构改革成果的保障和巩固。基于此，建议完善组织法、制定编制管理法要根据不同层级政府的特点，制定各级政府的行政组织法，明确实施细节，增强可操作性。加快编

制立法，对地方政府的职能部门以及内设机构、人员编制做出明确具体的规定，对设置机构的程序做出相应的规定。

一般而言，机构设置的程序为：①科学论证。对于将要设立、撤销、合并的行政机构，都应该进行广泛的调研，就其必要性、法律依据、职能定位、机构和人员规模及其体制、经费等有关问题进行充分客观的论证，提出论证报告；②严格审核。地方政府的编制主管部门依据此报告进行严格审核，提出审核意见，连同论证报告一并报地方政府的常务会议讨论通过；③人大审议。提请本级人民代表大会或者本级人民代表大会的常务委员会审议，在本级人民代表大会召开期间，获得出席本次人民代表大会的代表半数以上赞成的为通过。在本级人民代表大会闭会期间，提请本级人民代表大会常务委员会审议，获得常务委员会委员1/2以上赞成的为通过，最后经上级批准而生效。与规定设置程序同样重要的是对违反行为法律责任的严格规定。比如未经法定程序批准或者超过人员编制限额招收录用的工作人员必须退回；对违反规定的有关责任人员，视其情节，追究行政机关主要领导和直接责任人的行政责任，给予相应的行政处分；造成重大影响和恶劣后果的，应当依法追究刑事责任。

2. 科学定编、合理配置人员，适应社会经济发展形势

新中国成立以来，地方政府的编制管理逐渐产生了平均主义现象，表现在确定各地的机构编制时没有充分注意到人口数量、经济社会发展特点与程度、区域文化、被管理者素质等因素，往往采取一刀切的方式，结果使各县机构编制的数量、规模、类别相差无几。而且，编制管理与发展形势不相适应的问题比较突出。科学定编，合理配置人员，可以考虑采取下列对策和措施。

1）完善统一领导、分级管理的编制管理体制，“统一领导”就需要从全局出发，根据不同历史阶段的主要任务和社会经济发展的要求，统筹兼顾，综合平衡，更好地发挥调控职能，而不能不顾本地实际情况搞一刀切，搞平均主义。“分级管理”必须更加注重县情，注重本地社会发展的形势，在统一领导的前提下，因地制宜地设置机构和审定人员编制，积极调动和发挥本级编制管理机构的积极性，及时处理和解决机构编制管理中的问题。根据当前的发展形势，可以考虑增强省委省政府编制管理的自主性。编制管理权高度集中于中央已经不能适应市场经济和地方多样性的发展，而在法律制度环境、权力制衡机制尚未完善的背景下，如果把编制管理权下放到市县一级，则容易出现政出多门、各行其是，造成机构设置过滥、编制失控的局面。因此，增强省级的编制管理权，省级政府及编办可以根据各地的社会经济发展水平，综合各项定编指标，制定科学合理的标准，灵活自主地进行动态管理。如此则可以发挥双重优势，一则可以更充分地考虑到省内各市县的发展水平和环境，二则同样可以起到宏观调控的作用。

2）增强定编工作的科学性，科学合理的确定编制的依据。核定编制可以说是一项专业技术性很强的工作，不能光凭直觉判断，而须通过审慎理性的分析。要充分重视影响定编的各种因素，人口、面积、行政区划、国民生产总值、财政收入、交通通信条件、人口密度等都是影响定编的重要因素，要运用新方法、新科技，明确权重，进行综合分析预测，作为定编的重要依据。

第三篇　地方政府规模：财政、人力、职能规模的视角

第九章　省级政府规模测度与评价

第一节　省级政府规模及影响因素测度数据

一、省级政府规模测度数据

如前所述，本章认为政府规模包含政府财政规模、政府人力规模和政府职能规模，这三个重要侧面是测度政府规模的三个核心指标。在本章中，为了方便下文对我国省级政府的政府规模进行测度，本节按照第三章所设计的政府规模测度指标体系分别从财政规模、人力规模和职能规模这三个侧面收集了 2009 年度全国 31 个省区（不包含香港、澳门和台湾地区，下同）政府规模的相关数据，其中，原始数据均来源于《中国统计年鉴 2009》，部分数据根据原始数据计算得到。

如表 9-1 所示，我国省级政府财政规模这一指标的测量数据主要包含财政收入、财政支出、财政支出比率和财政自给率四项统计数据。

表 9-1　2009 年度全国 31 个省区政府财政规模测度数据

省（市、区）	财政收入/万元	财政支出/万元	财政支出比率/%	财政自给率/%
北京	18 373 238	19 592 857	18.68	0.94
天津	6 756 186	8 677 245	13.66	0.78
河北	9 475 858	18 816 696	11.62	0.50
山西	74 800 47	13 150 175	18.95	0.57
内蒙古	6 506 764	14 545 732	18.74	0.45
辽宁	13 560 812	21 534 348	16.00	0.63
吉林	4 227 961	11 801 223	18.37	0.36
黑龙江	5 782 773	15 423 004	18.56	0.37
上海	23 587 464	25 939 161	18.94	0.91
江苏	27 314 074	32 474 927	10.71	0.84
浙江	19 333 890	22 085 756	10.28	0.88
安徽	7 246 197	16 471 253	18.56	0.44
福建	8 334 032	11 377 159	10.51	0.73

续表

省（市、区）	财政收入/万元	财政支出/万元	财政支出比率/%	财政自给率/%
江西	4 886 476	12 100 730	18.67	0.40
山东	19 570 541	27 046 613	8.70	0.72
河南	10 089 009	22 816 093	12.39	0.44
湖北	7 108 492	16 502 763	14.57	0.43
湖南	7 227 122	17 652 249	15.82	0.41
广东	33 103 235	37 785 681	10.59	0.88
广西	5 184 245	12 971 100	18.09	0.40
海南	1 448 584	3 579 708	24.53	0.40
重庆	5 775 738	10 160 112	19.93	0.57
四川	10 416 603	29 488 269	23.58	0.35
贵州	3 478 416	10 537 922	31.61	0.33
云南	6 140 518	14 702 388	25.79	0.42
西藏	248 823	3 806 589	96.15	0.07
陕西	5 914 750	14 285 208	20.85	0.41
甘肃	2 649 650	9 684 336	30.49	0.27
青海	715 692	3 635 950	37.81	0.20
宁夏	950 090	3 246 064	29.55	0.29
新疆	3 610 616	10 593 638	25.20	0.34

资料来源：《中国统计年鉴 2009》

如表 9-2 所示，我国省级政府人力规模这一指标的测量数据主要包含公共管理和社会组织人数、公共管理和社会组织人数占人口总数的比例、公共管理和社会组织人数占社会就业人员总数的比例、公共管理和社会组织人数占城镇职工数的比例这四项统计数据。

表 9-2　2009 年度全国 31 个省区政府人力规模测度数据

省（市、区）	公共管理和社会组织人数/万人	占人口总数的比例/%	占社会就业人员总数的比例/%	占城镇职工总数的比例/%
北京	34.00	2.01	2.90	5.97
天津	13.80	1.17	2.73	6.85
河北	74.50	1.07	2.04	14.87
山西	47.90	1.40	3.02	12.76
内蒙古	32.90	1.36	2.98	13.44
辽宁	49.30	1.14	2.35	9.65

续表

省（市、区）	公共管理和社会组织人数/万人	占人口总数的比例/%	占社会就业人员总数的比例/%	占城镇职工总数的比例/%
吉林	31.00	1.13	2.71	11.82
黑龙江	40.80	1.07	2.45	8.60
上海	17.70	0.94	1.97	4.69
江苏	60.80	0.79	1.39	8.60
浙江	52.40	1.02	1.42	7.07
安徽	44.70	0.73	1.24	13.00
福建	29.50	0.82	1.42	6.44
江西	41.70	0.95	1.87	14.41
山东	100.50	1.07	1.88	11.15
河南	98.80	1.05	1.69	13.83
湖北	54.40	0.95	1.89	11.56
湖南	67.40	1.06	1.77	14.82
广东	90.60	0.95	1.65	8.98
广西	37.00	0.77	1.32	12.63
海南	9.00	1.06	2.19	11.77
重庆	22.70	0.80	1.24	9.40
四川	69.60	0.86	1.43	12.64
贵州	35.20	0.93	1.53	16.68
云南	43.90	0.97	1.64	14.46
西藏	7.80	2.70	4.83	38.21
陕西	44.70	1.19	2.30	12.99
甘肃	34.60	1.32	2.49	17.99
青海	7.90	1.42	2.85	16.79
宁夏	7.60	1.23	2.50	13.32
新疆	32.40	1.52	3.98	13.05

资料来源：《中国统计年鉴 2009》

如表 9-3 所示，我国省级政府职能规模这一指标的测量数据主要包含行政运转支出、公共秩序支出、经济投资支出、基础型公共品支出、再分配型公共品支出、行政运转支出占比、公共秩序支出占比、经济投资支出占比、基础型公共品支出占比和再分配型公共品支出占比这十项统计数据。

表 9-3　2009 年度全国 31 个省区政府职能规模测度数据

省(市、区)	行政运转支出		公共秩序支出		经济投资支出		基础型公共品支出		再分配型公共品支出	
	数额/万元	占比/%	数额/万元	占比/%	数额/万元	占比/%	数额/万元	占比/%	数额/万元	占比/%
北京	1 962 664	10.02	1 604 616	8.19	3 181 648	16.24	8 721 665	44.51	4 122 264	21.04
天津	959 055	11.05	658 481	7.59	1 287 990	14.84	4 268 332	49.19	1 503 387	17.33
河北	3 176 185	16.88	1 367 819	7.27	3 293 759	17.50	7 593 263	40.35	3 385 670	17.99
山西	2 234 833	16.99	907 536	6.90	2 334 478	17.75	5 190 745	39.47	2 482 583	18.88
内蒙古	2 433 914	16.73	764 478	5.26	3 353 831	23.06	5 649 576	38.84	2 343 933	16.11
辽宁	3 076 503	14.29	1 475 833	6.85	4 078 272	18.94	7 400 027	34.36	5 503 713	25.56
吉林	1 742 481	14.77	719 504	6.10	2 965 059	25.13	4 215 417	35.72	2 158 762	18.29
黑龙江	2 404 474	15.59	924 983	6.00	4 228 903	27.42	5 222 814	33.86	2 641 830	17.13
上海	1 987 807	7.66	1 495 741	5.77	4 559 130	17.58	11 127 711	42.90	6 768 772	26.09
江苏	5 168 601	15.92	2 528 845	7.79	6 820 257	21.00	13 617 690	41.93	4 339 534	13.36
浙江	3 724 556	16.86	1 996 246	9.04	4 088 733	18.51	9 928 856	44.96	2 347 365	10.63
安徽	2 341 531	14.22	868 949	5.28	3 748 578	22.76	6 512 392	39.54	2 999 803	18.21
福建	1 891 974	16.63	915 985	8.05	2 140 512	18.81	4 478 864	39.37	1 949 824	17.14
江西	1 806 669	14.93	752 927	6.22	3 064 704	25.33	4 184 758	34.58	2 291 672	18.94
山东	4 682 351	17.31	1 732 612	6.41	5 197 077	19.22	11 558 683	42.74	3 875 890	14.33
河南	4 065 896	17.82	1 391 862	6.10	4 533 372	19.87	8 745 607	38.33	4 079 356	17.88
湖北	2 658 031	16.11	1 256 486	7.61	3 404 808	20.63	5 547 898	33.62	3 635 540	22.03
湖南	3 010 646	17.06	1 127 951	6.39	3 694 159	20.93	6 166 258	34.93	3 653 235	20.70
广东	6 290 231	16.65	3 932 064	10.41	4 942 207	13.08	14 418 708	38.16	8 202 471	21.71
广西	2 245 366	17.31	956 563	7.37	3 045 325	23.48	4 788 339	36.92	1 935 507	14.92

续表

省(市、区)	行政运转支出		公共秩序支出		经济投资支出		基础型公共品支出		再分配型公共品支出	
	数额/万元	占比/%	数额/万元	占比/%	数额/万元	占比/%	数额/万元	占比/%	数额/万元	占比/%
海南	533 225	14.90	242 533	6.78	911 319	25.46	1 162 151	32.46	730 480	20.41
重庆	1 390 183	13.68	614 354	6.05	1 963 908	19.33	4 188 270	41.22	2 003 397	19.72
四川	3 637 823	12.34	1 531 436	5.19	5 432 601	18.42	7 937 343	26.92	10 949 066	37.13
贵州	1 842 076	17.48	680 706	6.46	2 299 866	21.82	4 165 587	39.53	1 549 687	14.71
云南	2 171 232	14.77	1 065 126	7.24	3 298 109	22.43	5 218 786	35.50	2 949 135	20.06
西藏	640 632	16.83	301 530	7.92	1 163 942	30.58	1 077 624	28.31	622 861	16.36
陕西	2 261 364	15.83	763 920	5.35	2 922 329	20.46	5 390 682	37.74	2 946 913	20.63
甘肃	1 271 358	13.13	452 703	4.67	1 884 466	19.46	3 628 470	37.47	2 447 339	25.27
青海	694 155	19.09	203 753	5.60	716 836	19.72	1 278 775	35.17	742 431	20.42
宁夏	423 470	13.05	192 769	5.94	773 328	23.82	1 337 980	41.22	518 517	15.97
新疆	1 784 436	16.84	683 001	6.45	2 359 493	22.27	4 218 428	39.82	1 548 280	14.62

资料来源:《中国统计年鉴 2009》

二、省级政府规模影响因素测度数据

政府规模的影响因素众多，影响机理十分复杂，是众多中外学者长期以来十分关注的问题，不同的学者从不同的角度提出了很多颇有建树的见解。但是，目前在理论界尚未形成一个统一的认识。在笔者看来，各省区政府规模应该由各省区的实际情况客观决定，合理的政府规模应该以满足政府规模的客观需求为限度，考察政府规模的合理性必须充分考虑各个地区实际情况对政府规模客观需求的决定作用。在本章中，笔者将政府规模影响因素分为经济水平、管理幅度和管理能力这三个侧面，为了方便下文对我国省级政府规模影响因素进行分析，本节分别从经济水平、管理幅度和管理能力三个侧面收集了 2009 年度全国 31 个省区政府规模影响因素的测度数据，其中原始数据均来源于《中国统计年鉴 2009》，部分数据根据原始数据计算得到。

如表 9-4 所示，经济水平这一指标的测量数据包含地区生产总值、人均 GDP 这两项统计数据。

表 9-4　2009 年度全国 31 个省区经济水平测度数据

地区	地区生产总值/亿元	人均 GDP/元
北京	10 488.03	61 876.283 19
天津	6 354.38	54 033.843 54
河北	16 188.61	23 163.581 26
山西	6 938.73	20 344.542 47
内蒙古	7 761.80	32 156.869 24
辽宁	13 461.57	31 199.318 61
吉林	6 424.06	23 496.927 58
黑龙江	8 310.00	21 723.275 27
上海	13 698.15	72 536.087 61
江苏	30 312.61	39 483.425 16
浙江	21 486.92	41 966.640 63
安徽	8 874.17	14 464.824 78
福建	10 823.11	30 030.826 86
江西	6 480.33	14 728.022 73
山东	31 072.06	32 994.904 02
河南	18 407.78	19 522.515 64
湖北	11 330.38	19 839.572 75
湖南	11 156.64	17 486.896 55

续表

地区	地区生产总值/亿元	人均 GDP/元
广东	35 696.46	37 401.990 78
广西	7 171.58	14 891.154 49
海南	1 459.23	17 087.002 34
重庆	5 096.66	17 952.307 15
四川	12 506.25	15 367.719 34
贵州	3 333.40	8 788.919 855
云南	5 700.10	12 546.995 38
西藏	395.91	13 794.773 52
陕西	6 851.32	18 211.908 56
甘肃	3 176.11	12 085.10 266
青海	961.53	17 346.743 64
宁夏	1 098.51	17 784.163 58
新疆	4 203.41	19 726.910 08

资料来源：《中国统计年鉴 2009》

如表 9-5 所示，管理幅度这一指标的测量数据包含常住人口数量、人口密度和管辖区域面积这三项统计数据。

表 9-5　2009 年度全国 31 个省区管理幅度测度数据

地区	常住人口数量/万人	人口密度/（万人/平方公里）	管辖区域面积/平方公里
北京	1 695	9.916 106 195	16 807.80
天津	1 176	9.613 095 238	11 305
河北	6 989	27.186 277 51	190 000
山西	3 411	45.739 618 43	156 000
内蒙古	2 414	490.112 812 9	1 183 000
辽宁	4 315	33.768 280 53	145 700
吉林	2 734	68.544 257 5	187 400
黑龙江	3 825	118.680 709 7	454 000
上海	1 888	3.357 497 644	6 340.50
江苏	7 677	13.364 073 31	102 600
浙江	5 120	19.882 812 5	101 800
安徽	6 135	22.754 686 23	139 600
福建	3 604	33.684 794 67	121 400
江西	4 400	37.942 5	166 947

续表

地区	常住人口数量/万人	人口密度/（万人/平方公里）	管辖区域面积/平方公里
山东	9 417	16.682 187 86	157 100
河南	9 429	17.711 316 15	167 000
湖北	5 711	32.551 216 95	185 900
湖南	6 380	33.209 247 65	211 875
广东	9 544	18.839 061 19	179 800
广西	4 816	49.065 614 62	236 300
海南	854	40.983 606 56	35 000
重庆	2 839	29.024 304 33	82 400
四川	8 138	59.596 952 57	485 000
贵州	3 793	46.430 934 97	176 100
云南	4 543	86.726 832 49	394 000
西藏	287	4 280.139 373	1 228 400
陕西	3 762	54.651 780 97	205 600
甘肃	2 628	173.127 558 9	455 000
青海	554	1 302.543 749	722 000
宁夏	618	107.497 288 3	66 400
新疆	2 131	779.050 122	1 660 000

资料来源：《中国统计年鉴 2009》

如表 9-6 所示，管理能力这一指标的测量数据包含交通线路长度、互联网宽带接入户数和移动电话户数这三项统计数据。

表 9-6　2009 年度全国 31 个省区管理能力测度数据

地区	交通线路长度/公里	互联网宽带接入户数/万个	移动电话户数/万户
北京	21 506.549	455.30	3 106.00
天津	12 912.776	163.10	1 560.00
河北	154 356.452	466.80	5 851.00
山西	128 563.817	283.00	2 363.90
内蒙古	156 531.095	135.90	2 673.00
辽宁	105 751.679	426.60	3 600.50
吉林	92 383.874	216.60	2 253.70
黑龙江	161 730.700	293.80	3 223.70
上海	14 039.180	611.30	3 370.00
江苏	166 182.587	954.50	6 382.40

续表

地区	交通线路长度/公里	互联网宽带接入户数/万个	移动电话户数/万户
浙江	114 666.457	822.00	7 900.60
安徽	157 274.290	248.30	3 341.60
福建	93 470.701	411.70	4 629.10
江西	142 103.343	219.10	2 741.00
山东	225 333.498	743.50	9 391.50
河南	245 953.676	497.30	6 300.30
湖北	199 257.476	327.40	4 296.00
湖南	198 958.128	322.80	3 635.00
广东	197 163.405	1 442.30	12 833.90
广西	107 417.340	270.70	2 556.40
海南	19 293.332	55.40	620.00
重庆	114 140.314	230.90	2 448.30
四川	238 208.494	391.00	6 712.50
贵州	130 752.668	125.80	1 909.40
云南	208 600.997	205.50	3 172.10
西藏	53 831.100	11.50	126.50
陕西	133 298.960	238.40	3 146.40
甘肃	108 933.169	108.40	1 539.00
青海	58 647.890	25.60	408.00
宁夏	21 936.320	31.50	593.60
新疆	149 412.505	154.60	1 846.00

资料来源：《中国统计年鉴 2009》

第二节　省级政府规模综合测度及特征分析

一、基于主成分分析方法的省级政府规模测度过程及结果

在省级政府规模综合测量过程中，考虑到前文所涉及的测度指标数量众多，而且这些测度指标之间可能存在或多或少的相关性。为了避免测度指标筛选及指标权重确定的主观性，有效克服各个指标之间的多线共振性，本节首先引入主成分分析方法对政府规模测度指标进行筛选并确定筛选后的指标权重，然后计算政府规模的测量结果。在具体操作过程中，考虑到前文所给出的政府规模测度指标包含两级指标，本节对我国省级政府规模测度指标的主成分分析过程分两个层次展开：第一个层次，采用主成分分析方法对测度政府规模的二级指标进行筛选并

确定筛选后的二级指标权重，计算出各个省区政府的财政规模、人力规模和职能规模的测量结果；第二个层次，采用主成分分析方法对测度政府规模的一级指标进行筛选并确定筛选后的一级指标的权重，计算出各个省区政府规模的测量结果。具体分析过程和结果如下。

（一）政府规模测度二级指标筛选过程及测量结果

考虑到测度政府规模的财政规模、人力规模和职能规模这三个一级指标包含众多二级测度指标，为了避免这些二级指标筛选及指标权重确定的主观性，本书采用主成分分析方法分别对财政规模、人力规模和职能规模的二级指标进行筛选并确定筛选后的二级指标的权重，计算出各个省区政府财政规模、人力规模和职能规模的测量结果，具体分析过程和结果如下。

（1）政府财政规模的测度指标筛选过程及测量结果

本部分选取 2009 年度全国 31 个省区的政府财政规模测度数据作为样本数据（表 9-1），利用 SPSS13.0 的主成分分析方法对政府财政规模的二级测度指标进行指标筛选并确定筛选后的二级指标的权重，计算出各个省区政府财政规模的测量结果，具体分析过程和结果如下：

首先，利用软件 SPSS13.0 对表 9-1 中财政支出比率和财政自给率这两个二级指标的原始数据作标准方差处理，为避免信息丢失，按照提取两个主成分的规则提取这两个二级指标的主成分，记为 F_{C_1} 和 F_{C_2}，并采用方差最大法对提取到的主成分因子进行正交旋转，得到旋转后的两个主成分 F_{C_1} 和 F_{C_2} 的方差贡献率均为 50%，累计方差贡献率达到 100%，具体结果见表 9-7。

表 9-7　总方差分解表

主成分	初始特征值			旋转求和的平方载荷		
	特征根值	方差贡献率/%	累计方差贡献率/%	特征根值	方差贡献率/%	累计方差贡献率/%
F_{C_1}	1.612	80.589	80.589	1	50	50
F_{C_2}	0.388	19.411	100	1	50	100

注：提取方法为主成分分析

其次，根据上述分析结果得出计算各省区政府财政规模测量结果的计算公式，这里以旋转后的两个主成分因子 F_{C_1} 和 F_{C_2} 的方差贡献率作为权数，采用计算主成分因子加权总分的方法得出各省区政府财政规模的计算公式，具体计算公式如下：

$$F_C = 0.5F_{C_1} + 0.5F_{C_2}$$

式中，F_C 表示政府财政规模，F_{C_1} 和 F_{C_2} 分别表示从财政支出比率和财政自给率这两个二级指标中提取的两个主成分因子。

最后，利用软件 SPSS13.0 根据上述政府财政规模的计算公式计算出全国 31

个省区政府财政规模的测量结果，具体测量结果见表 9-10。

（2）政府人力规模的测度指标筛选过程及测量结果

本部分选取 2009 年度全国 31 个省区的政府人力规模测度数据作为样本数据（表 9-2），利用 SPSS13.0 的主成分分析方法对政府人力规模的二级测度指标进行指标筛选并确定筛选后的二级指标的权重，计算出各个省区政府人力规模的测量结果，具体分析过程和结果如下：

首先，利用软件 SPSS13.0 对表 9-2 中公共管理和社会组织人数占人口总数的比例、公共管理和社会组织人数占社会就业人员总数的比例、公共管理和社会组织人数占城镇职工总数的比例这三个二级指标的原始数据作标准方差处理，为了避免信息丢失，按照提取两个主成分的规则提取这三个二级指标的主成分，记为 F_{R_1} 和 F_{R_2} ，并采用方差最大法对提取到的主成分因子进行正交旋转，得到旋转后的两个主成分 F_{R_1} 和 F_{R_2} 的方差贡献率分别为 59.796%和 36.873%，累计方差贡献率达到 96.669%，具体结果见表 9-8。

表 9-8　总方差分解表

主成分	初始特征值			旋转求和的平方载荷		
	特征根值	方差贡献率/%	累计方差贡献率/%	特征根值	方差贡献率/%	累计方差贡献率/%
F_{R_1}	2.385	79.488	79.488	1.794	59.796	59.796
F_{R_2}	0.515	17.181	96.669	1.106	36.873	96.669

注：提取方法为主成分分析

其次，根据上述分析结果得出计算各省区政府人力规模测量结果的计算公式，这里以旋转后的两个主成分因子 F_{R_1} 和 F_{R_2} 的方差贡献率作为权数，采用计算主成分因子加权总分的方法得出各省区政府人力规模的计算公式，具体计算公式如下：

$$F_R = 0.597\ 96F_{R_1} + 0.368\ 73F_{R_2}$$

式中，F_R 表示政府人力规模，F_{R_1} 和 F_{R_2} 分别表示公共管理和社会组织人数占人口总数的比例、公共管理和社会组织人数占社会就业人员总数的比例、公共管理和社会组织人数占城镇职工总数的比例这三个二级指标中提取的两个主成分因子。

最后，利用软件 SPSS13.0 根据上述政府人力规模的计算公式计算出全国 31 个省区政府人力规模的测量结果，具体测量结果见表 9-10。

（3）政府职能规模的测度指标筛选过程及测量结果

本部分选取 2009 年度全国 31 个省区的政府职能规模测度数据作为样本数据（表 9-3），利用 SPSS13.0 的主成分分析方法对政府职能规模的二级测度指标进行指标筛选并确定筛选后的二级指标的权重，计算出各个省区政府职能规模的测量结果，具体分析过程和结果如下：

首先，利用软件 SPSS13.0 对表 9-3 中行政运转支出占比、公共秩序支出占比、经济投资支出占比、基础型公共品支出占比和再分配型公共品支出占比这五个二级指标的原始数据作标准方差处理，为避免信息丢失，按照提取四个主成分的规则提取这五个二级指标的主成分，记为 F_{Z_1}、F_{Z_2}、F_{Z_3} 和 F_{Z_4} ，并采用方差最大法对提取到的主成分因子进行正交旋转，得到旋转后的四个主成分 F_{Z_1}、F_{Z_2}、F_{Z_3} 和 F_{Z_4} 的方差贡献率分别为 28.661%、26.371%、24.266%和 20.702%，累计方差贡献率达到 100%，具体结果见表 9-9。

表 9-9　总方差分解表

主成分	初始特征值			旋转求和的平方载荷		
	特征根值	方差贡献率/%	累计方差贡献率/%	特征根值	方差贡献率/%	累计方差贡献率/%
F_{Z_1}	1.846	36.927	36.927	1.433	28.661	28.661
F_{Z_2}	1.724	34.477	71.404	1.319	26.371	55.032
F_{Z_3}	0.884	17.685	89.089	1.213	24.266	79.298
F_{Z_4}	0.546	10.991	100	1.035	20.702	100

注：提取方法为主成分分析

其次，根据上述分析结果得出计算各省区政府职能规模测量结果的计算公式，这里以旋转后的四个主成分 F_{Z_1}、F_{Z_2}、F_{Z_3} 和 F_{Z_4} 的方差贡献率作为权数，采用计算主成分因子加权总分的方法得出各省区政府职能规模的计算公式，具体计算公式如下：

$$F_Z = 0.28661F_{Z_1} + 0.26371F_{Z_2} + 0.24266F_{Z_3} + 0.20702F_{Z_4}$$

式中，F_Z 表示政府职能规模，F_{Z_1}、F_{Z_2}、F_{Z_3} 和 F_{Z_4} 分别表示从行政运转支出占比、公共秩序支出占比、经济投资支出占比、基础型公共品支出占比和再分配型公共品支出占比这五个二级指标中提取的四个主成分因子。

最后，利用软件 SPSS13.0 根据上述政府职能规模的计算公式计算出全国 31 个省区政府职能规模的测量结果，具体测量结果见表 9-10。

表 9-10　全国 31 个省区政府规模的测量结果

省区	政府财政规模	政府人力规模	政府职能规模	政府规模
北京	1.39	0.68	−0.33	0.59
天津	0.56	0.02	−0.20	0.11
河北	−0.53	−0.03	0.03	−0.20
山西	0.08	0.50	−0.06	0.18
内蒙古	−0.36	0.48	0.16	0.13
辽宁	0.15	−0.04	−0.53	−0.27
吉林	−0.70	0.16	0.18	−0.11

续表

省区	政府财政规模	政府人力规模	政府职能规模	政府规模
黑龙江	−0.63	−0.09	0.38	−0.05
上海	1.30	−0.49	−0.99	−0.25
江苏	0.63	−0.68	0.55	0.32
浙江	0.73	−0.54	0.80	0.56
安徽	−0.40	−0.63	−0.07	−0.42
福建	0.23	−0.72	0.25	−0.02
江西	−0.52	−0.19	0.17	−0.17
山东	0.11	−0.21	0.25	0.11
河南	−0.71	−0.20	0.03	−0.33
湖北	−0.64	−0.28	−0.05	−0.38
湖南	−0.65	−0.14	−0.08	−0.35
广东	0.75	−0.45	−0.02	0.12
广西	−0.56	−0.58	0.57	−0.09
海南	−0.21	−0.09	0.15	−0.03
重庆	0.13	−0.70	−0.26	−0.35
四川	−0.45	−0.48	−1.60	−1.28
贵州	−0.11	−0.25	0.38	0.09
云南	−0.10	−0.26	0.08	−0.09
西藏	2.28	2.97	0.90	2.48
陕西	−0.37	0.09	−0.28	−0.28
甘肃	−0.37	0.42	−0.81	−0.47
青海	−0.27	0.59	−0.17	0.01
宁夏	−0.35	0.21	0.19	0.05
新疆	−0.41	0.94	0.38	0.40

（二）政府规模测度一级指标筛选过程及测量结果

考虑到测度政府规模的测度指标包含政府财政规模、政府人力规模和政府职能规模这三个一级指标，为了避免这三个一级指标筛选及指标权重确定的主观性，本节首先采用主成分分析方法对政府财政规模、政府人力规模和政府职能规模这三个一级指标进行筛选并确定筛选后的一级指标的权重，计算出各个省区政府规模测量结果，具体分析过程和结果如下：

首先，利用软件 SPSS13.0 对表 9-10 中政府财政规模、政府人力规模和政府职能规模这三个一级指标的测量结果数据作标准方差处理，为避免信息丢失按照提取三个主成分的规则提取这三个一级指标的主成分，记为 F_1、F_2 和 F_3，并采用方差最大法对提取到的主成分因子进行正交旋转，得到旋转后的三个主成分 F_1、F_2 和 F_3 的方差贡献率分别为 33.388％、33.382％和 33.231％，累计方差贡献率达到 100％，具体结果见表 9-11。

表 9-11　总方差分解表

主成分	初始特征值			旋转求和的平方载荷		
	特征根值	方差贡献率/％	累计方差贡献率/％	特征根值	方差贡献率/％	累计方差贡献率/％
F_1	1.518	50.593	50.593	1.002	33.388	33.388
F_2	0.907	30.227	80.820	1.001	33.382	66.769
F_3	0.575	19.180	100	0.997	33.231	100

注：提取方法为主成分分析

其次，根据上述分析结果得出计算各省区政府规模测量结果的计算公式，这里以旋转后的三个主成分为 F_1、F_2 和 F_3 的方差贡献率作为权数，采用计算主成分因子加权总分的方法得到各省区政府规模的计算公式，具体计算公式如下：

$$F = 0.333\,88F_1 + 0.333\,82F_2 + 0.332\,31F_3$$

式中，F 表示政府规模，F_1、F_2 和 F_3 分别表示从政府财政规模、政府人力规模和政府职能规模这三个一级指标中提取的三个主成分因子。

最后，利用软件 SPSS13.0 根据上述政府规模的计算公式计算出全国 31 个省区政府规模的测量结果，具体测量结果见表 9-10。

二、基于聚类分析方法的省级政府规模特征分析过程及结果

上文采用主成分分析方法对全国 31 个省区政府规模从政府财政规模、政府人力规模和政府职能规模这三个侧面进行了综合测量，得出的政府财政规模、政府人力规模、政府职能规模以及政府规模的测量结果只是比较客观地反映了全国 31 个省区政府规模的实际情况，并没有精细地刻画出全国 31 个省区政府规模各个侧面的基本特征和政府规模的总体特征。有鉴于此，本书在下文引入聚类分析方法对全国 31 个省区政府财政规模、政府人力规模和政府职能规模以及政府规模的测量结果进行聚类分析，旨在精细地刻画全国 31 个省区政府规模之间的相似性和差异性，准确地反映全国 31 个省区政府规模的总体特征。考虑到政府财政规模、政府人力规模和政府职能规模是政府规模的三个重要侧面，为了全面反映我国省级政府规模的总体特征，本书对全国 31 个省区政府规模测量结果的聚类分析过程分两个层次展开：第一个层次，对政府规模各个侧面的测量结果进行聚类分析，刻画我国省级政府规模各个侧面的基本特征；第二个层次，对政府规模的综合测量结果进行聚类分析，反映我国省级政府规模的总体特征。具体分析过程和结果如下。

（一）政府规模三个侧面的测量结果的聚类分析过程和结果

本部分分别选取表 9-10 中政府财政规模、政府人力规模和政府职能规模这三项测度数据作为样本数据，利用软件 SPSS13.0 对这三个侧面的测量结果进行聚类分析，聚类方法选用 K-Means 聚类分析法。具体分析过程和结果如下。

1. 政府财政规模的聚类分析过程和结果

第一步，指定聚类数目为 3，在软件 SPSS13.0 系统对话框中输入聚类的数目为 3，计算出全国 31 个省区政府财政规模的 K-Means 聚类初始类中心结果。具体结果见表 9-12。

表 9-12　初始类中心结果

指标	类别		
	1	2	3
政府财政规模	2.28	0.23	−0.71

表 9-12 展示了全国 31 个省区政府财政规模 3 个类的初始类中心情况。表中数据表明，在初始聚类的 3 类中，第 1 类省区的政府财政规模是最优的，第 2 类省区的政府财政规模次之，第 3 类省区的政府财政规模最不理想。

第二步，指定迭代次数为 10，在软件 SPSS13.0 系统对话框中选取系统默认的迭代次数为 10，输出全国 31 个省区政府财政规模的 K-Means 聚类最终类中心结果，具体结果见表 9-13。

表 9-13　最终类中心结果

指标	类别		
	1	2	3
政府财政规模	1.66	0.37	−0.44

表 9-13 展示了全国 31 个省区政府财政规模 3 个类的最终类中心情况。表中数据表明，在最终聚类的 3 类中，仍然可见，第 1 类省区的政府财政规模是最优的，第 2 类省区的政府财政规模次之，第 3 类省区的政府财政规模最不理想。

第三步，根据距离最近原则进行分类，软件 SPSS13.0 系统自动依次计算全国 31 个省区政府财政规模样本数据点到 3 个类中心点的欧式距离，并按照距 3 个类中心点距离最短的原则将所有样本分派到 3 个分类中。具体结果见表 9-14。

表 9-14　全国 31 个省区政府财政规模分类结果表

类别	省区	省区数/个
1	北京、上海、西藏	3
2	天津、山西、辽宁、江苏、浙江、福建、山东、广东、重庆	9
3	河北、内蒙古、吉林、黑龙江、安徽、江西、河南、湖北、湖南、广西、海南、四川、贵州、云南、陕西、甘肃、青海、宁夏、新疆	19

表 9-14 展示了全国 31 个省区政府财政规模 3 个类的类成员情况。如表 9-14 所示，第 1 类（最优）中包含 3 个省区，分别是北京、上海和西藏，这 3 个省区的政府财政规模比较相似，形成一类，在全国 31 个省区中约占 9.7%；第 2 类（次之）省区包含 9 个省区，分别是天津、山西、辽宁、江苏、浙江、福建、山东、广东和重庆，这 9 个省区的政府财政规模比较相似，形成一类，在全国 31 个省区中约占 19.4%；第 3 类（最不理想）省区包含 19 个省区，分别是河北、内蒙古、吉林、黑龙江、安徽、江西、河南、湖北、湖南、广西、海南、四川、贵州、云南、陕西、甘肃、青海、宁夏和新疆，这 19 个省区的政府财政规模比较相似，形成一类，在全国 31 个省区中约占 61.3%。这表明，在全国 31 个省区中，大多数省区的政府财政规模比较相似，呈现低水平同质化特征。

第四步，进一步计算 3 类的方差，软件 SPSS13.0 系统自动计算全国 31 个省区政府财政规模在 K-Means 聚类分析中形成的不同类的均值比较情况。具体结果见表 9-15。

表 9-15　方差分析结果表

指标	类		误差		F	Sig.
	组间均方	组间自由度	组内均方	组内自由度		
政府财政规模	6.572	2	0.066	28	99.092	0.000

表 9-15 展示了全国 31 个省区政府财政规模在 K-Means 聚类分析中形成的不同类的均值比较情况。如表 9-15 所示，全国 31 个省区政府财政规模的 3 类的组间均方、组内均方、F 检验值和显著性水平分别为 6.572、0.066、99.092 和 0.000，显然，全国 31 个省区政府财政规模 K-Means 聚类分析形成的 3 类的组间均方与组内均方的比值远远大于 1。这表明，全国 31 个省区政府财政规模 K-Means 聚类分析形成的 3 个类之间的差异是显著的。

2. 政府人力规模的聚类分析过程和结果

第一步，指定聚类数目为 3，在软件 SPSS13.0 系统对话框中输入聚类的数目为 3，计算出全国 31 个省区政府人力规模的 K-Means 聚类初始类中心结果。具体结果见表 9-16。

表 9-16　初始类中心结果

指标	类别		
	1	2	3
政府人力规模	0.94	－0.72	2.97

表 9-16 展示了全国 31 个省区政府人力规模 3 个类的初始类中心情况。表中数据表明，在初始聚类的 3 类中，第 3 类省区的政府人力规模是最优的，第 1 类省区的政府人力规模次之，第 2 类省区的政府人力规模最不理想。

第二步，指定迭代次数为 10，在软件 SPSS13.0 系统对话框中选取系统默认的迭代次数为 10，输出全国 31 个省区政府人力规模的 K-Means 聚类最终类中心结果。具体结果见表 9-17。

表 9-17　最终类中心结果

指标	类别		
	1	2	3
政府人力规模	0.45	－0.34	2.97

表 9-17 展示了全国 31 个省区政府人力规模 3 个类的最终类中心情况。表中数据表明，在最终聚类的 3 类中，仍然可见，第 3 类省区的政府人力规模是最优的，第 1 类省区的政府人力规模次之，第 2 类省区的政府人力规模最不理想。

第三步，根据距离最近原则进行分类，软件 SPSS13.0 系统自动依次计算全国 31 个省区政府人力规模样本数据点到 3 个类中心点的欧式距离，并按照距 3 个类中心点距离最短的原则将所有样本分派到 3 个分类中，具体结果见表 9-18。

表 9-18　全国 31 个省区政府人力规模分类结果表

类别	省区	省区数/个
1	北京、山西、内蒙古、吉林、陕西、甘肃、青海、宁夏、新疆	9
2	天津、河北、辽宁、黑龙江、上海、江苏、浙江、安徽、福建、江西、山东、河南、湖北、湖南、广东、广西、海南、重庆、四川、贵州、云南	21
3	西藏	1

表 9-18 展示了全国 31 个省区政府人力规模 3 个类的类成员情况。如表 9-18 所示，第 1 类（次之）中包含 9 个省区，这 9 个省区的政府人力规模比较相似，形成一类，在全国 31 个省区中约占 29%；第 2 类（最不理想）包

含 21 个省区，这 21 个省区的政府人力规模比较相似，形成一类，在全国 31 个省区中约占 67.7%；第 3 类（最优）仅仅包含西藏这 1 个省区，这个省区政府人力规模比较特殊，自成一类，在全国 31 个省区中约占 3.2%。这表明，在全国 31 个省区中，大多数省区的政府人力规模比较相似，呈现低水平同质化特征。

第四步，进一步计算 3 类的方差，软件 SPSS13.0 系统自动计算全国 31 个省区政府人力规模在 K-Means 聚类分析中形成的不同类的均值比较情况。具体结果见表 9-19。

表 9-19　方差分析结果表

指标	类		误差		*F*	Sig.
	组间均方	组间自由度	组内均方	组内自由度		
政府人力规模	6.515	2	0.063	28	102.806	0.000

表 9-19 展示了全国 31 个省区政府人力规模在 K-Means 聚类分析中形成的不同类的均值比较情况。如表 9-19 所示，全国 31 个省区政府人力规模的 3 类的组间均方、组内均方、F 检验值和显著性水平分别为 6.515、0.063、102.806 和 0.000。显然，全国 31 个省区政府人力规模 K-Means 聚类分析形成的 3 类的组间均方与组内均方的比值远远大于 1。这表明，全国 31 个省区政府人力规模 K-Means 聚类分析形成的 3 个类之间的差异是显著的。

3. 政府职能规模的聚类分析过程和结果

第一步，指定聚类数目为 3，在软件 SPSS13.0 系统对话框中输入聚类的数目为 3，计算出全国 31 个省区政府职能规模的 K-Means 聚类初始类中心结果，具体结果见表 9-20。

表 9-20　初始类中心结果

指标	类别		
	1	2	3
政府职能规模	0.90	−1.60	−0.28

表 9-20 展示了全国 31 个省区政府职能规模 3 个类的初始类中心情况。表中数据表明，在初始聚类的 3 类中，第 1 类省区的政府职能规模是最优的，第 3 类省区的政府职能规模不太理想，第 2 类省区的政府职能规模最不理想。

第二步，指定迭代次数为 10，在软件 SPSS13.0 系统对话框中选取系统默认的迭代次数为 10，输出全国 31 个省区政府职能规模的 K-Means 聚类最终类中心结果。具体结果见表 9-21。

表 9-21　最终类中心结果

指标	类别		
	1	2	3
政府职能规模	0.50	−1.13	−0.06

表 9-21 展示了全国 31 个省区政府职能规模 3 个类的最终类中心情况。表中数据表明，在最终聚类的 3 类中，仍然可见，第 1 类省区的政府职能规模是最优的，第 3 类省区的政府职能规模不太理想，第 2 类省区的政府职能规模最不理想。

第三步，根据距离最近原则进行分类，软件 SPSS13.0 系统自动依次计算全国 31 个省区政府职能规模样本数据点到 3 个类中心点的欧式距离，并按照距 3 个类中心点距离最短的原则将所有样本分派到 3 个分类中。具体结果见表 9-22。

表 9-22　全国 31 个省区政府职能规模分类结果表

类别	省区	省区数/个
1	黑龙江、江苏、浙江、福建、山东、广西、贵州、西藏、新疆	9
2	上海、四川、甘肃	3
3	北京、天津、河北、山西、内蒙古、辽宁、吉林、安徽、江西、河南、湖北、湖南、广东、海南、重庆、云南、陕西、青海、宁夏	19

表 9-22 展示了全国 31 个省区政府职能规模 3 个类的类成员情况。如表 9-22 所示，第 1 类（最优）中包含 9 个省区，分别是黑龙江、江苏、浙江、福建、山东、广西、贵州、西藏和新疆，这 9 个省区的政府职能规模比较相似，形成一类，在全国 31 个省区中约占 29%；第 2 类（最不理想）省区包含 3 个省区，分别是上海、四川和甘肃，这 3 个省区的政府职能规模比较相似，形成一类，在全国 31 个省区中约占 9.7%；第 3 类（不太理想）省区包含 19 个省区，分别是北京、天津、河北、山西、内蒙古、辽宁、吉林、安徽、江西、河南、湖北、湖南、广东、海南、重庆、云南、陕西、青海、宁夏，这 19 个省区的政府职能规模比较相似，形成一类，在全国 31 个省区中约占 61.3%。这表明，在全国 31 个省区中，绝大多数省区的政府财政规模比较相似，呈现低水平同质化特征。

第四步，进一步计算 3 类的方差，软件 SPSS13.0 系统自动计算全国 31 个省区政府职能规模在 K-Means 聚类分析中形成的不同类的均值比较情况。具体结果见表 9-23。

表 9-23　方差分析结果表

指标	类		误差		F	Sig.
	组间均方	组间自由度	组内均方	组内自由度		
政府职能规模	3.066	2	0.053	28	58.398	0.000

表 9-23 展示了全国 31 个省区政府职能规模在 K-Means 聚类分析中形成的不同类的均值比较情况。如表 9-23 所示，全国 31 个省区政府职能规模的 3 类的组间均方、组内均方、F 检验值和显著性水平分别为 3.066、0.053、58.398 和 0.000，显然，全国 31 个省区政府职能规模 K-Means 聚类分析形成的 3 类的组间均方与组内均方的比值远远大于 1。这表明，全国 31 个省区政府职能规模 K-Means 聚类分析形成的 3 个类之间的差异是显著的。

（二）政府规模综合测度结果的聚类分析过程和结果

本部分选取表 9-10：全国 31 个省区政府规模的测量结果中政府规模测度数据作为样本数据，利用软件 SPSS13.0 对政府规模的综合测量结果进行聚类分析，聚类方法选用 K-Means 聚类分析法。具体分析过程和结果如下：

第一步，指定聚类数目为 3，在软件 SPSS13.0 系统对话框中输入聚类的数目为 3，计算出全国 31 个省区政府规模的 K-Means 聚类初始类中心结果，具体结果见表 9-24。

表 9-24　初始类中心结果

指标	类别		
	1	2	3
政府规模	0.59	−1.28	2.48

表 9-24 展示了全国 31 个省区政府规模 3 个类的初始类中心情况。表中数据表明，在初始聚类的 3 类中，第 3 类省区的政府规模是最优的，第 1 类省区的政府规模次之，第 2 类省区的政府规模最不理想。

第二步，指定迭代次数为 10，在软件 SPSS13.0 系统对话框中选取系统默认的迭代次数为 10，输出全国 31 个省区政府规模的 K-Means 聚类最终类中心结果。具体结果见表 9-25。

表 9-25　最终类中心结果

指标	类别		
	1	2	3
政府规模	0.13	−0.40	2.48

表 9-25 展示了全国 31 个省区政府规模 3 个类的最终类中心情况。表中数据表明，在最终聚类的 3 类中，仍然可见，第 3 类省区的政府规模是最优的，第 1 类省区的政府规模次之，第 2 类省区的政府规模最不理想。

第三步，根据距离最近原则进行分类，软件 SPSS13.0 系统自动依次计算全国 31 个省区政府规模样本数据点到 3 个类中心点的欧式距离，并按照距 3 个类中心点距离最短的原则将所有样本分派到 3 个分类中。具体结果见表 9-26。

表 9-26　全国 31 个省区政府规模分类结果表

类别	省区	省区数/个
1	北京、天津、山西、内蒙古、吉林、黑龙江、江苏、浙江、福建、山东、广东、广西、海南、贵州、云南、青海、宁夏、新疆	18
2	河北、辽宁、上海、安徽、江西、河南、湖北、湖南、重庆、四川、陕西、甘肃	12
3	西藏	1

表 9-26 展示了全国 31 个省区政府规模 3 个类的类成员情况。如表 9-26 所示，第 1 类（次之）中包含 18 个省区，分别是北京、天津、山西、内蒙古、吉林、黑龙江、江苏、浙江、福建、山东、广东、广西、海南、贵州、云南、青海、宁夏和新疆，这 18 个省区的政府规模比较相似，形成一类，在全国 31 个省区中约占 58.1%；第 2 类（最不理想）省区包含 12 个省区，分别是河北、辽宁、上海、安徽、江西、河南、湖北、湖南、重庆、四川、陕西和甘肃，这 12 个省区的政府规模比较相似，形成一类，在全国 31 个省区中约占 38.7%；第 3 类（最优）省区仅仅包含西藏这 1 个省区，这个省区的政府规模比较特殊，自成一类，在全国 31 个省区中约占 3.2%。这表明，在全国 31 个省区中，大多数省区的政府规模比较相似，呈现低水平同质化特征。

第四步，进一步计算 3 类的方差，软件 SPSS13.0 系统自动计算全国 31 个省区政府规模在 K-Means 聚类分析中形成的不同类的均值比较情况。具体结果见表 9-27。

表 9-27　方差分析结果表

指标	类		误差		F	Sig.
	组间均方	组间自由度	组内均方	组内自由度		
政府规模	4.147	2	0.061	28	68.006	0.000

表 9-27 展示了全国 31 个省区政府规模在 K-Means 聚类分析中形成的不同类的均值比较情况。如表 9-27 所示，全国 31 个省区政府规模的 3 类的组间均方、组内均方、F 检验值和显著性水平分别为 4.147、0.061、68.006 和 0。显然，全

国 31 个省区政府规模 K-Means 聚类分析形成的 3 类的组间均方与组内均方的比值远远大于 1。这表明，全国 31 个省区政府规模 K-Means 聚类分析形成的 3 个类之间的差异是显著的。

综上所述，无论是从政府规模的各个侧面考察，还是从政府规模的综合维度考察，在全国 31 个省区中，大多数省区的政府规模特征比较相似，处于中下游层次，呈现低水平同质化现状。

第三节　省级政府规模的影响因素实证分析

一、基于主成分分析的省级政府规模影响因素测度过程及结果

在省级政府规模影响因素的测度过程中，考虑到前文所涉及的政府规模影响因素的测度指标数量众多，而且这些测度指标之间可能存在或多或少的相关性，为了避免测度指标筛选及指标权重确定的主观性，有效克服各个指标之间的多线共振性，本书采用主成分分析方法对政府规模影响因素的测度指标进行筛选并确定筛选后的指标权重，并计算出政府规模影响因素的测量结果。在具体操作过程中，考虑到前文所给出的政府规模影响因素的测度指标包含两级指标，本书对我国省级政府规模影响因素测度指标的主成分分析过程分两个层次展开：第一个层次，采用主成分分析方法对测度政府规模影响因素的二级指标进行筛选并确定筛选后的二级指标权重，计算出各个省区经济水平、管理幅度和管理能力的测量结果；第二个层次，采用主成分分析方法对测度政府规模影响因素的一级指标进行筛选并确定筛选后的一级指标的权重，计算出各个省区政府规模影响因素的综合测量结果。具体分析过程和结果如下。

（一）政府规模影响因素二级指标筛选过程及测度结果

考虑到测度政府规模影响因素包含经济水平、管理幅度和管理能力这三个一级指标，而且这三个一级指标又包含众多二级测度指标，为了避免指标筛选及指标权重确定的主观性，本部分采用主成分分析方法分别对经济水平、管理幅度和管理能力这三个一级指标的二级指标进行筛选并确定筛选后的二级指标的权重，计算出各个省区这三个一级指标的测量结果。具体分析过程和结果如下。

1. 经济水平的指标筛选过程及测量结果

本部分选取 2009 年度全国 31 个省区经济水平测度数据作为样本数据（具体数据见表 9-4），利用 SPSS13.0 的主成分分析方法对经济水平的二级测度指标进行指标筛选并确定筛选后的二级指标的权重，计算出各个省区经济水平的测量结果，具体分析过程和结果如下：

首先，利用软件 SPSS13.0 对表 9-4 中地区生产总值和人均 GDP 这两个二级指标的原始数据作标准方差处理，为避免信息丢失，按照提取两个主成分的规则

提取这两个二级指标的主成分，记为 F_{J_1} 和 F_{J_2}，并采用方差最大法对提取到的主成分因子进行正交旋转，得到旋转后的两个主成分 F_{J_1} 和 F_{J_2} 的方差贡献率均为 50％，累计方差贡献率达到 100％，具体结果见表 9-28。

表 9-28　总方差分解表

主成分	初始特征值			旋转求和的平方载荷		
	特征根值	方差贡献率/％	累计方差贡献率/％	特征根值	方差贡献率/％	累计方差贡献率/％
F_{J_1}	1.427	71.332	71.332	1	50	50
F_{J_2}	0.573	28.668	100	1	50	100

注：提取方法为主成分分析。

其次，根据上述分析结果得出计算各省区经济水平测量结果的计算公式，这里以旋转后的两个主成分因子 F_{J_1} 和 F_{J_2} 的方差贡献率作为权数，采用计算主成分因子加权总分的方法得到各省区经济水平的计算公式，具体计算公式如下：

$$F_J = 0.5F_{J_1} + 0.5F_{J_2}$$

式中，F_J 表示经济水平，F_{J_1} 和 F_{J_2} 分别表示从地区生产总值和人均 GDP 这两个二级指标中提取的两个主成分因子。

最后，利用软件 SPSS13.0 根据上述经济水平的计算公式计算出全国 31 个省区经济水平的测量结果，具体测量结果见表 9-31。

2. 管理幅度的指标筛选过程及测量结果

本部分选取 2009 年度全国 31 个省区管理幅度测度数据作为样本数据（具体数据见表 9-5），利用 SPSS13.0 的主成分分析方法对管理幅度的二级测度指标进行指标筛选并确定筛选后的二级指标的权重，计算出各个省区管理幅度的测量结果，具体分析过程和结果如下：

首先，利用软件 SPSS13.0 对表 9-5 中常住人口数量、人口密度和管辖区域面积这三个二级指标的原始数据作标准方差处理，为避免信息丢失，按照提取 3 个主成分的规则提取这三个二级指标的主成分，记为 F_{G_1}、F_{G_2} 和 F_{G_3}，并采用方差最大法对提取到的主成分因子进行正交旋转，得到旋转后的三个主成分 F_{G_1}、F_{G_2} 和 F_{G_3} 的方差贡献率分别为 33.725％、33.670％和 32.605％，累计方差贡献率达到 100％，具体结果见表 9-29。

表 9-29　总方差分解表

主成分	初始特征值			旋转求和的平方载荷		
	特征根值	方差贡献率/％	累计方差贡献率/％	特征根值	方差贡献率/％	累计方差贡献率/％
F_{G_1}	1.876	62.540	62.540	1.012	33.725	33.725
F_{G_2}	0.774	25.807	88.347	1.010	33.670	67.395
F_{G_3}	0.350	11.653	100	0.978	33.605	100

注：提取方法为主成分分析

其次，根据上述分析结果得出计算各省区管理幅度测量结果的计算公式，这里以旋转后的三个主成分因子 F_{G_1}、F_{G_2} 和 F_{G_3} 的方差贡献率作为权数，采用计算主成分因子加权总分的方法得出各省区管理幅度的计算公式，具体计算公式如下：

$$F_G = 0.337\ 25F_{G_1} + 0.336\ 70F_{G_2} + 0.336\ 05F_{G_3}$$

式中，F_G 表示管理幅度，F_{G_1}、F_{G_2} 和 F_{G_3} 分别表示从常住人口数量、人口密度和管辖区域面积这三个二级指标中提取的三个主成分因子。

最后，利用软件 SPSS13.0 根据上述管理幅度的计算公式计算出全国 31 个省区管理幅度的测量结果，具体测量结果见表 9-31。

3. 管理能力的指标筛选过程及测量结果

本部分选取 2009 年度全国 31 个省区管理能力测度数据作为样本数据（具体数据见表 9-6），利用 SPSS13.0 的主成分分析方法对管理能力的二级测度指标进行指标筛选并确定筛选后的二级指标的权重，计算出各个省区管理能力的测量结果，具体分析过程和结果如下：

首先，利用软件 SPSS13.0 对表 9-6 中交通线路长度、互联网宽带接入户数和移动电话户数这三个二级指标的原始数据作标准方差处理，为避免信息丢失，按照提取两个主成分的规则提取这三个二级指标的主成分，记为 F_{N_1} 和 F_{N_2}，并采用方差最大法对提取到的主成分因子进行正交旋转，得到旋转后的两个主成分 F_{N_1} 和 F_{N_2} 的方差贡献率分别为 60.736％和 37.943％，累计方差贡献率达到 98.679％，具体结果见表 9-30。

表 9-30　总方差分解表

主成分	初始特征值			旋转求和的平方载荷		
	特征根值	方差贡献率/％	累计方差贡献率/％	特征根值	方差贡献率/％	累计方差贡献率/％
F_{N_1}	2.286	76.211	76.211	1.822	60.736	60.736
F_{N_2}	0.674	22.468	98.679	1.138	37.943	98.679

注：提取方法为主成分分析

其次，根据上述分析结果得出计算各省区管理能力测量结果的计算公式，这里以旋转后的两个主成分因子 F_{N_1} 和 F_{N_2} 的方差贡献率作为权数，采用计算主成分因子加权总分的方法得出各省区管理能力的计算公式，具体计算公式如下：

$$F_N = 0.607\ 36F_{N_1} + 0.379\ 43F_{N_2}$$

式中，F_N 表示管理能力，F_{N_1} 和 F_{N_2} 分别表示从交通线路长度、互联网宽带接入户数和移动电话户数这三个二级指标中提取的两个主成分因子。

最后，利用软件 SPSS13.0 根据上述管理能力的计算公式计算出全国 31 个省区管理能力的测量结果，具体测量结果见表 9-31。

表 9-31　全国 31 个省区政府规模影响因素的测量结果

省区	经济水平	管理幅度	管理能力	综合因素
北京	1.00	−0.74	−0.31	−0.04
天津	0.59	−0.83	−0.78	−0.38
河北	0.20	0.27	0.44	0.34
山西	−0.32	−0.34	−0.21	−0.38
内蒙古	0.05	0.44	−0.22	0.22
辽宁	0.29	−0.20	−0.01	0.01
吉林	−0.25	−0.42	−0.40	−0.43
黑龙江	−0.21	−0.02	0.01	−0.10
上海	1.45	−0.72	−0.16	0.20
江苏	1.32	0.31	0.99	0.98
浙江	0.97	−0.11	0.87	0.56
安徽	−0.39	0.09	−0.04	−0.13
福建	0.14	−0.34	0.05	−0.12
江西	−0.49	−0.17	−0.18	−0.35
山东	1.17	0.64	1.32	1.17
河南	0.20	0.65	0.81	0.63
湖北	−0.12	0.05	0.28	0.04
湖南	−0.20	0.18	0.20	0.06
广东	1.52	0.68	2.26	1.56
广西	−0.46	−0.05	−0.26	−0.29
海南	−0.67	−0.85	−0.96	−0.98
重庆	−0.47	−0.50	−0.29	−0.55
四川	−0.19	0.69	0.73	0.46
贵州	−0.81	−0.26	−0.40	−0.59
云南	−0.59	0.04	0.07	−0.22
西藏	−0.81	1.78	−0.95	0.41
陕西	−0.38	−0.24	−0.15	−0.33
甘肃	−0.72	−0.19	−0.52	−0.54
青海	−0.68	0.15	−0.89	−0.42
宁夏	−0.66	−0.84	−0.98	−0.98
新疆	−0.46	0.87	−0.32	0.21

（二）政府规模影响因素一级指标的筛选过程及测量结果

本部分选取 2009 年度全国 31 个省区经济水平、管理幅度和管理能力三个侧面的测量结果作为样本数据（具体数据见表 9-31），利用 SPSS13.0 的主成分分析方法对政府规模影响因素的这三个一级测度指标进行指标筛选并确定筛选后的一级指标的权重，计算出各个省区政府规模影响因素的综合测量结果，具体分析过程和结果如下：

首先，利用软件 SPSS13.0 对表 9-31 中经济水平、管理幅度和管理能力这三个一级指标的测量结果作标准方差处理，为避免信息丢失，按照提取三个主成分的规则提取这三个一级指标的主成分，记为 F_{Y_1}、F_{Y_2} 和 F_{Y_3}，并采用方差最大法对提取到的主成分因子进行正交旋转，得到旋转后的三个主成分 F_{Y_1}、F_{Y_2} 和 F_{Y_3} 的方差贡献率分别为 34.902%、34.306%和 30.792%，累计方差贡献率达到 100%，具体结果见表 9-32。

表 9-32　总方差分解表

主成分	初始特征值			旋转求和的平方载荷		
	特征根值	方差贡献率/%	累计方差贡献率/%	特征根值	方差贡献率/%	累计方差贡献率/%
F_{G_1}	1.771	59.308	59.308	1.047	34.902	34.902
F_{G_2}	1.010	33.666	92.704	1.029	34.306	69.208
F_{G_3}	0.219	7.296	100	0.924	30.792	100

注：提取方法为主成分分析

其次，根据上述分析结果得出计算各省区政府规模影响因素综合测量结果的计算公式，这里以旋转后的三个主成分因子 F_{Y_1}、F_{Y_2} 和 F_{Y_3} 的方差贡献率作为权数，采用计算主成分因子加权总分的方法得出各省区政府规模影响因素综合测量结果的计算公式，具体计算公式如下：

$$F_Y = 0.34902F_{Y_1} + 0.34306F_{Y_2} + 0.30792F_{Y_3}$$

式中，F_Y 表示政府规模影响因素，F_{Y_1}、F_{Y_2} 和 F_{Y_3} 分别表示从经济水平、管理幅度和管理能力这三个一级指标中提取的三个主成分因子。

最后，利用软件 SPSS13.0 根据上述政府规模影响因素综合测量结果的计算公式计算出全国 31 个省区政府规模影响因素综合测量结果，具体测量结果见表 9-31。

二、基于相关分析的省级政府规模影响因素实证考察

本部分利用软件 SPSS13.0 对表 9-10 和表 9-31 中的样本数据进行相关分析，旨在考察省级政府规模影响因素对政府规模的影响程度。具体分析结果如下。

（一）省级政府规模影响因素对政府财政规模的影响程度分析

本章首先利用软件 SPSS13.0 计算省级政府规模影响因素与政府财政规模之

间的简单相关系数及显著性水平，然后根据省级政府规模影响因素与政府财政规模之间的简单相关系数及显著性水平计算结果分析省级政府规模影响因素对省级政府财政规模的影响。

1. 省级政府规模影响因素与政府财政规模之间的相关系数和显著性水平

选取表 9-10 政府财政规模测量结果数据和表 9-31 中经济水平、管理幅度、管理能力以及综合因素测量结果数据作为样本数据，利用软件 SPSS13.0 分别计算经济水平、管理幅度、管理能力以及综合因素与政府财政规模之间的相关系数和显著性水平。具体结果见表 9-33。

表 9-33　省级政府规模影响因素与财政规模之间的相关系数及显著性水平

指标	与财政规模之间的相关系数	显著性水平（双尾检验）
经济水平	0.457*	0.010
管理幅度	0.125	0.503
管理能力	0.012	0.951
综合因素	0.317	0.082

* 表示显著性水平为 0.01 时相关关系显著

2. 省级政府规模影响因素对政府财政规模的影响

如表 9-33 所示，省级政府财政规模与经济水平之间的简单相关系数为 0.457，相关系数检验的概率 P 值为 0.010。因此，当显著性水平为 0.01 时，应拒绝相关关系检验的原假设。这表明，省级政府财政规模与经济水平之间存在显著正相关关系，经济水平是影响省级政府财政规模的重要因素，具有显著的正方向作用效果。省级政府财政规模与管理幅度之间的简单相关系数为 0.125，相关系数检验的概率 P 值为 0.503。因此，当显著性水平为 0.05 或 0.01 时，都不能拒绝相关关系检验的原假设。这表明，省级政府财政规模与管理幅度之间不存在显著正相关关系，管理幅度对省级政府财政规模的影响极弱，正方向作用效果不显著。省级政府财政规模与管理能力之间的简单相关系数为 0.012，相关系数检验的概率 P 值为 0.951。因此，当显著性水平为 0.05 或 0.01 时，都不能拒绝相关关系检验的原假设。这表明，省级政府财政规模与管理能力之间不存在显著正相关关系，管理能力对省级政府财政规模的影响极弱，正方向作用效果不显著。省级政府财政规模与综合因素之间的简单相关系数为 0.317，相关系数检验的概率 P 值为 0.082。因此，当显著性水平为 0.05 或 0.01 时，都不能拒绝相关关系检验的原假设。这表明，省级政府财政规模与综合因素之间不存在显著正相关关系，综合因素对省级政府财政规模的影响极弱，正方向作用效果不显著。

上述实证结果表明，各省区经济水平与政府财政规模之间存在显著的正相关关系，前者对后者具有显著的正方向作用；各省区管理幅度和管理能力这两个影响因素与政府财政规模之间不存在显著的相关关系，前者对后者作用效果不显著；各省区政府规模影响因素的综合测量结果与政府财政规模之间不存在显著的相关关系，经济水平、管理幅度和管理能力这三个因素对各省区政府财政规模的综合作用效果不显著。这说明，在政府财政规模现实供给过程中，各省区充分考虑了经济水平对政府财政规模现实供给的决定作用，各个省区的经济水平是决定政府财政规模现实供给的重要影响因素。而对于管理幅度和管理能力对政府财政规模现实供给的影响关注不够，前者对后者的作用不显著；对于经济水平、管理幅度和管理能力这三个因素对政府财政规模现实供给的综合作用关注不够，各省区经济水平、管理幅度、管理能力这三个因素对政府财政规模现实供给的综合作用效果不显著。

（二）省级政府规模。影响因素对政府人力规模的影响程度分析

本部分首先利用软件 SPSS13.0 计算省级政府规模影响因素与政府人力规模之间的简单相关系数及显著性水平，然后根据省级政府规模影响因素与政府人力规模之间的简单相关系数及显著性水平计算结果，分析省级政府规模影响因素对省级政府人力规模的影响。

1. 省级政府规模影响因素与政府人力规模之间的相关系数和显著性水平

选取表 9-10 政府人力规模测量结果数据和表 9-31 中经济水平、管理幅度、管理能力以及综合因素的测量结果作为样本数据，利用软件 SPSS13.0 分别计算经济水平、管理幅度、管理能力以及综合因素与政府人力规模之间的相关系数和显著性水平，具体结果见表 9-34。

表 9-34　省级政府规模影响因素与人力规模之间的相关系数及显著性水平

指标	与人力规模之间的相关系数	显著性水平（双尾检验）
经济水平	−0.329	0.071
管理幅度	0.436*	0.014
管理能力	−0.466**	0.008
综合因素	−0.064	0.731

*表示显著性水平为 0.05 时相关关系显著，**表示显著性水平为 0.01 时相关关系显著

2. 省级政府规模影响因素对政府人力规模的影响

如表 9-34 所示，省级政府人力规模与经济水平之间的简单相关系数为 −0.329，相关系数检验的概率 P 值为 0.071。因此，当显著性水平为 0.05 或 0.01 时，都不能拒绝相关关系检验的原假设。这表明，省级政府人力规模与经济水平之间不存在显著负相关关系，经济水平对省级政府人力规模的影响极弱，负方向作用效果不显著。省级政府人力规模与管理幅度之间的简单相关系数为 0.436，相关系数检验的概率 P 值为 0.014，因此，当显著性水平为 0.05，应拒绝相关关系检验的原假设。这表明，省级政府人力规模与管理幅度

之间存在显著正相关关系，管理幅度是影响省级政府人力规模的重要因素，具有显著的正方向作用效果。省级政府人力规模与管理能力之间的简单相关系数为－0.466，相关系数检验的概率 P 值为 0.008。因此，当显著性水平为 0.05 或 0.01 时，应拒绝相关关系检验的原假设。这表明，省级政府人力规模与管理能力之间存在显著负相关关系，管理能力是影响省级政府人力规模的重要因素，具有显著的负方向影响作用。省级政府人力规模与综合因素之间的简单相关系数为－0.064，相关系数检验的概率 P 值为 0.731。因此，当显著性水平为 0.05 或 0.01 时，都不能拒绝相关关系检验的原假设。这表明，省级政府人力规模与综合因素之间不存在显著负相关关系，综合因素对省级政府人力规模的影响极弱，负方向作用效果不显著。

上述实证结果表明，各省区经济水平与政府人力规模之间不存在显著的相关关系，各省区经济水平对各省区的政府人力规模的作用效果不显著；各省区管理幅度和管理能力这两个影响因素与各省区政府人力规模之间存在显著的相关关系，各省区管理幅度和管理能力这两个影响因素对各省区政府人力规模具有显著的作用效果；各省区政府规模影响因素的综合测量结果与政府人力规模之间不存在显著的相关关系，经济水平、管理幅度和管理能力这三个因素对各省区政府人力规模的综合作用效果不显著。这说明，在政府人力规模现实供给过程中，各省区对经济水平对政府人力规模现实供给的影响关注不够，各省区经济水平对各省区政府人力规模现实供给的作用效果不显著；充分考虑了管理幅度和管理能力这两个影响因素对政府人力规模现实供给的影响，各省区管理幅度和管理能力对各省区政府人力规模现实供给具有显著的作用效果；对于经济水平、管理幅度和管理能力这三个因素对政府人力规模现实供给的综合作用关注不够，各省区经济水平、管理幅度、管理能力这三个因素对政府人力规模现实供给的综合作用效果不显著。

（三）省级政府规模影响因素对政府职能规模的影响程度分析

本部分首先利用软件 SPSS13.0 计算省级政府规模影响因素与政府职能规模之间的简单相关系数及显著性水平，然后根据省级政府规模影响因素与政府职能规模之间的简单相关系数及显著性水平计算结果分析省级政府规模影响因素对省级政府职能规模的影响。

1. 省级政府规模影响因素与政府职能规模之间的相关系数和显著性水平

选取表 9-10 政府职能规模测量结果和表 9-31 中经济水平、管理幅度、管理能力以及综合因素测量结果作为样本数据，利用软件 SPSS13.0 分别计算经济水平、管理幅度、管理能力以及综合因素与政府职能规模之间的相关系数和显著性水平。具体结果见表 9-35。

表 9-35　省级政府规模影响因素与职能规模之间的相关系数及显著性水平

指标	与职能规模之间的相关系数	显著性水平（双尾检验）
经济水平	－0.082	0.662
管理幅度	0.238	0.197
管理能力	－0.021	0.909
综合因素	0.084	0.652

2. 省级政府规模影响因素对政府职能规模的影响

如表 9-35 所示，省级政府职能规模与经济水平之间的简单相关系数为－0.082,相关系数检验的概率 P 值为 0.662。因此，当显著性水平为 0.05 或 0.01 时，都不能拒绝相关关系检验的原假设。这表明，省级政府职能规模与经济水平之间不存在显著负相关关系，经济水平对省级政府职能规模的影响极弱，负方向作用效果不显著。省级政府职能规模与管理幅度之间的简单相关系数为 0.238，相关系数检验的概率 P 值为 0.197。因此，当显著性水平为 0.05 或 0.01 时，都不能拒绝相关关系检验的原假设。这表明，省级政府职能规模与管理幅度之间不存在显著正相关关系，管理幅度对省级政府职能规模的影响极弱，正方向作用效果不显著。省级政府职能规模与管理能力之间的简单相关系数为－0.021，相关系数检验的概率 P 值为 0.909。因此，当显著性水平为 0.05 或 0.01 时，都不能拒绝相关关系检验的原假设。这表明，省级政府职能规模与管理能力之间不存在显著负相关关系，管理能力对省级政府职能规模的影响极弱，负方向作用效果不显著。省级政府职能规模与综合因素之间的简单相关系数为 0.084，相关系数检验的概率 P 值为 0.652。因此，当显著性水平为 0.05 或 0.01 时，都不能拒绝相关关系检验的原假设。这表明，省级政府职能规模与综合因素之间不存在显著正相关关系，综合因素对省级政府职能规模的影响极弱，正方向作用效果不显著。

上述实证结果表明，各省区经济水平、管理幅度和管理能力这三个影响因素与政府职能规模之间均不存在显著的相关关系，前者对后者作用效果都不显著；各省区政府规模影响因素的综合测量结果与政府职能规模之间不存在显著的相关关系，经济水平、管理幅度和管理能力这三个因素对政府职能规模的综合作用效果不显著。这说明，在政府职能规模现实供给过程中，各省区对经济水平、管理幅度和管理能力这三个影响因素对政府职能规模现实供给的影响关注不够，前者对后者的作用不显著，对于经济水平、管理幅度和管理能力这三个因素对政府职能规模现实供给的综合作用关注不够，前者对后者的综合作用效果不显著。

（四）省级政府规模影响因素对政府规模的影响程度分析

本部分首先利用软件 SPSS13.0 计算省级政府规模影响因素与政府规模之间

的简单相关系数及显著性水平，然后根据省级政府规模影响因素与政府规模之间的简单相关系数及显著性水平计算结果分析省级政府规模影响因素对省级政府规模的影响。

1. 省级政府规模影响因素与政府规模之间的相关系数和显著性水平

选取表 9-10 政府规模测量结果和表 9-31 中经济水平、管理幅度、管理能力以及综合因素的测量结果作为样本数据，利用软件 SPSS13.0 分别计算经济水平、管理幅度、管理能力以及综合因素与政府规模之间的相关系数和显著性水平，具体结果见表 9-36。

表 9-36 省级政府规模影响因素与政府规模之间的相关系数及显著性水平

指标	与政府规模之间的相关系数	显著性水平（双尾检验）
经济水平	0.032	0.864
管理幅度	0.371*	0.040
管理能力	−0.209	0.260
综合因素	0.166	0.373

*表示显著性水平为 0.05 时相关关系显著

2. 省级政府规模影响因素对政府规模的影响

如表 9-36 所示，省级政府规模与经济水平之间的简单相关系数为 0.032，相关系数检验的概率 P 值为 0.864。因此，当显著性水平为 0.05 或 0.01 时，都不能拒绝相关关系检验的原假设。这表明，省级政府规模与经济水平之间不存在显著正相关关系，经济水平对省级政府规模影响极弱，正方向作用效果不显著。省级政府规模与管理幅度之间的简单相关系数为 0.371，相关系数检验的概率 P 值为 0.040。因此，当显著性水平为 0.05 时，应拒绝相关关系检验的原假设。这表明，省级政府规模与管理幅度之间存在显著正相关关系，管理幅度是影响省级政府规模的重要因素，具有显著的正方向作用效果。省级政府规模与管理能力之间的简单相关系数为−0.209，相关系数检验的概率 P 值为 0.260。因此，当显著性水平为 0.05 或 0.01 时，都不能拒绝相关关系检验的原假设。这表明，省级政府规模与管理能力之间不存在显著负相关关系，管理能力对省级政府规模的影响极弱，负方向作用效果不显著。省级政府规模与综合因素之间的简单相关系数为 0.166，相关系数检验的概率 P 值为 0.373。因此，当显著性水平为 0.05 或 0.01 时，都不能拒绝相关关系检验的原假设。这表明，省级政府规模与综合因素之间不存在显著正相关关系，综合因素对省级政府规模的影响极弱，正方向作用效果不显著。

上述实证结果表明，各省区经济水平和管理能力这两个影响因素与各省区政府规模之间均不存在显著的相关关系，各省区经济水平和管理能力这两个影响因素对各省区政府规模作用效果都不显著，各省区管理幅度与各省区政府规模存在显著的正相关关系，各省区管理幅度对各省区政府规模具有显著的正方向作用效果。各省区政府规模影响因素的综合测量结果与政府规模之间不存在显著的相关关系，经济水平、管理幅度和管理能力这三个因素对各省区政府规模的综合作用效果不显著。这说明，在政府规模现实供给过程中，各省区对于经济水平和管理能力这两个影响因素对政府规模的影响关注不够，各省区经济水平和管理能力对各省区政府规模的作用效果不显著。各省区充分考虑了管理幅度对政府规模的影响，各省区管理幅度是决定政府规模现实供给的重要因素，各省区对于经济水平、管理幅度和管理能力这三个因素对政府规模的综合作用关注不够，各省区经济水平、管理幅度、管理能力这三个因素对政府规模的综合作用效果不显著。

第十章　中心城市政府规模测度与评价

第一节　中心城市政府规模及其影响因素测度数据

一、中心城市政府规模测度数据

如前所述，本书认为政府规模包含政府财政规模、政府人力规模和政府职能规模，这三个重要侧面是测度政府规模的三个核心指标。在本书中，为了方便下文对我国中心城市政府规模进行测度，本节按照第三章所设计的政府规模测度指标体系分别从财政规模、人力规模、职能规模三个不同侧面收集了2008年度全国31个中心城市政府规模的相关数据。其中，所有原始数据均来源于《中国经济统计数据查询与辅助决策系统》，部分数据根据原始数据计算得到。

如表10-1所示，我国中心城市政府财政规模这一指标的测量数据主要包含财政收入、财政支出、财政支出比率、财政自给率四项统计数据。

表10-1　2008年度全国31个中心城市政府财政规模测量数据

地区	财政收入/万元	财政支出/万元	财政支出比率/%	财政自给率/%
石家庄	518 866	784 824	8.28	66.11
太原	761 055	1 312 284	11.77	57.99
呼和浩特	424 328	691 186	9.01	61.39
沈阳	2 188 083	3 106 685	10.80	70.43
大连	2 316 929	2 938 747	13.01	78.84
长春	822 791	1 322 419	8.57	62.22
哈尔滨	1 185 778	1 665 267	9.48	71.21
南京	3 160 700	3 231 999	10.72	97.79
杭州	3 421 403	2 747 160	8.43	124.54
宁波	2 281 784	2 548 327	13.23	89.54
合肥	1 334 060	1 284 359	12.54	103.87
福州	1 020 567	839 360	8.77	121.59
厦门	1 865 262	1 986 559	14.31	93.89
南昌	706 996	816 887	8.43	86.55

续表

地区	财政收入/万元	财政支出/万元	财政支出比率/%	财政自给率/%
济南	1 327 758	1 393 399	7.13	95.29
青岛	2 196 177	2 278 596	10.66	96.38
郑州	1 660 438	1 630 364	15.90	101.84
武汉	2 029 755	2 714 941	10.02	74.76
长沙	1 393 546	1 522 786	11.72	91.51
广州	4 939 354	5 830 521	8.87	84.72
深圳	6 580 554	7 279 563	10.70	90.40
南宁	603 801	809 147	10.53	74.62
海口	448 495	432 058	10.97	103.80
成都	1 330 278	1 598 632	7.64	83.21
贵阳	662 825	855 682	15.68	77.46
昆明	1 086 867	1 133 033	10.80	95.93
西安	1 080 175	1 427 993	10.74	75.64
兰州	428 336	682 000	10.75	62.81
西宁	148 758	283 253	12.30	52.52
银川	217 706	327 780	11.54	66.42
乌鲁木齐	720 935	653 985	8.08	110.24

资料来源：原始数据来源于《中国经济统计数据查询与辅助决策系统》

如表 10-2 所示，我国中心城市政府人力规模这一指标的测量数据主要包含公共管理和社会组织人数、公共管理和社会组织人数占人口总数的比例、公共管理和社会组织人数占社会就业人员总数的比例三项统计数据。

表 10-2　2008 年度全国 31 个中心城市政府人力规模测量数据

地区	公共管理和社会组织人数/万人	占人口总数的比例/%	占社会就业人员总数的比例/%
石家庄	4.68	1.97	8.43
太原	4.34	1.57	5.85
呼和浩特	3.18	2.78	13.59
沈阳	7.13	1.41	7.68
大连	4.84	1.65	6.44
长春	5.13	1.43	7.25
哈尔滨	6.66	1.40	5.45
南京	6.34	1.19	6.83
杭州	7.65	1.82	5.91

续表

地区	公共管理和社会组织人数/万人	占人口总数的比例/%	占社会就业人员总数的比例/%
宁波	3.41	1.56	5.30
合肥	3.42	1.72	8.78
福州	3.32	1.79	6.01
厦门	2.48	1.48	2.99
南昌	3.29	1.47	6.73
济南	7.98	2.26	8.68
青岛	3.78	1.37	5.00
郑州	5.70	2.11	8.33
武汉	7.74	1.52	5.93
长沙	4.29	1.96	7.48
广州	12.62	1.98	6.06
深圳	9.81	4.62	5.03
南宁	4.35	1.67	9.04
海口	3.15	2.06	11.15
成都	7.72	1.54	7.40
贵阳	4.59	2.14	8.02
昆明	5.49	2.35	8.15
西安	5.92	1.08	4.95
兰州	4.35	2.09	9.32
西宁	1.80	1.68	10.56
银川	2.27	2.64	9.32
乌鲁木齐	4.51	2.03	9.68

资料来源：原始数据来源于《中国经济统计数据查询与辅助决策系统》

如表 10-3 所示，我国中心城市政府职能规模这一指标的测量数据主要包含教育支出、科学支出、教育支出占比和科学支出占比四项统计数据。

表 10-3　2008 年度全国 31 个中心城市政府职能规模测量数据

地区	教育支出		科学支出	
	费用/万元	占比/%	费用/万元	占比/%
石家庄	92 609	9 443	11.80	1.20
太原	153 038	32 617	11.66	2.49
呼和浩特	89 373	4 887	12.93	0.71
沈阳	408 676	98 481	13.15	3.17

续表

地区	教育支出		科学支出	
	费用/万元	占比/%	费用/万元	占比/%
大连	293 425	116 190	9.98	3.95
长春	210 371	19 941	15.91	1.51
哈尔滨	270 365	53 409	16.24	3.21
南京	413 372	62 033	12.79	1.92
杭州	462 316	110 513	16.83	4.02
宁波	337 099	107 071	13.23	4.20
合肥	96 847	20 494	7.54	1.60
福州	144 312	17 563	17.19	2.09
厦门	270 357	64 953	13.61	3.27
南昌	81 092	17 121	9.93	2.10
济南	196 687	37 162	14.12	2.67
青岛	331 802	64 316	14.56	2.82
郑州	258 092	31 307	15.83	1.92
武汉	347 210	68 080	12.79	2.51
长沙	187 984	63 945	12.34	4.20
广州	699 931	206 531	12.00	3.54
深圳	858 440	498 996	11.79	6.85
南宁	107 177	13 204	13.25	1.63
海口	83 154	5 078	19.25	1.18
成都	225 857	26 903	14.13	1.68
贵阳	140 058	19 841	16.37	2.32
昆明	134 306	18 134	11.85	1.60
西安	199 398	22 548	13.96	1.58
兰州	129 926	12 451	19.05	1.83
西宁	45 383	7 810	16.02	2.76
银川	52 926	2 306	16.15	0.70
乌鲁木齐	122 573	9 284	18.74	1.42

资料来源：原始数据来源于《中国经济统计数据查询与辅助决策系统》

二、中心城市政府规模相关因素测度数据

政府规模的影响因素众多，影响机理十分复杂，是众多中外学者长期以来十

分关注的问题，不同的学者从不同的角度提出了很多颇有建树的见解。但是，目前在理论界尚未形成一个统一的认识。在笔者看来，各中心城市政府规模应该由其实际情况客观决定，合理的政府规模应该以满足政府规模的客观需求为限度，考察政府规模的合理性必须充分考虑各个地区实际情况对政府规模客观需求的决定作用。为了方便下文对我国中心城市政府规模影响因素进行分析，本节分别从经济水平、管理幅度和管理能力三个侧面收集了2008年度全国31个中心城市政府规模影响因素的测度数据，其中原始数据均来源于《中国经济统计数据查询与辅助决策系统》，部分数据根据原始数据计算得到。

经济水平这一指标的测量数据包含地区生产总值、人均GDP这两项统计数据，具体统计数据见表10-4。

表10-4　2008年度全国31个中心城市经济水平测度数据

地区	地区生产总值/亿元	人均GDP/元
石家庄	947.30	40 312
太原	1 114.60	42 353
呼和浩特	766.70	48 867
沈阳	2 875.30	57 234
大连	2 258.80	68 554
长春	1 543.70	44 301
哈尔滨	1 756.70	37 052
南京	3 015.70	56 953
杭州	3 257.90	60 975
宁波	1 926.50	88 779
合肥	1 024.40	53 548
福州	957.10	35 449
厦门	1 387.90	56 188
南昌	969.40	39 167
济南	1 953.90	55 430
青岛	2 138.50	78 256
郑州	1 025.50	35 499
武汉	2 709.00	45 336
长沙	1 299.00	52 896
广州	6 570.50	76 286
深圳	6 801.60	79 645
南宁	768.50	29 866

续表

地区	地区生产总值/亿元	人均 GDP/元
海口	393.70	22 109
成都	2 091.90	32 722
贵阳	545.80	27 117
昆明	1 048.70	31 191
西安	1 329.50	20 818
兰州	634.30	30 869
西宁	230.30	21 491
银川	284.10	38 123
乌鲁木齐	809.70	31 806

资料来源：《中国经济统计数据查询与辅助决策系统》

管理幅度这一指标的测量数据包含常住人口数量、人口密度和管辖区域面积三项统计数据，具体统计数据见表 10-5。

表 10-5　2008 年度全国 31 个中心城市管理幅度测度数据

地区	常住人口数量/万人	人口密度/（人/平方公里）	管辖区域面积/平方公里
石家庄	238	5 213.38	456
太原	277	1 895.82	1 460
呼和浩特	114	557.06	2 054
沈阳	505	1 444.52	3 495
大连	293	1 215.03	2 415
长春	358	747.82	4 789
哈尔滨	475	671.01	7 086
南京	534	1 131.46	4 723
杭州	420	1 367.34	3 068
宁波	218	886.23	2 462
合肥	198	2 364.60	839
福州	186	1 982.55	1 043
厦门	167	1 063.19	1 573
南昌	224	3 634.52	617
济南	353	1 082.93	3 257
青岛	276	1 964.01	1 403
郑州	270	2 669.21	1 010
武汉	510	1 877.63	2 718

续表

地区	常住人口数量/万人	人口密度/（人/平方公里）	管辖区域面积/平方公里
长沙	219	3 934.35	556
广州	637	1 656.93	3 843
深圳	212	1 087.46	1 953
南宁	260	400.94	6 479
海口	153	663.51	2 305
成都	503	2 310.25	2 176
贵阳	214	890.52	2 404
昆明	233	568.79	4 104
西安	549	1 533.19	3 582
兰州	208	1 263.08	1 647
西宁	107	2 820.26	380
银川	86	372.48	2 311
乌鲁木齐	222	223.31	9 955

资料来源：《中国经济统计数据查询与辅助决策系统》

管理能力这一指标的测量数据包含公共汽车总数、人均公共汽车数、互联网用户数量和移动电话户数四项统计数据，具体统计数据见表 10-6。

表 10-6　2008 年度全国 31 个中心城市管理能力测度数据

地区	公共汽车总数/辆	人均公共汽车数/（万人/辆）	互联网用户数量/户	移动电话户数/户
石家庄	2 024	8.51	1 127 833	3 684 300
太原	1 769	6.39	516 752	2 760 600
呼和浩特	1 353	11.82	223 585	983 700
沈阳	5 096	10.09	975 836	3 958 200
大连	4 784	16.30	744 382	3 323 900
长春	3 788	10.58	1 354 080	5 353 500
哈尔滨	4 705	9.90	955 190	2 674 100
南京	6 709	12.55	830 531	5 415 400
杭州	5 435	12.96	1 044 049	6 432 900
宁波	2 777	12.73	1 225 387	5 005 200
合肥	2 409	12.14	243 457	1 706 500
福州	2 270	12.21	502 514	1 840 200
厦门	2 543	15.21	547 500	2 647 900
南昌	2 448	10.92	716 428	2 870 000

续表

地区	公共汽车总数/辆	人均公共汽车数/（万人/辆）	互联网用户数量/户	移动电话户数/户
济南	4 003	11.35	784 700	3 670 200
青岛	4 524	16.42	833 258	3 490 000
郑州	3 518	13.05	683 000	3 675 000
武汉	6 600	12.93	1 078 000	4 959 600
长沙	3 252	14.87	603 854	2 455 300
广州	9 314	14.63	1 845 000	16 750 000
深圳	10 734	50.54	1 893 200	18 440 000
南宁	2 817	10.84	335 691	2 329 600
海口	885	5.66	275 200	1 483 500
成都	5 158	10.26	1 324 655	5 225 200
贵阳	2 372	11.08	219 887	1 766 200
昆明	4 514	19.34	482 032	2 021 000
西安	5 836	10.63	568 614	3 788 200
兰州	2 016	9.69	312 670	2 289 400
西宁	1 710	15.96	103 672	862 700
银川	992	11.52	100 219	895 000
乌鲁木齐	4 704	21.26	293 306	1 939 000

资料来源：原始数据来源于《中国经济统计数据查询与辅助决策系统》

第二节　中心城市政府规模综合测度及特征分析

一、基于主成分分析方法的中心城市政府规模测度过程及结果

在中心城市政府规模综合测量过程中，考虑到前文所设计的测度指标数量众多，而且这些测度指标之间可能存在或多或少的相关性，为了避免测度指标筛选及指标权重确定的主观性，有效克服各个指标之间的多线共振性，本节首先引入主成分分析方法对政府规模测度指标进行筛选并确定筛选后的指标权重，然后计算政府规模的测量结果。在具体操作过程中，考虑到前文所给出的政府规模测度指标包含两级指标，本节对我国中心城市政府规模测度指标的主成分分析过程分两个层次展开：第一个层次，采用主成分分析方法对测度政府规模的二级指标进行筛选并确定筛选后的二级指标权重，计算出各个中心城市政府的财政规模、人力规模和职能规模的测量结果；第二个层次，采用主成分分析方法对测度政府规模的一级指标进行筛选并确定筛选后的一级指标的权重，计算出各个中心城市政府规模的测量结果。

(一) 政府规模测度二级指标筛选过程及测量结果

考虑到测度政府规模的财政规模、人力规模和职能规模这三个一级指标包含众多二级测度指标，为了避免这些二级指标筛选及指标权重确定的主观性，本书采用主成分分析方法分别对财政规模、人力规模和职能规模的二级指标进行筛选并确定筛选后的二级指标的权重，计算出各个中心城市政府财政规模、人力规模和职能规模的测量结果，具体分析过程和结果如下。

1. 政府财政规模的测度指标筛选过程及测量结果

本章选取 2008 年度全国 31 个中心城市的政府财政规模测度数据作为样本数据（具体数据见表 10-1），利用 SPSS13.0 的主成分分析方法对政府财政规模的二级测度指标进行指标筛选并确定筛选后的二级指标的权重，计算出各个中心城市政府财政规模的测量结果，具体分析过程和结果如下：

首先，利用软件 SPSS13.0 对表 10-1 中财政支出比率和财政自给率这两个二级指标的原始数据作标准方差处理。为避免信息丢失，按照提取 2 个主成分的规则提取这两个二级指标的主成分，记为 F_{C_1} 和 F_{C_2} ，并采用方差最大法对提取到的主成分因子进行正交旋转，得到旋转后的两个主成分 F_{C_1} 和 F_{C_2} 的方差贡献率均为 50%，累计方差贡献率达到 100%，具体结果见表 10-7。

表 10-7　总方差分解表

主成分	初始特征值			旋转求和的平方载荷		
	特征根值	方差贡献率/%	累计方差贡献率/%	特征根值	方差贡献率/%	累计方差贡献率/%
F_{C_1}	1.061	53.040	53.040	1	50	50
F_{C_2}	0.939	49.960	100	1	50	100

注：提取方法为主成分分析

其次，根据上述分析结果得出计算各中心城市政府财政规模测量结果的计算公式，这里以旋转后的两个主成分因子 F_{C_1} 和 F_{C_2} 的方差贡献率作为权数，采用计算主成分因子加权总分的方法得出各中心城市政府财政规模的计算公式，具体计算公式如下：

$$F_C = 0.5F_{C_1} + 0.5F_{C_2}$$

式中，F_C 表示政府财政规模，F_{C_1} 和 F_{C_2} 表示从财政支出比率和财政自给率这两个二级指标中提取的两个主成分因子。

最后，利用软件 SPSS13.0 根据上述政府财政规模的计算公式计算出全国 31 个中心城市政府财政规模的测量结果，具体测量结果见表 10-10。

2. 政府人力规模的测度指标筛选过程及测量结果

本部分选取 2008 年度全国 31 个中心城市的政府人力规模测度数据作为样本数据（具体数据见表 10-2），利用 SPSS13.0 的主成分分析方法对政府人力规模的二级测度指标进行指标筛选并确定筛选后的二级指标的权重，计算出各个中心城市政府人力规模的测量结果，具体分析过程和结果如下：

首先，利用软件 SPSS13.0 对表 10-2 中公共管理和社会组织人数占人口总数的比例和公共管理和社会组织人数占就业人员总数的比例这两个二级指标的原始数据作标准方差处理。为了避免信息丢失，按照提取 2 个主成分的规则提取这两个二级指标的主成分，记为 F_{R_1} 和 F_{R_2} ，并采用方差最大法对提取到的主成分因子进行正交旋转，得到旋转后的两个主成分 F_{R_1} 和 F_{R_2} 的方差贡献率均为 50%，累计方差贡献率达到 100%，具体结果见表 10-8。

表 10-8　总方差分解表

主成分	初始特征值			旋转求和的平方载荷		
	特征根值	方差贡献率/%	累计方差贡献率/%	特征根值	方差贡献率/%	累计方差贡献率/%
F_{R_1}	1.251	62.555	62.555	1	50	50
F_{R_2}	0.749	37.445	100	1	50	100

注：提取方法为主成分分析

其次，根据上述分析结果得出计算各中心城市政府人力规模测量结果的计算公式，这里以旋转后的两个主成分因子 F_{R_1} 和 F_{R_2} 的方差贡献率作为权数，采用计算主成分因子加权总分的方法得到各中心城市政府人力规模的计算公式，具体计算公式如下：

$$F_R = 0.5F_{R_1} + 0.5F_{R_2}$$

式中，F_R 表示政府人力规模，F_{R_1} 和 F_{R_2} 表示公共管理和社会组织人数占人口总数的比例和公共管理和社会组织人数占就业人数的比例这两个二级指标中提取的两个主成分因子。

最后，利用软件 SPSS13.0 根据上述政府人力规模的计算公式计算出全国 31 个中心城市政府人力规模的测量结果，具体测量结果见表 10-10。

3. 政府职能规模的测度指标筛选过程及测量结果

本部分选取 2008 年度全国 31 个中心城市的政府职能规模测度数据作为样本数据（具体数据见表 10-3），利用 SPSS13.0 的主成分分析方法对政府职能规模的二级测度指标进行指标筛选并确定筛选后的二级指标的权重，计算出各个中心城市政府职能规模的测量结果，具体分析过程和结果如下：

首先，利用软件 SPSS13.0 对表 10-3 中教育支出占比和科学支出占比这两个二级指标的原始数据作标准方差处理，为避免信息丢失，按照提取 2 个主成分的规则提取这两个二级指标的主成分，记为 F_{Z_1} 和 F_{Z_2} ，并采用方差最大法对提取到的主成分因子进行正交旋转，得到旋转后的两个主成分 F_{Z_1} 和 F_{Z_2} 的方差贡献率均为 50%，累计方差贡献率达到 100%，具体结果见表 10-9。

表 10-9　总方差分解表

主成分	初始特征值			旋转求和的平方载荷		
	特征根值	方差贡献率/%	累计方差贡献率/%	特征根值	方差贡献率/%	累计方差贡献率/%
F_{Z_1}	1.230	61.514	61.514	1	50	50
F_{Z_2}	0.770	38.486	100	1	50	100

注：提取方法为主成分分析。

其次，根据上述分析结果得出计算各中心城市政府职能规模测量结果的计算公式，这里以旋转后的两个主成分 F_{Z_1} 和 F_{Z_2} 的方差贡献率作为权数，采用计算主成分因子加权总分的方法得到各中心城市政府职能规模的计算公式，具体计算公式如下：

$$F_Z = 0.5F_{Z_1} + 0.5F_{Z_2}$$

式中，F_Z 表示政府职能规模，F_{Z_1} 和 F_{Z_2} 表示从教育支出占比和科学支出占比这两个二级指标中提取的两个主成分因子。

最后，利用软件 SPSS13.0 根据上述政府职能规模的计算公式计算出全国 31 个中心城市政府职能规模的测量结果，具体测量结果见表 10-10。

表 10-10　全国 31 个中心城市政府规模的测量结果

中心城市	政府财政规模	政府人力规模	政府职能规模	政府规模
石家庄	−1.08	0.26	−1.03	−0.80
太原	−0.50	−0.55	−0.48	−0.71
呼和浩特	−1.04	1.88	−1.01	0.04
沈阳	−0.37	−0.28	0.13	−0.26
大连	0.38	−0.37	−0.18	−0.09
长春	−1.13	−0.36	−0.04	−0.72
哈尔滨	−0.66	−0.75	0.78	−0.35
南京	0.38	−0.61	−0.50	−0.34
杭州	0.60	−0.36	1.27	0.63
宁波	0.73	−0.67	0.60	0.25
合肥	0.97	0.16	−1.73	−0.20
福州	0.59	−0.37	0.49	0.29
厦门	1.11	−1.20	0.27	0.02
南昌	−0.47	−0.44	−1.02	−0.87
济南	−0.53	0.51	0.10	0.05
青岛	0.32	−0.86	0.27	−0.17
郑州	1.70	0.34	0.13	1.01

续表

中心城市	政府财政规模	政府人力规模	政府职能规模	政府规模
武汉	−0.43	−0.57	−0.24	−0.59
长沙	0.43	0.06	0.42	0.40
广州	−0.42	−0.22	0.06	−0.28
深圳	0.17	1.40	1.48	1.40
南宁	−0.32	0.18	−0.54	−0.28
海口	0.61	0.88	0.50	0.93
成都	−0.75	−0.25	−0.33	−0.61
贵阳	0.96	0.30	0.42	0.77
昆明	0.34	0.47	−0.84	0.04
西安	−0.24	−1.08	−0.41	−0.83
兰州	−0.60	0.53	0.75	0.30
西宁	−0.53	0.50	0.54	0.23
银川	−0.32	0.91	−0.35	0.16
乌鲁木齐	0.11	0.56	0.51	0.55

（二）政府规模测度一级指标筛选过程及测量结果

考虑到测度政府规模的测度指标包含政府财政规模、政府人力规模和政府职能规模这三个一级指标，为了避免这三个一级指标筛选及指标权重确定的主观性，本书首先采用主成分分析方法对政府财政规模、政府人力规模和政府职能规模这三个一级指标进行筛选并确定筛选后的一级指标的权重，计算出各个中心城市政府规模测量结果，具体分析过程和结果如下：

首先，利用软件 SPSS13.0 对表 10-10 中政府财政规模、政府人力规模和政府职能规模这三个一级指标的测量结果数据作标准方差处理，为避免信息丢失，按照提取 3 个主成分的规则提取这三个一级指标的主成分，记为 F_1、F_2 和 F_3，并采用方差最大法对提取到的主成分因子进行正交旋转，得到旋转后的三个主成分 F_1、F_2 和 F_3 的方差贡献率分别为 33.340%、33.339%和 33.321%，累计方差贡献率达到 100%，具体结果见表 10-11。

表 10-11 总方差分解表

主成分	初始特征值			旋转求和的平方载荷		
	特征根值	方差贡献率/%	累计方差贡献率/%	特征根值	方差贡献率/%	累计方差贡献率/%
F_1	1.261	42.050	42.050	1	33.340	33.340
F_2	0.999	33.308	75.358	1	33.339	66.679

续表

主成分	初始特征值			旋转求和的平方载荷		
	特征根值	方差贡献率/%	累计方差贡献率/%	特征根值	方差贡献率/%	累计方差贡献率/%
F_3	0.739	24.642	100	1	33.321	100

注：提取方法为主成分分析

其次，根据上述分析结果得出计算各中心城市政府规模测量结果的计算公式，这里以旋转后的三个主成分 F_1、F_2 和 F_3 的方差贡献率作为权数，采用计算主成分因子加权总分的方法得到各中心城市政府规模的计算公式，具体计算公式如下：

$$F = 0.33340F_1 + 0.33339F_2 + 0.33321F_3$$

式中，F 表示政府规模，F_1、F_2 和 F_3 表示从政府财政规模、政府人力规模和政府职能规模这三个一级指标中提取的三个主成分因子。

最后，利用软件 SPSS13.0 根据上述政府规模的计算公式计算出全国 31 个中心城市政府规模的测量结果，具体测量结果见表 10-10。

二、基于聚类分析方法的中心城市政府规模特征分析过程及结果

上文采用主成分分析方法对全国 31 个中心城市政府规模从政府财政规模、政府人力规模和政府职能规模这三个侧面进行了综合测量，得出的政府财政规模、政府人力规模、政府职能规模以及政府规模的测量结果只是比较客观地反映了全国 31 个中心城市政府规模的实际情况，并没有精细地刻画出全国 31 个中心城市政府规模各个侧面的基本特征和政府规模的总体特征。有鉴于此，本章在下文引入聚类分析方法对全国 31 个中心城市政府财政规模、政府人力规模和政府职能规模以及政府规模的测量结果进行聚类分析，旨在精细地刻画全国 31 个中心城市政府规模之间的相似性和差异性，准确地反映全国 31 个中心城市政府规模的总体特征。考虑到政府财政规模、政府人力规模和政府职能规模是政府规模的三个重要侧面，为了全面反映我国中心城市政府规模的总体特征，本章对全国 31 个中心城市政府规模测量结果的聚类分析过程分两个层次展开：第一个层次，对政府规模各个侧面的测量结果进行聚类分析，刻画我国中心城市政府规模各个侧面的基本特征；第二个层次，对政府规模的综合测量结果进行聚类分析，反映我国中心城市政府规模的总体特征。

（一）政府规模三个侧面的测量结果的聚类分析过程和结果

本部分分别选取表 10-10 中政府财政规模、政府人力规模和政府职能规模这三项测度数据作为样本数据，利用软件 SPSS13.0 从政府财政规模、政府人力规模和政府职能规模这三个侧面的测量结果进行聚类分析，聚类方法选用 K-Means

聚类分析法。具体分析过程和结果如下。

1. 政府财政规模的聚类分析过程和结果

第一步，指定聚类数目为 3，在软件 SPSS13.0 系统对话框中输入聚类的数目为 3，计算出全国 31 个中心城市政府财政规模的 K-Means 聚类初始类中心结果，具体结果见表 10-12。

表 10-12　初始类中心结果

指标	类别		
	1	2	3
政府财政规模	−1.13	0.32	1.70

表 10-12 展示了全国 31 个中心城市政府财政规模 3 个类的初始类中心情况。如表 10-12 所示，全国 31 个中心城市政府财政规模的 3 个初始类中心点的数据分别是−1.13、0.32 和 1.70。这表明，在初始聚类的 3 类中，第 1 类中心城市的政府财政规模最不理想，第 2 类中心城市的政府财政规模处于中游层次，第 3 类中心城市的政府财政规模是最优的。

第二步，指定迭代次数为 10，在软件 SPSS13.0 系统对话框中选取系统默认的迭代次数为 10，输出全国 31 个中心城市政府财政规模的 K-Means 聚类最终类中心结果，具体结果见表 10-13。

表 10-13　最终类中心结果

指标	类别		
	1	2	3
政府财政规模	−0.59	0.42	1.18

表 10-13 展示了全国 31 个中心城市政府财政规模 3 个类的最终类中心情况。如表 10-13 所示，全国 31 个中心城市政府财政规模的 3 个最终类中心点的数据分别是−0.59、0.42 和 1.18。这表明，在最终聚类的 3 类中，仍然可见，第 1 类中心城市的政府财政规模最不理想，第 2 类中心城市的政府财政规模处于中游层次，第 3 类中心城市的政府财政规模是最优的。

第三步，根据距离最近原则进行分类，软件 SPSS13.0 系统自动依次计算全国 31 个中心城市政府财政规模样本数据点到 3 个类中心点的欧式距离，并按照距 3 个类中心点距离最短的原则将所有样本分派到 3 个分类中。具体结果见表 10-14。

表 10-14 全国 31 个中心城市政府财政规模分类结果表

类别	中心城市	中心城市数/个
1	石家庄、太原、呼和浩特、沈阳、长春、哈尔滨、南昌、济南、武汉、广州、南宁、成都、西安、兰州、西宁、银川	16
2	大连、南京、杭州、宁波、福州、青岛、长沙、深圳、海口、昆明、乌鲁木齐	11
3	合肥、厦门、郑州、贵阳	4

表 10-14 展示了全国 31 个中心城市政府财政规模 3 个类的类成员情况。如表 10-14 所示，第 1 类（最不理想）中包含 16 个中心城市，分别是石家庄、太原、呼和浩特、沈阳、长春、哈尔滨、南昌、济南、武汉、广州、南宁、成都、西安、兰州、西宁和银川，这 16 个中心城市的政府财政规模比较相似，形成一类，在全国 31 个中心城市中约占 51.6%；第 2 类（中游层次）中心城市包含 11 个中心城市，分别是大连、南京、杭州、宁波、福州、青岛、长沙、深圳、海口、昆明和乌鲁木齐，这 11 个中心城市的政府财政规模比较相似，形成一类，在全国 31 个中心城市中约占 35.5%；第 3 类（最理想）中心城市包含 4 个中心城市，分别是合肥、厦门、郑州和贵阳，这 4 个中心城市的政府财政规模比较相似，形成一类，在全国 31 个中心城市中约占 12.9%。这表明，在全国 31 个中心城市中，多数中心城市的政府财政规模比较相似，呈现低水平同质化特征。

第四步，进一步计算 3 类的方差，软件 SPSS13.0 系统自动计算全国 31 个中心城市政府财政规模在 K-Means 聚类分析中形成的不同类的均值比较情况。具体结果见表 10-15。

表 10-15 方差分析结果表

指标	类		误差		F	Sig.
	组间均方	组间自由度	组内均方	组内自由度		
政府财政规模	6.549	2.00	0.068	28	96.408	0.000

表 10-15 展示了全国 31 个中心城市政府财政规模在 K-Means 聚类分析中形成的不同类的均值比较情况。如表 10-15 所示，全国 31 个中心城市政府财政规模的 3 类的组间均方、组内均方、F 检验值和显著性水平分别为 6.549、0.068、96.408 和 0，显然，全国 31 个中心城市政府财政规模 K-Means 聚类分析形成的 3 类的组间均方与组内均方的比值远远大于 1。这表明，全国 31 个中心城市政府财政规模 K-Means 聚类分析形成的 3 个类之间的差异是显著的。

2. 政府人力规模的聚类分析过程和结果

第一步，指定聚类数目为 3，在软件 SPSS13.0 系统对话框中输入聚类的数目为 3，计算出全国 31 个中心城市政府人力规模的 K-Means 聚类初始类中心结果。具体结果见表 10-16。

表 10-16　初始类中心结果

指标	类别		
	1	2	3
政府人力规模	0.34	−1.20	1.88

表 10-16 展示了全国 31 个中心城市政府人力规模 3 个类的初始类中心情况。如表 10-16 所示，全国 31 个中心城市政府人力规模的 3 个初始类中心点的数据分别是 0.34、−1.20 和 1.88。这表明，在初始聚类的 3 类中，第 3 类中心城市的政府人力规模是最优的，第 1 类中心城市的政府人力规模处于中游层次，第 2 类中心城市的政府人力规模最不理想。

第二步，指定迭代次数为 10，在软件 SPSS13.0 系统对话框中选取系统默认的迭代次数为 10，输出全国 31 个中心城市政府人力规模的 K-Means 聚类最终类中心结果，具体结果见表 10-17。

表 10-17　最终类中心结果

指标	类别		
	1	2	3
政府人力规模	0.35	−0.56	1.27

表 10-17 展示了全国 31 个中心城市政府人力规模 3 个类的最终类中心情况。如表 10-17 所示，全国 31 个中心城市政府人力规模的 3 个最终类中心点的数据分别是 0.45、−0.56 和 1.27。这表明，在最终聚类的 3 类中，仍然可见，第 3 类中心城市的政府人力规模是最优的，第 1 类中心城市的政府人力规模处于中游层次，第 2 类中心城市的政府人力规模最不理想。

第三步，根据距离最近原则进行分类，软件 SPSS13.0 系统自动依次计算全国 31 个中心城市政府人力规模样本数据点到 3 个类中心点的欧式距离，并按照距 3 个类中心点距离最短的原则将所有样本分派到 3 个分类中，具体结果见表 10-18。

表 10-18　全国 31 个中心城市政府人力规模分类结果表

类别	中心城市	中心城市数/个
1	石家庄、合肥、济南、郑州、长沙、南宁、贵阳、昆明、兰州、西宁、乌鲁木齐	11

续表

类别	中心城市	中心城市数/个
2	太原、沈阳、大连、长春、哈尔滨、南京、杭州、宁波、福州、厦门、南昌、青岛、武汉、广州、成都、西安	16
3	呼和浩特、深圳、海口、银川	4

表 10-18 展示了全国 31 个中心城市政府人力规模 3 个类的类成员情况。如表 10-18 所示，第 1 类（中游层次）中包含 11 个中心城市，分别是石家庄、合肥、济南、郑州、长沙、南宁、贵阳、昆明、兰州、西宁和乌鲁木齐，这 11 个中心城市的政府人力规模比较相似，形成一类，在全国 31 个中心城市中约占 35.5%；第 2 类（最不理想）中心城市包含 16 个中心城市，分别是太原、沈阳、大连、长春、哈尔滨、南京、杭州、宁波、福州、厦门、南昌、青岛、武汉、广州、成都和西安，这 16 个中心城市的政府人力规模比较相似，形成一类，在全国 31 个中心城市中约占 51.6%；第 3 类（最优）中心城市包含 4 个中心城市，分别是呼和浩特、深圳、海口和银川，这 4 个中心城市的政府人力规模比较相似，形成一类，在全国 31 个中心城市中约占 12.9%。这表明，在全国 31 个中心城市中，多数中心城市的政府人力规模比较相似，呈现低水平同质化特征。

第四步，进一步计算 3 类的方差，软件 SPSS13.0 系统自动计算全国 31 个中心城市政府人力规模在 K-Means 聚类分析中形成的不同类的均值比较情况，具体结果见表 10-19。

表 10-19　方差分析结果表

指标	类		误差		*F*	Sig.
	组间均方	组间自由度	组内均方	组内自由度		
政府人力规模	6.380	2	0.080	28	79.736	0.000

表 10-19 展示了全国 31 个中心城市政府人力规模在 K-Means 聚类分析中形成的不同类的均值比较情况。如表 10-19 所示，全国 31 个中心城市政府人力规模的 3 类的组间均方、组内均方、F 检验值和显著性水平分别为 6.380、0.080、79.736 和 0，显然，全国 31 个中心城市政府人力规模 K-Means 聚类分析形成的 3 类的组间均方与组内均方的比值远远大于 1。这表明，全国 31 个中心城市政府人力规模 K-Means 聚类分析形成的 3 个类之间的差异是显著的。

3. 政府职能规模的聚类分析过程和结果

第一步，指定聚类数目为 3，在软件 SPSS13.0 系统对话框中输入聚类的数目为 3，计算出全国 31 个中心城市政府职能规模的 K-Means 聚类初始类中心结果，具体结果见表 10-20。

表 10-20　初始类中心结果

指标	类别		
	1	2	3
政府职能规模	－1.73	1.48	－0.24

表 10-20 展示了全国 31 个中心城市政府职能规模 3 个类的初始类中心情况。如表 10-20 所示，全国 31 个中心城市政府职能规模的 3 个初始类中心点的数据分别是－1.73、1.48 和－0.24。这表明，在初始聚类的 3 类中，第 2 类中心城市的政府职能规模是最优的，第 3 类中心城市的政府职能规模不太理想，第 1 类中心城市的政府职能规模最不理想。

第二步，指定迭代次数为 10，在软件 SPSS13.0 系统对话框中选取系统默认的迭代次数为 10，输出全国 31 个中心城市政府职能规模的 K-Means 聚类最终类中心结果，具体结果见表 10-21。

表 10-21　最终类中心结果

指标	类别		
	1	2	3
政府职能规模	－1.13	0.70	－0.14

表 10-21 展示了全国 31 个中心城市政府职能规模 3 个类的最终类中心情况。如表 10-21 所示，全国 31 个中心城市政府职能规模的 3 个最终类中心点的数据分别是－1.13、0.70 和－0.14。这表明，在最终聚类的 3 类中，仍然可见，第 2 类中心城市的政府职能规模是最优的，第 3 类中心城市的政府职能规模不太理想，第 1 类中心城市的政府职能规模最不理想。

第三步，根据距离最近原则进行分类，软件 SPSS13.0 系统自动依次计算全国 31 个中心城市政府职能规模计算样本数据点到 3 个类中心点的欧式距离，并按照距 3 个类中心点距离最短的原则将所有样本分派到 3 个分类中，具体结果见表 10-22。

表 10-22　全国 31 个中心城市政府职能规模分类结果表

类别	中心城市	中心城市数/个
1	石家庄、呼和浩特、合肥、南昌、昆明	5
2	哈尔滨、杭州、宁波、福州、长沙、深圳、海口、贵阳、兰州、西宁、乌鲁木齐	11
3	太原、沈阳、大连、长春、南京、厦门、济南、青岛、武汉、郑州、广州、南宁、成都、西安、银川	16

表10-22展示了全国31个中心城市政府职能规模3个类的类成员情况。如表10-22所示，第1类（最不理想）中包含5个中心城市，分别是石家庄、呼和浩特、合肥、南昌和昆明，这5个中心城市的政府职能规模比较相似，形成一类，在全国31个中心城市中约占16.1%；第2类（最优）中心城市包含11个中心城市，分别是哈尔滨、杭州、宁波、福州、长沙、深圳、海口、贵阳、兰州、西宁和乌鲁木齐，这11个中心城市的政府职能规模比较相似，形成一类，在全国31个中心城市中约占35.5%；第3类（不太理想）中心城市包含16个中心城市，分别是太原、沈阳、大连、长春、南京、厦门、济南、青岛、武汉、郑州、广州、南宁、成都、西安和银川，这16个中心城市的政府职能规模比较相似，形成一类，在全国31个中心城市中约占51.6%。这表明，在全国31个中心城市中，多数中心城市的政府财政规模比较相似，呈现低水平同质化特征。

第四步，进一步计算3类的方差，软件SPSS13.0系统自动计算全国31个中心城市政府职能规模在K-Means聚类分析中形成的不同类的均值比较情况，具体结果见表10-23。

表10-23　方差分析结果表

指标	类		误差		F	Sig.
	组间均方	组间自由度	组内均方	组内自由度		
政府职能规模	6.049	2	0.104	28	58.382	0.000

表10-23展示了全国31个中心城市政府职能规模在K-Means聚类分析中形成的不同类的均值比较情况。如表10-23所示，全国31个中心城市政府职能规模的3类的组间均方、组内均方、F检验值和显著性水平分别为6.049、0.104、58.382和0。显然，全国31个中心城市政府职能规模K-Means聚类分析形成的3类的组间均方与组内均方的比值远远大于1。这表明，全国31个中心城市政府职能规模K-Means聚类分析形成的3个类之间的差异是显著的。

（二）政府规模综合测度结果的聚类分析过程和结果

本节选取表10-10：全国31个中心城市政府规模的测量结果中政府规模测度数据作为样本数据，利用软件SPSS13.0对政府规模的综合测量结果进行聚类分析，聚类方法选用K-Means聚类分析法。具体分析过程和结果如下：

第一步，指定聚类数目为3，在软件SPSS13.0系统对话框中输入聚类的数目为3，计算出全国31个中心城市政府规模的K-Means聚类初始类中心结果，具体结果见表10-24。

表 10-24　初始类中心结果

指标	类别		
	1	2	3
政府规模	−0.87	0.23	1.40

表 10-24 展示了全国 31 个中心城市政府规模 3 个类的初始类中心情况。如表 10-24 所示，全国 31 个中心城市政府规模的 3 个初始类中心点的数据分别是 −0.87、0.23 和 1.40。这表明，在初始聚类的 3 类中，第 3 类中心城市的政府规模是最优的，第 2 类中心城市的政府规模次之，第 1 类中心城市的政府规模最不理想。

第二步，指定迭代次数为 10，在软件 SPSS13.0 系统对话框中选取系统默认的迭代次数为 10，输出全国 31 个中心城市政府规模的 K-Means 聚类最终类中心结果，具体结果见表 10-25。

表 10-25　最终类中心结果

指标	类别		
	1	2	3
政府规模	−0.55	0.10	0.88

表 10-25 展示了全国 31 个中心城市政府规模 3 个类的最终类中心情况。如表 10-25 所示，全国 31 个中心城市政府规模的 3 个最终类中心点的数据分别是 −0.55、0.10 和 0.88。这表明，在最终聚类的 3 类中，仍然可见，第 3 类中心城市的政府规模是最优的，第 2 类中心城市的政府规模次之，第 1 类中心城市的政府规模最不理想。

第三步，根据距离最近原则进行分类，软件 SPSS13.0 系统自动依次计算全国 31 个中心城市政府规模样本数据点到 3 个类中心点的欧式距离，并按照距 3 个类中心点距离最短的原则将所有样本分派到 3 个分类中，具体结果见表 10-26。

表 10-26　全国 31 个中心城市政府规模分类结果表

类别	中心城市	中心城市数/个
1	石家庄、太原、沈阳、长春、哈尔滨、南京、南昌、武汉、广州、南宁、成都、西安	12
2	呼和浩特、大连、宁波、合肥、福州、厦门、济南、青岛、长沙、昆明、兰州、西宁、银川	13
3	杭州、郑州、深圳、海口、乌鲁木齐	5

表 10-26 展示了全国 31 个中心城市政府规模 3 个类的类成员情况。如表 10-

26 所示，第 1 类（最不理想）中包含 12 个中心城市，分别是石家庄、太原、沈阳、长春、哈尔滨、南京、南昌、武汉、广州、南宁、成都和西安，这 12 个中心城市的政府规模比较相似，形成一类，在全国 31 个中心城市中约占 38.7%；第 2 类（中游层次）中心城市包含 16 个中心城市，分别是呼和浩特、大连、宁波、合肥、福州、厦门、济南、青岛、长沙、昆明、兰州、西宁和银川，这 16 个中心城市的政府规模比较相似，形成一类，在全国 31 个中心城市中约占 41.9%；第 3 类（最优）中心城市包含 5 个中心城市，这 5 个中心城市的政府规模比较相似，形成一类，在全国 31 个中心城市中约占 16.1%。这表明，在全国 31 个中心城市中，大多数中心城市的政府规模比较相似，呈现低水平同质化特征。

第四步，进一步计算 3 类的方差，软件 SPSS13.0 系统自动计算全国 31 个中心城市政府规模在 K-Means 聚类分析中形成的不同类的均值比较情况，具体结果见表 10-27。

表 10-27　方差分析结果表

指标	类		误差		F	Sig.
	组间均方	组间自由度	组内均方	组内自由度		
政府规模	4.240	2	0.054	28	78.162	0.000

表 10-27 展示了全国 31 个中心城市政府规模在 K-Means 聚类分析中形成的不同类的均值比较情况。如表 10-27 所示，全国 31 个中心城市政府规模的 3 类的组间均方、组内均方、F 检验值和显著性水平分别为 4.240、0.054、78.162 和 0。显然，全国 31 个中心城市政府规模 K-Means 聚类分析形成的 3 类的组间均方与组内均方的比值远远大于 1。这表明，全国 31 个中心城市政府规模 K-Means 聚类分析形成的 3 个类之间的差异是显著的。

综上所述，无论是从政府规模的各个侧面考察，还是从政府规模的综合维度考察，在全国 31 个中心城市中，大多数中心城市的政府规模特征比较相似，处于中下游层次，呈现低水平同质化现状。

第三节　中心城市政府规模的影响因素实证分析

一、基于主成分分析的中心城市政府规模影响因素测度过程及结果

在中心城市政府规模影响因素的测度过程中，考虑到前文所设计的政府规模影响因素的测度指标数量众多，而且这些测度指标之间可能存在或多或少的相关性，为了避免测度指标筛选及指标权重确定的主观性，有效克服各个指标之间的多线共振性，本节采用主成分分析方法对政府规模影响因素的测度指标进行筛选

并确定筛选后的指标权重，并计算出政府规模影响因素的测量结果。在具体操作过程中，考虑到前文所给出的政府规模影响因素的测度指标包含两级指标，本节对我国中心城市政府规模影响因素测度指标的主成分分析过程分两个层次展开：第一个层次，采用主成分分析方法对测度政府规模影响因素的二级指标进行筛选并确定筛选后的二级指标权重，计算出各个中心城市经济水平、管理幅度和管理能力的测量结果；第二个层次，采用主成分分析方法对测度政府规模影响因素的一级指标进行筛选并确定筛选后的一级指标的权重，计算出各个中心城市政府规模影响因素的综合测量结果。具体分析过程和结果如下。

（一）政府规模影响因素二级指标筛选过程及测度结果

考虑到测度政府规模影响因素包含经济水平、管理幅度和管理能力这三个一级指标，而且这三个一级指标又包含众多二级测度指标，为了避免指标筛选及指标权重确定的主观性，本部分采用主成分分析方法分别对经济水平、管理幅度和管理能力这三个一级指标的二级指标进行筛选并确定筛选后的二级指标的权重，计算出各个中心城市这三个一级指标的测量结果。具体分析过程和结果如下。

1. 经济水平的指标筛选过程及测量结果

本部分选取 2008 年度全国 31 个中心城市经济水平测度数据作为样本数据（具体数据见表 10-4），利用 SPSS13.0 的主成分分析方法对经济水平的二级测度指标进行指标筛选并确定筛选后的二级指标的权重，计算出各个中心城市经济水平的测量结果，具体分析过程和结果如下。

首先，利用软件 SPSS13.0 对表 10-4 中地区生产总值和人均 GDP 这两个二级指标的原始数据作标准方差处理，为避免信息丢失，按照提取 2 个主成分的规则提取这两个二级指标的主成分，记为 F_{J_1} 和 F_{J_2}，并采用方差最大法对提取到的主成分因子进行正交旋转，得到旋转后的两个主成分 F_{J_1} 和 F_{J_2} 的方差贡献率均为 50%，累计方差贡献率达到 100%，具体结果见表 10-28。

表 10-28　总方差分解表

主成分	初始特征值			旋转求和的平方载荷		
	特征根值	方差贡献率/%	累计方差贡献率/%	特征根值	方差贡献率/%	累计方差贡献率/%
F_{J_1}	1.686	84.291	84.291	1	50	50
F_{J_2}	0.314	15.709	100	1	50	100

注：提取方法为主成分分析

其次，根据上述分析结果得出计算各中心城市经济水平测量结果的计算公式，这里以旋转后的两个主成分因子 F_{J_1} 和 F_{J_2} 的方差贡献率作为权数，采用计算主成分因子加权总分的方法得到各中心城市经济水平的计算公式，具体计算公式为

$$F_J = 0.5F_{J_1} + 0.5F_{J_2}$$

式中，F_J 表示经济水平，F_{J_1} 和 F_{J_2} 表示从地区生产总值和人均 GDP 这两个二级指标中提取的两个主成分因子。

最后，利用软件 SPSS13.0 根据上述经济水平的计算公式计算出全国 31 个中心城市经济水平的测量结果，具体测量结果见表 10-31。

2. 管理幅度的指标筛选过程及测量结果

本部分选取 2008 年度全国 31 个中心城市管理幅度测度数据作为样本数据（具体数据见表 10-5），利用 SPSS13.0 的主成分分析方法对管理幅度的二级测度指标进行指标筛选并确定筛选后的二级指标的权重，计算出各个中心城市管理幅度的测量结果，具体分析过程和结果如下：

首先，利用软件 SPSS13.0 对表 10-5 中常住人口数量、人口密度和管辖区域面积这三个二级指标的原始数据作标准方差处理，为避免信息丢失，按照提取 3 个主成分的规则提取这三个二级指标的主成分，记为 F_{G_1}、F_{G_2} 和 F_{G_3}，并采用方差最大法对提取到的主成分因子进行正交旋转，得到旋转后的三个主成分 F_{G_1}、F_{G_2} 和 F_{G_3} 的方差贡献率分别为 34.126%、33.878%和 31.996%，累计方差贡献率达到 100%，具体结果见表 10-29。

表 10-29　总方差分解表

主成分	初始特征值			旋转求和的平方载荷		
	特征根值	方差贡献率/%	累计方差贡献率/%	特征根值	方差贡献率/%	累计方差贡献率/%
F_{G_1}	1.725	57.516	57.516	1.024	34.126	34.126
F_{G_2}	0.985	32.831	90.346	1.016	33.878	68.004
F_{G_3}	0.290	9.654	100	0.960	31.996	100

注：提取方法为主成分分析

其次，根据上述分析结果得出计算各中心城市管理幅度测量结果的计算公式，这里以旋转后的三个主成分因子 F_{G_1}、F_{G_2} 和 F_{G_3} 的方差贡献率作为权数，采用计算主成分因子加权总分的方法得到各中心城市管理幅度的计算公式，具体计算公式为

$$F_G = 0.341\,26F_{G_1} + 0.338\,78F_{G_2} + 0.319\,96F_{G_3}$$

式中，F_G 表示管理幅度，F_{G_1}、F_{G_2} 和 F_{G_3} 表示从常住人口数量、人口密度和管辖区域面积这三个二级指标中提取的三个主成分因子。

最后，利用软件 SPSS13.0 根据上述管理幅度的计算公式计算出全国 31 个中心城市管理幅度的测量结果，具体测量结果见表 10-31。

3. 管理能力的指标筛选过程及测量结果

本部分选取 2008 年度全国 31 个中心城市管理能力测度数据作为样本数据（具体数据见表 10-6），利用 SPSS13.0 的主成分分析方法对管理能力的二级测度

指标进行指标筛选并确定筛选后的二级指标的权重，计算出各个中心城市管理能力的测量结果，具体分析过程和结果如下：

首先，利用软件 SPSS13.0 对表 10-6 中公共汽车总数、人均公共汽车数、互联网用户数和移动电话户数这四个二级指标的原始数据作标准方差处理，为避免信息丢失，按照提取 3 个主成分的规则提取这四个二级指标的主成分，记为 F_{N_1}、F_{N_2} 和 F_{N_3}，并采用方差最大法对提取到的主成分因子进行正交旋转，得到旋转后的三个主成分 F_{N_1}、F_{N_2} 和 F_{N_3} 的方差贡献率分别为 43.964%、30.614%和 22.948%，累计方差贡献率达到 97.526%，具体结果见表 10-30。

表 10-30　总方差分解表

主成分	初始特征值			旋转求和的平方载荷		
	特征根值	方差贡献率/%	累计方差贡献率/%	特征根值	方差贡献率/%	累计方差贡献率/%
F_{N_1}	3.078	76.948	76.948	1.759	43.964	43.964
F_{N_2}	0.630	15.751	92.699	1.225	30.614	74.578
F_{N_3}	0.193	4.827	97.526	0.918	22.948	97.526

注：提取方法为主成分分析

其次，根据上述分析结果得出计算各中心城市管理能力测量结果的计算公式，这里以旋转后的三个主成分因子 F_{N_1}、F_{N_2} 和 F_{N_3} 的方差贡献率作为权数，采用计算主成分因子加权总分的方法得到各中心城市管理能力的计算公式，具体计算公式如下：

$$F_N = 0.439\,64F_{N_1} + 0.306\,143F_{N_2} + 0.229\,48F_{N_3}$$

式中，F_N 表示管理能力，F_{N_1}、F_{N_2} 和 F_{N_3} 表示从公共汽车总数、人均公共汽车数、互联网用户数量和移动电话户数这四个二级指标中提取的三个主成分因子。

最后，利用软件 SPSS13.0 根据上述管理能力的计算公式计算出全国 31 个中心城市管理能力的测量结果，具体测量结果见表 10-31。

表 10-31　全国 31 个中心城市政府规模影响因素的测量结果

中心城市	经济水平	管理幅度	管理能力	综合因素
石家庄	−0.33	1.10	0.02	0.45
太原	−0.25	−0.20	−0.38	−0.32
呼和浩特	−0.19	−0.95	−0.51	−0.73
沈阳	0.51	0.41	0.06	0.46
大连	0.59	−0.28	0.04	0.12
长春	−0.10	0.16	0.31	0.13
哈尔滨	−0.20	0.84	−0.04	0.35

续表

中心城市	经济水平	管理幅度	管理能力	综合因素
南京	0.54	0.60	0.15	0.60
杭州	0.68	0.14	0.30	0.45
宁波	0.94	−0.54	0.26	0.19
合肥	−0.03	−0.24	−0.43	−0.26
福州	−0.43	−0.39	−0.30	−0.48
厦门	0.12	−0.74	−0.16	−0.39
南昌	−0.35	0.36	−0.16	0.00
济南	0.24	−0.05	−0.05	0.07
青岛	0.77	−0.18	0.10	0.27
郑州	−0.41	0.06	−0.06	−0.16
武汉	0.21	0.44	0.26	0.40
长沙	0.02	0.48	−0.13	0.23
广州	1.83	0.80	1.38	1.60
深圳	1.96	−0.57	2.36	1.19
南宁	−0.60	0.24	−0.38	−0.24
海口	−0.85	−0.78	−0.61	−0.96
成都	−0.21	0.51	0.30	0.26
贵阳	−0.71	−0.56	−0.47	−0.74
昆明	−0.50	−0.28	−0.09	−0.39
西安	−0.65	0.54	−0.13	−0.03
兰州	−0.61	−0.56	−0.43	−0.68
西宁	−0.91	−0.27	−0.47	−0.67
银川	−0.54	−1.02	−0.59	−0.94
乌鲁木齐	−0.55	0.92	−0.14	0.21

（二）政府规模影响因素一级指标的筛选过程及测量结果

本部分选取 2008 年度全国 31 个中心城市经济水平、管理幅度和管理能力三个侧面的测量结果作为样本数据（具体数据见表 10-31），利用 SPSS13.0 的主成分分析方法对政府规模影响因素的这三个一级测度指标进行指标筛选并确定筛选后的一级指标的权重，计算出各个中心城市政府规模影响因素的综合测量结果，具体分析过程和结果如下：

首先，利用软件 SPSS13.0 对表 10-31 中经济水平、管理幅度和管理能力这三个一级指标的测量结果作标准方差处理，为避免信息丢失，按照提取 3 个主成分的规则提取这三个一级指标的主成分，记为 F_{Y_1}、F_{Y_2} 和 F_{Y_3}，并采用方差最大法对提取到的主成分因子进行正交旋转，得到旋转后的三个主成分 F_{Y_1}、F_{Y_2} 和 F_{Y_3} 的方差贡献率分别为 38.153%、33.667%和 28.180%，累计方差贡献率达到 100%，具体结果见表 10-32。

表 10-32　总方差分解表

主成分	初始特征值			旋转求和的平方载荷		
	特征根值	方差贡献率/%	累计方差贡献率/%	特征根值	方差贡献率/%	累计方差贡献率/%
F_{G_1}	1.900	63.343	63.343	1.145	38.153	38.153
F_{G_2}	0.956	31.851	95.194	1.010	33.667	71.820
F_{G_3}	0.144	4.806	100	0.845	28.180	100

注：提取方法为主成分分析

其次，根据上述分析结果得出计算各中心城市政府规模影响因素综合测量结果的计算公式，这里以旋转后的三个主成分因子 F_{Y_1}、F_{Y_2} 和 F_{Y_3} 的方差贡献率作为权数，采用计算主成分因子加权总分的方法得到各中心城市政府规模影响因素综合测量结果的计算公式，具体计算公式如下：

$$F_Y = 0.381\ 53F_{Y_1} + 0.336\ 67F_{Y_2} + 0.281\ 80F_{Y_3}$$

式中，F_Y 表示政府规模影响因素，F_{Y_1}、F_{Y_2} 和 F_{Y_3} 表示从经济水平、管理幅度和管理能力这三个一级指标中提取的三个主成分因子。

最后，利用软件 SPSS13.0 根据上述政府规模影响因素综合测量结果的计算公式计算出全国 31 个中心城市政府规模影响因素的综合测量结果，具体测量结果见表 10-31。

二、基于相关分析的中心城市政府规模影响因素实证考察

本部分利用软件 SPSS13.0 对表 10-10 和表 10-31 中的样本数据进行相关分析，旨在考察中心城市政府规模影响因素对政府规模的影响程度。具体分析结果如下。

（一）中心城市政府规模影响因素对政府财政规模的影响程度分析

本部分首先利用软件 SPSS13.0 计算中心城市政府规模影响因素与政府财政规模之间的简单相关系数及显著性水平，然后根据中心城市政府规模影响因素与政府财政规模之间的简单相关系数及显著性水平的计算结果，分析中心城市政府规模影响因素对中心城市政府财政规模的影响。

1. 中心城市政府规模影响因素与政府财政规模之间的相关系数和显著性水平

选取表 10-10 政府财政规模测量结果和表 10-31 中经济水平、管理幅度、管理能力以及综合因素测量结果作为样本数据，利用软件 SPSS13.0 分别计算经济

水平、管理幅度、管理能力以及综合因素与政府财政规模之间的相关系数和显著性水平，具体结果见表10-33。

表10-33　中心城市政府规模影响因素与财政规模之间的相关系数及显著性水平

指标	与财政规模之间的相关系数	显著性水平（双尾检验）
经济水平	0.085	0.649
管理幅度	−0.307	0.093
管理能力	−0.043	0.817
综合因素	−0.131	0.481

2. 中心城市政府规模影响因素对政府财政规模的影响

如表10-33所示，中心城市政府财政规模与经济水平之间的简单相关系数为0.085，相关系数检验的概率P值为0.649，因此，当显著性水平为0.05或0.01时，都不能拒绝相关关系检验的原假设。这表明，中心城市政府财政规模与经济水平之间不存在显著正相关关系，经济水平对中心城市政府财政规模的影响极弱，正方向作用效果不显著。中心城市政府财政规模与管理幅度之间的简单相关系数为−0.307，相关系数检验的概率P值为0.093，因此，当显著性水平为0.05或0.01时，都不能拒绝相关关系检验的原假设。这表明，中心城市政府财政规模与管理幅度之间不存在显著负相关关系，管理幅度对中心城市政府财政规模的影响极弱，负方向作用效果不显著。中心城市政府财政规模与管理能力之间的简单相关系数为−0.043，相关系数检验的概率P值为0.817，因此，当显著性水平为0.05或0.01时，都不能拒绝相关关系检验的原假设。这表明，中心城市政府财政规模与管理能力之间不存在显著负相关关系，管理能力对中心城市政府财政规模的影响极弱，负方向作用效果不显著。中心城市政府财政规模与综合因素之间的简单相关系数为−0.131，相关系数检验的概率P值为0.481，因此，当显著性水平为0.05或0.01时，都不能拒绝相关关系检验的原假设。这表明，中心城市政府财政规模与综合因素之间不存在显著负相关关系，综合因素对中心城市政府财政规模的影响极弱，负方向作用效果不显著。

上述实证结果表明，各中心城市经济水平与政府财政规模之间不存在显著的相关关系，各中心城市经济水平对各个中心城市的政府财政规模的作用效果不显著，各中心城市管理幅度和管理能力这两个影响因素与各中心城市政府财政规模之间不存在显著的相关关系，各中心城市管理幅度和管理能力这两个影响因素对各个中心城市政府财政规模的作用效果不显著；各个中心城市政府规模影响因素的综合测量结果与政府财政规模之间不存在显著的负相关关系，经济水平、管理幅度和管理能力这三因素对各中心城市政府财政规模的综合作用效果不显著。这说明，在政府财政规模现实供给过程中，各个中心城市对于经济水平、管理幅度和管理能力这三个方面的影响因素对政府财政规模现实供给的影响关注不够，各个中心城市经济水平、管理幅度和管理能力这三个方面影响因素对各个中心城市政府财政规模现实供给的作用不显著，对于经济水平、管理幅度和管理能力这三个因素对政府财政规模现实供给的综合作用关注不够，各个中心城市经济水平、管理幅度、管理能力这三个因素对政府财政规模现实供给的综合作用效果不显著。

（二）中心城市政府规模影响因素对政府人力规模的影响程度分析

本部分首先利用软件 SPSS13.0 计算中心城市政府规模影响因素与政府人力规模之间的简单相关系数及显著性水平，然后根据中心城市政府规模影响因素与政府人力规模之间的简单相关系数及显著性水平计算结果，分析中心城市政府规模影响因素对中心城市政府人力规模的影响。

1. 中心城市政府规模影响因素与政府人力规模之间的相关系数和显著性水平

选取表 10-10 政府人力规模测量结果数据和表 10-31 中经济水平、管理幅度、管理能力以及综合因素测量结果作为样本数据，利用软件 SPSS13.0 分别计算经济水平、管理幅度、管理能力以及综合因素与政府人力规模之间的相关系数和显著性水平，具体结果见表 10-34。

表 10-34　中心城市政府规模影响因素与人力规模之间的相关系数及显著性水平

指标	与人力规模之间的相关系数	显著性水平（双尾检验）
经济水平	−0.140	0.452
管理幅度	−0.396*	0.028
管理能力	−0.001	0.995
综合因素	−0.286	0.119

* 表示显著性水平为 0.05 时相关关系显著

2. 中心城市政府规模影响因素对政府人力规模的影响

如表 10-34 所示，中心城市政府人力规模与经济水平之间的简单相关系数为−0.140，相关系数检验的概率 P 值为 0.452，因此，当显著性水平为 0.05 或 0.01 时，都不能应拒绝相关关系检验的原假设。这表明，中心城市政府人力规模与经济水平之间不存在显著负相关关系，经济水平对中心城市政府人力规模的影响极弱，负方向作用效果不显著。中心城市政府人力规模与管理幅度之间的简单相关系数为−0.396，相关系数检验的概率 P 值为 0.028。因此，当显著性水平为 0.05 时，应拒绝相关关系检验的原假设。这表明，中心城市政府人力规模与管理幅度之间存在显著负相关关系，管理幅度是影响中心城市政府人力规模的重要因素，具有显著的负方向作用效果。中心城市政府人力规模与管理能力之间的简单相关系数为−0.001，相关系数检验的概率 P 值为

0.995。因此，当显著性水平为 0.05 或 0.01 时，都不能拒绝相关关系检验的原假设。这表明，中心城市政府人力规模与管理能力之间不存在显著负相关关系，管理能力对中心城市政府人力规模的影响极弱，负方向作用效果不显著。中心城市政府人力规模与综合因素之间的简单相关系数为－0.286，相关系数检验的概率 P 值为 0.119，因此，当显著性水平为 0.05 或 0.01 时，都不能拒绝相关关系检验的原假设。这表明，中心城市政府人力规模与综合因素之间不存在显著负相关关系，综合因素对中心城市政府人力规模的影响极弱，负方向作用效果不显著。

上述实证结果表明，各中心城市经济水平和管理能力这两个方面的影响因素与政府人力规模之间不存在显著的相关关系，各中心城市经济水平和管理能力这两个方面的影响因素对各个中心城市的政府人力规模的作用效果不显著，各中心城市管理幅度和管理能力与各中心城市政府人力规模之间存在显著的相关关系，各中心城市管理幅度对各个中心城市政府人力规模具有显著的作用效果，各个中心城市政府规模影响因素的综合测量结果与政府人力规模之间不存在显著的相关关系，经济水平、管理幅度和管理能力这三个方面影响因素对各中心城市政府人力规模的综合作用效果不显著。这说明，在政府人力规模现实供给过程中，各个中心城市对于经济水平和管理能力这两个方面的影响因素对政府人力规模现实供给的影响关注不够，各个中心城市经济水平和管理能力这两个方面的影响因素对各个中心城市政府人力规模现实供给的作用效果不显著，充分考虑了管理幅度对政府人力规模现实供给的影响，各个中心城市管理幅度对各个中心城市政府人力规模现实供给具有显著的作用效果。对于经济水平、管理幅度和管理能力这三个方面影响因素对政府人力规模现实供给的综合作用关注不够，各个中心城市经济水平、管理幅度、管理能力这三个方面的影响因素对政府人力规模现实供给的综合作用效果不显著。

（三）中心城市政府规模影响因素对政府职能规模的影响程度分析

本部分首先利用软件 SPSS13.0 计算中心城市政府规模影响因素与政府职能规模之间的简单相关系数及显著性水平，然后根据中心城市政府规模影响因素与政府职能规模之间的简单相关系数及显著性水平的计算结果，分析中心城市政府规模影响因素对中心城市政府职能规模的影响。

1. 中心城市政府规模影响因素与政府职能规模之间的相关系数和显著性水平

选取表 10-10 政府职能规模测量结果数据和表 10-31 中经济水平、管理幅度、管理能力以及综合因素测量结果作为样本数据，利用软件 SPSS13.0 分别计算经济水平、管理幅度、管理能力以及综合因素与政府职能规模之间的相关系数和显著性水平。具体结果见表 10-35。

表 10-35　中心城市政府规模影响因素与职能规模之间的相关系数及显著性水平

指标	与职能规模之间的相关系数	显著性水平（双尾检验）
经济水平	0.288	0.117
管理幅度	−0.123	0.509
管理能力	0.370	0.041
综合因素	0.187	0.314

2. 中心城市政府规模影响因素对政府职能规模的影响

如表 10-35 所示，中心城市政府职能规模与经济水平之间的简单相关系数为 0.288，相关系数检验的概率 P 值为 0.117，因此，当显著性水平为 0.05 或 0.01 时，都不能拒绝相关关系检验的原假设。这表明，中心城市政府职能规模与经济水平之间不存在显著正相关关系，经济水平对中心城市政府职能规模的影响极弱，正方向作用效果不显著。中心城市政府职能规模与管理幅度之间的简单相关系数为−0.123，相关系数检验的概率 P 值为 0.509，因此，当显著性水平为 0.05 或 0.01 时，都不能拒绝相关关系检验的原假设。这表明，中心城市政府职能规模与管理幅度之间不存在显著负相关关系，管理幅度对中心城市政府职能规模的影响极弱，负方向作用效果不显著。中心城市政府职能规模与管理能力之间的简单相关系数为 0.370，相关系数检验的概率 P 值为 0.041，因此，当显著性水平为 0.05 时，应拒绝相关关系检验的原假设。这表明，中心城市政府职能规模与管理能力之间存在显著正相关关系，管理能力是影响中心城市政府职能规模的重要因素，正方向作用效果不显著。中心城市政府职能规模与综合因素之间的简单相关系数为 0.187，相关系数检验的概率 P 值为 0.314，因此，当显著性水平为 0.05 或 0.01 时，都不能拒绝相关关系检验的原假设。这表明，中心城市政府职能规模与综合因素之间不存在显著正相关关系，综合因素对中心城市政府职能规模的影响极弱，正方向作用效果不显著。

上述实证结果表明，各中心城市经济水平和管理幅度这两个方面影响因素与各中心城市政府职能规模之间均不存在显著的相关关系，各中心城市经济水平和管理幅度这两个方面影响因素对各个中心城市政府职能规模作用效果都不显著，各中心城市管理能力对于各中心城市政府职能规模之间存在显著正相关关系，各中心城市管理能力对各中心城市政府职能规模具有显著的作用效果，各个中心城市政府规模影响因素的综合测量结果与政府职能规模之间不存在显著的相关关系，经济水平、管理幅度和管理能力这三个方面影响因素对各中心城市政府职能规模的综合作用效果不显著。这说明，在政府职能规模现实供给过程中，各个中心城市对于经济水平和管理幅度这两个方面影响因素对政府职能规模现实供给的影响关注不够，各个中心城市经济水平和管理幅度对各个中心城市政府职能规模现实供给的作用不显著，充分考虑了管理能力对于政府职能规模的影响，各中心城市管理能力对各中心城市政府职能规模现实供给具有显著的作用效果，对于经济水平、管理幅度和管理能力这三个方面影响因素对政府职能规模现实供给的综合作用关注不够，各个中心城市经济水平、管理幅度、管理能力这三个方面影响因素对政府职能规模现实供给的综合作用效果不显著。

（四）中心城市政府规模影响因素对政府规模的影响程度分析

本部分首先利用软件 SPSS13.0 计算中心城市政府规模影响因素与政府规模之间的简单相关系数及显著性水平，然后根据中心城市政府规模影响因素与政府规模之间的简单相关系数及显著性水平的计算结果，分析中心城市政府规模影响因素对中心城市政府规模的影响。

1. 中心城市政府规模影响因素与政府规模之间的相关系数和显著性水平

选取表 10-10 政府规模测量结果和表 10-31 中经济水平、管理幅度、管理能力以及综合因素测量结果作为样本数据，利用软件 SPSS13.0 分别计算经济水平、管理幅度、管理能力以及综合因素与政府规模之间的相关系数和显著性水平。具体结果见表 10-36。

表 10-36　中心城市政府规模影响因素与政府规模之间的相关系数及显著性水平

指标	与政府规模之间的相关系数	显著性水平（双尾检验）
经济水平	0.109	0.558
管理幅度	−0.480*	0.006
管理能力	0.165	0.375
综合因素	−0.154	0.410

* 表示显著性水平为 0.01 时相关关系显著

2. 中心城市政府规模影响因素对政府规模的影响

如表 10-36 所示，中心城市政府规模与经济水平之间的简单相关系数为 0.109，相关系数检验的概率 P 值为 0.558，因此，当显著性水平为 0.05 或 0.01 时，都不能拒绝相关关系检验的原假设。这表明，中心城市政府规模与经济水平之间不存在显著正相关关系，经济水平对中心城市政府规模影响极弱，正方向作用效果不显著。中心城市政府规模与管理幅度之间的简单相关系数为−0.480，相关系数检验的概率 P 值为 0.040，因此，当显著性水平为 0.05 或 0.01 时，都应拒绝相关关系检验的原假设。这表明，中心城市政府规模与管理幅度之间存在显著负相关关系，管理幅度是影响中心城市政府规模的重要因素，具有显著的负方向作用效果。中心城市政府规模与管理能力之间的简单相关系数为 0.165，相关系数检验的概率 P 值为 0.375，因此，当显著性水平为 0.05 或 0.01 时，都不能拒绝相关关系检验的原假设。这表明，中心城市政府规模与管理能力之间不存在显著正相关关系，管理能力对中心城市政府规模的影响极弱，正方向作用效果不显著。中心城市政府规模与综合因素之间的简单相关系数为－0.154，相关系数检验的概率 P 值为 0.410，因此，当显著性水平为 0.05 或 0.01 时，都不能拒绝相关关系检验的原假设。这表明，中心城市政府规模与综合因素之间不存在显著负相关关系，综合因素对中心城市政府规模的影响极弱，负方向作用效果不显著。

第十一章　县级行政区政府规模测度：以湖北省与广东省为例

第一节　湖北省84个县级行政区政府规模数据及评价

一、湖北省84个县级政府规模测度数据

考虑到数据可得性问题，为方便下文进行县级行政区政府规模测度和评估，本节按照第三章所设计的指标体系从财政规模、人力规模和职能规模三个不同侧面选取了湖北省84个县级行政区①政府规模测度的相关数据作为样本数据。所有原始数据均来源《湖北省统计年鉴2007》湖北省财政厅网站，其中部分数据根据原始数据计算得到。

考虑到数据可得性问题，对湖北省84个县级行政区政府财政规模的测量仅收集了财政收入、财政支出、财政支出比率、财政自给率和人均财政支出五个方面的样本数据。具体统计数据见表11-1。

表11-1　湖北省84个县级行政区政府财政规模测量数据

行政区	财政收入/万元	财政支出/万元	财政支出比率/%	财政自给率/%	人均财政支出/元
安陆市	21 108	47 412	8.62	0.45	7 181.82
保康县	16 487	28 955	12.74	0.57	5 590.17
蔡甸区	85 259	93 581	13.94	0.91	14 873.38
长阳自治县	28 446	49 580	12.41	0.57	8 479.66
赤壁市	61 847	77 027	8.29	0.80	14 015.79
崇阳县	18 980	33 698	8.26	0.56	6 299.15
大悟县	20 266	38 185	9.03	0.53	5 277.69
大冶市	112 668	95 629	8.05	1.18	12 821.67
丹江口市	61 935	57 617	9.69	1.07	9 737.67
当阳市	65 559	76 918	8.89	0.85	13 803.23
点军区	4 406	12 385	6.80	0.36	13 379.09

① 湖北省共辖102个县级行政区，但部分县级行政区数据资料不全，故本项分析只采用了数据资料完整的84个县级行政区。

续表

行政区	财政收入/万元	财政支出/万元	财政支出比率/%	财政自给率/%	人均财政支出/元
东宝区	49 229	28 815	3.63	1.71	19 422.97
东西湖区	213 944	126 592	9.65	1.69	33 124.65
掇刀区	29 432	15 068	5.10	1.95	11 122.51
鄂城区	23 058.2	27 605.6	9.32	0.84	8 323.53
房县	10 177	44 550	17.20	0.23	3 333.33
公安县	35 355	46 394	8.26	0.76	5 515.21
谷城县	30 104	43 231	8.62	0.70	7 047.55
广水市	47 635	68 767	8.14	0.69	7 794.09
汉川市	60 361	73 913	6.00	0.82	9 439.71
汉南区	26 744	24 942	6.37	1.07	22 835.02
汉阳区	188 033	66 752	3.02	2.82	46 821.30
红安县	43 868	68 320	19.37	0.64	4 750.17
洪湖市	20 539	66 812	7.67	0.31	6 056.28
洪山区	210 378	90 136	30.98	2.33	2 183.91
华容区	9 280	16 464	4.55	0.56	7 279.77
黄陂区	90 186	130 686	8.59	0.69	9 082.77
黄州区	20 656	30 733	5.74	0.67	12 132.27
嘉鱼县	25 404	33 794	8.83	0.75	10 291.53
监利县	18 633	81 441	10.54	0.23	4 375.01
江岸区	267 461	116 106	7.12	2.30	25 868.54
江汉区	310 298	111 106	4.31	2.79	47 921.17
江陵县	5 850	30 121	7.75	0.19	5 125.41
江夏区	100 863	119 001	10.98	0.85	14 634.98
京山县	33 143	59 459	7.18	0.56	10 155.06
荆州区	21 287	36 450	7.01	0.58	7 566.53
老河口市	38 590	44 789	9.03	0.86	8 087.39
梁子湖区	4 219	9 938	8.06	0.42	6 312.09
罗田县	22 240	47 173	17.35	0.47	3 918.49
麻城市	40 539	86 231	13.92	0.47	4 478.14
茅箭区	37 359	12 479	4.17	2.99	10 106.72
南漳县	18 654	41 200	9.72	0.45	5 424.74
潜江市	139 295	115 846	6.88	1.20	12 525.49

续表

行政区	财政收入/万元	财政支出/万元	财政支出比率/%	财政自给率/%	人均财政支出/元
桥口区	200 006	94 685	4.28	2.11	32 448.87
青山区	302 583	97 558	3.62	3.10	54 515.04
沙市区	16 960	22 843	2.10	0.74	16 366.73
沙洋县	14 507	46 496	6.68	0.31	8 646.26
石首市	32 252	54 395	8.38	0.59	7 957.55
松滋市	32 522	16 652	10.35	1.95	5 850.96
天门市	53 526	86 383	6.63	0.62	7 549.38
通城县	15 153	34 125	10.31	0.44	5 709.91
通山县	10 797	35 866	16.78	0.30	3 698.13
团风县	10 388	33 270	17.10	0.31	4 737.56
五峰自治县	12 409	30 354	16.44	0.41	7 585.52
伍家岗区	24 118	16 767	2.48	1.44	31 953.27
武昌区	318 152	121 813	5.38	2.61	21 193.03
西陵区	39 419	22 725	1.10	1.73	39 560.17
浠水县	29 049	64 787	11.77	0.45	4 735.85
仙桃市	105 047	98 098	6.04	1.07	10 980.41
咸安区	29 273	40 856	7.66	0.72	7 647.37
襄阳区	35 908	59 534	4.59	0.60	11 019.10
猇亭区	14 598	12 354	3.19	1.18	45 760
孝昌县	10 345	39 032	11.42	0.27	4 227.06
孝南区	27 163	53 361	9.93	0.51	5 449.53
新洲区	93 415	114 961	7.80	0.81	10 890.25
兴山县	20 420	32 690	12.28	0.62	11 000
阳新县	39 018	70 252	4.82	0.56	7 046.22
夷陵区	98 969	100 699	9.79	0.98	14 230.77
宜城市	36 297	47 359	9.53	0.77	7 454.38
宜都市	78 178	90 306	9.32	0.87	17 948.72
应城市	48 650	56 855	7.72	0.86	9 072.79
英山县	13 294	36 896	16.21	0.36	5 291.59
远安县	27 060	39 636	14.40	0.68	12 631.58
云梦县	25 473	37 744	7.13	0.67	9 117.65
郧西县	10 525	41 435	19.52	0.25	3 229.08

续表

行政区	财政收入/万元	财政支出/万元	财政支出比率/%	财政自给率/%	人均财政支出/元
郧县	22 087	47 668	17.86	0.46	3 584
枣阳市	39 938	78 160	8.29	0.51	7 286.72
曾都区	32 164	69 951	4.63	0.46	9 165
张湾区	33 864	16 396	5.88	2.07	7 111.23
枝江市	60 409	71 665	7.69	0.84	14 156.86
钟祥市	39 410	96 231	6.98	0.41	9 083.50
竹山县	11 056	42 529	19.56	0.26	3 527.57
竹溪县	10 068	35 730	16.90	0.28	4 155.74
秭归县	27 663	60 187	13.80	0.46	6 689.46

资料来源：原始数据来源于《湖北省统计年鉴 2007》

考虑到数据可得性，对于湖北省 84 个县级行政区政府人力规模测度，本书仅收集了公共管理和社会组织人数、公共管理和社会组织人数占总人口数的比例、百万元 GDP 公共管理和社会组织人数三个方面的样本数据。具体统计数据见表 11-2。

表 11-2　湖北省 84 个县级行政区政府人力规模测量数据

行政区	公共管理和社会组织人数/万人	占人口比例/%	百万元 GDP 人数/万人
安陆市	17 106	2.78	25.86
保康县	9 604	3.32	16.82
蔡甸区	14 123	3.18	46.76
长阳自治县	10 520	2.57	33.05
赤壁市	13 895	2.74	51.09
崇阳县	12 868	2.81	22.42
大悟县	14 882	2.39	22.09
大冶市	21 702	2.39	53.54
丹江口市	16 861	3.42	28.47
当阳市	11 561	2.41	57.31
点军区	2 042	1.86	72.07
东宝区	6 481	1.82	106.99
东西湖区	9 942	3.82	86.63
掇刀区	2 908	1.28	86.82
鄂城区	6 750	1.99	41.93
房县	16 908	3.46	9.64

续表

行政区	公共管理和社会组织人数/万人	占人口比例/%	百万元 GDP 人数/万人
公安县	19 253	1.89	29.19
谷城县	17 406	3.09	22.82
广水市	19 164	2.08	37.41
汉川市	22 297	2.04	46.18
汉南区	3 939	3.70	61.74
汉阳区	13 537	3.31	141.26
红安县	18 596	2.84	16.72
洪湖市	22 429	2.47	24.57
洪山区	12 699	1.46	14.96
华容区	6 324	3.06	23.78
黄陂区	29 871	2.69	33.82
黄州区	9 002	2.36	51.34
嘉鱼县	8 731	2.40	42.86
监利县	29 315	2.10	20.84
江岸区	21 435	3.40	76.03
江汉区	16 262	3.60	133.08
江陵县	6 236	1.56	32.76
江夏区	25 627	3.98	36.77
京山县	15 339	2.43	41.84
荆州区	12 032	2.00	37.81
老河口市	16 511	3.16	25.56
梁子湖区	3 542	2.06	30.65
罗田县	14 086	2.31	16.97
麻城市	25 239	2.17	20.63
茅箭区	3 309	1.31	77.27
南漳县	17 146	2.91	18.62
潜江市	23 588	2.36	53.11
桥口区	18 899	3.55	91.51
青山区	14 117	2.87	190.03
沙市区	7 404	1.22	134.67
沙洋县	11 768	1.95	44.45
石首市	16 746	2.68	29.70

续表

行政区	公共管理和社会组织人数/万人	占人口比例/%	百万元 GDP 人数/万人
松滋市	18 556	2.21	26.53
天门市	27 003	1.67	45.29
通城县	13 986	2.97	19.20
通山县	11 916	2.69	13.76
团风县	8 196	2.23	21.21
五峰自治县	6 118	2.91	26.04
伍家岗区	1 755	1.17	273.10
武昌区	20 368	1.91	111.23
西陵区	3 087	0.74	538.23
浠水县	21 586	2.10	22.57
仙桃市	23 993	1.62	67.73
咸安区	14 586	2.56	29.88
襄阳区	24 931	2.49	44.19
猇亭区	1 361	2.72	168.11
孝昌县	12 966	2.02	20.96
孝南区	20 393	2.41	22.63
新洲区	30 866	3.16	34.42
兴山县	6 469	3.59	30.61
阳新县	21 298	2.18	32.28
夷陵区	11 921	2.29	62.08
宜城市	15 745	2.79	26.73
宜都市	10 130	2.60	69.10
应城市	16 974	2.52	36.07
英山县	12 084	3.09	17.13
远安县	6 430	3.38	37.33
云梦县	16 802	2.89	31.52
郧西县	15 330	3.00	10.75
郧县	16 096	2.58	13.92
枣阳市	29 037	2.64	27.56
曾都区	25 692	1.61	57.08
张湾区	4 195	1.32	53.91

续表

行政区	公共管理和社会组织人数/万人	占人口比例/%	百万元 GDP 人数/万人
枝江市	11 998	2.35	60.18
钟祥市	23 600	2.32	39.18
竹山县	13 922	3.03	11.64
竹溪县	10 949	2.99	13.89
秭归县	9 360	2.40	27.87

资料来源：原始数据来源于《湖北省统计年鉴 2007》

考虑到数据可得性，对湖北省 84 个县级政府职能规模的测量本章仅收集了财政总支出、行政运转支出占比、公共秩序支出占比、经济投资支出占比、基础型公共品支出占比、再分配型公共品支出占比六个方面的样本数据。具体统计数据见表 11-3。

表 11-3　湖北省 84 个县级行政区政府职能规模测量数据

行政区	财政总支出/万元	行政运转支出占比/%	公共秩序支出占比/%
安陆市	47 412	20.35	10.88
保康县	28 955	31.15	10.76
蔡甸区	66 247	20.39	10.92
长阳自治县	43 140	27.87	10.44
赤壁市	58 829	18.63	14.49
崇阳县	33 698	21.72	20.49
大悟县	48 393	14.88	9.89
大冶市	93 572	18.06	12.64
丹江口市	57 617	27.14	14.12
当阳市	58 924	22.36	9.04
点军区	10 009	38.76	8.79
东宝区	28 815	21.14	17.00
东西湖区	99 422	44.26	13.45
掇刀区	15 068	31.80	13.00
鄂城区	32 369	26.95	16.28
房县	46 000	21.79	10.54
公安县	70 568	18.23	10.93
谷城县	43 231	17.70	12.61
广水市	68 767	18.54	10.33
汉川市	73 913	21.81	12.89

续表

行政区	财政总支出/万元	行政运转支出占比/%	公共秩序支出占比/%
汉南区	20 985	29.82	14.63
汉阳区	65 200	28.13	26.54
红安县	60 512	25.73	9.21
洪湖市	66 812	31.66	11.38
洪山区	89 149	30.72	20.38
华容区	16 464	22.53	12.78
黄陂区	100 275	29.07	9.18
黄州区	26 511	24.37	8.01
嘉鱼县	33 033	19.48	13.47
监利县	81 441	18.51	8.38
江岸区	112 960	28.14	20.75
江汉区	108 680	18.72	23.91
江陵县	30 121	20.88	11.31
江夏区	99 644	27.51	9.43
京山县	57 489	34.41	10.65
荆州区	31 900	36.45	5.96
老河口市	44 789	25.90	9.35
梁子湖区	9 938	29.62	15.03
罗田县	41 691	21.83	18.35
麻城市	72 537	12.76	9.92
茅箭区	12 479	38.18	9.87
南漳县	41 200	17.25	12.73
潜江市	86 170	17.05	10.83
桥口区	90 732	20.76	24.59
青山区	96 981	23.44	20.17
沙市区	22 843	23.61	6.89
沙洋县	43 372	20.51	10.84
石首市	50 024	11.64	11.78
松滋市	61 507	19.76	15.30
天门市	81 112	14.67	8.15
通城县	34 215	24.71	18.56
通山县	35 866	22.92	13.91

续表

行政区	财政总支出/万元	行政运转支出占比/%	公共秩序支出占比/%
团风县	29 718	15.51	13.28
五峰自治县	26 192	26.43	8.96
伍家岗区	11 908	36.37	7.15
武昌区	115 905	20.93	22.71
西陵区	18 331	23.90	9.02
浠水县	57 345	19.64	12.93
仙桃市	98 098	14.17	16.08
咸安区	40 856	24.63	16.26
襄阳区	59 534	17.65	12.47
猇亭区	7 290	36.40	12.56
孝昌县	39 032	15.518 4	10.368 5
孝南区	53 361	23.27	10.69
新洲区	93 163	21.17	9.23
兴山县	24 306	23.74	9.42
阳新县	70 252	27.07	8.85
夷陵区	72 433	24.89	10.85
宜城市	47 359	20.39	10.97
宜都市	65 253	16.50	8.77
应城市	56 855	28.22	12.73
英山县	33 660	20.30	13.91
远安县	34 557	20.51	7.87
云梦县	43 969	22.89	9.56
郧西县	41 435	20.27	8.81
郧县	49 859	20.83	10.15
枣阳市	78 160	14.82	13.74
曾都区	68 705	23.78	3.91
张湾区	13 297	31.53	6.13
枝江市	55 490	20.25	10.93
钟祥市	78 592	21.35	15.08
竹山县	42 529	16.73	9.71
竹溪县	35 730	18.17	7.91
秭归县	36 014	25.14	10.35

续表

行政区	经济投资支出占比/%	基础型公共品支出占比/%	再分配型公共品支出占比/%
安陆市	15.53	44.72	8.47
保康县	14.00	41.37	2.62
蔡甸区	18.85	43.06	6.75
长阳自治县	11.88	47.88	1.86
赤壁市	26.22	36.26	4.36
崇阳县	15.96	39.17	2.60
大悟县	16.81	52.90	5.48
大冶市	17.79	46.06	5.42
丹江口市	15.29	41.50	1.91
当阳市	18.41	42.13	8.03
点军区	11.32	36.15	4.59
东宝区	18.41	40.10	3.28
东西湖区	12.62	25.76	3.86
掇刀区	15.10	38.35	1.54
鄂城区	11.41	45.00	0.27
房县	21.41	45.26	0.96
公安县	23.70	43.50	3.61
谷城县	15.79	52.61	1.24
广水市	17.44	50.98	2.68
汉川市	17.21	45.16	2.90
汉南区	13.93	40.86	0.62
汉阳区	1.93	42.58	0.76
红安县	13.77	46.96	4.30
洪湖市	20.90	33.57	2.44
洪山区	4.58	43.02	1.26
华容区	15.40	49.09	0.08
黄陂区	16.16	44.60	0.95
黄州区	11.81	48.54	7.18
嘉鱼县	23.70	36.82	6.47
监利县	26.09	45.15	1.84
江岸区	0.33	42.89	7.86
江汉区	0.00	53.06	4.30

续表

行政区	经济投资支出占比/%	基础型公共品支出占比/%	再分配型公共品支出占比/%
江陵县	34.39	31.51	1.85
江夏区	16.73	40.39	5.91
京山县	20.82	32.98	1.07
荆州区	15.14	40.67	1.66
老河口市	17.06	44.78	2.85
梁子湖区	7.48	47.52	0.05
罗田县	16.44	40.51	2.82
麻城市	21.63	48.42	7.25
茅箭区	8.43	41.10	2.11
南漳县	16.90	50.65	2.43
潜江市	18.01	51.30	2.79
桥口区	0.28	48.07	6.27
青山区	0.00	54.91	1.45
沙市区	8.87	56.58	3.95
沙洋县	19.47	47.72	1.42
石首市	23.41	50.10	3.04
松滋市	17.68	44.75	2.47
天门市	20.03	54.45	2.69
通城县	15.89	36.44	4.32
通山县	15.14	43.82	4.15
团风县	22.93	43.40	4.82
五峰自治县	19.02	43.10	2.38
伍家岗区	8.19	44.71	3.27
武昌区	0.00	50.74	5.60
西陵区	3.80	60.79	2.36
浠水县	17.68	44.01	5.69
仙桃市	22.93	42.67	4.13
咸安区	19.02	29.37	10.66
襄阳区	14.08	53.41	2.36
猇亭区	7.02	36.29	7.23
孝昌县	15.51	55.71	2.85
孝南区	15.87	35.48	14.65

续表

行政区	经济投资支出占比/%	基础型公共品支出占比/%	再分配型公共品支出占比/%
新洲区	13.62	54.42	1.53
兴山县	20.74	44.93	1.07
阳新县	15.00	45.45	3.60
夷陵区	14.69	34.81	14.72
宜城市	15.63	47.89	5.08
宜都市	15.60	26.62	32.49
应城市	14.22	42.14	2.64
英山县	16.40	45.98	3.35
远安县	10.89	32.25	28.42
云梦县	16.63	46.40	4.47
郧西县	11.95	55.20	3.73
郧县	14.19	53.51	1.27
枣阳市	23.37	46.51	1.55
曾都区	22.04	47.73	2.51
张湾区	10.87	48.87	2.35
枝江市	19.05	44.51	5.23
钟祥市	20.12	40.86	2.56
竹山县	22.51	49.74	1.28
竹溪县	19.89	44.25	9.73
秭归县	12.50	50.17	1.77

资料来源：原始数据来源于《湖北省统计年鉴 2007》

二、湖北省 84 个县级行政区政府规模相关因素测度数据

为了方便下文进行湖北省 84 个县级行政区政府规模影响因素分析，本节分别收集了湖北省 84 个县级行政区经济发展水平、人口因素和地域面积三个与政府规模相关因素的测度数据，考虑到数据可得性问题，本章对经济发展水平测度仅收集了地区生产总值（GDP）、人均 GDP 两个方面的样本数据；人口因素的测度仅收集了本地区常住人口数量一个方面样本数据，地域面积因素的测度仅收集了管辖面积一个方面的样本数据。所有原始数据均来源于《湖北省统计年鉴 2007》，其中部分数据根据原始数据计算得到，具体数据见表 11-4。

表 11-4　湖北省 84 个县级行政区政府规模影响因素测量数据

行政区	地区生产总值（GDP）/万元	人均 GDP/元	本地区常住人口数量/万人	管辖面积/平方公里
安陆市	442 400	7 181.82	61.60	1 355
保康县	161 500	5 590.17	28.89	3 225
蔡甸区	660 378	14 873.38	44.40	1 101
长阳自治县	347 666	8 479.66	41.00	3 430
赤壁市	709 900	14 015.79	50.65	1 723
崇阳县	288 438	6 299.15	45.79	1 968
大悟县	328 800	5 277.69	62.30	1 979
大冶市	1 161 900	12 821.67	90.62	1 626
丹江口市	480 067	9 737.67	49.30	3 121
当阳市	662 555	13 803.23	48.00	2 159
点军区	147 170	13 379.09	11.00	546
东宝区	693 400	19 422.97	35.70	1 645
东西湖区	861 241	33 124.65	26.00	495
掇刀区	252 481	11 122.51	22.70	639
鄂城区	283 000	8 323.53	34.00	520
房县	163 000	3 333.33	48.90	5 110
公安县	562 000	5 515.21	101.90	2 258
谷城县	397 200	7 047.55	56.36	2 553
广水市	716 900	7 794.09	91.98	2 647
汉川市	1 029 778	9 439.71	109.09	1 663
汉南区	243 193	22 835.02	10.65	287
汉阳区	1 912 182	46 821.30	40.84	108
红安县	310 946	4 750.17	65.46	1 796
洪湖市	551 000	6 056.28	90.98	2 519
洪山区	190 000	2 183.91	87.00	509
华容区	150 400	7 279.77	20.66	460
黄陂区	1 010 277	9 082.77	111.23	2 261
黄州区	462 118	12 132.27	38.09	353
嘉鱼县	374 200	10 291.53	36.36	1 017
监利县	611 058	4 375.01	139.67	3 118
江岸区	1 629 718	25 868.54	63.00	64

续表

行政区	地区生产总值（GDP）/万元	人均 GDP/元	本地区常住人口数量/万人	管辖面积/平方公里
江汉区	2 164 120	47 921.17	45.16	33
江陵县	204 299	5 125.41	39.86	1 032
江夏区	942 200	14 634.98	64.38	2 015
京山县	641 800	10 155.06	63.20	3 284
荆州区	454 900	7 566.53	60.12	1 046
老河口市	422 000	8 087.39	52.18	1 032
梁子湖区	108 568	6 312.09	17.20	525
罗田县	239 067	3 918.49	61.01	2 129
麻城市	520 718	4 478.14	116.28	3 599
茅箭区	255 700	10 106.72	25.30	578
南漳县	319 300	5 424.74	58.86	3 859
潜江市	1 252 800	12 525.49	100.02	2 004
桥口区	1 729 525	32 448.87	53.30	42
青山区	2 682 685	54 515.04	49.21	61
沙市区	997 061	16 366.73	60.92	469
沙洋县	523 099	8 646.26	60.50	2 044
石首市	497 347	7 957.55	62.50	1 427
松滋市	492 300	5 850.96	84.14	2 235
天门市	1 223 000	7 549.38	162.00	2 622
通城县	268 537	5 709.91	47.03	1 129
通山县	164 012	3 698.13	44.35	2 680
团风县	173 821	4 737.56	36.69	833
五峰自治县	159 296	7 585.52	21.00	2 072
伍家岗区	479 299	31 953.27	15.00	69
武昌区	2 265 535	21 193.03	106.90	82
西陵区	1 661 527	39 560.17	42.00	90
浠水县	487 177	4 735.85	102.87	1 949
仙桃市	1 625 100	10 980.41	148.00	2 538
咸安区	435 900	7 647.37	57.00	1 502
襄阳区	1 101 800	11 019.10	99.99	2 306
猇亭区	228 800	45 760.00	5.00	118

续表

行政区	地区生产总值（GDP）/万元	人均 GDP/元	本地区常住人口数量/万人	管辖面积/平方公里
孝昌县	271 800	4 227.06	64.30	1 217
孝南区	461 575	5 449.53	84.70	1 020
新洲区	1 062 530	10 890.25	97.57	1 410
兴山县	198 000	11 000.00	18.00	2 327
阳新县	687 500	7 046.22	97.57	2 780
夷陵区	740 000	14 230.77	52.00	3 424
宜城市	420 800	7 454.38	56.45	2 115
宜都市	700 000	17 948.72	39.00	1 357
应城市	612 232	9 072.79	67.48	1 103
英山县	207 007	5 291.59	39.12	1 449
远安县	240 000	12 631.58	19.00	1 752
云梦县	529 644	9 117.65	58.09	604
郧西县	164 780	3 229.08	51.03	3 509
郧县	224 000	3 584.00	62.50	3 863
枣阳市	800 300	7 286.72	109.83	3 277
曾都区	1 466 400	9 165.00	160.00	6 989
张湾区	226 137	7 111.23	31.80	652
枝江市	722 000	14 156.86	51.00	1 310
钟祥市	924 700	9 083.50	101.80	4 488
竹山县	162 092	3 527.57	45.95	3 586
竹溪县	152 100	4 155.74	36.60	3 279
秭归县	260 889	6 689.46	39.00	2 427

资料来源：《湖北省统计年鉴 2007》和湖北省财政厅网

三、2006 年湖北省 84 个县级行政区政府规模统计分析

本节主要利用统计分析软件 SPSS13.0 对湖北省 84 个县级行政区政府规模测度样本截面数据进行统计分析，统计分析方法采用主成分分析法。具体分析方法和过程与第四、第五章对省级与中心城市政府规模的分析相同。

1. 湖北省 84 个县级行政区政府财政规模、人力规模和职能规模测度的主成分分析过程及结果

(1) 湖北省 84 个县级行政区政府财政规模测度的主成分分析过程及结果

利用 SPSS13.0 的主成分分析方法得到县级行政区政府财政规模测度的三个

主成分 F_{C_1}、F_{C_2}、F_{C_3} 及其相关矩阵的特征根和方差贡献率。本节对原始数据作标准方差处理，为避免信息丢失，按提取 3 个主成分的规则提取主成分，采用方差最大法进行旋转，得到旋转后的 F_{C_1}、F_{C_2}、F_{C_3} 的方差贡献率分别为 34.545%、34.321%和 31.134%，累计贡献率达到 100%，即反映原始变量的全部信息，具体分析结果见表 11-5。

表 11-5　总方差分解表

主成分	初始特征值			旋转后提取因子的载荷平方和		
	特征值	方差贡献率/%	累积贡献率/%	特征值	方差贡献率/%	累积贡献率/%
F_{C_1}	2.045	68.159	68.181	1.036	34.545	34.545
F_{C_2}	0.684	22.811	90.969	1.030	34.321	68.866
F_{C_3}	0.271	9.031	100.000	0.934	31.134	100.000

提取方法：主成分分析法

利用 SPSS13.0 主成分分析得到旋转后的主成分载荷矩阵，从旋转后的主成分载荷矩阵可以看出，财政自给率在第一个主成分 F_{C_1} 上具有较高的载荷，说明第一主成分 F_{C_1} 主要解释了财政自给率这一指标的贡献率；财政支出比例在第二主成分 F_{C_2} 上具有较高的载荷，说明第二主成分 F_{C_2} 主要解释了财政支出比例这一指标的贡献率；人均财政支出在第三主成分 F_{C_3} 上具有较高的载荷，说明第三主成分 F_{C_3} 主要解释了人均财政支出这一指标的贡献率。具体分析结果见表 11-6。

表 11-6　旋转后的主成分载荷矩阵

项目	主成分		
	F_{C_1}	F_{C_2}	F_{C_3}
财政支出比例	−0.133	0.965	−0.225
财政自给率	0.932	−0.140	0.334
人均财政支出	0.387	−0.280	0.879

提取方法为主成分分析法；旋转方法为方差最大正交旋转法；旋转经 5 步迭代得到

利用 SPSS13.0 根据主成分得分系数矩阵和原始变量值可以计算出主成分 F_{C_1}、F_{C_2}、F_{C_3} 的得分数，主成分得分系数矩阵见表 11-7，计算函数如下：

$$F_{C_1}=0.048\text{CZCB}+1.275\text{CZZB}-0.472\text{RJCZ}$$

$$F_{C_2}=1.121\text{CZCB}+0.049\text{CZZB}+0.268\text{RJCZ}$$

$$F_{C_3}=0.336\text{CZCB}-0.546\text{CZZB}+1.431\text{RJCZ}$$

式中，CZCB、CZZB、RJCZ 分别代表财政支出比例、财政自给率和人均财政支出。

表 11-7　主成分得分系数矩阵

项目	主成分		
	F_{C_1}	F_{C_2}	F_{C_3}
财政支出比例	0.048	1.121	0.336
财政自给率	1.275	0.049	−0.546
人均财政支出	−0.472	0.268	1.431

提取方法为主成分分析法；旋转方法为方差最大正交旋转法；主成分得分系数

利用 SPSS13.0 根据上述统计分析产生的新变量 F_{C_1}、F_{C_2}、F_{C_3} 可以计算出各县级行政区政府财政规模的测量结果 F_C，具体测量结果见表 11-17。具体计算方法以旋转后 F_{C_1}、F_{C_2}、F_{C_3} 三个主成分的贡献率作为权数，计算公式如下：

$$F_C = 0.34545F_{C_1} + 0.34321F_{C_2} + 0.31134F_{C_3}$$

式中，F_C 表示政府财政规模。

（2）湖北省 84 个县级行政区政府人力规模测度的主成分分析过程及结果

利用 SPSS13.0 的主成分分析方法得到县级行政区政府人力规模测量的两个主成分 F_{r_1}、F_{r_2} 及其相关矩阵的特征根和方差贡献率。本节对原始数据做标准方差处理，为避免信息丢失，按照提取两个主成分的规则提取主成分，采用方差最大法进行旋转，得到旋转后的 F_{r_1}、F_{r_2} 的方差贡献率分别为 50%、50%，累计贡献率达到 100%，即反映原始变量 100%的信息，具体分析结果见表 11-8。

表 11-8　总方差分解表

主成分	初始特征值			旋转后提取因子的载荷平方和		
	特征值	方差贡献率/%	累积贡献率/%	特征值	方差贡献率/%	累积贡献率/%
F_{r_1}	1.336	66.788	66.788	1.000	50.000	50.000
F_{r_2}	0.664	33.212	100.000	1.000	50.000	100.000

提取方法：主成分分析法

利用 SPSS13.0 主成分分析得到旋转后的主成分载荷矩阵，从旋转后的主成分载荷矩阵可以看出，单位 GDP 财政供养人员数在第一个主成分 F_{r_1} 上具有较高的载荷，说明第一主成分 F_{r_1} 主要解释了单位 GDP 财政供养人员数这个指标的贡献率；财政供养比例在第二主成分 F_{r_2} 上具有较高的载荷，说明第二主成分 F_{r_2} 主要解释了财政供养比例这个指标的贡献率。具体分析结果见表 11-9。

表 11-9　旋转后的主成分载荷矩阵

项目	主成分	
	F_{r_1}	F_{r_2}
单位 GDP 财政供养人员数	0.985	−0.170
财政供养比例	−0.170	0.985

提取方法为主成分分析法；旋转方法为方差最大正交旋转法；旋转经 3 步迭代得到

利用 SPSS13.0 根据主成分得分系数矩阵和原始变量值可以计算出主成分 F_{r_1}、F_{r_2} 的得分数，主成分得分系数矩阵见表 11-10。计算函数如下：

$$F_{r_1}=0.181\text{CZGB}+1.046\text{DGX}$$

$$F_{r_2}=1.046\text{CZGB}+0.181\text{DGX}$$

式中，CZGB 和 DGX 分别代表财政供养比例、单位 GDP 财政供养人员数。

表 11-10　主成分得分系数矩阵

项目	主成分	
	F_{r_1}	F_{r_2}
财政供养比例	0.181	1.046
单位 GDP 财政供养人员数	1.046	0.181

提取方法为主成分分析法；旋转方法为方差最大正交旋转法；主成分得分系数

利用 SPSS13.0 根据上述统计分析产生的新变量 F_{r_1}、F_{r_2} 可以计算出各县级行政区政府人力规模的测量结果 F_r，具体测量结果见表 11-17。具体计算方法以旋转后 F_{r_1}、F_{r_2} 两个主成分的贡献率作为权数，计算公式如下：

$$F_r = 0.5F_{r_1} + 0.5F_{r_2}$$

式中，F_r 表示政府人力规模。

（3）湖北省 84 个县级行政区政府职能规模测度的主成分分析过程及结果

利用 SPSS13.0 的主成分分析方法得到县级行政区政府职能规模测量的三个主成分 F_{z_1}、F_{z_2}、F_{z_3} 及其相关矩阵的特征根和方差贡献率。本章对原始数据做标准方差处理，按照特征值大于 1 的规则提取主成分，采用方差最大法进行旋转，得到旋转后的 F_{z_1}、F_{z_2}、F_{z_3} 的方差贡献率分别为 28.966%、28.489%、26.439%，累计贡献率达到 83.894%，即反映原始变量的 83.894%信息，具体分析结果见表 11-11。

表 11-11 总方差分解表

主成分	初始特征值			旋转后提取因子的载荷平方和		
	特征值	方差贡献率/%	累积贡献率/%	特征值	方差贡献率/%	累积贡献率/%
F_{z_1}	1.589	31.786	31.786	1.448	28.966	28.966
F_{z_2}	1.525	30.496	62.282	1.424	28.489	57.455
F_{z_3}	1.081	21.612	83.894	1.322	26.439	83.894

提取方法：主成分分析法

利用 SPSS13.0 主成分分析得到旋转后的主成分载荷矩阵，从旋转后的主成分载荷矩阵可以看出，经济投资支出占比和公共秩序支出占比在第一个主成分 F_{z_1} 上具有较高的载荷，说明第一主成分 F_{z_1} 主要解释了经济投资支出占比和公共秩序支出占比这两个指标的贡献率；再分配型公共品支出占比和基础型公共品支出占比在第二主成分 F_{z_2} 上具有较高的载荷，说明第二主成分 F_{z_2} 主要解释了再分配型公共品支出占比和基础型公共品支出占比这两个指标的贡献率；行政运转支出占比在第三个主成分 F_{z_3} 上具有较高的载荷，说明第三个主成分 F_{z_3} 主要解释了行政运转支出占比这个指标的贡献率。具体分析结果见表 11-12。

表 11-12 旋转后的主成分载荷矩阵

项目	主成分		
	F_{z_1}	F_{z_2}	F_{z_3}
经济投资支出占比	−0.849	0.137	0.256
公共秩序支出占比	0.834	0.061	0.095
再分配型公共品支出占比	0.037	0.879	0.209
基础型公共品支出占比	0.136	−0.794	0.475
行政运转支出占比	0.112	−0.007	−0.989

提取方法为主成分分析法；旋转方法为方差最大正交旋转法；旋转经 5 步迭代得到

利用 SPSS13.0 根据主成分得分系数矩阵和原始变量值可以计算出主成分 F_{z_1}、F_{z_2}、F_{z_3} 的得分数，主成分得分系数矩阵见表 11-13。计算函数如下：

$$F_{z_1}=-0.023XZZCB+0.608GCZCB-0.566JJZCB+0.081JCZCB+0.119ZFGZCB$$

$$F_{z_2}=-0.085XZZCB+0.120GCZCB+0.052JJZCB-0.517JCZCB+0.654ZFGZCB$$

$$F_{z_3}=-0.761XZZCB+0.166GCZCB+0.124JJZCB+0.313JCZCB+0.246ZFGZCB$$

式中，XZZCB、GCZCB、JJZCB、JCZCB 和 ZFGZCB 分别代表行政运转支出占比、公共秩序支出占比、经济投资支出占比、基础型公共品支出占比、再分配型公共品支出占比。

表 11-13　主成分得分系数矩阵

项目	主成分		
	F_{z_1}	F_{z_2}	F_{z_3}
行政运转支出占比	−0.023	−0.085	−0.761
公共秩序支出占比	0.608	0.120	0.166
经济投资支出占比	−0.566	0.052	0.124
基础型公共品支出占比	0.081	−0.517	0.313
再分配型公共品支出占比	0.119	0.654	0.246

提取方法为主成分分析法；旋转方法为方差最大正交旋转法；主成分得分系数

利用 SPSS13.0 根据上述统计分析产生的新变量 F_{z_1}、F_{z_2}、F_{z_3} 可以计算出各县级行政区政府职能规模的测量结果 Fz，具体测量结果见表 11-17。具体计算方法以旋转后 F_{z_1}、F_{z_2}、F_{z_3} 三个主成分的贡献率作为权数，计算公式为

$$F_z = 0.28966F_{z_1} + 0.28489F_{z_2} + 0.26439F_{z_3}$$

式中，F_z 表示政府职能规模。

2. 湖北省 84 个县级行政区政府规模测度主成分分析过程及结果

利用 SPSS13.0 的主成分分析方法得到县级行政区政府规模测量的三个主成分 F_1、F_2、F_3 及其相关矩阵的特征根和方差贡献率。本章对原始数据做标准方差处理，为避免信息丢失，按提取 3 个主成分的规则提取主成分，采用方差最大法进行旋转，得到旋转后的 F_1、F_2、F_3 的方差贡献率分别为 33.492%、33.435%和 33.073%，累计贡献率达到 100%，即反映原始变量的全部信息，具体分析结果见表 11-14。

表 11-14　总方差分解表

主成分	初始特征值			旋转后提取因子的载荷平方和		
	特征值	方差贡献率/%	累积贡献率/%	特征值	方差贡献率/%	累积贡献率/%
F_1	1.723	57.433	57.433	1.005	33.492	33.492
F_2	0.769	25.649	83.082	1.003	33.435	66.927
F_3	0.508	16.918	100.000	0.992	33.073	100.000

提取方法：主成分分析法

利用 SPSS13.0 主成分分析得到旋转后的主成分载荷矩阵，从旋转后的主成分载荷矩阵可以看出，职能规模在第一个主成分 F_1 上具有较高的载荷，说明第一主成分 F_1 主要解释了职能规模这一指标的贡献率；人力规模在第二主成分 F_2 上具有较高的载荷，说明第二主成分 F_2 主要解释了人力规模这一指标的贡献率；财政规模在第三主成分 F_3 上具有较高的载荷，说明第三主成分 F_3 主要解释了财政规模这一指标的贡献率。具体分析结果见表 11-15。

表 11-15 旋转后的主成分载荷矩阵

项目	主成分		
	F_1	F_2	F_3
职能规模	0.981	0.105	0.164
人力规模	0.108	0.967	0.232
财政规模	0.176	0.240	0.955

提取方法为主成分分析法；旋转方法为方差最大正交旋转法；旋转经 4 步迭代得到

利用 SPSS13.0 根据主成分得分系数矩阵和原始变量值可以计算出主成分 F_1、F_2、F_3 的得分数，主成分得分系数矩阵见表 11-16。计算函数如下：

$$F_1 = -0.164F_C - 0.074F_R + 1.057F_Z$$

$$F_2 = -0.256F_C + 1.106F_R - 0.076F_Z$$

$$F_3 = 1.142F_C - 0.265F_R - 0.176F_Z$$

其中，F_C、F_R、F_Z 分别代表财政规模、人力规模和职能规模。

表 11-16 主成分得分系数矩阵

项目	主成分		
	F_1	F_2	F_3
财政规模	−0.164	−0.256	1.142
人力规模	−0.074	1.106	−0.265
职能规模	1.057	−0.076	−0.176

提取方法为主成分分析法；旋转方法为方差最大正交旋转法；主成分得分系数

利用 SPSS13.0 根据上述统计分析产生的新变量 F_1、F_2、F_3 计算出各县级行政区政府财政规模的测量结果 F，具体测量结果见表 11-17。具体计算方法以旋转后 F_1、F_2、F_3 三个主成分的贡献率作为权数，计算公式如下：

$$F = 0.33492F_1 + 0.33435F_2 + 0.33073F_3$$

式中，F 表示政府规模。

根据上述计算公式计算出湖北省 84 个县级行政区政府财政规模、人力规模、职能规模和政府规模（综合）的测量结果，并按照降序排列规则进行排序，具体结果如表 11-17 所示。

表 11-17　湖北省 84 个县级行政区政府规模测量结果表

财政规模			人力规模			职能规模			政府规模（综合）		
行政区	指数	排名	行政区	指数	排名	行政区	指数	排名	行政区	指数	排名
洪山区	2.46	1	西陵区	2.71	1	宜都市	1.76	1	江汉区	1.83	1
青山区	1.77	2	江汉区	1.71	2	远安县	1.38	2	青山区	1.57	2
江汉区	1.49	3	青山区	1.55	3	桥口区	1.18	3	汉阳区	1.49	3
汉阳区	1.33	4	汉阳区	1.52	4	江汉区	1.07	4	桥口区	1.40	4
东西湖区	1.07	5	东西湖区	1.49	5	武昌区	1.01	5	远安县	1.19	5
江岸区	0.82	6	桥口区	1.28	6	江岸区	0.81	6	江岸区	1.15	6
桥口区	0.67	7	猇亭区	1.22	7	汉阳区	0.71	7	宜都市	1.14	7
红安县	0.66	8	江夏区	1.19	8	咸安区	0.57	8	西陵区	1.05	8
猇亭区	0.64	9	汉南区	1.16	9	孝南区	0.55	9	武昌区	0.80	9
武昌区	0.6	10	江岸区	1.01	10	夷陵区	0.53	10	东西湖区	0.67	10
蔡甸区	0.56	11	兴山县	0.78	11	青山区	0.51	11	洪山区	0.66	11
竹山县	0.48	12	伍家岗区	0.74	12	崇阳县	0.46	12	猇亭区	0.65	12
郧西县	0.46	13	远安县	0.65	13	仙桃市	0.42	13	蔡甸区	0.49	13
西陵区	0.44	14	丹江口市	0.61	14	通城县	0.36	14	江夏区	0.40	14
远安县	0.44	15	蔡甸区	0.55	15	罗田县	0.33	15	汉南区	0.33	15
郧县	0.39	16	房县	0.47	16	麻城市	0.28	16	夷陵区	0.31	16
罗田县	0.36	17	新洲区	0.42	17	东宝区	0.27	17	英山县	0.24	17
五峰自治县	0.36	18	保康县	0.41	18	安陆市	0.26	18	竹溪县	0.22	18
松滋市	0.31	19	老河口市	0.35	19	团风县	0.24	19	丹江口市	0.15	19
团风县	0.29	20	谷城县	0.25	20	洪山区	0.23	20	罗田县	0.14	20
茅箭区	0.26	21	华容区	0.24	21	嘉鱼县	0.23	21	郧西县	0.14	21
英山县	0.24	22	宜都市	0.22	22	大冶市	0.22	22	赤壁市	0.12	22
竹溪县	0.24	23	英山县	0.20	23	浠水县	0.21	23	红安县	0.12	23
江夏区	0.23	24	赤壁市	0.19	24	赤壁市	0.16	24	通城县	0.11	24
房县	0.22	25	云梦县	0.15	25	大悟县	0.16	25	竹山县	0.10	25
通山县	0.22	26	五峰自治县	0.12	26	松滋市	0.16	26	大冶市	0.09	26
伍家岗区	0.2	27	通城县	0.11	27	竹溪县	0.16	27	东宝区	0.09	27
宜都市	0.18	28	竹山县	0.10	28	石首市	0.14	28	咸安区	0.09	28
夷陵区	0.15	29	竹溪县	0.08	29	英山县	0.12	29	通山县	0.08	29
兴山县	0.14	30	郧西县	0.07	30	蔡甸区	0.11	30	兴山县	0.08	30
汉南区	0.13	31	南漳县	0.05	31	通山县	0.11	31	崇阳县	0.07	31

续表

财政规模			人力规模			职能规模			政府规模（综合）		
行政区	指数	排名	行政区	指数	排名	行政区	指数	排名	行政区	指数	排名
秭归县	0.08	32	宜城市	0.01	32	襄阳区	0.08	32	房县	0.07	32
长阳自治县	0.05	33	安陆市	−0.01	33	枣阳市	0.08	33	团风县	0.06	33
丹江口市	0.02	34	崇阳县	−0.01	34	南漳县	0.07	34	松滋市	0.03	34
麻城市	0.02	35	黄陂区	−0.02	35	钟祥市	0.07	35	孝南区	0.03	35
大冶市	0	36	红安县	−0.03	36	宜城市	0.05	36	当阳市	−0.02	36
当阳市	−0.01	37	武昌区	−0.04	37	当阳市	0.02	37	嘉鱼县	−0.02	37
东宝区	−0.01	38	当阳市	−0.06	38	孝昌县	0.02	38	安陆市	−0.04	38
保康县	−0.02	39	石首市	−0.06	39	枝江市	0.02	39	谷城县	−0.05	39
掇刀区	−0.04	40	枝江市	−0.09	40	谷城县	−0.01	40	伍家岗区	−0.05	40
张湾区	−0.05	41	襄阳区	−0.10	41	汉川市	−0.03	41	宜城市	−0.05	41
赤壁市	−0.09	42	大冶市	−0.11	42	潜江市	−0.03	42	麻城市	−0.06	42
潜江市	−0.12	43	枣阳市	−0.11	43	鄂城区	−0.06	43	五峰自治县	−0.07	43
枝江市	−0.13	44	夷陵区	−0.12	44	公安县	−0.08	44	枝江市	−0.07	44
鄂城区	−0.16	45	长阳自治县	−0.13	45	黄州区	−0.08	45	郧县	−0.08	45
嘉鱼县	−0.18	46	潜江市	−0.14	46	猇亭区	−0.09	46	保康县	−0.10	46
老河口市	−0.19	47	应城市	−0.15	47	广水市	−0.11	47	南漳县	−0.10	47
浠水县	−0.20	48	东宝区	−0.16	48	郧西县	−0.13	48	石首市	−0.10	48
宜城市	−0.20	49	黄州区	−0.16	49	丹江口市	−0.15	49	新洲区	−0.11	49
新洲区	−0.24	50	咸安区	−0.17	50	天门市	−0.16	50	潜江市	−0.12	50
黄陂区	−0.27	51	京山县	−0.18	51	云梦县	−0.17	51	仙桃市	−0.15	51
应城市	−0.29	52	嘉鱼县	−0.20	52	梁子湖区	−0.19	52	老河口市	−0.17	52
通城县	−0.31	53	通山县	−0.20	53	华容区	−0.21	53	枣阳市	−0.18	53
仙桃市	−0.31	54	洪湖市	−0.30	54	西陵区	−0.21	54	浠水县	−0.20	54
孝昌县	−0.33	55	郧县	−0.30	55	应城市	−0.21	55	云梦县	−0.22	55
谷城县	−0.34	56	钟祥市	−0.31	56	江夏区	−0.23	56	大悟县	−0.23	56
孝南区	−0.34	57	秭归县	−0.33	57	沙洋县	−0.24	57	长阳自治县	−0.24	57
广水市	−0.36	58	孝南区	−0.37	58	郧县	−0.24	58	襄阳区	−0.26	58
石首市	−0.37	59	大悟县	−0.39	59	红安县	−0.25	59	秭归县	−0.26	59
南漳县	−0.38	60	点军区	−0.43	60	竹山县	−0.25	60	黄州区	−0.30	60
公安县	−0.40	61	沙市区	−0.46	61	汉南区	−0.26	61	应城市	−0.30	61
咸安区	−0.41	62	汉川市	−0.49	62	新洲区	−0.29	62	钟祥市	−0.30	62

续表

财政规模			人力规模			职能规模			政府规模（综合）		
行政区	指数	排名	行政区	指数	排名	行政区	指数	排名	行政区	指数	排名
大悟县	−0.42	63	阳新县	−0.49	63	沙市区	−0.30	63	鄂城区	−0.32	63
监利县	−0.43	64	罗田县	−0.51	64	秭归县	−0.31	64	华容区	−0.36	64
云梦县	−0.43	65	松滋市	−0.52	65	房县	−0.35	65	汉川市	−0.39	65
安陆市	−0.44	66	广水市	−0.54	66	长阳自治县	−0.37	66	孝昌县	−0.39	66
京山县	−0.44	67	团风县	−0.54	67	掇刀区	−0.38	67	广水市	−0.41	67
枣阳市	−0.44	68	鄂城区	−0.59	68	江陵县	−0.38	68	黄陂区	−0.45	68
点军区	−0.45	69	沙洋县	−0.60	69	老河口市	−0.38	69	公安县	−0.50	69
崇阳县	−0.46	70	荆州区	−0.61	70	阳新县	−0.38	70	掇刀区	−0.53	70
汉川市	−0.47	71	麻城市	−0.61	71	监利县	−0.39	71	梁子湖区	−0.55	71
黄州区	−0.47	72	梁子湖区	−0.62	72	保康县	−0.43	72	茅箭区	−0.59	72
荆州区	−0.53	73	浠水县	−0.66	73	兴山县	−0.47	73	沙市区	−0.61	73
梁子湖区	−0.53	74	监利县	−0.67	74	五峰自治县	−0.48	74	沙洋县	−0.62	74
钟祥市	−0.55	75	仙桃市	−0.69	75	洪湖市	−0.50	75	天门市	−0.63	75
天门市	−0.56	76	孝昌县	−0.74	76	东西湖区	−0.56	76	监利县	−0.64	76
洪湖市	−0.63	77	公安县	−0.79	77	黄陂区	−0.60	77	京山县	−0.64	77
沙洋县	−0.64	78	曾都区	−0.80	78	点军区	−0.63	78	洪湖市	−0.65	78
襄阳区	−0.65	79	掇刀区	−0.83	79	茅箭区	−0.66	79	点军区	−0.69	79
沙市区	−0.67	80	天门市	−0.85	80	京山县	−0.71	80	阳新县	−0.71	80
江陵县	−0.70	81	茅箭区	−0.89	81	伍家岗区	−0.71	81	张湾区	−0.82	81
曾都区	−0.77	82	江陵县	−1.05	82	张湾区	−0.72	82	江陵县	−0.88	82
阳新县	−0.78	83	张湾区	−1.09	83	曾都区	−0.75	83	荆州区	−0.98	83
华容区	−0.80	84	洪山区	−1.31	84	荆州区	−0.97	84	曾都区	−1.03	84

为进一步分析湖北省 84 个县级行政区政府财政规模、人力规模、职能规模和政府规模（综合）的基本特征，笔者进一步对表 11-17 中采用主成分分析法计算，得到湖北省 84 个县级行政区政府财政规模、人力规模、职能规模和政府规模（综合）指数作标准化处理，旨在考察湖北省 84 个县级行政区政府财政规模、人力规模、职能规模和政府规模（综合）的均衡状况以及平均水平，比较湖北省 84 个县级行政区政府财政规模、人力规模、职能规模和政府规模（综合）与平均水平之间的差异，判断各个县级行政区政府财政规模、人力规模、职能规模和政府规模（综合）指数的高低，标准化处理后标准化值如表 11-18 所示。标准化值反映的是变量值与变量均值的差是几个标准差单位，如果标准化值的绝对值大

于 3，则可以认为是异常值。理论上认为，如果异常值的所占比例大于 0.3%，则可以认为样本数据存在不均衡现象；如果标准化值等于 0（即分子为 0），则表示该变量值等于变量均值；如果标准化值大于 0（即分子为正），则表示该变量值大于变量均值；如果标准化值小于 0（即分子为负），则表示该变量值小于变量均值。在本节中，选取标准化值 0 为临界点，判断财政规模、人力规模、职能规模和政府规模（综合）指数的高低，认为标准化值小于 0 的指数偏低。

表 11-18 湖北省 84 个县级行政区政府规模测量结果标准化值

财政规模			人力规模			职能规模			政府规模（综合）		
行政区	标准化值	排名	行政区	标准化值	排名	行政区	标准化值	排名	行政区	标准化值	排名
洪山区	4.26	1	西陵区	3.83	1	宜都市	3.63	1	江汉区	3.17	1
青山区	3.06	2	江汉区	2.42	2	远安县	2.85	2	青山区	2.72	2
江汉区	2.58	3	青山区	2.19	3	桥口区	2.43	3	汉阳区	2.58	3
汉阳区	2.30	4	汉阳区	2.15	4	江汉区	2.21	4	桥口区	2.43	4
东西湖区	1.85	5	东西湖区	2.11	5	武昌区	2.08	5	远安县	2.06	5
江岸区	1.42	6	桥口区	1.81	6	江岸区	1.67	6	江岸区	1.99	6
桥口区	1.16	7	猇亭区	1.72	7	汉阳区	1.46	7	宜都市	1.98	7
红安县	1.14	8	江夏区	1.68	8	咸安区	1.18	8	西陵区	1.82	8
猇亭区	1.11	9	汉南区	1.64	9	孝南区	1.13	9	武昌区	1.39	9
武昌区	1.04	10	江岸区	1.43	10	夷陵区	1.09	10	东西湖区	1.16	10
蔡甸区	0.97	11	兴山县	1.10	11	青山区	1.05	11	洪山区	1.14	11
竹山县	0.83	12	伍家岗区	1.05	12	崇阳县	0.95	12	猇亭区	1.13	12
郧西县	0.80	13	远安县	0.92	13	仙桃市	0.87	13	蔡甸区	0.85	13
西陵区	0.76	14	丹江口市	0.86	14	通城县	0.74	14	江夏区	0.69	14
远安县	0.76	15	蔡甸区	0.78	15	罗田县	0.68	15	汉南区	0.57	15
郧县	0.68	16	房县	0.66	16	麻城市	0.58	16	夷陵区	0.54	16
罗田县	0.62	17	新洲区	0.59	17	东宝区	0.56	17	英山县	0.42	17
五峰自治县	0.62	18	保康县	0.58	18	安陆市	0.54	18	竹溪县	0.38	18
松滋市	0.54	19	老河口市	0.49	19	团风县	0.49	19	丹江口市	0.26	19
团风县	0.50	20	谷城县	0.35	20	洪山区	0.47	20	罗田县	0.24	20
茅箭区	0.45	21	华容区	0.34	21	嘉鱼县	0.47	21	郧西县	0.24	21
英山县	0.42	22	宜都市	0.31	22	大冶市	0.45	22	赤壁市	0.21	22
竹溪县	0.42	23	英山县	0.28	23	浠水县	0.43	23	红安县	0.21	23
江夏区	0.40	24	赤壁市	0.27	24	赤壁市	0.33	24	通城县	0.19	24
房县	0.38	25	云梦县	0.21	25	大悟县	0.33	25	竹山县	0.17	25

续表

财政规模			人力规模			职能规模			政府规模（综合）		
行政区	标准化值	排名	行政区	标准化值	排名	行政区	标准化值	排名	行政区	标准化值	排名
通山县	0.38	26	五峰自治县	0.17	26	松滋市	0.33	26	大冶市	0.16	26
伍家岗区	0.35	27	通城县	0.16	27	竹溪县	0.33	27	东宝区	0.16	27
宜都市	0.31	28	竹山县	0.14	28	石首市	0.29	28	咸安区	0.16	28
夷陵区	0.26	29	竹溪县	0.11	29	英山县	0.25	29	通山县	0.14	29
兴山县	0.24	30	郧西县	0.10	30	蔡甸区	0.23	30	兴山县	0.14	30
汉南区	0.23	31	南漳县	0.07	31	通山县	0.23	31	崇阳县	0.12	31
秭归县	0.14	32	宜城市	0.01	32	襄阳区	0.16	32	房县	0.12	32
长阳自治县	0.09	33	安陆市	−0.01	33	枣阳市	0.16	33	团风县	0.11	33
丹江口市	0.04	34	崇阳县	−0.01	34	南漳县	0.14	34	松滋市	0.05	34
麻城市	0.04	35	黄陂区	−0.03	35	钟祥市	0.14	35	孝南区	0.05	35
大冶市	0	36	红安县	−0.04	36	宜城市	0.10	36	当阳市	−0.03	36
当阳市	−0.02	37	武昌区	−0.06	37	当阳市	0.04	37	嘉鱼县	−0.03	37
东宝区	−0.02	38	当阳市	−0.08	38	孝昌县	0.04	38	安陆市	−0.07	38
保康县	−0.03	39	石首市	−0.08	39	枝江市	0.04	39	谷城县	−0.08	39
掇刀区	−0.07	40	枝江市	−0.13	40	谷城县	−0.02	40	伍家岗区	−0.08	40
张湾区	−0.09	41	襄阳区	−0.14	41	汉川市	−0.06	41	宜城市	−0.08	41
赤壁市	−0.16	42	大冶市	−0.16	42	潜江市	−0.06	42	麻城市	−0.10	42
潜江市	−0.21	43	枣阳市	−0.16	43	鄂城区	−0.12	43	五峰自治县	−0.12	43
枝江市	−0.22	44	夷陵区	−0.17	44	公安县	−0.17	44	枝江市	−0.12	44
鄂城区	−0.28	45	长阳自治县	−0.18	45	黄州区	−0.17	45	郧县	−0.14	45
嘉鱼县	−0.31	46	潜江市	−0.20	46	猇亭区	−0.19	46	保康县	−0.17	46
老河口市	−0.33	47	应城市	−0.21	47	广水市	−0.23	47	南漳县	−0.17	47
浠水县	−0.35	48	东宝区	−0.23	48	郧西县	−0.27	48	石首市	−0.17	48
宜城市	−0.35	49	黄州区	−0.23	49	丹江口市	−0.31	49	新洲区	−0.19	49
新洲区	−0.41	50	咸安区	−0.24	50	天门市	−0.33	50	潜江市	−0.21	50
黄陂区	−0.47	51	京山县	−0.25	51	云梦县	−0.35	51	仙桃市	−0.26	51
应城市	−0.50	52	嘉鱼县	−0.28	52	梁子湖区	−0.39	52	老河口市	−0.29	52
通城县	−0.54	53	通山县	−0.28	53	华容区	−0.43	53	枣阳市	−0.31	53
仙桃市	−0.54	54	洪湖市	−0.42	54	西陵区	−0.43	54	浠水县	−0.34	54
孝昌县	−0.57	55	郧县	−0.42	55	应城市	−0.43	55	云梦县	−0.38	55
谷城县	−0.59	56	钟祥市	−0.44	56	江夏区	−0.47	56	大悟县	−0.40	56

续表

财政规模			人力规模			职能规模			政府规模（综合）		
行政区	标准化值	排名	行政区	标准化值	排名	行政区	标准化值	排名	行政区	标准化值	排名
孝南区	−0.59	57	秭归县	−0.47	57	沙洋县	−0.50	57	长阳自治县	−0.41	57
广水市	−0.62	58	孝南区	−0.52	58	郧县	−0.50	58	襄阳区	−0.45	58
石首市	−0.64	59	大悟县	−0.55	59	红安县	−0.52	59	秭归县	−0.45	59
南漳县	−0.66	60	点军区	−0.61	60	竹山县	−0.52	60	黄州区	−0.52	60
公安县	−0.69	61	沙市区	−0.65	61	汉南区	−0.54	61	应城市	−0.52	61
咸安区	−0.71	62	汉川市	−0.69	62	新洲区	−0.60	62	钟祥市	−0.52	62
大悟县	−0.73	63	阳新县	−0.69	63	沙市区	−0.62	63	鄂城区	−0.55	63
监利县	−0.74	64	罗田县	−0.72	64	秭归县	−0.64	64	华容区	−0.62	64
云梦县	−0.74	65	松滋市	−0.73	65	房县	−0.72	65	汉川市	−0.67	65
安陆市	−0.76	66	广水市	−0.76	66	长阳自治县	−0.76	66	孝昌县	−0.67	66
京山县	−0.76	67	团风县	−0.76	67	掇刀区	−0.78	67	广水市	−0.71	67
枣阳市	−0.76	68	鄂城区	−0.83	68	江陵县	−0.78	68	黄陂区	−0.78	68
点军区	−0.78	69	沙洋县	−0.85	69	老河口市	−0.78	69	公安县	−0.86	69
崇阳县	−0.80	70	荆州区	−0.86	70	阳新县	−0.78	70	掇刀区	−0.92	70
汉川市	−0.81	71	麻城市	−0.86	71	监利县	−0.80	71	梁子湖区	−0.95	71
黄州区	−0.81	72	梁子湖区	−0.88	72	保康县	−0.89	72	茅箭区	−1.02	72
荆州区	−0.92	73	浠水县	−0.93	73	兴山县	−0.97	73	沙市区	−1.05	73
梁子湖区	−0.92	74	监利县	−0.95	74	五峰自治县	−0.99	74	沙洋县	−1.07	74
钟祥市	−0.95	75	仙桃市	−0.97	75	洪湖市	−1.03	75	天门市	−1.09	75
天门市	−0.97	76	孝昌县	−1.05	76	东西湖区	−1.16	76	监利县	−1.11	76
洪湖市	−1.09	77	公安县	−1.12	77	黄陂区	−1.24	77	京山县	−1.11	77
沙洋县	−1.11	78	曾都区	−1.13	78	点军区	−1.30	78	洪湖市	−1.12	78
襄阳区	−1.12	79	掇刀区	−1.17	79	茅箭区	−1.36	79	点军区	−1.19	79
沙市区	−1.16	80	天门市	−1.20	80	京山县	−1.46	80	阳新县	−1.23	80
江陵县	−1.21	81	茅箭区	−1.26	81	伍家岗区	−1.46	81	张湾区	−1.42	81
曾都区	−1.33	82	江陵县	−1.48	82	张湾区	−1.48	82	江陵县	−1.52	82
阳新县	−1.35	83	张湾区	−1.54	83	曾都区	−1.55	83	荆州区	−1.70	83
华容区	−1.38	84	洪山区	−1.85	84	荆州区	−2	84	曾都区	−1.78	84

由表 11-18 可以看出，洪山区和青山区这两个县级行政区政府财政规模的标准化值分别为 4.26 和 3.06，其绝对值大于 3，是异常值，在所选 84 个县级行政

区中所占比例约为2.4%，远远大于0.3%，表明湖北省84个县级行政区政府财政规模总体上存在一定的不均衡现象。洪山区、青山区、江汉区、汉阳区、东西湖区、江岸区、桥口区、红安县、猇亭区、武昌区、蔡甸区、竹山县、郧西县、西陵区、远安县、郧县、罗田县、五峰自治县、松滋市、团风县、茅箭区、英山县、竹溪县、江夏区、房县、通山县、伍家岗区、宜都市、夷陵区、兴山县、汉南区、秭归县、长阳自治县、丹江口市、麻城市这35个县级行政区政府的财政规模指数的标准化值大于0，表明这35个县级行政区政府的财政规模高于湖北省84个县级行政区政府财政规模的平均水平。在湖北省84个县级行政区中，约占41.7%的县级行政区政府财政规模高于平均水平；大冶市这个县级行政区政府财政规模指数的标准化值等于0，表明这个县级行政区政府的财政规模处于湖北省84个县级行政区政府财政规模的平均水平，在湖北省84个县级行政区中，约占1.2%的县级行政区政府财政规模高于平均水平；当阳市、东宝区、保康县、掇刀区、张湾区、赤壁市、潜江市、枝江市、鄂城区 、嘉鱼县、老河口市、浠水县、宜城市、新洲区、黄陂区、应城市、通城县、仙桃市、孝昌县、谷城县、孝南区、广水市、石首市、南漳县、公安县、咸安区、大悟县、监利县、云梦县、安陆市、京山县、枣阳市、点军区、崇阳县、汉川市、黄州区、荆州区、梁子湖区、钟祥市、天门市、洪湖市、沙洋县、襄阳区、沙市区、江陵县、曾都区、阳新县、华容区这48个县级行政区政府财政规模指数的标准化值小于0，表明这48个县级行政区政府财政规模低于湖北省84个县级行政区政府财政规模的平均水平，在湖北省84个县级行政区中，约占57.1%的县级行政区政府财政规模低于平均水平。由此可见，湖北省84个县级行政区政府的财政规模总体水平存在不均衡现象，大多数县级行政区政府的财政规模指数偏低。

由表11-18可以看出，西陵区这个县级行政区政府人力规模的标准化值为3.83，其绝对值大于3，是异常值，在所选84个县级行政区中所占比例约为1.2%，远远大于0.3%，表明湖北省84个县级行政区政府的人力规模总体上存在一定的不均衡现象。西陵区、江汉区、青山区、汉阳区、东西湖区、桥口区、猇亭区、江夏区、汉南区、江岸区、兴山县、伍家岗区、远安县、丹江口市、蔡甸区、房县、新洲区、保康县、老河口市、谷城县、华容区、宜都市、英山县、赤壁市、云梦县、五峰自治县、通城县、竹山县、竹溪县、郧西县、南漳县、宜城市这32个县级行政区政府的人力规模指数的标准化值大于0，表明这32个县级行政区政府的人力规模高于湖北省84个县级行政区政府人力规模的平均水平，在湖北省84个县级行政区中，约占38.1%的县级行政区政府人力规模高于平均水平；安陆市、崇阳县、黄陂区、红安县、武昌区、当阳市、石首市、枝江市、襄阳区、大冶市、枣阳市、夷陵区、长阳自治县、潜江市、应城市、东宝区、黄州区、咸安区、京山县、嘉鱼县、通山县、洪湖市、郧县、钟祥市、秭归县、孝

南区 大悟县、点军区、沙市区、汉川市、阳新县、罗田县、松滋市、广水市、团风县、鄂城区、沙洋县、荆州区、麻城市、梁子湖区、浠水县、监利县、仙桃市、孝昌县、公安县、曾都区、掇刀区、天门市、茅箭区、江陵县、张湾区、洪山区这 52 个县级行政区政府人力规模指数的标准化值小于 0，表明这 52 个县级行政区政府人力规模低于湖北省 84 个县级行政区政府人力规模的平均水平，在湖北省 84 个县级行政区中，约占 61.9％的县级行政区政府人力规模低于平均水平。由此可见，湖北省 84 个县级行政区政府人力规模总体上存在一定的不均衡现象，大多数县级行政区政府人力规模指数偏低。

由表 11-18 可以看出，宜都市这个县级行政区政府职能规模的标准化值为 3.6，其绝对值远远大于 3，是异常值，在所选 84 个县级行政区中所占比例约为 1.2％，远远大于 0.3％，表明湖北省 84 个县级行政区政府的职能规模总体上存在一定的不均衡现象。宜都市、远安县、桥口区、江汉区、武昌区、江岸区、汉阳区、咸安区、孝南区、夷陵区、青山区、崇阳县、仙桃市、通城县、罗田县、麻城市、东宝区、安陆市、团风县、洪山区、嘉鱼县、大冶市、浠水县、赤壁市、大悟县、松滋市、竹溪县、石首市、英山县、蔡甸区、通山县、襄阳区、枣阳市、南漳县、钟祥市、宜城市、当阳市、孝昌县、枝江市这 39 个县级行政区政府的职能规模指数的标准化值大于 0，表明这 39 个县级行政区政府的职能规模高于湖北省 84 个县级行政区政府职能规模的平均水平，在湖北省 84 个县级行政区中，约占 46.4％的县级行政区政府职能规模高于平均水平；谷城县、汉川市、潜江市、鄂城区、公安县、黄州区、猇亭区、广水市、郧西县、丹江口市、天门市、云梦县、梁子湖区、华容区、西陵区、应城市、江夏区、沙洋县、郧县、红安县、竹山县、汉南区、新洲区、沙市区、秭归县、房县、长阳自治县、掇刀区、江陵县、老河口市、阳新县、监利县、保康县、兴山县、五峰自治县、洪湖市、东西湖区、黄陂区、点军区、茅箭区、京山县、伍家岗区、张湾区、曾都区、荆州区这 45 个县级行政区政府职能规模指数的标准化值小于 0，表明这 45 个县级行政区政府职能规模低于湖北省 84 个县级行政区政府职能规模的平均水平，在湖北省 84 个县级行政区中，约占 53.6％的县级行政区政府职能规模低于平均水平。由此可见，湖北省 84 个县级行政区政府职能规模总体上存在一定的不均衡现象，大多数县级行政区政府职能规模指数偏低。

由表 11-18 可以看出，江汉区这个县级行政区的政府规模的标准化值为 3.17，其绝对值大于 3，是异常值，在所选 84 个县级行政区中所占比例约为 1.19％，远远大于 0.3％，表明在湖北省 84 个县级行政区的政府规模总体上存在一定的不均衡现象。江汉区、青山区、汉阳区、桥口区、远安县、江岸区、宜都市、西陵区、武昌区、东西湖区、洪山区、猇亭区、蔡甸区、江夏区、汉南区、夷陵区、英山县、竹溪县、丹江口市、罗田县、郧西县、赤壁市、红安县、通城县、竹山县、大冶市、东宝区、咸安区、通山县、兴山县、崇阳县、房县、团风县、松滋市、孝南区这35个县级行政区的政府规模指数的标准化值大于0，表明这35个县级行政区政府规模高于湖北省84个县级行政区政府规模的平均水平，在湖北省84个县级行政区中，约占41.7%的县级行政区政府规模高于平均水平；当阳市、嘉鱼县、安陆市、谷城县、伍家岗区、宜城市、麻城市、五峰自治县、枝江市、郧县、保康县、南漳县、石首市、新洲区、潜江市、仙桃市、老河口市、枣阳市、浠水县、云梦县、大悟县、长阳自治县、襄阳区、秭归县、黄州区、应城市、钟祥市、鄂城区、华容区、汉川市、孝昌县、广水市、黄陂区、公安县、掇刀区、梁子湖区、茅箭区、沙市区、沙洋县、天门市、监利县、京山县、洪湖市、点军区、阳新县、张湾区、江陵县、荆州区、曾都区这49个县级行政区的政府规模指数的标准化值小于0，表明这49个县级行政区的政府规模低于湖北省84个县级行政区政府规模的平均水平，在湖北省84个县级行政区中，约占58.3%的县级行政区政府规模低于平均水平。由此可见，湖北省84个县级行政区政府规模总体上存在一定的不均衡现象，大多数县级行政区政府规模指数偏低。

第二节　广东省102个县级行政区政府规模数据及评价

一、广东省102个县级政府规模测度数据

考虑到数据可得性问题，为方便下文进行县级政府规模测度和评估，本节按照第三章所设计的指标体系从财政规模、人力规模和职能规模三个不同侧面选取了广东省102个县级行政区①政府规模测度的相关数据作为样本数据。

考虑到数据可得性问题，对广东省102个县级行政区政府财政规模的测量仅收集了财政收入、财政支出、财政支出比例、财政自给率和人均财政支出五个方面的样本数据。具体统计数据见表11-19。

表11-19　广东省102个县级行政区政府财政规模测量数据

行政区	财政收入/万元	财政支出/万元	财政支出比例/%	财政自给率/%	人均财政支出/元
白云区	199 623	246 142	3.54	81.10	1 516.68
宝安区	552 350	688 928	3.77	80.18	1 998.92
博乐县	56 056	101 414	5.12	55.27	1 078.87
禅城区	134 204	179 898	2.63	74.60	1 851.76
潮安县	27 024	84 469	4.09	31.99	685.12

① 广东省共辖121个县级行政区，但部分县级行政区数据资料不全，故本项分析只采用了数据资料完整的102个县级行政区。

续表

行政区	财政收入/万元	财政支出/万元	财政支出比例/%	财政自给率/%	人均财政支出/元
赤坎区	18 150	26 736	2.43	67.89	1 191.44
从化市	63 870	124 299	9.74	51.38	2 263.69
大埔县	13 022	57 533	19.47	22.63	1 517.22
德庆县	15 825	41 658	10.70	37.99	1 234.68
电白县	23 888	81 677	5.35	29.25	662.10
鼎湖区	10 100	94 992	31.94	10.63	6 144.37
东源县	15 703	73 389	17.56	21.40	1 771.83
端州区	30 290	42 362	7.34	71.50	1 128.45
恩平市	22 018	48 215	6.74	45.67	1 047.92
番禺区	313 433	469 486	7.48	66.76	3 138.70
丰顺县	11 910	62 308	15.25	19.11	1 299.71
封开县	16 470	42 572	9.70	38.69	1 031.05
佛冈县	22 655	64 481	10.32	35.13	2 195.47
福田区	311 007	385 755	3.00	80.62	3 216.23
高明区	60 308	68 851	2.52	87.59	1 953.22
高要市	37 333	64 789	4.88	57.62	929.67
高州市	34 282	100 939	4.94	33.96	705.72
广宁县	15 796	43 647	9.62	36.19	939.05
海珠区	170 445	216 369	5.13	78.78	1 637.17
和平县	8 261	57 755	17.39	14.30	1 462.89
鹤山市	47 438	58 149	4.79	81.58	1 266.04
花都区	169 639	226 953	5.45	74.75	3 114.92
化州市	20 838	82 250	4.58	25.33	708.01
怀集县	27 767	62 885	8.61	44.16	787.24
黄浦区	84 535	113 513	2.41	74.47	3 779.99
惠城区	78 859	93 508	2.08	84.33	873.91
惠东县	33 988	82 376	4.62	41.26	979.50
惠来县	9 796	63 115	8.70	15.52	602.36
惠阳区	51 453	78 331	2.97	65.69	1 122.22
江城区	12 531	34 113	4.88	36.73	601.64
江海区	18 672	21 904	3.38	85.24	1 169.46
蕉岭县	13 380	33 334	11.35	40.14	1 577.57

续表

行政区	财政收入/万元	财政支出/万元	财政支出比例/%	财政自给率/%	人均财政支出/元
揭东县	19 930	59 667	4.37	33.40	532.03
揭西县	9 034	65 260	8.50	13.84	815.65
金湾区	45 986	55 354	3.38	83.08	2 316.07
开平市	62 638	76 590	5.15	81.78	1 141.60
乐昌市	11 205	55 332	14.47	20.25	1 168.57
雷州市	15 176	75 498	9.51	20.10	520.25
连南县	874	54 254	51.18	1.61	3 772.88
连平县	16 636	53 604	11.15	31.03	1 598.21
连山县	3 136	29 337	31.41	10.69	2 652.53
连州市	18 037	44 404	7.19	40.62	1 014.72
廉江市	18 085	91 709	8.71	19.72	672.30
龙川县	18 921	95 032	13.92	19.91	1 396.91
龙岗区	442 165	546 625	4.27	80.89	2 831.37
龙门县	13 085	42 063	9.94	31.11	1 290.28
罗定市	22 790	75 740	9.72	30.09	785.44
罗湖区	198 032	295 450	4.25	67.03	3 378.50
麻章区	8 577	20 818	5.82	41.20	833.05
茂港区	7 747	26 274	4.52	29.49	603.72
茂南区	19 585	13 796	1.92	141.96	185.13
南海区	484 300	539 783	4.38	89.72	2 613.58
南山区	250 019	336 401	2.29	74.32	3 566.59
南雄县	11 056	42 418	12.21	26.06	1 115.38
蓬江区	51 228	58 187	2.29	88.04	1 003.57
平远县	8 227	32 250	5.53	25.51	1 363.06
坡头区	5 962	22 709	9.92	26.25	625.59
普宁市	40 858	100 336	5.84	40.72	494.66
清城区	26 587	74 143	3.58	35.86	1 228.75
清新县	21 103	22 595	2.20	93.40	333.75
曲江区	24 500	46 049	5.11	53.20	1 535.99
饶平县	12 005	74 143	7.83	16.19	799.04
仁化县	12 372	21 954	5.28	56.35	1 001.55
榕城区	16 903	29 202	2.14	57.88	416.40

续表

行政区	财政收入/万元	财政支出/万元	财政支出比例/%	财政自给率/%	人均财政支出/元
乳源县	14 498	37 016	14.19	39.17	1 923.91
三水区	96 139	118 279	3.53	81.28	2 231.26
始兴县	6 096	27 622	12.38	22.07	1 224.38
顺德区	555 989	601 497	4.70	92.43	3 001.63
四会市	31 639	53 757	6.61	58.86	1 225.93
台山市	69 321	90 220	5.95	76.84	911.41
天河区	203 033	266 456	2.21	76.20	2 382.26
翁源县	6 404	34 198	12.20	18.73	957.39
吴川市	13 986	54 390	8.57	25.71	674.56
五华县	8 243	89 481	18.22	9.21	874.69
武江区	9 541	21 295	2.63	44.80	906.17
霞山区	21 102	31 973	2.02	66.00	878.38
香洲区	85 817	121 393	2.21	70.69	1 458.52
湘桥区	11 416	23 487	2.70	48.61	608.16
新丰县	6 029	29 828	16.43	20.21	1 443.06
新会区	116 698	139 812	5.31	83.47	1 794.53
新兴县	24 412	54 999	7.32	44.39	1 280.83
信宜市	22 415	84 483	5.43	26.53	811.71
徐闻县	12 916	53 751	10.01	24.03	779.23
盐田区	88 088	110 991	5.27	79.36	5 015.41
阳春市	21 097	74 247	6.68	28.41	846.60
阳东县	23 721	57 102	7.39	41.54	1 330.43
阳山县	14 214	53 749	13.44	26.45	1 224.91
阳西县	7 393	29 728	5.50	24.87	737.67
英德市	33 227	54 731	4.97	60.71	573.76
郁南县	11 242	50 715	10.81	22.17	1 204.92
源城区	15 748	35 953	10.23	43.80	1 136.67
越秀区	219 127	305 556	2.55	71.71	2 637.74
云安县	11 442	32 726	10.52	34.96	1 184.01
云城区	11 506	30 866	8.23	37.28	1 098.04
增城市	160 582	188 612	4.59	85.14	2 305.77
浈江区	8 519	26 184	2.71	32.54	731.40
紫金县	15 904	69 846	15.96	22.77	1 031.39

资料来源：原始数据来源于《广东省财政年鉴 2007》，人口数据为 2007 年度数据，来源于政府门户网站

考虑到数据可得性，对于广东省 102 个县级行政区政府人力规模测度，本书仅收集了财政供养人数、常住人口数量、财政供养人数占人口比例三个方面的样本数据，具体统计数据见表 11-20。

表 11-20　广东省 102 个县级行政区政府人力规模测量数据

行政区	财政供养人数/人	常住人口数量/万人	财政供养人数占人口比例/%
白云区	22 269	162.29	1.37
宝安区	33 330	344.65	0.97
博乐县	20 433	94.00	2.17
禅城区	16 343	97.15	1.68
潮安县	21 495	123.30	1.74
赤坎区	5 221	22.44	2.33
从化市	16 347	54.91	2.98
大埔县	14 677	37.92	3.87
德庆县	12 002	33.74	3.56
电白县	26 467	123.36	2.15
鼎湖区	3 369	15.46	2.18
东源县	16 218	41.42	3.92
端州区	7 821	37.54	2.08
恩平市	13 686	46.01	2.97
番禺区	29 326	149.58	1.96
丰顺县	16 308	47.94	3.40
封开县	11 348	41.29	2.75
佛冈县	10 102	29.37	3.44
福田区	13 872	119.94	1.16
高明区	8 152	35.25	2.31
高要市	13 310	69.69	1.91
高州市	36 135	143.03	2.53
广宁县	13 127	46.48	2.82
海珠区	22 482	132.16	1.70
和平县	11 887	39.50	3.01
鹤山市	12 301	45.93	2.68
花都区	18 625	72.86	2.56
化州市	26 249	116.17	2.26
怀集县	17 021	79.88	2.13

续表

行政区	财政供养人数/人	常住人口数量/万人	财政供养人数占人口比例/%
黄浦区	7 355	30.03	2.45
惠城区	14 904	107.00	1.39
惠东县	17 513	84.10	2.08
惠来县	22 162	104.78	2.12
惠阳区	11 031	69.80	1.58
江城区	13 058	56.70	2.30
江海区	2 338	18.73	1.25
蕉岭县	10 823	21.13	5.12
揭东县	19 746	112.15	1.76
揭西县	20 038	80.01	2.50
金湾区	4 818	23.90	2.02
开平市	18 736	67.09	2.79
乐昌市	12 274	47.35	2.59
雷州市	26 489	145.12	1.83
连南县	6 089	14.38	4.23
连平县	13 666	33.54	4.07
连山县	4 929	11.06	4.46
连州市	14 246	43.76	3.26
廉江市	29 881	136.41	2.19
龙川县	25 287	68.03	3.72
龙岗区	19 845	193.06	1.03
龙门县	10 229	32.60	3.14
罗定市	23 187	96.43	2.40
罗湖区	14 997	87.45	1.71
麻章区	4 940	24.99	1.98
茂港区	8 190	43.52	1.88
茂南区	14 813	74.52	1.99
南海区	30 866	206.53	1.49
南山区	12 087	94.32	1.28
南雄县	11 738	38.03	3.09
蓬江区	6 122	57.98	1.06
平远县	10 601	23.66	4.48

续表

行政区	财政供养人数/人	常住人口数量/万人	财政供养人数占人口比例/%
坡头区	7 127	36.30	1.96
普宁市	37 187	202.84	1.83
清城区	10 205	60.34	1.69
清新县	13 460	67.70	1.99
曲江区	10 718	29.98	3.58
饶平县	24 116	92.79	2.60
仁化县	8 651	21.92	3.95
榕城区	9 230	70.13	1.32
乳源县	6 347	19.24	3.30
三水区	10 959	53.01	2.07
始兴县	8 198	22.56	3.63
顺德区	34 329	200.39	1.71
四会市	10 678	43.85	2.44
台山市	22 151	98.99	2.24
天河区	13 056	111.85	1.17
翁源县	10 543	35.72	2.95
吴川市	20 257	80.63	2.51
五华县	32 313	102.30	3.16
武江区	3 329	23.50	1.42
霞山区	8 360	36.40	2.30
香洲区	9 921	83.23	1.19
湘桥区	8 053	38.62	2.09
新丰县	8 367	20.67	4.05
新会区	20 146	77.91	2.59
新兴县	16 019	42.94	3.73
信宜市	30 913	104.08	2.97
徐闻县	20 692	68.98	3
盐田区	3 435	22.13	1.55
阳春市	24 240	87.70	2.76
阳东县	11 159	42.92	2.60
阳山县	12 375	43.88	2.82
阳西县	12 051	40.30	2.99

续表

行政区	财政供养人数/人	常住人口数量/万人	财政供养人数占人口比例/%
英德市	21 623	95.39	2.27
郁南县	11 444	42.09	2.72
源城区	7 087	31.60	2.24
越秀区	38 010	115.84	3.28
云安县	6 047	27.64	2.19
云城区	6 777	28.11	2.41
增城市	19 314	81.80	2.36
湞江区	5 870	35.80	1.64
紫金县	20 637	67.72	3.05

资料来源：原始数据来源于《广东省财政年鉴 2007》，人口数据为 2007 年度数据，来源于政府门户网站

考虑到数据可得性，对广东省 102 个县级政府职能规模的测量本书仅收集了财政总支出、行政运转支出占比、公共秩序支出占比、经济投资支出占比、基础型公共品支出占比、再分配型公共品支出占比六个方面的样本数据，其中，行政运转支出占比用行政管理费占财政支出比例表示，公共秩序支出占比用公检司法支出占财政支出比例表示，经济投资支出占比用基本建设支出、农业支出、林业支出、水利和气象支出总和占财政支出比例表示，基础型公共品支出用教育支出、科学支出、医疗卫生支出总和占财政支出比例表示，再分配型公共品支出占比用社会保障补助支出占财政支出比例表示。具体统计数据见表 11-21。

表 11-21　广东省 102 个县级行政区政府职能规模测量数据

行政区	财政总支出/万元	行政运转支出占比/%	公共秩序支出占比/%
白云区	246 142	8.82	15.46
宝安区	688 928	16.76	14.49
博乐县	101 414	10.54	8.99
禅城区	179 898	12.57	12.39
潮安县	84 469	12.07	4.01
赤坎区	26 736	17.96	5.28
从化市	124 299	4.97	8.04
大埔县	57 533	8.68	6.68
德庆县	41 658	12.68	7.29
电白县	81 677	10.49	7.34
鼎湖区	94 992	2.79	1.31

续表

行政区	财政总支出/万元	行政运转支出占比/%	公共秩序支出占比/%
东源县	73 389	2.51	5.33
端州区	42 362	13.20	14.04
恩平市	48 215	11.72	9.68
番禺区	469 486	10.19	13.54
丰顺县	62 308	8.63	5.37
封开县	42 572	11.04	5.10
佛冈县	64 481	12.92	4.47
福田区	385 755	11.16	15.61
高明区	68 851	14.69	12.78
高要市	64 789	11.03	6.43
高州市	100 939	13.54	6.19
广宁县	43 647	11.92	8.04
海珠区	216 369	11.37	16.93
和平县	57 755	13.54	5.51
鹤山市	58 149	11.01	10.77
花都区	226 953	14.84	11.44
化州市	82 250	11.13	6.23
怀集县	62 885	13.52	5.47
黄浦区	113 513	14.39	15.26
惠城区	93 508	10.48	2.69
惠东县	82 376	12.35	9.18
惠来县	63 115	9.92	6.16
惠阳区	78 331	11.84	12.57
江城区	34 113	12.80	5.04
江海区	21 904	25.86	6.78
蕉岭县	33 334	16.01	5.79
揭东县	59 667	10.12	4.76
揭西县	65 260	15.98	6.08
金湾区	55 354	11.63	5.06
开平市	76 590	12.75	10.51
乐昌市	55 332	9.61	5.29
雷州市	75 498	12.62	5.70

续表

行政区	财政总支出/万元	行政运转支出占比/%	公共秩序支出占比/%
连南县	54 254	8.65	3.75
连平县	53 604	9.11	6.30
连山县	29 337	10.37	4.92
连州市	44 404	8.50	5.34
廉江市	91 709	9.57	6.10
龙川县	95 032	6.99	4.28
龙岗区	546 625	22.64	13.42
龙门县	42 063	8.81	10.09
罗定市	75 740	9.90	7.35
罗湖区	295 450	13.55	16.31
麻章区	20 818	15.69	4.85
茂港区	26 274	9.66	5.16
茂南区	13 796	41.85	29.71
南海区	539 783	8.64	10.22
南山区	336 401	10.11	12.25
南雄县	42 418	9	5.02
蓬江区	58 187	17.41	4.04
平远县	32 250	11.01	5.43
坡头区	22 709	16.14	4.18
普宁市	100 336	8.04	8.17
清城区	74 143	10.83	4.93
清新县	22 595	32.26	24.87
曲江区	46 049	13.90	4.16
饶平县	74 143	9.59	4.61
仁化县	21 954	12.85	6.02
榕城区	29 202	14.29	5.52
乳源县	37 016	9.01	8.50
三水区	118 279	11.36	12.32
始兴县	27 622	10.59	5.18
顺德区	601 497	9.40	10.33
四会市	53 757	9.30	9.24
台山市	90 220	7.41	5.45

续表

行政区	财政总支出/万元	行政运转支出占比/%	公共秩序支出占比/%
天河区	266 456	11.20	16.37
翁源县	34 198	11.91	4.26
吴川市	54 390	13.99	7.93
五华县	89 481	7.95	4.33
武江区	21 295	10.66	9.21
霞山区	31 973	11.18	4.78
香洲区	121 393	7.58	4.13
湘桥区	23 487	13.98	8.04
新丰县	29 828	8.41	6.77
新会区	139 812	9.53	10.48
新兴县	54 999	10.25	6.50
信宜市	84 483	8.22	6.47
徐闻县	53 751	13.68	7.19
盐田区	110 991	18.40	14.16
阳春市	74 247	13.04	4.60
阳东县	57 102	17.08	6.08
阳山县	53 749	11.37	6.91
阳西县	29 728	11.65	7.22
英德市	54 731	16.97	8.57
郁南县	50 715	11.01	4.56
源城区	35 953	18.02	4.14
越秀区	305 556	9.33	18.77
云安县	32 726	15.74	7.02
云城区	30 866	9.95	6.20
增城市	188 612	7.01	11.34
浈江区	26 184	9.46	8.39
紫金县	69 846	13.17	5.63

行政区	经济投资支出占比/%	基础型公共品支出占比/%	再分配型公共品支出占比/%
白云区	13.31	20.26	0.38
宝安区	13.21	17.56	1.32
博乐县	12.66	30.15	2.59
禅城区	1.14	28.12	2.76

续表

行政区	经济投资支出占比/%	基础型公共品支出占比/%	再分配型公共品支出占比/%
潮安县	8.32	38.42	0.60
赤坎区	2.30	25.73	1.26
从化市	26.47	22.58	5.46
大埔县	13.67	29.40	1.57
德庆县	13.53	26.84	1.67
电白县	9.08	32.04	4.21
鼎湖区	1.80	3.98	0.54
东源县	16.21	27.74	0.51
端州区	1.11	26.71	1.29
恩平市	9.43	27.88	2.46
番禺区	12.92	21.82	1.20
丰顺县	9.78	34.95	2.04
封开县	15.10	26.56	2.15
佛冈县	5.81	19.15	0.31
福田区	20.89	24.63	0.47
高明区	6.30	33.08	1.39
高要市	11.15	24.10	0.68
高州市	8.45	37.14	1.26
广宁县	6.70	25.20	2.38
海珠区	5.27	21.37	1.19
和平县	8.83	33.25	1.89
鹤山市	14.08	25.58	7.60
花都区	15.79	19.11	0.26
化州市	10.23	38.11	0.85
怀集县	7.62	32.60	1.73
黄浦区	9.16	21.36	0.27
惠城区	16.91	35.07	0.68
惠东县	12.77	30.43	0.58
惠来县	8.11	34.94	0.50
惠阳区	8.73	26.41	1.31
江城区	8.61	32.18	1.03
江海区	2.14	21.13	0.66

续表

行政区	经济投资支出占比/%	基础型公共品支出占比/%	再分配型公共品支出占比/%
蕉岭县	13.54	25.53	1.94
揭东县	8.40	41.68	1.55
揭西县	10.84	42.74	1.03
金湾区	6.03	29.88	0.74
开平市	7.03	33.62	1.60
乐昌市	15.85	28.17	0.32
雷州市	5.12	39.29	0.71
连南县	7.31	17.31	0.22
连平县	19.52	27.08	1.61
连山县	6.07	29.25	0.60
连州市	14	35.62	1.04
廉江市	7.98	37.03	0.80
龙川县	12.98	33.06	3.76
龙岗区	17.48	18.78	0.27
龙门县	15.95	34.41	1.18
罗定市	9.74	34.46	1.11
罗湖区	15.31	27.37	0.29
麻章区	8.26	30.04	1.50
茂港区	18.92	33.69	1.10
茂南区	35.34	97.42	3.16
南海区	3.99	21.06	3.71
南山区	23.46	22.47	0.51
南雄县	16.72	31.60	0.19
蓬江区	3.34	27.10	1.67
平远县	15.36	26.83	2.74
坡头区	4.89	36.12	1.40
普宁市	11.27	39.96	1.08
清城区	6.24	23.60	0.23
清新县	30.97	105.63	1.93
曲江区	13.55	21.72	0.51
饶平县	16.10	31.26	1.33
仁化县	12.53	37.79	0.29

续表

行政区	经济投资支出占比/%	基础型公共品支出占比/%	再分配型公共品支出占比/%
榕城区	3.32	10.56	1.97
乳源县	17.78	26.73	0.79
三水区	8.48	24.88	1.64
始兴县	17.78	29.96	0.27
顺德区	4.16	21.57	1.96
四会市	15.69	22.54	2.59
台山市	16.55	25.54	1.68
天河区	14.77	6.46	0.69
翁源县	15.65	32.63	0.85
吴川市	6.98	34.68	1.87
五华县	12.01	40.62	1.12
武江区	5.54	34.40	0.11
霞山区	2.30	25.67	0.50
香洲区	2.59	27.63	0.62
湘桥区	3.18	29.75	1.18
新丰县	8.89	34.17	0.95
新会区	13.90	23.08	0.86
新兴县	14.70	29.07	0.93
信宜市	7.40	39.53	1.15
徐闻县	11.79	27.33	0.92
盐田区	21.44	13.79	3
阳春市	8.42	32.78	1.16
阳东县	15.44	22.01	0.43
阳山县	11.64	38.77	0.31
阳西县	15.39	37.31	1.70
英德市	15.46	51.04	5.54
郁南县	12.57	30.39	2.26
源城区	7.99	23.85	0.40
越秀区	2.51	21.66	1.02
云安县	10.85	27.73	1.20
云城区	12.52	30.40	1.03
增城市	10.03	23.26	0.39

续表

行政区	经济投资支出占比/%	基础型公共品支出占比/%	再分配型公共品支出占比/%
浈江区	7.20	32.92	0.65
紫金县	11.27	36.82	0.40

数据来源：原始数据来源于《广东省财政年鉴 2007》

二、广东省 102 个县级行政区政府规模相关因素测度数据

为了方便下文进行广东省 102 个县级行政区政府规模影响因素分析，本节分别收集了广东省 102 个县级行政区经济发展水平、人口因素和地域面积三个与政府规模相关因素的测度数据，考虑到数据可得性问题，本章对经济发展水平测度仅收集了地区生产总值（GDP）、人均 GDP 两个方面的样本数据；人口因素的测度仅收集了本地区常住人口数量一个方面样本数据，地域面积因素的测度仅收集了管辖面积一个方面的样本数据，具体数据见表 11-22。

表 11-22　广东省 102 个县级行政区政府规模影响因素测量数据

行政区	地区生产总值（GDP）/亿元	人均 GDP/元	本地区常住人口数量/万人	管辖面积/平方公里
白云区	694.46	42 791.30	162.29	795.79
宝安区	1 829.52	53 083.42	344.65	712.95
博乐县	198.12	21 076.60	94	2 795
禅城区	683.84	70 390.12	97.15	154.02
潮安县	206.54	16 752.37	123.30	1 262.27
赤坎区	110.01	49 024.06	22.44	79
从化市	127.62	23 241.67	54.91	1 974.5
大埔县	29.55	7 792.72	37.92	2 467
德庆县	38.95	11 544.16	33.74	2 257
电白县	152.72	12 380.03	123.36	1 873
鼎湖区	29.74	19 236.74	15.46	512
东源县	41.79	10 089.33	41.42	4 005
端州区	57.73	15 378.26	37.54	152
恩平市	71.52	15 544.45	46.01	1 697
番禺区	628.06	41 988.23	149.58	786.15
丰顺县	40.87	8 525.24	47.94	2 710.22
封开县	43.87	10 624.85	41.29	2 723
佛冈县	62.46	21 266.60	29.37	1 293

续表

行政区	地区生产总值（GDP）/亿元	人均 GDP/元	本地区常住人口数量/万人	管辖面积/平方公里
福田区	1 284.61	107 104.40	119.94	78.04
高明区	272.76	77 378.72	35.25	939.64
高要市	132.64	19 032.86	69.69	2 071
高州市	204.16	14 273.93	143.03	3 276
广宁县	45.36	9 759.04	46.48	2 380
海珠区	422.16	31 943.10	132.16	90.40
和平县	33.21	8 411.85	39.50	2 286
鹤山市	121.34	26 418.46	45.93	1 081
花都区	416.52	57 167.17	72.86	970.04
化州市	179.74	15 472.15	116.17	2 354.20
怀集县	73.07	9 147.47	79.88	3 573
黄浦区	470.09	156 540.10	30.03	90.95
惠城区	450.56	42 108.41	107	1 410
惠东县	178.20	21 189.06	84.10	3 396
惠来县	72.58	6 926.89	104.78	1 253
惠阳区	264.10	37 836.68	69.80	1 262
江城区	69.90	12 328.04	56.70	552.30
江海区	64.75	34 570.21	18.73	111
蕉岭县	29.36	13 894.94	21.13	957.10
揭东县	136.54	12 174.77	112.15	850
揭西县	76.82	9 601.30	80.01	1 365
金湾区	163.96	68 602.51	23.90	503.50
开平市	148.66	22 158.29	67.09	1 659
乐昌市	38.24	8 076.03	47.35	2 419
雷州市	79.38	5 469.96	145.12	3 707
连南县	10.60	7 371.35	14.38	1 289
连平县	48.08	14 335.12	33.54	2 288
连山县	9.34	8 444.85	11.06	1 165
连州市	61.77	14 115.63	43.76	2 664
廉江市	105.33	7 721.57	136.41	2 840
龙川县	68.26	10 033.81	68.03	3 080

续表

行政区	地区生产总值（GDP）/亿元	人均 GDP/元	本地区常住人口数量/万人	管辖面积/平方公里
龙岗区	1 278.68	66 232.26	193.06	844.08
龙门县	42.30	12 975.46	32.60	2 295
罗定市	77.94	8 082.55	96.43	2 327.50
罗湖区	694.69	79 438.54	87.45	78.89
麻章区	35.74	14 301.72	24.99	460.72
茂港区	58.18	13 368.57	43.52	387.30
茂南区	71.78	9 632.31	74.52	487
南海区	1 231	59 603.93	206.53	1 074.05
南山区	1 467.23	155 558.70	94.32	167.05
南雄县	34.75	9 137.52	38.03	2 361
蓬江区	253.96	43 801.31	57.98	321
平远县	58.27	24 628.06	23.66	1 381
坡头区	22.90	6 308.54	36.30	562
普宁市	171.78	84 68.74	202.84	1 591
清城区	207.29	34 353.66	60.34	927
清新县	102.92	15 202.36	67.70	2 725
曲江区	90.13	30 063.38	29.98	1 619
饶平县	94.67	10 202.61	92.79	1 682.81
仁化县	41.56	18 959.85	21.92	2 223
榕城区	136.14	19 412.52	70.13	181
乳源县	26.09	13 560.29	19.24	2 299
三水区	334.61	63 122.05	53.01	874.22
始兴县	22.31	9 889.18	22.56	2 419
顺德区	1 279.25	63 838.02	200.39	806.55
四会市	81.34	18 549.60	43.85	1 091
台山市	151.67	15 321.75	98.99	3 286
天河区	1 204.63	107 700.50	111.85	96.33
翁源县	28.02	7 844.34	35.72	2 183
吴川市	63.47	7 871.76	80.63	848.50
五华县	49.10	4 799.61	102.30	3 226.10
武江区	81.07	34 497.87	23.50	682

续表

行政区	地区生产总值（GDP）/亿元	人均 GDP/元	本地区常住人口数量/万人	管辖面积/平方公里
霞山区	158.60	43 571.43	36.40	117
香洲区	548.52	65 904.12	83.23	534
湘桥区	86.99	22 524.60	38.62	155.14
新丰县	18.16	8 785.68	20.67	2 015
新会区	263.16	33 777.44	77.91	1 387
新兴县	75.09	17 487.19	42.94	1 520.70
信宜市	155.69	14 958.69	104.08	3 080.50
徐闻县	53.68	7 781.97	68.98	1 862.60
盐田区	210.69	95 205.60	22.13	71.83
阳春市	111.20	12 679.59	87.70	4 054.70
阳东县	77.30	18 010.25	42.92	1 830
阳山县	40	9 115.77	43.88	3 418
阳西县	54.10	13 424.32	40.30	1 270.50
英德市	110.10	11 542.09	95.39	5 671
郁南县	46.92	11 147.54	42.09	1 966.20
源城区	35.13	11 106.54	31.60	362
越秀区	1 198.95	103 500.50	115.84	33.80
云安县	31.12	11 259.04	27.64	1 202.90
云城区	37.51	13 344.01	28.11	761.80
增城市	410.61	50 196.82	81.80	1 616.47
浈江区	96.76	27 027.93	35.80	523
紫金县	43.76	6 461.90	67.72	3 621

资料来源：以上数据为广东省 2007 年度数据，原始数据来源于政府门户网站

三、2006 年广东省 102 个县级行政区政府规模统计分析

（一）主成分分析过程及结果

广东省 102 个县级行政区政府财政规模、人力规模和职能规模测度的主成分分析过程及结果。

（1）广东省 102 个县级行政区政府财政规模测度的主成分分析过程及结果

利用 SPSS13.0 的主成分分析方法得到县级行政区政府财政规模测度的三个主成分 F_{C_1}、F_{C_2}、F_{C_3} 及其相关矩阵的特征根和方差贡献率。本章对原始数据作

标准方差处理，为避免信息丢失按提取 3 个主成分的规则提取主成分，采用方差最大法进行旋转，得到旋转后的 F_{C_1}、F_{C_2}、F_{C_3} 的方差贡献率分别为 34.094%、33.378%和 32.528%，累计贡献率达到 100%，即反映原始变量的全部信息，具体分析结果见表 11-23。

表 11-23　总方差分解表

主成分	初始特征值			旋转后提取因子的载荷平方和		
	特征值	方差贡献率/%	累积贡献率/%	特征值	方差贡献率/%	累积贡献率/%
F_{C_1}	1.615	53.821	53.821	1.023	34.094	34.094
F_{C_2}	1.160	38.659	92.480	1.001	33.378	67.472
F_{C_3}	0.226	7.520	100.000	0.976	32.528	100.000

提取方法：主成分分析法

利用 SPSS13.0 主成分分析得到旋转后的主成分载荷矩阵，从旋转后的主成分载荷矩阵可以看出，人均财政支出 X_3 在第一个主成分 F_{C_1} 上具有较高的载荷，说明第一主成分 F_{C_1} 主要解释了人均财政支出 X_3 这一指标的贡献率；财政自给率 X_2 在第二主成分 F_{C_2} 上具有较高的载荷，说明第二主成分 F_{C_2} 主要解释了财政自给率 X_2 这一指标的贡献率；财政支出比例 X_1 在第三主成分 F_{C_3} 上具有较高的载荷，说明第三主成分 F_{C_3} 主要解释了财政支出比例 X_1 这一指标的贡献率。具体分析结果见表 11-24。

表 11-24　旋转后的主成分载荷矩阵

项目	主成分		
	F_{C_1}	F_{C_2}	F_{C_3}
人均财政支出 X_3	0.980	0.125	0.157
财政自给率 X_2	0.154	0.928	−0.340
财政支出比例 X_1	0.198	−0.354	0.914

提取方法为主成分分析法；旋转方法为方差最大正交旋转法；旋转经 5 步迭代得到

利用 SPSS13.0 根据主成分得分系数矩阵和原始变量值可以计算出主成分 F_{C_1}、F_{C_2}、F_{C_3} 的得分数，主成分得分系数矩阵见表 11-25。计算函数如下：

$$F_{C_1} = -0.289X_1 - 0.260X_2 + 1.120X_3$$
$$F_{C_2} = 0.550X_1 + 1.331X_2 - 0.320X_3$$
$$F_{C_3} = 1.369X_1 + 0.571X_2 - 0.336X_3$$

表 11-25 主成分得分系数矩阵

指标	主成分		
	F_{C_1}	F_{C_2}	F_{C_3}
财政支出比例 X_1	−0.289	0.550	1.369
财政自给率 X_2	−0.260	1.331	0.571
人均财政支出 X_3	1.120	−0.320	−0.366

提取方法为主成分分析法；旋转方法为方差最大正交旋转法；主成分得分系数

利用 SPSS13.0 根据上述统计分析产生的新变量 F_{C_1}、F_{C_2}、F_{C_3} 可以计算出各县级行政区政府财政规模的测量结果 F_C，具体测量结果见表 11-25。具体计算方法以旋转后 F_{C_1}、F_{C_2}、F_{C_3} 三个主成分的贡献率作为权数，计算公式如下：

$$F_C = 0.340\ 94F_{C_1} + 0.333\ 78F_{C_2} + 0.325\ 28F_{C_3}$$

式中，F_C 表示政府财政规模。

（2）广东省 102 个县级行政区政府人力规模测度的主成分分析过程及结果

利用 SPSS13.0 的主成分分析方法得到县级行政区政府人力规模测量的两个主成分 F_{r_1}、F_{r_2} 及其相关矩阵的特征根和方差贡献率。本章对原始数据作标准方差处理，为避免信息丢失，按照提取两个主成分的规则提取主成分，采用方差最大法进行旋转，得到旋转后的 F_{r_1}、F_{r_2} 的方差贡献率分别为 50%、50%，累计贡献率达到 100%，即反映原始变量 100%的信息。具体分析结果见表 11-26。

表 11-26 总方差分解表

主成分	初始特征值			旋转后提取因子的载荷平方和		
	特征值	方差贡献率/%	累积贡献率/%	特征值	方差贡献率/%	累积贡献率/%
F_{r_1}	1.087	54.354	54.354	1.000	50.000	50.000
F_{r_2}	0.913	45.646	100.000	1.000	50.000	100.000

提取方法：主成分分析法

利用 SPSS13.0 主成分分析得到旋转后的主成分载荷矩阵，从旋转后的主成分载荷矩阵可以看出，财政供养人员数 X_1 在第一个主成分 F_{r_1} 上具有较高的载荷，说明第一主成分 F_{r_1} 主要解释了财政供养人员数 X_1 这个指标的贡献率；财政供养比例在第二主成分 F_{r_2} 上具有较高的载荷，说明第二主成分 F_{r_2} 主要解释了财政供养比例这个指标的贡献率。具体分析结果见表 11-27。

表 11-27　旋转后的主成分载荷矩阵

指标	主成分	
	F_{r_1}	F_{r_2}
财政供养人员数 X_1	0.999	−0.044
财政供养比例 X_2	−0.044	0.999

提取方法为主成分分析法；旋转方法为方差最大正交旋转法；旋转经 3 步迭代得到

利用 SPSS13.0 根据主成分得分系数矩阵和原始变量值可以计算出主成分 F_{r_1}、F_{r_2} 的得分数，主成分得分系数矩阵见表 11-28。计算函数如下：

$$F_{r_1} = 0.044X_1 + 1.003X_2$$

$$F_{r_2} = 1.003X_1 + 0.044X_2$$

表 11-28　主成分得分系数矩阵

指标	主成分	
	F_{r_1}	F_{r_2}
财政供养人数 X_1	0.044	1.003
财政供养比例 X_2	1.003	0.044

提取方法为主成分分析法；旋转方法为方差最大正交旋转法；主成分得分系数

利用 SPSS13.0 根据上述统计分析产生的新变量 F_{r_1}、F_{r_2} 可以计算出各县级行政区政府人力规模的测量结果 F_r。具体计算方法以旋转后 F_{r_1}、F_{r_2} 两个主成分的贡献率作为权数，计算公式为

$$F_r = 0.5F_{r_1} + 0.5F_{r_2}$$

式中，F_r 表示政府人力规模。

（3）广东省 102 个县级行政区政府职能规模测度的主成分分析过程及结果

利用 SPSS13.0 的主成分分析方法得到县级行政区政府职能规模测量的五个主成分 F_{z_1}、F_{z_2}、F_{z_3}、F_{z_4}、F_{z_5} 及其相关矩阵的特征根和方差贡献率。本节对原始数据做标准方差处理，为避免原始信息的丢失，按照提取 5 个主成分的规则提取主成分，采用方差最大法进行旋转，得到旋转后的 F_{z_1}、F_{z_2}、F_{z_3}、F_{z_4}、F_{z_5} 的方差贡献率分别为 20.144%、20.114%、20.071%、19.952% 和 19.718%，累计贡献率达到 100%，即反映原始变量的全部信息。具体分析结果见表 11-29。

表 11-29　总方差分解表

主成分	初始特征值			旋转后提取因子的载荷平方和		
	特征值	方差贡献率/%	累积贡献率/%	特征值	方差贡献率/%	累积贡献率/%
F_{z_1}	2.226	45.319	45.319	1.007	20.144	20.144
F_{z_2}	0.973	19.463	64.783	1.006	20.114	40.258
F_{z_3}	0.717	14.338	79.120	1.004	20.071	60.329
F_{z_4}	0.690	13.802	92.922	0.998	19.952	80.282
F_{z_5}	0.354	7.078	100.000	0.986	19.718	100.000

提取方法：主成分分析法

利用 SPSS13.0 主成分分析得到旋转后的主成分载荷矩阵，从旋转后的主成分载荷矩阵可以看出，经济投资支出占比 X_3 在第一个主成分 F_{z_1} 上具有较高的载荷，说明第一主成分 F_{z_1} 主要解释了经济投资支出占比 X_3 这个指标的贡献率；公共秩序支出占比 X_2 在第二主成分 F_{z_2} 上具有较高的载荷，说明第二主成分 F_{z_2} 主要解释了公共秩序支出占比 X_2 这个指标的贡献率；再分配型公共品支出占比 X_5 在第三个主成分 F_{z_3} 上具有较高的载荷，说明第三个主成分 F_{z_3} 主要解释了再分配型公共品支出占比 X_5 这个指标的贡献率；基础型公共品支出占比 X_4 在第四个主成分 F_{z_4} 上具有较高的载荷，说明第四个主成分 F_{z_4} 主要解释了基础型公共品支出占比 X_4 这个指标的贡献率；行政运转支出占比 X_1 在第五个主成分 F_{z_3} 上具有较高的载荷，说明第五个主成分 F_{z_5} 主要解释了行政运转支出占比 X_1 这个指标的贡献率，具体分析结果见表 11-30。

表 11-30　旋转后的主成分载荷矩阵

项目	主成分				
	F_{z_1}	F_{z_2}	F_{z_3}	F_{z_4}	F_{z_5}
经济投资支出占比 X_3	0.961	0.168	0.086	0.183	0.091
公共秩序支出占比 X_2	0.174	0.948	0.064	0.111	0.232
再分配型公共品支出占比 X_5	0.078	0.056	0.993	0.058	0.021
基础型公共品支出占比 X_4	0.196	0.114	0.068	0.936	0.260
行政运转支出占比 X_1	0.097	0.248	0.024	0.269	0.925

提取方法为主成分分析法；旋转方法为方差最大正交旋转法；旋转经 6 步迭代得到

利用 SPSS13.0 根据主成分得分系数矩阵和原始变量值可以计算出主成分 F_{z_1}、F_{z_2}、F_{z_3}、F_{z_4}、F_{z_5} 的得分数，主成分得分系数矩阵见表 11-31。计算函数如下：

$$F_{z_1}=-0.013X_1-0.167X_2+1.117X_3-0.190X_4-0.073X_5$$
$$F_{z_2}=-0.265+1.161X_2-0.174X_3-0.024X_4-0.052X_5$$
$$F_{z_3}=0.007X_1-0.045X_2-0.066X_3-0.046X_4+1.018X_5$$
$$F_{z_4}=-0.311X_1-0.023X_2-0.206X_3+1.204X_4-0.055X_5$$
$$F_{z_5}=1.244X_1-0.286X_2-0.009X_3-0.322X_4+0.012X_5$$

表 11-31　主成分得分系数矩阵

项目	主成分				
	F_{z_1}	F_{z_2}	F_{z_3}	F_{z_4}	F_{z_5}
行政运转支出占比 X_1	−0.013	−0.265	0.007	0.311	1.244
公共秩序支出占比 X_2	−0.167	1.161	−0.045	−0.023	−0.286
经济投资支出占比 X_3	1.117	−0.174	−0.066	−0.206	−0.009
基础型公共品支出占比 X_4	−0.190	−0.024	−0.046	1.204	−0.322
再分配型公共品支出占比 X_5	−0.073	−0.052	1.018	−0.055	0.012

提取方法为主成分分析法；旋转方法为方差最大正交旋转法；主成分得分系数

利用 SPSS13.0 根据上述统计分析产生的新变量 F_{z_1}、F_{z_2}、F_{z_3}、F_{z_4}、F_{z_5} 可以计算出各县级行政区政府职能规模的测量结果 F_z，具体测量结果见表 11-35。具体计算方法以旋转后 F_{z_1}、F_{z_2}、F_{z_3}、F_{z_4}、F_{z_5} 五个主成分的贡献率作为权数，计算公式

$$F_z=0.20144F_{z_1}+0.20114F_{z_2}+0.20071F_{z_3}+0.19952F_{z_4}+0.19718F_{z_5}$$

式中，F_Z 表示政府职能规模。

（二）广东省 102 个县级行政区政府规模测度主成分分析过程及结果

利用 SPSS13.0 的主成分分析方法得到县级行政区政府规模测量的三个主成分 F_1、F_2、F_3 及其相关矩阵的特征根和方差贡献率。本章对原始数据做标准方差处理，为避免信息丢失，按提取 3 个主成分的规则提取主成分，采用方差最大法进行旋转，得到旋转后的 F_1、F_2、F_3 的方差贡献率分别为 33.334%、33.334%和 33.331%，累计贡献率达到 100%，即反映原始变量的全部信息，具体分析结果见表 11-32。

表 11-32　总方差分解表

主成分	初始特征值			旋转后提取因子的载荷平方和		
	特征值	方差贡献率/%	累积贡献率/%	特征值	方差贡献率/%	累积贡献率/%
F_1	1.166	38.883	38.883	1.000	33.334	33.334
F_2	0.992	33.079	71.962	1.000	33.334	66.669
F_3	0.841	28.038	100.000	1.000	33.331	100.000

提取方法：主成分分析法

利用 SPSS13.0 主成分分析得到旋转后的主成分载荷矩阵，从旋转后的主成分载荷矩阵可以看出，职能规模在第一个主成分 F_1 上具有较高的载荷，说明第一主成分 F_1 主要解释了职能规模这一指标的贡献率；人力规模在第二主成分 F_2 上具有较高的载荷，说明第二主成分 F_2 主要解释了人力规模这一指标的贡献率；财政规模在第三主成分 F_3 上具有较高的载荷，说明第三主成分 F_3 主要解释了财政规模这一指标的贡献率，具体分析结果见表 11-33。

表 11-33　旋转后的主成分载荷矩阵

项目	主成分		
	F_1	F_2	F_3
职能规模	0.998	−0.002	0.058
人力规模	−0.002	0.998	−0.057
财政规模	0.059	−0.057	0.997

提取方法为主成分分析法；旋转方法为方差最大正交旋转法；旋转经 4 步迭代得到

利用 SPSS13.0 根据主成分得分系数矩阵和原始变量值可以计算出主成分 F_1、F_2、F_3 的得分数，主成分得分系数矩阵见表 11-34。计算函数如下：

$$F_1 = -0.059F_C - 0.001F_R + 1.005F_Z$$

$$F_2 = -0.057F_C + 1.005F_R - 0.001F_Z$$

$$F_3 = 1.010F_C + 0.057F_R - 0.059F_Z$$

式中，F_C、F_R、F_Z 分别代表财政规模、人力规模和职能规模。

表 11-34　主成分得分系数矩阵

项目	主成分		
	F_1	F_2	F_3
财政规模	−0.059	0.057	1.010
人力规模	−0.001	1.005	0.057
职能规模	1.005	−0.001	−0.059

提取方法为主成分分析法；旋转方法为方差最大正交旋转法；主成分得分系数

利用 SPSS13.0 根据上述统计分析产生的新变量 F_1、F_2、F_3 计算出各县级行政区政府财政规模的测量结果 F，具体测量结果见表 11-35。具体计算方法以旋转后 F_1、F_2、F_3 三个主成分的贡献率作为权数，计算公式如下：

$$F = 0.33334F_1 + 0.33334F_2 + 0.33331F_3$$

式中，F 表示政府规模。

根据上述计算公式计算出广东省 102 个县级行政区政府财政规模、人力规模、职能规模和政府规模（综合）的测量结果，并按照降序排列规则进行排序，具体结果如表 11-35 所示。

表 11-35　广东省 102 个县级行政区政府规模测量结果表

财政规模			人力规模			职能规模			政府规模（综合）		
行政区	指数	排名	行政区	指数	排名	行政区	指数	排名	行政区	指数	排名
连南县	2.71	1	越秀区	1.91	1	茂南区	2.82	1	茂南区	2.55	1
鼎湖区	1.79	2	五华县	1.48	2	清新县	2.25	2	清新县	1.55	2
茂南区	1.25	3	龙川县	1.38	3	英德市	1.02	3	连南县	1.41	3
连山县	1.21	4	高州市	1.33	4	鹤山市	0.95	4	越秀区	1.03	4
盐田区	0.98	5	蕉岭县	1.32	5	从化市	0.65	5	鹤山市	0.87	5
顺德区	0.89	6	信宜市	1.27	6	盐田区	0.63	6	从化市	0.83	6
南海区	0.75	7	普宁市	0.98	7	电白县	0.31	7	蕉岭县	0.81	7
增城市	0.63	8	东源县	0.93	8	龙岗区	0.29	8	英德市	0.79	8
花都区	0.61	9	平远县	0.92	9	福田区	0.22	9	顺德区	0.76	9
番禺区	0.60	10	连平县	0.87	10	宝安区	0.21	10	龙川县	0.73	10
龙岗区	0.6	11	大埔县	0.80	11	博乐县	0.19	11	连山县	0.72	11
新会区	0.57	12	新兴县	0.80	12	罗湖区	0.18	12	南海区	0.66	12
福田区	0.55	13	廉江市	0.74	13	阳西县	0.17	13	番禺区	0.65	13
金湾区	0.49	14	阳春市	0.73	14	龙川县	0.16	14	五华县	0.58	14
黄浦区	0.47	15	顺德区	0.72	15	平远县	0.15	15	大埔县	0.57	15
高明区	0.46	16	紫金县	0.68	16	四会市	0.15	16	宝安区	0.49	16
三水区	0.45	17	徐闻县	0.65	17	南山区	0.14	17	开平市	0.49	17
海珠区	0.43	18	丰顺县	0.62	18	恩平市	0.12	18	花都区	0.48	18
南山区	0.43	19	饶平县	0.62	19	高明区	0.12	19	新会区	0.46	19
开平市	0.42	20	番禺区	0.56	20	蕉岭县	0.12	20	连平县	0.42	20
宝安区	0.41	21	化州市	0.55	21	揭西县	0.11	21	盐田区	0.36	21
鹤山市	0.41	22	连山县	0.55	22	禅城区	0.09	22	东源县	0.35	22
罗湖区	0.40	23	新丰县	0.52	23	龙门县	0.09	23	台山市	0.28	23
端州区	0.37	24	电白县	0.50	24	开平市	0.06	24	高州市	0.27	24
大埔县	0.36	25	连南县	0.49	25	连平县	0.06	25	增城市	0.27	25
江海区	0.36	26	仁化县	0.47	26	吴川市	0.06	26	紫金县	0.27	26
乳源县	0.36	27	德庆县	0.45	27	德庆县	0.05	27	龙岗区	0.25	27
白云区	0.34	28	罗定市	0.45	28	封开县	0.05	28	德庆县	0.24	28

续表

财政规模			人力规模			职能规模			政府规模（综合）		
行政区	指数	排名	行政区	指数	排名	行政区	指数	排名	行政区	指数	排名
台山市	0.34	29	开平市	0.40	29	南海区	0.05	29	新兴县	0.24	29
从化市	0.32	30	连州市	0.40	30	番禺区	0.03	30	丰顺县	0.23	30
蓬江区	0.31	31	南海区	0.38	31	郁南县	0.03	31	海珠区	0.23	31
清新县	0.30	32	曲江区	0.38	32	惠阳区	0.02	32	平远县	0.18	32
天河区	0.27	33	从化市	0.37	33	茂港区	0.02	33	普宁市	0.18	33
越秀区	0.25	34	新会区	0.37	34	三水区	0.02	34	乳源县	0.15	34
东源县	0.23	35	吴川市	0.33	35	和平县	0.01	35	新丰县	0.15	35
禅城区	0.19	36	揭西县	0.31	36	花都区	0	36	博乐县	0.12	36
惠城区	0.19	37	雷州市	0.30	37	云安县	0	37	罗湖区	0.12	37
蕉岭县	0.11	38	台山市	0.28	38	广宁县	−0.01	38	仁化县	0.11	38
四会市	0.07	39	英德市	0.27	39	海珠区	−0.01	39	高明区	0.08	39
新丰县	0.07	40	佛冈县	0.26	40	高州市	−0.03	40	和平县	0.08	40
佛冈县	0.03	41	始兴县	0.26	41	黄浦区	−0.03	41	信宜市	0.08	41
和平县	0.03	42	花都区	0.25	42	怀集县	−0.04	42	恩平市	0.06	42
源城区	0.03	43	宝安区	0.21	43	惠东县	−0.04	43	电白县	0.05	43
香洲区	0.02	44	惠来县	0.21	44	乳源县	−0.04	44	白云区	0.03	44
紫金县	0.02	45	恩平市	0.20	45	天河区	−0.04	45	福田区	0.03	45
德庆县	−0.04	46	增城市	0.18	46	麻章区	−0.05	46	三水区	0.02	46
赤坎区	−0.07	47	南雄县	0.15	47	普宁市	−0.05	47	徐闻县	0.01	47
丰顺县	−0.07	48	博乐县	0.14	48	饶平县	−0.05	48	黄浦区	−0.01	48
阳山县	−0.07	49	和平县	0.11	49	阳东县	−0.05	49	四会市	−0.01	49
惠阳区	−0.08	50	阳西县	0.11	50	大埔县	−0.06	50	龙门县	−0.03	50
连平县	−0.09	51	龙门县	0.08	51	丰顺县	−0.06	51	曲江区	−0.03	51
曲江区	−0.11	52	广宁县	0.07	52	白云区	−0.07	52	禅城区	−0.04	52
仁化县	−0.11	53	阳山县	0.02	53	端州区	−0.07	53	连州市	−0.05	53
五华县	−0.11	54	翁源县	−0.01	54	揭东县	−0.07	54	罗定市	−0.05	54
英德市	−0.11	55	海珠区	−0.02	55	翁源县	−0.07	55	封开县	−0.08	55
乐昌市	−0.12	56	潮安县	−0.06	56	徐闻县	−0.07	56	阳春市	−0.08	56
云安县	−0.12	57	乳源县	−0.06	57	江海区	−0.08	57	广宁县	−0.09	57
封开县	−0.13	58	鹤山市	−0.07	58	台山市	−0.08	58	始兴县	−0.11	58
高要市	−0.13	59	封开县	−0.08	59	新会区	−0.08	59	吴川市	−0.11	59

续表

财政规模			人力规模			职能规模			政府规模（综合）		
行政区	指数	排名	行政区	指数	排名	行政区	指数	排名	行政区	指数	排名
龙川县	−0.13	60	怀集县	−0.10	60	坡头区	−0.09	60	阳山县	−0.11	60
博乐县	−0.14	61	惠东县	−0.10	61	仁化县	−0.09	61	南山区	−0.12	61
怀集县	−0.14	62	郁南县	−0.10	62	新兴县	−0.09	62	鼎湖区	−0.14	62
新兴县	−0.16	63	乐昌市	−0.12	63	化州市	−0.10	63	怀集县	−0.16	63
南雄县	−0.18	64	揭东县	−0.16	64	越秀区	−0.10	64	廉江市	−0.16	64
霞山区	−0.18	65	阳东县	−0.19	65	连州市	−0.11	65	南雄县	−0.17	65
广宁县	−0.20	66	白云区	−0.24	66	罗定市	−0.11	66	饶平县	−0.17	66
阳东县	−0.20	67	江城区	−0.25	67	阳山县	−0.11	67	佛冈县	−0.18	67
恩平市	−0.21	68	四会市	−0.32	68	惠城区	−0.12	68	端州区	−0.19	68
龙门县	−0.23	69	茂南区	−0.33	69	紫金县	−0.12	69	揭西县	−0.21	69
始兴县	−0.24	70	清新县	−0.41	70	五华县	−0.13	70	郁南县	−0.24	70
云城区	−0.26	71	禅城区	−0.42	71	云城区	−0.13	71	阳东县	−0.25	71
连州市	−0.29	72	高要市	−0.47	72	蓬江区	−0.14	72	翁源县	−0.26	72
罗定市	−0.34	73	罗湖区	−0.48	73	始兴县	−0.14	73	乐昌市	−0.28	73
翁源县	−0.36	74	黄浦区	−0.52	74	阳春市	−0.14	74	阳西县	−0.28	74
郁南县	−0.36	75	三水区	−0.52	75	江城区	−0.16	75	化州市	−0.29	75
麻章区	−0.41	76	霞山区	−0.54	76	湘桥区	−0.16	76	惠城区	−0.31	76
榕城区	−0.41	77	高明区	−0.55	77	顺德区	−0.17	77	雷州市	−0.34	77
坡头区	−0.43	78	云城区	−0.57	78	信宜市	−0.17	78	天河区	−0.34	78
徐闻县	−0.45	79	龙岗区	−0.60	79	赤坎区	−0.19	79	惠东县	−0.35	79
惠东县	−0.47	80	源城区	−0.66	80	雷州市	−0.20	80	金湾区	−0.40	80
普宁市	−0.47	81	惠城区	−0.68	81	南雄县	−0.20	81	惠阳区	−0.44	81
湘桥区	−0.53	82	湘桥区	−0.69	82	潮安县	−0.21	82	云安县	−0.45	82
吴川市	−0.54	83	端州区	−0.71	83	乐昌市	−0.21	83	源城区	−0.47	83
武江区	−0.57	84	赤坎区	−0.72	84	廉江市	−0.21	84	高要市	−0.48	84
雷州市	−0.60	85	云安县	−0.76	85	新丰县	−0.21	85	惠来县	−0.51	85
阳春市	−0.60	86	清城区	−0.80	86	曲江区	−0.22	86	赤坎区	−0.53	86
江城区	−0.61	87	惠阳区	−0.81	87	源城区	−0.23	87	云城区	−0.53	87
清城区	−0.63	88	茂港区	−0.81	88	浈江区	−0.23	88	揭东县	−0.55	88
高州市	−0.64	89	坡头区	−0.82	89	高要市	−0.24	89	江城区	−0.59	89
廉江市	−0.65	90	福田区	−0.89	90	惠来县	−0.26	90	潮安县	−0.61	90

续表

财政规模			人力规模			职能规模			政府规模（综合）		
行政区	指数	排名	行政区	指数	排名	行政区	指数	排名	行政区	指数	排名
平远县	−0.67	91	鼎湖区	−0.93	91	武江区	−0.27	91	江海区	−0.63	91
电白县	−0.71	92	南山区	−0.93	92	增城市	−0.27	92	蓬江区	−0.64	92
揭东县	−0.72	93	金湾区	−0.94	93	榕城区	−0.30	93	霞山区	−0.71	93
信宜市	−0.74	94	天河区	−0.94	94	金湾区	−0.31	94	坡头区	−0.72	94
潮安县	−0.75	95	麻章区	−0.95	95	东源县	−0.36	95	麻章区	−0.75	95
惠来县	−0.75	96	榕城区	−1.09	96	连山县	−0.37	96	湘桥区	−0.77	96
揭西县	−0.76	97	浈江区	−1.10	97	佛冈县	−0.46	97	茂港区	−0.85	97
饶平县	−0.77	98	香洲区	−1.12	98	清城区	−0.46	98	香洲区	−0.94	98
茂港区	−0.78	99	盐田区	−1.30	99	霞山区	−0.48	99	榕城区	−0.99	99
阳西县	−0.78	100	武江区	−1.39	100	香洲区	−0.55	100	清城区	−1.09	100
浈江区	−0.84	101	蓬江区	−1.44	101	连南县	−0.59	101	浈江区	−1.20	101
化州市	−0.85	102	江海区	−1.56	102	鼎湖区	−1.02	102	武江区	−1.22	102

为进一步分析广东省102个县级行政区政府财政规模、人力规模、职能规模和政府规模（综合）的基本特征，笔者进一步对表11-17采用主成分分析法计算得到广东省102个县级行政区政府财政规模、人力规模、职能规模和政府规模的（综合）指数并作标准化处理，旨在考察广东省102个县级行政区政府财政规模、人力规模、职能规模和政府规模（综合）的均衡状况以及平均水平，比较广东省102个县级行政区政府财政规模、人力规模、职能规模和政府规模（综合）与平均水平之间的差异，判断各个县级行政区政府财政规模、人力规模、职能规模和政府规模（综合）指数的高低，标准化处理后的标准化值如表11-36所示。

表11-36　广东省102个县级行政区政府规模测量结果标准化值

财政规模			人力规模			职能规模			政府规模（综合）		
行政区	标准化值	排名	行政区	标准化值	排名	行政区	标准化值	排名	行政区	标准化值	排名
连南县	4.70	1	越秀区	2.70	1	茂南区	6.30	1	茂南区	4.42	1
鼎湖区	3.10	2	五华县	2.09	2	清新县	5.03	2	清新县	2.68	2
茂南区	2.17	3	龙川县	1.95	3	英德市	2.28	3	连南县	2.44	3
连山县	2.10	4	高州市	1.88	4	鹤山市	2.12	4	越秀区	1.78	4
盐田区	1.70	5	蕉岭县	1.87	5	从化市	1.45	5	鹤山市	1.51	5
顺德区	1.54	6	信宜市	1.80	6	盐田区	1.41	6	从化市	1.44	6
南海区	1.30	7	普宁市	1.39	7	电白县	0.69	7	蕉岭县	1.40	7

续表

财政规模			人力规模			职能规模			政府规模（综合）		
行政区	标准化值	排名	行政区	标准化值	排名	行政区	标准化值	排名	行政区	标准化值	排名
增城市	1.09	8	东源县	1.31	8	龙岗区	0.65	8	英德市	1.37	8
花都区	1.06	9	平远县	1.30	9	福田区	0.49	9	顺德区	1.32	9
番禺区	1.04	10	连平县	1.23	10	宝安区	0.47	10	龙川县	1.26	10
龙岗区	1.04	11	大埔县	1.13	11	博乐县	0.42	11	连山县	1.25	11
新会区	0.99	12	新兴县	1.13	12	罗湖区	0.40	12	南海区	1.14	12
福田区	0.95	13	廉江市	1.05	13	阳西县	0.38	13	番禺区	1.13	13
金湾区	0.85	14	阳春市	1.03	14	龙川县	0.36	14	五华县	1	14
黄浦区	0.81	15	顺德区	1.02	15	平远县	0.33	15	大埔县	0.99	15
高明区	0.80	16	紫金县	0.96	16	四会市	0.33	16	宝安区	0.85	16
三水区	0.78	17	徐闻县	0.92	17	南山区	0.31	17	开平市	0.85	17
海珠区	0.75	18	丰顺县	0.88	18	恩平市	0.27	18	花都区	0.83	18
南山区	0.75	19	饶平县	0.88	19	高明区	0.27	19	新会区	0.80	19
开平市	0.73	20	番禺区	0.79	20	蕉岭县	0.27	20	连平县	0.73	20
宝安区	0.71	21	化州市	0.78	21	揭西县	0.25	21	盐田区	0.62	21
鹤山市	0.71	22	连山县	0.78	22	禅城区	0.20	22	东源县	0.61	22
罗湖区	0.69	23	新丰县	0.74	23	龙门县	0.20	23	台山市	0.49	23
端州区	0.64	24	电白县	0.71	24	开平市	0.13	24	高州市	0.47	24
大埔县	0.62	25	连南县	0.69	25	连平县	0.13	25	增城市	0.47	25
江海区	0.62	26	仁化县	0.66	26	吴川市	0.13	26	紫金县	0.47	26
乳源县	0.62	27	德庆县	0.64	27	德庆县	0.11	27	龙岗区	0.43	27
白云区	0.59	28	罗定市	0.64	28	封开县	0.11	28	德庆县	0.42	28
台山市	0.59	29	开平市	0.57	29	南海区	0.11	29	新兴县	0.42	29
从化市	0.55	30	连州市	0.57	30	番禺区	0.07	30	丰顺县	0.40	30
蓬江区	0.54	31	南海区	0.54	31	郁南县	0.07	31	海珠区	0.40	31
清新县	0.52	32	曲江区	0.54	32	惠阳区	0.04	32	平远县	0.31	32
天河区	0.47	33	从化市	0.52	33	茂港区	0.04	33	普宁市	0.31	33
越秀区	0.43	34	新会区	0.52	34	三水区	0.04	34	乳源县	0.26	34
东源县	0.40	35	吴川市	0.47	35	和平县	0.02	35	新丰县	0.26	35
禅城区	0.33	36	揭西县	0.44	36	花都区	0	36	博乐县	0.21	36
惠城区	0.33	37	雷州市	0.42	37	云安县	0	37	罗湖区	0.21	37
蕉岭县	0.19	38	台山市	0.40	38	广宁县	−0.02	38	仁化县	0.19	38

续表

财政规模			人力规模			职能规模			政府规模（综合）		
行政区	标准化值	排名	行政区	标准化值	排名	行政区	标准化值	排名	行政区	标准化值	排名
四会市	0.12	39	英德市	0.38	39	海珠区	−0.02	39	高明区	0.14	39
新丰县	0.12	40	佛冈县	0.37	40	高州市	−0.07	40	和平县	0.14	40
佛冈县	0.05	41	始兴县	0.37	41	黄浦区	−0.07	41	信宜市	0.14	41
和平县	0.05	42	花都区	0.35	42	怀集县	−0.09	42	恩平市	0.10	42
源城区	0.05	43	宝安区	0.30	43	惠东县	−0.09	43	电白县	0.09	43
香洲区	0.04	44	惠来县	0.30	44	乳源县	−0.09	44	白云区	0.05	44
紫金县	0.04	45	恩平市	0.28	45	天河区	−0.09	45	福田区	0.05	45
德庆县	−0.07	46	增城市	0.25	46	麻章区	−0.11	46	三水区	0.03	46
赤坎区	−0.12	47	南雄县	0.21	47	普宁市	−0.11	47	徐闻县	0.02	47
丰顺县	−0.12	48	博乐县	0.20	48	饶平县	−0.11	48	黄浦区	−0.02	48
阳山县	−0.12	49	和平县	0.16	49	阳东县	−0.11	49	四会市	−0.02	49
惠阳区	−0.14	50	阳西县	0.16	50	大埔县	−0.13	50	龙门县	−0.05	50
连平县	−0.16	51	龙门县	0.11	51	丰顺县	−0.13	51	曲江区	−0.05	51
曲江区	−0.19	52	广宁县	0.10	52	白云区	−0.16	52	禅城区	−0.07	52
仁化县	−0.19	53	阳山县	0.03	53	端州区	−0.16	53	连州市	−0.09	53
五华县	−0.19	54	翁源县	−0.01	54	揭东县	−0.16	54	罗定市	−0.09	54
英德市	−0.19	55	海珠区	−0.03	55	翁源县	−0.16	55	封开县	−0.14	55
乐昌市	−0.21	56	潮安县	−0.08	56	徐闻县	−0.16	56	阳春市	−0.14	56
云安县	−0.21	57	乳源县	−0.08	57	江海区	−0.18	57	广宁县	−0.16	57
封开县	−0.22	58	鹤山市	−0.10	58	台山市	−0.18	58	始兴县	−0.19	58
高要市	−0.22	59	封开县	−0.11	59	新会区	−0.18	59	吴川市	−0.19	59
龙川县	−0.22	60	怀集县	−0.14	60	坡头区	−0.20	60	阳山县	−0.19	60
博乐县	−0.24	61	惠东县	−0.14	61	仁化县	−0.20	61	南山区	−0.21	61
怀集县	−0.24	62	郁南县	−0.14	62	新兴县	−0.20	62	鼎湖区	−0.24	62
新兴县	−0.28	63	乐昌市	−0.17	63	化州市	−0.22	63	怀集县	−0.28	63
南雄县	−0.31	64	揭东县	−0.23	64	越秀区	−0.22	64	廉江市	−0.28	64
霞山区	−0.31	65	阳东县	−0.27	65	连州市	−0.25	65	南雄县	−0.29	65
广宁县	−0.35	66	白云区	−0.34	66	罗定市	−0.25	66	饶平县	−0.29	66
阳东县	−0.35	67	江城区	−0.35	67	阳山县	−0.25	67	佛冈县	−0.31	67
恩平市	−0.36	68	四会市	−0.45	68	惠城区	−0.27	68	端州区	−0.33	68
龙门县	−0.40	69	茂南区	−0.47	69	紫金县	−0.27	69	揭西县	−0.36	69

续表

财政规模			人力规模			职能规模			政府规模（综合）		
行政区	标准化值	排名	行政区	标准化值	排名	行政区	标准化值	排名	行政区	标准化值	排名
始兴县	−0.42	70	清新县	−0.58	70	五华县	−0.29	70	郁南县	−0.42	70
云城区	−0.45	71	禅城区	−0.59	71	云城区	−0.29	71	阳东县	−0.43	71
连州市	−0.50	72	高要市	−0.66	72	蓬江区	−0.31	72	翁源县	−0.45	72
罗定市	−0.59	73	罗湖区	−0.68	73	始兴县	−0.31	73	乐昌市	−0.48	73
翁源县	−0.62	74	黄浦区	−0.74	74	阳春市	−0.31	74	阳西县	−0.48	74
郁南县	−0.62	75	三水区	−0.74	75	江城区	−0.36	75	化州市	−0.50	75
麻章区	−0.71	76	霞山区	−0.76	76	湘桥区	−0.36	76	惠城区	−0.54	76
榕城区	−0.71	77	高明区	−0.78	77	顺德区	−0.38	77	雷州市	−0.59	77
坡头区	−0.74	78	云城区	−0.81	78	信宜市	−0.38	78	天河区	−0.59	78
徐闻县	−0.78	79	龙岗区	−0.85	79	赤坎区	−0.43	79	惠东县	−0.61	79
惠东县	−0.81	80	源城区	−0.93	80	雷州市	−0.45	80	金湾区	−0.69	80
普宁市	−0.81	81	惠城区	−0.96	81	南雄县	−0.45	81	惠阳区	−0.76	81
湘桥区	−0.92	82	湘桥区	−0.98	82	潮安县	−0.47	82	云安县	−0.78	82
吴川市	−0.94	83	端州区	−1	83	乐昌市	−0.47	83	源城区	−0.81	83
武江区	−0.99	84	赤坎区	−1.02	84	廉江市	−0.47	84	高要市	−0.83	84
雷州市	−1.04	85	云安县	−1.07	85	新丰县	−0.47	85	惠来县	−0.88	85
阳春市	−1.04	86	清城区	−1.13	86	曲江区	−0.49	86	赤坎区	−0.92	86
江城区	−1.06	87	惠阳区	−1.15	87	源城区	−0.51	87	云城区	−0.92	87
清城区	−1.09	88	茂港区	−1.15	88	浈江区	−0.51	88	揭东县	−0.95	88
高州市	−1.11	89	坡头区	−1.16	89	高要市	−0.54	89	江城区	−1.02	89
廉江市	−1.13	90	福田区	−1.26	90	惠来县	−0.58	90	潮安县	−1.06	90
平远县	−1.16	91	鼎湖区	−1.31	91	武江区	−0.60	91	江海区	−1.09	91
电白县	−1.23	92	南山区	−1.31	92	增城市	−0.60	92	蓬江区	−1.11	92
揭东县	−1.25	93	金湾区	−1.33	93	榕城区	−0.67	93	霞山区	−1.23	93
信宜市	−1.28	94	天河区	−1.33	94	金湾区	−0.69	94	坡头区	−1.25	94
潮安县	−1.30	95	麻章区	−1.34	95	东源县	−0.80	95	麻章区	−1.30	95
惠来县	−1.30	96	榕城区	−1.54	96	连山县	−0.83	96	湘桥区	−1.33	96
揭西县	−1.32	97	浈江区	−1.55	97	佛冈县	−1.03	97	茂港区	−1.47	97
饶平县	−1.33	98	香洲区	−1.58	98	清城区	−1.03	98	香洲区	−1.63	98
茂港区	−1.35	99	盐田区	−1.84	99	霞山区	−1.07	99	榕城区	−1.71	99
阳西县	−1.35	100	武江区	−1.96	100	香洲区	−1.23	100	清城区	−1.89	100

续表

财政规模			人力规模			职能规模			政府规模（综合）		
行政区	标准化值	排名	行政区	标准化值	排名	行政区	标准化值	排名	行政区	标准化值	排名
湞江区	−1.45	101	蓬江区	−2.04	101	连南县	−1.32	101	湞江区	−2.08	101
化州市	−1.47	102	江海区	−2.21	102	鼎湖区	−2.28	102	武江区	−2.11	102

由表11-36可以看出，连南县、鼎湖区这两个县级行政区政府财政规模的标准化值分别为4.7和3.1，其绝对值大于3，是异常值，在所选102个县级行政区中所占比例约为1.96%，远远大于0.3%，表明广东省102个县级行政区政府财政规模总体上存在一定的不均衡现象。连南县、鼎湖区、茂南区、连山县、盐田区、顺德区、南海区、增城市、花都区 、番禺区、龙岗区、新会区、福田区、金湾区、黄浦区、高明区、三水区、海珠区 、南山区、开平市、宝安区、鹤山市、罗湖区、端州区、大埔县、江海区、乳源县 、白云区、台山市、从化市、蓬江区、清新县、天河区、越秀区、东源县、禅城区 、惠城区 、蕉岭县、四会市、新丰县、佛冈县、和平县、源城区、香洲区、紫金县这45个县级行政区政府的财政规模指数的标准化值大于0，表明这45个县级行政区政府的财政规模高于广东省102个县级行政区政府财政规模的平均水平，在广东省102个县级行政区中，约占44.12%的县级行政区政府财政规模高于平均水平；德庆县、赤坎区、丰顺县、阳山县、惠阳区、连平县、曲江区、仁化县、五华县、英德市、乐昌市、云安县 、封开县、高要市、龙川县、博乐县、怀集县、新兴县、南雄县、霞山区、广宁县、阳东县、恩平市、龙门县、始兴县、云城区 、连州市、罗定市、翁源县、郁南县、麻章区、榕城区、坡头区、徐闻县、惠东县 、普宁市、湘桥区、吴川市、武江区、雷州市、阳春市、江城区、清城区、高州市 、廉江市、平远县、电白县、揭东县、信宜市、潮安县、惠来县、揭西县、饶平县、茂港区、阳西县、湞江区、化州市这57个县级行政区政府财政规模指数的标准化值小于0，表明这57个县级行政区政府财政规模低于广东省102个县级行政区政府财政规模的平均水平，在广东省102个县级行政区中，约占55.88%的县级行政区政府财政规模低于平均水平。由此可见，广东省102个县级行政区政府的财政规模总体水平存在不均衡现象，大多数县级行政区政府的财政规模指数偏低。

由表11-18可以看出，广东省102个县级行政区政府人力规模指数的标准化值的绝对值均小于3，表明广东省102个县级行政区政府人力规模总体上比较均衡。越秀区、五华县、龙川县、高州市、蕉岭县、信宜市、普宁市、东源县、平远县、连平县、大埔县、新兴县、廉江市、阳春市、顺德区、紫金县、徐闻县、丰顺县、饶平县、番禺区、化州市、连山县、新丰县、电白县、连南县、仁化县、德庆县、罗定市、开平市、连州市、南海区、曲江区、从化市、新会区、吴川市、揭西县、雷州市、台山市、英德市、佛冈县、始兴县、花都区、宝安区、惠来县、恩平市、增城市、南雄县、博乐县、和平县、阳西县、龙门县、广宁县、阳山县这53个县级行政区政府的人力规模指数的标准化值大于0，表明这53个县级行政区政府的人力规模高于广东省102个县级行政区政府人力规模的平均水平，在广东省102个县级行政区中，约占51.96%的县级行政区政府人力规模高于平均水平；翁源县、海珠区、潮安县、乳源县、鹤山市、封开县、怀集县、惠东县、郁南县、乐昌市、揭东县、阳东县、白云区、江城区、四会市、茂南区、清新县、禅城区、高要市、罗湖区、黄浦区、三水区、霞山区、高明区、云城区、龙岗区、源城区、惠城区、湘桥区、端州区、赤坎区、云安县、清城区、惠阳区、茂港区、坡头区、福田区、鼎湖区、南山区、金湾区、天河区、麻章区、榕城区、浈江区、香洲区、盐田区、武江区、蓬江区、江海区这49个县级行政区政府人力规模指数的标准化值小于0，表明这49个县级行政区政府人力规模低于广东省102个县级行政区政府人力规模的平均水平，在广东省102个县级行政区中，约占48.04%的县级行政区政府人力规模低于平均水平。由此可见，广东省102个县级行政区政府人力规模总体上比较均衡，将近半数县级行政区政府人力规模指数偏低。

由表11-18可以看出茂南区 、清新县这两个县级行政区政府职能规模的标准化值分别为6.3和5.03，其绝对值远远大于3，是异常值，在所选102个县级行政区中所占比例约为1.96%，远远大于0.3%，表明广东省102个县级行政区政府的职能规模总体上存在一定的不均衡现象。茂南区 、清新县、英德市、鹤山市、从化市、盐田区、电白县、龙岗区、福田区、宝安区、博乐县、罗湖区、阳西县、龙川县、平远县、四会市、南山区、恩平市、高明区、蕉岭县、揭西县、禅城区、龙门县、开平市、连平县、吴川市、德庆县、封开县、南海区、番禺区、郁南县、惠阳区、茂港区、三水区、和平县这35个县级行政区政府的职能规模指数的标准化值大于0，表明这35个县级行政区政府的职能规模高于广东省102个县级行政区政府职能规模的平均水平，在广东省102个县级行政区中，约占34.31%的县级行政区政府职能规模高于广东省102个县级行政区政府职能规模的平均水平；花都区、云安县这两个县级行政区政府职能规模指数的标准化为0，表明这两个县级行政区政府的职能规模处于广东省102个县级行政区政府职能规模的平均水平，在广东省102个县级行政区中，约占1.96%的县级行政区政府职能规模处于广东省102个县级行政区政府职能规模的平均水平；广宁县、海珠区、高州市、黄浦区、怀集县、惠东县、乳源县、天河区、麻章区、普宁市、饶平县、阳东县、大埔县、丰顺县、白云区、端州区、揭东县、翁源县、徐闻县、江海区、台山市、新会区、坡头区、仁化县、新兴县、化州市、越秀区、连州市、罗定市、阳山县、惠城区、紫金县、五华县、云城区、蓬江区、始兴县、阳春市、江城区、湘桥区、顺德区、信宜市、赤坎区、雷州市、南雄县、潮安县、乐昌市、廉江市、新丰县、曲江区、源城区、浈江区、高要市、惠来县、武江区、增城市、榕城区、金湾区、东源县、连山县、佛冈县、清城区、霞山区、香洲区、连南县、鼎湖区这 65 个县级行政区政府职能规模指数的标准化值小于 0，表明这 65 个县级行政区政府职能规模低于广东省 102 个县级行政区政府职能规模的平均水平，在广东省 102 个县级行政区中，约占 63.73%的县级行政区政府职能规模低于平均水平。由此可见，广东省 102 个县级行政区政府职能规模总体上存在一定不均衡现象，绝大多数县级行政区政府职能规模指数偏低。

由表 11-18 可以看出，茂南区这个县级行政区的政府规模的标准化值为 4.42，其绝对值大于 3，是异常值，在所选 102 个县级行政区中所占比例约为 0.98%，远远大于 0.3%，表明在广东省 102 个县级行政区的政府规模总体上存在一定不均衡现象。茂南区、清新县、连南县、越秀区、鹤山市、从化市、蕉岭县、英德市、顺德区、龙川县、连山县、南海区、番禺区、五华县、大埔县、宝安区、开平市、花都区、新会区、连平县、盐田区、东源县、台山市、高州市、增城市、紫金县、龙岗区、德庆县、新兴县、丰顺县、海珠区、平远县、普宁市、乳源县、新丰县、博乐县、罗湖区、仁化县、高明区、和平县、信宜市、恩平市、电白县、白云区、福田区、三水区、徐闻县这 47 个县级行政区的政府规模指数的标准化值大于 0，表明这 47 个县级行政区政府规模高于广东省 102 个县级行政区政府规模的平均水平，在广东省 102 个县级行政区中，约占 46.08%的县级行政区政府规模高于平均水平；黄浦区、四会市、龙门县、曲江区、禅城区、连州市、罗定市、封开县、阳春市、广宁县、始兴县、吴川市、阳山县、南山区 、鼎湖区、怀集县、廉江市、南雄县、饶平县、佛冈县、端州区、揭西县、郁南县、阳东县、翁源县、乐昌市、阳西县、化州市、惠城区、雷州市、天河区、惠东县、金湾区、惠阳区、云安县、源城区、高要市、惠来县、赤坎区、云城区、揭东县、江城区、潮安县、江海区、蓬江区、霞山区、坡头区、麻章区、湘桥区、茂港区、香洲区、榕城区、清城区、浈江区、武江区这 52 个县级行政区的政府规模指数的标准化值小于 0，表明这 52 个县级行政区的政府规模低于广东省 102 个县级行政区政府规模的平均水平，在广东省 102 个县级行政区中，约占 50.98%的县级行政区政府规模低于平均水平。由此可见，广东省 102 个县级行政区政府规模总体上存在一定不均衡现象，半数以上县级行政区政府规模指数偏低。

第三节 湖北省与广东省县级行政区政府规模数据聚类分析

一、湖北省县级行政区政府规模聚类分析结果

我们采用聚类分析方法对表 11-17 中湖北省 84 个县级行政区政府财政规

模、人力规模、职能规模、政府规模评价指数进一步分类分析，具体分析结果如下：

1. 财政规模数据聚类分析结果

利用SPSS13.0层次聚类Q形聚类分析法对表11-17中湖北省84个县级行政区的财政规模数据进行聚类分析，个体间距离采用平方欧式距离，类间距离采用平均组间链锁距离。鉴于其不存在数量级上的差异，无须进行数据标准化处理。在聚类过程中对表11-17中84个县级行政区的财政规模数据进行分组，将组数确定为3组，得到的聚类结果如表11-37。

表11-37　湖北省84个县级行政区财政规模聚类表

组别	县级行政区名称	每组县级行政区数/个
1	洪山区	1
2	青山区、江汉区、汉阳区、东西湖区	4
3	江岸区、桥口区、红安县、猇亭区、武昌区、蔡甸区、竹山县、郧西县、西陵区、远安县、郧县、罗田县、五峰自治县、松滋市、团风县、茅箭区、英山县、竹溪县、江夏区、房县、通山县、伍家岗区、宜都市、夷陵区、兴山县、汉南区、秭归县、长阳自治县、丹江口市、麻城市、大冶市、当阳市、东宝区、保康县、掇刀区、张湾区、赤壁市、潜江市、枝江市、鄂城区 、嘉鱼县、老河口市、浠水县、宜城市、新洲区 、黄陂区、应城市、通城县、仙桃市、孝昌县、谷城县、孝南区、广水市、石首市、南漳县、公安县、咸安区、大悟县、监利县、云梦县、安陆市、京山县、枣阳市、点军区、崇阳县、汉川市、黄州区、荆州区、梁子湖区、钟祥市、天门市、洪湖市、沙洋县、襄阳区、沙市区、江陵县、曾都区、阳新县、华容区	79

如表11-37聚类结果所示，从总体上考察，将湖北省84个县级行政区政府财政规模数据按Q形聚类分为3组，第一组包含1个县级行政区，约占1.2%；第二组包含4个县级行政区，约占4.8%；第三组包含79个县级行政区，约占94%。其中，第一组包含洪山区，这个县级行政区的财政规模指数比较特殊，自成一类，财政规模指数为2.46，财政规模指数最高，排在三类之首；第二组包含青山区、江汉区、汉阳区、东西湖区，这4个县级行政区的财政规模指数相似性较高，形成一类，财政规模指数在1.07～1.77，财政规模指数处于中间水平，排在三类中的第二位；第三组包含江岸区等79个县级行政区，其财政规模指数相似性较高，形成一类，财政规模指数在−0.80～0.82，财政规模指数最低，排在三类中的最后一位。这表明，从总体上看湖北省84个县级行政区政府财政规模呈现不平衡特征。其中，约占94%的县级行政区政府财政规模相似，属于一个类别，呈现同质化特征。

2. 人力规模数据聚类分析结果

利用SPSS13.0层次聚类Q形聚类分析法对表11-17中湖北省84个县级行政

区的人力规模数据进行聚类分析，得到聚类结果如表 11-38 所示。

表 11-38 湖北省 84 个县级行政区政府人力规模聚类表

组别	县级行政区名称	每组县级行政区数/个
1	西陵区	1
2	江汉区、青山区、汉阳区、东西湖区、桥口区、猇亭区、江夏区、汉南区、江岸区	9
3	兴山县、伍家岗区、远安县、丹江口市、蔡甸区、房县、新洲区、保康县、老河口市、谷城县、华容区、宜都市、英山县、赤壁市、云梦县、五峰自治县、通城县、竹山县、竹溪县、郧西县、南漳县、宜城市、安陆市、崇阳县、黄陂区、红安县、武昌区、当阳市、石首市、枝江市、襄阳区、大冶市、枣阳市、夷陵区、长阳自治县、潜江市、应城市、东宝区、黄州区、咸安区、京山县、嘉鱼县、通山县、洪湖市、郧县、钟祥市、秭归县、孝南区、大悟县、点军区、沙市区、汉川市、阳新县、罗田县、松滋市、广水市、团风县、鄂城区、沙洋县、荆州区、麻城市、梁子湖区、浠水县、监利县、仙桃市、孝昌县、公安县、曾都区　掇刀区、天门市、茅箭区、江陵县、张湾区、洪山区	74

如表 11-38 聚类结果所示，从总体上考察，将湖北省 84 个县级行政区政府人力规模数据按 Q 形聚类分为 3 组，第一组包含 1 个县级行政区，约占 1.2%；第二组包含 9 个县级行政区，约占 10.7%；第三组包含 74 个县级行政区，约占 88.1%。其中，第一组包含西陵区，这个县级行政区政府的人力规模指数比较特殊，自成一类，人力规模指数为 2.71，人力规模指数最高，排在三类之首；第二组包含江汉区、青山区、汉阳区、东西湖区、桥口区、猇亭区、江夏区、汉南区、江岸区，这 9 个县级行政区的人力规模指数相似性较高，形成一类，人力规模指数在 1.01～1.71，人力规模指数处于中间水平，排在三类中的第二位；第三组包含兴山县等 74 个县级行政区的人力规模指数相似性较高，形成一类，人力规模指数在－1.31～0.78，人力规模指数最低，排在三类中的最后一位。这表明，从总体上看湖北省 84 个县级行政区政府人力规模呈现不平衡特征。其中，约占 88.1%的县级行政区政府财政规模相似，属于同一类别，呈现同质化特征。

3. 职能规模数据聚类分析结果

利用 SPSS13.0 层次聚类 Q 形聚类分析法对表 11-17 中湖北省 84 个县级行政区的职能规模数据进行聚类分析，得到聚类结果如表 11-39 所示。

表 11-39 湖北省 84 个县级行政区政府职能规模聚类表

组别	县级行政区名称	每组县级行政区数/个
1	宜都市、远安县、桥口区、江汉区、武昌区	5
2	江岸区、汉阳区、咸安区、孝南区、夷陵区、青山区、崇阳县、仙桃市、通城县、罗田县、麻城市、东宝区、安陆市、团风县、洪山区、嘉鱼县、大冶市、浠水县、赤壁市、大悟县、松滋市、竹溪县、石首市、英山县、蔡甸区、通山县、襄阳区、枣阳市、南漳县、钟祥市、宜城市、当阳市、孝昌县、枝江市、谷城县、汉川市、潜江市、鄂城区、公安县、黄州区、猇亭区、广水市、郧西县、丹江口市、天门市、云梦县	46
3	梁子湖区、华容区、西陵区、应城市、江夏区、沙洋县、郧县、红安县、竹山县、汉南区、新洲区、沙市区、秭归县、房县、长阳自治县、掇刀区、江陵县、老河口市、阳新县、监利县、保康县、兴山县、五峰自治县、洪湖市、东西湖区、黄陂区、点军区、茅箭区、京山县、伍家岗区、张湾区、曾都区、荆州区	33

如表 11-39 聚类结果所示，从总体上考察，将湖北省 84 个县级行政区政府职能规模数据按 Q 形聚类分为 3 组，第一组包含 5 个县级行政区，约占 6%；第二组包含 46 个县级行政区，约占 56%；第三组包含 33 个县级行政区，约占 38%。其中，第一组包含宜都市、远安县、桥口区、江汉区、武昌区，这 5 个县级行政区政府的职能规模指数相似性较高，形成一类，职能规模指数在 1.76～1.01，职能规模指数最高，排在三类之首；第二组包含江岸区等 46 个县级行政区政府的职能规模指数相似性较高，形成一类，职能规模指数在－0.17～0.81，职能规模指数处于中间水平，排在三类中的第二位；第三组包含梁子湖区等 33 个县级行政区，其政府的职能规模指数相似性较高，形成一类，职能规模指数在－0.97～－0.19，职能规模指数最低，排在三类中的最后一位。这表明，从总体上看湖北省 84 个县级行政区政府职能规模呈现不平衡特征。其中，约占 56%的县级行政区政府职能规模相似，属于一个类别，呈现同质化特征，约占 38%的县级行政区政府职能规模相似，属于另一个类别，呈现同质化特征。

4. 选取政府规模（综合）数据进行聚类分析的过程及结果

利用 SPSS13.0 层次聚类 Q 形聚类分析法对表 11-17 中湖北省 84 个县级行政区政府规模（综合）数据进行聚类分析，得到聚类结果如表 11-40。

表 11-40 湖北省 84 个县级行政区政府规模（综合）聚类表

组别	县级行政区名称	每组县级行政区数/个
1	江汉区、青山区、汉阳区、桥口区、远安县、江岸区、宜都市、西陵区	8
2	武昌区、东西湖区、洪山区、猇亭区、蔡甸区、江夏区、汉南区、夷陵区、英山县、竹溪县、丹江口市、罗田县、郧西县、赤壁市、红安县、通城县、竹山县、大冶市、东宝区、咸安区、通山县、兴山县、崇阳县、房县、团风县、松滋市、孝南区、当阳市、嘉鱼县、安陆市、谷城县、伍家岗区、宜城市、麻城市、五峰自治县、枝江市、郧县、保康县、南漳县、石首市、新洲区、潜江市、仙桃市、老河口市、枣阳市、浠水县、云梦县、大悟县、长阳自治县、襄阳区、秭归县、黄州区、应城市、钟祥市、鄂城区、华容区、汉川市、孝昌县、广水市、黄陂区	60
3	公安县、掇刀区、梁子湖区、茅箭区、沙市区、沙洋县、天门市、监利县、京山县、洪湖市、点军区、阳新县、张湾区、江陵县、荆州区、曾都区	16

如表 11-40 聚类结果所示，从总体上考察，将湖北省 84 个县级行政区政府规模（综合）数据按 Q 形聚类分为 3 组，第一组包含 8 个县级行政区，约占 9.5%；第二组包含 60 个县级行政区，约占 72.6%；第三组包含 16 个县级行政区，约占 17.9%。其中，第一组包含江汉区、青山区、汉阳区、桥口区、远安县、江岸区、宜都市、西陵区，这 8 个县级行政区的政府规模指数比较相似，形成一类，政府规模指数在 1.05～1.83，政府规模指数最高，排在三类之首；第二组包含武昌区等 60 个县级行政区，其政府规模（综合）指数相似性较高，形成一类，政府规模指数在－0.45～0.8，政府规模指数处于中间水平，排在三类中的第二位；第三组包含公安县等 15 个县级行政区，其政府规模指数相似性较高，形成一类，政府规模指数在－1.03～－0.5，政府规模指数最低，排在三类中的最后一位。这表明，从总体上看湖北省 84 个县级行政区政府规模呈现不平衡特征。其中，约占 72.6%的县级行政区政府规模相似，属于同一类别，呈现同质化特征。

5. 财政规模、人力规模、职能规模三维数据聚类结果

利用 SPSS13.0 层次聚类 Q 形聚类分析法对表 11-17 中湖北省 84 个县级行政区财政规模、人力规模、职能规模三维数据进行聚类分析，得到聚类结果如表 11-41。

表 11-41　湖北省 84 个县级行政区政府财政规模、人力规模、职能规模三维数据聚类表

组别	县级行政区名称	每组县级行政区数/个
1	江汉区、青山区、汉阳区、桥口区、远安县、江岸区、宜都市、武昌区、东西湖区、猇亭区、蔡甸区、江夏区、汉南区、夷陵区、英山县、竹溪县、丹江口市、罗田县、郧西县、赤壁市、红安县、通城县、竹山县、大冶市、东宝区、咸安区、通山县、兴山县、崇阳县、房县、团风县、松滋市、孝南区、当阳市、嘉鱼县、安陆市、谷城县、伍家岗区、宜城市、麻城市、五峰自治县、枝江市、郧县、保康县、南漳县、石首市、新洲区、潜江市、仙桃市、老河口市、枣阳市、浠水县、云梦县、大悟县、长阳自治县、襄阳区、秭归县、黄州区、应城市、钟祥市、鄂城区、华容区、汉川市、孝昌县、广水市、黄陂区、公安县、掇刀区、梁子湖区、茅箭区、沙市区、沙洋县、天门市、监利县、京山县、洪湖市、点军区、阳新县、张湾区、江陵县、荆州区、曾都区	82
2	西陵区	1
3	洪山区	1

如表 11-41 聚类结果所示，从总体上考察，将湖北省 84 个县级行政区政府财政规模、人力规模和职能规模数据按 Q 形聚类分为 3 组，第一组包含 82 个县级行政区，约占 97.6%；第二组包含 1 个县级行政区，约占 1.2%；第三组包含 1 个县级行政区，约占 1.2%。其中，第一组包含通城县等 82 个县级行政区政府的财政规模、人力规模和职能规模三维指数相似性较高，形成一类；第二组的西陵区、第三组的洪山区，这两个县级行政区政府的财政规模、人力规模和职能规模三维指数比较特殊，自成一类。以上结果表明，从财政规模、人力规模、职能规模三维全面考察，从总体上看湖北省 84 个县级行政区政府财政规模、人力规模和职能规模呈现不平衡特征，其中，约占 97.6%的县级行政区政府财政规模、人力规模和职能规模相似，属于同一类别，呈现同质化特征。

二、广东省县级行政区政府规模聚类分析结果

1. 财政规模数据聚类结果

利用 SPSS13.0 层次聚类 Q 形聚类分析法对表 11-36 中广东省 102 个县级行政区的财政规模数据进行聚类分析，得到聚类结果如表 11-42。

表 11-42　广东省 102 个县级行政区财政规模聚类表

组别	县级行政区名称	每组县级行政区数/个
1	连南县	1
2	鼎湖区	1

续表

组别	县级行政区名称	每组县级行政区数/个
3	茂南区、连山县、盐田区、顺德区、南海区、增城市、花都区 、番禺区、龙岗区、新会区、福田区、金湾区、黄浦区、高明区、三水区、海珠区 、南山区、开平市、宝安区、鹤山市、罗湖区、端州区、大埔县、江海区、乳源县 、白云区、台山市、从化市、蓬江区、清新县、天河区、越秀区、东源县、禅城区 、惠城区 、蕉岭县、四会市、新丰县、佛冈县、和平县、源城区、香洲区、紫金县、德庆县、赤坎区、丰顺县、阳山县、惠阳区、连平县、曲江区、仁化县、五华县、英德市、乐昌市、云安县 、封开县、高要市、龙川县、博乐县、怀集县、新兴县、南雄县、霞山区、广宁县、阳东县、恩平市、龙门县、始兴县、云城区 、连州市、罗定市、翁源县、郁南县、麻章区、榕城区、坡头区、徐闻县、惠东县 、普宁市、湘桥区、吴川市、武江区、雷州市、阳春市、江城区、清城区、高州市 、廉江市、平远县、电白县、揭东县、信宜市、潮安县、惠来县、揭西县、饶平县、茂港区、阳西县、浈江区、化州市	100

如表11-42聚类结果所示，从总体上考察，将广东省102个县级行政区政府财政规模数据按Q形聚类分为3组，第一组包含1个县级行政区，约占0.98%；第二组包含1个县级行政区，约占0.98%；第三组包含100个县级行政区，约占98.04%。其中，第一组包含连南县，这个县级行政区的财政规模指数比较特殊，自成一类，财政规模指数为2.71，财政规模指数最高，排在三类之首；第二组包含鼎湖区，这个县级行政区的财政规模指数比较特殊，自成一类，财政规模指数为1.79，财政规模指数处于中间水平，排在三类中的第二位；第三组包含茂南区等100个县级行政区财政规模指数相似性较高，形成一类，财政规模指数在−0.85～1.25，财政规模指数最低，排在三类中的最后一位。这表明，从总体上看广东省102个县级行政区政府财政规模呈现不平衡特征。其中，约占98.04%的县级行政区政府财政规模相似，属于一个类别，呈现同质化特征。

2. 选取政府人力规模数据进行聚类分析的过程及结果

利用SPSS13.0层次聚类Q形聚类分析法对表11-36中广东省102个县级行政区的人力规模数据进行聚类分析，得到聚类结果如表11-43。

表11-43　广东省102个县级行政区政府人力规模聚类表

组别	县级行政区名称	每组县级行政区数/个
1	越秀区、五华县、龙川县、高州市、蕉岭县、信宜市	6

续表

组别	县级行政区名称	每组县级行政区数/个
2	普宁市、东源县、平远县、连平县、大埔县、新兴县、廉江市、阳春市、顺德区、紫金县、徐闻县、丰顺县、饶平县、番禺区、化州市、连山县、新丰县、电白县、连南县、仁化县、德庆县、罗定市、开平市、连州市、南海区、曲江区、从化市、新会区、吴川市、揭西县、雷州市、台山市、英德市、佛冈县、始兴县、花都区、宝安区、惠来县、恩平市、增城市、南雄县、博乐县、和平县、阳西县、龙门县、广宁县、阳山县、翁源县、海珠区、潮安县、乳源县、鹤山市、封开县、怀集县、惠东县、郁南县、乐昌市、揭东县、阳东县、白云区、江城区、四会市、茂南区	63
3	清新县、禅城区、高要市、罗湖区、黄浦区、三水区、霞山区、高明区、云城区、龙岗区、源城区、惠城区、湘桥区、端州区、赤坎区、云安县、清城区、惠阳区、茂港区、坡头区、福田区、鼎湖区、南山区、金湾区、天河区、麻章区、榕城区、浈江区、香洲区、盐田区、武江区、蓬江区、江海区	33

如表 11-43 聚类结果所示，从总体上考察，将广东省 102 个县级行政区政府人力规模数据按 Q 形聚类分为 3 组，第一组包含 6 个县级行政区，约占 5.88%；第二组包含 63 个县级行政区，约占 61.76%；第三组包含 33 个县级行政区，约占 32.35%。其中，第一组包含越秀区、五华县、龙川县、高州市、蕉岭县、信宜市，这 6 个县级行政区政府的人力规模指数相似性较高，形成一类，人力规模指数在 1.27～1.91，人力规模指数最高，排在三类之首；第二组包含普宁市等 63 个县级行政区，其人力规模指数相似性较高，形成一类，人力规模指数在 −0.33～0.98，人力规模指数处于中间水平，排在三类中的第二位；第三组包含清新县等 33 个县级行政区，其人力规模指数相似性较高，形成一类，人力规模指数在 −1.56～−0.41，人力规模指数最低，排在三类中的最后一位。这表明，从总体上看广东省 102 个县级行政区政府人力规模呈现不平衡特征。其中，约占 61.76%的县级行政区政府人力规模相似，属于同一类别，呈现同质化特征；约占 32.35%的县级行政区政府人力规模相似，属于同一类别，呈现同质化特征。

3. 职能规模数据聚类分析结果

利用 SPSS13.0 层次聚类 Q 形聚类分析法对表 11-36 中个广东省 102 个县级行政区的职能规模数据进行聚类分析，得到聚类结果如表 11-44。

表 11-44　广东省 102 个县级行政区政府职能规模聚类表

组别	县级行政区名称	每组县级行政区数/个
1	茂南区、清新县	2

续表

组别	县级行政区名称	每组县级行政区数/个
2	英德市、鹤山市、从化市、盐田区、电白县、龙岗区、福田区、宝安区、博乐县、罗湖区、阳西县、龙川县、平远县、四会市、南山区、恩平市、高明区、蕉岭县、揭西县、禅城区、龙门县、开平市、连平县、吴川市、德庆县、封开县、南海区、番禺区、郁南县、惠阳区、茂港区、三水区、和平县、花都区、云安县、广宁县、海珠区、高州市、黄浦区、怀集县、惠东县、乳源县、天河区、麻章区、普宁市、饶平县、阳东县、大埔县、丰顺县、白云区、端州区、揭东县、翁源县、徐闻县、江海区、台山市、新会区、坡头区、仁化县、新兴县、化州市、越秀区、连州市、罗定市、阳山县、惠城区、紫金县、五华县、云城区、蓬江区、始兴县、阳春市、江城区、湘桥区、顺德区、信宜市、赤坎区、雷州市、南雄县、潮安县、乐昌市、廉江市、新丰县、曲江区、源城区、浈江区、高要市、惠来县、武江区、增城市、榕城区、金湾区、东源县、连山县、佛冈县、清城区、霞山区、香洲区、连南县	99
3	鼎湖区	1

如表 11-44 聚类结果所示，从总体上考察，将广东省 102 个县级行政区政府职能规模数据按 Q 形聚类分为 3 组，第一组包含 2 个县级行政区，约占 1.96%；第二组包含 99 个县级行政区，约占 97.06%；第三组包含 1 个县级行政区，约占 0.98%。其中，第一组职能规模指数在 2.25～2.82，职能规模指数最高，排在三类之首；第二组职能规模指数在－0.59～1.02，职能规模指数处于中间水平，排在三类中的第二位；第三组只包含鼎湖区，这个县级行政区政府的职能规模指数比较特殊，自成一类，职能规模指数为－1.02，职能规模指数最低，排在三类中的最后一位。这表明，从总体上看广东省 102 个县级行政区政府职能规模呈现不平衡特征，其中，约占 97.06%的县级行政区政府职能规模相似，属于一个类别，呈现同质化特征。

4. 政府规模（综合）数据聚类分析结果

利用 SPSS13.0 层次聚类 Q 形聚类分析法对表 11-36 中广东省 102 个县级行政区政府规模数据进行聚类分析，得到聚类结果如表 11-45。

表 11-45　广东省 102 个县级行政区政府规模聚类表

组别	县级行政区名称	每组县级行政区数/个
1	茂南区	1
2	清新县、连南县	2

续表

组别	县级行政区名称	每组县级行政区数/个
3	越秀区、鹤山市、从化市、蕉岭县、英德市、顺德区、龙川县、连山县、南海区、番禺区、五华县、大埔县、宝安区、开平市、花都区、新会区、连平县、盐田区、东源县、台山市、高州市、增城市、紫金县、龙岗区、德庆县、新兴县、丰顺县、海珠区、平远县、普宁市、乳源县、新丰县、博乐县、罗湖区、仁化县、高明区、和平县、信宜市、恩平市、电白县、白云区、福田区、三水区、徐闻县、黄浦区、四会市、龙门县、曲江区、禅城区、连州市、罗定市、封开县、阳春市、广宁县、始兴县、吴川市、阳山县、南山区 、鼎湖区、怀集县、廉江市、南雄县、饶平县、佛冈县、端州区、揭西县、郁南县、阳东县、翁源县、乐昌市、阳西县、化州市、惠城区、雷州市、天河区、惠东县、金湾区、惠阳区、云安县、源城区、高要市、惠来县、赤坎区、云城区、揭东县、江城区、潮安县、江海区、蓬江区、霞山区、坡头区、麻章区、湘桥区、茂港区、香洲区、榕城区、清城区、浈江区、武江区	99

如表 11-45 聚类结果所示，从总体上考察，将广东省 102 个县级行政区政府规模数据按 Q 形聚类分为 3 组，第一组包含 1 个县级行政区，约占 0.98%；第二组包含 2 个县级行政区，约占 1.96%；第三组包含 99 个县级行政区，约占 97.06%。其中，第一组包含茂南区，这个县级行政区的政府规模指数比较特殊，自成一类，政府规模指数为 2.55，政府规模指数最高，排在三类之首；第二组包含清新县、连南县，这两个县级行政区的政府规模指数相似性较高，形成一类，政府规模指数分别为 1.55 和 1.41，政府规模指数处于中间水平，排在三类中的第二位；第三组包含 99 个县级行政区政府规模指数相似性较高，形成一类，政府规模指数在−1.22～1.03，政府规模指数最低，排在三类中的最后一位。这表明，从总体上看广东省 102 个县级行政区政府规模呈现不平衡特征。其中，约占 97.06%的县级行政区政府规模相似，属于同一类别，呈现同质化特征。

5. 财政规模、人力规模、职能规模三维数据聚类分析结果

利用 SPSS13.0 层次聚类 Q 形聚类分析法对表 11-36 中广东省 102 个县级行政区财政规模、人力规模、职能规模三维数据进行聚类分析，得到聚类结果如表 11-46。

如表 11-46 聚类结果所示，从总体上考察，将广东省 102 个县级行政区政府财政规模、人力规模和职能规模数据按 Q 形聚类分为 3 组，第一组包含 98 个县级行政区，约占 96.08%；第二组包含 2 个县级行政区，约占 1.96%；第三组包含 2 个县级行政区，约占 1.96%。其中，第一组 98 个县级行政区政府的财政规模、人力规模和职能规模三维指数相似性较高，形成一类；第二组包含连南县、鼎湖区，这两个县级行政区政府的财政规模、人力规模和职能规模三维指数比较相似，形成一类；第三组包含茂南区、清新县，这两个县级行政区政府的财政规模、人力规模和

职能规模三维指数比较相似，形成一类。以上结果表明，从财政规模、人力规模、职能规模三维全面考察，从总体上看广东省102个县级行政区政府财政规模、人力规模和职能规模呈现不平衡特征，其中，约占96.08%的县级行政区政府财政规模、人力规模和职能规模相似，属于同一类别，呈现同质化特征。

表 11-46　广东省 102 个县级行政区政府财政规模、人力规模、职能规模三维数据聚类表

组别	县级行政区名称	每组县级行政区数/个
1	越秀区、鹤山市、从化市、蕉岭县、英德市、顺德区、龙川县、连山县、南海区、番禺区、五华县、大埔县、宝安区、开平市、花都区、新会区、连平县、盐田区、东源县、台山市、高州市、增城市、紫金县、龙岗区、德庆县、新兴县、丰顺县、海珠区、平远县、普宁市、乳源县、新丰县、博乐县、罗湖区、仁化县、高明区、和平县、信宜市、恩平市、电白县、白云区、福田区、三水区、徐闻县、黄浦区、四会市、龙门县、曲江区、禅城区、连州市、罗定市、封开县、阳春市、广宁县、始兴县、吴川市、阳山县、南山区 、怀集县、廉江市、南雄县、饶平县、佛冈县、端州区、揭西县、郁南县、阳东县、翁源县、乐昌市、阳西县、化州市、惠城区、雷州市、天河区、惠东县、金湾区、惠阳区、云安县、源城区、高要市、惠来县、赤坎区、云城区、揭东县、江城区、潮安县、江海区、蓬江区、霞山区、坡头区、麻章区、湘桥区、茂港区、香洲区、榕城区、清城区、浈江区、武江区	98
2	连南县、鼎湖区	2
3	茂南区、清新县	2

第四节　湖北省与广东省县级行政区政府规模影响因素分析

一、影响因素数据

根据表11-4和表11-22所载湖北省和广东省县级行政区政府规模影响因素的原始数据，利用前文所述的数据转换方法得到两省县级行政区政府规模影响因素数据标准化值表。见表11-47和表11-48。

表 11-47　标准化处理后的湖北省 84 个县级行政区政府规模影响因素数据

行政区	经济发展水平标准化值	常住人口标准化值	管辖区域面积标准化值
安陆市	−0.45	0.02	−0.34
保康县	−0.81	−0.94	1.08
蔡甸区	0.16	−0.48	−0.54
长阳自治县	−0.48	−0.58	1.24

续表

行政区	经济发展水平标准化值	常住人口标准化值	管辖区域面积标准化值
赤壁市	0.17	−0.30	−0.06
崇阳县	−0.65	−0.44	0.12
大悟县	−0.66	0.04	0.13
大冶市	0.57	0.88	−0.14
丹江口市	−0.28	−0.34	1
当阳市	0.11	−0.38	0.27
点军区	−0.44	−1.47	−0.96
东宝区	0.42	−0.74	−0.12
东西湖区	1.28	−1.02	−1
掇刀区	−0.44	−1.12	−0.89
鄂城区	−0.55	−0.79	−0.98
房县	−0.92	−0.35	2.52
公安县	−0.41	1.21	0.35
谷城县	−0.50	−0.13	0.57
广水市	−0.14	0.92	0.64
汉川市	0.26	1.42	−0.11
汉南区	0.14	−1.48	−1.16
汉阳区	3.04	−0.59	−1.29
红安县	−0.70	0.14	−0.01
洪湖市	−0.39	0.89	0.54
洪山区	−0.95	0.77	−0.99
华容区	−0.74	−1.18	−1.03
黄陂区	0.23	1.48	0.35
黄州区	−0.18	−0.67	−1.11
嘉鱼县	−0.36	−0.72	−0.60
监利县	−0.42	2.32	1
江岸区	1.70	0.06	−1.33
江汉区	3.35	−0.46	−1.35
江陵县	−0.79	−0.62	−0.59
江夏区	0.44	0.10	0.16
京山县	−0.09	0.07	1.13
荆州区	−0.41	−0.02	−0.58

续表

行政区	经济发展水平标准化值	常住人口标准化值	管辖区域面积标准化值
老河口市	−0.42	−0.25	−0.59
梁子湖区	−0.83	−1.28	−0.98
罗田县	−0.82	0.01	0.25
麻城市	−0.50	1.63	1.37
茅箭区	−0.49	−1.05	−0.94
南漳县	−0.66	−0.06	1.57
潜江市	0.65	1.15	0.15
桥口区	2.13	−0.22	−1.34
青山区	4.21	−0.34	−1.33
沙市区	0.58	0	−1.02
沙洋县	−0.29	−0.01	0.18
石首市	−0.35	0.05	−0.29
松滋市	−0.46	0.69	0.33
天门市	0.37	2.98	0.62
通城县	−0.70	−0.41	−0.52
通山县	−0.90	−0.48	0.67
团风县	−0.84	−0.71	−0.74
五峰自治县	−0.71	−1.17	0.20
伍家岗区	0.83	−1.35	−1.32
武昌区	2.11	1.36	−1.31
西陵区	2.42	−0.55	−1.31
浠水县	−0.52	1.24	0.11
仙桃市	0.95	2.57	0.56
咸安区	−0.43	−0.11	−0.23
襄阳区	0.42	1.15	0.38
猇亭区	1.27	−1.64	−1.29
孝昌县	−0.77	0.10	−0.45
孝南区	−0.51	0.70	−0.60
新洲区	0.37	1.08	−0.30
兴山县	−0.50	−1.26	0.40
阳新县	−0.20	1.08	0.74
夷陵区	0.21	−0.26	1.23

续表

行政区	经济发展水平标准化值	常住人口标准化值	管辖区域面积标准化值
宜城市	−0.46	−0.13	0.24
宜都市	0.36	−0.64	−0.34
应城市	−0.18	0.20	−0.54
英山县	−0.78	−0.64	−0.27
远安县	−0.38	−1.23	−0.04
云梦县	−0.26	−0.08	−0.92
郧西县	−0.93	−0.29	1.30
郧县	−0.85	0.05	1.57
枣阳市	−0.08	1.44	1.12
曾都区	0.69	2.92	3.95
张湾区	−0.67	−0.85	−0.88
枝江市	0.19	−0.29	−0.38
钟祥市	0.14	1.21	2.05
竹山县	−0.92	−0.44	1.36
竹溪县	−0.89	−0.71	1.12
秭归县	−0.66	−0.64	0.47

资料来源：原始数据来源于《湖北省统计年鉴 2007》

表 11-48　标准化处理后的广东省 102 个县级行政区政府规模影响因素数据表

行政区	经济发展水平标准化值	常住人口数量标准化值	管辖区域面积标准化值
白云区	0.92	1.74	−0.66
宝安区	2.79	5.21	−0.73
博乐县	−0.20	0.43	1.08
禅城区	1.40	0.50	−1.22
潮安县	−0.25	0.99	−0.26
赤坎区	0.17	−0.93	−1.29
从化市	−0.25	−0.31	0.36
大埔县	−0.68	−0.63	0.79
德庆县	−0.59	−0.71	0.61
电白县	−0.41	0.99	0.27
鼎湖区	−0.48	−1.06	−0.91
东源县	−0.62	−0.57	2.13
端州区	−0.51	−0.64	−1.22

续表

行政区	经济发展水平标准化值	常住人口数量标准化值	管辖区域面积标准化值
恩平市	−0.48	−0.48	0.12
番禺区	0.81	1.49	−0.67
丰顺县	−0.65	−0.44	1
封开县	−0.61	−0.57	1.01
佛冈县	−0.40	−0.80	−0.23
福田区	2.94	0.93	−1.29
高明区	0.92	−0.69	−0.54
高要市	−0.32	−0.03	0.45
高州市	−0.31	1.37	1.50
广宁县	−0.62	−0.47	0.72
海珠区	0.33	1.16	−1.28
和平县	−0.66	−0.60	0.63
鹤山市	−0.21	−0.48	−0.41
花都区	0.76	0.03	−0.51
化州市	−0.32	0.86	0.69
怀集县	−0.59	0.17	1.75
黄浦区	2.62	−0.78	−1.27
惠城区	0.55	0.68	−0.13
惠东县	−0.23	0.25	1.60
惠来县	−0.64	0.64	−0.26
惠阳区	0.20	−0.03	−0.26
江城区	−0.54	−0.28	−0.87
江海区	−0.16	−1	−1.26
蕉岭县	−0.57	−0.95	−0.52
揭东县	−0.44	0.78	−0.61
揭西县	−0.58	0.17	−0.17
金湾区	0.59	−0.90	−0.92
开平市	−0.25	−0.08	0.09
乐昌市	−0.66	−0.45	0.75
雷州市	−0.65	1.41	1.87
连南县	−0.71	−1.08	−0.23
连平县	−0.54	−0.72	0.64

续表

行政区	经济发展水平标准化值	常住人口数量标准化值	管辖区域面积标准化值
连山县	−0.69	−1.15	−0.34
连州市	−0.52	−0.52	0.96
廉江市	−0.57	1.24	1.12
龙川县	−0.58	−0.06	1.32
龙岗区	2.21	2.32	−0.62
龙门县	−0.57	−0.74	0.64
罗定市	−0.61	0.48	0.67
罗湖区	1.57	0.31	−1.29
麻章区	−0.55	−0.88	−0.95
茂港区	−0.54	−0.53	−1.02
茂南区	−0.58	0.06	−0.93
南海区	2.01	2.58	−0.42
南山区	4.07	0.44	−1.21
南雄县	−0.65	−0.63	0.70
蓬江区	0.30	−0.25	−1.07
平远县	−0.34	−0.91	−0.15
坡头区	−0.72	−0.67	−0.87
普宁市	−0.45	2.51	0.03
清城区	0.06	−0.21	−0.55
清新县	−0.44	−0.07	1.02
曲江区	−0.20	−0.79	0.05
饶平县	−0.54	0.41	0.11
仁化县	−0.47	−0.94	0.58
榕城区	−0.31	−0.02	−1.20
乳源县	−0.58	−0.99	0.65
三水区	0.75	−0.35	−0.59
始兴县	−0.65	−0.93	0.75
顺德区	2.16	2.46	−0.65
四会市	−0.41	−0.52	−0.41
台山市	−0.37	0.53	1.50
天河区	2.83	0.78	−1.27
翁源县	−0.68	−0.68	0.54

续表

行政区	经济发展水平标准化值	常住人口数量标准化值	管辖区域面积标准化值
吴川市	−0.62	0.18	−0.62
五华县	−0.71	0.59	1.45
武江区	−0.13	−0.91	−0.76
霞山区	0.14	−0.66	−1.25
香洲区	1.12	0.23	−0.89
湘桥区	−0.32	−0.62	−1.22
新丰县	−0.68	−0.96	0.40
新会区	0.13	0.13	−0.15
新兴县	−0.44	−0.54	−0.03
信宜市	−0.37	0.63	1.33
徐闻县	−0.64	−0.04	0.27
盐田区	1.15	−0.94	−1.29
阳春市	−0.47	0.31	2.17
阳东县	−0.42	−0.54	0.24
阳山县	−0.64	−0.52	1.62
阳西县	−0.54	−0.59	−0.25
英德市	−0.49	0.46	3.58
郁南县	−0.59	−0.55	0.36
源城区	−0.61	−0.75	−1.04
越秀区	2.74	0.85	−1.32
云安县	−0.61	−0.83	−0.31
云城区	−0.57	−0.82	−0.69
增城市	0.64	0.20	0.05
浈江区	−0.24	−0.67	−0.90
紫金县	−0.68	−0.07	1.80

资料来源：原始数据来源于各地政府门户网站

二、相关分析

本部分利用 SPSS 软件对表 11-18、表 11-47 和表 11-36、表 11-48 中的样本数据进行相关分析，旨在考察经济发展水平、常住人口数量和管辖区域面积这三个因素对湖北省和广东省县级行政区政府规模各个侧面的影响程度。

（一）财政规模与经济发展水平、常住人口数量、管辖区域面积之间的相关关系

利用SPSS13.0分别分析经济发展水平、常住人口数量、管辖区域面积与湖北省和广东省县级行政区政府财政规模之间的相关系数及显著性水平。计算结果见表11-49和表11-50。

表11-49　湖北省84个县级行政区政府财政规模与影响因素之间的相关系数及显著性水平

项目	与财政规模之间的相关系数	显著性水平（双尾检验）
经济发展水平	0.456**	0.000
常住人口数量	−0.270*	0.013
管辖区域面积	−0.307**	0.005

*表示显著性水平为0.05时相关关系显著；**表示显著性水平为0.01时相关关系显著

表11-50　广东省102个县级行政区政府财政规模与影响因素之间的相关系数及显著性水平

项目	与财政规模之间的相关系数	显著性水平（双尾检验）
经济发展水平	0.361**	0.000
常住人口数量	−0.019	0.851
管辖区域面积	−0.259**	0.009

**表示显著性水平为0.01时相关关系显著

由表11-49和表11-50可知，经济发展水平对湖北省和广东省县级行政区政府财政规模都有较强的正方向影响作用，即经济发展水平越高则县级行政区政府财政规模越大。上述相关分析初步证明了瓦格纳法则同样适用于中国县级行政区，即经济增长导致公共支出随之增长的趋势客观存在。

由表11-49和表11-50可知，管辖区域面积对湖北省和广东省县级行政区政府财政规模较强的负方向影响作用，这与一般经验不尽一致。一般认为，地域面积越大则公共事务数量越多、越复杂，政府管理公共事务的支出规模也应随之增大。上述分析结果与一般经验背离的原因大致有三：一是由于科技发展和政府管理手段的现代化，政府行政成本得以降低；二是地域面积对政府治理需求的差异性影响不如一般经验所认为的那样大；三是我国行政区划一直保持着极高的稳定性，而县域地方政府财政支出总量则一直保持着较高的增长速度，并主要依靠政府投资拉动地方经济发展，在财政支出预算中也较少考虑地域面积因素而“集中财力”于与地域面积关系不大的公共服务与经济建设项目，因此财政规模与经济发展水平呈正相关，而与地域面积大小无关，甚至负相关。另外，基本建设投资现已改为由省级和地市级政府财政统筹支出，而与县级财政无关，因此虽然地域面积增大导致基本建设投资增多，但难以反映在县级政府的财政规模上。

由表11-49和表11-50可知，常住人口数量与湖北省县级行政区政府财政规

模的负相关关系较显著，而在广东省则存在不显著的负相关关系。政府支出预算编制的主要依据是户籍人口，尤其是公安、教育、医疗等公共资源配置更是如此，因此作为劳动力输出大省的湖北，县域政府财政规模与常住人口负相关，而广东省是劳务输入大省，却不能突破财政预算的刚性规则针对远超过户籍人口的常住人口来调整、增加财政支出总量。

（二）人力规模与经济发展水平、常住人口数量、管辖区域面积之间的相关关系

利用SPSS13.0分别分析经济发展水平、常住人口数量、管辖区域面积与湖北省和广东省县级行政区政府人力规模之间的相关系数及显著性水平。计算结果见表11-51和表11-52。

表11-51　湖北省84个县级行政区政府人力规模与影响因素之间的相关系数及显著性水平

项目	与人力规模之间的相关系数	显著性水平（双尾检验）
经济发展水平	0.642**	0.000
常住人口数量	−0.384**	0.000
管辖区域面积	0.293**	0.007

**表示显著性水平为0.01时相关关系显著

表11-52　广东省102个县级行政区政府人力规模与影响因素之间的相关系数及显著性水平

项目	与人力规模之间的相关系数	显著性水平（双尾检验）
经济发展水平	−0.233*	0.019
常住人口数量	0.229*	0.021
管辖区域面积	0.556**	0.000

*表示显著性水平为0.05时相关关系显著；**表示显著性水平为0.01时相关关系显著

由表11-51和表11-52可知，湖北省与广东省县级行政区政府人力规模与经济发展水平、常住人口数量之间的相关关系正相反，只有与管辖地域面积都是显著正相关。湖北省与广东省县域经济发展水平处于不同的阶段，即湖北省尚处于由贫困向基本小康过渡阶段，而广东省正由基本小康转向全面小康，使得两省县域就业结构迥然不同。就湖北省而言，县域公共部门就业人口占社会从业人口的比例远远大于广东省。随着经济发展水平的提高，在公共部门就业的人口相应增加，导致经济发展水平与县域政府人力规模之间呈显著正相关，而在广东省县域情况则恰恰相反，从常住人口数量的角度而言，两省县域政府人力规模与其的相关关系同经济发展水平正相反，源于两省人口流动的方向截然相反，即两省在配置县域公共部门人力资源时所依据的户籍人口数量与常住人口数量是倒挂的，即在湖北县域是户籍人口越多，常住人口相对越少，而政府人力规模越大；在广东县域则是户籍人口越多，常住人口也相对越多，而政府人力规模越小。管辖区域

面积与两省县级行政区政府人力规模的相关关系都是显著正相关，原因在于面积越大，县级以下行政区划越多，相应的政府机构和人员也就越多。

（三）职能规模与经济发展水平、常住人口数量、管辖区域面积之间的相关关系

我们利用 SPSS13.0 分别分析了经济发展水平、常住人口数量、管辖区域面积与湖北省和广东省县级行政区政府职能规模之间的相关系数及显著性水平。计算结果见表 11-53 和表 11-54。

表 11-53　湖北省 84 个县级行政区政府职能规模与影响因素之间的相关系数及显著性水平

项目	与职能规模之间的相关系数	显著性水平（双尾检验）
经济发展水平	0.360**	0.001
常住人口数量	0.020	0.859
管辖区域面积	−0.221*	0.043

*表示显著性水平为 0.05 时相关关系显著；**表示显著性水平为 0.01 时相关关系显著

表 11-54　广东省 102 个县级行政区政府职能规模与影响因素之间的相关系数及显著性水平

项目	与职能规模之间的相关系数	显著性水平（双尾检验）
经济发展水平	0.037	0.714
常住人口数量	0.100	0.315
管辖区域面积	0.072	0.470

由表 11-53 可知，经济发展水平对湖北省 84 个县级行政区政府职能规模具有较强的正向影响作用，常住人口数量的正向作用效果不显著，管辖区域面积具有较强的负方向影响作用。而这三者对广东省县级行政区政府职能规模的影响均呈正向，但都不显著，见表 11-54。

三、政策建议

从上述湖北省和广东省县级行政区政府的财政规模、人力规模、职能规模与县级行政区的经济发展水平、常住人口数量、管辖区域面积这三个重要变量之间相关关系的实证结果来看，各县级行政区的经济发展水平、常住人口数量、管辖区域面积对县级行政区政府的财政规模、人力规模、职能规模存在不同程度的影响。据此，笔者提出优化县级行政区政府财政规模、人力规模、职能规模的政策建议。

（一）适度控制财政规模

当前，县级行政区政府财政规模日益扩大的趋势日趋明显，这其中固然有经济持续增长使得政府财力也随之增长的因素，但应该看到其中蕴涵的危险。对处

于经济欠发达地区的湖北省县级行政区政府而言，由于财政自给能力薄弱，财力对上级政府转移支付的依赖性过强，若对财政规模的扩展趋势不加以遏制，甚至仍然依靠政府投资拉动地方经济发展，政府所承担的财政风险将会随之扩大，也会导致政府难以从主导甚至直接参与“经济建设”中解脱出来，难以完成向“服务型政府”的转型。而对广东省县级行政区政府而言，虽然财政自给率高，财力较为雄厚，但若政府财政规模增速远大于经济增速，仍有较大的财政风险。这是因为广东县域经济是外向型经济，受国际经济形势影响十分明显，特别是在当前国际性金融危机和经济衰退的宏观环境下，财政收入必然受到影响，若不能适度控制财政支出规模，会使县域政府财力难以为继，进而危害政府必须负责的各项“民生”事业。

从常住人口数量与财政规模的关系上来看，两省县级行政区政府的财政规模也应适度进行控制，与常住人口数量挂钩，以利于公共服务的均等化。如果人口流动不能与政府财政规模挂钩，那么可能导致公共资源的非均等化布局，或将形成这样的不利局面，即输出劳动力的地方政府在公共服务上的支出高于实际享受人口数的现象，而劳动力输入的地方政府的该类支出则反之。根据当前地方政府也要为外来人口提供基本公共服务的客观需求和改革趋势，对于湖北省县级行政区政府而言，要适度压缩财政规模，提高财政支出的实际效益；对于广东省县级行政区政府而言，则要客观分析实际的公共服务需求规模，保障包括非户籍人口在内的全体常住居民享受较为均等的公共服务。

鉴于地域面积与两省县级行政区财政规模都呈显著负相关关系，更应适度控制财政规模。一方面，依靠科技进步和管理手段现代化提升政府投入产出效益仍然大有可为；另一方面，“大部门体制”向地方政府层面的持续推进客观上也会在精简政府机构的同时降低行政运转成本。但值得注意的是，当前政府投资拉动内需以应对严峻的宏观经济形势的战略实施，需要在大型基础建设项目上适当倾斜政府财力。对于县级行政区政府而言，虽不主要负担基础建设投资，但为形成更有利于可持续增长的地域经济环境，有必要适度加大这方面前期研究和准备的投入。在这一点上来说，地域面积或许是应该重视的一个因素。

（二）适度压缩人力规模

虽然两省县级行政区经济发展水平与人力规模的相关关系不尽相同，但都应适度压缩政府人力规模，依靠转变治理模式来提高治理绩效。

对于湖北省县级行政区而言，经济发展水平和地域面积与政府人力规模显著正相关，一方面表明社会从业人口中政府工作人员比重过大，另一方面也显示出管理幅度对人力投入的刚性需求客观存在。而常住人口数量与之负相关，则表明政府人力资源配置有压缩的可能空间。要压缩政府人力规模，必须从两方面入手，一是建立较为弹性的政府人员编制控制体系，以常住人口作为基本参照标准；二是通过提高管理水平和人员素质，消减管理幅度对人力投入的刚性需求。

对于广东省县级行政区而言，经济发展水平与政府人力规模负相关，常住人口、地域面积与之正相关的态势值得保持，但仍应在此基础上压缩人力规模。毕竟就绝对数量而言，同样的常住人口和地域面积，广东省县级行政区政府的人力规模不比湖北等经济欠发达省区少多少。值得注意的是，伴随最近的外来务工人员返乡潮，经济发展水平、常住人口与政府人力规模的相关关系将有可能出现变化，甚至走向反向。因此，建立弹性的编制控制、充分发挥社会中介组织作用等将是广东省县级行政区政府压缩人力规模的主要途径。

（三）合理调整职能规模结构

根据前文两省县级行政区政府职能规模指数的计算公式和主成分分析结果，广东省县级行政区政府职能规模指数受5类职能支出比例影响较为平均，而湖北省的指数受公共秩序和再分配型公共品供给职能支出比例影响非常显著。这说明，对于政府所肩负的5类基本职能，广东省县级行政区政府职能履行较为均衡和全面，而湖北省县级行政区政府职能履行则有所偏重。但湖北省县级行政区政府职能规模结构中的这种偏重，并非是指公共秩序和再分配型公共品供给比例过大，恰恰相反，这两方面的支出比例相对来说还比较小，而其他方面支出比例大致趋同，导致这两方面数据的细微变化对规模指数变化的影响较为敏感和显著。从原始数据上分析，行政运转支出在两省县级行政区政府财政支出中比例较为一致，但对于主要用于人员工资福利支出的该类财政职能而言，可随人力规模的压缩而逐步减小。基础型公共品供给支出虽然都在两省县级行政区政府财政支出中的比例很大，但支出效益不尽一致。湖北省的这部分支出主要用于教育、医疗领域的人员工资福利，广东省的支出范围就相对更大一些，因此应根据当地公共服务需求的不同调整这类支出的规模。对于再分配型公共品供给职能支出，在两省县级行政区政府财政支出中的比例都不大，对于湖北省而言，扩大社会保障类公共品的覆盖面和保障水平是此项职能调整的主要方向。而对于广东省而言，则需进一步加大此类公共品的供给，因为全国“社保联网”是大势所趋，也是善治理念中“责任政府”精神的具体体现。

第四篇　地方政府结构优化的案例分析

第十二章　省管县视角下的县域扩权个案分析

——以河南省邓州市、河北省大名县为例

第一节　省管县的实施背景、路径及模式选择

一、省管县的实施背景

（一）市管县的积极作用

市管县体制旨在通过中心城市的优先发展，辐射带动周边地区的逐步发展，其经济学原理是非均衡发展理论。不可否认，其在建立之初确实起到了一定的积极作用。一是市管县的实施在一定程度上加强了城市和县乡基层的联系，对打破城乡二元分割体制作用明显，城乡二元体制下的城市和乡村在资源和人才方面几乎处于隔绝状态，没有交流和流动，市管县的实施对这块坚冰的消融起到了积极作用；二是市管县在一些地区达到了预期目标，中心城市通过自身的能量积聚和扩散辐射基本起到了对周边城乡的带动作用，尤其是在一些经济较为发达的城市；三是市管县减轻了省级政府的行政负担，市级政府由于接近基层，在管理基层政府方面很有优势，加之我国部分省份县级政权数目庞大，地域分散，不易管理，在当时交通不便，通信不畅的条件下设立市管县体制无疑是不错的选择；四是设立市管县体制也在一定程度上避免了基层政府的恶性竞争，通过市级政府的行政权威，可以有效地调解不必要的恶性竞争和资源浪费以及产业同质化现象。尽管如此，随着科技进步，政府电子政务的普及，交通条件和通信现代化的不断改善，以及国际上组织发展扁平化的趋势，市管县的体制弊端也日益显现。

（二）市管县的体制弊端

市管县体制弊端主要体现在以下几个方面：

首先，市管县体制在法理上缺少宪政依据，有悖于依法治国理念。《中华人民共和国宪法》作为根本大法，明确规定我国地方行政层级为“省—县—乡”三级制，然而现实中我国却实行“省—市—县—乡”四级制，在省和县之间多出了市一级政府建制，同时上下对口设置部门进行人员配制，这不仅有悖于宪法的权威地位，缺乏宪政依据，同时还导致地方政府层级增加，加大行政成本。由于缺少法律依据，地方上对于市级政府如何在省和县之间扮演好协调管理者的角色没

有统一的标准，在现实中存在着某些市政府为自身发展而牺牲县级发展的问题。例如，把县政府看作自己的派出机构，只重视农业农产品供给，而忽视县级商业的发展。在历史上，有“自古皇权不下县”的传统，表明历代王朝对县级政府的自治权十分开明，市管县体制不仅收回了县级自治权和自主权，甚至还变相截留了县级政府的财政资源，严重影响了县域经济的发展壮大。

其次，从组织发展趋势来说，市管县体制不符合组织扁平化趋势，影响了行政效率和信息传输效率。组织效率的高低在很大程度上取决于管理层级和管理幅度的优化配置，管理幅度和管理层级成反比关系，即管理层级越多管理幅度就越小，反之亦然。管理层级的设置受诸多因素影响，特别是电子政务和现代通信设施的改善程度，目前随着互联网技术的广泛普及和应用以及手机等通信设施的改进，组织的发展愈加呈现出扁平化的趋势，管理层级不断减少，管理幅度不断扩大。行政组织也不例外，特别是国外地方政府行政架构层级一般为两级或三级，我国的四级制显然不符合这一趋势。另外，在省与县之间设置市级政府也影响了信息传输速率和准确度，增加了行政成本。

最后，从行政实践来看，市管县体制不利于县域经济的发展壮大，加深了县市之间的矛盾，某种程度上拉大了城乡差距。市管县行政体制在确立之初，是为打破城乡二元体制坚冰，谋求城乡一体化发展而设立的，主要思路是先优先发展地级市，在地级市积聚一定经济实力之后再发挥城市的辐射带动作用，进而实现城乡均衡发展。然而从现实的行政实践来看，这一目标并未实现，相反在实施过程中还滋生了许多其他问题。由于部分地级市是由县升级而来，经济实力并不强，部分地级市工业基础比较薄弱，这部分城市自身发展都是困难重重，很难在带动所辖县区方面有所作为，相反出于投机主义，很多地级市为使本市获得优先发展，不惜以牺牲县乡发展为代价，截取县级财政和税收资源，这些都在很大程度上阻碍了县域经济的发展壮大。在东部沿海地区，很多县级政府凭借国家优惠政策和外商的投资，使经济获得了很大发展，这部分地区由于在行政和人事甚至财政上依然受制于市级政府，因而市县矛盾较为突出，在这部分地区要求进行省管县的呼声也相对较高。总体上来看，通过市管县来实现城乡一体化的目标是失败的，由于机会主义，市刮县、市卡县的影响，这一路径选择已经失去了制度设计之初的价值。

市管县体制的失败也显示出制度设计之初，并没有相关的配套措施，即没有形成一体化的制度体系，单刀直入难免走形变样。从深层次分析，市管县的失败在于计划经济条件下的行政体制在市场经济条件下没有适时变革创新，难以适应社会和市场要求。也正是基于市管县的体制弊端，省管县体制被提上日程。

（三）省管县的体制优势

与市管县相比，省管县体制具备很多优势，避免了地方政府行政层级偏多，行政效率偏低，行政信息传输不畅的弊端；避免了地级市政府为发展自身而出现“市卡县”“市刮县”的投机主义现象；同时也符合行政层级扁平化的发展趋势，具体来讲，省管县的体制优势主要体现在以下几个方面：

1）省管县体制扩大了县级政府的自主权和决策权，有利于县域经济的发展壮大。与原先的市管县体制相比，省管县赋予县级政府更大的财政权和行政权，有助于县级政府因地制宜制定产业政策，发展壮大县域经济。特别是在招商引资方面可以绕过市一级的行政干预，出台富有吸引力的政策吸引外资入驻。目前伴随国家壮大县域经济相关政策的出台，省管县体制可以有效避免市级政府在发展资金，项目投资，行政审批等环节对县级政府的提成和截留。

2）省管县体制可以实现城乡分治，有利于县市良性竞争，推动基层政府自治化步伐。省管县体制可以使城乡定位清晰，市级政府专心治理发展城区，减轻压力，县级政府则在扩大权限的基础上致力于县乡的发展。而且笔者相信如果省级政府调控得当，县市政府还可以形成有序竞争的格局，在产业规划布局方面形成互补态势，而不是目前的雷同和无序竞争。中国自古就有“皇权不下县”的传统，县一级政府在中国历史上拥有很大的自治权，而且从国际地方政府发展的情况来看，基层自治是大势所趋，省管县体制有利于基层自治的推广，通过逐步放权，适当干预调控来达成这一目标也许是不错的选择。

3）与市管县相比，省管县体制减少了行政层级，可以有效提高行政效率降低行政成本。行政效率的高低在很大程度上取决于组织结构的优化，组织结构主要是由管理层级和管理幅度组成，因而构建二者的科学配比就显得至关重要。伴随现代通信手段和交通设施的改善，组织扁平化已成为减少行政层级，提高行政效率的重要途径。与市管县相比，省管县减少了地方行政架构中的市级管理环节，缩减了行政层级，不仅降低了行政成本，而且减少了中间的政策解读，行政审批，资源传递路径，这对提高行政效率显然很有帮助。

4）从微观经济发展的角度来讲，省管县体制避免了市管县体制下县级政府的财政紧张状况，有利于县乡基层政权建设。县乡基层政权建设在稳固社会主义制度方面发挥着重要作用，而财政充裕度作为其重要支撑显得尤为必要。目前县乡基层政权普遍存在财政资金不足，入不敷出的情况，特别是取消农业税之后，这种情况进一步加剧，加之某些市级政府配套资金不到位甚至剥夺县级发展资源和政策，截留省级财政对县级财政的补贴。省管县实施之后，财政上县将与市脱钩，而直接归省级政府管理，这一弊端将得到很好的解决。而且县乡基层政府将获得更大的发展机会，财政也将慢慢充裕，这显然有助于基层政权的稳固。

二、省管县路径分析

省管县改革即通过变革“省—市—县—乡”四级地方政府行政架构为“省—

市（县）—乡”三级来达到缩减行政层级，提高行政效率和降低行政成本的目的。从本质上讲，省管县是县级政府权力的扩大和地级市权力的缩小，它调节的是市县利益格局的重新分配，其归宿是市县平级统归省级政府领导。市管县体制从根源上讲始发于改革开放初期，1983 年之后在全国开始普及，市管县的初衷是要解决城乡分离，县乡基层发展严重滞后的弊端，基本思路是通过发挥中心城市的辐射带动作用来实现，然而由于相关配套设施没有及时跟进，市管县只在少数地区实现既定目标。相反由于地市政府发展自身的投机主义，市管县还衍生了许多问题，市级政府在财政拨付，税收比例，招商引资政策，经济社会管理权限，行政审批等各方面对县级政府予以干预，相对于自己的下级，地级市拥有绝对权威，这大大影响了县域经济的发展。也正是在这样的背景之下部分省份开始了省管县的改革探索。

尽管省管县在体制上拥有诸多优势，在实践中也收到了良好效果，但由于它调节的是地级市和县级政府的利益格局，上收的是地级市政府的既得利益，加之相关经验不足和改革的复杂性，因而必然要遭遇重重困难。笔者认为这些困难主要包括以下几点：

第一，地级市政府的阻挠。由于省管县后，地级市政府将失去对县的领导权（包括行政权、人事权、财政权），也将丧失区域经济发展的统筹规划权。因而改革的推进，必然会受到既得利益者地级市的干扰和阻碍，省管县的试点推行在一些地方已经促使地级市政府吞县并市（即市级政府吸纳周边经济实力较强的县市为自己的一部分）。

第二，省级政府管理幅度过大的问题。省管县实施后，市政府和县政府将统归省政府领导，省政府的管理幅度必然瞬间剧增。科学研究表明，省级政府的管理幅度一般控制在 50 个左右为佳，然而现实中若实施省管县后，省级政府的管理幅度将远远超出，如四川共有 181 个县、河北共辖 172 各县、河南有 159 个县，这样改革后每个省级政府平均下辖的将近 90 个左右，严重超出了科学标准，巨大的管理幅度对省级政府是不小的压力，因而有学者提出要化小省级建制。但行政区划的调整涉及现有利益格局，风俗习惯，风土人情，因而改革复杂性可想而知。

第三，如何监管省级政府下放给地方政府的各项权力。省管县改革后，原先属于地级市政府的权力，包括经济发展，社会管理，行政权和人事权以及司法权都将逐步下放到县里，县级政府以现有的能力和资质能否承接，下放后各项权力的监管问题，如何避免以往改革的“一放就乱”的现象等都是对省管县不小的考验。

第四，如何正确处理地级市和县的关系问题。省管县最终要达成的改革目的是县市相互独立，互不隶属的平级关系。这对原本拥有对县政府管辖权的市级政府来讲是权力的消解，改革后市级政府对县级财政的补贴和拨款是否随之消失，如何更好地维护市县关系，这也是省管县要面临的挑战。

第五，关于市级政府机构调整和人员精简问题。改革实践表明，凡是牵扯利益格局变动和人员精简问题，改革的阻力就会更大，困难就会更多。省管县改革必然要涉及市级政府机构的裁撤和人员的精简，这也是改革最大的难点所在，因而如何处理显然是值得研究的重要课题。

也正是基于改革的复杂性和挑战性，所以中国的历次行政体制改革都遵循“先行试点，稳步推进，稳扎稳打”的战略，也有学者将其称为“中国式的摸着石头过河”战略。省管县改革也是如此，就目前来看，省管县已在全国多个省份开始试点，改革的强度或者说内容一般以财政省管县为主，适当下放部分经济社会管理权，就试点的选择地域来讲一般选取经济实力较强的县市。笔者认为财政省管县是全面展开的突破口，将为下一步做“预热”工作，就省管县的路径选择来说有两个，即强县扩权和弱县扩权。通过扩权的方式逐步增强县域政府的自治能力与决策执行能力并最终使县级政府从地级市的行政权威中剥离出来，成为地方基层自治的中坚力量。

（一）省管县的路径之一——强县扩权

由于强县自身具备诸多有利条件，比如经济发展基础较好，基础设施比较完善，自身改革需求比较大等因素，因而要求通过扩权的方式来加大自身发展自主权的呼声很高，这一现象在沿海地区表现得最为明显。强县扩权能够成为省管县的路径之一是由多种条件所决定的：首先，受国情影响，正如著名学者俞可平所言，中国的改革无论是经济体制改革还是政治体制改革都不可能一步到位，都要走积小变为大变，边探索边改革，通过在旧体制周围培育新兴力量逐步代替原有体制的办法来进行，他形象地将其称为“增量改革”。省管县改革同样不可能一步到位，正如前面所分析的，这是由改革的复杂性和艰巨性所决定的，可见强县扩权，通过扩大县级政府的各项权力来逐步培植县域经济社会发展条件最终实现县市分离的途径无疑是一条可行之路。其次，受现有行政体制影响，“市—县”结构已经成为制约某些经济强县进一步发展的瓶颈。伴随经济实力的增强，某些县市已经获取了巨大发展，但由于现存的行政体制影响，县市发展受到财政体制，人事权限，税收比例，社会管理等体制的制约不能“大展拳脚”，这些县市要求改革的呼声很高，因此经济发展较快的市县要求扩权强县的现实需求也成为省管县的动力之一。

（二）省管县的路径之二——弱县扩权

这里的弱县是相对于强县来说的，是指经济社会发展相对较弱的县市，这些县市普遍面临着壮大县域经济的压力。相对于强县来讲，他们要求扩权的愿望应该更高，正如前面所分析的，受现有行政体制影响，某些地级市自身发展尚且步履维艰，难以带动和指导县市发展。相反出于发展自身的投机主义，一些地方出现财政、税收“市刮县”、“市卡县”、补贴“缺斤短两”现象，某些地级市政府甚至集所辖县市之力发展本市经济。这就造成了县乡基层经济社会发展的严重滞后，加剧了城乡贫富差距。省管县的弱县扩权路径实质上是要通过扩大弱县的经济社会发展权力，在财政、税收、政策等方面对弱县现有的不利体制予以调整和纠偏，最终壮大县域经济实体。与强县相比，弱县扩权的任务更加艰巨，哪些权该扩，哪些权不该扩，扩到什么程度都是值得研究的课题。相对于强县来讲弱县扩权要达到两个目的，一是通过扩权来壮大县域经济实力；二是通过扩权首先是财政省管而后是人事、行政、司法等权力的相对独立来真正实现省管县，市县分离。就中国整体来讲，强县毕竟是少数，弱县占据主流，因而积极探索弱县扩权的路径对于发展中国整个县域经济实体无疑意义更加重大。

概而言之，无论是强县扩权还是弱县扩权都是实施省管县，发展壮大县域经济的突破口和前奏或者说过渡。强县扩权是在县域经济发展条件较好的基础上进行的，弱县扩权则基础条件较差，二者先天条件存在差异，扩权的幅度和力度相对也有所差异。但殊途同归，二者的归宿必然是一样的，即省管县，下一节将从多个角度对强县扩权和弱县扩权做对比分析。

三、强县扩权与弱县扩权的对比分析

（一）强县和弱县的内涵界定

要研究强县扩权和弱县扩权，首先必须弄清楚二者的内涵。哲学上讲任何事物都是相对的，实际上强县和弱县也只是一个相对概念，没有绝对的强和弱之分，对于强县和弱县可以从人口规模、经济实力、区位优势、资源状况、发展潜力等因素予以解读。所谓的强县即在上述各种因素评估中综合实力较为突出的县域，而所谓的弱县也即综合实力较弱，发展优势不明显的县市。笔者认为可以从两种思路来界定强县和弱县，第一种思路：在全国范围内设定一个标准，比如以全国百强县的第 100 位为参照系，凡是在人口规模、GDP 总量、城镇居民人均可支配收入，以及农村居民人均纯收入等指标上达到或超过的即可定义为强县，反之则为弱县。第二种思路，以省或者区域为单位，设定省内或区域内某个比例，比如前百分之几为强县（市），之后为弱县。第一种思路为绝对标准，第二种思路为相对标准，涉及的指标如前面所述，排名须是综合指标实力排名而非单一指标排名。两种思路各有利弊，以下做简要分析。

第一种思路，在全国范围内设定统一标准，笔者倾向于以全国百强县为参照系。中郡县域经济研究所成立于 1998 年，是全国第一家专门从事全国县域经济研究和服务的社会机构，被称为“中国县域经济第一所”。中郡县域经济研究所自 2000 年以来一直从事全国县域经济基本竞争力评价研究工作，在对全国县域经济取样对比分析的情况下，每年出版《中国县域经济年鉴》，年鉴总结出了中国县域经济的整体概况和发展动态，能够较好地反映出县域经济发展取得的成绩和存在问题，有助于我们做纵向和横向对比分析。他们所采用的衡量县域经济竞争力的指标包括：经济实力、发展程度和富裕指数等，见表 12-1。①

表 12-1　全国县域经济竞争力评价指标体系

经济实力	人口		做人均数用	1
	地区生产总值			2
	地方财政收入（地方财政一般预算收入）			3
	地方预算内财政支出		参考	4
富裕程度	县域	人均地区生产总值		5
	居民	农民人均纯收入		6
		城镇居民人均可支配收入		7
发展速度	GDP 增长率			8

注：①选取以上指标的指导思想：评价工作具有可行性；评价结果具有全面、客观、可比的特点；评价工作要常年进行，为全国每个县市提供动态坐标。评价数据能够客观地核实。②与经济指标相关的社会指标，如教育、医疗卫生等，可以通过经济指标来反映。县域经济不仅是社会感念，还是社会概念，也是政治概念。

按照这样的指标体系，中郡县域经济研究所（简称“中郡所”）推出了全国县域经济基本竞争力百强县，又分地区推出了中部、东北部和西部百强及十强县市，尽管他们采用的指标体系不能非常精准地反映各个县市的竞争力状况，但能够在全国范围内采样统计分析已经十分难能可贵。笔者认为他们的工作和成果还是有着很高的参考价值的。截止到 2003 年 12 月 31 日，全国县级行政区划有 2861 个（香港特别行政区、澳门特别行政区、台湾省除外），其中：市辖区 845 个，县级市 374 个，县 1470 个，自治县 117 个，旗 49 个，自治旗 3 个，特区 2 个，林区 1 个。中郡所出版的《中国县域经济年鉴（2009 卷）》中，共有全国 2001 个县市单位参与评价，不包括县级市辖区，其中县级市 367 个、县 1462 个、自治县 117 个、旗 49 个、自治旗 3 个、特区 2 个、林区 1 个。评出的县域经济百强县大体为 20∶1，即 20 个参评县市中认定一个为强县，综合竞争力较高。

中郡所界定的第九届全国县域经济强县包括全国县域经济百强县、西部百强县、中部百强县和东北十强县，共有 310 个。全国县域经济强县发展水平是：人均地区生产总值达到 36 320 元，农民人均纯收入约为 6570 元，城镇居民人均可

① 资料来源：中国县城经济网 . www. china-county. org.

支配收入约为 14 680 元，分别是全国平均水平的 160.42%、138.00%、93.02%。①

对于他们对经济强县的界定，本节基本持认可态度，尽管把全国经济百强县和西部百强县，中部百强县，东北部十强县放在一起统称为中国县域经济强县有不妥之处。比如，几大部分的经济实力相差很悬殊，百强县的最后一名其经济实力可能比西部百强县的前几名还要强大，但如果仅以全国经济百强县为参照系和起点，这个标准又太高。统计显示，2009 年全国百强县（市）的分布是：在 18 个省（市、区）有分布，具体是：河北省 5 个，山西省 2 个，内蒙古自治区 2 个，辽宁省 5 个，吉林省 1 个，黑龙江省 1 个，上海市 1 个，江苏省 27 个，浙江省 26 个，福建省 8 个，江西省 2 个，山东省 26 个，河南省 8 个，湖南省 4 个，广东省 2 个，四川省 1 个，陕西省 2 个，新疆维吾尔自治区 1 个。可见若以此为绝对标准，某些省份特别是中西部省份符合条件的县市寥寥无几。如前所述，强县和弱县是一个相对标准，在某一特定区域内亦有不同标准，因而笔者并不认同单纯以百强县为参照系来区分强县和弱县。

第二种思路，以省或者区域为单位，设定省内或区域内某个比例，比如前百分之几为强县（市），之后为弱县。这种划分方法也是利弊兼有，优点在于避免了以百强县为绝对标准，能够兼顾中西部省份的省情，鼓舞经济较为落后地区树立发展信心；缺点在于，从经济总量和富裕程度上人为降低强县标准，不利于全国范围内强县标准的认定。比如，苏浙地区比较发达，无论是经济发展还是社会进步都已经达到强县标准，若划分某个比例，不太切合实际，也容易造成县市间的恶性竞争。另外，某些县市可能已经进入全国百强县，若按照此种方法划分却没有进入强县行列。这种方法的另一个弊端就是强县之间的差距进一步拉大，特别是中西部和东部之间，因而笔者认为这种方法也不够科学。

综合以上分析，对于强县和弱县的界定，笔者更倾向于走“中间路线”，所谓的中间路线，是指区别于单纯以全国百强县和以省或区域为单位的划分方法，借鉴二者的优点和不足，具体来讲，是指包含全国百强县在内的省或者区域内县市的一定比例为强县，在这一比例之内即为强县，之外为弱县。换句话说，强县的范围为：进入全国百强县的县市；在一省或一区域之内达到某一比例或者说某一名次。这种方法的难点在于科学确定比例和名次，笔者结合扩权县的实际来看，认为一般确定为 20%比较妥帖。也可参照中郡所公布的 310 个经济强县市的经济平均规模，即人均地区生产总值达到 36 320 元，农民人均纯收入约为 6570 元，城镇居民人均可支配收入约为 14 680 元，达到此标准的即为经济强县，没有达到的可以认定为较弱的县。本节所指的强县和弱县出于分析的便利性，也参照此标准。

---

① 相关数据参见中国县域经济网：www.china-county.org.

（二）强县和弱县扩权的动因、难点分析

1. 强县和弱县扩权的动因分析

强县和弱县都有扩权的内在需求，这个内在需求就是二者扩权的动力。当然由于县域经济发展水平的不同，二者的扩权动力也有所不同。强县扩权的背景是自身已经积聚巨大的经济能量，软件和硬件建设取得巨大成就的情况下进行的，扩权是为了谋求更大的发展自主性，获取更大的发展空间和发展资源，是在“好的基础上追求更好”或者说“锦上添花”。而弱县扩权则是为摆脱自身发展滞后的贫困状态，一般来说，弱县由于经济发展落后，软硬件建设严重滞后，基础设施配套不能满足需要。在招商引资，孕育新生事物方面没有优势可言，与强县相比已经落后很多，加上自身受到所属地级市的“压、刮、卡”以及在财政税收、补贴配套资金方面严重入不敷出，因而扩权以强县的愿望会更加强烈，有人形象地称扩权对于弱县是一种“雪中送炭”。

无论是扩权对于强县的“锦上添花”还是对于弱县的“雪中送炭”，都表明了县域发展经济对于扩权的渴望。前面第三章已经从市管县体制弊端和省管县体制优势角度对省管县的必要性进行了论述，前面也分析到扩权是实施省管县体制的前奏和过渡，特别是财政省管县可以说是全面推进省管县的先头工作。目前已经有浙江、河南、湖北、河北、安徽等许多省份开始省管县特别是财政领域的省管县试点，实践证明已经取得了良好效果。就扩权的县市来说，浙江属典型的强县扩权，而河南、湖北、河北在选取扩权县市上也很慎重，一般都选取本省内经济实力较强、区位优势较为明显的县市作为试点。可见相对于经济发展较为落后的县市，强县在扩权方面更加主动和更有优势，强县已经具备了进一步发展的软硬件设施，而弱县由于自身条件的不成熟，往往在获得优惠政策方面处于劣势。

总之，无论是强县还是弱县扩权所面临的外部环境是一样的，即都是在全球性治理理论要求分权和新公共管理理论倡导的地方自治性理念下展开的，强县和弱县都面临着发展壮大县域经济，改善县乡基层群众生活水平的压力，这是二者扩权动因的相似之处；不同之处在于扩权要求的强烈程度、扩权硬件建设和软件建设的不同。强县扩权是追求“锦上添花”，弱县扩权是希望“雪中送炭”，当然由于县域发展的参差不齐，强县和弱县扩权的内容和强度会有所不同，将在后面的章节予以分析。

2. 强县扩权和弱县扩权难点分析

扩权在某种程度上可以理解为放权，中国在历史上曾多次放权，又多次收权，放权的原因在于“一管就死”，收权的原因在于“一放就乱”。如何走出“一管就死，一放就乱”的怪圈，是合理配置权力乃至如何更好地进行扩权强县的首要工作。一管就死的原因在于管制太严使下级政府机关没有发展的自主性和决策空间，唯上级命令是从，而上级政府由于不了解基层实际而经常出现决策失误或

不切合实际的现象，这既打击了地方政府的积极性又加重了上级政府的负担，因而高度集权不可行；一放就乱在于对于下放的权力缺乏监管，获得权力的部门对权力的认识不到位以及组织建设不到位。

强县扩权就目前的情况来说包括苏浙一带，主流是财政省管，经济管理权限的下放。换句话说，扩权主要是赋予经济发展较好的省份在经济管理上与地级市政府相同的权限，配套下放社会管理权、行政审批权。强县扩权由于走在弱县的前面，有探索的性质，因而面临着更多困难，有不少学者认为省管县只在财政领域扩权，而人事和行政乃至司法领域很少涉足，没有及时跟进，扩权效果并不理想。笔者持认可态度，本节认为中国历次改革之所以成效甚微，一个重要原因就是单项改革单刀直入，配套制度机制建设不到位。目前的省管县改革很难取得突破的原因就在于改革仅集中于财政领域，其他领域没有及时跟进。同理，强县扩权的难点就在于扩权的领域比较狭窄，行政、人事、司法领域涉足太少，这会造成扩权的不均衡，下放权力不全面，一定程度上束缚了县市的手脚，也造成了县市体制运转的摩擦和不协调。就浙江来说，尽管权力下放相对较多，但只是财政领域、行政和人事领域仍然是市管县。本节认为由于强县的经济发展基础好，软件和硬件建设比较完善，已经具备承接行政和人事权力的下放，强县应该放开手脚，同时在人事和行政领域同时推进，最终实现实际上的“省管县”。

弱县扩权相对于强县来讲处于“第二梯队”，无论是在扩权内容上还是在扩权强度上都处于初级阶段，这个阶段既有优势也有劣势。优势在于可以借鉴强县扩权经验少走弯路，劣势在于自身发展较慢，软硬件建设滞后，扩权条件不优越。这个阶段也决定了弱县扩权既有与强县的相似之处又有自己的独特之处。弱县的县情在比较大的程度上是县级财政紧张，入不敷出，软硬件建设落后，投资环境较差，但扩权空间比较大，县级政府的扩权发展积极性也比较高。这个县情也决定了弱县扩权的难点在于自身发展资金不足，扩权内容和强度的确定，以及对下放权力的监管问题。经济基础决定上层建筑，弱县经济的落后一定程度上决定了弱县政府组织的不强势，对于扩大后的权力能否很好承接，合理运用也是个巨大的挑战。

综合以上分析，强县和弱县都有通过扩权途径达成自身发展的要求，只是扩权的阶段不同而已。一般而言，由于强县经济基础较好，软硬件建设较为齐备，扩权的阶段超前一些，幅度大一些，范围广一些；而弱县的扩权则处于初级阶段，可能主要是财政领域的扩权及省级统筹，其他领域很少涉足。强县扩权的难点在于如何在经济管理权下放的同时统筹下放人事权、行政权、司法权，同时理顺各方面的关系；弱县扩权的难点在于如何结合具体县情，有针对性地下放经济管理权和其他权利，改善弱县投资环境，建立具有本县特色的产业体系，最终富民强县。

（三）强县和弱县扩权内容分析

扩权内容即省级政府为更好地发展县域经济而下放给县市的权力，这些权力原先一般为地级市政府或省级政府所拥有。从各省的扩权实践来看，浙江和海南以及安徽比较彻底（下放权力幅度较大），其他省份则各有侧重，但总体来说扩权主要集中在经济管理领域，适当下放部分社会管理权。

浙江是典型的县域经济强省，全国百强县占据数目一直名列前茅。浙江经济强县的扩权大致进行了四次，四次扩权可以归结为县域经济为谋求更大发展潜力和空间的现实诉求。

1）1992年浙江省出台政策扩大萧山、余杭、鄞县，慈溪等13个县（市）的经济管理权，扩权内容包括加大基本建设和技术改造项目审批权，扩大外商投资项目审批权，简化相应的项目审批手续等四项权力。

2）1997年浙江又在萧山、余杭等地扩权，使扩权县享受一部分地级市才拥有的权力，这些权力主要包括基本建设和技术改造项目审批管理权限、对外经贸审批管理权限、金融审批管理权限、计划管理权限、土地管理权限等11项。

3）2002年，浙江省委办公厅又下发了《中共浙江省委办公厅、浙江省人民政府办公厅关于扩大部分县（市）经济管理权限的通知》，按照“能放都放”的总体原则，把313项涵盖计划、经贸、外经贸、国土资源、交通、建设等12大类扩权事项下放到绍兴县、温岭市、慈溪市、诸暨市、余姚市、乐清市、瑞安市、上虞市、义乌市、海宁市、桐乡市、富阳市、东阳市、平湖市、玉环县、临安市、嘉善县以及杭州市萧山区、余杭区和宁波市鄞州区等20个县级行政区，这次扩权几乎涵盖了省市两级政府经济管理权限的所有方面。

4）2006年，浙江省出台《关于开展扩大义乌市经济社会管理权限改革试点工作的若干意见》，决定在义乌市试点进一步扩权。文件规定，除规划管理、重要资源配置、重大社会事务管理等经济社会管理事项外，赋予义乌市与设区市同等的经济社会管理权限。其中包括允许义乌市根据经济社会发展需要，调整和完善有关管理体制和机构设置；支持和帮助义乌市设立海关、出入境检验检疫、外汇管理、股份制商业银行等相关分支机构，并协调赋予这些分支机构设区市或相当于设区市的职能；完善义乌市经济管理服务网络，并且建立和完善党政领导干部激励机制。还配套下达了《关于义乌市扩权试点实施方案的复函》、《关于扩大义乌市部分经济社会管理权限的通知》以及《关于省级有关会议和文件发放范围扩大到义乌市的通知》三个政策文件。文件明确将金华市的16项管理权限以延伸机构的方式、115项管理权限以委托或交办的方式下放给义乌市；扩大义乌市472项省级部门经济社会管理权限；省级部门制定和下达的各类经济社会发展方面的计划和指标，凡是安排到设区市的，扩大安排到义乌市，并对省级有关会议和文件发放、业务性工作和责任制考核、统计报表上报，以及与管理权限下放相关的行政事业性收费等问题作了规定。截止到 2007 年年底，文件中明确下放的 603 项扩权事项已全部完成权限移交，其中有 572 项事项和权限已得到落实。浙江省政府下放的事项共计 443 项，金华市下放的事项共计 129 项。这次扩权使义乌市拥有了几乎和地级市相同的经济发展管理权限，进一步改善了义乌市的发展环境，大大增强了义乌市的发展潜力，同时也为浙江省进一步放权做了很好的试点工作。[①]

河南省 2004 年 4 月出台《关于发展壮大县域经济的若干意见》，2004 年 5 月下发《河南省人民政府关于扩大部分县（市）管理权限的意见》（豫政［2004］32 号），紧接着又下发河南省《关于进一步落实扩权县（市）政策的通知》，一系列文件的陆续出台奠定了河南省发展县域经济，扩权强县的决心和举措。其中，《河南省人民政府关于扩大部分县（市）管理权限的意见》在综合考虑各县（市）在区域中的地位、经济总量、财政实力、工业基础、城镇化水平、经济特色和发展潜力，以及省级财政承受能力的基础上，决定扩大巩义市、项城市、永城市、固始县、邓州市、新密市、新郑市、登封市、荥阳市、偃师市、沁阳市、义马市、灵宝市、长葛市、禹州市、林州市、新安县、新乡县、渑池县、安阳县、孟州市、伊川县、博爱县、辉县市、舞钢市、鹿邑县、淅川县、汝州市、淇县、长垣县、临颍县、尉氏县、濮阳县、潢川县、西平县等 35 个县（市）的管理权限。

意见对巩义市、项城市、永城市、固始县、邓州市等 5 个区位优势明显、有望培育成未来地区性中心城市的县（市），赋予与省辖市相同的经济管理权限和部分社会管理权限。具体来讲主要包括：①计划直接上报；②财政直接结算；③经费直接划拨；④税权部分扩大；⑤项目直接申报；⑥用地直接报批；⑦证照直接发放；⑧统计直接报送；⑨政策直接享有；⑩信息直接获得。而对新密等 30 个县（市）的经济管理权限则有所侧重，意见同时规定，对新密市、新郑市、登封市、荥阳市、偃师市、沁阳市、义马市、灵宝市、长葛市、禹州市、林州市、新安县、新乡县、渑池县、安阳县、孟州市、伊川县、博爱县、辉县市、舞钢市、鹿邑县、淅川县、汝州市、淇县、长垣县、临颍县、尉氏县、濮阳县、潢川县、西平县等 30 个经济基础好、发展潜力大、特色和优势明显的县（市），赋予省辖市的部分经济管理权限：在建设项目管理、土地审批、证照发放方面享有与巩义等 5 县（市）第⑤、⑥、⑦项规定完全相同的经济管理权限；在税权方面

---

① 参见：《中共浙江省委办公厅、浙江省人民政府办公厅关于扩大部分县（市）经济管理权限的通知》、《关于开展扩大义乌市经济社会管理权限改革试点工作的若干意见》、《关于义乌市扩权试点实施方案的复函》、《关于扩大义乌市部分经济社会管理权限的通知》及《关于省级有关会议和文件发放范围扩大到义乌市的通知》。

享有与5县（市）第（四）项规定中第④、⑤、⑥、⑦小项完全相同的权限。[①]

由河南省下放给巩义、项城等五个县市和其他30个县市的权力构成，不难看出，河南省扩权强县的政策是有所选择和有所侧重、分阶段、分步骤进行的。巩义、项城等五县市由于经济基础好，区位优势明显，有望发展为中心县域城市，因而政策比较优越，放权幅度比较大，放权范围比较广，不仅有经济管理权限的下放，还配套下放社会管理权，享有很多地级市才享有的权限待遇。而新密、新郑等30个县市放权范围和幅度则有所收敛和侧重，主要集中在发展经济方面，项目申报、用地审批、证照发放以及相关税收方面。这一安排，笔者认为可能是出于多重考虑，首先是试点，强县和弱县扩权的试点。按照前面对于强县和弱县的界定，巩义、偃师、新郑、新密、禹州、永城、邓州、项城、固始等位列全国百强县或中部百强县行列，属于典型的强县；而部分县市如伊川县、博爱县、辉县市、舞钢市、鹿邑县、淅川县、汝州市、淇县、长垣县、临颍县、尉氏县、濮阳县、潢川县、西平县等则属弱县，本次扩权既有弱县又有强县，要义在于“强弱的先行试点”为以后的“整体推进”积累经验。

综上所述，就浙江和河南扩权强县的情况来看，强县扩权和弱县扩权在范围、幅度、内容、力度上存在较大差异。强县扩权范围比较广，力度比较大，内容涉及经济发展、社会管理、行政审批、人事改革等各个领域，其参照系是比照地级市所拥有的权限来进行的，遵循的原则是“能放就放，能扩就扩”；而弱县则处于前期的试水阶段，无论是试点规模还是扩权内容都相差甚远，主要集中在经济发展和一般项目审批方面，并且在政策支持方面优势也很不明显。这可能是考虑到弱县经济薄弱，组织建设滞后，资源区位优势不明显，没有现成经验可借鉴的原因。从这个角度讲，弱县扩权还有很长的路要走，可谓任重而道远。

四、我国省管县改革的实践进程及模式

（一）我国省管县实践进程分析

2005年6月在农村税费改革工作会议上，温家宝总理曾经指出“具备条件的地方可以推进‘省管县’试点”；我国《国民经济和社会发展第十一个五年规划纲要》中明确指出要“理顺省级以下财政管理体制，有条件的地方可以实行省级直接对县级的管理体制”。就省管县的具体实践来看，浙江省走在改革的前列，最早探索省管县，目前积累了不少成功的经验，改革比较

① 参见：2004年河南省《关于发展壮大县域经济的若干意见》、《河南省人民政府关于扩大部分县（市）管理权限的意见》（豫政［2004］32号）、河南省《关于进一步落实扩权县（市）政策的通知》以及河南省人民政府公报（2004年7月）等相关文件。

全面，涉及财政省管县，经济管理权限和部分社会管理权的下放，通过扩权强县，使浙江县域经济获得巨大发展，基层政府积聚了相当的经济实力。随后，湖北、河南、山东、河北、福建等省份相继出台相关政策，效仿浙江开始了财政省管试点和部分经济管理权的下放，改革扩大了县级政府的自主权，改善了县级财政长期出现的积贫积弱局面，省级政府也加大了对县的补贴力度，收到了较好效果。

1. 浙江省管县概况及成效

浙江省是我国最早推行强县扩权做法的省份，同时也是唯一在财政和行政两个方面都试行省管县的省份。为了确保县级事权、财权的统一及壮大县域经济实力，浙江自1983年开始在财政上试行省直管县；于1992年扩大了全省13个经济发展较快的县市在基本建设、技术改造和外商投资项目等方面的审批权；2002年8月，又将313项原属地级市的经济管理权下放给绍兴、温岭等20个经济强县（市、区），从而扩大了这些地方政府在计划、经贸、外经贸、国土资源、交通、建设等方面的权限；从2005年开始，将县（市）党政一把手的任命权收归省管，从而强化了省对县的直接管理，扩大了省和县的管理权限；2006年年末该省再次出台扩权政策，向义乌市全面放权。①

通过省管县改革浙江省县域经济获得了很大发展。有关资料显示，截至2003年年底，浙江省县域经济的平均规模已达到GDP93.92亿元，人均GDP 16 251元，位居全国最前列；县域财政总收入达651.13亿元，占全省的44.3%；地方财政预算内收入为305.70亿元，占全省的43.3%，全省58个县（市），除庆元县财政总收入为9596万元之外，全部进入亿元县（市）行列，其中16个县财政总收入超过10亿元。② 2004年，全省58个县（市）地方财政收入上亿元的有55个，比2000年增加20个。截至2004年年底，浙江省36个县和22个县级市GDP总量为6465.9亿元，比2000年的3778.5亿元增长71.1%，占全省生产总值的53.8%，年均递增14.4%。③ 浙江省县级政府在扩权之后，发展积极性和自主性获得了很大提高，尤其是财政省管和经济管理权的下放，盘活了整个县域经济，有学者将之称为“浙江真经”“浙江秘籍”，与其他省份相比，浙江省管县实施后县域发展的比较优势也很明显，见表12-2。

国家农调总队的数据进一步说明和印证了浙江省管县的成效，这也为省管县的体制优势提供了数据支撑。

---

① 贺先志，王仕军．试析当前我国省管县体制改革的动力、局限和途径．岭南学刊，2008，(2)：110-112.

② 浙江省财政厅．全省财政工作综述．浙江财政年鉴（2005）．北京：中华书局．2005.

③ 张兴华．全面建设小康社会：浙江城乡统筹发展现状和对策分析．浙江省统计局研究报告．2005.

表 12-2　2001～2006 年浙、苏、鲁、闽、粤入选全国百强县数量

年份	浙江	江苏	山东	福建	广东
2001	24	17	21	7	12
2002	24	17	20	8	15
2003	27	21	21	7	9
2004	27	21	21	8	6
2005	27	22	22	8	3
2006	25	21	21	8	1

资料来源：www.china-county.org.

2. 湖北、山东、河南、河北、福建、海南等省的省管县实践

鉴于浙江省管县取得的巨大成就，一些省份开始效仿浙江省纷纷出台相关政策文件进行强县扩权改革，于是以财政省管县为突破口，省管县实践逐渐展开。湖北省借鉴浙江省经验，出台文件“鄂［2004］13 号”将 239 项扩权事项下放至基层，其中包括经济贸易发展权、旅游交通、劳动人事、市场监管、税务财政、环保税利等、共涉及 23 个政府部门。随后湖北省政府又决定在全省的 52 个县市推行财政省管县体制；山东则于 2003 年出台《中共山东省委、省人民政府关于加快县域经济发展的意见》，对经济强县和经济弱县分别采取不同扩大经济自主权的决定（各 30 个）；河南省于 2004 年 4 月出台《关于发展县域经济的若干意见》，明确提出要扩大县市经济管理权；紧接着，在 5 月份又出台《扩大部分县（市）管理权限的意见》，对巩义市、项城市、永城市、故始县、邓州市等 5 个区位优势明显的县市赋予同地级市相同的经济管理权限和部分社会管理权限。同时扩大了偃师市等 30 个县市的部分经济管理权限；2008 年 6 月海南省委常委审议通过了《中共海南省委关于进一步完善省直管市县管理体制的意见》，拟向全省下放 197 项行政权力。这一政策对海南省政府和县市政府的职责进行了明确界定，即省政府应“重点加强规划发展、政策指导、统筹协调，执行和执法监管等宏观管理职能”，县市政府则应“集中精力推动经济社会发展”。据海南省委政策研究室副主任郑锋介绍，此次下放的权限，省人民政府所属部门不得以任何理由上收，改革的最终目标是让县级政府拥有同地级市一样的权力。

扩权强县改革使这些省份的经济发展后劲明显增强。以湖北省为例，2003 年 6 月，湖北省创新体制，对大冶、京山等 20 个县市实施扩权，省对县市实行项目、信息和资金直达。2004 年又进一步扩大了省直管县的范围。2004 年，湖北省县域共引进内外资 426 亿元，比上年增长 64%；实际利用外资 4.03 亿美元，比上年增长近 20%。下放 239 项审批、审核权限，实行信息、项目、资金直达。一系列优化县域经济环境的改革措施，使湖北省县域经济连年提速。2004 年，湖北县域生产总值达到 3440.8 亿元，占全省比重达 54.44%，比 3 年前提高 7.4

个百分点。①

这些省份的省管县实践可以看出扩权强县的某些特点：第一，各省均是仿效浙江经验，希望通过扩权强县发展县域经济；第二，就省管县内容或者层次来讲，主要是下放部分经济管理权限和部分社会管理权限，试点的基本领域是“县财省管”或“财政省管县”，对于人事和行政领域很少涉足；第三，改革选择的县市多是在本省有着较强经济实力，区位优势较为明显的县市，并在政策上予以优惠和放活；第四，改革在成效上都起到了增强基层政府自主权和决策权的作用，总体来讲刺激和激发当地经济社会发展。尽管如此，由于经验不足，相关配套改革的跟进不足，以及各地经济社会发展的复杂性，省管县的体制优势还没有真正发挥，作用还不太明显，但笔者相信随着省管县体制改革的纵深推进，试点县经验的不断积累和成熟，县域经济的发展壮大只是时间问题。

（二）省管县模式分析

就目前我国省管县实践的发展类型而言，依据扩权幅度和强度可划分为四种模式，即“浙江模式”、“河南模式”、“河北模式”、“海南模式”，这四种模式在扩权强县改革中各有侧重，各具特色。

1. “浙江模式”

单就省管县体制而言，浙江可以毫无疑问地坐拥“老大”地位，这主要取决于浙江在省管县过程中所取得的巨大成就和自身的改革“资历”条件。早在1983年，当全国开始逐步试行推广“市领导县”体制的时候，浙江就依据自身空间面积狭小，战略资源稀缺，地市规模不大，县市数量较少的“省情”，开始探索“省管县财政体制”，积极筹划扩权强县战略，放活壮大县域经济。随后，浙江四次扩权，下放经济发展项目审批权，经贸发展招商引资权，同时在计划管理，金融管理，用地审批等权限上逐步放开，特别是2006年以义乌市为试点的扩权改革几乎赋予义乌等同于地级市的权力。浙江强县扩权改革理顺了行政体制和财政体制关系，极大地激发了县市发展的积极性和自主性，放活了浙江民营经济，改革成效显著。浙江省管县改革的主要特点：

第一，财税合一，分级管理。浙江省实行省管县财政体制，以20世纪90年代初期撤地设市为分水岭，在未撤地建市之前，所谓的省管县，是通过行政公署代管形式，和全国其他地区没有多大差别。地建市之后，财政拨款与结算由省直接对县市，其他财政管理职能仍然是省、市、县市三级不变，税与财政机构未分设，地税管理仍实行省、市、县市三级管理。

第二，以取为主，统筹兼顾。改革开放以来，浙江经济得到迅速发展，财政收入大幅增加，2003年浙江省有27个县市进入全国百强县市，总数位列全国第

① 傅光明．论省直管县财政体制．财政与发展，2006，(1)：32-33.

一。该省的财政特征是以取为主（以上交为主）做到统筹兼顾。一是向中央积极争取政策支持，对上交县市实行“少交多留，藏富于县”的政策帮助；二是集中资金对困难县市进行补助，并将富裕县对口支援贫困县；三是对市给足管县经费和城市建设发展资金。

第三，上收人事权利。从2005年开始，浙江省将县市党政一把手的任命权收归省管，有人将其总结为强化省和县的措施之一。[①] 尽管浙江模式在省管县领域已经取得了很大成效，但改革也暴露出一定的问题，主要是财政领域的单兵突进，行政和人事改革没有及时跟进。

2. “河南模式”和“河北模式”

河南模式很大程度上和浙江模式相似，共同点都是选取本省经济实力较强，区位优势明显的县市来试点，给予经济管理权限和部分社会管理权限。不同点在于河南和浙江省管县力度和范围存在差异，后者较为成熟，前者则处于试点阶段，且两个省份县域经济发展基础差距明显，河南乃农业经济大省，浙江属典型的民营经济强省。河北省管县改革起步较晚，改革突破口依然是财政省管县和部分经济社会管理权限的下放，其特色在于选择试点县市上的“因地制宜”，即选取经济实力较强的县市试点，同时兼顾选取经济实力较弱的贫困县试点，便于对比扩权前后强县和弱县的发展特点，积累经验，适时全方位推进。就扩权内容来讲，河南和河北有较大相似之处，都是经济管理权、项目审批权、部分税收征管权和用地审批权的下放，人事和行政领域很少涉及，处于改革的初级阶段。

3. “海南模式”

海南省管县改革与浙江、河南、河北等省份相比差异明显，首先海南省域面积较小，县级区划较少，在全国34个省级行政区域中，面积排名第29位。早在1988年海南建省之初在行政体制上便实行县与地级市平级的行政管理体制。海南全省有2个地级市、6个县级市、4个县、6个民族自治县都由省里直接管理，彼此间没有从属关系。这不仅实现了财政层面上的省管县，更是实现了行政层面的省管县。海南改革的最大特色是下放行政权力，2008年6月海南省委常委审议通过了《中共海南省委关于进一步完善省直管市县管理体制的意见》（下称《意见》），向全省下放197项行政权力，放权范围包括：一是将市县政府及其所属部门应该行使的行政管理权还权于市县；二是将地级市政府及其所属部门行使的行政管理权下放给市县；三是将部分属于省政府及其所属部门行使的行政管理权，“通过行使特别立法授权等法定程序，下放市县政府行使”。放权的标准是“经济管理事项能放则放，社会管理事项考虑到市县承接的能力不同，下放行政管理事项时不搞一刀切，对海口和三亚两个地级市实行区别对待”。同时对于已

① 王昕明，成金香．关于湖北“省管县”财政管理级次问题探讨．地方财政研究，2005，(7)：25.

经下放的行政权力，省人民政府所属部门均不得以任何理由上收，扩权改革的最终目标是让市县拥有同地级市相同的权限。由于海南的独特历史（原归广东省管辖，后升格为省）海南自建省之初便实行财政省管，现今的改革主要是调整省市县的行政权力关系，给高度集中的行政权力“松绑”，放活县级政府发展自主权，壮大县域经济。总体来说，笔者认为海南的省管县改革比较深入，财政领域和行政领域都已涉及，不足在于人事改革方面，海南的改革面临的一个特殊问题就是如何在财政和行政改革的基础上，探索“人事省管县”，探索对下放权力的有效监管。但无论如何海南已经在省管县改革上迈出了重要的一步，这次改革对于推动地方民主政治和社会自治发展必将意义重大。

第二节　河南省邓州市“强县扩权”改革分析

一、河南省邓州市的基本概况

（一）自然状况

邓州市位于河南省西南部南襄盆地中部偏西地区，豫、鄂、陕三省交界部位。全市辖 29 个乡镇、办事处，578 个行政村，152 万人口，其中城镇人口 40 万人，总面积 2300 平方公里，耕地 260 万亩。“山少岗多平原广”为邓州市的地貌特点。地势西北高东南低，地面平均坡降在 1/800～1/1200。境内有大小河流 29 条，较大河流有湍河、刁河、赵河和严陵河，分别从北部或西部入境，汇集于东南部，注入白河，流入汉水。河流之间，自然分割成扇形冲积平原，在北部、中部和东部形成大面积肥沃土地。土层深厚，土质为保水保肥性能强的潮土、黄老土和黑老土。属亚热带季风型大陆性气候，受季风转换影响，寒往暑来，四季更迭分明，温暖湿润。年降水量 723.8 毫米，平均气温 15.1℃，年平均日照 1985.9 小时，无霜期平均为 229 天。

优越的自然环境为农业发展提供了良好条件。盛产小麦、玉米、绿豆、黄豆、红薯、棉花、烟叶、芝麻、花生等粮食和经济作物，年粮食总产 7 亿公斤以上，棉花总产 3500 万公斤，烟叶总产 2000 万公斤，花生 1000 万公斤，为全国 50 个商品粮基地县之一，并被国家确定为优质棉基地县（市），是河南省油料生产和优质烟出口的重要县（市），是中国辣椒第一市和长江以北最大的莲菜基地。其中，小麦、烟叶为两大优势，烟叶以“邓片”驰名中外。家畜、家禽 10 余类 40 多个品种，其中，南阳黄牛饲养比重占牲畜总数的 95%，年存栏 45 万头，生猪存栏 70 万头，家禽 1500 万只，为河南省南阳黄牛繁育基地之一。山羊饲养量大，皮张品质优良，为河南省山羊板皮基地县（市）之一。还有多种野生动物。林木资源丰富，矿产较多。林木 57 科、69 属、150 多种。矿产主要有水泥灰岩、熔剂灰岩、电石灰岩（包括方解石、冰洲石、水晶石、重晶石、墨玉大理石等）、高岭土、耐火土及煤、黄铁、镜铁等，多产于西部山区。杏山的石灰岩碳酸钙含量品位高达51%，水泥灰岩储藏量13亿吨，溶剂灰岩2亿吨，电解灰岩2000万吨，黑墨大理石1100万立方米，花岗岩储量600万立方米，是发展建材工业的理想基地。

（二）经济发展状况①

改革开放30年以来，邓州人民在市委、市政府的领导下，深入贯彻党的路线方针政策，以经济建设为中心，以经济结构调整为主线，以企业改制、项目建设为突破，围绕建设"经济强市、文化名市、现代化中等城市"目标，带领全市人民与时俱进，开拓创新，抢抓机遇，奋力拼搏，不断推进改革开放和现代化建设，邓州古城出现了翻天覆地的变化，国民经济和社会事业取得了辉煌成就。

1. 国民经济：规模与结构同步调整

2007年，邓州国内生产总值达到165.25亿元，是1978年的67倍，年均增长10.4%，人均国内生产总值由1978年的207元增至10 679元，地方财政一般预算收入达到3.21亿元，是1978年的13.1倍，年均递增9.3%，居民储蓄存款56亿元，年均增长25.5%。

经济结构调整取得明显成效。30年来，国民经济主要比例关系呈现良好的发展走势，一、二、三产业构成已由1978年的66.2∶7.1∶26.7演变为2007年的32.2∶40.6∶27.2。2006年产业格局由"一、二、三"演变为"二、一、三"，实现历史性跨越，农业在国民经济中的比重逐年下降，工业在国民经济中的比重稳步提高，对经济的支撑作用不断增强，经济增长的质量和效益全面提高。

2. 农业经济：以粮食经济为轴心共同发展

邓州是农业大市，是全省主要的粮、棉、油、肉生产基地。30多年来，邓州不断加强农业基础设施建设，努力改善农业生产条件，尤其是近几年得益于中央惠农政策的大力扶持，充分调动了农民的生产积极性，促进了粮食生产的稳定增长，使产粮大区的地位得到进一步巩固。2007年，全市粮食总产100.2万吨，比1978年增加68.63万吨，年均增产4.1%。在稳步发展粮食生产的同时，积极调整优化农业结构，集中培育林牧烟棉四大特色产业，努力提高土地产出效益，2006年粮食、油料、棉花和肉类等大宗农产品分别位列全国50位、2位、48位和35位；2007年油料、棉花、肉类产量分别达到2.26、3.44和19.1万吨，和1978年相比年均分别增长8.9%、6.2%和10.1%。2007年畜牧业产值34亿元，占农业总产值的34.4%，比1978年提高24个百分点，畜牧业发展迅速对农业经济的支撑作用不断增强。

---

① 参见 http：//www.ha.stats.gov.cn/hntj/ztlm/sldylhnjj/webinfo/2008/11/1226576610901035.htm.

3. 工业经济：由弱到强迅速发展

1978年以来，在“工业立市”的战略指导下，邓州工业克服重重困难，走上了一条以转换经营机制、调整产品结构、膨胀工业规模为主的发展道路。“十五”期间，邓州工业加快企业改制，通过实施“租、引、破、转、卖”六字方针，采取有进有退的国有经济战略布局调整，使大部分国有集体企业实现了产权置换和产权多元化，从而搞活了经营机制，减轻了企业债务负担，盘活了国有资产。近几年，通过大力招商引资，使一大批工业项目如金星啤酒、永泰棉纺、凤凰纺织、化纺公司、北园木业等陆续在邓州落地生根，尤其是大水泥项目的建成投产，在邓州工业发展史上具有里程碑的意义，推动了工业规模快速扩张，产业结构调整优化。目前，邓州工业已形成了以纺织服装、粮油食品、林板纸、水泥建材四大支柱产业为主导的产业格局。创出了“久友”面粉、“长中”黄酒、“益嘉”地板、“雪阳”彩棉、“佳利来”油漆、“杏山”牌水泥等一批省、市名优产品，使昔日的农业大县逐步向产业门类齐全的工业化中等城市迈进。截至2007年年末，全市工业企业已达1120家，是1978年的9.26倍，其中规模以上企业120家，是1978年的8.2倍。2007年全市工业增加值达62.1亿元，是1978年的353倍，年均递增14.5%。工业增加值在国民经济中的比重达到37.7%，比1978年提高了30.6个百分点，工业在国民经济中的主导地位日益突出。

（三）行政区划变革

全市辖11乡、13镇、3个街道办事处和1个管理区，分别为古城街道、花洲街道、湍河街道、罗庄镇、汲滩镇、穰东镇、孟楼镇、林扒镇、构林镇、十林镇、张村镇、都司镇、赵集镇、刘集镇、桑庄镇、彭桥镇、张楼乡、白牛乡、夏集乡、裴营乡、文渠乡、高集乡、陶营乡、小杨营乡、腰店乡、龙堰乡、九龙乡。共578个村（居）委会，6962个村（居）民小组，见表12-3。

表12-3　邓州市全市行政区划表

乡（镇）办名称	2004年			2005～2010年		
	合计	村委会	居委会	合计	村委会	居委会
全市	578	558	20	578	523	55
古城街道办事处	8	—	8	8	—	8
花洲街道办事处	9	—	9	9	—	9
湍河街道办事处	17	17	—	17	—	17
汲滩镇	10	10	—	31	30	1
穰东镇	31	28	3	31	28	3
孟楼镇	14	14	—	14	11	3
林扒镇	18	18	—	18	17	1

续表

乡（镇）办名称	2004年			2005～2010年		
	合计	村委会	居委会	合计	村委会	居委会
构林镇	26	26	—	26	24	2
十林镇	27	27	—	27	25	2
张村镇	25	25	—	25	23	2
都司镇	19	19	—	19	18	1
赵集镇	25	25	—	25	24	1
刘集镇	24	24	—	24	23	1
彭桥镇	25	25	—	20	19	1
罗庄镇	22	22	—	22	20	2
桑庄镇	19	19	—	19	18	1
白牛乡	23	23	—	23	23	—
元庄乡	21	21	—	—	—	—
夏集乡	28	28	—	28	28	—
裴营乡	28	28	—	28	28	—
文渠乡	21	21	—	21	21	—
高集乡	21	21	—	21	21	—
陶营乡	16	16	—	16	16	—
小杨营乡	16	16	—	16	16	—
张楼乡	20	20	—	20	20	—
腰店乡	24	24	—	24	24	—
龙堰乡	23	23	—	23	23	—
九龙乡	18	18	—	18	18	—
杏山管理区	—	—	—	5	5	—

资料来源：《河南省邓州市2010年统计年鉴》

二、邓州市“强县扩权”概述

（一）邓州市扩权的依据

1. 邓州市“强县扩权”的依据

（1）科学发展观为邓州扩权改革提供了政治依据

党的十六大报告提出：“要进一步转变政府职能，改进管理方式，推进电子政务，提高行政效率，降低行政成本，形成行为规范、运转协调、公正透明、廉洁高效的行政管理机制。”[①] 为我国的行政体制改革指明了方向。2006 年 3 月 16 日，十届全国人大四次会议审议通过了《中华人民共和国国民经济和社会发展第十一个五年规划纲要》。这是一部以“科学发展观”为指导，统领我国今后一个时期经济社会发展的纲领性文件。与行政区划体制改革相关的内容主要包括：①深化政府机构改革，优化组织结构，减少行政层级，理顺职责分工，提高行政效率，降低行政成本，实现政府职责、机构和编制的科学化、规范化、法定化。合理划分中央与地方及地方各级政府在经济调节、市场监管、社会管理和公共服务方面的权责。②健全市场机制和合作机制，健全区域协调互动机制。③建立城市群发展格局，增强城市群的整体竞争力，发挥带动和辐射作用。④完善财政体制。“调整和规范中央与地方、地方各级政府间的收支关系，建立健全与事权相匹配的财税体制。”“完善中央和省级政府的财政转移支付制度，理顺省级以下财政管理体制。有条件的地方可实行省级直接对县的管理体制，逐步推进基本公共服务均等化。”[②]“十一五”规划为今后一个时期我国行政区划体制改革提供了总体思路。这表明，改革市管县体制，扩大县（市）行政管理权限已成为中央和省的共识。

推行省直管县市体制，减少中国行政区划及相应行政管理体制的层级，进而带动省、县两级行政区管辖幅度的调整，建构规模合理、层级简化、活力旺盛的中国特色的行政区划体制及其相应的政区管治体制，是深入贯彻落实科学发展观，实施“全面、协调与可持续发展”战略和“五个统筹”要求的客观要求；是加快全面建设小康社会，推进现代化、新型工业化、城市化和市场化最重要的体制创新；还是发展中国特色社会主义，推进中国政治制度现代化和民主化的重要战略举措，具有长远的战略意义和实践意义。因此，科学发展观和中央一系列精神，为邓州市扩权改革指明了方向，提供了政治依据。

（2）组织结构的相关理论为邓州市扩权改革提供了理论依据

根据行政管理学原理，管理幅度与管理层次是组织结构的基本范畴。幅度构成组织的横向结构，层次构成组织的纵向结构，水平与垂直相结合构成组织的整体结构。管理幅度，又称控制幅度，是指一名主管人所能够直接领导、指挥和监督的下级人员或下级部门的数量及范围。管理层次，亦称管理层级，是指组织的纵向等级结构和层级数目。管理层次是以人类劳动的垂直分工和权力的等级属性为基础的。不同的行政组织其管理层次的多寡不同，但多数可以分为上、中、下三级或高、中、低、基层四级。管理幅度与管理层次是影响组织结构的两个决定性因素。在组织条件不变的情况下，管理幅度与管理层次通常成反比例关系，即

① 参见：《江泽民在中国共产党第十六次全国代表大会上的报告》第 34 页。

② 参见：《中华人民共和国国民经济和社会发展第十一个五年规划纲要》。

管理幅度宽，则管理层次少，反之亦然。因此，追求行政组织纵向结构中管理层次与管理幅度的合理比例，是公共行政的一个重要内容。

通过精简行政管辖层级和调整行政管辖幅度，合理配置与高效利用行政资源，降低社会管理成本，是深化行政管理体制改革、推进政治文明建设的重要途径。在现代社会经济系统复杂系数与风险系数不断增加的情况下，提高政府掌控、驾驭社会经济系统环境变化的能力是政府面临的突出问题。合理调整行政管辖规模、减少行政层级、增强政府活力，是消除市场经济体制性障碍的战略途径。这些为邓州市扩权改革提供了科学的理论依据。

2. 邓州市“强县扩权”的可行性分析

邓州市区位优越，交通便利。邓州地处武汉、郑州、西安大三角和南阳、襄樊、十堰小三角的中心地带，市场辐射面广，是国家南水北调中线工程渠道所在地，是西部大开发的桥头堡，具有承东启西的作用，焦枝铁路纵贯全境。公路运输四通八达，许平南高速公路、207 国道和六条省干线穿境而过，靠近 312 国道、宁西铁路。水路从河口码头入位，通江达海。距襄樊、老河口、南阳三个机场均在 60 公里以内，可直达全国各地。电话、传真可直通世界各国。

近年来，邓州市经济实力不断增强。农村经济持续发展，种植业和养殖业颇具规模，初步形成了林、牧、烟、棉四大支柱产业；工业门类齐全，形成了粮油加工、棉纺加工、林产品加工、建材、医药化工等体系各类企业 500 多家，尤其粮油加工业久负盛名，产品远销全世界；第三产业快速发展；综合经济实力明显增强。综合经济实力排在河南第 40 位。

此外，投资扩大，基础设施完善。城市建设发展迅速、中等城市框架基本拉开，城市基础设施建设逐步完善，服务功能基本齐全，形成了纵横交织、主干分明的城市道路骨架。湍河风景区等风景带的建成，使城市功能更加完善。目前，建成区面积 35 平方公里，规划面积 45 平方公里，城市人口 30 万人，并以每年 2 万人的速度增加。随着被省赋予省辖市经济管理权限和部分社会管理权限，邓州发展将更加迅猛，建成中等城市指日可待。

（二）邓州市“强县扩权”的历程与基本内容

邓州市作为河南省“扩权强县”的首批试点县级市，其“省直管县”的实践历程是从 2004 年开始的，经历了两个阶段。为进一步激发县域经济发展活力，河南省政府与 2004 年下发了《关于扩大部分县（市）管理权限的意见》，成为邓州市“省直管县”历程的开端。此后，以这个文件为核心，邓州市被赋予与省辖市相同的经济管理权限和部分社会管理权限，“省直管县”改革步伐日益加快。

1. 第一阶段（2004～2006 年）：开始实施“强县扩权”

2004 年 3 月，省委省政府召开发展壮大县域经济工作会议。同年 4 月，《河南省委省政府关于发展壮大县域经济的若干意见》出台，提出要扩大县（市）经济社会管理权限，赋予巩义、永城、项城、固始、邓州五县（市）省辖市的经济管理权限和部分社会管理权限。这些权限包括：计划直接上报、财政直接结算、经费直接划拨、项目直接申报、用地直接报批、证照直接发放、统计直接报送、政策直接享有、信息直接获得、税权部分扩大等。与此同时，另外30个基础条件好、经济实力强、发展速度快的县（市）也享受原地级市掌握的在项目申报、用地报批、证照发放等方面的经济管理权限，以及部分税收权限。两者相加，在这次“扩权强县”改革中，河南省共计35个县市的管理权限被大幅度提升。具体而言，扩权内容有以下几个方面①。

（1）计划直接上报

邓州市的国民经济和社会发展年度计划、中长期规划、专项规划、行业规划，以及各业务部门的专业计划、业务报表，由县（市）有关部门直接向省有关部门上报、衔接，同时抄报所属省辖市有关部门。省有关部门对邓州市的计划指标进行直接平衡，并在其所属省辖市名下以“其中”形式列出。

（2）财政直接结算

邓州市财政实行与省财政直接结算。邓州市的财政预决算在报所属省辖市财政汇总的同时报省财政审核。省财政批复决算、安排转移支付和补助专款时，将邓州市的所属省辖市名下以“其中”形式列出，直接批复安排到市。实行对省结算后，从2004年起，省财政按照存量不动、确保既得利益的原则，重新核定邓州市对所属省辖市本级的上解基数固定上解省级，由省财政返还所属省辖市。邓州市新增财政收入除中央和省级分成外，原则上全部留归市。邓州市因财政结算体制变化对所属省辖市本级财力造成较大影响时，由省财政根据省辖市本级财力状况给予适当补助。相关省辖市2004年前对邓州市的财政补助和追加专款（剔除一次性因素），按2003年以前三年平均数专项上解省级，由省财政直接补助到市。邓州市现金管理体制随财政结算体制变化相应调整。邓州市政府的财政决算由省审计部门直接审计。

（3）经费直接划拨

省有关部门向省辖市划拨各类事业费、交通规费等建设资金、预算外返还资金、福利救济资金、科技计划项目经费等资金时，凡按规定5县（市）应当享有的，一律在所属省辖市名下以“其中”形式直接向邓州市划拨。拖拉机和摩托车养路费由邓州市自行组织征收和安排使用，不再与所属省辖市分成；客票附加费和货运附加费、道路运输管理费征收计划由省对邓州市单列，征收资金直接解缴到省，客货附加费返还资金（包括征收工作经费及分成资金）和道路运输管理费分成资金由省直接拨付到市，由市按规定自行安排使用。省交通规费安排的农村

① 参见：《关于扩大部分县（市）管理权限的意见》。

公路建设切块补助资金对邓州市实行计划单列，资金直接拨付到市。

（4）税权部分扩大

1）邓州市因自然灾害等不可抗力需要税收减免的，由市有关部门直接报省有关部门按有关规定办理。

2）邓州市30亩以下的耕地占用税减免，由邓州市自行审批，报所属省辖市备案。

3）邓州市国税部门的涉税行政审批权限比照省辖市国税部门的审批权限执行。主要是：生产性外商投资企业享受企业所得税“两免三减”税收优惠的年度确认，外商投资企业免征地方所得税的年度确认，外商投资的先进技术企业所得税优惠延长减免的审批，外商投资企业的外商税后利润再投资退税的审批，外商投资企业年度财产损失金额在100万元以上需要在税前扣除的项目的审批，外商投资企业根据实际需要计提坏账准备金的审批，内资企业所得税财产损失税前扣除的审批，民政福利、校办企业的认定，饲料减免税审批等。

4）邓州市地税部门受理纳税人的营业税政策性减免事项，依照省辖市的审批管理权限办理。即纳税人申报的营业税政策性减免数额在50万元以下的，邓州市地税部门按政策规定直接办理。

5）邓州市地税部门受理纳税人的企业所得税政策性减免事项，依照省辖市的审批管理权限办理。即纳税人申报的企业所得税政策性减免数额在100万元以下的，邓州市地税部门按规定直接办理。

6）邓州市地税部门受理纳税人的税前弥补亏损、处理财产损失事项，依照省辖市的审批管理权限办理。即纳税人申报的税前弥补亏损、处理财产损失，数额在300万元以下的，邓州市地税部门按政策规定直接办理。

7）邓州市的企业投资于符合国家产业政策的技术改造项目，其国产设备投资额的40%抵免企业所得税申请，由县级地税部门受理并直接报省地税部门审核确认。

（5）项目直接申报

邓州市需要经过省辖市向省有关部门上报的固定资产投资项目和申报投资补助的建设项目，包括国家财政性投资项目、国家银行优惠政策性贷款项目、国家和省统借统还的国外贷款项目（跨县级行政区域的除外），以及使用省工业结构调整、高新技术产业化、农业结构调整、县域经济发展等专项资金安排的建设项目，一律改由邓州市有关部门直接向省有关部门申报。

凡符合国家产业政策，不在国家和省审批范围，不需要省、省辖市两级出资或平衡建设条件的建设项目，一律比照省辖市权限由邓州市自行审批，核准或按规定进行登记备案。

邓州市申报的省级、国家级各类科技计划项目，由市有关部门直接上报省有关部门，并抄报所属省辖市有关部门。

邓州市对所辖行政区域内所有建设项目的环境影响评价文件的审批，享有省辖市有关部门的权限，审批项目每半年向省有关部门备案。

邓州市境内省出资的或受国家委托的重大建设项目招标文件备案，由市有关部门直接报省有关部门。

（6）用地直接报批

邓州市国土规划、土地利用总体规划的编制、修编和调整，由市政府直接报省政府审批、报省有关部门备案，同时抄报所属省辖市有关部门。矿产资源规划（含专项规划）和土地开发整理等专项规划，由邓州市政府直接报省有关部门审批并备案，同时抄报所属省辖市有关部门。土地利用年度计划由邓州市有关部门直接向省有关部门申请核准。需省政府审批的各项建设用地，由邓州市政府直接报省政府。在邓州市区域内的省重点建设项目用地，经邓州市有关部门初步预审后，由项目法人直接报省有关部门审核、审批。省级审批的土地开发项目，矿产资源勘查、开采、保护项目以及矿山生态环境恢复治理项目的立项，由邓州市有关部门直接报省有关部门审批。邓州市有关部门自行设置乙类矿产中型以下的采矿权。

（7）证照直接发放

邓州市有关部门直接向行政管理相对人核发省辖市权限内的各类证照。主要包括经营性收费、商业流通、对外贸易、质量技术监督、工商行政管理、建设、交通、农业、林业、水利、科技、教育、食品药品监督管理、卫生、文化、体育、旅游、民政、劳动用工、社会保障、户籍、统计等方面的证照。邓州市工商行政管理部门享有省辖市工商行政管理部门的企业登记管理权限。属于省有关部门发放的证照和批准的事项，一律由邓州市有关部门直接报省有关部门审批、核准，报所属省辖市备案。

（8）统计直接报送

邓州市的统计指标由市有关部门直接向省有关部门对口上报，并抄报所属省辖市有关部门。省有关部门依据统计法律、法规，提供、发布分地区统计资料时，将邓州市的资料在所属省辖市名下以“其中”形式列出。

（9）政策直接享有

省政府及有关部门依据法律、法规和行政管理的实际需要，委托省辖市政府及有关部门代行的管理权限，邓州市同时享有。国家和省在经济社会发展和国民经济管理方面新制定的各项政策，包括经济管理体制改革中新确定的管理权限划分，凡省辖市享有的，邓州市均直接享有。

（10）信息直接获得

省政府召开的综合性会议、省政府各部门召开的专业性会议、发放的各类文件、指导工作的各类信息，凡是省辖市参加或享有的，均扩大到邓州市。

2. 第二阶段（2006～2009 年）：进一步深化扩权

2006 年 3 月，河南省委、省政府召开第二次全省县域经济工作会议，加大了政策扶持力度。从 2004 年文件实施以来，赋予 35 个扩权县（市）的 80 项主要管理权限总体落实情况较好，有力地激发了全省县域经济的发展活力，县域经济实力迅速扩大。但是，部分下放的管理权限还没有落实到位，为进一步贯彻落实扩权政策，继续执行 32 号文件中第 20、23、52 和 74 项管理权限，并修改第 12、14、30、43、58、61 和 68 项权限。

具体内容如下：

1）第 12 项管理权限修改为：扩权县（市）地税部门受理纳税人处理财产损失事项，按照省辖市的审批管理权限办理。即纳税人申报的财产损失税前扣除，由企业所在县（市）地税部门按政策规定直接办理。

2）第 14 项管理权限修改为：扩权县（市）需要经过省辖市向省有关部门上报的固定资产投资项目和申请投资补助的建设项目，包括国家财政性投资项目、国家银行优惠政策性贷款项目、国家和省统借统还的国外贷款项目（跨县级行政区域的除外），以及使用省农业结构调整、县域经济发展等专项资金安排的项目，一律改由县（市）有关部门直接向省有关部门申报。成立了工业结构调整办公室、高新技术产业化办公室并能提供相应配套资金的扩权县（市），由该县（市）直接向省工业结构调整办公室、高新技术产业化办公室申报省工业结构调整高新技术产业化专项资金。

3）第 30 项管理权限修改为：办理《国家鼓励发展的外资项目确认书》、《外商投资企业进口更新设备技改及配备件证明》，由扩权县（市）有关部门直接报省有关部门核准。办理《国家鼓励发展的内资项目确认书》、《符合产业政策的技术改造项目确认书》，对限额以下的免税材料由扩权县（市）有关部门初审后直接报省有关部门办理。

4）第 43 项管理权限修改为：《河南省取水许可制度和水资源费征收管理办法》（省政府令第 59 号）第八条、第十一条规定范围的取水许可，河道（省管河道）采砂许可，乙丙级《编制开发建设项目水土保持方案资格证书》审核，三四级水利施工企业资质及水利施工企业安全资格认证核准，水利工程质量监督员资格核准，由扩权县（市）自行办理、报省审批、报所属省辖市备案。

5）第 58 项管理权限修改为：扩权县（市）对本辖区内加油站建设自行规划，并对加油站的建设、证照发放进行初审。

6）第 61 项管理权限修改为：外商投资企业中先进技术企业的考核确认，技术进出口备案许可，典当经营许可证申报，成品油市场规划局审定及仓储设施、加油（气）站（点）建设定点及企业经营资格审核，由扩权县（市）自行审核、报省审批、报所属省辖市备案。

7）第 68 项管理权限修改为：持有《医疗机构制剂许可证》的医疗机构申报配制制剂，由扩权县（市）直接受理并初审（包括资料的形式审查、现场考核）、报省审批、报所属省辖市备案。

三、邓州市扩权的成效与困境

（一）邓州市扩权改革取得的成效

1. 提高了行政效率

邓州市享有计划直接上报、项目直接受理等 8 个直接权限，简化了手续，加快了速度，提高了效率，营造了宽松的发展环境，直接促进了邓州市的招商引资工作，减少了审批环节。省对县市的资金直接、及时调度，减少了过去的中间环节，加快了资金周转速度，提高了财政资金运转效率。同时，财政政策直达县(市)，减少了中间环节，避免了信息传递过程中的政策曲解和工作延误，提高了行政效率。

2. 信息获取更加直接

省发改委、交通厅、财政厅、林业厅、水利厅、畜牧厅、民政厅、科技厅、计生委等部门召开的由省辖市参加的会议都直接通知邓州市参加，发放的各类文件直发邓州市。省农业厅、国土资源厅、农机局、卫生厅、人事厅等部门的信息也直发邓州市。

3. 促进了县域经济发展

邓州市获得与省辖市相同的经济和部分社会管理权限后，该市由此跃上一个新的战略起点，县域经济实现了新的跨越。以县域经济发展的重要衡量指标——人均 GDP 的增长为例，2005 年以后人均GDP 比扩权前明显加快。强县扩权政策对县域经济的影响初步显现。同时，扩权后所属的固始县 2005 年共向上级财政争取资金 2.5 亿多元，净增 9000 多万元；财政支出首次突破 6 亿元大关，达 6.12 亿元，增支 1.08 亿元，是历史上增支最多的一年，其中用于教育支出 1.89 亿元、卫生支出 4284 万元、科技支出 87 万元，分别增长了 22.6%、30%、35.9%。公共财政的保障能力进一步提高，全社会固定资产投资 24.9 亿元，增长 33.2%；社会消费品零售总额 26.97 亿元，增长 15.4%。投资和消费对县域经济的拉动作用显著增强。

（二）邓州市实施扩权改革中的困境分析

1. 邓州市的资金支持来源减少，省辖市对其支持力度减弱

近年来，中央和省级政府为了推动县域经济的快速发展，加大了对重点领域和重点项目的资金支持力度，其中部分项目配套资金需要省、市、县三级政府及有关部门共同承担。但扩权以后，一方面，多数省辖市认为扩权县（市）财政体

制已经上划，对应承担的配套资金不再安排；另一方面，由于资金配给比例依然按照“三级负担”的原则，造成了原来应由省辖市配套的部分项目资金安排落空，给扩权县（市）的发展造成很大制约。

也就是说，扩权县在得到管理权扩大、主动权拓宽、扶持政策增加的同时，面临着省辖市对其支持力度减弱，配套资金不到位的问题。扩权县虽然得到了与省辖市经济社会等同的权限，但却没有得到与权力相匹配的利益支持。从市的角度来看，财政实行省管县后，市的财政收入减少了，但很多社会服务性事项由市管理县。例如县级扶贫、环境保护，基础设施等事项，省要求地级市配套拨款，市不得不拿出市财政扶持。除此之外，市还承担着为扩权县配套建设资金的责任，这些在客观上也对市财政造成压力，不利于市的发展，也使得市在落实配套资金上迟迟不能到位，影响了扩权政策实施的力度。市的财政困难必然迫使其与县（市）争权，导致该放的权力放不下，该落实的政策不落实的局面。而市与县（市）争权也有其法律依据。在《地方各级人民代表大会和地方各级人民政府组织法》中有这样一条规定：“县级以上的地方各级人民政府行使下列职权。”这意味着，县级以上地方各级政府职权交织，界线不清，必然导致争权夺利和推诿扯皮。

邓州成为扩权县（市）后，南阳对邓州的支持力度明显降低，比如在安全饮水项目中，需南阳配套资金 200 多万元，但这些资金并未落实。另外，如沼气工程，需南阳支付的 40 多万元资金也没有到位。2005 年河南省规定的农业重点开发县（市）里，南阳市有包括邓州、方城和唐河在内的三个地方，相关的配套资金由南阳市划拨给了另外两个地方，而邓州市应该得到的 65 万元，却迟迟未予划拨。

2. 省辖市放权不充分

本应赋予扩权县（市）的权力没有真正放开，本应由扩权县（市）享受的政策没有真正落实，存在“先放后收、放小不放大、放虚不放实、明放暗不放”等现象。而且，由于地级市对扩权县的支持力度有所减弱，出现了省与县两级政府积极性高涨，地市一级政府被动应付的“两头热，中间冷”的现象。从政策的执行层面而言，地市的运作是使部分权力成为虚权的主要原因。一些地区在扩大县（市）权力的同时，并没有及时进行有关的配套改革，使得县（市）在许多政策的执行方面仍然离不开地市的配合和支持。这样，原本应下放给县（市）的权力在执行中仍由地市行使，对县（市）而言则成为虚权；另一方面，扩权改革实际上是权力和利益在各级政府之间的再分配，对地市而言则表现为权力的净流出。由于市、县（市）定位不清，地市必然在权力下放过程中竭力保留已有权力，截留上级下放的权力。如有些项目的审批权下放给县（市）以后，但由于县（市）人才储备有限，力量薄弱，无法对项目的科学性进行充分有效的论证，仍然需要地市参与指导，地市也就顺理成章地留下这种权力。这种运作模式本质上与扩权前没有差别，对县（市）来说形成了虚权。

例如，按照省政府扩权的要求，住房公积金的管理应下放给扩权县，由扩权县独立设立机构，单独管理，不受省辖市控制，但至今管理权尚未移交，导致邓州市每年住房公积金有 1200 万元左右的缺位。放权不充分导致资金多头调剂的问题出现。据了解，邓州市企业养老保险基金、医疗保险基金、失业保险基金、机关事业单位养老保险基金的年度征收任务未纳入省直管范畴，依然由省辖市下达。在失业保险金的管理方面，也存在省、市双重管理现象，扩权后，邓州市应纳入省级直接管理的失业保险金，在省劳动和社会保障厅收取 5%的调剂金后，省辖市依然向邓州市收取 20%的失业保险调剂金，每年平均在 100 万元左右。

3. 与省辖市矛盾增大，邓州市的行政协调成本增加

扩权后，尽管从整个省的长期发展来看，行政成本有所降低，效率有所增加。但是对于扩权县来讲，其行政成本却是增加的。一是时间成本加大。扩权以后，扩权县相同会议要参加两次，一般是省里的会议参加以后，还要回到市里继续参加相同的会议。这导致时间成本加大。二是费用有所增加。扩权以后，扩权县常去省里参加会议，这增加了路费和住宿开支。邓州市发展和改革委员会副主任武建玲说，邓州成为扩权县（市）之后，伴随着她去郑州开会的次数明显增多，发展和改革委员会的开支也在明显增加。三是关系成本增加。扩权后，扩权县部分业务直接联系省直厅局，但与省辖市的关系仍不能忽视。本应直接向省直厅局申报的事项，同时又得向省辖市对口单位申报，形成“一文两报”。例如，扩权四年来，邓州市政府不少单位把心思用在如何协调好与南阳市和省有关部门的关系上。因为尽管实行了扩权，但省辖市仍然掌握着扩权县的人事权，因此仍然需要搞好同省辖市的关系，即出现了“双头管理”，而两头扩权县都不敢得罪。

扩权强县改革除了智力支持外，还需充足的财力支持。财权和事权是相统一的，事权扩大了，财权也应相应扩大。而许多地方在实施过程中财政改革滞后，财政上实行省直管县同时，没能科学合理地界定省、市、县（市）各级政府的事权，没能按照事权决定财权的原则理顺财政收入分配关系，事权与财权的比例失衡，影响了扩权改革的运作。从县（市）的角度来看，事权扩大后，由于财政体制改革滞后，不同程度地遭遇到行政成本增加、财力捉襟见肘的困境。

首先是与省的沟通成本增加。在原来市管县（市）的体制下，市与县（市）同在一个地区范围内，市、县（市）联系起来方便快捷，政策的上传下达迅速便利。而扩权后，省与县（市）联系的空间距离拉大，沟通出现前所未有的困难。为解决这一问题，县（市）一方面加强信息平台的建设，另一方面不得不在省会城市增设办事机构，大大增加了县（市）财政支出。其次，由于在扩权后，县（市）社会管理权限的增加，社会事业支出也随之增加，对县（市）财政形成压

力。最后，在扩权的初期，也是政策密集期，为落实有关政策，县（市）为学习、落实有关政策的各种会议也比以往增多，会议开支增加。当原来由市享有的权力下放县（市）以后，一些原来与这些权力相联系的各种财政支出义务也随之下放到县（市），市不再承担相应的支出责任，这使得县（市）财政压力进一步增加。例如，将一部分社保、文教、卫生、医疗等社会管理权限下放给县（市），原来由市对县的低保、卫生、教育及中小学危房改造等一次性补贴改由县（市）支出，使县（市）支出陡然增加；另外，一些贫困县更是不堪重负，严重挫伤了县（市）的积极性。

4. 邓州市对周围区域的辐射和影响力有所减弱

如果将来完全扩权后，邓州市直接面对省，与南阳市及周边县（市、区）联系相对会少些，在南阳相对来说是一个独立体。扩权前，南阳市无论是干部配备、资源配置、规划编制等方面优先考虑邓州市，把南阳市最优秀的干部选配到邓州市，调动全市力量协调解决邓州市的水、电、土地等资源紧缺问题，等等，邓州市干部可以交流到其他县（市、区）带动经济社会发展。如果省管县体制到位，南阳市对邓州市在这些方面的支持力度将会减弱，邓州市对周边县（市、区）的辐射和影响力也可能会降低。

四、推进邓州市“强县扩权”顺利实施的对策建议

（一）调整条块管理，完善市县配套改革

邓州市扩权之后相关的配套资金不到位，原来应由省辖市配套的部分项目资金安排落空，这极大地影响了邓州市县域经济的发展，也给扩权带来了不小的难度。针对此种情况，有以下几个方面的建议。

1. 市、县机构同步改革，提高行政效率

按照我国传统的管理体制，一定的政策决定和执行权从属于某一对应的政府机构。权力下放后，市的对应政府机构人员会出现闲置，人浮于事，而县（市）的对应部门则会人力紧张，人手短缺。因此，必须通过市、县机构改革，才能提高政府办事效率，保证扩权政策的推行。

在机构设置方面，适时精简省辖市的政府机构，充实扩权县的政府机构。就省辖市的政府机构而言，因为权力已经下放到县的部门，实际上已经没有保留的必要了，应及时撤销或合并；权力部分下放的部门，要相应地缩减规模，不能单独成立的部门，要与其他部门合并。就邓州市的政府机构而言，主要是根据省直机构的状况和扩权县承担的经济管理权限，在机构设置、编制等安排上提出具体要求，使扩权县有计划、有目的地进行相应改革，尽快与省直部门衔接。但县级政府的机构设置不能采取“上下对口”的方式，简单复制省政府的机构设置模式，而要从实际出发设置机构。为节约

改革成本，在邓州市机构改革中，应尽可能减少部门设置和人员编制的增加。在搞好权力承接的前提下，能不设置的部门应尽量不设置，能不增加的编制尽量不增加。对于头绪繁多，任务繁重的事项，确需增设专门的部门进行统一管理的，也应按照精简、高效的原则进行设置。

2. 人事改革配套进行，强化人才培养

就人事改革而言，首先是要裁减分流市的冗员。由于某些权限的下放，省辖市在机构改革中，对有关部门也进行了相应的撤销或合并，多余的人员就要分流或裁减。同时，对邓州市在扩权后人才不足的问题要进行分类解决，必要时进行人员补充。因此，最好将南阳市与邓州市的人事改革结合起来，同步开展，形成互补。一个行之有效的办法就是在权力下放时，将人员与事权一起下放到邓州市，即将省辖市一些多余的人员根据其专业、工种下派到邓州，充实人才队伍，弥补人才不足。这些人员下基层后，既可对邓州的有关扩权工作进行指导，也可担任专业人才的培训工作，为扩权政策的推广培养人才。这样，既不增加人员编制总量，又能解决人才短缺问题。例如，在扩权之前，邓州市的有关项目要由市审批，邓州市没有必要储备有关审批方面的人才。扩权后，邓州的权限急剧膨胀，许多项目的审批需要靠其自己把关定夺，在无既往审批经验，又缺乏政策掌控能力的情况下，显得不知所措。这时，就可将市的有关人员与有关权限一起下放到邓州，这些人员审批经验丰富，把握政策的能力强，业务熟练，到邓州市后能立即开展工作，从而可大大提高扩权政策推行的效率。

另外，强化人才培训，提高扩权县把握、落实政策的能力也是扩权县人事改革的必要内容。人才培训既可以在邓州进行业务培训，如申报事宜、审批程序和文本规范等方面的培训，也可以有计划、有选择地分批抽调业务骨干到省或省辖市实习，确实提高县级人员素质，从而缩短工作衔接适应期。

人事改革的另一方面是对扩权后邓州市的领导岗位进行调整。由于扩权强县改革需要上下思想统一，需要邓州市领导切实转变观念，那些不能转变观念，认识水平仍然停留在旧的市管县时代的人必然不能胜任扩权强县的领导工作。因此，必须对其进行岗位调整，选拔德才兼备的人才担任领导岗位。

3. 改革财政体制，确保配套资金到位

改革财政管理体制，首先必须加大对县域财政的支持力度。最根本的一点是确保邓州市落实扩权政策所需的各项资金能及时足额落实到位。具体措施包括：

1）实行省管县（市）财政体制。省对县的转移支付、专项拨款和专项资金补助、资金调度等，由省级财政直接对县级财政进行拨付，各项财政工作直接部署到邓州市，减少中间环节，避免市的截留，以确保下拨给省的各项资金能及时足额到位，并提高财政运行效率。

2）省辖市对邓州市的配套资金实行上缴下拨制度。实行省管县（市）财政体制的同时，市级财政对县（市）财政仍然有指导、支持和监督的责任。实践中，邓州市的有些项目需要由市配套资金，而南阳市总是以种种理由推迟或拒绝下拨资金。因此，南阳市对邓州市的配套资金实行上缴下拨制度，规定市财政必须从县（市）需要由市配套资金的项目立项之日起的一定时间内，将按规定要配套的资金数额上缴省财政，然后再由省财政将该资金下拨给扩权县（市）。对不能按时上缴的，由省财政从年度内省对市的转移支付或其他资金中直接划拨。

3）建立省对县（市）财政的分配激励机制。随着省级财力的增强，可以通过激励机制增加邓州市财政可支配资金总量，如逐步加大对邓州市的财政转移力度；对邓州的奖励幅度与财政收入增长挂钩，将邓州市当年财政收入超过规定比例的部分返还给邓州；对邓州市的专项拨款与其使用拨款的效率相挂钩，对专项拨款使用效率高的，增加拨款，否则缩减拨款总量；调整和增加县级税收分成比例，对邓州市上划省的共享收入，实行增量全部返还；省按分成比例获得的土地出让金，除按规定集中的部分外，全部返还给邓州等。

（二）建立与省辖市的协调机制，加强协调与合作

扩权造成了邓州市事实上与原来隶属的省辖市（南阳市）管理脱钩，催生了与原来省辖市的矛盾。邓州市要主动维护使用对省一级部门的话语权，还要维护与旧“主人”的关系，这就大大增加了邓州市主要领导进行协调的工作量。扩权后，县市普遍感到有了“两个婆婆”，造成办公成本增大。这就需要明确省、省辖市与扩权县三者的角色定位。

1. 省级政府的角色

就省级政府而言，处理好省辖市与扩权县之间的关系，最直接的办法就是明确权利的归属，规范操作程序。明确规定省辖市、邓州市在扩权强县过程中的角色定位，各自的权利和责任，以使其各行其权，各尽其责，避免它们之间争夺权利和相互推诿责任。具体而言，就是要由省级政府明确规定哪些确立仍由地市所有，邓州市需要经地市审批后才能由地市上报到省；哪些权力应属邓州市享有，邓州市有权直接报请省审批；哪些权力由地市和邓州市共同享有，由市、县共同协商执行。另外，省政府还要及时督促市制定相关配套政策，明确工作细则，以防止市抓着权力久拖不放，或放而不决，名义上将管理权限下放，但在具体事宜上仍充当“婆婆”。或走向另一极端，不顾条件，将不该放的权限一放到底，使工作因扩权县缺少承接能力而瘫痪；或放权后对扩权县不管不问、不指导，造成扩权县在行使权力时出现偏差或效率低下。

2. 省辖市的角色

省辖市应明确自己在扩权过程中的定位，重新审视自己在扩权背景下的权责变化，按照省政府确定的省辖市的权利和义务，主动承担相关的责任，充分发挥自己在扩权强县过程中的作用。市最了解辖区内各县（市）的实际，也最熟悉下

放权力的相关工作，因此，应该在扩权过程中发挥更大的作用。市除了要配合省搞好扩权政策的宣传、调研和实施外，还要主动与县（市）充分配合，搞好权力承接及指导和监督工作。一方面，市应在充分研究酝酿的基础上确定哪些权力该放，哪些权力不能放。对该放的权必须放下去，不能掩而不放，放而不决，使省政府的各项扩权政策不能在本级受阻；对不能放的权力必须由市执行。另一方面，市还要充分认识到自己仍然是邓州市的上级，仍然对邓州市负有指导和监督责任，对下放的权力不能放而不管。尤其在扩权改革的初期，限于资质、技术、资源、经验等多方面原因，部分下放的权力，县一级还没有能力落实的，市应及时派员指导，加强培训，在尽可能短的时间内使邓州市具备独立行使权力的能力。同时，南阳市还应对邓州市执行扩权政策的情况进行监督，防止盲目建设、滥用权力、破坏生态等现象的发生。

3. 建立邓州市的双向协调机制

就邓州市而言，应主动与市定期进行沟通，主动接受市的指导和监督。邓州市应搭建省与邓州市之间、南阳市与邓州市之间的网络信息平台，使市县之间能对政策执行过程中出现的问题及时进行协商，对存在分歧的问题及时向省汇报，由省及时加以协调解决；建立定期汇报制度，定期将有关政策的执行情况向市汇报，并听取市的指导意见。

（三）扩大工业投资，发展县域经济

为加快县域经济发展，河南省政府 2004 年赋予邓州、巩义、项城、永城和固始 5 个县市省辖市经济管理权限和部分社会管理权限。在首批 5 个扩权县中，邓州市的各项经济指标基本都处于中等水平，为了更好地发展邓州经济，下面将对 5 个扩权县的经济作比较。

首先，在 4 县市中巩义、永城和项城等综合实力靠前的县市经济的发展都是靠工业快速发展拉动的。工业兴则市兴，工业强则市强，这是一条规律。因为工业较农业有许多优势：一是比较效益高，粮食加工后一般可以增加产值 20 倍以上。二是税收高，每百元净产值提供的财政收入工业是农业的 22 倍。三是工业的产业链条长，可以带动其他产业的发展。巩义、永城和项城的发展经验表明：①都是依托本地优势大力发展工业。不论是巩义的铝制品、耐火材料，还是永城的煤电产业和项城的味精，都是各自依托本地的铝矿、煤矿和丰富的农副产品大力发展加工业，拉长产业链条，实现做大做强工业经济。②培育扶持工业经济发展的龙头企业。如永城的永煤和神火两大集团和项城的莲花集团，这些龙头企业的年产值都在 10 亿元以上。③要保持经济持续快速增长，就必须保持投资特别是工业投资的快速增长。如永城市固定资产投资有 2001 年的 14.3 亿元增长到 2003 年的 34.6 亿元，在全省的综合实力位次相应地也由 2001 年的 31 位提升到 2003 年的 20 位。而项城市固定资产投资 2001～2003 年徘徊不前，只由 11.8 亿元增长到 12.2 亿元，在全省的综合实力位次则由 2001 年的 13 位下滑到 2003 年的 31 位。

其次，国民经济的发展不能仅仅依靠一个支柱产业。4 县市经济发展中既有成功经验也有值得吸取的教训。项城发展经济的实践给我们以启示：一个地方经济的发展不能仅仅依靠一个支柱产业或企业。2001 年莲花味精集团实现产值 37.5 亿元，占项城市全部工业总产值和限额以上工业产值的比重分别为 32.4％和 61.2％，当之无愧是项城市的支柱产业。然而随着市场的变化和莲花集团自身决策的失误，莲花味精集团的经营出现下滑，2004 年元月至 8 月份实现产值 16.3 亿元，比上年同期下降 28.2％。莲花味精集团产值的下滑直接导致了 2004 年元月至 8 月份项城市限额以上工业产值比上年同期下降 17.4％和全部工业总产值仅增长 1.01％。

最后，高起点、高标准地搞好城镇建设。4 县市在大力发展工业的同时，也高度重视城镇建设，固始县更是把城镇化建设作为发展经济的龙头。4 县市在进行城镇化建设时均高起点、高标准地搞好城镇规划，在改造老城区的同时，启动新区建设。固始县自 1998 年开始高标准地进行城镇建设，到 2003 年年底，县城区面积达 22.6 平方公里，城区人口发展到 20.1 万人，大大高于邓州市。借鉴 4 县市县域经济发展的经验加快邓州市经济发展可从以下几个方面着手。

1. 扩大工业投资，加大招商引资力度

要保持经济持续快速增长，就必须保持投资特别是工业投资的快速增长。邓州要想缩小工业上的差距，第一要务就是要加大改革和招商引资开放力度，多上项目、快上项目，做大企业群体规模，树立跨越式发展思路，大上工业项目，夯实工业基础，确保今后较长时期内实现工业高速发展，加快追赶的步伐。邓州市工业无论从规模、总量还是从效益上与周边地区相比都存在较大差距。工业上不去，财政收入就上不去，经济建设就搞不上去。所以要牢固树立“工业立市”的指导思想，牢固树立工业化是城镇化和农业现代化的先导和支撑，没有工业化，城镇化和农业现代化只能是一句空话，实现全面小康也将成为泡影。

2. 借鉴经验，依托本地优势，将汽车汽配业和杨树产业培育发展成为支柱行业

邓州相距十堰市和襄樊市较近，处于东风汽车公司的辐射区域，有发展汽车配套产业的区域优势；同时，邓州市原来拥有一定的汽配产业基础，如车桥厂、西城汽车配件厂和星光厂，有一批技术熟练的工人，便于做大、做强。“杨树经济”，产业链条长，容纳劳动力多，增值环节多，带动能力强，是发展邓州经济的主要产业之一。经测算，若邓州市每年种植、采伐杨树 20 万亩，形成循环后可以转移农村劳动力 11 万人，每年可增加 GDP40 亿元、税收 4.6 亿元、使农民人均现金收入增加 400 元。因此，应更加坚定发展“杨树经济”的信心，实现做大做强“杨树经济”。

3. 抓大放小，培育扶持龙头企业

邓州工业在4县市中较为落后，主要是因为缺少能起到骨干作用的大中企业。因此，在不断加快新的工业项目建设，扩展新的经济增长点的同时，更应选择几个带有全局性的重点工程，以起到拉动整个工业增长的作用。对于已取得突破性进展的70万吨大水泥、省级工业示范园区和热电厂三个大型工业项目要克服种种困难，尽早实现开工建设；对于已投产的金星啤酒邓州分厂要提供优质服务，使其满负荷生产并尽早启动二期工程；对于初具规模的七里店食品园区，要制定更加优惠的政策、创造更加宽松的环境，使其多引资、扩规模，形成邓州又一个特色加工区。

4. 以建设中等城市为目标，加快城镇化进程

建设中等城市，要坚持中心城市和小城镇"齐头并举"的方针，加快中心城市的建设步伐，强化核心城市的职能和地位；围绕中心城市建设，大力发展小城镇，使城镇成为联系城乡的重要环节。要抓住南水北调工程开工进行移民搬迁的机会，抓好户籍改革的政策落实，利用移民开发建设小城镇，加快邓州市城镇化进程。同时，要围绕着城市综合竞争力的提高，以体制创新和扩大开放为动力，高起点搞好城市规划和生产力布局，对产业分布、资源利用、能源供应、交通连接、基础设施配置、公共服务体系进行战略整合，各专业市场要进行准确定位，尽快形成在豫鄂陕三省交界地区有影响力的专业市场；而对穰东、构林、孟楼等重点乡镇要加快基础设施建设，尽快形成分工不同、资源共享、优势互补、发展互动的城镇群。

（四）建立和完善对邓州市的约束监督机制

1. 建立监督约束机制

一是完善政务公开制度，将邓州市对扩权政策的执行情况在政府网站或媒体进行公示，接受市及社会公众的监督，对群众提出的问题和意见要认真解决和接受，使各项政策的执行公正、透明。二是严格实施问责制。将落实权力的责任细化分解，由专人负责。责任人接受来自各方面的监督，并对权力执行中出现的问题承担责任。在此基础上，建立科学的考评体系，对责任人的政绩进行考评，对其能力通过实践进行检验，对其作风通过群众进行民主评议。对弄虚作假、夸大成绩或隐瞒问题的责任人进行严厉制裁，严重的要降职使用或责令其自动辞职；对完不成责任目标的人员责令其限期整改，仍没起色的，予以调离、降职或自动引咎辞职。[①]

2. 建立信息反馈机制

建立畅达的信息反馈渠道。约束监督工作离不开畅达的信息。为此，可根据

① 田学仁. 创新体制，扩权强县. 学习与研究，2006，(7)：17.

具体情况建立各种信息反馈渠道，如意见簿（箱）、监督电话、听取汇报、民主评议会，工作总结会等。

第三节 大名县“弱县扩权”分析

一、大名县情介绍

（一）大名县概述：地理区位与历史沿革

大名县位于河北省东南部（东经115°，北纬36°），地处冀、鲁、豫三省交界处，海拔45米，是冀、鲁、豫三省经济、文化交流的枢纽地带。全县面积1052平方公里，耕地110万亩，辖6镇14乡，651个行政村，人口74.9万。大名历史悠久，文化灿烂。为历代郡、州、府、路、道治所在地，曾三次为都。春秋时代属卫国，名“五鹿”，是历史上著名的“五鹿城”；战国时期属魏国；秦朝为东郡；汉朝为冀州魏郡；唐德宗建中3年（公元782）改称大名府；宋仁宗庆历二年（公元1024）建陪都，史称“北京”，元、明、清为路、府、道所在地；清代曾为直隶省第一省会，曾建大名市。大名县文化灿烂，人文荟萃，历史上曾几度繁荣昌盛，誉满中国古今大地。境内现有五礼记碑、狄仁杰祠堂碑、马文操神道碑、朱熹写经碑、万堤古墓群等省级重点保护文物和宋代大名府遗址、直隶七师校址等名胜古迹，极具旅游开发价值。

大名位置优越，交通便利。地处中原经济圈的中心地带，距北京、天津、青岛在500公里左右，距周边中等城市邯郸、濮阳、聊城均在70公里左右。向西70公里有京九铁路；向北30公里有青红高速与京珠、京沪高速相连，横连京广、京九、京沪三大铁路主干线的邯济铁路过境建站；106国道、215省道和大广高速纵贯南北，313省道横穿东西，距邯郸机场70公里。集公路、铁路、空港为一体，交通条件极为便利。大名资源丰富，产业独特。属黄河冲积平原，温带大陆性季风气候，地势平坦，土地肥沃，农业生产条件得天独厚，盛产花生、小麦、玉米等农作物。是国家小麦商品粮基地县、国家优质小麦规范化生产示范县、国家瘦肉型商品猪基地县、全国造林绿化百佳县。形成了面粉、花生、小磨香油三大特色产业，被国家命名为“中国面粉之都”、“中国花生之乡”、“中国小磨香油之乡”。大名政策优惠，环境宽松。大名是国家扶贫开发重点县、河北省扩权县，享受国家一系列优惠政策，被赋予与设区市相同的部分经济和社会管理权限。制定了项目用地、税费、水电等优惠政策和“一事一议、特事特办”的灵活机制，实施“绿灯工程”，为投资者提供最宽松的环境、最优惠的政策、最优质的服务。

县委、县政府紧紧围绕发展特色县域经济、打造食品工业城、构建三省结合部中心城市的总体目标，坚持以大开放促大名发展，以项目为载体，以特色产业为基础，大力实施开放强县富民战略。用科学发展观规划城市建设，完善城市功能。目前已经形成了“六横九纵”、基础设施齐全、占地 30 平方公里、容纳 30 万人的城市新构架。

（二）大名资源及主导产业

大名县资源丰富，气候宜人，盛产小麦、花生、玉米、大豆、棉花、谷类、薯米等，产量大，品质优，享誉国内外，是国家及河北省小麦、花生、瘦型猪养殖基地县。林果品种繁多，尤以李子著称，质地优良，果品加工大有可为。全县水质资源丰富，地下水可采量约为 1.5 亿立方米。县委县政府按照“扩大花生、调优蔬菜、发展养殖”的总体思路，农业结构调整力度不断加大。目前，大名县已形成“花生、面粉、蔬菜、养殖”四大主导产业格局。

花生产业：大名花生种植面积已达 50 万亩，总产量突破 10 万吨大关，整个花生产业产值达 5.5 亿元。花生龙头市场——南李庄花生市场以其特有的实力年交易额突破了 5 个亿，已成为长江以北最大的花生集散地。2000 年 7 月又投资 1000 万元，将南李庄花生市场扩建成更具规模、更上档次，管理更规范、更科学的现代“花生商城”。花生深加工项目更是品种繁多，出口花生筛选厂、比那特饮料食品有限公司、康威食品有限公司、名龙食品有限公司等龙头企业生产的产品花生米、花生露、烤花生、开心豆已打入德国、日本、新加坡等国市场。随着大名花生集团的组建，大名花生已走上深圳国际粮油贸易网和北京国内粮油贸易网。大名花生已成为全省闻名、全国知名的一大特色产业。

面粉产业：大名小麦种植面积已达 82 万亩，总产达 3 亿吨。全县小麦统一供种率、优良率达到 98%以上，整个小麦产业产值达 5.1 亿元。小麦的丰产丰收为面粉加工提供强大的原料保证。为带动基地发展，全县重点扶持建设一批规模大、科技含量高的，对整个产业牵动力大的龙头企业、龙头市场。目前全县面粉加工企业达 30 余家，日加工小麦近 4000 吨，年产值 8000 万～1000 万元以上的龙头企业达 8 家。作为面粉行业龙头——五得利面粉集团公司，属全国面粉加工企业三强，名列全省第一。面粉产品有高筋富强粉、高筋特一粉、特精粉、雪花粉、通用分等，畅销河北、山西、内蒙古、北京、天津、广州、深圳等几十个大中城市，并出口俄罗斯、朝鲜等国。

蔬菜产业：大名蔬菜种植面积已发展到 12 万亩，总产达 22 万吨，已建成的“万亩蔬菜基地”被省列为改良大蒜出口基地，并且新、优、特、稀等品种大棚菜种植面积大幅度增加。全线建成脱水蔬菜加工企业 4 家。作为蔬菜加工龙头企业的华日食品有限公司属出口创汇企业。产品由胡萝卜粒、白萝卜丝等四大系列十几个品种，远销日本、韩国、加拿大、香港等十几个国家和地区，销售额达 9500 万元。脱水菜集团公司每年都要向 1000 户农民签订蔬菜市场保护价收购合同。

养殖产业：大名养殖业是继面粉、花生、蔬菜三大产业之后发展起来的第四大产业。现在有养殖品种：牛有南阳牛、鲁西牛、西门塔尔牛、冀南黄牛等品种。羊有大尾寒羊、高腿小寒羊、海福特羊、新疆羊、奶山羊和平地山羊等品种。猪有泼特皇猪、巴克夏猪、长白猪、度洛克猪、保定黑猪等品种。禽有京白二系良种鸡等。兔有虎皮黄兔、比利时兔、皮肉兔等品种。已建成以联发公司、冀南牛业有限公司、金滩镇赛达养殖场等养殖龙头企业，辐射带动了一批养殖大户的发展。全县有各类养殖专业村 69 个，养殖专业户 1856 户。全县猪存栏 42.7 万头，羊存栏 34.8 万只，大牲畜 14 万头，肉类总产 61 800 吨。大茂食品有限公司生产的小鸡炖蘑菇、大名府五香牛肉、凤爪等深受国内外消费者的青睐，产品供不应求。新兴的邯郸正大饲料公司、大名水产公司、三里店冷冻厂吞吐量日益加大，从而有力地拉动了大名养殖业的发展。

此外，大名小磨香油和大名名吃也久负盛名。大名府小磨香油始创于清光绪年间，以芝麻为原料，用石质小磨和独特的传统技艺加工而成，品味纯正，居食用油之首。目前，大名府上万座小磨香油作坊遍布全国，飘香华夏，可谓“大名小磨香油，油香磨小名大”。全县拥有 40 余个小磨香油专业村，7500 多具香油专业户，年产值达 7 亿元。大名县已成为全国香油名气最大、销售量最多、销售范围最广、从业人员最多的小磨香油加工县。大名名吃主要有郭八火烧、二毛烧鸡、五百居香肠、羊肉卤馓、荞面饸饹、芝麻焦烧饼等。

（三）大名县经济社会发展概况

总体来看，2008 年大名县国民经济保持较快发展。全县生产总值达到 73.8 亿元，增长 11.5%，依然保持较快的增长速度。其中第一产业增加值 196 812 万元，同比增长 4.9%；第二产业增加值 282 794 万元，同比增长 7.6%；第三产业增加值 258 587 万元，同比增长 19.5%。三次产业结构由上年的 31.2∶31.3∶37.5 调整为 26.7∶38.3∶35.0，三大产业结构渐趋合理，人均生产总值为 9285 元，同比增长 8.9%。

具体来讲，主要体现在：①农业：农业生产稳定增长。全年粮食种植面积 1 260 502亩，粮食总产量 490 909 吨，人均粮食产量 617 公斤，粮食单产每亩达到 389 公斤，创历史新高；棉花总产 2426 吨；人均肉产量 72.7 公斤，大牲畜存栏 91 100 头。②工业：全县规模以上工业现价增加值由 2007 年的 4.8 亿元，增长到 12.9 亿元，比去年同期增长 2.6 倍，规模以上工业实现总利润 24 295 万元，同比增长 59.7%。③固定资产投资：全年完成全社会固定资产 41.5 亿元，同比增长 29.1%，其中城镇投资为 36.6 万元，同比增长 29.6%，增幅远高于同期经济总量的增长速度。④商业、消费：全社会消费零售额完成 271 047 万元，增速达 20.9%，达到历史最高水平。⑤财政、金融：全部财政收入完成 11 722 万元，同比增长 15.7%，一般预算收入完成 5 953 万元，同比增长 11.4%。各项存款年末余额为 345 368 万元，较上年同期增长 45.8%，各项贷款年末余额为 202 899 万元，较上年同期增长 4.1%。⑥对外经济：2008 年，全县实际利用外资 1305 万美元，超额完成了年初下达的 1300 万美元的任务目标，比上年同期的 866 万美元增长了 50.7%。⑦人民生活：2008 年全县农民人均纯收入达到 3513 元，同比增长 9.6%，人均较上年增长了 308 元。全部职工平均工资 16 346 元，比上年同期增长 24.2%。尽管大名经济保持了较快的发展势头，但由于历史欠账较多，发展基础薄弱，总体而言大名仍属“弱县”。

二、大名县扩权状况分析

（一）扩权背景与扩权缘由

大名作为河北省一个经济发展并不富足的县域，本次进行扩权强县试点，并非出于偶然，相反它有着深刻的时代背景和扩权缘由。

1. 扩权背景

从宏观层面来讲，大名县实施扩权强县试点是顺应国际行政改革大潮，精简行政层级，提高行政效率，短化行政信息传递路径乃至建设服务型、亲民型政府使然；从微观层面来讲，大名扩权的背景还包括以下几个方面。

首先，积极响应国家和河北省关于省管县特别是财政省管的政策导向。2005 年的“农村税费改革会议”；我国《国民经济和社会发展第十一个五年规划纲要》都明确提出有条件的地区可以进行省直管县（特别是财政领域）试点；紧接着，《中共中央国务院关于地方政府机构改革的意见》（中发［2008］12 号）、《国务院关于编制 2009 年中央预算和地方预算的通知》（国发［2008］35 号）以及《中共中央国务院关于 2009 年促进农业稳定发展农民持续增收的若干意见》（中发［2009］1 号）中都有关于“推进‘省直管县’财政管理方式改革，充实内容和形式，加强县（市）财政管理”的相关要求；顺应国家的政策导向，河北省也相继出台了《河北省人民政府关于扩大部分县（市）管理权限的意见》冀政［2005］8 号；《河北省人民政府关于实行省直管县财政体制的通知》冀政［2009］51 号。可见，国家和河北省关于实行财政省管县，扩大部分县市的改革方向和思潮为大名扩权强县提供了良好的政策导向和舆论氛围。

其次，浙江等省的省管县实践为大名提供现实模板和参考系。中国改革开放被形象地称为“摸着石头过河”，省管县改革也不例外。国内最早实行省管县（特别是财政领域）改革的当属浙江省，浙江的改革最早是基于自身资源短缺和面积狭小的短板，为增强县域经济发展潜力而谋划的，最早在财政领域之后开始扩大到经济管理、项目审批、人事行政等各个领域。实践证明浙江省管县改革成效显著，到目前为止，浙江县域经济在全省 GDP 中的贡献力已高达 70%以上，改革不仅使浙江省积聚了相当的经济实力，还盘活了整个县域经济。随后全国其他省份，河南、山东、湖北、安徽、海南、河北、陕西等纷纷效法浙江进行省管县试点，也取得一定成效。因此，从这个层面讲，浙江等省份省管县的成功实践为大名提供了现实模板和参考系。

再次，发展县域经济的迫切性和统筹城乡均衡发展的要求。我国自古有“郡县治则天下安”，县域经济作为国民经济的基本单位对壮大整个国民经济具有举足轻重的作用。据统计，目前全国共有2070个县域经济体，其国土面积占全国的95%，其总人口占全国的74%，其地区生产总值占全国的60%，其财政收入占全国的24%。在已转移的农村劳动力中，县域经济体吸纳了65%。另外，县域经济是城镇经济与农村经济的结合部，是工业经济与农业经济的交汇点，特殊的区位和特殊的部门功能决定了县域经济在我国城镇化和工业化进程中的特殊地位。因此，做大做强县域经济，不但是扩大内需应对当前国际金融危机的客观要求，而且对于统筹城乡经济社会发展、妥善解决我国“三农”问题、全面建设小康社会都具有重要的现实意义。大名扩权强县的一个重要背景就是县域基层发展壮大的迫切要求和目前城乡差距不断拉大的现实。所以积极改革现有体制弊端，进行行政结构的制度创新不仅必要而且意义重大。

最后，降低行政成本，提高行政效率，优化行政组织结构的需要。早在行政学创立初期，威尔逊在“行政学研究”一文中就明确指出行政学研究的目标之一就是“用尽可能少的金钱或时间上的耗费来达成行政目标”，换言之，行政效率是行政学关注的重要目标。现实中无论是行政成本还是行政效率都与行政结构密切相连，因而优化行政组织结构意义重大。伴随善治理念下的全球治理理论和新公共管理、新公共服务理论的兴起，分权、自治和组织结构扁平化日益成为行政学所积极倡导的新思潮。我国行政体制改革也受其影响，目前所积极实施的省管县改革正是在这一理论的指导下进行的。其实施步骤是，扩权强县，县财省管，县市分治，最终取消在宪法上并不存在的地级市“虚拟一级”行政建制，变“省—市—县—乡”四级制为“省—县（市）—乡”三级制，实现由省级政府统管县市的目标。大名县的扩权强县同样面临放权和变革现存行政组织的结构和任务。

2. 扩权缘由

大名县作为经济并不富裕的市辖县，之所以被选为河北省扩权强县试点县是基于多层考量的。首先是基于河北省弱县扩权的试点。遵从“先行试点，总结推广”的规律，河北省在选择其他强县扩权的基础上，同时选择大名县，作为对比参照系，一是对比大名县和其他弱县的变化；二是纵向对比大名县在扩权前后的发展变化；同时也可以度量作为弱县的大名和其他强县的发展速度（同时享受扩权优惠政策）；为下阶段河北省统筹整个县域经济发展做决策参考。如果试点成功，下阶段河北省就有可能在全省其他弱县范围内进行扩权推广。其次，积极破解大名财政困难，发展资金短缺的难题。由于缺少支柱产业，没有沿海区位优势，我国大部分县市在发展过程中普遍面临资金短缺、财政紧张、捉襟见肘、难以为继的难题。加之地级市政府出于发展自身的机会主义影响，在税收分享比例，财政补贴，省市配套资金建设等环节普遍存在“市卡县”“市刮县”问题，这更加重了县市的财政困难。大名县进行扩权改革后，财政将直接与河北省财政厅挂钩，直接与省级财政办理预算和结算业务，省去了以往挂靠在市财政的中间环节，有利于财政资金的省级统筹和调度，这将大大缓解和减轻大名的财政困难。再次，大名扩权的另一个重要原因是通过扩权来给“县域经济松绑”，激发大名县发展的积极性和自主性，实现县域经济的腾飞。市管县体制下的县域经济发展受到诸多限制因素，比如行政审批权限较小，经济管理权和用地审批权集中在省辖市里，社会管理权限则更是无从谈起，财政上与省辖市办理结算关系，这种局面严重压抑了县级政府的发展积极性和自主性，束缚了县域经济的发展。本次大名的扩权试点一定程度上打破了现有的行政体制弊端，下放了部分省辖市拥有的权限，特别是经济管理权限、行政审批和项目用地审批权限，另外财政上大名将直接与省财政挂钩。这些举措笔者相信在一定程度上对打破县域经济的桎梏，激发县域基层发展积极性和自主性将大有裨益。最后，大名扩权强县的试点还将为省管县在全国的逐步推广积累经验，总结规律，扩权将逐步过渡到行政权，人事权的综合下放，并最终达成省管县改革目标，强县富民。

（二）扩权内容分析

2005 年河北省人民政府出台《关于扩大部分县（市）管理权限的意见》（冀政〔2005〕8 号），明确指出要对部分县（市）扩大管理权限，减少管理层次，提高工作效率，降低行政成本，推动扩权县（市）抓住机遇，加快发展。并尽快形成一批经济活力强、发展速度快、综合素质高、带动作用大的县（市），促进城乡经济和区域经济协调发展，加快全省工业化、城市化进程，为全面建设小康社会创造条件。本次扩权的基本原则是“责权统一、重心下移、能放都放、依法合规”，逐步做到除国家法律、法规有明确规定的以外，原需经设区市审批或管理的，原则上变为由扩权县（市）自行审批、管理，报市备案；原需经市审核、报省审批的，原则上变为由扩权县（市）直接审核、报省审批，报市备案。对国务院有关部门文件规定须经设区市审核、审批的事项，采取省、市政府委托和授权等办法放权。扩权县（市）取得相应的管理权限后，同时承担与管理权限对等的责任。

本次扩权，河北省依据各个县市的综合实力，资源状况，发展前景和潜力以及区位布局，共选取 22 个县市作为首批扩权试点县市，大名县也在其列。首批扩权县市主要有：辛集市、平山县、承德县、丰宁满族自治县、怀来县、张北县、昌黎县、迁安市、遵化市、三河市、霸州市、涿州市、定州市、安国市、任丘市、黄骅市、冀州市、安平县、清河县、宁晋县、武安市、大名县。这些县市将能够享受到河北省政府规定的地级市政府拥有的部分经济发展和社会管理权限，按照该意见，这些权力主要包括：计划直接上报、财政直接结算、经费直接安排、税权部分调整、项目直接申报、用地直接报批、证照直接发放、部分价权下放、统计直接发布、政策直接享有、信息直接获得等11个方面共计62项管理权限。今后国家和省在上述11个方面对所在设区市新赋予的经济和社会管理权限，除国家法律法规禁止的，扩权县（市）直接享有。这些权力的下放对现有的“市管县”体制无疑是一次不小的突破，就扩权县来说也是难得的机遇，权限的运作得当将有力地促进整个县域经济的发展。

反观河北省下放给22个扩权县（市）的11方面的62项管理权限，不难看出，扩权的重点是经济管理领域，主要做法是“下放和上收”，即下放部分省辖市拥有的权力给县市，上收部分省辖市拥有的权力为省政府拥有。扩权后，县市政府将拥有较大的发展自主性，在经济管理上与以前相比是一个巨大突破。以大名为例，财政上，扩权后大名在财政上将直接与省财政办理结算，按照规定自2005年1月1日起，邯郸市将不再分享大名收入，大名县收入除按现行财政体制上缴中央、省部分外，其余全部缴入本级金库。今后大名财政体制将直接对省，涉及大名体制上缴（补助）基数、体制改革收支基数的核定，税收返还、转移支付、财政补助、资金调度等事项，由省财政直接对大名县办理。对大名县政府的财政决算将由大名和省审计部门共同审计监督；项目申报上，大名县今后的重大项目建设审批将绕过省辖市（邯郸市）直接报省批准并拥有一定的项目审批权限。比如，意见规定，投资总额3000万美元以下，符合国家《外商投资产业指导目录》中规定的鼓励类和允许类且不需办理进口设备免税的外商投资项目，由扩权县（市）投资主管部门核准，同时抄报省和所在设区市投资主管部门。设区市审批权限内的中小型水库和水闸控制运行计划（跨县级行政区域的除外）、水土保持方案报告书、水利工程规划同意书（跨县级行政区域的除外），由扩权县（市）自行审批、报所在设区市备案；用地审批上，大名县（市）国土规划、土地利用总体规划的编制、修编和调整，由大名县（市）政府直接报河北省政府审批、报省有关部门备案，同时抄报所在设区市（邯郸市）有关部门；扩权后大名县（市）享有征、占用林地的初审权，并直接报省有关部门审批，同时报邯郸市有关部门备案。省有关部门对大名县（市）的森林资源采伐限额指标实行单列，由县（市）有关部门审批；在政策享有方面，意见规定今后省政府及其有关部门依据法律、法规和行政管理的实际需要，委托设区市政府及其有关部门代行的管理权限，扩权县（市）（大名）原则上同时享有。国家和省在经济社会发展和国民经济管理方面新制定的各项政策，包括经济管理体制改革中新确定的管理权限划分，凡所在设区市享有的，扩权县（市）原则上均直接享有。在其他部分，税收分享比例、证照发放、信息获得、统计发布、部分价格管理权等方面，大名县也将获得优惠政策，这对大名县域经济的发展无疑是难得的机遇。[①]

第四节　突破弱县扩权的瓶颈：思考及对策

一、弱县扩权面临的主要问题

目前的省管县改革对于经济发展较弱的县市壮大县域经济是难得的机遇，但由于弱县自身的条件和基础限制，在扩权强县过程中也面临一系列挑战和问题，这些问题主要体现在以下几个方面。

（一）经济基础薄弱，财政积贫积弱

财政基础薄弱，发展资金短缺，难以为扩权强县提供物质基础。弱县由于经济发展滞后，税收能力较弱，财政长期积贫积弱，难以承担起县域公共物品供给的责任。实践证明，任何县域要获得巨大发展必须有一大批支撑经济发展的企业厂矿，这些企业厂矿一方面可以解决当地就业问题，另一方面可以为当地财政提供税收来源。而弱县往往由于自身经济发展不足，区位资源状况不佳，投资环境缺乏吸引力，在这一方面处于“空白”状态。从另一方面说，弱县扩权需要在县域基础设施建设、人才引进建设、招商引资能力建设等多方面增加财政预算支出，这对本来就难以支撑正常开支的县域财政提出了新的挑战和压力，而且伴随改革实施后，省辖市对县域经济配套资金支持的减弱或“撤离”，这一问题会变得更加突出。因而弱县扩权改革要取得明显成效，首先要想方设法壮大县域经济的财政实力，使财政具备支撑改革的资金需求。

（二）政府能力建设滞后，面临承接权力难题

县级政府行政组织能力较弱，难以承接省管县改革后下放的各项权力。我国行政组织设置具有职责同构特征，上下对口设置，有学者将其称为行政领域的“条条块块”，这在一定程度上提高了政令的执行效率，但弊端也显而易见，延长了行政执行层级，信息容易在执行过程中走样失真，且各部门之间缺乏必要的协调、联系，很多部门职能交叉重叠现象严重，进而造成部门职责不清，政府缺位、越位现象。扩权后，县级政府将大量承接原先由省辖市政府和省政府行使的部分权力，由于县级政府组织建设不足和缺乏经验，弱县扩权将面临不小的挑战。县级政府在扩权后，将拥有一定的政策决策职能，而不单单是“按部就班”式的执行政策，这首先对县级政府“自力更生”的行政能力提出了新的要求；此外，弱县扩权还使县级政府在项目引进、土地审批、税收征管等领域拥有自主权，这种自主权一方面为县级政府因地制宜地制定发展政策提供便利，另一方面

① 本部分重点参阅政府文件：河北省人民政府《关于扩大部分县（市）管理权限的意见》冀政［2005］8号。

也在考验县级政府的“用权”能力，依法行政能力，由于权力下放本质上即利益关系的调整，因而扩权同时也为权力寻租提供了机会。

（三）面临正确处理省、市、县三级政府关系的困惑

如何在财政省管县后，处理和协调好同原省辖市的关系，继续获得省辖市在政策和经济上的积极支持？目前的省管县改革是以财政省管县为突破口，以强县和弱县扩权为路径依托来实施的，改革的实质是调整省辖市和所辖县市的具体利益关系。改革后，县市将在财政上与省辖市脱钩，同时在权利分配上获取更大的独立性和决策执行权，这对省辖市在某种程度上无疑是一种“打压”，因而改革首先会遭遇省辖市的抵制或对于政策的消极执行。行政改革实践中已经出现省辖市“划县为区”的钻空子现象（即划临近省辖市的经济强县为市区来规避改革）和省辖市改革配套资金的减少或断流问题。由于行政体制上的原因，20 世纪 80 年代以来，县域在经济、政治、社会管理等各个领域依附于省辖市，二者已经形成了难以割舍的“区域共同体”，这种联系在经济发展方面表现得更加突出，县域最主要的“经济伙伴”是省辖市而非其他。按照原先的政策设计，省辖市要通过政策优惠、经济辐射来带动和促进县域的发展，主要表现为经济上的配套资金和财政上的转移拨付。改革前，省辖市可以利用行政权威在配套资金和财政拨付上做出有利于自己的决策，从而使决策变得“有利可图”，改革后原先的行政权威在利益分配领域将面临“失灵”的危险，按照“自利人”的经济学假定，这种改革必然会遭遇“省辖市”的抵制。但迫于中央和省政府的行政权威和改革的舆论压力，原省辖市的抵制只能是运用间接手段在有限领域的抵制，笔者认为这种抵制主要表现为政策上和行为上的不作为或消极作为，配套资金上的减少或“断奶”。站在弱县发展的角度，整个县域经济的振兴又离不开省辖市的支持，这是由二者的地理区位和经济社会的发展所决定的，因而改革后理性处理二者关系，建构有利于二者发展的新型县市关系意义显得尤为重大。

（四）如何建立监管体系，防止权力腐败

如何建立起有效的权力监管体系，防止权力腐败？实践证明，历次行政改革但凡涉及扩权、放权，就会陷入“一管就死，一放就乱”的怪圈。弱县扩权要下放大量权力，授予县级政府大量权力，因而如何保障下放的权力有效运作，不出现权力滥用、权力腐败和权力不作为，走出改革怪圈，是关系弱县扩权成败的大事，也是关系弱县能否抓住机遇振兴县域经济的关键。实际上，反观本次弱县扩权改革，下放的权力多与利益调节分配有关，行政实践也证明了腐败现象多表现为权钱交易、权色交易、权力与利益的纠葛是腐败产生的一大根源。改革后，税收征管、用地审批、资源开采、基础设施建设等环节都将面临权力的下放，利益关系的新调整，这在一定程度上为权力寻租提供了可能和便利。县域基层干部反腐倡廉的教育工作相对滞后，不少基层干部缺乏法制观念和正确的“权力观”，

为民服务意识模糊，为己谋利动机强烈，因而要确保扩权强县改革成功必须建立起完善有效的行政监管机制，防止权力寻租。

（五）配套改革能否及时跟进

此外，弱县扩权成败还受到一系列配套改革能否及时跟进的影响。这些改革主要是：一是在扩权的领域上人事和行政改革能否及时跟进，相互促进。实践证明单刀直入式的改革往往难以奏效，弱县扩权，省管县也不例外；目前的省管县改革仅仅局限在财政领域，下放的权力主要是部分经济管理权力，而在行政领域，人事领域，司法领域等仍然是典型的“市管县”体制，这种局面严重制约了省管县改革的推进和改革成效。在行政实践中，浙江的改革已经面临“改不动”的困局。二是行政区划调整改革能否科学规划、合理实施。由于我国目前的省级和县市级行政建制差异巨大，很多省份并不适宜省管县改革，特别是省级政府所辖县市过多的地区，比如河南、河北、四川等省份，改革会使省级政府管理负担过重，幅度过宽，难以调控县市发展。四川省下辖 181 个县，河北省下辖 172 个县，河南省下辖 159 个县，全国 32 省，平均每个省下辖 89 个县，而一般认为省级政府的有效管理幅度以 50 个左右为极限，因而要确保改革成功，行政区划改革将不可避免。

二、突破弱县扩权的瓶颈：思考和对策

弱县扩权与强县扩权既有相似之处，又有自身特点，笔者认为弱县扩权要取得良好的改革成效必须在财政能力建设、行政组织能力建设、行政权力监管、配套改革等方面同时发力才能见效，此外还要做好省、市、县政府职能分工的合理定位。具体来讲，应主要做好以下几点。

（一）积极培植税源，加强政府财政能力建设

借财政省管县良机，积极谋求县级财政脱贫转困，借扩权良机，合理调整产业布局，改善县域经济发展环境。扩权强县首先要求县级财政具备一定实力，浙江等省的强县扩权也是基于此考虑的，而弱县往往财政实力较弱，入不敷出，历史欠账较多。因而，要扩权强县首先要走出自身财政积贫积弱的局面。目前的省管县改革可以说给弱县提供了难得的机遇，财政省管后，县级财政将直接与省级财政挂钩，办理结算手续，有效防止了“市卡县、市刮县”问题；财政省管县也便于省级财政对县级财政的摸底调研，获取真实的财政信息，制定有针对性的政策，统筹调度调控，彻底解决县级财政弱小，调控无力的现实。扩权后，县级政府将获得大量原先地级市政府才享有的经济社会管理权，这对弱县同样是难得的发展机遇。扩权县要以此为基础，规划调整产业布局，积极发展特色产业，延长产业链条，提高增加值，同时改善县域经济发展环境，加强基础设施建设，为更好地招商引资“筑巢”。浙江县域经济发达的原因在于民营经济发达，民营经济

发达的原因在于优惠政策和良好的投资环境。省管县改革使县域经济发展在政策上进一步放开，接下来县级政府要做好改善本县投资环境的文章，吸引投资进驻，兴办企业厂矿，培植税源，壮大振兴县域经济的根基。

对于财政收入能力较弱的县市，在改革的过程中省级政府还要予以“关照”，财政和税收收入上借鉴浙江的扩权经验“多予少取”“藏富于县”；同时建立起税收和财政的激励刺激机制，对于在扩权过程中表现较好、改革成效显著的县市要在税收和财政上制订奖励计划，从而在各扩权县市之间形成“竞争”态势，刺激县域经济发展，值得注意的是这种激励机制的奖励标准要科学合理，不宜太高，也不易过低，各扩权县市之间的竞争也要合理加以引导，不可酿成恶性竞争。

（二）加强行政组织能力建设，为扩权提供组织保障

加强县政府行政组织能力建设，提高组织运转效率和成效，为弱县扩权提供组织保障。组织理论认为组织结构决定组织功能，组织结构是否优化，组织关系是否理顺，直接关系到组织职能能否实现。为此扩权县要从战略的高度来考虑行政组织结构，合并职能相近、结构雷同的行政部门，做好扩权事项的承接工作。如有必要可以申请破例引进高层次人才，人才的引进要以本次扩权强县，省管县为考虑基点，切实按照需求来引进。对于县级领导班子和新引进的人才还要做好相关培训工作，特别是财政领域财政知识和财政业务的培训；促使政府工作人员转变观念，跳出思维定式，树立服务意识和协作意识，为省管县和弱县扩权提供人才支撑。

改革后县级政府各部门要做好自身定位，明确各自职能，树立服务意识，增强县域政府提供公共物品的能力。现阶段，地方政府的公共服务职能已经成为衡量政府能力的重要指标，能否提供高质量的服务，高品质的公共物品，是地方政府是否称职的重要体现。对此，要改革现有的政府政绩考评体系，改变目前拿“GDP”论英雄、论成败的片面政绩观。县域政府要有意识地锻炼自身在决策制定、发展规划、环境产业布局方面的组织能力建设，树立发展责任意识和危机意识，建设责任型政府，增强自身应对和处理危机的能力。振兴县域发展任重而道远，需要统筹规划，持久努力，因而要保证政策执行的相对稳定型，不可朝立夕废。

（三）加强引导，做好省、市、县三级政府的科学定位

正确处理扩权后省、市、县三者的关系，弱县要做好自身定位，在获得省优惠政策的同时，积极争取省辖市的支持。省管县改革和弱县扩权改革本质上是对目前“省—市—县”三级行政建制的调整，是利益权益的再分配，其中省辖市的原有权益必然受到影响，财政上县市将不再与之往来，权力上部分将下放至县市一级，这样改革必然会受到省辖市的消极执行或抵制，现实行政改革中已经出现省辖市并经济强县为区的先例，下放的权力多是“不疼不痒，缺乏油水”的权

力，要害部门放权则分外慎重。因此改革要科学规划，适时合理推进，不可使改革变味。笔者认为要处理好省市县三者的关系，其实质是做好三者的合理定位问题，要建立县市之间的良性竞争机制和协调机制。一方面省管县改革后，县级政府将逐渐从市级政府的领导中剥离出来，二者最终会“平级”，统归省政府领导，竞争是必然趋势，要建立良性竞争机制，避免恶性竞争和内耗，避免县市重复建设，产业雷同，二者要做好合理分工。另一方面，省政府要在县市竞争的基础上做好引导协调工作，特别是产业布局和资源供给上，做到“竞争发现效率，协调确保公平”。就宏观角色定位而言，省政府应是政策的制定者，宏观调控者，起掌舵作用，县市政府则是政策的执行者，起划桨作用，省政府和县市政府只有充分协调配合，政府的航船才能走得正，行得远。

就弱县扩权改革后的县域政府而言，首先，要做的是充分利用省管县带来的优惠政策，抓住发展机遇努力发展县域经济，尽量放大改革的政策惠及面，扩大改革成效；其次，还要与原先省辖市“处好关系”，不能“得东丢西”，尽量在政策和资金上获得省辖市的继续支持。县域政府要牢固树立“区域发展”理念，不可因为改革争利益而同省辖市政府“闹对立”使自身处于孤立的境地，须知没有省辖市政府成熟市场和各方面区域配套建设的配合，县域经济的振兴将无从谈起。一定程度上可以说，省、县、市三者的关系能否妥善处理关系利益再分配的成败，也关系本次改革的成败，一定要认真对待。

（四）加强对权力的监管，严防权力寻租

做好扩权后权力的监管和规范工作，防止权力腐败和滥用。扩权后，县级政府将拥有部分地级市政府的权力，在经济社会管理、项目审批、用地审批、税收征管等领域拥有自主权，这些权力在方便县市发展县域经济的同时也存在着滥用和腐败的风险。为使扩大的权力更好地产生发展效益，监管就显得必不可少。为此必须加强对权力的制约和监管，监察和政法机关在做好常规监管的同时，还应建立“抽样”动态监管机制；新闻媒体对权力滥用和腐败现象要加大报道和抨击力度，让权力在阳光下运作。另外还要加强官员的官德廉政教育，建立起预防腐败的制度，使政府公务员在思想上树立远离腐败意识，确保廉洁行政，下放的各项权力规范运作。

权力的监管和预防腐败是一项系统而复杂的工作。无论是监管还是预防都要目标明确、思路清晰，重点关注新下放的权力，特别是和利益调整、资源分配密切相关的权力。就权力的监督来说，需要建立起综合的监管体系，这其中包括行政部门内部的政法机关，审计部门，党的纪律检察机关的定期和不定期监督。要取得良好的监督效果，还要各个部门之间的协调配合，不给滥权者以“钻空子”的机会。此外，随着互联网和电子政务的普及，通信技术的不断进步，社会舆论监督和新闻媒体监督也发挥着愈加重要的作用，对于新闻舆论监督，相关部门要加强引导，政策放宽，给予他们充分的监督权和舆论自由度。腐败和监督密切相关，一般来讲，当监督合法、合理、到位时，腐败就少一些，反之就会多一些。为制止腐败，关键是要建立起“廉洁自律”的行政文化，在公务员中开展“官德”教育，从官员的主观动机上扫除“贪欲腐败”的肿瘤，播撒“廉政为民”“执政富民”的种子。

（五）配套改革及时跟进，提高弱县扩权成效

做好配套改革工作，主要是人事工作，行政省管县的及时跟进和行政区划调整的适时推进。财政“省管县”与行政“市管县”的分离必然导致政府间财权、财力与法定名义事权之间的分离，从而会加剧政府间分工不清，财权、事权错位的现状。而人事权如果不能及时下放，改革效果将大打折扣，正如复旦大学公共行政系副教授李春成所言：目前政治体制下，人事权是中国党政体系的核心权力。如果没有人事权的下放，财政、经济管理权限的下放都难以奏效。“饭碗掌握在别人手里，是不可能做出独立决策的。”笔者认为，目前的省管县改革下放的权力很少涉及行政权、人事权和司法权，即使经济管理权限也是部分下放，这就造成了省辖市仍然领导县市发展的格局。更重要的是这种局面造成了“省、市、县三级政府间的财政体制与行政管理体制、财权与事权不对称，在人、财、物等方面的管理权限不匹配，相互之间不衔接的局面”，这种局面已经造成行政组织运转的不协调，影响了政府行政职能的履行，因而改革要取得预期目标必须在人事、行政及司法领域及时跟进，避免财政的单刀直入。就改革的具体实施路径而言，可以采取以往改革“先行试点”，待成熟后再“逐步推广”的方法，在条件成熟的地区选取部分县市作为试点，下放行政权和人事权，积累改革经验，一方面可以检验配套改革后的扩权成效；另一方面可以为省管县的全面实施总结教训，积累经验，使改革少走弯路。

行政区划调整是省管县的前提，也要适时推进。从目前各省区所辖人口和地域来看，我国内地 32 个省级单位中仅有海南省、宁夏回族自治区和 4 个直辖市下辖的市县数在 40 个左右。据此，全国人大研究室特约研究员、国家行政学院教授杜钢建认为，中国目前行政区划存在的核心问题之一就是省级行政区划过大，形成了地方坐大，中央指挥不灵的弊端。省管县是对地方权力的再分配，其目的是要取消地级市对县的领导和管理权，逐步形成省和县（市）两级政府管理模式。这直接涉及省级政府的管理幅度问题，也必然触及现行省级行政区划的问题。在未改革现行省级行政区划的情况下推行省管县，将使省级行政区划过大这个问题变得更加严峻。省管县后，由于直接管理的县（市）数量增多，省级政府的管理幅度将进一步变宽，管理难度将进一步加大，管理成本也将明显上升。因此，必须通过行政区划调整来对省级政府的管理幅度加以合理化，并在此基础上建构省管县的公共行政体制。目前，国内关于缩小省级政府管理幅度的行政区划

调整方案，主要是通过增设直辖市、分省等措施直接增加省级行政区划数量，缩小现有省级行政区划规模，取消中间管理机构，让省直接管理适度数量的县市(一般认为，省直接管理的县市数量以 40 个左右为宜)。①

改革行政体制，缩省并县，为弱县扩权创造条件。就改革的方法路径，魏晶雪博士的研究很值得借鉴和思考。她在“减少行政层级的改革思考”一文中认为，我国省级政府的管理规模和幅度普遍较大。省级建制规模过大，既不利于经济发展，又对国家长治久安潜伏不利因素，因此应有计划地把规模过大的省划小。从国内外的经验和管理需要出发，全国省级建置可以设至 50～60 个。划小省（区）的办法有三：一是将一个省一分为二，二是从几个省中划出一块设一个省，三是以一个特大城市为中心增设几个重庆模式的直辖市。第三种办法比较可行，增加机构少、震动小，比较容易为地方接受。另外还可以扩大现有直辖市的行政区域，如北京、天津可以与河北一起统筹规划，上海可以与江苏、浙江一起考虑。②

综上所述，弱县扩权作为省管县的突破口，并不是简单的经济管理权限下放问题，相反它是一个涉及行政体制改革，财政体制改革，人事制度、司法制度改革，以及行政区划调整等多方面内容的复杂系统工程。实际上，无论是弱县扩权还是强县扩权都是渐进式的增量改革，是在目前省管县改革面临巨大阻力时的“摸着石头过河”。正如俞可平教授所言“包括政治在内的所有中国社会改革实际上都是增量改革”。这也说明改革面临巨大的压力和阻力，需要集小变为大变，渐进达成变革目的。尽管如此，笔者很庆幸地看到我国省管县改革在行政实践中已经取得了巨大成就，在理论界也引起了学者的热心关注，相信在富于智慧和魄力的行政当局和全体民众的共同努力下，改革目标和成效一定能够达成。

---

① 贺先志，王仕军．试析当前我国省管县体制改革的动力、局限和途径．岭南学刊，2008，(2)：110-112.

② 魏晶雪．减少行政层级的改革思考，现代经济探讨，2008，(1) 39-43.

第十三章　武汉城市圈区域整合个案分析

武汉城市圈获批为“资源节约型和环境友好型社会建设综合配套改革试验区”（简称“两型社会”），是继上海浦东新区、天津滨海新区和成渝试验区之后，国家从改革发展全局和战略高度做出的重大决策，是中央对湖北省委、省政府致力于武汉城市圈建设和发展的充分肯定，也是湖北及武汉城市圈实现又好又快发展面临的重大历史机遇。推进武汉城市圈建设，是经济全球化和区域经济一体化的客观要求，也是湖北省委、省政府贯彻落实科学发展观、全面推进小康社会建设，进一步增强和提升武汉城市圈整体竞争力，促进区域、城乡协调发展的重要战略举措。

第一节　武汉城市圈“两型社会”综合配套改革概况

武汉城市圈是指以武汉为圆心，周边100公里范围内的鄂州、黄石、黄冈、孝感、咸宁、天门、仙桃、潜江等8个城市构成的城市群（经济实力与政府规模见附表13-1、表13-2）。2007年武汉城市圈人口占全省的52.5%，面积占全省的31.2%，GDP占全省的60.2%，地方财政收入占全省的51.1%，固定资产投资占全省的61.8%，社会商品零售总额占全省的63.5%，是湖北省经济发展的核心区域。

一、武汉城市圈九市概览

武汉简称“汉”，俗称“江城”，位于中国腹地中心、湖北省东部、长江与汉水交汇处，是湖北省省会、全国特大城市和重要的交通枢纽，是华中地区和长江中游的经济、科技、教育和文化中心。市区由隔江鼎立的武昌、汉口、汉阳三部分组成，通称武汉三镇。在平面直角坐标上，武汉市东西最大横距约134公里，南北最大纵距约155公里。在我国经济地理圈层中，武汉具有得天独厚的优越位置，内与湖北省的荆州、宜昌、十堰、襄樊、孝感、黄石等城市相距300公里左右；中层与邻省的长沙、郑州、洛阳、南昌、九江等大中城市相距600公里左右；外层与北京、天津、上海、广州、重庆、西安等特大城市相距1200公里左右。

黄石位于湖北省东南部，长江中游南岸，是我国中部地区重要的原材料工业基地和国务院批准的沿江开放城市。东北临长江，与浠水县、蕲春县、武穴市隔江相望，北接鄂州市，西靠武昌县，西南与咸宁市、通山县为邻，东南与江西省武宁县、瑞昌县接壤。境内村村通公路，对外通往全国各地，沪蓉高速公路横贯市区北隅，上通渝蓉，下通宁沪；武（昌）黄（石）九（江）铁路，东连浙赣线，西接京广线；水路依托长江可出海，对外交通便利，溯江而上水路至武汉143公里，顺江东下距九江126公里。

鄂州位于湖北省东部、长江中游南岸，长江黄金水道傍市而过，宜黄高速公路连接东西。西邻武汉，东接黄石，北望黄冈。鄂州居中独厚，北距首都北京、东距上海、西距重庆、南距广州均在1000公里左右。地势东南高，西北低，中间低平；最高点“四峰山”海拔485.8米，最低点梁子湖的“梁子湖”，海拔11.7米。

黄冈位于湖北省东部、长江中游北岸、大别山南麓、京九铁路中段。黄冈有得天独厚的区位优势和广阔市场，东接安徽，北靠河南，南与江西九江和本省黄石、鄂州一江之隔，西与省会武汉相邻，素有“吴头楚尾”和“湖北东大门”之称。东西最长距离为166公里，南北最宽跨度为209.5公里。

孝感位于湖北省东北部，南临省会武汉市，北与河南省信阳市交界，西接天门、仙桃、京山等县市，东连黄冈市的红安县。孝感与武汉地域相连、人缘相亲、经济相融、习俗相通，融入武汉城市圈建设具有内在的必然性和十分重要的现实意义。

咸宁位于湖北省东南部，长江中游南岸，湘鄂赣三省交界处，是南下北上的主要通道，有“湖北南大门”之称。东与黄石市的阳新县交界，南与江西省的修水县、湖南省的平江县接壤，西与湖南省的临湘市相连，北与荆州市的洪湖市隔江相望，与武汉江夏区、鄂州市、大冶市毗邻。138公里长江黄金水道依境东流，京广铁路、106、107、京珠高速公路贯通南北。

仙桃位于湖北省中部的江汉平原，地跨东经112°55′至113°49′、北纬30°4′至30°32′。仙桃紧靠中国中部特大城市武汉，具有贯通南北、承东启西、得天独厚的区位优势。境内河渠网络相通，公路四通八达，距武汉天河国际机场、汉口火车站、长江武汉港均只1小时车程。贯穿中国南北的京珠高速公路和贯穿东西的沪蓉高速公路在仙桃附近交汇，仙桃南到广州、北到北京、东到上海、西到成都等特大城市均在1000公里半径之内。

潜江地处江汉平原腹地，辖3个省级经济技术开发区，6个管理区（农场），5个办事处，10个镇，境内有全国十大油田之一的江汉油田，另有煤、石膏、石油、天然气、电气石、自钦石、十字石等矿产。工业的主导产业有化工、仪器、建材等，农业主产小麦、稻谷、棉花、芝麻、油菜子、黄豆等。有500所各类学校。有古三国华容道、章华宫遗址、红军街、红军堤等名胜纪念地。

天门地处鄂中腹地江汉平原，上通荆沙，下接武汉，南濒江汉黄金水道，北枕三峡过境铁路，紧衔107、318国道和宜黄高速公路。1987年8月撤县建市，1994年10月由省直管，2002年纳入武汉城市圈。市内高等级公路纵横交错，5000吨级优良港口，8万门程控电话，电力供应充足，第三产业发达。全市国土面积2602平方公里，人口168万。天门是全国最大的棉乡，皮棉总产量超百万担（5万吨），年均出口20余万担。大门石油储量占江汉油田总储量的1/3，岩盐储量184亿吨，大量的无水芒硝和天然气等矿藏极富开采价值。

二、武汉城市圈建设历程

1987年，在中共中央、国务院的支持和指导下，湘鄂赣豫4省28市成立了武汉经济协调区，用于协调区域经济的发展，这就为武汉城市圈的建设奠定了较为扎实的基础。

随着武汉与周边城市联系的加强，其周边城市也渴望通过加强以武汉为中心的一体化建设来实现本地经济的腾飞，如潜江早在2001年5月，就组织100多人赴武汉学习考察，双方从产品、技术、人才等多方面达成合作协议。2001年6月24日，武汉市经济贸易委员会也组织40多家企业的代表和主管部门负责人到潜江考察，寻求合作项目。

2002年5月，9市主要负责人会聚武汉，举行座谈会，就加强9市联合协作的意义、内容和机制达成共识，并明确在重大项目包括基础设施、招商引资、人才和旅游等6个重点领域加强合作。

2002年6月，省委书记俞正声在省第八次党代会上，明确提出武汉经济圈概念。他说："武汉作为全国特大中心城市之一和全省的经济龙头，要充分辐射和扩散自己的优势，发展自己，周围的地区也要充分利用武汉这个优势来发展自己。"

2003年，罗清泉省长在省政府工作报告中，明确提出将启动武汉城市圈建设作为当年的工作重点。随后，省政府组织召开了加快推进武汉城市圈建设的研讨会和专家座谈会，并形成了《关于加快推进武汉城市圈建设的若干意见》。同时省及9市政府分别成立了领导小组及办公室。

2004年7月7日，省委、省政府在汉召开了推进武汉城市圈建设工作会，就武汉城市圈建设进行了全面部署。10月15日，省政府在孝感召开省推进武汉城市圈建设领导小组第一次（扩大）会议，武汉城市圈建设全面启动。

2005年年底，9城市间就交通、旅游、农业、商贸、人才、工商等领域均达成一体化协议。

2008年9月10日，国务院正式批复同意武汉城市圈"两型社会"建设综合配套改革试验总体方案。

2008年9月26日，省委常委、常务副省长李宪生在全省党政干部大会上介绍总体方案编制过程时说，国务院的批复标志着全国第一个正式启动的改革试验城市圈进入全面实施阶段。

三、武汉城市圈改革的思路与目标

建设武汉城市圈的总体思路是以深化行政管理体制改革和国有资产监管体制改革为重点，创新公共服务体制和行政运作机制，提高政府科学决策水平、依法行政能力和行政运作效率，探索促进公共服务型政府建设的体制机制，加快建立公共服务型政府。2008 年 9 市将陆续启动 8 项行政管理改革试点项目，力求解决改革进程中暴露出来的深层次问题。其中，武汉市、仙桃市、天门市率先启动 6 项试点，具体包括：政府职能“四分开”改革，加快推进政企分开、政资分开、政事分开、政府与市场中介组织分开，建设服务型政府；在地方上率先实施大部门体制改革试点；推动事业单位改革试点，剥离事业单位的行政职能、不再从事经营活动等；深化“一站解决”的行政审批制度改革试点；“市权下放到区”的扩大自主发展权改革试点；行业协会管理体制改革试点。此外，城市圈 9 市 2008 年全面推行 2 项城市圈政府间协调机制试点，包括建立多层次联席会议协调机制；建立招商引资协调机制，打造区域一体化招商引资服务平台。

（一）创新公共服务体制

创新公共服务体制，目标是完善社会主义公共服务体制，形成以政府为主导、以提供基本而有保障的公共产品为主要任务、以全体社会成员分享改革发展成果为基本目标的一系列制度安排，逐步实现基本公共服务均等化，保障每一个社会成员的基本生存权和发展权。同时要从建立公共服务体制的需求出发，重新界定中央与地方的职权范围，为减少行政层级奠定基础。为加快建立公共财政体制建设，要明显提高公共服务支出的比重，建立规范的转移支付制度促进地区间公共支出的基本均等化，并要逐步实现财政预算和管理的透明化、制度化。

建立政府主导、社会参与、适度竞争、监管有力的公共服务体制将是今后一个时期的主攻方向。为此，一要把一部分竞争性、经营性强的准公共产品交给企业或非营利性组织，以便政府将更多的财力集中到提供基础教育、基本医疗、卫生、文化等公共服务及健全社会保障体系上来；二要注重发挥民间组织在公共服务中的作用，形成政府与民间组织的合作关系；三要建立政府、社会、个人责任与义务相平衡的公共服务机制；四要把政府公共服务的供给者和监管者的职能分开，以有效地实现对公共服务的监管。当前，要鼓励民间组织在解决就业、环境保护、扶贫开发、艾滋病防治、社会福利、社区服务、慈善救助等方面发挥作用。

（二）创新行政管理体制

创建公共服务型财政。调整和优化财政支出结构，重点向公共服务、社会保障、生态环境、基础设施、科教文卫、“三农”扶持等民生领域倾斜。财政投入生产领域的资金，优先支持循环经济、节能减排等符合科学发展要求的项目。完善财政“收支两条线”管理体制，实现执法部门和执收单位的收支彻底脱钩。加强预算管理和监督，提高一般性转移支付比例。逐步扩大公共服务覆盖面，促进公共服务均等化。研究确定政府提供公共服务的范围、标准和方式，通过“以钱养事”、“服务外包”等形式，引导社会力量参与提供公共服务。

创新“阳光政务”。各类行政管理和公共服务事项，除法律法规规定不能公开的外，都要通过新闻媒体、政府网站、政府公告等渠道实行信息公开，通过四级便民服务网络实行办事公开。健全科学、民主决策机制，增强政府工作的透明度，保障市民、企业对政府工作的知情权、参与权和监督权。

加快电子政务建设。整合现有政务网络资源，建设统一的电子政务网络，建立协同办公、共享资源、科学管理的运行机制，提高电子政务应用水平。

强化行政监督。扩大行政电子监察系统的监察范围，逐步对市、区政府行政审批和公共服务事项全部实行全程即时监控。强化以行政首长为重点的行政问责制，建立科学、公正的绩效考核体系。加快建设公务员廉洁从政的信息管理系统并进行动态管理，努力形成反腐倡廉的长效机制。

四、武汉城市圈改革的主要内容

建设“资源节约型、环境友好型社会”，是贯彻落实党的十七大精神，践行科学发展观，实现经济社会又好又快的发展，探索具有中国特色的新型工业化和新型城市化相结合的发展道路的重要体现。2008年，武汉要以“两型”社会综合配套改革为重点，按照“又好又快”发展目标，实现城市发展模式的转型与创新，实现结构优化、功能提升、效率提高、动力转换以及城乡协调、社会和谐，努力把武汉建设成为中部经济中心。武汉要充分发挥龙头作用，保证其对周边8城市的辐射带头作用。

1）产业发展与布局一体化。以城市圈的支柱产业和重点行业为龙头，建设一批具有特色的产业集群，实现圈内工业经济的集约增长。充分发挥武汉市的产业核心增长极作用，9城市要扬长避短、优势互补，共同做大做强产业链，形成产业优势，优化产业布局的洞见结构，实现联动发展。

2）基础设施建设一体化。与长江三角洲地区、珠江三角洲地区城市圈相比，武汉市城市圈基础设施建设相对滞后，这严重制约了武汉市发挥龙头作用，以及对周边城市的辐射带头作用。一方面，加快武汉城市圈内的交通设施建设，以高速化、网络化为重点，构建铁、水、公、空的新型综合运输体系，确保武汉作为城市圈内人流中心和物流中心的地位，发挥武汉在资源配置领域的核心作用。另一方面，加快信息基础设施建设，重点是周边城市的信息基础设施建设。武汉市的电信网、电视网、宽带网基础设施建设良好，基本能满足经济社会发展需求，但是周边8城的信息基础相对落后。坚持电源与电网协调发展，优化电源结构，改善电网布局，形成城乡电网协调发展的一体化供电体系。要以信息基础设施建设为着力点，积极推进通信网络一体化。要在建设数字城市的基础上，形成以信息高速公路和计算机信息网为纽带，连接多城市、多中心、多节点的网络城市圈。另外，加快水电基础设施建设，水电是经济社会发展不可缺少的重要能源，它的供应是否及时、充分，将会制约城市圈社会的全面发展。

3）区域市场一体化。充分发挥武汉市的金融优势，发展和完善金融市场，促进生产要素和产品在圈内的自由流动。建立健全相关法规，打破地域和行政隔阂，减少地方保护措施，以保证生产原料、劳动力、资本等生产要素在9城市间的无障碍流动。

4）城乡建设一体化。城市圈的发展是“农业支持工业，工业反哺农业”，农村、农民和城市、市民一起分享经济收益的和谐社会。优化城镇空间布局，沿重要交通干线，形成“一核、三轴、两环、四组团、两带”的空间结构。完善城镇规模结构，优化整合超大城市，重点发展大城市和特大城市，提升中小城市，加快发展农村小城镇。明确城镇的职能结构与产业分工，统筹城乡协调发展，加大扶贫力度。

5）生态环境一体化。与沿海及发达地区城市群相比，武汉城市圈有着明显的水土资源和生态环境优势。城市圈建设应彻底改变以牺牲资源和生态环境为代价的粗放型经济增长方式，协调好经济社会发展与生态环境保护的关系，推进城市圈环境保护与生态建设一体化，最终将武汉城市圈建设成为生态城市圈。

五、武汉城市圈改革的突破口

第一，建立统筹区域产业发展的体制机制，实现区域经济一体化。将优化区域产业布局，引导城市圈城市按当地实际，发展优势、特色产业并延伸产业链，实现产业优势互补和错位发展，形成产业发展一体化。突破行政壁垒，探索区域一体化财税政策，在城市圈内实行税收分成制。

第二，建立资源节约、环境友好的体制机制，实现区域可持续发展。调整和优化区域城乡规划，划定优先开发、重点开发、限制开发和禁止开发区域。探索建立区域内资源节约和环境治理的市场机制，推进资源性产品价格改革和环境容量有偿使用制度改革。推进城市水业市场化改革，建设人水和谐的生态宜居城市群。

第三，建立增强自主创新能力的体制机制，完善区域创新体系。积极整合科教资源，促进大学、科研机构体制改革，构建科教资源共享平台，完善以企业为主体的技术创新体系。推进城市圈内高新区快速发展，形成东湖高新区与黄石、鄂州、黄冈、孝感4个省级高新区的互动发展机制。

第四，加快发展现代服务业的体制机制，优化区域经济结构。

第五，建立基础设施共建共享和公共资源合理配置的体制机制，完善区域公共服务功能。推进现代城市规划、建设、营运、管理体制创新，加快公用事业管理体制改革，努力实现区域基础设施一体化和基本公共服务均等化。探索建立全国性、区域性铁、水、公、空综合交通运输组织管理体制和运行机制，达到“最佳衔接”、“最少换乘”的目标。加快城市供水、供电、供气、公交、电信等公用事业改革，推进公交、电信同城收费，探索建立城市间轨道的共建机制，实现城市间人流、信息流的最大融合。

第六，完善城市圈土地资源管理的体制，探索节约和集约用地的新型城市化发展模式。整合城市圈土地有形市场，推行城市土地投资强度分级分类控制，最大限度地合理利用城市土地。将农村集体用地纳入统一管理，开放农村集体建设用地的一级市场，建立农村土地经营权流转交易平台。完善失地农民保障制度，探索多种行之有效的方式，安排好失地农民的生产和生活。

第七，创新城乡统筹发展机制，实现城乡协调发展。探索建立武汉和周边8个城市城乡一体的户籍制度，并建立以就业、社保、教育、卫生为重点的城乡一体化公共服务体系，建立武汉城市圈新型农村社会养老保险制度，加快建立覆盖城乡的新型社会救助体系建设。加快推进小城镇建设，逐步形成城乡一体的城镇体系。

第二节　“区城整合”视野下的武汉城市圈“两型社会”综合配套改革

一、改革中政府转型的价值取向

党的十七大被认为是中国改革的一个重大转折点。关于行政体制改革，十七大报告的总体思路是要求把一个经济主体型政府转型成为一个公共服务主体型政府。温家宝总理在十一届全国人大第一次会议作的政府工作报告中同样强调，未来行政管理体制改革的重点是加快政府职能转变，努力建设服务型政府。武汉城市圈建设综合配套改革的重点旨在探索新型工业化、新型城市化发展之路，以此破解当前我国经济社会发展与资源、环境的矛盾日益尖锐等诸多深层次的体制机制障碍，通过综合配套改革来实现体制机制的整体创新。[①] 而政府管理体制与机

① 陶海音，陈淦璋．长株潭历史行进的脚步：从毛泽东城到两型社会．湖南日报，2007-12-18.

制的创新是"两型社会"整体体制、机制创新的引擎与动力源。目前，武汉城市圈的政府管理体制与机制都尚不适应"两型社会"综合配套改革的要求。"政府主导型"的经济发展模式，把过多的市场和社会职能赋予了政府，使得政府疲于奔命。地方实施"区城整合"可以减少一些扯皮和效率不高的问题，但只要地方政府需要承担的不必要的经济等职能还是那么多，人员和机构的精简就无从谈起，政府的公共服务职能也将被冲淡。因此，要深化"两型社会"综合配套改革并取得成效，就必须转变政府施政理念，由经济主体型政府向公共服务主体型政府转变。

（一）观念嬗变：从区划行政到区域行政

任何国家为了行政管理的方便，必须将其国土划分为有层次的区域，即行政区划。"行政区划就是国家对于行政区域的分划，即在既定的政治目的与行政管理的需要的指导下，遵循相关的法律法规，建立在一定的自然与人文地理基础之上，并充分考虑历史渊源、人口密度、经济条件、民族分布、文化背景等各种因素，在国土上建立起一个由若干层级、不等幅员的行政区域所组成的体系。"① "显然，行政区划是一个基于一定自然、地理条件的政治、经济和社会的综合体。"② 行政区划从政府管理的角度讲，有利于相对应的各级地方政府更有效地提供公共产品，提高决策效率，降低决策成本。各级地方政府负有推动本地经济发展、体制改革和社会进步的责任。改革开放以来，中央政府致力于通过与地方政府的财政分权、加强地方政府的经济管理权限来注入其推动本地改革和发展的动力。客观地讲，"中央与地方关系的调整从传统体制下的行政性分权逐渐朝行政性分权和经济性分权相结合的方向发展，调动了地方政府的积极性和创造性，极大地解放了地方生产力，对全国和地方经济的增长起到了相当重要的作用。"③ 相较于计划经济体制下，中央政府全面掌控资源配置、地方政府负责机械执行的状况，这种改革无疑是巨大的进步。对地方利益的关注至少在推动地方经济发展的意义上是积极的。在一定时期和程度上，行政区划与地方政府追求地区利益的结合彰显了区划行政应有的活力。

但是，由于分权的不规范、以GDP增长为主要内容的地方官员政绩考核指标、对"以经济建设为中心"的片面理解，导致地方政府对本地利益（尤其是经济增长）的过分强调和注意，产生了建立在行政单元高度分割基础上的"行政区经济"，导致了诸如地方保护、市场分割、产业雷同、恶性竞争等现象。与此同

① 周振鹤．行政区划史研究的基本概念与学术用语刍议．复旦学报，2001，(3)：31-36.

② 王健等．"复合行政"的提出——解决当代中国区域经济一体化与行政区划冲突的新思路．中国行政管理，2004，(3)：411-448.

③ 安筱鹏，冉晓丹．地方政府职能的演变与区域经济一体化．上海财经大学学报，2003，(6)：50，51.

时，随着市场经济的不断发展，各地联系日益密切，经济合作的需求渐旺，一些地区开始推动经济一体化进程，行政区划障碍日趋明显。地方政府过于注重本地利益的现实与跨行政区合作的需要之间产生了矛盾。有学者认为，目前的行政区划“最大问题是行政区和经济区不一致，制约了经济发展”。① 从表现形式上看，就是区域经济一体化与行政区划之间的冲突，但是“阻碍区域经济一体化的根本原因不是行政区划，而是政府职能未能适应我国市场经济的发展转变到位”。②行政区划只是表面原因，实质上是建立在行政区划基础上的原有地方政府职能无法适应经济一体化的需要。片面追求地方利益的做法与统筹区域经济协调发展的要求之间的矛盾，狭隘的地方本位观念与区域经济发展整体考虑意识之间的矛盾，地方保护主义与加强区域政府间合作之间的矛盾，强烈地凸显了区划性政府职能不能适应一体化需要的现实。政府职能必须实现从区划行政向区域行政的转变。

武汉城市圈虽然是湖北省内部的一体化，不涉及环渤海、长江三角洲地区那样的跨省市协调问题，但它的基本主体仍然是 9 个行政互不隶属、地位相互平等的地级市政府，仍然属于跨行政区合作。在这一地区尽管有省级政府的统一领导、调控和监督，但是跨区政府间的合作依然面临重重困难，地域分割所造成的各种问题仍旧十分严重，体制性壁垒和无序化竞争还在一定程度上存在。由于受行政区划藩篱的桎梏，武汉城市圈传统的行政管理活动都在各市行政区划范围内进行，各市的行政活动无法突破行政区划的法定边界。在以“以经济建设为中心”的施政理念指导下，各市对本地区利益（尤其是经济增长）的过分强调和注意，产生了建立在行政单元高度分割基础上的“行政区经济”。随着市场经济的发展，现有的行政区划疆域日益受到冲击，原有的以强烈的属地观念、以我为主、各自为政、忽视周边为特征的政府职能，显然无法适应区域经济一体化发展的需要。尤其是跨行政区划性公共物品与公共服务供给的问题，如跨地区的流域治理、跨地区的基础设施建设、资源开发与环境保护、产业布局等大量出现，而这些问题既不是纯粹的单个地方政府的管理问题，也不完全属于中央政府的管理问题，而是一种新型的公共性事务管理。③ 这就迫切需要政府超越狭隘的、以行政区划为界限的区划行政思维，打破目前行政分割的局面，形成通畅的资源流通渠道和无缝有序的市场格局，树立区域行政（公共管理）的观念。区域行政主张通过政府间合作、协商来共同解决跨行政区划的公共问题。这种新思维对推动

① 李梁．中国行政区划演变与指向——专访复旦大学历史地理研究所周振鹤教授．南方周末，2003-9-18.

② 王健等．“复合行政”的提出——解决当代中国区域经济一体化与行政区划冲突的新思路．中国行政管理，2004，(3)：413-451.

③ 张紧跟．《论协调地方政府间关系》．《广东行政学院学报》，2007，(4)：10-13.

"两型社会"综合配套改革的发展具有重要意义。

"两型社会"综合配套改革建设中涉及的主体是多个行政互不隶属、地位相互平等的地级市政府，属于跨行政区的合作。各市要冲破行政区划的分割，将自身的发展与区域整体发展紧密联系在一起，实现从以我为主向区域发展优先的转变。只有这样，各市才能在整合公共资源的基础上，共享更多的社会与经济效益，从而提高各市参与更大范围内竞争的能力，在合作与共赢中提升区域整体实力。同时，各市政府也应互通有无、齐心协力，共同治理跨区划的各种公共事务和公共问题，为区域发展提供良好的公共服务。

（二）职能定位：从行政主导到有限政府

在改革开放初期，由于市场刚刚发育，企业尚未成为真正的市场主体，只有通过中央向地方的放权让利，地方政府成为一级利益主体，形成地方政府与地方政府之间竞争的格局，才能推动地方经济发展。因此，行政区经济实行的是行政主导型的发展战略，也就是说武汉城市圈是在行政权力主导下提出的。

行政主导主要是通过行政区划表现出来的，其核心是指政府发挥对市场的干预作用，通过这种干预来形成经济发展的格局、产业的布局等。行政主导包括观念主导、管理主导、政策主导。观念主导，即指政府在主导区域经济合作过程中所具有的观念和价值判断。我国长期的计划经济体制下形成的思维定式，使得我国政府，特别是领导的观念在区域经济合作中起着十分重要的作用；管理主导，要求行政主导作用贯穿区域经济一体化的全过程，包括区域经济发展规划、区域市场监督管理、区域资源配置和环境保护等；政策主导，即指在区域经济合作过程中，需要由政府制定发展的规划，确定区域经济发展的模式，为区域经济市场确定规则、提供制度等。

受计划经济时代的影响，武汉城市圈以往实行的是政府主导型的管理模式和以经济建设为中心的发展战略，其核心是指政府发挥对市场的干预作用，通过这种干预来形成经济发展的格局、产业结构的布局，等等。这种行政主导型管理模式导致政府的权力过大，可随意地介入各种具体经济活动中去，严重阻碍了正常的市场经济发展，造成寻租行为的产生，给区域经济合作带来了沉重的负担。政府主导型的管理模式越来越成为阻碍区域竞争力提升的重要因素之一。

在"两型社会"综合配套改革建设中，政府必须要改变行政主导型的管理模式，确立有限政府的价值取向，实现行政主导向有限政府的职能转变。各市政府根据市场和社会的需要，收缩行政管理范围，实现职能的有限性、法治性与有效性。首先，从有限性的角度来看，各市政府在区域经济中应把其行政行为严格限定在公共领域，正确界定政府与市场的关系，从干预市场具体行为领域中逐渐退出，只管理涉及公共利益的公共事务，提供好区域经济发展所需要的公共服务和公共物品；其次，从法治性的角度来看，各市政府应依法行政，严格控制行政权力的任意扩张，保证政府在运用权力、履行职能和行政规模上都受到法律的限制，接受社会公众的监督和制约；最后，从有效性的角度来看，强调有限政府的有效性，则是要求各市政府应节约成本，注重效率，减少不必要的开支，为经济活动减轻压力。强调各市政府职能从行政主导向有限政府转变，有利于政府有效地利用人力、物力、财力资源，集中有限的资源，做好应该做和能够做好的事情；有利于增强区域经济活力，调动社会各方面的积极性和主动性，推动区域整体功效的发挥。

（三）治道变革：从政府独舞到社会共治

传统政府实践中，武汉城市圈中的各成员政府担负着本行政区划内的所有公共管理重任，成为管理公共事务的独舞者。随着各种社会公共问题（尤其是跨行政区划公共问题）的增多，公共事务日趋复杂，各成员政府越来越显得力不从心。政府有限的资源、能力与社会公众不断增加的公共服务需求之间的矛盾日益凸显，单一的政府管理模式面临着巨大挑战。倡导社会共同治理，形成网络治理模式则成为公共管理未来的趋势。

在“两型社会”综合配套改革建设中，政府必须坚持多中心治理的理念，走社会共治的道路。这种多中心的“共治”局面也是武汉城市圈“8＋1”模式的全新诠释。武汉的核心地位不能动摇，其他8市也不是处于被动的、从属的地位，更准确地说，武汉城市圈“8＋1”应以联合中的部分融合的态度开展各项工作。各市要加强政府之间的合作，致力于打破因行政区划形成的行政壁垒，提供跨行政区公共服务，促进区域经济一体化，如统一规划、统一政策、统一政务服务（例如，为了促进跨行政区人员交流，实行从业资格证书的互认和衔接），实现跨行政区公共基础设施相互联合与衔接、建立健全区域性社会保障体系等。① 同时，鼓励非政府组织参与跨区域公共事务的管理，发挥非政府组织自发参与性，采取民主合作的方式，形成自主治理网络。这种政府与政府之间、政府与非政府组织之间形成的多中心治理模式将为“两型社会”综合配套改革的顺利推行奠定良好的基础。

二、武汉城市圈改革的举措

“两型社会”综合配套改革为了实现武汉城市圈多中心“共治”及联合中的融合，采取了多项步骤与措施。

（一）不断加强城市间的互访联动

武汉与周边8市加强了互访。2007年以来，武汉市组成党政代表团先后到天门、鄂州、黄冈、咸宁等市考察；鄂州、黄石、黄冈、咸宁、孝感等市党政代

① 王昌爽．借鉴四大城市群发展经验加快推进武汉城市圈建设．决策与信息，2006，(6)：20-24.

表团也先后到武汉考察。圈内各城市通过高层领导互访、专家研讨会、情况通报会、项目协调会等多种形式，加强了城市间的交流合作，签订了一大批合作协作项目，成果明显。如，武汉党政代表团到鄂州考察，就两市进一步实施交通对接、产业对接以及葛店开发区与东湖开发区融合等问题，进行了深入探讨，签订了 11 个合作项目；赴咸宁考察，签订合作项目 24 个，协议资金达 22 亿元。黄冈各县市区通过与武汉的互访，同武汉市所属 11 个区建立了对口合作关系，在旅游资源开发、农产品生产流通、劳动力转移和干部挂职培养等方面达成了合作意向，目前已开始实施。

省市相关部门进一步加强了协调与联动。在省直部门的倡导和协调下，城市圈内 9 个市的对口部门加强了互动协作。各市的发展和改革委员会、交通局、建设局、工商局、科技局、人事局、农业局等都进一步加强了相互沟通与合作，共同研究促进城市圈建设工作。如围绕实施人才强省战略，省人事厅着力推进武汉城市圈的人事人才工作创新。武汉市人事局着手与周边 8 市签订“武汉城市圈人才资源开发合作项目协议书”，加强双方在人才培训和交流方面的合作，建设一体化的区域人才和劳动力市场，着力构筑人力资源共享平台。省交通厅领导先后数十次与武汉市交委专题研究，对出口公路建设中出现的困难和问题，逐一进行分析并制定对策措施，及时提供服务，扎扎实实地推进武汉城市圈交通建设一体化。

（二）建立和形成多层面的联席会制度

省推进武汉城市圈领导小组办公室通过与 9 市和省直部门建立联系制度，了解 9 市及省直部门在推进武汉城市圈建设中的工作动态，及时进行沟通、协调，并通过编发《武汉城市圈建设简讯》，反映各地、各部门的工作。

建立武汉城市圈工商系统联席会制度。2005 年 1 月 13 日，在武汉城市圈工商系统第一次联席会议上签署了《武汉城市圈工商行政管理合作协议》。根据这一协议，各成员方重点从以下四个方面推进合作：彻底打破地区封锁和贸易壁垒；注重协调行政执法中的重大问题；着眼于增强区域整体实力，努力培育和保护圈内品牌；着眼于统一的大市场，努力营造诚信公平的市场环境。联席会议明确提出了以“部门四个一体化”（即市场准入一体化、依法维权一体化、企业信用监管一体化和执法一体化）服务推动“区域四个一体化”的基本思路，并设立了“市场准入一体化工作专班”、“主体维权一体化工作专班”、“企业信用一体化工作专班”、“监管执法一体化工作专班”和“信息共享工作专班”，建立“1＋8”干部年度挂职交流制度。2008 年 4 月初，城市圈 9 市工商局首批 20 名交流挂职干部已经到岗。

建立“1＋8”政协主席联席会制度。2005 年 5 月 25 日至 26 日，武汉城市圈各市政协在武汉市召开主席座谈会。来自武汉城市圈 9 市的政协主席和有关负责同志，围绕解决武汉城市圈建设中的突出问题、促进城市圈纺织服装工业发展以及发挥人民政协在推进城市圈建设中的作用等，开展座谈研讨。为了更好地为城市圈建设服务，9市政协主席经过认真协商，决定在本次会议的基础上成立“武汉城市圈政协主席论坛”，每年举办一次，重点就城市圈经济和社会发展中的重要问题选定一至两个专题开展研讨，形成固定的交流平台。

建立九城市发展和改革委员会主任联席会议制度。2004年12月召开了武汉城市圈发展和改革委员会主任第一次联席会议。9城市发展和改革委员会主任在会上联合签署了协议书。协议书提出了为加强城市圈发展工作对接与合作的几项主要内容，即编制中长期规划的协调；产业的合理布局；重大项目的策划及延伸；信息及资源共享；发展对策研究的合作。同时，协议书还从四个方面明确了加强合作的工作方法和运行机制：一是建立九城市发改委联席会议制度；二是建立信息处理交换和沟通网络；三是联合调查研究与提出工作对策建议；四是组建九城市发改委间的对口部门及联络员制度。

建立交通发展联席会议制度。2007年12月10日，省交通厅与武汉市交通委员会策划举办了武汉城市圈“8＋1”交通发展联席会议。会议围绕“加快武汉市七条高速出口公路建设、带动周边8城市高等级公路对接”这一主题，进行了认真的讨论和研究。9城市交通局（委）联合签署了《武汉城市圈交通合作框架协议》，明确了合作宗旨、确定了合作原则、提出了合作要求、划定了合作领域；商定了修订、完善《武汉城市圈交通发展规划》的具体分工；制定了定期督办协调和轮流承办会议的工作机制；明确了武汉城市圈交通发展的工作思路。2008年3月17日，省交通厅又召开了武汉城市圈交通基础设施建设的第一次调度会，在交流各交通局（委）工作进展情况的基础上，重点研究了7条高速出口公路的前期工作，提出了加强前期工作、建立武汉城市圈交通建设项目库等工作要求，有力地推动了武汉市7条高速出口公路的建设。

建立武汉城市圈“8＋1”城市建设委员会主任联席会议。会议签订了《武汉城市圈各城市建委合作协定》。该协定承诺：武汉城市圈内各城市，对进入本地的协作城市的建筑、市政施工企业，给予支持和便利，扶持“8＋1”内的建筑施工企业做大做强。为使武汉城市圈内基础设施共建共享，还将统一编制武汉城市圈的城市规划，预计两至三年内完成。

省科技厅召开了城市圈科技局局长联席会议，交流9市间科技对接、产业对接的举措及成效，探讨了城市圈高新技术发展的途径。

省地矿局组织武汉城市圈地质环境评价工作，提出了与城市圈发展和建设有关的地质资源优化配置与合理利用、地质灾害防治、地质环境保护等方面的对策和建议。

（三）着力推进武汉城市圈各市的融合

省直相关单位和9市坚持以推进武汉城市圈“五个一体化”为核心，积极采取有效的政策措施。中国人民银行武汉分行充分发挥货币信贷政策的导向作用，加大对武汉城市圈内重点行业、重点项目、重点企业的信贷投入，加快推进了武汉城市圈信贷市场的融合，扩大了同城票据清算业务范围，促进了同业拆借市场的健康发展；通信管理局以编制“十一五”规划为切入点，将武汉城市圈通信业发展区域规划放在更加突出的位置。

目前，武汉城市圈电话网码号规划编制工作进展顺利。关于在武汉城市圈进行码号统一试点工作的请示，已上报信息产业部电信管理局；省财政厅进一步完善《全省财政改革与管理量化考核办法》，综合运用财政资金、财政政策、财政服务等手段，支持武汉城市圈经济结构战略性调整；省国税局通过发挥税收对经济发展的调控和促进作用，引导市场主体合理配置生产资源。通过落实出口退税政策，支持外贸出口企业的发展。通过贯彻落实好促进技术改造投资抵免的有关税收优惠政策，促进高新技术产业不断发展壮大。通过落实对外商投资企业的税收优惠政策，促进外商投资企业的发展；省地税局着力完善税收制度保障，推动了区域税收协作，优化了税收服务机制；省旅游局通过积极申请国家旅游发展基金等手段，全力支持武汉城市圈旅游项目建设；省劳动和社会保障厅组织9市签订了《武汉城市圈劳务交流与合作协议书》；省国务院国有资产监督管理委员会重点围绕汽车、钢铁、电力、化工等重点行业，对省出资企业和部分市重点企业进行调整重组，促进了优势企业做大做强。国有大型和骨干企业改制重组取得重大突破，中小企业民营化改制任务基本完成；省科技厅坚持以项目、企业、特色产业基地为抓手，加速推进武汉城市圈高新技术产业的发展，并拨出200万元专款，对创新服务体系建设给予支持，为城市圈建设提供科技服务。

（四）积极推动武汉城市圈各项建设的有效对接

在产业对接方面，武汉市着力延伸产业链，壮大支柱产业，做强做大企业。同时，黄石、孝感、仙桃等8市坚持以项目建设为龙头，以招商引资为动力，积极引进武汉的产业资本，初步形成了与武汉市的产业分工协作关系。武烟集团实行了在孝感、咸宁、黄冈等地的兼并重组；武汉一棉集团在沙洋兴建集棉花收购、纺纱和织布于一体的大型企业，红人集团在孝感投资8000万元建设服装出口加工基地；武汉大学、华中科技大学的校办高新技术企业以及春天药业等民营企业，相继进入鄂州葛店经济开发区；武钢在大冶和黄石建设大型球团矿生产基地，华新斥资数亿元在武汉市青山区建水泥和混凝土生产基地；天门纺织机械公司在东西湖兴建研发中心和机电一体化项目；黄石市大力发展与武汉市的汽车、空调、冰柜等产品相配套的压缩机、离合器等数十种产品，成为其产业体系中的重要一环。初步统计，黄石与武汉合资合作建设项目已达16个，总投资达30多亿元。

在市场对接方面，孝感市进入武汉的农产品及其加工产品达 60 多个品种，年销售量 160 万吨，销售额 30 亿元，占孝感全市农产品商品量的 40%。仙桃水产品在武汉大型水产批发市场成交量达 7.68 万吨，占武汉市淡水产品年总成交量的 35%。

在科技对接方面，黄石、黄冈、鄂州、孝感、仙桃市积极促进本地企业和科研机构与在汉科研院所开展高层次、多渠道、多形式的合作。如仙桃市已有 200 多家企业主动与武大、华中科技大、华中师大、华农大等 30 多个院所建立了长期合作关系，很多企业将研发中心延伸到了武汉各高校院所，利用武汉的科研成果实施技术改造 300 多项。仙桃中星电子、仙隆化工、九珠蛋业等一批企业，通过实施技术创新得到了快速发展。

在交通对接方面，武汉市已规划 7 条快速出口路，分别通往孝感、红安、仙桃、鄂州、麻城、咸宁、汉川等周边城市，快速通道建成后，均可 1 小时通达。这 7 条快速出口路建设总里程 207.6 公里，按双向四至六车道设计，总投资约为 91.1 亿元。武汉至孝感快速通道已于 2007 年 12 月开工，汉洪、汉蔡高速公路于 2008 年 6 月开工建设，其他几条快速通道也将陆续开工建设。这 7 条快速通道的建成，必将大大拉近城市圈内各城市的空间距离。圈内 9 市交通部门负责人还表示，他们将通过加强合作，加大“8+1”道路运输企业联合协作，致力于形成行业联盟，实现城市圈内客运公交一体化和道路货运一体化，并推进航运一体化。

三、武汉城市圈改革面临的问题

（一）行政壁垒仍未消除

城市圈是以各地城市密切联系为基础的，而现实情况却因为受行政区划影响，城市间的分工协作不强，“以邻为壑”的现象不同程度地存在。城市间的壁垒主要表现在基础设施和服务设施的各自为政，相互衔接不够，重复建设，加重了城市之间的经济联系成本。

城市间的壁垒还表现在城市空间一体化发展受到制约。湖北省许多城市是在原来的县域范围内切块设市而来的，随着城市的发展壮大，城市的发展空间明显受到制约。为了解决这些问题，有的进行了行政区划调整，如，武汉市将四个郊县都撤县设区，但如果要进一步东扩，马上就要面临东部边界；黄石与大冶城区，相向发展，已在罗桥地区呈对接之势，若不能打破行政区划因素制约，则必然会造成在功能分区、建设标准等方面的偏差，导致空间错位；再如黄石与鄂州花湖、杨叶两乡镇犬牙交错，黄石市宽敞、气派的迎宾大道一侧为现代化的大城市，另一侧为小乡小镇，空间格局很不相称，城市形象也不协调；鄂州与黄冈市一体化发展的问题需要从更多层面进行思考。

（二）无序竞争依然存在

协调发展是城市圈的根基所在。目前城市圈内各城市由于地方利益的冲突和协调机制的缺乏，致使重复建设和无序竞争依然存在。这方面的例子还不少，如鄂州葛店开发区生物医药产业基地在国家工商总局获准注册“中国药谷”，拥有“葛店·中国药谷”品牌和湖北省科研力量最雄厚的医药工业研究院，区内已形成了丽珠集团湖北科益药业工业园、湖北省化学研究所科技园、武大弘元生物工业园、春天生物科技园、米歇尔生物工程生产基地、武昌鱼生物医药科技等 25 家生物医药企业。而武汉东湖新技术开发区庙山小区万亩医药科技产业园也初现雏形，已吸引、集合了中联药业、健民集团、滨湖双鹤药业等国内外知名医药企业好的产品及项目落户，已形成湖北省中药产业优势。宝安集团又宣布投资 10 亿元，在黄陂滠口经济发展区建科技园，主要从事生物医药生产。各地在产业项目（园区）建设上没有明确的分工和协作，既不易形成各自特色，也难以发挥规模效益。类似的还有武汉黄家湖大学城与鄂州曹家湖大学城等。

（三）城市圈组织机构职责不明确

武汉城市圈政府合作机构基本上是非常设机构，致使其缺乏明确的职责定位，其权力也很有限。组织机构的建立并没有严格按照有关法律程序进行，目前也缺乏指导这些组织建立的法律条款；即便是常设机构如湖北省推进武汉城市圈建设领导小组办公室，也只是一个辅助机构，并没有任何法律条款授予其责权，致使其在协调政府间关系中发挥的作用极为有限。

（四）政府间协定缺乏约束力

正是我国特有的政治体制再加上目前法律、法规体系不健全，致使我国目前尚没有区域间立法。而政府合作一般是以协定的形式体现出来，政府签订的协定其执行状况如何没有法律保护，使得其在促进政府合作方面、约束政府越轨行为方面的作用发挥有限，严重限制了地方政府间的合作。在武汉城市圈内也是如此，城市政府间签订的协定往往束之高阁，仅仅作为一种文本加以储藏。

第三节　武汉城市圈“两型社会”综合配套改革的政策建议

一、构建“区城整合”的政府组织机制

武汉城市圈要突破现有的行政壁垒，需要借助“两型社会”综合改革配套试验区的机遇，促进城市圈大发展。改革应以“区城整合”为突破口，发掘“区城整合”的相关内涵。借鉴欧盟管理体制以及国外大都市区域管理的经验，结合我国实际，可尝试建立城市圈建设管理委员会，整合各市的职能部门，以大部门体制的原则建立若干跨市的专门委员会。

（一）城市群建设管理委员会的职能

城市圈建设管理委员会的职能应以协调与管理区域性公共事务为宗旨，主要是区域公共事务进行跨界决策、执行、监督三个方面的职能。具体而言，应全面负责城市圈内部跨越城市行政界线或功能区界线的公共产品和公共服务的联合提供，追求规模效益，避免城市圈内的重复建设；负责为城市圈内各成员政府的科学决策提供准确、平等的咨询服务，提高整体决策水平；协调城市群成员城市间基础设施建设、城市规划、城际贸易、要素流动、产业调整、空间开发、生态重建等重大区域问题；规划研究构建统一的区域治理体系，尤其注重财政、税收、金融、产业、招商引资、土地批租、人才流动、技术开发、信息共享等制度、政策的统一，制定统一的实施细则和竞争规则，为城市群经济发展创造统一的制度政策环境、商业市场环境和社会文化环境。为了促成其有效运作，可以依法赋予城市圈建设管理委员会以区域环境整治交通建设等资金的分配权、区域性空间协调发展的审批权或实施监督权、区域性贷款投资的倡议权等。

（二）城市圈建设管理委员会的组织机构设置

城市圈建设管理委员会的组织机构设置，要从实际出发，建立包括决策机构、执行机构、监督机构等在内的强有力的机构体系。

1. 决策机构：成立市长委员会

市长委员会是城市圈建设管理委员会的决策机构，由省主管领导和城市圈组成城市的市长组成。该组织对关系共同利益的制度政策、经济合作等重大问题进行协商，并做出指示和决定，协商通过有助于扩大或加深合作的原则性文件和章程协议。市长委员会是城市圈的最高权力机构，在决策过程中采取协商一致通过的原则。市长委员会会议定期举行，必要时还可召开特别会议。该组织设立主席一名，由各成员城市轮流担任，主席仅行使召集、准备和主持会议的权力。市长委员会下设秘书处，主要负责市长会议的具体筹备以及联系各市长的工作。

2. 执行机构：成立执行委员会

执行委员会是城市圈建设管理委员会的常设执行机构，其委员主要来自于各成员城市政府提名，每个城市名额相等，他们要独立于各自城市政府利益，真正代表整个跨省都市圈地方政府协会的共同利益，实行集体负责制，不接受任何城市政府的指示。每位委员负责一个或几个政策领域，为跨城市圈的普遍利益独立地履行职责。执行委员会代表协会利益，是城市圈发展的主要推动者。其主要职责是：负责执行市长委员会做出的决定、协议、章程、法规等；对城市圈地方政府专项政策进行协调；同时向市长委员会提出各种建议、政策实施报告和决议草案等。执行委员会还可就专门的问题召集各市农业、工业、交通、运输、经贸、财政、税收、金融、文化、教育、社会、环保、旅游、协作办等相关政府职能部门进行协商、共商对策。根据所涉及的不同事项，各成员城市指派与该讨论事项有关的政府职能部门代表参加，如涉及农业问题时由农业局局长参加，涉及财政问题时由财政局局长参加，于是便有了农业局局长会议、财政局局长会议等。

3. 监督机构：成立监督委员会

监督委员会也是城市圈建设管理委员会的常设机构。监督委员会须是区域各方共同协商成立的权威性组织，决策、执行一体化的区域组织适度分离，保证客观与公正。监督委员会的成员包括中央政府的代表（站在全国、区域外的立场来监督与评估，看其是否违背国家政策法规，是否符合国家利益，是否损害区域外其他地方的利益等）、区域性监督与评估组织的代表（主要看其是否符合整个区域利益，是否符合区域长远发展，是否有较好较高的效应等）、域内各地方政府的代表（主要从各自的地方利益出发，看其是否有利于自身发展，是否损害自身利益以及损害程度有多大等）以及群众代表（主要从群众切身利益的实现来衡量城市圈建设和发展的成效）。监督委员会应具有相当的权威性，形成对城市圈建设管理委员会决策和执行机构的有效监督，推行问责制，以保证城市圈建设管理委员会的良性运作并取得令人满意的绩效。

4. 咨询机构：成立城市圈建设论坛

这是一个广泛听取社会各界意见或建议、反映民意的民主化决策咨询机构。其主要职能是根据世界经济发展的趋势，针对当前及未来城市圈发展面临的关键问题，针对不同专题（区域联动与合作发展、应对经济全球化的共同战略、行政组织管理体系创新等）采用不同形式（现场研讨会、与网民交流、专家咨询等）定期开展大型研讨活动，最广泛地听取社会各阶层的意见或建议，全面了解并掌握广大民众对城市圈社会经济发展的预期。论坛的主要观点和建议向城市圈建设管理委员会的市长委员会报告，为其各种重大决策提供参考。

（三）城市圈建设管理委员会的权力架构与运行机制

新建立的城市圈建设管理委员会与各市之间形成“虚”双层政府管理模式。之所以称为“虚”双层政府管理模式，是因为城市圈建设管理委员会与各市只有职能分工的不同，而没有上下层级之分。城市圈建设管理委员的权力是各市自愿让渡出来的，与各市是一种平等的关系。其主要负责管理跨区域公共事务，而各个市政府仅仅让渡部分的跨区域公共事务管理权力，仍然保持原来的行政体系，管理各自区划内的事务。这种“虚”双层政府管理模式既不是政府之间按照行政命令，采取兼并或合并的方式建立的集权的一级行政机构，也不是松散的政府间协调机构，而是具有一定行政职能（仅限于跨行政区职能）的地方政府间合作机制。它既注意满足各行政区政府对跨行政区公共服务的需求，又不完全限制各行政区政府在辖区内行使必要的行政管理权；既保持能统揽全局的部分行政干预力量的存在，又防止行政机构的盲目升级和臃肿。但是在具体实践中，城市圈建设管理委员会属于决策的协调层，城市圈建设管理委员会与各市政府及其职能部门的职能对接与协调就是一个必须面对的课题。在没有行政权威的前提下，城市圈建设管理委员会要以共同愿景与目标为基石，在充分的平等协商基础上与各市达成共识、形成合作的意愿。在具体某项工作实践中，如果城市圈建设管理委员会与各市及其职能部门的职能发生冲突：一则要发挥市长委员会的作用，通过市长来做本市与职能部门的工作，争取合作；二则在市长协调无果的条件下，则把问题上交省政府，由省政府来裁决。

城市圈建设管理委员会内部按照大部门体制要求，实行决策、执行、监督相互制约又相互协调的运行机制。城市圈建设管理委员会内部要合理配置权力，要严格划分市长委员会、执行委员会和监督委员会权力的使用边界，明确各自的职责。进一步加强对权力使用的规范和限制，形成部门内部的权力制约与协调机制。同时，要创设一系列组织法制和程序规则，通过法律和规章规范城市圈建设管理委员会各部门的权力行使，使之纳入法制化、程序化轨道，保证分工明确、各司其职、各负其责，按照法定权限和程序行使权力、履行职责。

二、强化打破行政壁垒的监督制度

行政壁垒的屏蔽，严重阻碍了经济资源的自由流动和跨地区的经济合作。打破行政壁垒，实现政策一体化，已成为武汉城市圈新竞争力形成的当务之急。因此，必须尽快建立行政壁垒监督制度，对区域内进行定期的行政壁垒检查监督，依据《反不正当竞争法》关于反行政垄断的规定，开展反行政性壁垒的专项检查整治行动。检查范围是对武汉城市圈区域地方政府及其所属部门滥用行政权力实施强制交易或者地区封锁的行为，防止地方政府及其所属部门滥用行政权力，通过设置市场障碍，分割和封锁市场。重点清除“以发文的形式实行市场封锁；以不正当的或者歧视性的质检、准销证、前置审批或者加收费用等方式，抬高外地商品进入本地的‘门槛’，阻碍外地商品进入本地市场；以拒绝实施行政行为等方式强制他人购买其指定的商品”。① 通过这一制度的建立和实施，力图逐步消除9市政府间的行政壁垒，促进地方政府职能的合理化转变，实现9市政府间的协调共进。

三、完善政府转型的保障措施

“两型社会”综合配套改革政府转型的实质就是要政府通过政策与制度创新，建立良好的城市政府合作关系，整合区域内各城市的资源和力量，走合作治理的道路，从而实现构建资源节约型和环境友好型社会的目标。因此，按照大部门体制而设计的城市圈建设管理委员的真正运转良好，“两型社会”综合配套改革中政府转型的实现，还需要相应的保障机制以确保政府转型的成功。

---

① 我国将开展反行政性壁垒专项检查．链接：http：www.cyinfo.gov.cn/jjyw/gdy/w/o.htm［2006-06-27］．

（一）制度创新的保障

在“两型社会”综合配套改革中，政府转型的关键在于制度创新。“制度环境是一系列建立生产、交换与分配基础的政治、社会和法律基础规则”。[①] 按照诺斯的观点，制度决定着一种经济的激励结构、决策结构、信息结构及其运行方式，从而决定着经济变化的走向是增长、停滞还是衰退。在实际经济过程中，许多地方保护主义行为都属于规则竞争行为。因此重建地方政府竞争秩序，必须从以地方保护主义为策略的封闭式竞争转向开放式的以制度创新为基础的制度竞争，通过制度创新来吸引资源、技术创新、促进增长，而不是通过地方保护主义来维持增长。同时要建立健全规范各市政府行为的法律、法规，有必要制定政府间关系法、地方政府职能法、区域规划法等，对地级市政府的职能、权限、机构的组织体系以及政府行为的方式和程序等进行合理的设定，并通过法律加以规范化，使地级市政府的权力和职能能够依法设定，行为方式和行为程序能依法运作。

（二）利益平衡的保障

在“两型社会”综合配套改革中，政府转型的核心在于利益平衡。武汉城市圈中各地方发展不平衡，在区域发展中所获得的实际利益并不均等，也不会完全同步。武汉城市圈就存在武汉一市独大的局面。在“两型社会”综合配套改革中，利益是否得到某种平衡是决定改革成效的关键变量。解决各市政府间的“零和博弈”和“公有地悲剧”等现实问题，需要重新审视各市政府间的利益关系，构建相互间的利益平衡机制。利益平衡机制应是一个由权益均衡、利益平衡、利益转移、利益补偿等多项相互配套的机制所组成的系统，须充分发挥利益平衡机制的系统功能，以化解地方利益的“过度离散性”。

（三）官员评价的保障

在“两型社会”综合配套改革中，政府转型的前提在于官员推动。由于“两型社会”综合配套改革涉及多个市政府，各市政府对改革的态度很大程度上取决于政府官员的意愿。“在经济权力下放和市场化过程中，地方政府合作的基础发生了变化。在这种新的制度环境下，经济发展成为考核地方官员业绩的最重要指标之一”。[②] 在这种背景下，一个市的经济发展状况往往决定了该市政府官员的政治、经济收益。所以，在这样的绩效评价体系的指引下，各市政府官员往往会为了自身利益的最大化（升迁等）而忽视全局利益。以至于在他们个人利益偏好的影响下，市政府行为呈现出异化特征，从而导致地方政府间利益关系的不协

① 诺斯 D C，等．制度变迁的理论：概念与原因，财产权利与制度变迁——产权学派与新制度学派译文集．陈昕译．上海：上海人民出版社，1996：270.

② 陈剩勇．区域间政府合作：区域经济一体化的选择．政治学研究，2004，(1)：28-29.

调，地方保护主义的盛行就是很好的例证。科学的地方政府官员绩效评价体系应该体现以下思想：一是对一个地方政府政绩的评价应该把该地方社会经济发展现状与其历史状况及长远发展有机结合，尤其要注重该地方可持续发展的能力；二是对地方政府官员的考核、评价应该取向于一个综合的指标体系，而不应仅仅局限于发展经济的能力。科学的官员绩效评价体系的建立势必会通过正确的方向引导，规范官员们的行为取向和行为模式，促进其积极介入并推动政府转型，从而成为"两型社会"综合配套改革前进的推动力，武汉城市圈城市基本信息，如表13-1所示。

表 13-1　武汉城市圈城市基本信息

城市	地域面积/平方公里	人口规模/万人	生产总值/亿元	财政收入/亿元	三大产业比重
武汉	8 494	818.80	2 590.80	231.90	6∶44∶50
黄石	4 583	253.90	401.00	15.30	1∶57∶41
鄂州	1 594	106.40	168.30	6.50	15∶53∶32
黄冈	17 446	253.90	391.20	15.40	11∶52∶36
孝感	8 910	514.60	404.20	12.70	19∶39∶42
咸宁	9 861	281.00	234.70	8.80	17∶49∶34
仙桃	2 538	147.60	162.50	2.80	23∶41∶37
潜江	2 004	100.00	125.30	3.30	18∶48∶34
天门	2 622	162.10	122.30	1.70	21∶44∶34

城市	政府机构数/个	政府编制数/人	供养系数
武汉	91	28 311	—
黄石	58	3 763	1.84
鄂州	—	10 983	2.19
黄冈	—	1 497	—
孝感	69	3 123	0.25
咸宁	67	2 698	—
仙桃	54	2 443	1.59
潜江	48	2 295	1.45
天门	47	2 088	1.47

资料来源：《湖北省统计年鉴 2007》

第十四章　深圳大部门制改革个案分析

第一节　深圳市试水大部制改革

党的十七大报告指出，要“加大机构整合力度探索实行职能有机统一的大部门体制”以十一届全国人大一次会议批准国务院机构改革方案为标志，新一轮行政管理体制改革即将在全国逐步展开。深圳是少数几个率先对“大部门体制”进行探索的地方，剖析深圳取得的成就和存在的问题，意义不言而喻。

一、前期背景

2010年1月30日英国《经济学家》发表题为《商业激情的消退——中国民企之乡渐趋老态》的文章指出，自中国改革开放时起，深圳是商业创新之乐土，取得了城市发展的巨大成就，但深圳特区也面临民企创业成本高昂、商业创新激情衰减的问题，这对深圳的国际商业竞争力带来了挑战。深圳能否继续保持“国际商业创新”这一代名词的荣耀，值得我们深思。

在北面紧邻香港的深圳被划定为经济特区时，中国开始了举世闻名的改革开放进程。企业主在特区内以私有制形式公开自由经营，他们通过满足顾客需要而获取利润。其结果是，一个以农业为主的小村庄转变成拥有900万人口的大都市，处处洋溢着商业热情，制造着全世界一流的品牌。然而这些过去的辉煌已经不能形容现在的深圳，繁荣不可避免地影响了人们的观念和当地的商业环境。深圳社会科学院和香港中文大学在1月18日联合发布的一份研究报告称，创业人口占总人口比例正在发生急剧的下降，从2004年的12%减为2009年的5%。香港中文大学管理学教授凯文指出“作为特区的深圳不再如此‘特’了”。

不久之前，深圳还是一个充满吸引力和巨大市场需求的城市，加上国家给其政策先试先行，全国各地的外地人口潮水般涌入，迫切抓住些难得的机遇。很少有限制商业发展的法律，工厂可以设立在任何一个地方，即使是最高端的人才都发现在深圳可以找到一个更好的工作。但是改革开放到今日，深圳很多当初很“特”的做法已经不“特”，变成了各地的普遍做法，这也使得深圳的竞争力相对减弱。随着全国社会经济的发展，深圳的经济发展模式已不是独一无二。中国开始发展吸引优秀人才的大型企业。深圳就拥有两个大型跨国电信企业巨头华为和中兴。厂房用地越来越难找到并且价格不可避免地更高。最后一块大型的地块没有被划分给中小型企业使用，而是转交给了快速发展的汽车和电池制造厂商比亚迪。很多法律已经开始颁布执行，用以保护劳工和他们的工作环境，使创业成本和门槛越来越高，一些中小工厂和低技术水平的劳工均已搬离。

随着改革开放的深入，经济特区正在越来越失去其特殊性。由于不再担负改革试验田的重任，也就丧失了重要的政策基础，同时还要面对来自国内其他城市的竞争，这是深圳改革不可忽视的时代背景。有学者分析，深圳建立经济特区29年来，GDP增长了3437倍，居民人均可支配收入居国内首位，是国内第一个人均GDP超过1万美元的城市。这些辉煌成绩的背后，是土地、能源、人口和环境的严重透支，而突破硬资源约束唯一的路径是形成有利于科学发展的机制。广东省委副书记、深圳市委书记刘玉浦在2008年年底的经济特区工作会议上坦言："随着改革不断向纵深推进，行政管理体制改革对其他改革的牵制作用日益明显。要深化经济体制改革和其他各个领域的改革，就必须把行政管理体制改革提到突出重要的位置，实现行政管理体制改革的突破。"

二、前期改革的历史沿革

（一）由传统行政管理体制向大系统管理体系顺利转变

1979年1月深圳建市前的政府架构是7大类41个机构，[①] 设置深圳市时，其中38个机构转为深圳市革命委员会的工作部门。截至1981年8月深圳第一次改革前，机构达65个。这些机构基本上是按行业和产品分类设置的业务主管局，是计划经济的产物。计划经济要求政府根据垂直方式进行管理，每一个部门管理特定的行政事务，分工很细。这样的行政管理体制，成了深圳改革开放的绊脚石，有必要进行改革。深圳按照"精简、统一、效能"的要求，借鉴香港"大部门体制"，经过五次大的改革和多次微调在精简撤并专业经济管理部门的基础上，建立综合管理部门，对企业实行大行业管理；合并职能相近和相关的机构设立综合性部门，实行大系统管理这样两条改革路径，终于在1998年在全国率先建立了与深圳经济社会发展相适应的大系统管理体系。深圳大系统管理体系分为三大系统10个子系统：[②]

1. 经济管理系统由4个子系统构成

大工业系统——按照政企分开原则，精简专业性工业管理机构，建立大行业的综合性工业经济管理体制，由经济发展管理局负责全市的工业经济管理。

大农业系统——将农业、林业、牧业、渔业、乡镇企业、农村经济及海洋业进行统一管理的农业经济管理体制，由农业局负责全市的农业管理。

---

① 宝安县志编委会．宝安县志．广州：广东人民出版社，1997：543.

② 李容根．八大体系：深圳行政管理体制改革探索．深圳：海天出版社，1998：77.

大商贸系统——由对全市内贸、外贸和旅游业进行统一管理的经济管理体制，由贸易发展局负责全市的商贸管理。

大招商系统——建立集引进外资工作的统筹、协调、审批、管理和服务于一体的外商投资管理体制，由招商局负责全市的招商管理。

2. 城市管理系统由 3 个子系统构成

大运输系统——将多种运输方式统筹结合，由运输局负责。

大城建系统——将城市规划、国土管理、房地产管理三者结合起来，实行统筹管理，由规划国土局负责。

大城管系统——将市政、环卫、园林绿化的行业管理和城市综合管理统一起来，由城市管理办公室统一负责。

3. 社会文化管理系统由 3 个子系统构成

大文化系统——由文化局统一负责文化艺术、新闻出版、广播电视、版权和文物管理工作。

大教育系统——把普通教育、成人教育和高等教育机构合并起来，组成新的教育局，统筹全市的教育管理。

大社会保险系统——将医疗、养老、失业等社会保险业务由社保局统一管理，社会保险行政管理与基金管理分开运作。

深圳的大系统管理体系基本没有计划经济条件下对口设立的“小部门体制”痕迹，为向“大部门体制”转变奠定了较好的基础。

（二）由大系统管理体系向“大部门体制”转变的尝试

从 2001 年下半年到 2002 年上半年，中央编办先后确定了深圳等 5 个市（区）作为全国深化公共行政体制改革的试点。此次改革自 2001 年年底深圳市编办向中央机构编制委员会上报《深圳市深化行政体制改革创建公共行政管理体制试点的意见》起，至 2004 年 5 月正式下发《深圳市深化行政管理体制改革试点方案实施意见》止，前后历时三年多。与以前历次改革不同的是，此次改革的要旨不再是机构数的增减，而是行政权中决策、执行、监督如何实现协调和分离。这一主题源于十六大报告中所说的“按照精简、统一、效能的原则和决策、执行、监督相协调的要求，继续推进政府机构改革”。

改革方案的基本思路是在事务、职能分析的基础上，将政府职能一分为三，即决策、执行、监督。以大行业、大系统的方式设立决策部门，就每个决策部门关联的业务设若干个执行机构，决策权在决策机构，执行权在执行机构，监察局和审计局作为监督部门直属市长管辖。与此相配套，建立公共财政、综合法制、公共人力资源、公共信息等公共行政管理系统平台，作为所有政府部门共享的内务管理和服务系统。显然，这是一个不折不扣的“大部门体制”方案。深圳某学者用“行政三分制”这个词概括其内容，并向媒体披露，一时沸沸扬扬。

当时中央机构编制委员会办公室的设想是2002年年底出方案，2003年一季度开始实施，三季度总结经验，但这个时间表随即作废。正式公开启动这项工作是2002年11月底十六大刚闭幕后。2003年3月初，改革方案基本定稿并获中央有关部门原则同意，8月国务院调研组来深圳，有人曾就“行政三分制”探询调研组意见，但没得到回答。此后，就不了了之，媒体热议也渐渐平息。

2004年5月正式下发的《深圳市深化行政管理体制改革试点方案实施意见》与原有方案比较已大相径庭。就这样，深圳与这次改革良机失之交臂，与“大部门体制”在许多方面很接近的大系统管理体系，没有顺利转变为真正意义的“大部门体制”。

三、前期改革的成效和困境

（一）改革成效

经过不懈的改革，如今深圳的行政管理体制已经具有若干“大部门体制”思维和“大部门体制”内容。可以说，“大部门体制”的轮廓已经显现。

1. 政府机构初显“大部门体制”特征

1981年8月深圳进行了第一次政府机构改革，改革矛头直指官商不分的行政机构，撤销了商业局、物资局、工业局等18个专业经济管理局和一些行政单位机构；将统计、计划生育等4个局级机构并入业务相近的部门。深圳改革的第一枪，意义就不同凡响：在全国率先打破了按行业、产品门类设置政府经济管理机构的旧模式。如今深圳的政府机构已有2/3是大系统管理机构，较好地解决了过去按行业、产品门类设置机构导致的机构臃肿、部门分割、办事效率不高等问题。

政府机构设置已走出“精简—膨胀—再精简—再膨胀”的怪圈。深圳规范机构设置，严控人员编制，打造“小政府”。1981年深圳第一次政府机构改革，市属部委办由原来的65个减到33个，减少49%，其中，市政府工作部门只设17个，机关行政人员由原来的2237人减至867人，减少了61%。经过1983年12月至1985年5月的第二次改革，市政府工作部门增为22个。1986年9月至1987年8月第三次改革后，市政府工作部门为39个。1988年第四次改革后，市政府工作部门为41个。1992年第五次改革后，市政府工作部门为38个。2001年第六次改革后，市政府工作部门仍为38个。2004年第七次改革至今，市政府工作部门为35个，市政府机关编制只有7600人，在全国大城市中倒数第二。由此可见，市政府工作部门一直控制在40个之内。从深圳实际出发改革政府机构，而不是复制中央的机构，这是深圳的一条重要经验。

2. 政府职能结构初显“大部门体制”特征

按照“经济调节、市场监管、社会管理和公共服务”的职能定位，深圳将政府职能范围转向公共领域，并由过去偏重于发展经济转向发展经济与社会管理并重，推进社会整体发展，积极构建服务型政府。一是加强宏观调节部门。设立规划局、发展和改革局、贸易工业局，就是为了加强宏观决策的科学性、权威性，尤其是贸易工业局，负责组织研究拟定工业、商业、贸易、招商引资、经济协作等方面的政策与发展战略、规划等，统一管理工商贸，有别于中央和广东省的商务部（厅）。二是完善社会管理和公共服务部门。2004 年行政管理体制改革，对于履行社会管理和公共服务职能的教育、民政、司法、交通、文化、卫生、体育等部门，不精简内设机构和人员编制。相反，原来内设机构、职能和人员相对薄弱的，这次还得到充实和加强。如一次性增加 3000 警力，充实到一线，加强社会治安管理；在地方政府中第一个建立应急指挥机构，为市政府直属的议事协调机构的办事机构（正局级），统筹各方面的应急救援资源，提高应对处理各种公共突发事件的能力。三是规范部门内设机构，归并市直机关现规模偏小的处室，取消政府部门“三总师”（总经济师、总会计师、总工程师）的职位设置。

3. 决策执行相分离初显“大部门体制”特征

“大部门体制”要求决策、执行、监督相对分离，深圳在这方面做了尝试。行业协会服务署负责行业协会的组织培育、监管、规范和服务工作，建筑工务署统一负责除水务工程、公路建设外的政府投资工程的组织实施，组织建设经济适用房等，这两个执行机构的设置，就是为合理界定政府涉足执行的范围和方式；国土资源房产局直属分局将统一管理特区内的四个区，则更鲜明地体现了决策和执行的分离性。这些机构有些是中央、广东省和其他地方政府机构中所没有的。

虽然深圳大系统管理体系已经具有“大部门体制”思维和若干“大部门体制”的内容，但是，决策、执行、监督三部分仍然纠结不清，离真正意义上的“大部门体制”还有相当大的距离。

（二）改革困境

2001 年拉开序幕的深圳市第七次行政管理体制改革初次尝试了“大部门体制”，然而，政府机构改革需要上级授权，地方政府作为空间不大，大部门大到什么程度？机构如何撤并？深圳特区并没有这样的特权。这一被广泛期待的探索还是被拦在了路上。首先，我国政治体制改革是自上而下的，地方政府较难有作为。而且，行政体制改革势必导致众多政府机构调整、撤并，人事安排阻力之大也远远超出了专家们的预想。按照理想的设计方案，决策部门数量不宜太多。但在与深圳市组织政策研究室、发展和改革委员会等人员成立的课题组讨论过程中，决策部门的数量从最开始规划的 3 个，一路增加到了 21 个。一边是决策部门想大大不起来，另一边却是一些执行部门该小却小不下去，比如国土和建设部门都是纯粹的执行部门，因为存在较大部门利益，所以一直不肯分出来。如果按照最初的思路，至少有 1/5 的正局级部门将被撤销或合并，改革对这些部门以及个人利益的触及是无法回避的现实。回顾深圳由大系统管理体系向“大部门体制”转变的失败经验，除了客观原因外，还有多方面的主观因素。

1. 认识不一动摇了转变的基础

大系统管理体系要顺利转变成“大部门体制”，需要形成全社会共识。尽管当时深圳的改革方案已确定向“大部门体制”转变，但是，“大部门体制”仍然面临着来自国内的诸多争议，与转变有关的几个层面上的群体远没有达成共识，转变的民意基础不牢固。

政界和学术界对“大部门体制”出现了两种截然不同的声音。一种是大加赞扬。有学者认为它是从政府管理结构、功能、运行机制等方面进行重新设计，因此具有革命意义和符号意义，用“震动深圳”可能还不足以形容这场改革的分量，它还会震动全国，这是政治文明的进步，也许会给中国行政管理体制的革新带来新思路，可以在全国推广。① 另一种观点以国务院行政审批领导小组专家咨询组成员余晖为代表，认为“大部门体制”在一些地方政府进行试点是可行的，也许能够提高某些行政部门的效率和减少腐败现象，但全面推行的意义不大，更不用说在中央政府层面实行了。② 更有甚者认为“大部门体制”不科学，深圳搞这个体制本身就是错误的。实际上，这两种态度都没有冷静地看待“大部门体制”的利弊。

在社会公众层面上，由于舆论宣传不够，他们对“大部门体制”知之不多，改革方案没有经过上上下下的充分论证，特别是没有让民众广泛参与，实行“大部门体制”并没有成为社会呼声最高的、意见较为统一的改革意见。普通公务员知道要进行“大部门体制”改革，但为什么要改革，这一在国外已有比较成功经验的管理模式在我们这样的体制下，究竟有没有效果，建立的过程中可能遇到哪些阻力，这样一些深层次的认识问题并没有真正解决，没有与政府的改革战略形成对接。

2. 利益“刚性”制约了转变的空间

与其说是争议，不如说是围绕利益的博弈——这是“大部门体制”在深圳难产的最大障碍。传统体制下，“权力部门化，部门利益化，利益集团化”非常突出。大系统管理体系转变成“大部门体制”对现实的部门利益无异于釜底抽薪，触及各级政府官员的利益必然很多，触及的程度必然深刻。于是，一些人便采取各种办法来应付改革和保护自己的权利。在深圳“大部门体制”主要涉及的是局级干部的权力和利益，有些局将被取消，局长们面临整体“洗牌”的问题。局长们片面强调本部门的重要性，希望上下对口，自成体系，反弹情绪之激烈，在

① 张立．深圳受命特别试验“行政三分制”．决策咨询，2003，(1)：53-54.

② 杨良敏．关注新一轮政府机构改革．中国经济时报，2003-02-25.

2002年上半年的一次会议上表现得淋漓尽致。这次由市主要领导亲自召集的会议，参加者是所有的局长、区委书记和区长，在会上，有一位局长大声质问："为什么砍掉我们局?"①

政府官员也是有血有肉的人，改革必须考虑他们的利益。要想使大系统管理体系能够真正地向"大部门体制"大步前进，就必须把利益刚性转化成"软性"。问题的关键在于如何趋利避害。西方国家的做法是，除了通过制度、法治，把在任何时候都可能存在的部门利益转化为以公共性为价值取向的部门动力外，将因政府改革而分流的官员安排到"第三部门"，个人利益受损较小。如此改革便不会因"利益障碍"遭到官员们的抵制。但我们却没有或很少有渠道来安置被分流的官员。

3. 策略不足抑制了转变的步伐

深圳大系统管理体系向"大部门体制"转变，是一项综合性和开拓性的系统工程，过去毕竟没有这方面的经验，所以改革的策略就显得很重要，必须精心策划、精心组织、精心操作。要充分考虑社会的接受能力和改革的巨大阻力，部门体制转变不可能毕其功于一役，不能一步到位，应该采取"半步策略"，积"小胜"为"大胜"，循序渐进，稳步推进，这样，成功的概率就大一些。

此外，深圳的大系统管理体系转变成"大部门体制"，涉及旧体制的核心部位；从更深层次来看，"大部门体制"改革虽说是行政体制创新，但必然要涉及政府与党、政府与人大、党与人大的关系，涉及深圳的政治体制改革。执政党的机构、人大的机构如何与政府的"大部门体制"相匹配？换言之，必须把行政体制改革纳入政治体制改革框架中，这样更能从结构上进行深层次调整。

第二节　深圳市大部制改革的新阶段

进入新世纪以来，深圳的行政环境发生了更加深刻的变化。首先是2001年年底中国正式加入世界贸易组织对政府提出了前所未有的新要求。其次，深圳面临着更加激烈的竞争态势，国内各个地区、各个城市之间在发展经济、吸引投资方面新一轮的竞争日益激烈。深圳不仅要面对上海、江苏、浙江等地区的挑战，而且要面对东莞、顺德等周边原先小城市的挑战。总之，"在加入世贸组织之后，国家给予特区的优惠政策在实质上已消失，特区也只有象征性的含义了"，与深圳市以往作为改革的领头军的改革经验相比，竞争压力和前途危机感越来越大，深圳行政改革的速度、频率和内容有了明显的不同。

经过多年策划的深圳新一轮政府机构改革，终于在今年7月31日正式启动，目前各部门的"三定"方案已陆续公布，31个政府工作部门已正式挂牌。从各

① 张立. 深圳受命特别试验"行政三分"再造政府. 南方周末，2002-12-20.

种信息看，深圳这次行政改革是建市以来力度最大的一次，也是最具有突破性的一次，是一次开拓性、创新性的改革。尽管对这次改革有不同的评价，但这次改革的作用和意义确是毋庸置疑的。

一、从体制层面上，提出“一级政府、三级管理”

现有的“两级政府、四级管理”，即“市政府—区政府—街道办—社区工作站”的行政体制框架，面临重新构建。而理想的结果是，通过“行政权三分”，政府可以将更多的行政事务外包给非政府机构，最终形成多元化的公共事务管理制度。深圳市分别在2007年和2009年成立了光明新区和坪山新区。新区的城市管理体制是探索“一级政府三级管理”体制的重要举措，体现三个方面的内容：

（一）体制创新

它创造了一种既不同于行政区，也不同于高新区和大工业区等功能区的管理体制，是深圳市在城市管理体制中开创的一种新体制。它兼具开发区和行政区的职能，其目的在于构建一个适应区域协调发展的新体制。新区体制主要体现了“三变”、“两不变”。“三变”指的是由单一的产业项目管理向经济社会发展一体化管理转变；由推动产业发展向综合统筹方面转变；由建设产业园区向城市新城转变。“两不变”指的是政治架构不变，人大、政协、检察院、法院工作继续由所在区负责；行政区划不变，新区仍然在原所在区的版图内，经济指标归原所在区统计。

（二）体现“大部制”精神

新区的机构设置体现了“大部制”的精神。光明新区管委会机构设置以精简高效为外界所称道，内设机构具有高度综合性，堪称“大部制”的典范。光明新区成立之初仅设“六办、两中心”，即管委会办公室、纪检监察办公室、人力资源办公室、经济发展办公室、社会事务办公室、城市建设和管理办公室机关、后勤服务中心、土地开发中心。如果将6个内设办公室中主要从事内部管理的“纪检监察办公室”、“人力资源办公室”和综合协调的“管委会办公室”除外，实际上进行社会、经济管理的机构只剩下3个，即经济发展办公室、社会事务办公室和城市建设和管理办公室。

（三）具有实践探索性

新区在探索“一级政府三级管理”新的城市管理体制上迈出了实质性的步伐。按照市政府的“一级政府三级管理”的构想，一级政府就是指市政府，三级管理就是市政府和作为派出机构的新区和派出机关的街道办事处所形成的三级管理。按照市委和市政府的部署，深圳市将在光明和坪山新区试点整合街道办事处社区工作站，整合工作完成后，新区将形成“一级政府三级管理”新体制。

二、从纵向结构上，实行“行政三分”界定各部门职能

决策权、执行权和监督权既相互制约又相互协调，是党的十七届二中全会对推进政府机构改革的要求。其完整的表述是，“按照精简统一效能的原则和决策权、执行权和监督权既相互制约又相互协调的要求，紧紧围绕职能转变和理顺职责关系，进一步优化政府组织结构，规范机构设置，探索职能有机统一的大部门体制，完善行政运行机制”。可见，决策权、执行权和监督权既相互制约又相互协调，实质上指的是政府内部的职权配置形式和相互关系；且要与职能转变、建立大部门体制、完善运行机制等重要改革任务相结合，要在推进这些工作中落实与完善。

2009 年 8 月，在深圳市政府机构改革动员会上，经中央编委和省委、省政府批准，历时一年多精心制订的《深圳市人民政府机构改革方案》（下称《方案》）正式向外公布，备受各界瞩目的深圳市政府机构改革随即启动。根据《方案》，改革后，市政府将减少 15 个机构，精简幅度达 1/3。在探索实行职能有机统一的大部门体制基础上，按照决策权、执行权、监督权既相互制约又相互协调的要求，市政府将设置 31 个工作部门，并根据部门职能定位分别命名为“委”、“局”、“办”。其中，主要承担制定政策、规划、标准等职能并监督执行的大部门，称为“委”；主要承担执行和监管职能的机构，称为“局”；主要协助市长办理专门事项，不具有独立行政管理职能的机构，称为“办”。同时，将一部分主要承担执行和监管职能的“局”，由承担制定政策、规划、标准等职能的“委”归口联系，将一部分“办”交由市政府办公厅归口联系。

将决策权、执行权、监督权分开，被人们称为“行政三分制”，是深圳此次行政改革人们最寄予希望的改革内容。按照改革者的设想，“行政三分制”是将政府职能部门分为决策部门、执行部门、监督部门三大板块，使权力相互制约，相互协调，从而达到防止公职人员滥用权力的目的，提高行政效率。

其实，深圳酝酿“行政三分制”改革已经有 8 年时间，早在 2001 年就曾经一度启动，并在 2003 年被当时的深圳市主要领导高调对外透露：深圳即将成为中国唯一推行“行政权三分”试点改革的城市，并且描绘这一全新的政府架构是：决策部门只有决策权而没有执行权；执行部门只有执行权而没有决策权；监察局和审计局将作为监督部门直属市长管辖。但是此后，这项探索再无下文，由于种种原因，进入了长达 6 年的“静默期”。不过酝酿和铺垫一直未曾停步，直到今年深圳正式按下重启键，“行政三分制”改革又回到了人们的视线。

此次大部制改革市政府实行委、局、办并行，各机构将统称工作部门，根据部门的职能定位做出区分，其中：主要承担制定政策、规划、标准等职能，并监督执行的大部门称为“委”；主要承担执行和监管职能的机构称为“局”；主要协

助市长办理专门事项，不具有独立行使行政管理职能的机构称为“办”。各委、局对市政府负责。一部分主要承担执行和监管职能的“局”，由主要承担制定政策、规划、标准等职能的“委”归口联系。而这一系列的职能定位（“三定”）终使行政三分制得到了真正的践行。

这次设立“委”、“局”、“办”体现决策权、执行权和监督权的相互制约和分离，具有以下几个特点。

（一）重新定位政府职能

紧紧抓住政府职能转变这个核心，按宏观视野，在整个大的社会系统中，区别界定政府与市场、社会之间的关系，把政府不该管的事情坚决转移出去，让市场或社会组织去承担，把政府该管的事情管住、管好，实现政府职能的合理定位，为政府科学决策、高效执行确定一个合理的边界。同时，对政府应管的事，还要积极探索将其部分非核心执行性职能通过市场化、社会化方式外包出去，以法定契约的形式保证外包的执行性职能得到高效运作，努力通过探索建立新型的政府、市场、社会合作治理关系，履行好政府承担的各项职能。

经过 7 次政府机构改革及四轮行政审批制度改革，深圳在政府职能转变方面取得了明显进展，但政府仍然管了许多不该管的事，行政许可和审批事项仍然过多且增长很快，有相当一部分审批事项直接干预企业微观经济活动；一些该由政府管的事却没有管住管好，转变政府职能仍是一项艰巨任务，必须采取有力措施，切实解决政府职能越位、缺位、不到位问题。

为此，深圳此次改革重点从行政审批事项的清理入手，对各部门职能逐一梳理分析，坚持该取消的取消，该转移的转移，该强化的强化，首先解决政府“做正确的事”的问题。这次 31 个政府工作部门及相关部门共取消、调整、转移 284 项职责及行政审批事项。政府不再承担或不再直接办理的有关等级评定、标准推广、业务培训、办展办会等事务性职责共 90 项。

调整后，既大幅降低了市场准入门槛，给企业松了绑；又向社会向市场让渡了更大空间，还权还利于民，为企业、社会组织的培育发展创造良好的条件给政府转型打下了坚实的基础。

（二）强化政府宏观决策职能

紧紧抓住职能转变这个核心，结合调整政府宏观管理部门的职能，强化宏观决策。如减少发展和改革委员会的微观管理事务与具体审批事项，将其主要精力转变到统筹深圳经济社会全面协调可持续发展上来，谋长远、抓总量、促改革、促发展。这一改革，有利于促使宏观管理部门集中精力谋划全局的发展与规划，实现科学决策。

（三）提高决策、执行效率，强化社会管理和公共服务功能

结合探索实现职能有机统一的大部门体制，努力改变机构多引致的决策碎片

化、决策相互冲突，执行相互掣肘、缺乏合力等状况，将职能性质相近领域的决策适当集中，执行资源予以适度整合，形成合理的决策、执行关系，确保决策科学协调，执行高效到位，责任清晰明确。

机构改革并不等于一味地精简，在做好减法的同时，深圳市政府还对其应当管住和管好的事，在职责和机构编制规定方面都给予了大力加强。对于教育、医疗、环境、就业等与民生民计密切相关的领域，此次大部制改革在职责和机构编制等方面都给予了相当大的支持，增加了直接涉及群众切身利益、关系国计民生的部门职责 70 多项，力求使政府全面担当起服务责任。

我们可以看到，为促进经济发展与人口、资源、环境相协调，深圳此次机构改革加强了人居环境委员会对全市人居环境规划、政策和标准的统筹职责及环境影响评价工作，强化人居环境政策对经济社会发展、城市规划建设的有效约束；在交通运输领域，加强了交通运输委统筹特区内外交通建设和运输协调职责等通过各领域的调整，大大加强了政府的社会管理和公共服务职能。这既有助于更好地促进社会组织的培育和发展，也有利于加快实现服务型政府的目标。

（四）建立新的运行机制

同时需要关注的是，归口联系机制是这次改革的一大亮点，“三定”方案从工作衔接机制入手，理顺了“委”、“局”间的运作机制，积极完善行政运行机制，重点对一些政府工作部门进行适当区分，将主要承担制定政策、规划、标准等职能，并监督执行的大部门称为“委”，将主要承担执行和监管职能的机构称为“局”，将主要协助市长办理专门事项、不具有独立行政管理职能的机构称为“办”。同时，将一部分主要承担执行和监管职能的“局”，由承担制定政策、规划、标准等职能的“委”归口联系，将一部分“办”交由政府办公厅归口联系。如人居环境委与其归口联系的水务局、住房和建设局、气象局之间，人居环境委员会主要管宏观、管整体、管决策。同时还要审核上报局的专业规划和相关政策并监督执行，归口局负责实施。这既有助于避免“委”、“局”间相互扯皮、互不买账，也将大大减少市政府层面的协调事项。这就从机制上进一步强化部门之间的工作关系，加强决策的统筹性，提高决策执行的高效性，加强决策与执行之间的制约与协调。

这次改革，深圳将探索决策权、执行权和监督权既相互制约又相互协调的要求，融入各项改革重要任务之中协调推进，并没有也无法将其同各项改革工作截然分开，孤立地作为一项改革任务，更何况其实现程度和形式离不开政府职能转变这个核心与重点。政府职能转变是一个发展和变动的过程，在实践中对决策权、执行权、监督权关系的探索也将存在一个深入和完善的过程。

三、从横向结构上完善大行业、大系统管理

行政成本居高不下且不断攀升一直是社会各界议论的焦点之一。而大部制不仅能够由于政府机构数量的减少直接精简部分行政成本，还能够减少不必要的部门间协调，从而间接降低成本。中国人民大学公共管理学院毛寿龙教授认为，实际上，“小部制”更容易导致人员扩张。其原因是，由于机构很多，办事的时候会牵扯到好几个机构，为此必须新设协调机构，还会增加新的协调层次。他说，从此次南方地区冰雪灾害过程中也能够发现，由于我们的部门交叉过多，再加上中央与地方政府间职责划分问题，导致协调困难，影响了效率，成本也相应增加。当然，不仅要从横向上减少部门数量，机构内部纵向的数量层次也要减少。如果这样，就不会出现有些人担心的“大部制”导致部门权力越来越大的情况。毛寿龙认为，实际上大部门体制只是体积上比较大，并不意味着管的事一定多。

此次深圳市改革的“三定”方案中，在减少 15 个政府部门的基础上，共减少内设、下设及派出机构 151 个，其中副局级 5 个、处级 90 个、科级 56 个；副局级、处级机构的精简比例达 31%。减少领导职数 394 个，其中局级 56 个（正局级 13 个，副局级 43 个）、处级 139 个（正处级 76 个，副处级 63 个）、科级 199 个（正科级 61 个，副科级 138 个）。减少编制 492 个，其中公务员编制 356 个，雇员 136 个。此外，还减少事业单位 60 个（其中副局级 1 个、正处级 2 个、副处级 5 个、科级 45 个、未定级 7 个）。

对涉及整合的部门，按照改革要求，坚持大部门制下的“大处室”制，大力整合归并综合处室和性质相同、相近的业务处室及直属、派出机构，内设机构数量力争精简。根据“三定”方案设计，新组建的科工贸信委，综合处室由整合前的 12 个核减至 3 个，业务处室由整合前的 33 个核减至 22 个；人力资源和社会保障局的业务处室由整合前的 16 个核减至 12 个；市场监管局的内设处室由整合前 27 个核减至 17 个，所属分局由原 13 个核减至 8 个；规划国土委撤销了 18 个国土所；园林体制调整后，原市城管局和市农林渔业局管理的 19 家市政、郊野和森林公园管理处整合设立为 1 家市公园管理中心。

深圳行政管理体制和机构通过不断的改革调整，基本上形成了职能较为明确，结构大体合理，功能比较健全，运转较为协调，行政效率较高的管理结构。在 1998 年建立初步大行业大系统的基础上，最后深圳市政府依据加强宏观管理的要求，建立大行业、大系统综合管理的结构体系，分别承担着经济、社会、城市管理等方面的行政职能。

（一）大贸工管理

大贸工管理就是按照政企分开原则，精简专业经济管理机构，组建贸易工业局，建立大系统、大行业的综合性工业经济、内外贸易、招商管理体制，对全市

各种行业、各种性质的工业企业，内贸、外贸，引进外资工作实行统一管理。通过改革，使计划经济体制下的条条干预、微观管理失去了生存的土壤，从而扩大了企业自主权，激发了企业活力，大大解放了生产力，有力地促进了深圳经济的发展。

（二）大农业管理

大农业管理就是组建农林渔业局，对农业、林业、牧业、渔业、乡镇企业、农村经济及海洋业进行统一管理的农业经济管理体制。这种大农业系统管理，既有类似于内地各省市农委的协调职能，又有农口各专业局的管理职能，而且机构精简，人员精干。

（三）大交通管理

大交通管理，就是组建市交通局，建立公路、城市公交、水路、港口、铁路、轨道交通、民航、物流和邮电通信管理于一体的综合交通运输管理体制。这种大交通管理体系的特点是：在政府职能配置上，变运输方式分散单项管理为多种运输方式统筹综合管理，即将海陆空运输和邮电通信的管理职能集中于政府一个部门；在管理体制上，建立了“决策—执行—服务”三个层级相分离的组织机构。决策层为局机关，主要履行宏观调控、制定规划、政策服务和监督协调职能，不负责具体的行政事务；执行层为8个执行机构，专注于行政执行、市场监管和查处违章；服务层为5个办事处，作为决策、执行两层级的补充，专注于面向行业企业、经营业户、市民群众提供涉及交通运输领域的行政许可受理，证照审验发放等具体服务事宜。三级管理体制打破了行政区划限制，实行窗口一站式服务，极大地提高了服务水平和行政效率。

（四）大城管管理

大城管管理，就是组建市城市管理局，将市政、环卫、园林绿化的行业管理和城市综合管理及城市管理行政执法纳入系统管理，避免了城市管理部门相互之间的扯皮现象。

（五）大文化管理

大文化管理，就是将文化艺术、新闻出版、广播电视及文物进行统一管理的文化管理体制。目前，深圳市文化局加挂新闻出版、广播电视局、文物局牌子，并在文化局内设相应处室，承担有关职能，形成四位一体格局。

科学的行政管理，最鲜明的特点是系统性与整体性。大部门管理体制打破了计划经济体制下按产品门类设置政府机构的旧模式，创建了面向全社会和不同企业、不同所有制结构的大行业、综合性的科学管理模式。大部门管理体系的建立，优化了行政管理结构，减少了部门间的职能交叉，促进了政府部门的职能转变，提高了政府行政效率。

另外值得一提的是，这次深圳大部门制改革，提高行政效率，降低行政成本是行政体制改革的客观需要。“大部制”体制对政府机构进行了重组，将职能相近，业务范围趋同的部门整合为一个大的部门来统一行使管理职能，大大避免了政府职能交叉，改“九龙治水”为“一龙管水”。经验表明，政府部门设置越复杂，政府的决策职能就越被削弱，统一管理的难度就越大。深圳此次“大部制”改革，把职能相似的部门进行整合，使政府部门向“宽职能，少机构”的方向发展，对于减少部门间推诿扯皮现象的发生，进而提高行政效率和降低行政成本具有重要的意义。深圳此前虽已尝试过建立大行业的格局，但在机构设置上依然存在着分设过细、管理多头、运作不畅等问题。而此次“大部制”改革加大了在机构精简方面的力度：“三定”方案主要围绕“退出、转型、精简”三个基本要求，并坚持市场化改革方向。深圳的政府部门从 46 个削减少到 31 个，精简幅度达 1/3，低于中央的规定，大城市的机构限额为 40 个左右的规定。凡不该政府做的，政府要坚决退出，即使市场暂时做不好的，政府也要充分放手，积极创造条件支持社会组织和企业去做；转变职能则从清理行政审批事项入手，经逐一梳理，共取消、调整、转移 284 项职责和行政审批事项。其中，取消和调整行政审批事项 194 项，为政府职能大步转向公共服务，成为公共服务型政府创造了良好前提。

第三节　解读深圳市 2009 年政府机构改革

2010 年 5 月 31 日，当时的深圳市代市长王荣（现任深圳市委书记）在市第五届人民代表大会第一次会议上提出要加快行政管理体制改革，提高公共管理水平。具体来说包括以下几个方面：第一，要加快转变政府职能，实现政府职能向创造良好发展环境、提供优质公共服务、维护社会公平正义转变；第二，创新行政管理体制，深化大部门制改革，形成决策、执行、监督既相互制约又相互协调的行政架构；第三，优化行政运行机制，推动政府管理更加规范有序、公开透明、务实高效；第四，合理划分各层级事权，适当调整行政区划，推进精简行政层级改革试点，缩短管理链条；第五，继续深化行政审批制度改革，大力推进网上审批；第六，全面完成公务员分类管理和聘任制改革，建设一支专业、高效、廉洁的公务员队伍。①

一、深圳政府机构改革所面临的挑战

政府机构改革是贯彻落实党的十七大和十七届二中全会精神的重要决策，是深圳推进综合配套改革的重点突破口，此次改革机构变动多、涉及面广、情况复

① 资料来源：深圳市政府公报 . news. stockstar. com/wiki/topic/ss. 20090612，2010-05-31.

杂，是一次深层次、全方位的改革，确保机构改革顺利进行的意义重大。为了不重蹈2003年“行政权三分制”改革失败的覆辙，市委、市政府为此专门成立了市政府机构改革实施小组，统筹负责机构改革的实施工作；明确要求各部门要高度重视，各部门主要领导要亲自抓、负总责，周密部署，精心组织，抽调人员组成精干的工作班子，切实做好本部门机构改革的各项工作。在改革过程中，严格执行各项改革纪律，及时研究解决出现的新情况、新问题，确保秩序不乱、队伍不散、业务正常运转。

在具体实施过程中，要重点做好部门“三定”（定职责、定机构、定编制）工作。“三定”是机构改革实施工作的中心环节，这次政府机构改革，不论是调整变动的部门，还是机构未作调整的部门，都要通过制定和完善“三定”规定，具体落实转变职能的各项要求，理顺部门关系，强化部门责任，着力解决职责交叉、权责脱节、推诿扯皮等问题。

（一）权力与利益是否寻找到平衡点

深圳此次“大部制”改革建立起了“委”、“局”、“办”的政府架构，并对政府机构进行了大幅度的削减，机构的整合必然触动政府部门内部的许多权力和利益。通过对我国行政改革和深圳此前行政改革所出现的问题进行分析，可以得出部门权力和利益是行政改革过程中所要面对的困境。改革之前，出现的部门职能交叉、相互推诿扯皮及利用公共权力谋取利益的现象，其实质是受到各部门间的权利和利益的影响。如何防止重新整合后的“大部门”产生新的利益冲动，进而扩大自己的职能，将部门利益凌驾于公共利益之上，用部门权力谋求部门利益，是值得深圳市政府在机构改革过程中密切关注的。积极探索权力与利益之间的平衡点，依旧是避免走入“膨胀—精简—再膨胀—再精简”这一循环的保证。

（二）政府部门内部与政府部门之间是否能有效协调

深圳实行“大部制”改革，将一些职能相近的部门进行整合，在一定程度上可以提高行政效率、降低行政成本和打破原先部门的利益，压制部门利用权力谋求利益的冲动。但深圳此次改革涉及的部门众多，新组成的“大部门”涵盖了以前许多部门的职能，而“大部门”所包含的单位越多，部门内部协调的压力就会越重。与此同时，新的政府架构下组成的新部门间也面临着协调的压力。因此，在这个磨合期里，部门内部各单位和部门之间需要经过一段时间，才能建立起较好的工作、合作关系。如果部门内部各单位和部门之间不能进行有效的协调，则大部制的改革效果就会大打折扣，甚至政府的行政体制又要面临另外一次伤筋动骨的改革，而这也是改革者不希望看到的。深圳此次改革所预期的目标能否达成，政府部门间的协调状况将起到指示器的作用。

（三）人员分流问题是否能妥善解决

人员的分流问题是每次机构改革都无法回避的问题。深圳此次“大部制”改革涉及了机构的撤销与重组，自然会影响到公务人员的岗位问题。与此同时，深圳此次改革的目标是厘清政府与市场的关系，最终构建服务型政府。服务型政府就是管理自己该管的社会事物，而市场可以自行调节的，则交由市场机制解决。所带来的结果就是减少了政府的职能，提高了政府的行政效率，减少了行政人员的数量。随着改革的不断深入，行政人员岗位的减少是必然趋势，而此时有一部分人将离开自己的岗位。究竟应该如何处理这部分人员，这一棘手的问题是改革过程中必须面对的。实践证明，以前所采用的带职分流和分流到事业编制的机构的做法，不但会增大行政改革的成本，而且谁去谁留这一问题所产生的利益冲突也是很难解决的。因此，寻求人员分流的新方法仍是此次机构改革在实施过程中应予以重视的问题。

（四）机构“减肥”之后是否能防止反弹

应启动监督与问责机制，防范精简的机构和整合的权力再改头换面卷土重来。应将机构精简与重新整合的行政权力通过媒体与网络逐项公布，做到公开透明，接受公众监督。应定下规矩，撤并的机构不得再以临时性“办公室”、“委员会”等任何形式出现，决不可出现“一碗豆腐”变成“豆腐一碗”，换汤不换药，最后成了“改革秀”。尤其是对暂不调整的部门，也要按照转变职能的新要求重新进行“三定”，不是搞“照抄一遍”，而应对原有权力回头看，按照现实需要清理行政权力，将一些权力该下放的下放给基层，该移交给中介机构的办理移交。

（五）行政权力是否能置于阳光之下

检验机构改革成功与否应有三个标准：一是政府重新定位是否准确；二是政府效率是否提升；三是老百姓办事是否更加顺畅。因而，无论是精简机构还是权力整合，都应让公众拥有更多的知情权、表达权与参与权。如何达到权责清晰、程序严密、运行公开、制约有效，应更多地问计于民，公开征集民意，吸纳民智。在新的权力设置上，应通过听证会等形式让民众参与到决策中来，将城市管理、社会管理、公共服务职能与破解民生热点问题“无缝焊接”。深圳市此番改革的决心和信心令人相信，阳光政府、法治政府正渐行渐近，建设一个人民更加满意的政府，触手可及。

二、深化深圳市政府机构改革的思考

（一）坚持改革的彻底性

每一次行政体制改革都是政府机构内部现有利益和权力的一次调整，这就注定行政体制不可能一蹴而就。深圳此次“大部制”改革涉及的范围广、力度大，在对行政资源进行整合的过程中，自然地要对诸如权力与利益难以调整、政府部门间难以协调和人员分流安置难等诸多问题予以关注。

1. 进一步完善“委”的决策程序

要按照科学决策、民主决策的要求，建立“委”的制定政策、规划、标准的科学程序与民主程序。要落实深圳已经颁布的各种行政决策的有关规定，如重大决策的听证规定，专家咨询论证规定，还有民主协商的规定，真正使决策公正、公平，体现公共利益，而不是部门利益。为确保“委”的决策程序的科学与民主，需要由市人大立法规定各个“委员会”的行政决策程序，以把公众听证、专家咨询论证以及民主协商作为行政决策的法定程序，确保各个“委员会”必须遵守这些程序。

2. 进一步优化委局办归口联系制度

在实际运作中，要真正体现决策和执行适度分离的效果，委和办公厅要承担起制定政策、规划、标准，并监督局办部门的责任，在一些重大问题上替局办把好关，并加强与有关局办的沟通协调，防止决策与实践脱节，局办要坚持重大事项请示报告委和办公厅的制度，坚决落实其决策。

3. 进一步提高“局”的执行力

这次新组建的一些局都是几个部门合并而成的，要有效地行使改革后的部门职责，需要做很多艰苦细致的工作，包括：将“三定”方案细化，认真梳理改革后的部门工作职责，界定好部门的职责权限；明确每一个内设机构的工作职责，人员编制、领导责任，还应该做到对每一个公务员定岗位、定职责、定工作流程、定考核指标；对每一个领导者定职责范围、责任要求、考核指标。把“三定”做细，提高执行力就不是空话。另外，落实行政首长负责制和主办部门责任制，加强各个局之间的联系与沟通，也要有相应的细则。这次深圳新组建的一些局都较大，职能较多，能否有效行使这些职能确实有待于观察。因为实行决策执行分开的一些国家与地区都是少决策（决策部门少而大），多执行（执行机构多而专业）。例如，香港、新加坡的决策机构综合而精干，是职能宽泛的“大部门”体制；执行机构（新加坡统称“法定机构”）专业而高效，数量较多。香港政府的决策机构为 3 司、12 个决策局；执行机构 68 个。新加坡决策机构为 15 个部，66 个法定机构负责执行。而深圳这次改革却把执行局也做得很大，其效果就需要观察。

4. 进一步理顺关系，加强基层管理

要进一步理顺市、区、街道事权关系努力避免上下级政府事权简单一一对应和交叉重叠问题；要尽快启动基层行政层级改革，减少行政链条，实现政府扁平化管理。深圳管理重心已经下移，大量的行政管理、公共服务事务下放到社区，而行政资源——行政编制、行政经费、行政设备却没有随之下放到基层，使基层无法有效地行使公共管理与公共服务的职责，其执行力难以提高。因此，应该借助这次机构改革的良机，配合基层行政层级改革，将行政资源重新配置，以把机构改革中需要分流的人员充实到基层，充实到管理的第一线，加大基层公务员队伍。

从某种意义上，后续问题解决好更为重要，只有将后续问题解决好，才能显现出新一轮政府机构改革的效果及其意义。当然，深圳大部制改革能否成功，不能依据《改革方案》是否有改革力度与深度来评判，有关专家提出三个评判标准：一是能不能进一步增强政府服务功能；二是能不能减少腐败产生的可能；三是能不能降低公共管理的成本。这三个评判标准都是结果性的，恰恰需要用实践来证明。所以，《改革方案》仅是机构改革迈出的第一步，第二步——如何有效实施《深圳市人民政府机构改革方案》，才更为重要、更为关键。

（二）推进政府的配套改革：监督、制约和法律机制

1. 强化规则意识，优化法治环境

市场经济是法治经济，公民社会更是法治社会。要始终坚持依法治市，强化规则意识，以规则、制度来调整、规范市场经济主体和社会群体的行为及其相互之间的关系，建立良好的市场经济秩序和社会秩序，维护和保障经济社会的正常运行。充分利用特区立法权优势，推动建立和完善与国际通行规则接轨的法规政策体系，努力营造国际化的营商环境。大力弘扬法治精神，深入开展法制宣传教育，在全社会形成尊重法律、尊重规则的良好氛围。加大执法力度，强化执法责任，努力做到规范、公正、文明执法，切实维护法律的权威和尊严。加强诚信制度建设，加快完善企业和个人诚信系统，真正形成鼓励诚信、惩戒失信的良好环境。

2. 推动社会管理体制改革，不断强化社会管理

创新社会管理体制，整合社会管理资源，健全党委领导、政府负责、社会协同、公共参与的社会管理格局。进一步深化事业单位改革，推进政事分开、管办分开，创新事业单位管理制度和运行机制，加快法定机构建设。推进基层社会管理体制改革，完善社区管理和服务体制，增强基层自治功能。深化社会组织管理体制改革，引导社会组织健康规范发展，增强社会组织参与社会管理和公共服务的功能。不断完善现代社会工作制度，加快培育职业化、专业化、规模化的社工人才队伍。创新人口管理模式，加快建立全口径人口管理和服务机制，加强流动人口管理，合理控制人口规模，不断提高户籍人口比重，优化人口结构。

3. 加强政府自身建设

深圳市政府工作应该围绕着打造法治政府、阳光政府、高效政府、廉洁政府、民生政府和服务型政府的目标，按照法治政府指标体系的要求，加快法治政府建设进程，推进政府机构职责、行为、程序的法定化。我们将深入推进政务公开，充分发挥舆论和媒体的监督作用，让权力在阳光下运行。建立健全行政决策机制，完善重大事项集体决策、专家咨询、社会公示听证和决策效果评估制度，

提高科学民主决策水平。全面推行政府绩效管理，强化行政问责，优化政务流程，进一步提高行政执行力和行政效能。切实加强廉政建设和反腐败工作，充分发挥监察部门的作用，全面加强审计监督，以制度建设和权力监控为核心，建立健全惩治和预防腐败体系，加大从源头上防治腐败工作力度，坚决查处腐败案件，保持惩治腐败的高压态势，以反腐倡廉的实际成效取信于民，维护政府的良好形象。始终坚持执政为民的理念，把改善民生作为政绩考核的重要标准，把民生福利的指标摆上重要的议事日程，力求在民生服务方面走在全国前列。积极适应新技术、新产业、新商业模式的发展要求和建设国际化城市的需要，不断创新和拓展政府服务的内容和方式，全力提升服务型政府的发展水平，使政府服务成为深圳的新特色、新优势。

（三）抓住深圳特区一体化的机遇

2010 年 7 月 1 日上午，广东省省长黄华华正式宣布深圳经济特区扩大到全市。由此，深圳从 395.8 平方公里的原特区迈入了 1951.8 平方公里的“大特区时代”，深圳特区关内外从此合二为一。至此，遗留已久的“一市二法”等问题将迎刃而解。由于地方立法权仅限特区内，多年来，深圳一直面临“一市两法”的尴尬，关内是特区，关外则与其他地区一样，并不享受特区待遇。关内关外在基础设施、市政配套和公共服务水平上，都存在明显差距，以至于有人戏言“关内是欧洲，关外是非洲”。打破特区界限，缩小深圳特区内外差距，实现深圳特区的新发展已是人心所向。

此次深圳特区一体化，不能仅仅是让关外的政策向关内看齐，更关键的是应当在新的大特区进行新的改革试验。没有新的改革，也就没有新的特区。而今年深圳纪念特区建设 30 周年的其中一项重要内容，就是要推进特区内外一体化。深圳扩大特区范围，是中国地方区域行政体制改革史上的一块里程碑。如果特区一体化取得成功，那么便给其他地区树立了榜样，中国全方位的改革试验由此可以再次全面展开。就像上文中提到的，特区要想一直“特”下去，要想实现真正的一体化，就只能也必须在改革上做文章，这才是深圳特区未来 30 年应该有的动向。深圳特区一体化，是深圳方面主动提出的，得到中央的积极回应，说明中央也是认可深圳在改革方面的探索，认可深圳继续在改革方面领先一步的吁求。接下来，深圳只有在改革方面锐意创新，才能够真正告别特区不特的历史，让特区名副其实，这就需要做到以下两点。

1. 全面推进特区一体化进程

充分利用深圳经济特区扩大到全市的重大机遇，加快推进特区一体化进程，按照国际一流水准，打造区域发展中心。到 2015 年，光明、龙华、大运、坪山四大新城要初具规模，宝安、龙岗中心区基本成熟，前海、大鹏半岛等地区规划建设迈出实质性步伐。加大特区外基础设施投入和建设力度，提高市政管理和公共服务水平，切实做好城市化过渡期后的体制转轨工作，大幅缩小特区内外发展差距，提高城市整体发展水平。

2. 在深化改革中坚持创新

认真落实《珠江三角洲地区改革发展规划纲要（2008—2020年）》和《深圳市综合配套改革总体方案》，加快推进重点领域和关键环节的改革。一是加快行政管理体制改革。认真总结推广市政府机构改革的经验做法，积极稳妥地推进区级政府机构改革。探索行政层级改革，在盐田区和光明、坪山新区进行整合街道办及社区工作站试点。推进公务员分类改革试点，扩大聘任制公务员试点范围。全面试行政府绩效管理。完成市区第四轮财政体制改革，充分调动市区两级的积极性。二是全面加强深港合作。加快推进前海深港现代服务业合作区建设和落马洲河套地区开发，加强莲塘、香园围口岸、机场联络线等重大项目建设。进一步深化深港金融合作，积极推动深港跨境贸易人民币结算试点，不断提升深圳区域的金融中心地位。三是积极推进珠江口东岸一体化，重点加强与东莞、惠州在发展规划、产业发展、交通运输、环境生态等方面的衔接合作，尽快打通深莞、深惠之间的断头路。扎实推进"双转移"和对口扶贫工作。

深圳市政府机构改革前后对比表与深圳市人民政府机构改革方案，如表14-1与表14-2所示。

表14-1　深圳市政府机构改革前后对比表

改革前	改革后	
	机构名称	职能调整
市人民政府办公厅	市人民政府办公厅	市政府办归口联系应急办、法制办、金融办。应急指挥中心、民防办（地震局）、安委办的职责整合划入应急办；安监局工矿商贸企业以及危险化学品安全生产监管等职责划入相关行业主管部门
民防办（地震局） 安监局（市委办） 应急指挥中心 法制办 金融办	应急管理办（民防办、安监局、安委办） 法制办 金融办	
发展和改革局	发展和改革委员会	发展和改革委员会归口联系统计局。物价局定价职责及统计局统计分析和信息发布职责整合划入发改委；统计局主要负责数据的搜集整理
统计局	统计局	
贸易工业局 科技和信息局 高新办 保税区管理局 信息办	科技工贸和信息化委员会	贸易工业局、科技和信息局、高新办、保税区管理局的职责及信息办信息化有关职责整合划入科技工贸和信息化委

续表

改革前	改革后	
	机构名称	职能调整
财政局	财政委员会	地方税务局由广东省地方税务机关与深圳市政府双重领导调整为深圳市政府领导，由财政委员归口联系
地方税务局	地方税务局	
规划局 国土资源和房产管理局	规划和国土资源委员会	规划局、国土资源和房产管理局有关职责划入规划和国土资源委员会
交通局 公路局（副局级） 交通综治办（轨道办、临时机构）	交通运输委员会	交通局、公路局、交通综治办（轨道办）的职责及规划局、城市管理局（城市管理行政执法局）、公安交通警察局的有关职责整合划入交通运输委员会，交通运输委员会统一负责市政道路（公路）的规划设计、建设、管养、执法及交通运输管理工作； 相应整合宝安区、龙岗区交通局与公路局的职能与机构，由市交通运输委员会统一管理，各区不再承担市政道路建设、管养工作
卫生局 人口和计划生育局 食品药品监督管理局	卫生和人口计划生育委员会 药品监督管理局	卫生和人口计划生育委员会归口联系药品监督管理局； 卫生局、人口和计划生育局的职责、食品药品监督管理局的政策、法规、标准制定职责及食品安全综合协调职责整合划入卫生和人口计划生育委员会； 药品监督管理局主要承担药品、化妆品、保健品的监督管理工作
环境保护局 建设局 税务局 气象局（副局级）	人居环境委员会 住房和建设局 水务局 气象局（副局级）	人居环境委员会归口联系住房和建设局、水务局、气象局（副局级）； 环境保护局、建设局、水务局的有关职责整合划入人居环境委员会；建设局的职责，规划局的勘察、设计行业管理职责以及国土资源和房产管理局的住房保障建设管理及物业管理职责整合划入住房和建设局

续表

改革前	改革后	
	机构名称	职能调整
人事局 劳动和社会保障局	人力资源和社会保障局	人事局、劳动和社会保障局的职责整合划入人力资源和社会保障局； 与人事局合署办公的市编办单独设置，列党委机构序列
文化局 体育局 旅游局 政府文化产业发展办公室	文体旅游局	文化局、体育局、旅游局、政府文化产业办公室的职责整合划入文体旅游局
工商局 质量技术监督局 知识产权局	市场监督管理局	工商局、质量技术监督局、知识产权局的职责，卫生局餐饮环节的食品安全监管职责整合划入市场监督管理局，各区不再承担知识产权及餐饮环节食品安全监督职责； 调整后，食品安全监管由目前卫生、农业、质监、工商、食品药品 5 个部门负责。知识产权保护由目前的工商、知识产权 2 个部门负责，减为市场监管 1 个部门负责
农林渔业局 城市管理局	农业和渔业局 城市管理局	农林渔业局的林业管理职责划入城市管理局
民族宗教局 外事办公室（侨务办公室）	民族宗教局由与市委统战部合署办公改为在市委统战部挂牌； 侨务办公室并入市委统战部，在市委统战部挂牌	
国有资产监督管理委员会	国有资产监督管理局	
监察局	与纪律监察委员会机关合署办公	该项改革暂缓执行
教育局、公安局、司法局、民政局、审计局、口岸办、台办 7 个机构保留不变		

表 14-2　深圳市人民政府机构改革方案

新设机构	改革目的	职能调整
发展和改革委员会	突出政府职能转变，发展和改革委员会要进一步减少微观管理事务和具体审批事项，将主要精力转到统筹全市经济社会全面协调可持续发展上来，谋长远、抓总量、促改革、促发展	将物价局的定价职责、统计局的统计分析和信息发布职责，整合划入发展和改革委员会。归口联系统计局，统计局主要负责数据搜集整理
科技工贸和信息化委员会	促进科技、工业贸易与信息化融合，实现以科技发展引领产业升级，以流通引领生产，以信息化带动工业化，提升自主创新能力	将贸易工业局、科技和信息局、高新办、保税区管理局的职责，以及信息办的信息化有关职责，整合划入科技工贸和信息化委员会。不再保留贸易工业局、科技和信息局、高新技术产业园区领导小组办公室、高新技术产业带领导小组办公室、保税区管理局、信息化领导小组办公室
财政委员会	完善财税管理体制，探索有利于科学发展的财税体制	财政局改为财政委员会。地方税务局由广东省地方税务机关与深圳市政府双重领导调整为深圳市政府领导，由财政委员会归口联系
规划和国土资源委员会	实现城市总体规划与土地利用规划的有机衔接，解决目前城市总体规划与土地利用规划编制脱节、衔接不畅，日常管理中职能交叉、扯皮现象严重等问题，提高规划编制的科学性、前瞻性和实施的有效性	将规划局、国土资源和房产管理局的有关职责整合划入规划和国土资源委员会，不再保留规划局、国土资源和房产管理局
交通运输委员会	加快交通规划、建设、管养的有机衔接，优化交通运输布局，发挥整体优势和组合效率，加快形成便捷、通畅、高效、安全的综合运输体系	将交通局、公路局（副局级）、交通综治办（轨道办）的职责，以及规划局、城市管理局（城市管理行政执法局）、公安交通警察局的有关职责整合划入交通运输委员会。交通运输委员会统一负责市政道路（公路）的规划设计、建设、管养、执法以及交通运输管理等工作。不再保留交通局、公路局、交通综治办（轨道办）。相应整合宝安区、龙岗区交通局与公路局职能与机构，由市交通运输委员会统一管理，作为其派出机构。各区（含管理区）不再承担市政道路建设、管养职责

续表

新设机构	改革目的	职能调整
卫生和人口计划生育委员会	优化配置医疗卫生和计划生育服务资源，促进人口发展、计划生育和提高人民健康水平相结合，统筹优生优育和医疗卫生工作，加强药品安全监管	卫生局、人口和计划生育局的职能，以及食品药品监督管理局的政策、法规、标准制定职责和食品安全综合协调职能，整合划入卫生和人口计划生育委员会。不再保留卫生局、人口和计划生育局。食品药品监督管理局改为药品监督管理局，主要承担药品、化妆品、保健品的监督管理工作，由卫生和人口计划生育委员会归口联系
人居环境委员会	促进经济发展与人口资源环境相协调，从根本上解决环境保护与城市建设、水污染治理衔接不够、环境保护缺乏有效手段等问题，探索有利于建设环境友好型、资源节约型社会、促进可持续发展的体制机制，实现环境保护职能由污染治理为主转向全面加强生态建设	将环境保护局、建设局、水务局的有关职责整合划入人居环境委员会，不再保留环境保护局。为完善住房保障制度，加强城市建设管理，组建住房和建设局。将建设局的职责，规划局的勘探、行业设计管理职责，国土资源和房产管理局的住房保障建设管理及物业管理职责，整合划入住房和建设局。住房和建设局、水务局、气象局（副局级）由人居环境委员会归口联系
人力资源和社会保障局	完善就业和社会保障体系，更好地发挥人力资源优势，加强人力资源的统一管理，整合人才市场与劳动力市场，促进人力资源合理流动和有效配置，统筹就业和社会保障政策，建立健全从就业到养老的服务和保障体系	将人事局、劳动和社会保障局的职责整合划入人力资源和社会保障局。不再保留人事局、劳动和社会保障局。与人事局合署办公的市机构编制委员会办公室单独设置，列党委机构序列
文体旅游局	整合文化、体育、旅游资源，充分发挥综合优势，提升城市文化内涵，促进文化、体育、旅游业协调发展	将文化局、体育局、旅游局、政府文化产业发展办公室的职责整合划入文体旅游局。不再保留文化局、体育局、旅游局、政府文化产业发展办公室
应急管理办公室	探索国防动员和应急指挥的有机融合，提高政府处置突发应急事件的能力。完善安全生产监督管理体制，强化安全生产职责	将应急指挥中心、民防委员会办公室（地震局）的职责、安全管理委员会办公室的职责，整合划入应急管理办公室，不再保留应急指挥中心；安监局的工矿商贸企业以及危险化学品安全生产监管等职责划入相关行业主管部门。改革后，安全生产监管形成应急办综合协调、各行业主管单位各司其职、责任更加清晰的新格局

结 束 语

中国地方政府的最高行政单位是省级政府。地方政府规模与结构的变化若从纵向层面分析，则势必受到省级政府与中央政府关系的制约。我国行省的设立，始于元朝至元十三年（1276 年），可谓历史悠久。但行省在法律地位上却一直不甚明了。当中央权力高涨之时，一切行政司法之权皆属于中央，地方省政府如同中央的分支机构。但在有些时期，例如民国初年，地方政府的事务，中央几乎完全不能问津。这种视现状而变动的混沌情势，成为中央政权与以省政权为代表的地方权力博弈的根源。民国初年的联省自治运动就是希冀借助民治精神和理性手段，明确省与中央之间在法理上的划分，通过联省分权，达到消弭兵乱，建立统一国家的目的。

我国现代省制的雏形是在清朝康熙年间形成的。康熙六年（1667 年），朝廷将原有的 15 个布政司，重新划定为 18 个行省，普遍设置督抚。总督、巡抚之制肇始于明，取法于宋代的中央集权制度，由朝廷委派官员，代表中央管理地方，本来督抚只是临时派遣的行官，后来逐步固定为地方行政长官。到了乾隆以后，各省的总督或巡抚又兼兵部尚书或侍郎，取得了辖区内过问兵权的权力，到了太平天国之际，督抚所率之兵，变成了自募自练自养的勇营，开始了清末兵为将有的局面，中央兵权开始下移，“枪杆子里面出政权”，地方权力压过了中央。

例如，本来清朝户部管理全国的收入和支出，在各省派有布政使司或藩司，在户部统一的命令下征收各种赋税。但是剿灭太平天国的银两都是督抚自己筹集的，户部的地位一落千丈，当布政司出现空缺时，一般由督抚奏请部署，结果布政司成了督抚的属官幕僚。财政实权归了各省，中央政府已是外强中干。

清代的官员不论大小，理论上都是由朝廷任命，但因为各省督抚在辖区内统辖文武诸官，又有纠劾、荐举官员的权力，逐渐形成对辖区内文武官员的人事权。洋务运动中，地方政务繁多，对外交涉等事务也由督抚裁决。此外连中央性的政策，比如外交大事，当时的恭亲王都喜欢援引曾国藩等封疆大吏的意见，后来演变成朝廷将重大决策交给各省督抚复奏的惯例。清末地方督抚权力上升的结果，一方面使地方长官可以控制一省，自成气候。同时也可以依仗地方势力，进而干预中央政治。由此可见，地方政府结构的演变在一定程度上即是中央政府与地方政府权力博弈的结果。二者的权力博弈往往被聚焦于地方政府扩权的冲动上。

20世纪80年代以来，西方各国以分权为主要内容的行政改革风起云涌。这一改革在一定程度上即反映了中央政府与地方政府的结构调整。作为同为单一制国家的法国，其改革的路径值得中国借鉴。不可否认，法国以分权为主要内容的行政改革受到了全球市场化改革风潮的影响，然而，有着深刻政治传统和独特行政体制的法国更多地表现出了自己的特征。新公共管理从来没有成为法国行政改革的口号，在理念上，新公共管理关于效率、效益、经济的“三E”核心理念就没有获得法国政界主流的一致认同。虽然，在改革措施上，法国的行政改革不仅涉及中央与地方关系的重新调整、地方层面权力格局的变动，也与西欧其他各国的改革一样，还涉及行政现代化、公共企业的市场化、公民参与的推进等新公共管理的内容。但这些变革，无论是行政中心的权力下放，还是公共部门的市场化改革，总体上都与地方分权改革一致，其实质均为“分权”二字，即分别是国家向地方、职能部门的垂直分权及国家向市场、公民社会的横向分权。可见，分权实为法国行政改革的基本线索。

从20几年推行改革的情况来看，法国地方分权改革还是比较成功的。让地方自主管理和发展地方事业，有利于调动地方的积极性和主动性，减轻了中央压力，在很大程度上缓和了中央和地方的矛盾。同时，它在很大程度上也使长期盛行的官僚主义作风得到遏制，提高行政效率，在扩大地方民主、加快地方经济和社会发展、促进各地区平衡协调发展等方面均取得了显著的成效。

与法国同出一辙，北欧四国地方政府改革的一个基本趋势亦是地方自主权的不断扩大，以提高政府管理效率。但是，随着地方权力的扩大，作为都是单一制体制的国家，中央政府面临着一个如何对地方政府加以控制的问题。既然有控制，也就存在着地方反控制的活动和倾向，更何况中央对各地方的情况并非采取完全一致的政策。这就使得中央与地方的关系变得有些微妙了。既要控制，又要放手，在处理这一令人棘手的问题时，北欧四国中央政府的主要做法为我国地方政府改革中如何处理中央与地方的关系提供了有益的借鉴。

财政预算是中央政府控制地方的有力杠杆之一。譬如，挪威的地方政府尽管有相应的自主权，但“市”的收入受到中央政府的控制。这样，中央政府就在很大程度上控制了地方活动的规模。丹麦政府引入税收杠杆，根据已确定的标准实行拨款的包干分配，以此最终对地方加以控制。中央对地方的另一种主要控制形式是法律规范。瑞典地方政府的活动（包括非规定活动）必须符合有关的具体规定。这些规定或者以国会通过的法律形式出现，或者以国家机构的详细指导形式出现。中央政府在对地方进行控制的同时，又要注意发挥地方的主动性和积极性。简言之，就是“控权”与“放权”结合。这就要求中央必须改进其对地方的管理方式。瑞典的一个做法是，中央制定一个大概的政策框架，具体问题则由地方决定，改变以往中央政策和规定过细、使地方难以周旋的状况。总之，中央影响、控制地方的过程，也即是地方影响中央的过程。这里表现出来的是一种互动。

在我国新一轮的地方政府改革中，如何正确处理中央与地方之间的关系，科学配置中央政府与地方政府之间的权力结构，成为改革的关键。尽管西欧国家在其价值理念、制度环境和社会目标等方面同我国有着本质区别，但它在具体的实施措施、运行机制等方面积累的经验都可以为我国提供诸多启示。

地方政府自身规模和结构的优化，其终极目标应定位于地方政府规模的适度化、结构的合理化。

在行政管理体制中，职能、规模、结构是有机结合的重要组成要素和方面。三者中，职能是核心起点，职能决定组织规模与结构，最终体现为实现政府功能的效能。政府职能转变作为深化行政管理体制改革的核心，其目标就是实现政府职能的"到位"而不是"越位"。反观我国各级政府，它们依然管了许多不该管、管不了也管不好的事。例如，有的部门直接干预社会生活的诸多方面，既管宏观又管微观、既管规划又管审批、既当"裁判员"又当"运动员"、既倡导市场又主导企业，无法集中精力搞好政策调控。实现政府职能根本转变，必须把不该由政府管理的事项转移出去，把该由政府管理的事项切实管好，从制度上更好地发挥市场在资源配置中的基础性作用，更好地发挥公民和社会组织在社会公共事务管理中的作用，更加有效地提供公共产品。政府职能转变的具体要求主要有三个方面：一是要全面履行政府职能，在改善经济调节、严格市场监管的同时，更加注重社会管理和公共服务；二是中央和地方政府要按照职能转变的要求，突出各自的管理和服务重点；三是要进一步理顺部门职权关系，合理界定政府部门的职责，做到权力与责任对等，避免职能交叉重叠。从这一要求出发，地方政府要在转变管理方式，减少行政审批上下工夫，另外要在增加社会管理和公共服务部门职责权限，拓宽职能，整合机构上花力气。由此可见，转变政府职能的重心是理顺部门与部门、部门内部各机构之间的权责关系，实现政府各部门及部门内部各机构之间职能统一、权责明确、关系协调，使其更好地适应市场经济体制的发展。

地方政府规模的适度化决定于科学地设置政府职能的外在边界。然而，内因是外因变化的根据，政府职能的外在边界是由政府自身扩张的欲望所决定的。这一扩张的冲动，直接反映在政府规模——机构和人员的膨胀上。新中国成立以来，我国政府机构改革历经多次部门和人员的精简，但每一次都陷入"精简—膨胀—再精简—再膨胀"的怪圈。过去部门之间职能交叉，决策周期长，成本高，协调沟通困难，原因就在于受到了部门利益的严重影响。所谓"权力部门化，部门利益化，利益集团化"，导致政府运行成本太高、效率太低，甚至把部门利益凌驾于公众利益之上。所以，地方政府规模的适度化并不取决于机构与人员的数量增减，而是决定于政府规模的内在因素。

决定政府规模的内在因素有三个：一是政府部门间的关系；二是政府职能的结构；三是政府权责的匹配，而这三者正是地方政府规模适度化的抓手。

首先，地方政府规模适度化应着眼于政府部门关系的优化。经过历次政府机构改革，与计划经济时代相比，我国政府部门设置已经相对减少很多，政府机构得以精简，组织结构趋于合理，但仍然存在着机构设置重叠、部门职能交叉、业务分工过细、政出多门等问题。例如，在城乡建设、环境资源、交通运输、食品药品、人力资源、社会保障等领域，都不同程度存在着类似的问题，这不仅造成了多头管理、推诿扯皮、效率低下等现象，更为重要的是，加大了行政成本，降低了履行职能的能力，成为影响政府效能的体制性障碍。现在政府面临的社会热点、难点问题往往涉及面广，属于综合性系统性的问题。管的部门越多，缝隙就越大。为了解决横向间的协调沟通，政府往往采取召开部门联席会议、协调会议的形式，成立专门的领导小组，议事协调机构和临时机构不断增加，形成复杂的矩阵制组织结构，造成了效率低下，导致治理成本与效果不对等。为此，必须对一些相近职能或融合性强的职能和机构进行整合、归并，综合设置政府机构，使一个或多个相近事务尽可能由一个部门实行综合管理，使得政府部门逐步向“宽职能、少机构”的方向发展，减少部门职能交叉，变部门之间“扯皮”为部门内部协调，可以将在多部门下发生的部际矛盾变成部内协调，减少部门之间的文件冲突与政策冲突，有利于化解政府机构重叠、职责交叉、政出多门的矛盾，减少互相扯皮和公文旅行的现象，减少传统部门细化设置下不同部门之间过多的协调环节，有助于从体制上理顺部门间的关系，使政府运行更加顺畅，提高政府管理和服务的能力。

其次，地方政府规模适度化应致力于政府职能结构的优化。我国行政管理体制改革的基本目标明确定位为建设服务型政府。服务型政府必须是“有限政府”，“有限政府”与“无限政府”的根本区别就在于政府职能有明确的外在边界。由此可见，政府规模适度化是为建立服务型政府做准备的。也就是说，适度的政府规模所追求的目标是建设一个低价、高效、负责任的政府，朝“小政府、大服务”的方向突破。由于通过政府职能结构的优化，把相关的职能和权力集中在一个统一的部门行使，就更容易摆脱传统因过细的部门设置而造成的囿于单一行业甚至部门利益的角度思考和行事的定式，强调政府的宏观调控作用，容易从公共利益的角度思考如何创造一个有利于不同行业、不同利益主体之间和谐共处、互补协调发展的制度环境，突出政府的公共服务职能，更多地思考如何更好地为市场服务、为社会服务的问题。政府职能结构的优化重点应是加强与整合若干社会管理和公共服务部门，在政府机构设置上真正向公共服务转变，把公共服务和社会管理放在更加重要的位置，强调保障和改善民生，努力为人民群众提供方便、快捷、优质、高效的公共服务。

最后，地方政府规模适度化应聚焦于政府权责匹配的优化。当前，我国政府部门职能交叉仍不同程度地存在，部门职能分工过细，职责权限关系不清晰，协调配合难度大。各部门责权过于集中与过于分散并存，决策、执行、监督职能配备不科学。在多个部门共同管理同一社会事务的情况下，由于这些部门都对该事务产生了一定的影响，因此，不容易认定政绩和责任的真实主体。加之还没有建立起有效的监督制约机制、绩效考核机制和责任追究机制。这样，多头管理的体制极易导致部门之间争功诿过和责任不清，产生“有利可图的事情争着做，无利可图的事情绕道走”的现象，造成管理混乱和管理真空并存。责任政府要求政府各部门间的职责分工必须清晰明确，形成明晰的政府责任链条。优化政府权责，一种社会事务由一个部门来管理，坚持一件事情原则上由一个部门负责，不仅避免了部门之间的摩擦和冲突，也明确了该部门的责任，促使其真正承担起相应的职责与义务，有利于权责相匹配，提高行政办公效率，防止扯皮、踢皮球、多部门重复管理等现象。决策权、执行权和监督权，分工明确，责任细化，这也为追究过失官员的责任提供了制度保障。

地方政府结构的合理化主要取决于三个方面：从纵向层面看，省管县改革能否稳步推行；从横向层面看，区划行政向区域行政的整合能否实现突破；从自身角度看，地方政府大部制改革能否顺利完成。

目前，我国地方政府纵向上分为四个层级：省、市、县、乡（镇）。地方政府结构的变革必然涉及各级地方政府权力的划分上。从 2008 年开始推行的“省管县改革”其实质即是从纵向上优化地方政府结构的举措。

具体来说，“省管县”包括三个方面的含义：第一，市县分离，城乡分治。在省直管县体制下，市为适域性的行政建制，管理本市的行政事务和社会经济事务，推动城市建设的发展，促进城市经济的繁荣。而县为广域型的行政建制，负责带动广大农村经济社会的发展，推动农业的发展，促进农村生活水平的提高。省级政府可根据城乡的不同特点，有针对性地制定区别性的政策，促进城乡经济的协调发展。城乡之间、地区之间的经济关系将更明显地表现为商品交换关系。使得区域经济发展以资源最优配置为前提，而不是以行政隶属关系为前提。市与县展开广阔的横向联合和经济协作，共同推动城乡经济的协调发展。第二，行政结构的扁平化。在省直管县体制下，省与县之间的中间层次被取消，省直接对县进行管理，行政层级减少，行政结构呈现扁平化的态势。我国地方政府的行政层级由现存的省—地级市—县—乡的四级制转变为省—市二级制或省—县—乡三级制，项目的审批、财政的转移支付、经济管理权等都由省直接下达到县，权力下移，基层权力相应增大，这样基层就可以根据情势变化迅速做出反应。此外，扁平化结构还有利于调动基层的积极性、主动性和创造性。第三，地方政府权力的解构和重构。省直管县体制改革不仅仅意味着撤销地级市的行政建制，简化行政层级，由省直接对县进行管理，而且还意味着地方政府权力的解构和重构。市级政府被剥夺了管理县级政府的权限，省级政府将通过种种方式下放管理权限，扩大县级政府的自主权。在保留地市政府作为一级行政层级的前提下，通过完善有关制度，比如分税制等，彻底改变上下级政府之间的纵向支配式体制，通过适当的分权改革，扩张县政府在财政、人事方面的权力，使县政府成为一级责、权、利相统一的政府主体，规范市县政府各自的权力范围。

组织结构原理表明，组织效率的有效发挥需要维持合理的组织结构，组织结构的构造与管理层次和管理幅度两方面的因素相关。管理层次与管理幅度呈反比关系，管理层次越多，管理幅度就越小；管理幅度越大，管理层次就越少。组织结构扁平化是指通过减少行政管理层次，裁减冗余人员，从而建立一种紧凑、干练的扁平化组织结构。组织结构扁平化，随管理幅度增宽，管理层次减少，降低了管理成本，提高了组织成员积极性，工作效率得以大幅提高。实行“省管县”，中央和省就可以根据具体情况有针对性地制定经济和社会发展政策，更好地扶助农村地区经济发展，下放给县乡的各种权益也就不易被市级政府所截留。同时，减少层次与扩大幅度是相辅相成的，实行“省管县”的行政体制必将增大省级政府的管理幅度。目前，扩大省级管理幅度的可行性主要基于以下三个方面的原因：一是以分散、自由为核心的市场经济体制的确立与运行，为扩大管理幅度提供了可能性；二是区域经济关系日益密切，行政区划的经济结构、社会结构、文化结构受到严重冲击，原有的行政隶属关系在经济上日益淡化；三是现代网络通信的普及和科学管理水平的提高，为扩大省级政府管理幅度，实现省直接管理县（市）提供了有利的物质和技术保证。在省直管县体制之下，取消市与地区的建制，使县与市处于平等的位置之上，恢复我国宪法所规定的三级政府体制，从而减少管理层级，扩大管理幅度，达到提高管理效率的目的。

地方政府纵向结构的改革，不仅涉及省、市、县三级政府的权力重组，还涉及县与乡（镇）权力的重新划分。目前在广东地区推行的“富县强镇事权改革”即反映了这一内容。“富县强镇事权改革”不仅是社会主义市场经济发展的必然要求，而且是我国行政体管理体制改革的重要组成部分，直接关系到县镇基层政权的活力和效率。积极稳妥推进富县强镇事权改革是加快经济发展方式转变、促进县镇经济发展壮大、深化基层政府行政管理体制改革、构建科学发展机制、提高人民生活水平、建设服务型政府和促进社会和谐稳定的重要途径。

“富县强镇事权改革”的内涵可概括为以下几点。一是以简政放权为核心，扩大乡（镇）经济社会管理权限。依照法律和行政法规的规定，将该下放、能下放的社会经济管理权限，通过直接放权或委托等方式，依法下放行政审批权和行政执法权，简化行政审批程序，扩大乡（镇）级政府行政事务管理和处置权限，使乡（镇）能够更好地适应日益繁重的经济社会管理任务，明确责任，做到权责一致。二是以增强乡（镇）财力保障为重点，确保乡（镇）财权与事权对等。我国历次政府机构改革，中央保留了决策制定权，只把执行责任下放给地方政府，不管他们有没有完成任务的资源。在政治学上通常被称之为“无资金委托”。推进富县强镇事权改革，在一定程度上完善了财政转移支付制度，通过建立纵向与横向相结合的财政转移支付制度，加之进一步改革税制，这就确保了地方政府稳定的税源，从而健全了基层政权组织的财政保障机制。三是以建设服务型政府为目标，精简乡（镇）政府机构，转变乡（镇）政府职能。乡（镇）政府可以大部制改革为契机，抓住历史机遇，通过推进乡（镇）政府机构精简合并，人员合理分流，减少财政消耗，提高行政效率，从而将有限的财政资源更好地投入到社会管理和公共服务领域中来。同时在转变乡（镇）政府职能中，进一步理顺政府与市场、社会之间的关系。在加强乡（镇）政府市场监管、社会管理和公共服务职能的同时，积极发挥市场、社会的作用，让它们共同参与社会的管理和公共服务的供给，多渠道弥补政府职能的错位、缺位，促进基本公共服务的优质化和均等化。四是以权责一致为原则，健全乡（镇）行政权力监督约束机制。富县强镇事权改革扩大了乡（镇）级政府管理权限，其实质是乡（镇）政府权力的回归和加强。因此，为防止权力的滥用，要建立监督机制，强化责任追究，创新监督手段和相应流程。简而言之，在推进富县强镇事权的改革过程中，我们应把简政放权与富县强镇结合起来，把提高政府效能与增强市场活力结合起来，把权、责、利统一起来，把改革创新与促进社会和谐稳定结合起来，着力破解制约乡（镇）科学发展的管理体制和运行机制，增强乡（镇）统筹协调，全面发展、自主决策、依法行政及社会管理与服务的能力，促进区域经济和社会各项事业又好又快地发展。

随着全球化和区域一体化浪潮的汹涌而至，区域间相互依赖的“广度”和“深度”亦与日俱增，区域之间的公共问题大量涌现，区域行政作为新型的治理形态应运而生，成为地方政府横向整合的载体。

区域性的地方政府重组，主要表现为一些区域化政府的设立。区域化政府改革的特征是新设立的地方政府单位（或具备地方政府职能的单位）有了更大的管辖范围，便于在更大的范围内进行未来的发展规划、协调各组成部分的冲突，人们倾向于把这个新设立的政府称为区域化政府。区域化政府与其下的各自治单位就成为了一种新型的合作关系——他们在各自的职权范围内各负其责，互不干涉，而不存在上下级的隶属关系。这里可资借鉴的一个例子即是英国“大伦敦”的重新设置。“大伦敦”市政府的设立改变了传统地方政府各自为政的局面，形式多样的公民参与弥补了传统代议制的不足，直选市长制反衬了传统的委员会制的低效与守旧，最佳价值模式以服务的要求代替了纯粹的经济指标等。

进入21世纪以来，伴随着区域经济一体化及城市群的快速发展，跨地区、跨行业的区域性公共问题日益涌现。例如，以松花江、清水江为例的跨界水污染问题；以西北沙尘暴为例的跨界生态环境保护问题；以三鹿奶粉为例的跨行业食品药品安全监管问题等。这一系列公共问题的出现以及治理的复杂性、不确定性因素的增加，对地方政府现有的治理方式和模式提出了质疑和挑战。在现实中，各地方政府常常以本地区经济发展为重点，片面追求本地利益的最大化。在地方政府不断追求自身利益最大化的过程中，其理性和微观决策必然导致非理性的宏观恶果，衍生出多种多样的地方保护主义。由于受自身利益最大化的驱使，各地方政府在跨界公共问题的治理上缺乏合作的动机，往往采取"非暴力不合作运动"，甚至相互之间推诿责任。这就形成了近年来跨界公共问题日趋增多的严重难题，且治理难度加大。"区域性公共问题"治理的合作性与地方政府治理的非合作之间的矛盾日益凸显，这势必要触动地方政府的横向结构。因此，地方政府横向职能的整合即成为优化地方政府结构的重要内容。地方政府横向职能的整合要求地方政府在区域行政问题的价值取向上以公共利益为价值取向，而非以行政区划的切割为出发点，积极主动地把"外溢性"公共问题和"区域性"公共事务纳入自身的治理范围，由此实现社会公共事务的分层和精细治理；在区域性公共问题的治理主体上实行多元化治理，不但要加强各级政府之间的合作，包括中央政府和地方政府之间的合作，各地方政府之间的合作，而且要加强政府部门同第三部门、私营部门、社区和公民等主体的合作，形成群力群策的多元网络治理结构；在区域性公共问题的治理方法上，采取合同外包、特许经营、用者付费、政府补贴、自愿服务等公私合作的手段和方法。同时完善区域行政法制化建设，从法律上对地方政府间旨在促进区域经济社会发展的合作关系进行规范和保护。随着"区域公共问题"日益增多，以往仅靠某个地方政府进行的单边公共行政已无能为力，整合地方政府横向职能，建立双边或多边的地方共同治理结构便成为必然选择。

地方政府作为一种典型的公共组织，其结构是从内部衍生而来的，是由地方政府内在的整合机制所决定的，同时受到多方面因素的影响，只有在其系统内外都实现了有效的整合，才能确保地方政府结构的合理化。地方政府结构的合理与否不仅制约着地方行政改革的目标选择与最终效果，而且对地方经济社会的发展具有两面性：即地方政府既能促进经济社会的发展，又能阻碍经济社会的发展。为了使我国地方政府保持合理的结构，促进我国经济社会的可持续发展。我国自2008年开始，以"大部门体制"为主题全面铺开的地方政府机构改革，就是地方政府自身结构优化的体现，其实质是我国地方政府内部职能的整合与重组。从地方政府自身的整合机制入手来确定其结构的合理化边界，这种组织整合的途径和方法是围绕组织结构这一中心命题来剖析地方政府系统的内外整合机制，以地方政府与市场、社会之间的整合为研究起点，以地方政府内部要素的整合为重点，具体深入地分析地方政府的权力、责任、职能、资源、观念、利益、制度、业务流程等方面的整合，其目的是致力搭建一个结构分析的组织整合框架，并通过各种整合机制的优化来达到政府结构的合理化。

从组织整合的角度来分析，地方政府规模与结构合理与否，其实质是由地方政府与市场、社会以及地方政府内部各种因素相互交织决定的。因此，在地方政府规模与结构的整合过程中，首先要合理确定地方政府与市场、社会之间的边界。市场、社会能够办而且能够做好的事，地方政府要充分放权，把这些事交给市场、社会去做，地方政府只要做好政策制定、宏观调控和监管就行，严防地方政府越位，管了本来不该管和管不好的事，从而导致地方政府政出多门，越俎代庖。其次要对地方政府的利益和观念、各种制度性要素、业务流程进行整合，这是地方政府机构内部整合的重点和难点。要对不同的利益和观念进行深入的分析，然后建立在共同的利益和观念基础之上进行重新整合，这也是其他整合机制发生作用的驱动因素；对各种制度性要素进行重新的排列组合，使之更具合理性；对政府的业务流程进行再造，使之更加有序和流畅，这能够进一步推动地方政府转变职能，降低行政成本，提高行政效率。再次要对地方政府内部职能相同或相近的部门进行合并，进而达到地方政府机构精简合并，人员合理分流的目的。

组织结构的变革是地方政府改革的重要内容，但地方政府改革是否达到预期目标却取决于多种因素。只有当地方政府内外整合系统充分发挥作用，地方政府与市场、社会间协调有度，地方政府利益与观念高度同化，地方政府制度衔接性好，地方政府流程顺畅时，才能真正实现地方政府规模与结构的优化。

一般而言，改变正式的组织结构比较容易，改变与其组织结构相应的人们的观念、行为却比较困难。另外，地方政府改革是在既定的体制内的变革，这种体制是一种行政传统和心理的积淀，承载着传统的行政文化与民族习惯。如何继承和发扬传统体制中的合理因素，革除弊端，成为各国改革者都必须面临的问题。

用抽象的原则自上而下地重塑地方政府的组织结构很容易忽略地方政府规模与结构所赖以存在和运行的习惯、社会心理，以为只要变更正式的组织结构就能解决原有体制下的所有问题，这样的改革不仅动摇了原有地方政府的根基，而且使新建立的地方政府组织结构难以按预期目标运行，甚至产生相反的效果。①

因此，地方政府的有效运转并不仅仅取决于组织的正式规模与结构，更主要地决定于地方政府所处的一系列正式与非正式的制度背景，包括地方政府与其他各级政府和公共组织之间的关系、地方政府与非政府组织和个人之间的关系以及

---

① 万鹏飞．地方政府改革：一种全球性的透视．公共管理评论．第一卷，2004，(1)：32-34.

在上述关系中所发展起来的信任、合作和互助等多种形式。因此，我国地方政府规模与结构的变革应更多考虑到地方组织变迁背后的制度和文化因素，不应过多关注外部组织形式的调整。

据 2008 年 9 月 2 日“21 世纪经济报道”报道：美国阿拉巴马州杰弗逊县政府（Jefferson County），颇有些黑色幽默地宣布——杰弗逊县政府破产了。破产的原因是由于该县财政上积弊深重，总计财政负债高达 32 亿美元。且杰弗逊县政府短期之内无法看到可以解决的希望，因此只得向阿拉巴马州州政府提交了破产申请。

诚然，就政府存在的形式而言，中国的任何一级地方政府都不必担心自己会面临破产的窘境。问题是，当某一级地方政府为追求自身利益无节制地扩张，过度占有社会公共资源时，在老百姓的心目中，它实质上已破产了。就此而论，中外政府同此一理。这正是本书研究的意义所在。

参 考 文 献

中文部分

著作类

阿尔贝克 E，罗斯 L E，斯特姆博格 L，等. 北欧地方政府：战后发展趋势与改革．常志霄，张志强译．北京：北京大学出版社，2005.

阿尔蒙德 G A，鲍威尔 G B（小）．比较政治学：体系、过程和政策. 上海：上海译文出版社，1987.

阿姆纳 E，蒙丁 S. 趋向地方自治的新理念？——比较视角下的新近地方政府立法．杨立华，等译．北京：北京大学出版社，2005.

埃格特森普 S. 新制度经济学．吴经邦，等译．北京：商务印书馆，1996.

奥克森 R J. 治理地方公共经济．万鹏飞译．北京：北京大学出版社，2005.

奥斯本 D，盖布勒 T. 改革政府：企业精神如何改革着公营部门．周郭仁译. 上海：上海译文出版社，1996.

奥斯特罗姆 V，比什 R，奥斯特罗姆 E. 美国地方政府．井敏，陈幽泓译．北京：北京大学出版社，2004.

奥斯特罗姆 V，菲尼 D，皮希特 H. 制度分析与发展的反思——问题与抉择．王诚，等译．北京：商务印书馆，1996.

奥斯特罗姆 V. 美国公共行政的思想危机．上海：上海三联书店，1999.

贝利 S. 地方政府经济学：理论与实践．左昌盛，等译．北京：北京大学出版社，2006.

比什 R L，克莱蒙斯 E G. 加拿大不列颠哥伦比亚省地方政府．孙方厦，等译. 北京：北京大学出版社，2006.

宾厄姆 R D. 美国地方政府的管理实践中的公共行政．九洲译. 北京：北京大学出版社，1997.

波特 M. 群聚区与新竞争经济学．迈克尔，科特等．未来的战略. 成都：四川人民出版社，2000.

布坎南．自由、市场与国家，平新乔等译．上海：上海三联书店，1989.

曹荣湘．蒂布特模型．北京：社会科学文献出版社，2004.

陈伟东．社区自治——自组织网络与制度设置．北京：中国社会科学出版社，2004.

丁煌．西方行政学说史（修订版）．武汉：武汉大学出版社，2004.

丁煌．政策执行阻滞机制及其防治对策．北京：人民出版社，2002.

方福前．公共选择理论——政治的经济学．北京：中国人民大学出版社，2000.

傅大友．行政改革与制度创新：地方政府改革的制度分析．上海：上海三联书店，2004.

哈贝马斯 J. 公域的结构性变化．邓正来，亚历山大 J C 译．国家与市民社会——一种社会理论的研究路径．北京：中央编译出版社，1999.

何增科．基层民主和地方治理创新．北京：中央编译出版社，2004.
赫尔德 D，麦克格鲁 A，戈尔德布莱特 D，等．全球大变革：全球化时代的政治、经济与文化．杨雪冬，等译．北京：社会科学文献出版社，2001.
赫希曼 A O. 退出、呼吁与忠诚——对企业、组织和国家衰退的反应．北京：经济科学出版社，2001.
金太军．中央与地方政府关系建构与调谐．广州：广东人民出版社，2005.
卡西姆 C. 民主制中的以色列地方权力．余斌，王荣花译．北京：北京大学出版社，2005.
科斯 R，阿尔钦 A，诺思 D，等．财产权利与制度变迁——产权学派与新制度学派译文集．上海：上海三联书店，上海人民出版社，1994.
克鲁格曼 P，奥伯斯法尔德 M. 国际经济学．北京：中国人民大学出版社，1998.
李彬．透支的权力：地方政府决策失误的深层观察．武汉：湖北人民出版社，2003.
李和中．比较公务员制度．北京：中共中央党校出版社，2003.
李和中．21 世纪国家公务员制度．武汉：武汉大学出版社，2006.
李和中，陈广胜．西方国家行政机构与人事制度改革．北京：社会科学文献出版社，2005.
李普赛特 S M. 对民主政治社会条件的比较分析. //中国社会科学杂志社编．民主的再思考．北京：社会科学文献出版社，2000.
李齐云．分级财政体制研究．北京：经济科学出版社，2003.
李秀潭．西部地方政府行为模式．杭州：浙江人民出版社，2004.
李一花．中国地方政府投资研究．北京：经济科学出版社，2003.
林尚立．国内政府间关系．杭州：浙江人民出版社，1998.
刘尚希．地方政府或有负债：隐匿的财政风险．北京：中国财政经济出版社，2002.
卢现祥．西方新制度经济学．北京：中国发展出版社，1996.
鲁宾 I S. 公共预算中的政治：收入与支出，借贷与平衡．叶娟丽，等译．北京：中国人民大学出版社，2001.
罗西瑙 J. 没有政府的治理．张胜军，等译. 南昌：江西人民出版社，2001.
梅斯奎塔 B B D，鲁特 H L. 繁荣的治理之道．叶娟丽，王鑫译．北京：中国人民大学出版社，2007.
诺思 D C. 经济史中的结构与变迁．陈郁，罗华平，等译．上海三联书店，上海人民出版社，1994.
潘小娟．发达国家地方政府管理制度．北京：时事出版社，2001.
阙忠东．转型期中国地方政府行为研究．北京：中央编译出版社，2005.
沙安文．地方政府与地方财政建设．北京：中信出版社，2005.
沈立人．地方政府的经济职能和经济行为．上海：上海远东出版社，1998.
孙柏瑛．当代地方治理：面向 21 世纪的挑战．北京：中国人民大学出版社，2004.
孙开．财政体制改革问题研究．北京：经济科学出版社，2004.
廷德尔 C R，廷德尔 S N. 加拿大地方政府．于秀明，邓璇译．北京：北京大学出版社，2005.
童吉渝．转型时期地方政府行政行为研究．昆明：云南教育出版社，2001.
王阳．转型时期地方政府定位．北京：人民出版社，2005.
魏红英．宪政架构下的地方政府模式研究．北京：中国社会科学出版社，2004.

沃尔曼 H，施罗德 E. 比较英德公共部门改革——主要传统与现代化的趋势．王锋等译．北京：北京大学出版社，2004.
沃尔曼 H. 德国地方政府．陈伟，段德敏译．北京：北京大学出版社，2005.
吴俊培．积极财政政策问题研究．北京：经济科学出版社，2004.
吴俊培．现代财政理论与实践．北京：经济科学出版社，2005.
吴量福．运作、决策、信息与应急管理：美国地方政府管理实例研究．天津：天津人民出版社．2004.
吴知论．中国地方政府管理创新．北京：人民出版社，2004.
项怀诚．中国财政体制改革．北京：中国财政经济出版社，1994.
谢庆奎，江荣海，梁君国，等，中国地方政府体制概论．北京：中国广播电视出版社，1998.
杨灿明．2003 中国地方财政发展研究报告：中国地方政府或有债务问题研究．北京：中国财政经济出版社，2004.
叶劲松．转型期的地方政府职能与管理方式．北京：国家行政学院出版社，2002.
尹冬华．从管理到治理：中国地方治理现状．北京：中央编译出版社，2006.
俞可平．地方政府创新与善治：案例研究．北京：社会科学文献出版社，2003.
俞可平．治理与善治．北京：社会科学文献出版社，2000.
俞可平．中国地方政府创新：2002. 北京：社会科学文献出版社，2002.
俞可平．中国地方政府创新案例研究报告：2003—2004. 北京：北京大学出版社，2006.
袁文平．西部大开发中地方政府职能研究．成都：西南财经大学出版社，2004.
曾伟．地方政府管理学．北京：北京大学出版社，2006.
张紧跟．当代中国地方政府间横向关系协调研究．北京：中国社会科学出版社，2006.
张勤．西部开发与地方政府管理创新．北京：国家行政学院出版社，2003.
张中华．中国市场化过程中的地方政府投资行为研究．长沙：湖南人民出版社，1997.
钟晓敏．地方财政学．北京：中国人民大学出版社，2001.
周镇宏，何翔舟．政府成本论．北京：人民出版社，2001.

期刊类

操小娟，李和中．“两型社会”视阈下低碳经济发展激励政策模型分析——以武汉城市圈为例．中国软科学，2011，(7)：66-73.
陈虎．加拿大地方政府治理的启示——以多伦多大都市政府为例．民主与科学，2005，(6)：54.
陈家刚．地方政府创新与治理变迁——中国地方政府创新案例的比较研究．公共管理学报，2004，1 (4)：22-28.
戴均良．城镇化发展战略与城市体制创新．城市发展研究，2002，9 (1)：11-17.
丁煌．我国现阶段政策执行阻滞及其防治对策的制度分析．政治学研究，2002，(1)：28-39.
豆建民．中国区域经济合作中政府干预的原因、问题与建议．改革与战略，2003，(11)：12-14.
冯兴元．市场化——地方模式的演进道路．中国农村观察，2001，(1)：2-11.
何艳玲．特定事件、治理过程与治理文化——一个新的地方治理实践分析框架．华中师范大学学报，2005，44（5）：25-30.
康晓光．未来10年中国政治发展策略探讨．战略与管理，2003，（1）：75-81.
赖海榕．竞争性选举在四川省乡镇一级的发展．战略与管理，2003，（2）：57-70.
蓝志勇．公共管理与公共政策——地方政府的治理创新战略——美国凤凰城的案例及经验．东南学术，2005，（1）：29-37.
李安明．论加速政府职能转变——某市政府职能状况调查的实证研究．武汉大学学报：哲学社会科学版，2005，58（2）：195-202.
李丙红，李和中．我国省级政府人力规模影响因素定量分析．北京行政学院学报，2008，（5）：53-57.
李和中，东晓．日本公务员“再就职”制度的改革与启示——兼论拓宽公务员退出渠道的新视野．中国行政管理，2006，（2）：73-75.
李和中，方国威．“大部门体制”：地方政府规模与结构优化的逻辑选择．学习与实践，2009，（9）：62-66.
李和中，高娟．从区域治理的差异性看我国政府回应性的构建——基于我国东中西部的实证比较．新视野，2010，（1）：40-43.
李和中，高娟．地方政府结构合理化的三维透视．中国行政管理，2011，（5）：27-29.
李和中，刘骏．东中西部地方政府“善治”水平公众认知的差异性分析——基于公众认知的主成分因子分析．湖北社会科学，2010，（7）：22-25.
李和中，刘骏．深圳市政府善治水平公众认知的主成分因子分析．广东行政学院学报，2010，（4）：36-40.
李和中，裘铮．公务员能力素质建设的制度选择——以武汉市公务员能力素质建设为例．武汉大学学报：哲学社会科学版，2007，60（2）：149-156.
李和中，谭英俊，“两型社会”综合配套改革中的政府转型．学习与实践，2008，（5）：11-16.
李和中，王宝成．基于相关分析的省级政府规模影响因素实证研究．天津行政学院学报，2009，11（4）：32-36.
李和中．地方政府规模的组织整合解析．中国行政管理，2009，（10）：38-40.
李和中．西方公共管理市场化取向的意义及启示．武汉大学学报，2001，（5）：563-569.
李和中．西方国家公务员监控系统及其借鉴．中国行政管理，2004，（10）：49-52.
李和中．西方新公共管理改革的基本内涵与启示．中国软科学，2002，（5）：18-21.
李和中．中国加入WTO与公务员制度的创新．政治学研究，2002，（4）：58-67.
李和中．中国政府公共权力实现的路径分析．政治学研究，2005，（4）：83-87.
林尚立．协商政治：对中国民主政治发展的一种思考．学术月刊，2003，（4）：19-25.
罗森伯姆 A，孙迎春．地方治理与民主现代化．国家行政学院学报，2005，（6）：88-90，94.
沈荣华．在改革开放中我国地方政府的体制创新．现代经济探讨，2003，（2）：7-11.
宋世明．入世与地方公共管理体制创新．北京行政学院学报，2001，（3）：13-16.
孙柏瑛．当代发达国家地方治理的兴起．中国行政管理，2003，（4）：47-53.
谭桔华．降低县级政府行政成本．国家行政学院学报，2005，（2）：26-29.
王宝成，李和中．基于聚类分析的省级政府规模优化研究．内蒙古社会科学，2009，30（5）：12-17.

王芳，李和中．城市社区治理模式的现实选择．中国行政管理，2008，(4)：68-69.
王庆兵．英国地方政府公共服务改革：最佳价值模式的评析．中国行政管理，2003，(5)：51-55.
王燕，李和中．从深圳市行政管理体制改革看政府规模适度化的路径．理论月刊，2010，(1)：99-102.
王燕，李和中．竞争力视角的城市政府规模适度化路径探析．学习月刊，2009，(20)：37-39.
吴俊培，毛飞．经济波动理论与财政宏观调控政策．中国软科学，2005，(6)：67-73.
吴俊培．公共部门效率理论及实践．涉外税务，2005，(7)：6-8.
邵继红．德国地方政府公共管理改革新方向——“新的掌舵模式”．经济社会体制比较，2005，(6)：93-96.
夏永祥，王常雄．中央政府与地方政府的政策博弈及其治理．当代经济科学，2006，28 (2)：45-51.
谢宝富．中国地方政府体制改革中的几个问题．河北学刊，2004，(3)：199-201.
徐仁璋．论中国地方政府结构的改革．中南财经政法大学学报，2003，(1)：44-49.
徐勇．治理转型与竞争—合作主义．开放时代，2001，(7)：26-33.
叶娟丽．韩国预算程序中的国民大会．武汉大学学报，2006，(6)：795-801.
詹其柽．一个个案考察——美国加利福尼亚州里弗赛德市议会—经理体制．战略与管理，2004，(4)：102-110.
张望松．控制行政成本的国际经验．中国改革，2006，(8)：41-43.

外文部分

Ansell C. The networked polity: regional development in western Europe. Governance: An International Journal of Policy and Administration, 2000, (13): 3.
Bulmer S J, Dolowit D. Policy Transfer in European Union Governance: Regulating the Utilities. Routledge, 2006.
Center for International Development at Harvard University. World Economic Forcum. Global Information Technology Report 2002-2003. 2002.
Coe C K. Government purchasing: the state of the practice//Lynch T D. Handbook of Comparative Public Budgeting and Financial Management. New York: Marcel Dekker, 1993.
Copus C. Leading the Localitie: Executive Mayors in English Local Governance. Manchester: Manchester University Press, 2006.
Donahue J D, Nye J S. Market-based Governance: Supply Side, Demand Side, Upside, and Downside. Washington, D. C.: Brookings Institution Press, 2002.
Goertz M E. Redefining government roles in an era of standard-based reform. Phi Delta Kappan, 2001, (9).
Goss S. Making Local Governance Work: Networks, Relationships and Management of Change. New York: Palgrave, 2001.
Hamilton B A. Information Age Partnership, INSTEAD Business School. International e-Economy Benchmarking: the world's most effective policies for the e-Economy, 2002.

Held D，Koening-Archibugi M. Global Governance and Public Accountability. Malden，Mass.：Blackwell，2005.

Hood C. Regulation inside Government. Oxford University Press，1999.

Jong J. The political and administrative challenges in Korea's future：thinking globally，acting locally，perceiving critically//Chung-hyunRo. Korean in the Ear of Post-Development and Globalization：Tasks of Public Administration. Seoul：Korea Institute of Public Administration，1996.

Jreisat J E. Governance and Developing Countries，Leiden. Boston：Brill，2002.

Kaufmann D，et al. Growth without Governance. Washington，D. C.：World Bank Institute：Development Research Group，2002.

Keohane R，Nye J. Introduction//Nye J，Donahue J. Governance in Globalizing World. Washington D. C.：Brookings Institution Press，2000.

Kettl D F. The Transformation of Governance：Public Administration for Twenty-first Century America. Baltimore：Johns Hopkins University Press，2002.

Kooiman J. Modern Governance：New Government-society Interactions. Sage Publications，1994.

Martin S. Implementing best value：local public services in transition. Public Administration，2000，(78)：3.

Martinsen D S. Law，Legitimacy and European Governance：Functional Participation in Social Regulation. New York：Oxford University Press，2004.

McLaverty P. Public Participation and Innovations in Community Governance. Burlington，VT：Ashgate Pub. Ltd.，2002.

Morgan D R，England R E. Managing Urban America. New York：Chatham House Publishers：Seven Bridges Press，1999.

Pani N，Mishra S S，Sahu B S. Modern System of Governance：Good Governance vs. E-governance. New Delhi：Anmol，2004.

Petersen J E. State and Local Pension Fund Investment Performance. Washington D. C.：Government Finance Officers Association，Government Finance Research Center，December，1980.

Pollitt C. Public Management Reform：A Comparative Analysis. Oxford University Press，2000.

Riordan T O. Globalism，Localism and Identity：Fresh Perspective on the Transition to Sustainability. London：Sterling，2001.

Smismans S. Civil Society and Legitimate European Governance. Northampton，MA：Edward Elgar，2006.

Stigler G. Tenable Range of Functions of Local Government//Federal Expenditure Policy for Economic Growth and Stability，Washington D. C.：Joint Economic Committee，1957.

United Nations Division for Public Economics and Public Administration. American Society for Public Administration. Benchmarking E-government：A Global Perspective，2002.

Zemansky S D. Ethics and Quality Purchasing. New York：American Management Association，1988.

附录　案例分析——中国封建社会的县政权
标本：河南省内乡县衙

县级政府历来在我国地方政府中具有重要的地位，承担着政府的各项具体职能，也是同人民群众接触最多的政府。在本章中，我们选用县级政府作为案例，通过对县级政权组织的规模、内部结构、政府职能的构成和演变进行分析与评价，以期通过县级政府这个典型个案，从而对整个封建社会地方政府有更进一步的了解。同时也为现阶段深化县级政府改革提供理论依据和借鉴经验。

第一节　内乡县政府概况及政权组织

一、河南省内乡县历史沿革

内乡人杰地灵，历史悠久。三代以前先后为郦部落和郦国。春秋时为楚国郦邑，系楚国西北边地之重镇。战国时属秦，属商鞅封地。秦昭襄王三十五年（前272）为郦县，属南阳郡。两汉时期曾设侯国，辖境略小。嗣后政权更迭，归属屡变。隋代易名菊潭县。隋开皇三年（公元583）改中乡县为内乡县，治所设在今西峡。五代时期周显德三年（公元956），并菊潭县入内乡县，辖境含古析，郦二县。金代又将淅川县合于内乡县。元初（公元1265年），县治所由西峡口迁至渚阳镇（今内乡县城）。同时，淅川、博山两县并入内乡，内乡兼有内乡、淅川、西峡三县，为县境最大的历史时期。明成化七年（公元1471）复置淅川县，内乡县境包括今内乡、西峡两县。1932年属河南省第六行政督查区，县境有今内乡、西峡（西坪镇除外）两县和淅川县李官桥。1948年5月属南阳专区。翌年12月析建西峡县和淅川县李官桥区，同时，并入淅川县西庙岗和东川两区。1953年3月，复析出马山口区和岳岗乡4个自然村入南召、镇平二县。1955年再析师岗区部分村入邓县，同时，并入邓县、西峡、南召等县一些自然村。1969年属南阳地区。1994年7月属南阳市。

二、内乡县衙的概况

内乡县衙始建于元朝大德八年，距今已经有700年的历史，现存建筑大部分为清光绪二十年，知县章炳涛主持营建，占地2万多平方米，有厅堂廨舍260余间，其建筑由中轴线及东西辅线组成。整个建筑群严格按照清代官衙监制和堪舆学说而建，体现了古代地方衙署坐北面南、左文右武、前衙后邸、监狱居南的传统礼制思想，建筑布局与《明史》、《清会典》所记载的建筑规制完全相符，是封建社会县级衙门珍贵的历史标本。

内乡县衙之所以能享誉全国，得益于它博大精深的文化底蕴，其中较重要的是它丰富的陈列展览。在中轴线大堂、二堂、三堂及东西花厅等主体建筑搞复原陈列，再现古老县衙的真实面目和威严气势，以及佐贰官、书吏师爷办理公务、审理案件和家眷生活起居的真实场面；在东西辅线建筑内围绕县衙内容搞辅助性陈列，主要用实物和文字版面展示和介绍有关衙门文化知识。目前，县衙的单体陈列达到42个，展出面积达5400平方米，从不同角度演绎了县衙凝重深厚的文化底蕴。

三、内乡县级政权组织

（一）县级地方行政组织

清王朝建立后，承袭了明代的制度。地方政权的组织机构，基本上与明代相同。清代的地方政权，分为省、道、府、县四级。其中县是最基层政权。所以，县的行政长官被称为“亲民之官”。

由于各省辖区有大有小，故省与省之间的府、州、县数量相差很大。因此清政府把省按户口、幅员等条件分为大、中、小三等。各省的府、县、州时有变化。按《清史稿》记载，清朝三个时期，河南省所属的府、州、县数就有所变动，如附表1所示：

附表1　河南省辖区变动一览表

时期	顺治初年				雍、乾之际				光绪年间				
辖区	府	直隶州	县	州	府	直隶州	县	州	府	直隶州	县	州	厅
数目	8	1	95	10	9	4	99	6	9	4	96	6	1

县设行政长官一人，称为知县。除大兴、宛平地处京师，两县知县为正六品外，其余各县均为正七品。知县的佐贰官有：县丞，正八品；主簿，正九品。知县的属官有典史，因未有品位，故称未入流。

《清史稿》这样概括知县的职责：“知县掌一县治理，决讼断辟，劝农赈贫，讨猾除奸，兴养立教。凡贡士、读法、养老、祀神、靡所不综”。[①] 从钱粮、刑名以至文教、风化等无一不在知县的职权范围之内。县丞、主簿的职责是协助知县工作，“分掌粮马、征税、户籍、巡捕之事”。[②] 典史的职责是“掌监察狱囚”。

---

① 赵尔巽．清史稿．第116卷．北京：中华书局，1976：14.

② 赵尔巽．清史稿．第116卷．北京：中华书局，1976：15.

知县的属官还有巡检、从九品。驿丞、闸官、税课大使、河泊所官，均为未入流。“巡检掌捕盗贼、驿丞典邮传迎送，闸官掌收泄启闭事，税课大使典商税之事，河泊所官掌收鱼税”。但是，这些官员是根据各地特殊需要设置，并非各县都有。内乡西峡口设巡检司、置巡检各一人。

清代的县缺，分简缺、中缺、要缺、最要缺四等，以冲、繁、疲、难四字作为划分缺的重要的标准。冲是地方冲要，繁是事务繁重，疲是民情疲玩，难是民风强悍难治。以直隶而论，天津县，冲繁疲难四字俱全，是最要缺；正定县，冲繁难，要缺；盐山县，繁难，中缺；庆云县，四字俱无，简缺。因为各县之事多寡不同，所以，县丞、主簿可设可不设，没有县丞、主簿的县，由典史兼领。

“清代的内乡县是繁难缺”，属“中”缺。① 清光绪《大清会典事例》卷二十九记载：内乡县设知县一人，典史一人。但是明代的内乡县，设“知县一员，县丞一员、主簿一员、典史一员”。② 清康熙至咸丰年间的内乡县衙，也有知县廨、县丞廨、典史廨。看来，在清代前期，内乡县除设知县、典史各一人之外，还有县丞、主簿各一人。如果内乡县在有清一代都不曾设立县丞和主簿，那么康熙至咸丰年间的内乡县衙是不会出现县丞廨和主簿廨的。③

（二）六房三班组织

县衙日常办公的是吏、户、礼、兵、刑、工六房，它们是县署的组织机构。史书中记载：“旧制，钱粮，刑名等项，分委承办。设有六房，即附于州县公堂之左右，使经制、书吏居处其中，既专一其心志，亦慎重其防闲。”④ 县衙书吏的正式名称曰：“典吏”。县丞、典吏等佐杂官手下的书吏叫“攒典”。⑤ 六房各有专职，各司其事。以内乡县衙为例，分述如下：

吏房经承又称“吏书”。管本县所属吏员的升迁调补、下委任状、衙内考勤、登记本县进士、举人、管理乡绅、丁忧及邑人在外做官人员的出身、成分、任职等事宜。设副吏书，协助办理。吏房是管理官吏的，有权有势，在知县领导下进行工作。吏书有的是上级派下来的，也有的是知县聘请的。工作忙时还可雇助手帮办，名曰贴书、贴写吏、书手、帮办或副役等。⑥

户房经承又称“户书”。也称户总科提控、册书、师爷等。清末民初还称户房为户粮房、库粮房。主管全县征收税银、缴粮纳款，并把所收皇粮折

① 宝鼎望．内乡县志．第85卷．台湾：成文出版社，1976：33.
② 赵尔巽．清史稿．第62卷．北京：中华书局，1976：15.
③ 王道成．清代县衙三题——兼论内乡县衙．中国人民大学清史研究所，1991.
④ 中华书局．清高宗实录．北京：中华书局，1985：53.
⑤ 吴幅员．清会典事例，台湾大通书局，1999：79
⑥ 尹先敦．历史标本·内乡县衙．北京：中国文史出版社，2005：47.

成银两，由签点银匠入炉熔化，铸元宝、中锭、锞子等型号，押解上缴朝廷国库。户房掌管的卷宗有：鱼鳞图册、钱粮地亩清册等。其经承是上级派来，或上届知县留下的人员，或由知县聘请、委任。户房下又分设户南房和户北房。①

礼房经承称“礼书”。主管祀神、祭孔、庆典、儒学教育等事。科举考试时协助知县、教谕等考官组织喜庆节日和重大庆典活动，都由礼房主持操办。另外还主管知县出巡时的仪卫、鼓乐和祭孔时的乐舞生。并且生员参加乡试，举人参加会试时，礼书都要协助知县举行“送学”、“宾兴”等礼节仪式。②

兵房经承称为“兵书”。掌管全县征集兵丁、马匹、训练丁壮、考武、向统营或都统营输送兵源。其他如驿站、铺兵、城防、剿匪等均属兵房管辖之事。③

刑房经承称为“刑书”。在典史领导下进行工作，主管本县民、刑案件。其下有管年、帮助、狱卒、刽子手、仵作、稳婆等。刑房下设有招房，招房内设“招书”一名，专管知县审问官司时，原、被告应填之表格，并在审诉时作口供笔录等工作，为知县判决提供可靠的依据。④

工房经承称为“工书”。主管全县蚕桑、织造，修筑公署、城防、庵观庙堂，兴修水利、风水坟场，铸造银两、铸造枪炮器械，开剥棚厂船照，销毁制钱、假印，雕刻塑造等事。⑤

县衙的三班是：“皂班、壮班和快班”。⑥ 它们是县衙的基本组织。皂班：负责县太爷升堂审案时的站班、行刑等事。后来通称堂役。壮班：力差、催科、征比等。快班：又称捕快。负责缉奸捕盗、破案、解囚、捉拿犯人等。其中有马快、步快之分。马快骑马，行动迅速敏捷；步快步行。他们同时负有查赃、侦察、破案等为知县提供断案依据的任务。⑦

三班，内乡县衙到晚清时发展为八班。即头皂班、二皂班、头马快、二马快、头步快、二步快、头军快、二军快。县衙里除额设的三班或八班衙役之外，还有很多白役、帮役、散役等，他们甚至没有微薄的工食银，是为了获取陋规费才到衙门当差的。⑧

---

①② 周星邻，等．内乡清代县衙．中州古籍出版社，1994：52.

③ 尹先敦．历史标本·内乡县衙．中国文史出版社，2005：54.

④ 尹先敦．历史标本·内乡县衙．中国文史出版社，2005：56.

⑤ 周星邻，等．内乡清代县衙．中州古籍出版社，1994：56.

⑥ 黄六鸿．福惠全书．官箴书集成．第3卷．黄山书社，1998：6.

⑦ 周星邻，等．内乡清代县衙．中州古籍出版社，1994：58.

⑧ 刘鹏九，许金谦．中国保存最完整的县衙——内乡县衙．档案管理．2000，(2)．

第二节　内乡县政府的基本职能与运作机制

一、县衙的人事运作

（一）知县的任职、职责、收入与考绩

知县虽然品秩较低，但在地方行政中扮演着极其重要的角色。知县是真正的行政之官（“治事之官”，意即负责实际事务的官员）；他们的上司——知府、道台、刑按使、布政使、巡抚或总督都只是监督官（“治官之官”，意即“负责监督官员的官”）。①换句话说，上级官员仅向知县发号施令并向更上一级长官直至中央各部汇报工作。他们主要是通过书面形式监督知县的工作。办理常规行政事务和执行上司命令的是知县。方大湜曾言：“然兴除利弊，不特藩臬道府能说不行，即督抚亦仅托空言，惟州县则实见诸行事，故造福莫如州县”。② 知县因此被称为“亲民之官”或“地方官”。他们管制下的百姓则称其为“父母官”。毫不夸张地说，地方行政基本上掌握在知县手中。没有他们，地方行政就会停滞。曾任县学教谕的谢金銮（1789 年举人）指出：在清代，只有两种最重要的官员，即京师的内阁大学士和京外的知县官。知县更为重要，因为他对民间疾苦及施政成败有着直接了解。③

（1）知县的任职与职责

知县们获得其职位，可通过常规途径（“正途”），也可通过非正常途径（“异途”）。正途包括“进士”（会试合格者）、“举人”（乡试合格者）、“贡生”（资深秀才选送入国子监者）、“荫生”（因父祖功勋或官职恩荫或国子监生资格者）。出任知县的非正常途径是先捐得“贡生”或“监生”头衔，然后再凭此捐得官衔。④ 低级官员通常不是知县官的候选者，他们只有在上司根据其德行政绩特别推荐时才有可能获此职位。⑤

有一条与知县任用相关的法律规定值得注意。和所有其他地方官一样，知县既不允许在本省任职，也不允许在距其家乡 500 里以内的省份任职。还有一个“回避法”禁止同宗和外戚姻亲在同一省任职，例如知县不得与其祖孙、父子、伯叔、兄弟在同一省任职，也不得与同祖兄弟及理应回避的外姻亲族在同一省任职。⑥

---

① 鲁一同．通甫类稿．第 1 卷．台北文海出版社，1959：11.

② 方大湜．平平言．官箴书集成．第 1 卷．黄山书社，1987：10.

③ 瞿同祖．清代地方政府．法律出版社，2003.30.

④ 吴幅员．清会典事例．第 71 卷．台湾大通书局，1999：9.

⑤ 瞿同祖．清代地方政府．北京：法律出版社，2003：36.

⑥ 瞿同祖．清代地方政府．北京：法律出版社，2003：40.

"由于县在幅员、人口、耕地面积、赋税额、交通条件等方面各有差异。知县的公务负担在各地不平衡。交通枢纽之地的知县，因经常有官员过访，不得不花费大量钱财和时间于迎送招待"。[①] 而在北部省份，征调百姓服徭役远比南方省份频繁。在长江下游及大运河两岸的一些县境，还有征收和转运漕粮的额外责任。"知县作为一县的行政首脑，被要求熟悉当地各方面的条件情况并对其辖界内的一切事情负有责任。"[②]"尤其重要的是，他必须维持辖区的秩序。他是法官、税官和一般行政官。一名知县，虽为文官，也必须在发生叛乱或外寇入侵时守卫城池，否则会被黜革或刑惩。"[③] 知县各类职责中，除了维护治安这一首要职责以外，最重要的是赋税和司法，他在这两方面的实绩是评估其政绩的依据，如果没有很好地履行这些职责，可能会受到惩戒。另外的职责，因并不影响"考成"，知县一般只以很少精力去应付。[④]

每个月有几天被用于接受百姓"放告"，知县必须开早堂接受诉状。另外在农历二月到十月的即赋税征收期间，每月有几天专用于此"比责"，即对那些没有完成征收税额的衙役或没有按时纳税的百姓进行讯问和惩罚。每月初一和十五，知县必须到孔庙和城隍庙祭拜。这种例行仪式一般要求一年之内无间断地履行。唯一的法定假日是春节，开始于腊月十九、二十或二十一日。自此，印信不得使用，公事不得处理。直到新一年正月十九、二十或二十一日开印时间，印信才能重新使用。除了春节外，在农忙时节也停止受理一切民事案件。有些勤勉的知县每天亲理所有公务、阅读所有官牍和诉讼案卷，从不拖延。王凤生（1776—1843 年）曾记述他自己通常每天早晨要阅读和修改案牍公文，下午听审前要检阅案卷，退庭后要阅读当天送到他案上的全部卷宗。在他不得不出衙门去迎送钦差或别的经过其地的上司时，他总是携带着案卷并在舟车旅途中阅读。于是，在他回衙门后，连夜进行审判。有的知县自己并不阅读案卷，而是留给书吏或幕友们去处理。曾任清朝总督的田文镜（1662—1732 年）说过，虽然知县们都不能躲避主持"午堂"和"晚堂"，但许多懒惰不愿早起的知县并不遵守开"早堂"的规例。他说只有十分之一二的知县开了早堂，并且每十天中只开一两次。[⑤]

（2）知县的收入与地方财政

顺治、康熙年间，知县仅能得到一份名义上的薪俸。从雍正时代开始，在名义薪俸之外，还发给知县一份实质性的津贴"养廉银"。[⑥] 知县在首府者年俸 60

---

① 袁枚．小仓山房文集．第 15 卷．上海：文明书局，1923：27.

② 田文镜，等．钦颁州县事宜．官箴书集成．第 16 卷．合肥：黄山书社，1998：54.

③ 何瞻．大清律例．第 19 卷．海南出版社，2000：266.

④ 瞿同祖．清代地方政府．北京：法律出版社，2003：32.

⑤ 瞿同祖．清代地方政府．北京：法律出版社，2003：34.

⑥ 吴坛．大清律例通考．第 90 卷．中国政法大学出版社，1992：564

两，在外地者年俸 45 两。

知县的养廉银在各省高低有差别，从 400 两到 2259 两不等。除陕西外，其他省份，同一省内各县之间也有显著差别。在山西、安徽、陕西、四川和贵州等五省，知县的薪水相对较低，只有 400 到 1000 两，其他省份均在 1000 两以上。直隶、湖南、甘肃、云南等省，最高为 1200 两。山东、河南、江西、浙江、湖北、江苏、福建、广东和广西九省，最高超过 1400 两。但除了山东、河南以外，在其他各省，高薪仅限于各自省内的少数县份。可以说，高薪并不普遍，大多数知县的养廉银在 500 两到 1200 两之间。“这大致与周镐（1754—1823 年）所言知县年俸最高 1000 两最低 500 或 600 两的情形相一致”。[①] 这些薪水并不能满足知县的私人及公务费用。除了养家，他还要支付其岗职所需的繁重费用，要给其幕友、长随支付报酬。幕友的报酬是非常高的。“周镐曾指出，某些知县的全部薪水几乎不够给幕友付酬”。[②] 知县收入的另一种繁重开销是摊捐，即在政府经费不足时，布政使命令州县官及省内其他官员捐钱支持政府用度。这种摊捐通常是由布政使直接从官员们的津贴养廉银中扣除。一般说来，知县不得不交纳的摊捐额是视其收入情况来估定，按三个等级摊派；唯最低一等可免摊捐。另外还有行政费用的捐助，即知县不得不定期捐助上级官衙的办公费。更有甚者，所有地方官还可能被迫捐钱填补历年累积的亏空。此种情形常常发生在钱粮存储审计之后。[③]

知县也有招待途经其地的上司或上级差官们的经费负担。他必须提供住宿、供备、膳食。并在上司离境时照例须致送赠别礼物，尽管法律并不允许。此外，上司的僚属、衙役、长随等等还常索要钱财，这类仆从人数可能上百。[④]

知县在与上司衙门的职员们打交道时还不得不向他们赠送各种各样的规费。他必须给门房送门费，给衙役和长随送茶钱。还要在一些场合给书吏们馈送规费。例如在审计钱粮时，呈交报告或解递官钱给上级衙门时解费，或在离职前转交官银及文书档案时。知县有限的薪水并不能满足如此巨大的费用，他的其他收入就在被称为陋规的惯例之中。通过各种途径，中国官僚体系的每一层的成员都能补充他们的收入。但它仍然被确立和承认，并成为广泛接受的事实，甚至被法律所默许。因此，在封建时代，各级官员的“灰色收入”与“黑色收入”（贿赂或腐败）往往界线混淆，虽然后者是非法且被禁止的。然而，在某些情形下，收取陋规和贪贿间并没有明确的分界。[⑤]

（3）知县的考绩

在所有省份，每三年进行一次大计，对所有地方官的政绩进行评估。关于每

---

①② 徐栋．牧令书．官箴书集成．第 3 卷．合肥：黄山书社，1998：19.

③ 瞿同祖．清代地方政府．北京：法律出版社，2003：45.

④ 瞿同祖．清代地方政府．北京：法律出版社，2003：46.

⑤ 瞿同祖．清代地方政府．北京：法律出版社，2003：47.

一知县的评估报告，均由其直接上司——知府、直隶厅州同知或分巡道写出，然后呈交给布政使和刑按使；后者再附上他们的评语呈交给总督或巡抚。督抚复审报告、批准或修正评估意见后，上交吏部，知县们以其政绩为标准被分为三类。①

政绩显著者被列为第一类，向吏部推荐。获此推荐的官员，有资格谒见皇帝，通常也能被吏部加级。一个知县，只要他没有加征税费或滥用刑罚，只要在其辖区内盗贼、赋税拖欠、官仓亏空的现象不太严重，并且百姓生活安定，地方环境条件在其任职内有所改善，就能获此荣耀。而最为重要的评荐标准是官员们的税收才能。如果其不能照额征足赋税，没有获得推荐的资格。未完成征税额的知县只有在以下情形才可能被推荐：首先，诚实有能，其岗位是一个至少符合四个特征冲、烦、疲、难中三个特征的繁缺，并且在此地任职三年。其次，虽然不是这种岗位，但在这类省份任职达五年以上者。②

因无能或腐败而被纠劾的官员被列为第二类。在大计制度中，有八种情况或罪过均可导致纠劾，被称为“八法”：贪、酷、疲软无为、不谨、年老、有疾、浮躁、才力不及。自嘉庆时代以后，被评定为“贪”、“酷”的地方官会立即受到弹劾，结果这两条就从“八法”中取消了，仅剩六条，称为“六法”。③

犯有贪、酷两罪的官员，除了依《大清律》受刑罚外，还要被革职并永不叙用。依《大清律》，监守自盗者要依其侵占数额而定刑之轻重。④

对于受贿者，其刑罚为杖至绞，依受贿数额及是否枉法而定。⑤ 那些既未列入推荐名单又未被纠劾的知县则留任原职，并被督抚分别报告吏部。大多数官员均为此类。他们的政绩通常依四个标准来评估：守（操守）、才（能力）、政（行政品质）、年（年龄）。⑥

（二）书吏的组织、职能、录用

书吏，州县衙门中的四种佐助人员之一，在地方行政中有着独特的地位。其重要性，只有在理解了他们活跃于其中的那个制度性架构以后才能真正理解。所有书吏都在本省内招募，与知县的情形正好相反。知县，作为一个外来者，并不熟悉该地方情况及问题，甚至连方言都听不懂，因此易于受书吏蒙骗。况且，书吏及其家人、亲戚、朋友，世世代代生活在这一地区。他们在涉及亲戚朋友的个人利益上包庇维护，必然导致在税收、徭役、诉讼等方面的偏私枉法。相反，知

① 瞿同祖．清代地方政府．北京：法律出版社，2003：60.
② 瞿同祖．清代地方政府．北京：法律出版社，2003：61.
③ 黄六鸿．福惠全书．官箴书集成．第6卷．合肥：黄山书社，1998：2.
④ 何瞻．清律例．第23卷．海口：海南出版社，2000：48.
⑤ 瞿同祖．清代地方政府．北京：法律出版社，2003：62.
⑥ 瞿同祖．清代地方政府．北京：法律出版社，2003：63.

县们除了可能与当地士绅来往之外，几乎与当地百姓没有什么个人关系。[①]

虽然书吏的服务期限规定为五年，但实际上许多人在期届满之后，仍然以改名换姓的手段保留其职位。即使他们自己不能保留职位，他们也会竭力使自己的家人或亲戚获得此类职位。因此，一个知县可能被免职、调迁或晋升，此即所谓"官有迁调而吏无变更"。[②] 于是，州县地方政府便形成了一种特殊格局：不断更替且缺乏经验的知县们"领导"着一帮久据其职久操其事且老于世故的当地书吏。[③]

这种情形对地方行政有两大重要影响。缺乏经验的知县不得不依赖书吏执行公务。等到有了经验以后，他又该调离了。然后，下一个取代其职位者不得不经历同样的尝试和同样的错误。而书吏任职时间越长，对行政事务越是熟练。与此同时他在应付差事和滥用权力方面也变得更为熟练。知县们因此处于一种困境之中，一方面，他们不得不依赖书吏们的知识和经验，另一方面，他们不得不面对书吏们的贪腐顽政。[④]

知县们由于任职短暂、职位不稳定，很难有效地监督控制书吏。他们要花好几年时间才能熟悉行政、了解地方情况、觉察书吏们的奸猾。即使有一个经验和能力都不错的知县觉察并撤换了奸猾的书吏，但他也管不了离任以后奸吏们很可能再次在一个新知事手下任职。[⑤]

书吏的重要性与现存的行政制度及实践密切相关。在这种制度下，作为行政官员，知县受其上司监督。这种监督主要通过公文来往的方式进行：命令通过公文发布给知县，知县又通过公文回应。由于"拟制和接受公文的都是书吏"，[⑥] 所以，他们显然居于一个战略性位置上。"拟制和发出公文之类繁琐的例行公事，使得知县们很少有时间去执行更实质性的行政职能。这对地方行政虽非好事，但是对书吏们有利"。[⑦]

使书吏们得以操纵衙门事务的另一个因素，是政府规章及先例的复杂。"官员们无法知悉所有的规章，因而必定要依赖书吏们的丰富实践知识"。[⑧] 书吏问题的根本原因，在于先例太多且包含极琐碎的细节，互不相关，有时甚至自相矛盾，这使得书吏们有机会为谋求私利而玩弄规章先例。[⑨]

最后，书吏们常能接近官府公事档案，这些档案包含许多对行政有价值的信息。为了独占这些资料，他们常竭力使档案秘而不宣。赋税簿册，即是一例。出

---

① 瞿同祖．清代地方政府．北京：法律出版社，2003：65.

② 陈子龙．经世文编．第24卷．北京：中华书局，1962：7.

③ 瞿同祖．清代地方政府．北京：法律出版社，2003.65.

④⑤ 瞿同祖．清代地方政府．北京：法律出版社，2003：66.

⑥⑦⑧ 鲁一同．通甫类稿．第1卷．台北文海出版社 1959：11.

⑨ 瞿同祖．清代地方政府．北京：法律出版社，2003：67.

现在官方钱粮册中的仅仅是户名，而纳税人的真实姓名地址则仅记录在由税吏自己制作并私自存留的名册副本中。他们把这种秘册视为私财奇货，不愿向知县和其他人出示。①

（1）书吏的组织与职能

“书吏们服务于州县衙门及僚属官员的办公所”。各类衙门雇用常年书吏都有规定名额，少则几个，多则近三十。有时也允许官员们雇一些抄写员，称为“帖写”，常年专门帮助书吏抄写文件。各类衙门额外增雇书吏的数量，由督抚按每一衙门的实际需要来决定，并将数字报告吏部。地方官员不得擅自在批准名额外增雇。②

然而，并非所有名字列入衙门名册的书吏都实际上在衙门工作。有一些是“挂名书吏”。知县袁守定（1705—1782 年）曾说过“典吏”职位通常被那些醉心于穿戴冠带的荣耀却不实际办理公事的人占据着。按田文镜所述，这种挂名书吏通常是殷实人家的子弟，他们愿意出一笔钱，二至四两银子不等，买一个挂名书吏位置，以保护自身及家财，或逃避徭役。他们所出的这笔钱通常用于衙门购买文具。③

各房的工作必定包括许多公文、公事的准备和处理，这些职责主要落到书吏们身上。这些职责主要有：

1）“草拟公牍”。由于草拟公文能带来一些好处，所以书吏们总是轮流起草公牍。因此，这种差事便按书吏们在点名册中的名字顺序分配。一旦被轮到，该书吏必须在一个合理的时间内完成公文起草工作。有时专门规定了准备草稿及完成文书的确定期限，该期限依文书的性质及起草该文书需要的劳动量大小而定。通常起草文书的书吏必须在文书草稿末尾署上名字，以便一旦有什么问题出现就能追究执笔人。草稿完成后交给知县或幕友修改审定。审定后的公文稿发回原房誊抄，誊定的文本再次送知县复查并盖印加封。然后，便是派人送出或付邮，这要按事情的性质而定。④

2）填制例行报表。知县必须定期向其上司呈报各种报表。准备此类报表是书吏们的职责。“这些报表包括各类年度报表及保结卷册等”。⑤

3）拟制备忘录。主要在案件的审判开庭前或在答复上司询问前执行，有时需要参考以往的公文案牍材料。于是，搜览与待审案件或待处理事务相关的档案并提出一个报告，也是书吏们的职责。通常的做法是在一张纸上写下基本要点，

① 瞿同祖．清代地方政府．北京：法律出版社，2003：67.

② 瞿同祖．清代地方政府．北京：法律出版社，2003.68.

③ 瞿同祖．清代地方政府．北京：法律出版社，2003：69.

④ 黄六鸿．福惠全书．官箴书集成．第 4 卷．合肥：黄山书社，1998：11.

⑤ 盛康．经世文续编．第 21 卷．上海文海出版社，1998：14.

附在案上，以便知县对该案有一个清晰的轮廓。①

4）填传发票。填发授权衙役逮捕罪嫌、传唤证人或拖漏赋税者的公文，也是书吏们的职责。②

5）填制赋税册籍。书吏既要填制赋税册，又要填制限期催征登记册。按规定期限检查税户缴税情况，并在比簿上记录税户的拖欠数字，以便能对欠税人、征税代理人、负责督催税收的衙役进行确认并传唤。这种册簿是"比责"的依据。③

6）整理档案。这是任何官衙必办的基本业务，也是书吏们最重要的职能之一。一旦有档案误置、丢失或抽换，书吏们要受追究。在讨论书吏的实际权力时鲁一同曾作过如下评论：胥吏犹未可遂减者，何也？官不亲事，事不在官也。催科问胥吏，刑狱问胥吏，盗贼问胥吏，今且仓监驿递皆问胥吏。在某些少有的场合，书吏的话甚至比知县的话更有权威，正如冯桂芬所说："州县官曰可，吏曰不可，斯不可也。"④

（2）书吏的录用、服务期限及升迁

殷实之家的成员们常常为获取社会地位、保护家财、逃避徭役等目的占据一个挂名书吏职位。但是，实际在衙门服务的大多数书吏都是来自没有资财的人家，获得经济报酬是他们的基本动机。袁守定曾说，那些实际在衙门服役的书吏都是穷人。由于他们既不能享受正式薪俸，又没有头衔，所以他们常常通过非法手段从百姓那里榨取钱财以满足自己及家人的需要。至于那些有家资而又实际服役的书吏，其寻求此类职位的动机可能与挂名书吏非常相似。

法律规定书吏的正式资格之一是：所有书吏必须来自于良善人家，即无从事任何卑贱职业者之家。在申请这一职位前，求职者须从村坊邻居们那里获取一份关于身家清白的联名具保书。然后，地方官必须向吏部呈交一份盖印信的证明书。因为书吏的职责主要是掌管文书案牍，所以读写能力自然是基本资格之一。为履行某些职责，一点基本的计算知识也是必要的。据说，有些未登科甲的学生常放弃学业进入书吏生涯。⑤

是否对书吏求职者进行考试，由地方官们自己决定。有的地方官在书吏上岗时稍作点测试。"黄六鸿的做法是，留下那些能写出文理清晰的公文者及书法较好者，淘汰那些不合此类要求者，他发现在应命试写公文时，许多书吏在写下开头套语后就再也写不下去了"。⑥

---

① 陆维祺．学治偶存．第4卷．合肥：黄山书社，1998：17.

② 瞿同祖．清代地方政府．北京：法律出版社，2003：74.

③④ 瞿同祖．清代地方政府．北京：法律出版社，2003：75

⑤ 瞿同祖．清代地方政府．北京：法律出版社，2003：76.

⑥ 黄六鸿．福惠全书．官箴书集成．第3卷．合肥：黄山书社，1998：20.

“知县通常淘汰年老及无能者，但对那些服务时间长、有家产、熟悉衙门公事或口头表达能力较好的书吏则宽宏留用或录用”。①

另一种普遍的做法是将已在衙门服务多年的帖写提升到常年书吏岗位上。书吏的任期为五年。如果将任期届满或已被黜退的书吏留用，知县要被追究责任。如果纵容书吏改名换姓或伪冒籍贯再次在衙门任职，知县将会受革职处分。如果对此种欺骗情形疏忽不察，知县会受降二级调用之处罚。任职满五年的书吏有资格进入官场。每年秋天，总督或巡抚都要主持一场任用考试（“考职”）。考试内容包括写一份官方通告，及一份给上司的报告。②

答卷呈送吏部。通常，一省之内录取率不超过百分之五十。通过考试者被授予品级或任以适当官职。成绩一等者授予从九品职位，二等者则授以流外官职。一名书吏获得吏部颁授的品级及资格证书以后，即获得了新的地位，并有了按品级佩戴顶戴的资格。③

（三）衙役的组织、职能、征募

衙役服役于官府，充当信差、门卫、警员或其他卑贱职役。像书吏一样，他们在本省本州县服役，都是当地人。与书吏们一样，他们也在规定服役期届满后竭力久据岗位。

知县与其上司之间的文牍往来，是地方政府例行公事中极其重要的一部分。然而，在执行上司发出的政令的过程中，知县们不得不直接与百姓打交道，因为使人民知晓政府的政令是任何地方衙门的基本职能之一。因许多县幅员广阔，境内许多村庄僻远分散，于是，政府与一般百姓间的联络便是一个难题。那时的联络手段是极为有限的；在乡村地区，将县官的命令传给百姓的唯一方法是派信差送达。于是，衙役就不可缺少。④

衙役作为一种有组织的力量，知县依靠他们推行法律和政令。没有这些人供其驱使，知县可能没办法征收赋税和漕粮，也没法征调人民从事修筑城墙、开铺道路、兴修水利之类的力役或为官府供办车马等交通工具。承担警察职能的衙役也为政府所依赖，用于执行传唤或拘捕及其他经常性的警察职能。看守谷仓和监狱，执行惩戒以及地方行政中其他基本事务的进行，也需要许多衙役。因此，有位知县说：“书差为官之爪牙，一日不可无，一事不能少”。⑤

衙役通常被编为三班：皂班、快班和壮班。第一班由皂吏，即穿黑衣的差役组成。第二班即所谓快手，他们又被分为马快和步快。第三班壮班是被征调来在

---

① 徐栋．牧令书．官箴书集成．第4卷．合肥：黄山书社，1998：32.

② 黄六鸿．福惠全书．官箴书集成．第3卷．合肥：黄山书社，1998：20.

③ 瞿同祖．清代地方政府．北京：法律出版社，2003：78.

④ 周保明．清代县衙吏役的内部管理．北方论丛，2006，(1)．

⑤ 瞿同祖．清代地方政府．北京：法律出版社，2003：96.

地方官府中服役的健壮百姓。①

“衙役的名额太少，实际上需要更多的衙役供驱使”。② 事实上，额外多雇衙役在各省是一个普遍现象。清朝曾下诏书：如果规定名额不能满足需要时，地方官可以增雇额外衙役。③

还有虽列在官府名单中，但不实际服役的挂名衙役。其动机亦与挂名书吏的动机相同，即能逃避徭役和保护身家财产。“某省巡抚曾说道，在该省，为了当挂名衙役，得向州县官纳一笔钱，为白银 2 至 4 两”。④

另一方面，“许多穷人也愿意顶替挂名衙役的职岗，因为这是个捞钱的机会”。⑤ 因此，在一县衙中的实际衙役人数，包括常年的、额外的、挂名的，远远超过政府规定的数额。“例如在湖南，一县衙中的衙役一般是数百人”。⑥ 按一位御史所记，在浙江仁和县和钱塘县，衙役总数达 1500～1600 人，包括常年衙役和额外衙役。另一位御史在 1827 年上呈的一份奏章表明山东的情形也是如此。这份奏章提到，大县有衙役千人以上，小县也有数百人。四川的衙役甚至更多。巴县知县刘衡曾言，在他的县衙里曾有 7000 名衙役。他到任一年后，有 6700 或 6800 人因为在此职岗上无法捞到足够的钱财养家而辞职；仅有大约 100 人留了下来。⑦

政府对裁减衙役人数曾做过多次努力。曾有这样的规定：纵容挂名衙役存在的官员，降三级调用；即使不知情，也要降一级留任。超过规定名额雇用额外衙役的知县，将受降一级留任之处罚。将传票交给额外衙役或者委派其办理其他公务的知县，将降三级调用。然而，这些规定及处罚显然很少真正兑现。知县只应按定额雇用衙役；即使在交通要冲公务繁多之县，其雇役也不应超过定额几十人；所有冗余的衙役应一律斥退。但是，这并非易事。因为即使被正式斥退后，有些衙役仍能留职。此种情形，他称之为“瞒上不瞒下”。⑧

各种衙役之间存在着差事的分工。皂隶于知县出席公众场合时作前驱，廓清道路。并在知县出巡或主持勘验时簇拥左右。另外，“皂隶在审讯过程中还须到法庭，其职责是拷笞嫌犯逼取供词以及执行体刑”。⑨

---

① 瞿同祖．清代地方政府．北京：法律出版社，2003：96.
② 徐棟．牧令书．官箴书集成．第 4 卷．合肥：黄山书社，1998：35.
③ 瞿同祖．清代地方政府．北京：法律出版社，2003：97
④ 徐棟．牧令书．官箴书集成．第 8 卷．合肥：黄山书社，1998：22.
⑤ 徐棟．牧令书．官箴书集成．第 10 卷．合肥：黄山书社，1998：6.
⑥ 陈宏谋．培远堂偶存稿．第 48 卷．北京：中华书局，1922：45.
⑦ 瞿同祖．清代地方政府，北京：法律出版社，2003：100.
⑧ 瞿同祖．清代地方政府．北京：法律出版社，2003：101.
⑨ 徐棟．牧令书．官箴书集成．第 8 卷．合肥：黄山书社，1998：46.

马快或步快的职责是巡夜、执行传唤及逮捕。“在审讯中，他们也须到庭随时供知县驱使”。[①]“他们也常被派到乡下去催征赋税”。[②] 捕役之职责主要与缉捕盗贼相关，有时也作巡夜人。他们也常在官银押运中充当护卫。[③] 民壮为军事训练而召集，常被差派去守卫粮仓、金库、监狱或护送官银或罪囚，同时也奉命催征赋税、执行民事传唤，也给各种各样地方官员充当护卒。县衙里有给衙役分派差事的标准程序。通常的做法是让衙役们在一名头役的率领下，轮流当差，每次五天。这被称为“坐差”。[④]“由于每个衙役在轮值时都急于获得差事或传票，因此，他们会用尽手段以谋取好差事。通常的做法是将差事派给头役，再由他分派给手下的衙役”。[⑤]

但是，一个有能力的知县既不会容忍别人对他委派差役施加影响，也不会允许衙役们将自己的名字写到票状上。相反，他会按名册的顺序分派差事，以便每个衙役都能依次获得差遣。也有的知县则选择按功绩分配差事给衙役的做法。[⑥]求充任衙役。[⑦]

此外，“役户”还可以免除衙门征派的徭役。因此，没有像士绅成员一样被豁免徭役资格的人们，就只好谋求充任衙役以逃避徭役。有些拥有地产的衙役则利用其职位及与书吏的关系逃避赋税。大多数衙役是贫穷的，他们充任衙役是为了糊口。[⑧]

实际上，多数衙役的命运并不总像其法律及社会地位所标示的那样可怜。因为他们居于可以滥用权力之岗位，所以能使百姓敬畏。衙役的服务期限是三年。如果在期限届满或被革退后继续留用，知县是要以此负责任的。在此种情形下，知县应受的处罚，与类似情形的书吏应受的处罚相同。

因此，官府一般会要求新受雇的衙役出具保证书，保证自己从前不是衙役，且并非改名换姓以重当衙役。知县也须对此保证出具盖有印信的担保。然而，这一规定很少被严格执行过。许多衙役依旧改名换姓久据岗位。或者，即使自己不能久据其位，他们也会竭力将其岗位转让给其家人或亲戚。这样他们就能够年复一年地控制这些职岗。[⑨]

---

① 徐栋．牧令书．官箴书集成．第8卷．合肥：黄山书社，1998：39.
② 黄六鸿．福惠全书．官箴书集成．第5卷．合肥：黄山书社，1998：15.
③ 瞿同祖．清代地方政府．北京：法律出版社，2003：101.
④ 王凤生．学治体行录．官箴书集成．第8卷．合肥：黄山书社，1998：8.
⑤ 徐栋．牧令书．官箴书集成．第4卷．合肥：黄山书社，1998：35.
⑥ 瞿同祖．清代地方政府．北京：法律出版社，2003：103.
⑦ 李渔．资治新书．第12卷．上海图书集成印书局，1943：40.
⑧ 李渔．资治新书．第12卷．上海图书集成印书局，1943：27.
⑨ 瞿同祖．清代地方政府．北京：法律出版社，2003：107.

（四）幕友的职能、地位、招募与经济待遇

幕友（幕宾或师爷）是地方官雇佣的行政管理专家。他们不是官僚体制中的常设人员，也不由政府支付薪俸。他们作为一个集团出现是职能需要的产物。清朝的知县，其僚属官员很少做行政管理工作。所有的事物都压在了知县本人身上。更深层的原因是，没有一个有才华的人愿意接受知县僚属官的职位。一则是因为其地位低下，二则是由于提升的机会渺茫。因此，也极少有知县是从知县僚属官的位置起家的。“这就意味着几乎所有的新任知县都是没有经验的”。①

我们可以推想出解决这一难题的两种可选择的办法：要么是知县在就任之前接受专门的培训，这就要求对教育和考试制度进行根本的改变；要么就聘请一位专家作为他的助手。清王朝采取的正是第二种方法。结果，就出现了一个庞大的行政管理专家的集团——幕友。这是一种介乎学者和官僚之间的身份。他们是有知识的人，受过专门的行政事务训练。不是为了当官，只是为了充任官员的专业幕僚。他们深谙政府管理的技术知识和专门技巧。在这一点上，他们与候任官员形成了鲜明的对比。候任官员虽然没有为实际的为政技能作准备，但却是以官宦生活为目标的。② 因此一旦获得职位，知县第一要务就是找到一个能干、可靠的幕友做他的参谋和助手。即使是有经验的、能干的知县也需要幕友的服务。原因很简单，知县的职责数不胜数，不论精力多么充沛，也很难对全部事务躬亲处理。③

1. 幕友的职能

（1）有关讼案的职能

这是幕友们承担的最重要的任务之一。有关诉讼案件的事务可能是“刑名”和“钱谷”两类幕友的任务。一般来说，涉及财产、借贷、商业交易等纠纷的民事诉讼，都委由钱谷师爷处理。杀人和盗窃案则只能由刑名师爷专理。④

知县接受诉状以后，即交给一位幕友，交给谁要视案件的性质而定。然后，有关幕友的职责即是阅读诉状并在诉状副本的末尾拟写一个官批。如果这一批词为知县认可并签名，那么就由负责誊录的幕友将其抄在诉状正本上。最后，又由一位书吏抄录并张贴在布告栏里。⑤

（2）有关税收的职能

一位知县到任时，帮他接收前任知县留下的账目和政府资金，是钱粮师爷的职责。“钱粮师爷有责任全面审查《赋役全书》以及其他赋税簿册、税收的票根、

① 宗稷辰．躬耻斋文钞．第2卷．台北文海出版社，1951：58.

② 瞿同祖．清代地方政府．北京：法律出版社，2003：157.

③ 瞿同祖．清代地方政府．北京：法律出版社，2003：158.

④ 汪祖辉．办案要略．台湾文海出版社，1980：28.

⑤ 瞿同祖．清代地方政府．北京：法律出版社，2003：161.

解送官银的回执、现金收据以及向新任移交政府资金的簿册，旨在查明一个特定地方赋税的应征收数额，实收数额，花户欠缴数额，已解送上司的数额，以及库存的数额。他还需查明前任官员或其他衙门职员挪用的款项”。①

“在征税开始前，钱谷师爷要浏览《赋役全书》和其他官方册籍，以弄清该县所应征收的各类赋税的总额”。② 钱谷师爷最重要的职责是审查花户已缴欠税款。在规定期限未完税者，将被传唤加以“比责”即逼问和拷打——这种惯常做法在收税中是必要的。由于这种审查是一项乏味的工作，“征比”常常被指派协助钱谷。许多官员和幕友认为，在上述过程中钱谷师爷所行使的权力，只能仅仅委托给幕友。如果书吏拥有这项权力，极可能拖延、侵吞、无恶不作。即使如此，有些幕友在编列花户名册时还会遇到麻烦，因为吏员们常常故意拖延到征税开始或期限过半时才把花户册籍交给幕友，其结果就是使幕友无法审查核算这些册籍。③

幕友也监督税票的发放。在税票盖印及交给每个“柜书”之前，钱谷师爷要清点每一本税单的页数，以防书吏获得重号的税票。④

此外，钱谷师爷也负责审查并保存一份政府征收其他各类捐税的记录。⑤ 最后，政府资金的开支和解送情况也在钱谷师爷的监督之下。他要审查《赋役全书》以明确合法支出的项目、数额，以及须向各类上级衙门解送的必要经费。他也必须明确各类须向上解送的经费中哪些须优先解送。他要审查所有的现金收据和送达回执，并保存一份所有被开支和解送的资金的完整记录。⑥

（3）有关账务的职能

“账房”（管账的师爷）也履行着出纳员的职能，他与钱谷师爷不同。“钱谷只负责审计但不接触现金的实际收支，账房需要筹划各种各样的收支，诸如给各类上司准备寿礼、新年贺礼以及其他节庆礼品，为上级衙门的门丁支出的门包费用，以及接待到访官员的各类花销等”。⑦ 由于账房掌管资金，这个职位通常被委给知县的亲信。⑧

（4）有关登记的职能

“挂号”（管登记的师爷）负责所有文牍、告示和捕票的收发登记。通过登记时扫一眼文书，他就可以知道每件文书与什么事相关，按照事情的轻重缓急是否

---

① 王又槐．刑钱必览．第5卷．北京：中华书局，1932：1.
② 王又槐．钱谷备要．第1卷．北京：中华书局，1933：1.
③ 瞿同祖．清代地方政府．北京：法律出版社，2003：168.
④ 王又槐．刑钱必览．第5卷．北京：中华书局，1932：7.
⑤ 瞿同祖．清代地方政府．北京：法律出版社，2003：170.
⑥ 瞿同祖．清代地方政府．北京：法律出版社 2003：171.
⑦ 李宝嘉．官场现形记．北京：人民文学出版社 1957：13.
⑧ 瞿同祖．清代地方政府．北京：法律出版社，2003：171.

已经及时采取行动而在书吏衙役那里没有拖延。由于这个缘故，《钦颁州县事宜》强调，许多官员常常认为无关紧要的登记挂号，实际上是一项重要的工作。①

（5）草拟文书的职能

根据文件的性质不同，各类官文由刑名和钱谷共同起草。通常，由书吏拟出草稿，由幕友审查修正。“一个能干的幕友常常首先为书吏列出文书的要点”。②在需要富有经验的判断和更多技巧的复杂情况下，幕友常亲自草拟文书。③“红黑笔”的职责是用黑笔抄录谕令及由刑名或钱谷草拟的文书，用红笔写官府告示、票状和其他文书上的关键字，以及在该文书的重点位置上做红色的标记（标判）。

（6）有关通信的职能

“书启”草拟信件并交知县审阅。被认可的草稿由幕友或书启助手抄写。

（7）有关考试的职能

知县也负责对准备参加由省学政主持的正式科举考试的士子进行初试。而他的那些富有文学素养的幕友则正好帮他阅卷。④

总之，幕友组成了一个智囊团，帮助知县操作政府机器。他们为法律、财经和其他行政事务提供技术性咨询。他们也对高级行政事务的某些方面负担责任。事实上，“地方行政的最重要的两者——司法和税收——都在幕友的操作之下，而这些又和上级官员考核知县政绩有关”。⑤

当然，幕友的作用与影响依赖于他所服务的知县的经验和能力。一个缺乏经验和能力的知县可能更依赖幕友。反之，老练能干的知县则更倾向于自己在行政事务中有更积极的作为。⑥

2. 幕友的地位和招募

幕友主要从有文化的人中招募。有些幕友以前曾当过书吏，精通行政管理事务。有些则是由于错判案件而被黜的前任官。还有许多幕友是未取得功名的书生。但绝大部分幕友都是秀才。由于秀才尚不够资格担任官职，他们就不得不在准备更高一级考试期间获得一些生活的来源和应试的经费。考中举人的，就有资格担任官职，但是有一些已经中举的幕友仍然留任幕友一职，可能是因为没有官职空缺，也可能是因为他们在通过最高一级科举考试之前不愿意开始自己的官宦生涯。“汪辉祖在中举后又作了七年的幕友，在此期间，他先后参加了四次会

① 瞿同祖．清代地方政府．北京：法律出版社，2003：172.

② 徐栋．牧令书．官箴书集成．第4卷．合肥：黄山书社，1998：5.

③ 瞿同祖．清代地方政府．北京：法律出版社，2003：172.

④ 瞿同祖．清代地方政府．北京：法律出版社，2003：173.

⑤ 汪祖辉．佐治要言．台湾文海出版社，1980：15.

⑥ 瞿同祖：《清代地方政府》，北京：法律出版社 2003：174.

试”。①

幕友享有较高的社会地位，一部分原因是因为幕友职位本身的声望，另一部分原因是由于他们的学者身份。学者相对于普通的百姓地位较高，因为他受到的教育，使他有资格参加科举考试，这在社会观念中是最受尊重的。“而一个获取功名的人更受人尊崇，因为他是官僚阶层潜在的候补人选，而且在法律上也享有一系列的优待”。②

幕友不属于政府官员。尽管如此，在观念上他们还是与官员处于同等地位。他们大多被尊重。由于刑名幕友和钱谷幕友关系着地方行政职能的最关键部分，一个即将被正式任命的官员，往往会在候任期间或到任前积极寻找称职人选。推荐幕友的人往往是官员的亲属、朋友或同僚。③

由于幕友是官员自己聘用并支付薪水的，朝廷一般不干预聘用幕友的事务。律例只要求官员向吏部上报其幕友的姓名和履历。“幕友的聘用，通常基于一个没有期限条款的私人契约。只要对幕友的工作不满意，知县有随时解除契约的自由。幕友如果无法提供令人满意的服务，或者犯了错误影响官员的前程，那么就应引咎辞职”。④

二、内乡县衙的基本职能

清代，农业几乎是国家唯一的经济来源，从皇室的奢靡生活费用、官吏的俸禄、军队的兵饷，大都是粮食布帛等实物，因此征收赋税时多是征收粮食。国家的一切财政收入都是通过全国各地知县之手取之于黎民百姓。“岁会实征”是知县的重要职责。也是考核知县政绩的主要内容之一。税收当然也就成了县衙的主要政务。内乡县衙在清代的钱粮征收解支情况如下。

（一）赋税的征收管理办法

清代，内乡县管理钱粮征收的专门设置是县衙六房中的户房，晚清时称户粮房。经管全县的户籍、田粮、财税等。户粮房由钱粮师父户书掌管，平时备有记载全县赋役的《赋役全书》。本县征收起解司库、地丁、存留、俸工、驿站、门支各类款项详载于《司颁册》、《须知册》、《奏销册》内。记载田地情况的有《鱼鳞图册》。记载户籍情况的有《户籍册》也称《白册》。征收地丁银的有《钱粮册》。如果需要了解赋役税收情况，随时查阅即知。⑤

内乡县衙税收以田赋为主，其他杂税为辅。征收管理基本采取“包”和

① 汪祖辉．幕学举要．台湾文海出版社，1980：7.
② 费正清．中国的思想与制度．北京：中华书局，1989：25.
③ 瞿同祖．清代地方政府．北京：法律出版社，2003：176.
④ 汪祖辉．幕学举要．台湾文海出版社，1980：10.
⑤ 周星邻，等．内乡清代县衙．郑州：中州古籍出版社，1994：188

“卡”的办法。田赋按保，依地亩数包征，地方恶绅依仗权势，除包额外，另行浮收。河南省制定对知县征解考课办法规定：凡上解任务完成者，免记功过；上解超过任务未满百分之十者，记功一次，超过百分之十以上者，记功两次；依次增加。少解者依次记过。这更助长了地方官吏贪暴聚敛的恶劣习性。①

内乡清初沿用明制，采用发给民户纳税通知单的办法，这种通知单称“易知由单”，也称由帖或由单。由户房编制单据，分别记载上中下田亩正赋、杂赋、本色、折色，各项钱粮和应收数额等。在钱粮开征前分发给各花户，通知按期交纳。康熙二十八年（1689 年）以后改用滚单，即每单若干户，在每户名下注明田地银米数目、完成期限，由户房经承、收役发给里书、甲首，里书、甲首再下发催头花户，从上至下层层滚催。征收钱粮时使用三联串票，以防吏役从中蒙混填报，徇私舞弊。具体征收，一年分两次。《清会典·户部》载：“仲春而开征，仲夏而停止；仲秋而接征，仲冬而征毕焉”。雍正十三年（1735 年）规定地丁钱粮征收分上下两期，上期从农历二月开征到五月截止，叫上忙。下期从八月开征到十一月截止，叫下忙。征收的地丁钱粮通称“忙银”。所征钱粮折成银两，俱由纳户自封投柜，据《清会典·户部》载“凡正杂钱粮，俱叫纳户自封投柜。如数在一两以下，准其交与数多之户，附带投纳”。清代自顺治十六年（1659 年）开始实行自封投柜。即在县衙户房设立钱粮柜，也称银柜，由纳税花户写明自己交纳田赋的数目和姓名，在知县的亲自监督下，自行投入柜中，并领取收据。此事不委派别人代替，以防书吏衙役从中勒索百姓。②

自清兵金戈铁马，定鼎中原，百姓死伤，逃亡大半，全国土地荒芜，清廷财政税减，在此情况下，清廷实行怀柔政策，废除了晚明一些田赋和税课，并于康熙五十一年（1712 年）颁布：“盛世滋生人丁，永不加赋”。到雍正二年（1724 年）推行摊丁入亩、地丁合一的政策，废除了过去历代实行的人头税，同时取消了乡耆豪绅不出丁银的特权。③

清中叶以后，朝廷趋向腐败，苛捐杂税逐年逐项增多，激起广大民众的强烈不满。当时杂税的征收以设“厘、卡”为主。咸丰八年（1858 年），内乡县在各交通要道和主要集镇设置关卡。凡经过货物须查核纳税后方准通行，以致商贾行旅宁受绕道之苦也不愿意经过厘卡。民人凡置田，买房不纳税者，一经查实，笞杖五十，并没收田宅价值的百分之五十。④

晚清，为偿还战争赔款，增设的苛捐杂税项目，更是叠床架屋数不胜数。凡增设的各种新税，往往一纸文书即予开征。并不需呈请上宪，或奏闻朝廷。所征税款大多由县衙自行开支。光绪三十四年（1908 年），内乡县衙设置经征署，由

---

①② 周星邻，等．内乡清代县衙．郑州：中州古籍出版社，1994：188.

③ 周星邻，等．内乡清代县衙．郑州：中州古籍出版社，1994：189.

④ 周星邻，等．内乡清代县衙．郑州：中州古籍出版社，1994：190.

知县亲自督办。契税由县衙库粮房经办。烟酒税、当税、斗税归县衙库仓房经办。牙税归县衙刑房承办。[①]

（二）内乡县衙赋役

清顺治十六年（1659）共有人丁 6158 丁。丁银 254.34 两。各色田地 2130 顷 75 亩 6 分 4 厘 1 毫 5（附表 2）。

附表 2　清顺治时内乡县赋役情况

总户数	总人口	人丁	丁银	地亩总数	备注
不详	不详	6 185	254.34 两	213 075.6 415	

细分之，水地 18 顷 10 亩，中地 102 顷，下地 685 顷零 20 亩，上山地 449 顷零 93 亩，下山地 857 顷零 52 亩 6 分 4 厘 1 毫 5。地银 3570.7 两。当时内乡县包括今之西峡县在内。[②]

内乡旧例田分五等，故正赋亦分五则，所谓五等者为上地、中地、下地、上山地、下山地。所谓五则者为上地粮每亩完足银 0.118 两。中地每亩 0.055 两。下地每亩银 0.0342 两。上山地每亩银 0.0117 两。下山地每亩银 0.0016 两。统计内乡共有田亩在 20 多万顷。合算正银不下 13413 两有余，除河占沙压之地不能征收正赋外，所有均按粮作地，依地扣粮（附表 3）。[③]

附表 3　清代内乡县上等土地

等级	上地	中地	下地	上山地	下山地	合计	地银总数
亩数	1 810	10 200	68 520	44 993	85 753.6	211 275.6	3 570.7 两
每亩完银数	0.118 两	0.055 两	0.0 342 两	0.0 177 两	0.0 016 两		

清代自乾隆以后，清廷腐败，官吏贪污，各种苛捐杂税层出不穷，自道光二十年（1840 年）鸦片战争后，国势日衰，朝廷一代不如一代。尤其是慈禧太后专权时期，对内镇压人民，对外屈膝投降。中国由一个泱泱大国沦落到半殖民地、半封建的地步。为了镇压如火如荼的人民反清运动，以及偿还战争赔款，清政府不得不在百姓身上横征暴敛，以填补其空虚。各级地方官也借机搜刮以自肥。当时无货不征，增添的新税种多如牛毛。光绪三十四年（1908 年）内乡县除增加田赋征收数额外，另增加税捐有：官地租银，学田租银，普济堂、积善堂租银，老税、活税、牙税、盈余税、斗捐、桐油捐、当税、户行捐、土捐、戏捐、车捐、肉捐、纱捐、布捐、花捐、曹串捐、丁串捐、粮差捐、粮票捐、买契附加捐、当契附加捐、契尾捐、牙帖捐、附收斗捐、酒斤加价、铺捐、会捐、门

① 周星邻，等．内乡清代县衙．郑州：中州古籍出版社，1994：190.

②③ 内乡县衙档案室存。

捐、粮捐、行佣捐、骡马捐、庙捐、册书捐、粮坊折差、渡口捐、花生捐、猪羊捐、柳条捐、盐店捐、屠捐、锅捐、房捐、米捐、民捐、商捐、产行捐、油捐、膏捐、石捐、瓜子捐、柿饼捐、芝麻捐、变蛋捐、煤油捐、火柴捐、棉花捐、随粮征收学费、车马费、警费等七八十种。内乡县设一个厘金局，把内乡境内各出入要道都安设关卡，收取捐税。[①]

宣统元年（1909 年）小粮共收钱 5327 串 406 文，按十六两制银 3329.629 两。宣统三年（1911 年）按十六两制合银 3228.73 两，较宣统元年短银 100.898 两。[②]

（三）大小粮解支及沿革

内乡县额征丁地正银 13 413.943 两。清光绪二十五、六年（1899～1900 年）时，知县章炳焘任令内乡期间，始有大粮小粮之分。《内乡税务志》说是："地丁双征粮"。因大粮上交解部，所以称耗羡又称羡余。小粮则是自支留用又称平余，这是清代普遍存在的额外杂税，小粮本身就是一种陋规。足银 0.1 两者名之曰：大粮，每丁地正银 1 两之花户完银 1.5 两。不足 0.1 两者名之曰：小粮，每丁地正银 1 两之花户完钱二串二百文。大粮每收银 1.5 两，解上 1.15 两，下余银厂工日一丁 0.35 两。县长平余，账房、门房平余；火耗、解费、房书饭食均在其内。每年按四季解藩司银 7500 两有奇，留支地方祭祀、供役等项银 1372 两。余藩库乡钦银 1.088 两。[③] 小粮收钱合银约 3200 两。全数留支未解。清光绪二十八年（1902 年），知县史悠履力革陋规，将所收小粮银尽数解上，嗣后永为定例。清宣统二年（1910 年），知县邱缙在任，适省财政厅补办预算，县衙平余全行解上。[④]

查内乡地丁向有大粮小粮名目，并分有闰无闰。宣统三年与元年同为闰年，实征地丁银 10 258.348 两，小粮 2421.548 两。大粮向系银庄每两收银 1.5 两，共收银 15 387.522 两；小粮向系钱庄每两收钱两串（千）200 文，共收钱 5327 串 406 文。宣统元年按一六合银 3329.628 两，共银 18 717.15 两。向系外征外解每实征正银 1 两，扣房饭火耗解费共银 0.1 两。账门房办公 0.02 两。计 0.12 两，共银 1521.586 两。照数除出净存库平银为 17 195.564 两。解支各数如附表 4 所示。

司法审判是清代县级政权诸多政务中的一种，是知县的重要职责之一。"知县统管全县一切民、刑案件。并具有对民事案件进行全权自理并作出法律判决的权力。如户籍、婚姻、田租、土地、差役、赋税、债务、水利、斗殴、偷窃等之

① 内乡县税务局．内乡税务志．1992：66.
② 宝鼎望．内乡县志．台湾：成文出版社，1976：71.
③ 内乡县税务局．内乡税务志．1992：92.
④ 周星邻，等．内乡清代县衙．郑州：中州古籍出版社，1994：203.

类的事情，即《清律》五刑中的苔、杖等轻罪案”。①

附表 4　解支各数

正项	10 892.718 两	裁扣	9.75 两
耗羡	1 541.984 两	乡饮	1.088 两
漕项	109.124 两	地丁留支	1 450.52 两
河夫	216.696 两	耗羡留支	360.00 两
总计	14 581.88 两	平余	2 613.684 两

1. 民事案件

民事案件的具体处理过程是：一般不急切的案件，如果当事人上告县衙，县衙在接受呈状时，先劝解原告息事宁人，撤回诉状。如劝解无效，不能和解的，县衙当前预告审案时间。届时，原被告双方到齐，差役摘传干连证佐到衙听诉。知县根据案情，对输理者当堂训诫或用刑罚惩处。

衙门里除了知县外，书吏衙役都喜欢别人打官司，为的是能借此沾润分肥捞取好处。当时有句话叫“一纸入公门，九牛拉不出”，说明兴讼容易息讼难。如果衙门准理词状，则衙役上门，当事人要打点财货。告状人进城探信需要花销车船、食宿费用。如果审期更改，告状人要重新交纳准理规费等。所以清代有句话叫“衙门口朝南开，有理无钱莫进来”。当时即使有钱，一场官司打下来也会倾家荡产。逢农忙季节，恐怕妨碍农活，凡轻微案子，知县一概不予受理。

农历腊月十九日前，县衙若有未结之案，知县派差传齐当事人双方及证人迅速结案了事。如果案子涉及人员没到齐，知县传谕三班六房吊销案子签票，避免差役下乡滋扰百姓。等次年开印，知县再出票传讯审理案子。

总之，对民事案件，有的责惩，有的调处息讼，有的罚款和赔偿，按调处与责惩相结合的原则，不像刑事案件那么严肃，运用起来比较灵活、自由，轻重程度全由知县掌握。《吏部处份则利》规定：“民间寻常词讼所犯之罪本轻，地方官酌量示罚以充桥、道、庙宇等工之用”。从《内乡县志》记载可以看到，光绪年间内乡县衙的建造者，知县章炳焘就是这样，凡遇百姓告状，有理没理先各打四十大板，然后再问事由。对于轻微细案，有理的判赢，得向县衙捐款；无理者判输，得向县衙交罚款，捐罚款项多少不等，没有固定数目，这些钱统统用来修建内乡县衙。②

清朝统治者极力主张地方官应以德教为主，刑罚为辅的方法治理百姓。康熙帝外出巡视地方民情时，就写过这样一首诗：齐民但示蒲鞭辱，报国应同竹节

① 田文镜，等．钦颁州县事宜．官箴书集成．合肥：黄山书社，1998：28.

② 宝鼎望．内乡县志．台湾：成文出版社，1976：96.

坚。莫恃才名轻庶物，冥冥中自有青天。①

2. 刑事案件

刑事案件的处理则完全不同于民事案件。清代对刑事案件实行县、府、道、省四级终审制。亦即由知县逐级审转知府、道员、总督和巡抚。各县县衙初审为第一审级。《大清律例》中规定，初审要根据和引用清律条款定罪量刑，称为拟罪或拟律，拟罪虽不是发生法律效力的判决，但却是其他三级审判的基础。刑案的终审定案是以初审的案卷为依据，对犯人做出判决的。因此可以说县级初审的案卷就意味着督抚终审的判决结果。故清代流行一句民谚，叫“地头文书铁箍桶”。极言县衙初审的重要性。

知县对本县境内发生的拐骗、讹诈、邪教、私盐、窝赌、人命、强盗之类的重大案件负责侦破、缉捕、查赃、勘验、递解、初审、监押人犯、保存和向上呈转初审口供笔录。对凡是经过上级终审判决过的案件，县衙还要直接担负执行刑罚的繁重任务。②

遇到人命大案，看明词状情由，令告状人协同地保、房族邻人同来衙门告状。知县接呈判定日期，传齐刑房、招房、仵作、站堂差役，知县问供后，确定验尸时间。验尸的前一天，衙役前去停尸地方催搭尸棚。预备验尸器具，派好人夫马匹，随同知县亲临验尸。

有时知县一遇地方报到命案，一面迅速派出捕快缉拿凶手，一面立即带上仵作、刑书，单骑减从，随身只带呈词、口供、尸格，《洗冤录》、银针、鼻烟七厘散等，亲往相验，既不搭尸棚，也不带大队人马，为的是防止书吏衙役得实情后收受贿赂，先做手脚，增减伤痕，混淆案情，出入人罪。知县要督同仵作验看尸体全身，查明伤口颜色、深浅、分寸、及杀人凶器，死者生前有无疾患，刑书用朱笔，填写尸格。然后传唤原告、被告、证人，讯问案情细节，案子起因，参与几人，动手几人，打伤几处，何物致死，死亡几日，追起凶器后，对比供词与尸伤有无出入，若无疑窦，令尸亲领尸。知县将标尸单用的朱笔向前一拖，丢去不要，起身将公案桌向前推倒，然后回衙。知县回到县衙，茶房预备大堂公案，衙役预备爆竹。吏役排衙毕进阁房，燃放鞭炮，将凶犯、人证带来，知县坐堂问供，问清后犯人画供，押入内牢。刑房向上宪申报批解公文。③

3. 审理和判决

清代普通的民邢案件当事人，原告称原造、控告人、具告人。被告称被造、被控人。原被告双方合称两造。告状的书面文书称诉状、状子、呈词等。犯罪人

---

① 周星邻，等．内乡清代县衙．郑州：中州古籍出版社，1994：177.

② 田文镜，等．钦颁州县事宜．官箴书集成．合肥：黄山书社，1998：28.

③ 周星邻，等．内乡清代县衙．郑州：中州古籍出版社，1994：180.

在案发前主动到县署自告犯罪事实者称自首，可以视其情节酌量减刑或免刑。民事诉讼的受理有“务限”的规定，清代自四月初一日起，至七月三十日止，县衙停止一切民事诉讼案件的办理，为的是不影响农忙季节，但重大刑事案件不在此限。县衙词讼，知县审办案件不得随意拖延时间，《吏部处分则例》规定了“审限”，寻常命案限六个月，盗案等限四个月，田土户婚案限二十天。逾限，例有处分。如隆冬岁暮仍仿农忙，停讼展限者，揭参。①

衙役命当事人到县衙受审，叫传唤。若传唤不到予以拘提。严重刑案则直接拘提。传唤和拘提除两造外，还有证人和四临。有关赃罪还须衙役搜检赃物、禁物。在被告未服罪或案情尚未审理清楚之前，原被告不许放回，都被关入班房或待质所，随时听候传讯，称羁押。县衙派人逮捕罪犯应持票拘捕，否则无效。对重大案犯，须在一月内捕获归案，过期知县谓之失职，并视情节轻重予以处罚。

清代建立四级审判制度，禁止民人“越诉”。顺治帝就申明：“告状先赴州县，否则视为越诉。”《大清律例》中规定：“军民人等遇有冤抑之事，应先赴县衙门具控。如审断不公，再赴该管上司呈明，若在屈抑，方准来京呈诉”。清代县衙门外多立有两块石碑，刻有“诬告加三等”、“越诉笞五十”。②

道光元年（1821 年）《续纂条例》规定：若有人越过本地县衙这一级，径赴上司衙门中申诉，即使案情属实也要笞五十，或将本人并代书诉状之人一体治罪。但是，如果知县规避责任，擅不受理诉讼案件，则是一种失职行为。《吏部处分则例》对此有追究惩处的条款。知县对承办案件，延误推诿者，罚俸一年。③

第三节　中国封建社会基层政权规模与结构的评价

中国封建社会基层政权在这里我们主要是指县级政权，我们之所以将县级政权作为中国封建社会基层政权来进行分析，主要是因为县级政权在中国封建社会具有极其重要的地位和作用。我国的县政制度，起源于奴隶社会向封建社会过渡的春秋时期，形成于诸侯争雄的战国时代，确立于首次统一中华的秦王朝。两千多年来，尽管朝代更迭、社会制度变迁，但县始终是我国最基本的地方行政单位，县级政权始终对社会直接实施行政管理的职能。县级政权职能的实现程度及其稳定与否直接关系到社会经济的发展和国家的统一与分裂。县级政权的地位决定了它在中国封建社会地方政府组织中的重要地位。因此，我们将选用县级政权组织作为中国封建社会基层政府组织的代表，对其规模和结构进行评价，以期对我国现阶段地方政府改革有所启示。

---

① 周星邻，等．内乡清代县衙．郑州：中州古籍出版社，1994：181.

② 吴坛．大清律例通考．北京：中国政法大学出版社 1992 年版。

③ 周星邻，等．内乡清代县衙．郑州：中州古籍出版社，1994：182.

一、基层政权组织规模

我国行政区划及地方政府设置自秦汉以来直到中国封建社会终结，经过了不断的调整和完善，地方政权有增有减，但县级政权自秦始皇创设以来，历经中国封建社会两千多年的变迁，县级政权始终是我国封建社会常设的最稳定的政权，实施着国家的各项具体职能。在中国封建社会两千多年的历史长河中，县级政府经历了不断的调整和完善，但就组织规模而言，县级政权始终追求一种相对较小的组织规模，而且这种较小的规模一直保持相对的稳定性。就其原因来看，主要有以下几个方面。

（一）中央集权对县级政权组织规模的影响

县级政权组织作为中国封建社会的地方基层政权组织，其组织规模的大小受到当时的政治体制、经济体制、地理环境、社会人口总量等诸多因素的影响。但最为主要的是受当时政治体制的制约和影响。因为在中国封建社会，地方政府的建立受政治影响因素较大，而经济因素以及其他因素影响较小。政治因素中最为主要的影响因素之一就是皇权，即中央集权对地方政府规模的影响。中国封建社会政府规模和层级结构的调整，历来都是围绕加强中央集权，强化皇权而做出相应的调整。就政府规模和层级结构与中央集权的关系来看，要加强中央集权，即强化中央对地方的统治和管理，就要减少管理幅度，增加管理层次。县级政权组织作为基层政权组织，它的规模的大小及其稳定程度直接关系到中央集权的实现与否和国家的稳定与统一。纵观中国封建社会历史，凡是中央政府能够有效统治和管理县级政府时，县级政权稳定，社会经济繁荣发展，国家统一和政权稳固；反之，中央政府失去对县级政府的统治与管理时，县级政权处于分裂割据时期，社会经济凋零，战乱频繁，人民流离失所，国家政权处于风雨飘摇之中，所以历代统治者都非常重视县级政权组织规模对中央集权的影响。为了加强中央集权对县级政权的控制，维护其统治地位和国家的统一，历代县级政府规模的调整都要保证中央集权能够充分实现。而相对较小的县级政权组织有利于中央对地方的管理，保证中央集权的实现，防止地方政府由于权限较大而造成分裂割据局面的出现，进而威胁到中央政权，这是中国封建社会县级政权组织保持较小规模的一个重要原因。

（二）县级政权组织职能的充分实现要求县级政府保持较小的规模

在中国封建社会基层政权组织中，同其他基层政权组织相比，县级政权组织始终承担着政府最基本的和具体的职能，承担的职能相对较多，这些职能能否顺利执行和实现直接关系到国家的兴衰。如在中国封建社会，县级政府一直以来承担者税赋的收缴、士兵的招募、政令的推行、军队的训练、社会治安的维护、人口的统计等职能，这些具体的职能都要通过县级政权来组织和实施，可以说县级政权组织的责任重大，而这些职能能否充分实现直接关系到整个政府机构能否正常运转，政府的政策法令能否贯彻实施，关系到社会的稳定和国家的繁荣昌盛。从政府职能的角度来看，同其他地方政权组织相比较，县级政府承担着政府各项职能能否实现的重任，而县级政权组织承担的职能能否顺利实现，则与县级政权组织规模的大小有着直接的关系。县级政权组织规模过大，则县级政府承担的各项具体职能就无法实现，而县级政府职能的实现与否，直接关系到整个国家的职能能否实现和政府机构能否正常运转。但是，在中国封建社会，县级政权组织的规模又不易过大。这主要是由两个方面的原因决定的：一方面，中国封建社会的财政制度决定了县级政权组织的规模不宜过大。在中国封建社会，县级政权的财政支出主要是官吏的俸禄支出，官员的俸禄支出占了县级政权财政支出的绝大部分。县级政权组织的行政人员由官和吏两部分组成，官由中央直接任命和罢免，其俸禄由国家财政直接支付，官员的俸禄纳入了国家的财政预算和管制制度中。而吏则由县级政权的官员聘用，其俸禄开支不纳入国家财政，主要由县级政权的创收来支付，且吏占县级政权行政人员的绝大部分。如果县级政权组织规模较大，人员膨胀，用于支付吏官的费用就较多，县级政权就会通过各种手段向民间搜刮，这就会激化县级政权同人民之间的矛盾。这样不但无法保证县级政权组织职能的实现，而且加重了人民的负担。另一方面，中国封建社会县级政权组织监督制衡机制还不健全，如果县级政权组织规模较大，政府职能就会相互重叠，机构之间会相互推诿，责任划分不清，这反过来又阻碍了政府职能的顺利实现。总之，从县级政权组织职能的实现和政府机构的正常运转来看，县级政权组织规模不易较大，这是中国封建社会县级政府保持小规模的又一重要原因。

（三）县级政权组织同人民之间的关系决定县级政权组织要保持小规模

在中国封建社会地方各级政权组织中，县级政权组织一直以来是我国最基层的政权组织，承担着国家各项具体职能的组织和实施，也是各级政府组织中与人民接触最多、最直接的基层政权组织，所以我国历来将县级政府称为“亲民政府”，将县级官员称为“亲民之官”或“父母官”。由此可见，县级政府在人民心目中的地位是极其重要的，直接关系到整个政府组织的形象和信誉。但县级政府及其官员的施政方式，直接关系到政府和人民之间的关系，关系到社会矛盾的缓和与激化。也就是说，我国封建社会最基本的社会矛盾，即地主阶级和农民阶级之间的矛盾缓和与否与县级政权有着密切的联系。如果县级政权组织规模过大，就会减少县级政权组织同人民直接交流的机会，无法深入体察民情，容易造成政府同人民之间的隔阂，不利于处理政府和人民之间的各种关系。另外，如果县级政权组织规模较大，势必会加重基层人民的负担，激化政府同人民之间的矛盾，最终影响到基层政权组织的稳定。

总之，在中国长达两千多年的封建社会里，县级政权作为基层政权之中最稳定的政权，其组织规模一直追求较小的规模并保持稳定性，这有利于保证中央对地方的监督和管理，有效地预防了地方政府由于权力过大而出现分裂割据的局面。较小的组织规模，有利于保证政府职能的充分发挥，同时减轻了人民的负担，缓和了阶级矛盾，保证了基层政权的稳定以及整个国家的稳定和发展。

二、基层政权组织结构

基层政权组织结构我们主要指县级政权组织内部结构，在讨论县级政权组织内部结构时，我们侧重探讨县级政权组织内部人员的构成。因为在中国封建社会，县级政权内部人员的构成同其他地方政府组织相比具有特殊性，这种特殊性主要体现在县级政权的人员构成主要由官吏和幕僚人员组成，县级政权人员的构成合理与否，直接关系到县级政权组织的职能能否充分发挥、县级政权机构能否正常运转和县级政权的稳定。

（一）县级政权官和吏人员的构成

在中国封建社会，县级政权组织内部行政人员主要由官和吏两部分人构成。官人数较少，官员的任免、考核、奖惩都直接由中央政府统一管理。官员的俸禄由国家财政统一支付。官员人数较少且由中央统一任免，这种官员管理制度，其优点是中央可以直接了解地方官员的任职情况，能够有效地预防地方官员由于权限过大而不听从中央的政令，保证中央政令的贯彻执行，有利于政令的统一。官员人数较少，减轻了政府的财政负担，在一定程度上提高了政府的工作效率。但由于官人数较少，具体事务的管理就由吏来进行，这就造成了吏人数的激增。在中国封建社会，吏主要由县级官员根据实际需要任免，吏不纳入官员的编制，其俸禄支出也不由国家财政统一支付，吏官的费用支出主要由县级政府通过各种手段创收来支付其吏官的俸禄及相关费用。吏官由县级长官任免，其优点是县级长官根据实际需要增加或较少吏官的人数，可以预防行政人员过度膨胀，人浮于事，从而减少行政费用。其缺点一是可能造成任人唯亲，形成裙带关系，不利于开展工作。吏由县级主要长官直接任免，如果县级主要长官在人事任用制度上不民主，再加上缺乏监督机制，这就极易形成任人唯亲的现象，县级主要长官将自己的亲戚朋友安排在政府部门，形成裙带关系，不利于工作的开展和政令的执行；二是吏的俸禄及相关费用主要由县级政权的创收来自行解决，如果吏的队伍较为庞大，为了能够支付吏的俸禄及相关费用，县级政权就加大力度征收各种杂税，这就会增加人民的负担，进而激化政府和人民之间的矛盾。在中国封建社会两千多年的历史上，大多政权的灭亡都直接与人民承担的各种赋税较重有关。如何处理好官和吏之间的关系，对精简政府机构，提高行政效益，正确履行政府职能，维护基层政权稳定具有重要的意义。

（二）幕僚机关的职责及其地位

在中国封建社会县级政权组织中，设有幕僚机关，相当于现在的政府咨询机构。尽管当时的幕僚机关还没有现在的政府咨询机构这样健全，但由此可见，在中国封建社会县级政权组织中，已认识到幕僚机关对政府管理的积极作用，并且能够采取幕僚机关的建议或主张，这对促进行政府管理的科学化和民主化具有一定的推动作用。

幕僚机关通常由精通行政管理理论和技能的各种幕友组成。幕友（幕宾或师爷）是地方官雇佣的行政管理专家。他们不是县级政府官僚体制中的常设人员，也不由政府统一支付薪俸。他们作为一个集团出现是政府管理需要的产物。在中国封建社会，县级政权的主要长官除了知县外，另有少量的属官，县级政府的决策及职能的组织实施大都由知县一人承担。知县由于知识、能力和精力有限，很难保证决策的科学化和政府的各项职能都能得到贯彻落实。为了解决由于知县的能力和精力不足而造成的行政缺陷，幕僚机关就产生了。幕友是一种介于学者和官僚之间的身份。他们是有管理知识、管理技能的人，受过专门的行政事务训练。不是为了当官，只是为了充任官员的专业幕僚。他们深谙政府管理的技术知识和专门技巧。在这一点上，他们与候任官员形成了鲜明的对比。候任官员虽然没有为实际的为政技能作准备，但却是以官宦生活为目标的。因此一旦获得职位，知县第一要务就是找到一个能干、可靠的幕友做他的参谋和助手。即使是有经验的、能干的知县也需要幕友的服务。原因很简单，知县的职责数不胜数，不论精力多么充沛，也很难对全部事务躬亲处理。

幕僚机关承担许多重要的职责，主要包括以下两个方面：①讼案的职能。这是幕僚机关承担的最重要的职责之一。有关诉讼案件的事务可能是“刑名”和“钱谷”两类。知县接受诉状以后，即交给幕僚机关，幕僚机关根据案件的性质及严重程度综合做出判决，然后交予知县定夺，这样就减轻了知县的工作负担，同时增加了案件判决的公正性。②税收的职能。知县到任后，幕僚机关根据前任知县税赋征收的目录和当地的经济社会发展状况，综合考虑各种情况后制定出赋税征收目录，供知县征收赋税的参考。此外，幕僚机关还要监督税票的发放。在税票盖印及交给每个“柜书”之前，钱谷师爷要清点每一本税单的页数，以防书吏获得重号的税。除了以上两个主要方面的职责外，幕僚机关还承担有关账务、登记、文书的草拟、考试等相关职责。由此可见，幕僚机关承担的职责较多，在县级政权管理中发挥着重要作用。

总之，在中国封建社会县级政权组织中，幕僚机关是政府的智囊团或咨询机关，为知县出谋划策，提出对策和建议，帮助知县维持政府机关的正常运转。他们为法律、财经和其他行政事务提供技术性咨询，也对高级行政事务的某些方面负担责任。当然，幕僚机关的作用与影响依赖于其所服务的知县的政治开明性、知识和能力。幕僚机关提出的各种建议和对策最终能否付诸实施，最终由知县决定。如果知县在政治上较为开明，就能够采纳幕僚机关提出的建议和对策，幕友的施政理想也就能够实现。相反，如果知县比较专治，政治上保守，就很难采纳幕僚机关的建议和对策，幕友的施政理想也就无法实现。另外，知县自身的知识和能力也决定了幕僚机关的作用和地位。一个缺乏经验和能力的知县可能更依赖幕友。反之，老练能干的知县则更倾向于自己在行政事务中有更积极的作为。除了知县对幕僚机关的影响之外，幕僚机关的提出的建议能否付诸实施还与当地吏官有着密切关系。在中国封建社会县级政权组织中其行政人员主要由吏构成，吏官承担的政府具体职能的实施，吏官大部分是当地人当选。幕僚机关提出的施政方案能否顺利贯彻执行在很大程度上取决于吏官的态度和幕僚机关之间的关系。即使知县认同幕僚机关的施政方案，但具体的贯彻执行还要依靠吏官操作，如果吏官不认同幕僚机关的施政方案，就会采用地方保护主义，在执行中就会阳奉阴违或拒不执行，使幕僚机关的施政方案落空。中国封建社会县级政权中幕僚机关的地位及其作用，尽管取决于知县及其吏官的态度，受到诸多因素的制约，机构还不健全，也不稳定，但这一机构的建立，在一定程度上推动了我国古代行政管理向科学化和民主化发展的步伐，在行政管理思想史上具有重要的地位和作用。

三、基层政权组织职能

我国第一部行政法典——《唐六典》明确规定："京畿及天下诸县令之职，皆掌导扬风化，抚字黎氓，敦四人之业，崇王土之祠，养鳏寡，恤孤穷，审察冤屈，躬亲狱讼，务知百姓之疾苦。""若藉帐、传驿、仓库、盗贼、河堤、道路，虽有专当官，皆县令兼综焉。"概括起来，中国古代县政基本职能有二：一是直接维护封建统治秩序的政治控制职能；二是管理经济和社会事务的公共管理职能。

（一）农政——劝课农桑

封建社会的主体经济是农业，农业的丰歉直接关系着人民生活、国家财赋收入和社会安定。这种单一的社会经济结构反映到政治领域，就表现为"历代国家法令，以强本抑末为目标，以孝悌力田为明训。"（《中国救荒史》第 421 页）一些君主亲耕田土，以劝农桑。历代王朝都把"劝课农桑"列为县级政权的"百政之首"，督责州县官吏劝农的诏文不胜枚举。乾隆初年劝农诏云："天下亲民之官莫如州县，州县之事莫切于勘察民生。""有事则在县办理，无事则巡历乡村、询民疾苦，课民农桑，宣布教化，崇本抑末。"嘉庆十九年，"定例考覆吏治，首列劝课农桑。"（以上转引自廖从云：《中国历代县制考》第 120 页）历代县级政府曾设置如户曹、司户、户房等协助县令（知县）劝农的一个专门机构。南北朝的宋、齐、梁、陈设散吏（大县多至 26 人，小县最少也有 4 人），明朝在江南一些县设劝农县丞，专司劝农之责。

古代县政劝农的措施主要是督促农民专心务农、兴修水利和推广新的机作技术等，宋徽宗曾诏县令以十二事劝农：敦本业、兴地利、戒游手、谨时候、戒苟简、厚积蓄、备水旱、戒宰牛、置农器、广栽植、恤苗户、无妄讼（见廖从云《中国历代县制考》第 73 页）五代西魏的苏绰要求："诸州郡县，每至岁首，必戒救部民，无问少长，但能操农器者，皆令就田，垦发以时，勿失其所。""若有游手怠惰，早归晚出，好逸恶劳，不勤事业者，则正长牒名郡县，守令随事加罚。罪一劝百"（《周书·苏绰传》）宋代吕大防为"永寿令，县无井，远汲于涧。大防行至境，得二泉，欲导而入县地。……不旬日，果疏为渠，民赖之，号曰'吕公泉"，（《末史·吕大防传》）清乾隆六年，无极知县张维诚"为政以劝课农桑为急务，督民修东丈等数大渠。"无极"县东北壤多沙棘，不任耕耘"，乾隆八年知县黄可润"教民种树种果，间以地丁，不数年而获利，比于稼穑。其腴田则教以凿井，借仓谷作资本，逢旱无虞"。（《无极县县志·职官志》）显而易见，古代县官劝农并非直接管理和干预农事活动，仅是以宏观控制方式督导农民专心务农，并为农业生产创造一些必要的条件。

（二）司法——平决狱讼

司法与行政合一是中国古代政治体制的突出特征，作为其基石的县级政权，司法与行政更融为不可分离的一体。从秦至清，县政衙门始终是封建司法体系的初级法院，平决狱讼始终是县政职能的重要组成部分。县令（知县）既是本区域的行政长官，又是司法长官。历朝历代，一切民刑案件首先必须由县衙门审理，不得越诉，县衙也不得拒绝受理，"凡有犯罪者，皆从所发州县，推而断之。"（《唐六典·刑部》）"诸越诉及诉者，各四笞十，若应合为受推，抑而不受者，笞五十。"（《唐律》）对于一般民刑案件，县衙有权做出裁决，《唐律》规定："依狱官令杖罪以下，由县决之。徒以上县断之，送州覆审讫。"清朝县官则有权判决笞、杖、徒刑案件。对于重案疑案，县官也均有责任查清案情，获取证据，将案件人犯解送州府审理。汉代县官司法权最大，拥有死刑案件的处决权，《陔余丛考》云："汉，郡县守令皆有专杀权，""刺史县令杀人不待奏"。隋以前，县官一般不亲自审理案件，但握有司法判决的批准权和疑案重案的上报权。唐以后，各朝都严格规定县官必须亲自审理案件，不得委之属官，"州县长官不亲囚，而使吏者，徙二年。"（《文献通考·刑考》）历代对县级司法程序都有明确规定，要求县官及其属吏在司法活动中，认真勘察案情，准确量刑，不得推诿枉断，"诸断罪皆须引律令格式正文……若辄引致有出入者，以故失论。"（《唐律》）明清知县还有"读法"（《明史·职官志》）的职责，即县官及其属吏须经常向百姓宣谕讲读国家法律和皇帝敕、谕，目的是使人民屈从于封建法律的控制。

（三）治安——“捕除盗贼”

在封建社会，农村是农民阶级和地主阶级直接对抗的战场，是社会矛盾集中的地方。作为直接管理广大农村的国家基层政权，县既是代表封建王朝对人民直接实施统治和控制的强制力量，又是维护封建统治安全的最前沿的防卫力量。各个县域社会安定与否，直接关系着整个封建国家的安危。所以县级政权都担负着平时维持社会治安，战时守卫本土的重要职能。历代王朝都严格规定，对于发案多又追捕不力，不能及时破案的县级官吏，要追究法律责任，“独多犯令，而令、承弗得者，以令垂闻一”（秦南郡守腾：《语书》）明代规定，如地方发生贼盗，事关城池衙门、杀官劫狱劫库，并积至百人以上，一月内未破获，将州县掌印官、巡捕官停俸，戴罪继续查掣。至三起不获，全部降官一级，俱调边远地方，州县掌印官、巡捕官等若纵容盗贼，不行拘捕，十名以上，住俸戴罪，五十名以上降俸，立功自赎。若强盗攻城不能固守，致贼攻入，杀虏男女三十人以上，掌印官、捕盗官俱斩首。（见《明会典·巡捕》）为了切实维持县域社会治安，历代县都设置专门的捕盗官和武装力量。秦至元的县尉、明清的典吏都是在县令（知县）领导之下专务“戢奸禁暴”（《宋史·职官志》）“巡捕盗贼”（《元史·百官志》）的官吏；唐的司法、宋代的县尉司、明清的巡检司和清代的刑房则是县里“以警奸盗”（《明史·职官志》）的专门机构；历代县衙的衙役、捕快及明清的乡兵团练则是专门维持本县社会治安的武装力量。此外，县官还有权直接督令乡官里正维持本乡本里治安。历代县官对治安守土比较认真，对所谓“盗贼”作乱的镇压是无情的。汉宣帝时，小黄县令焦廷寿“以侯司知奸邪，盗贼不得发。”（《汉书·京房传》）清朝知县对违法者“先以训饬，继以鞭笞，于户口薄内注明其劣迹，许其自新”，以使“民俗还淳，政声卓著”（《保甲书·成规上·保甲事宜稿》）据《徐水县县志》载，明崇祯八年，“兵至畿南，安肃（即徐水）以弹丸小邑，民贫财匮，具索需兵饷”，知县郑廷任“守邑数日，城破，偕孺人李氏缢死，于百姓相从者八十多人，闻者无不悲怆。”诚然，县政治安职能在一定程度上有利于社会安定，使人民正常生活秩序少受骚扰，但其最终目的则是防止和镇压人民对封建剥削的反抗斗争，保证封建王朝长治久安。

（四）财政——征课赋税

如前所述，中国古代社会是农业社会，农业几乎是社会唯一的经济产业，也是国家财政收入的主要源泉，作为农业生产者的农民自然是国家赋税的主要负担者。古代社会地域广袤、人口分散，中央政府不可能在广大乡村遍设直属的税收机关。因此，县便成为国家赋税的直接征收者，成为国家最基层的财政机关，“岁会实征”成为县令（知县）的重要职责。历代王朝都把赋税征课作为县官政绩考核的重要内容。明清以赋粮多寡划分县的等级，“粮十万石以下为上县，知县从六品；六万石以下为中县，知县为正七品；三万石以下为下县，知县从七品。”（《明史·职官志》）为了如期如数征课赋税，历代都规定县承、主薄、县尉有协助县令“割断追征、收率课调”（《唐六典·京徽及天下诸县官吏》）之责，并设有户曹、司户、户房等机构管理赋税。此外，县官还直接督促乡官里正、保正甲首向农户摧收赋税。在赋税征收过程中，县要“验丁多寡，事产厚薄以均其力”《明史·食货志》），并“皆视天时休咎，地利丰耗，人力贫富，调剂而均节之，岁歉则请于府若省蠲减之。”（《明史·职官志》）一般说来，县级官吏征赋纳税是比较认真的，清乾隆六年无极知县张维诚，“出入仓谷必亲自监视，自制一布蓬，终日坐其下，给吏役斗脚饭钱、纸笔费，敢有犯陋规者，杖之毙。”（《无极县县志》）必须看到，封建社会征课赋税绝不是“取之于民、用之于民”，而是为了满足封建统治的需要和封建君臣的挥霍。而且，历代赋税之重总是大大超过人民的承受能力，许多县官为显示政绩，常常附加法定以外名目繁多的捐税，从而使人民苦不堪言，《汉书·禹贡传》云：“农夫父子暴露中野，不避寒暑，择草把土，手足胼胝，已奉谷租，又出纳税。”

（五）民政——户政与荒政

户政即户籍管理，它是对人口、成丁及户数定期登记造册的管理活动，其主要功能一是掌握本区域人口流动和社会政治情况；二是将广大农民牢牢束缚在土地上；三是为赋税征收提供基本依据。正如汉末徐干所云：“故民数者，庶事之所自出也，莫不敢正焉：以分田里，以令贡赋，以造器用，以制禄食，以起田役，以作军旅。国以之建典，家以之立度”（《中论·民数篇》）。户籍制度始于战国，《商君书·境内》云“四境之内，丈夫女子皆有名于上，生者著，死者削。”元代以前，户口数是划分县等级的标准之一，“万户以上为令，秩千石六百石。减万户为长，秩五石至三百石。”（《汉书·百官公卿表》）历代县衙都要承担户籍管理事务。汉代规定，每年八月各县须进行“案比”（即户口登记），各户须在户籍簿中详细填写户主年龄、性别、籍贯、社会关系、社会地位、财产状况及身体特征等。《唐六典》规定：县要对“所管之户，量其资产，类其强弱，定为九等，其户三年一定，以入籍帐，”县令则须“对户籍薄皆亲自注定，务均其焉”。明朝则每十年编造一次黄册（即户籍），明文规定知县必须亲自主持并监督本县黄册编造工作，对各乡里呈上的黄册，知县须详细年阅。盖印上送。清朝则实行循环册制度，县衙依循环册“每年造具各乡甲长保正及各户姓名，每户若干清册，呈送臬司稽核。”（《户部则例·户口》）

荒政，即灾荒救济，是古代县级政权最重要的民政管理职能。据不完全统计，在秦至清的2142年中，我国共发生水、旱、疫、蝗、地震等灾害5168次，灾荒发生地域之广，周期之短、损失之重、并发现象之普遍皆为世界所罕见。如此频繁严重的自然灾害往往导致社会经济的衰败，破坏人民的生存条件，导致社会动乱。为了保证封建统治的稳固和社会安定，历代王朝都曾制定系统的救荒政策和措施，一类是重农、仓储、水利和林垦等积极救荒政策，另一类是消积救荒政策即账济、调粟、除害、养恤、安辑和蠲缓等。不言而喻，几乎所有灾荒都发生在农村，一切救荒政策和措施无不由县级政权贯彻实施。为使荒年能够救急，各县都设置义仓或常平仓，前者是丰年农民集粮储之，荒年开仓散之；后者是官府于丰年以较高价购入储备，歉年低价卖予灾民。另外，各县还曾设社仓、惠民仓、广惠仓、丰储仓和丰耀仓。历代都规定，灾害发生后，县官必须迅速查清灾情并如实向上级呈报，请求贩济和蠲免赋税，"地方凡遇重大灾伤，州县官案诣勘明，申理抚按……以凭覆请娠恤。""如州县、卫、所官申报不实，听抚案参究。"（《明会典》）在特殊情况下，县官可以先开仓散赈，然后向上级奏报。开仓赈济、借贷种子、安置流民、设置粥厂等救荒工作都要在县官主持监督下进行，县衙承办具体救荒事务。宋时，杜纯"为永年令。岁荒，民将他往。召谕父老曰：'令不能使汝必无行，若留能使无饥。'皆喜听命。乃官给印券，使称贷于大家，约岁丰为督偿。于是咸得食，无徙者。"（《宋史·杜红传》）明万历四十八年，无极县"遇雨水连绵，泛滥四境"，知县王家征"不惮躬历循问，申免租税，请行周娠，极民甚感其德。"清咸丰七年，杨毓栴任无极县知县，"时值蝗蝻为灾，斋洁默祷。复亲巡陇亩，率吏民扑之，蝗逐出境，人皆以为至诚"（《无极县县志》1936 年修）。诚然，古代荒政在一定程度上减轻了灾荒造成的损失，但实际上收效甚微。在救荒过程中，许多县官常常欺上瞒下、营私舞弊，《康济隶》载："明末州县官之赈粥也，探听勘荒官从某路将到，连夜于所经由处寺院中，盖厂垒灶，堆储柴米、盐菜、炒豆，高杆挂黄旗，书'奉宪赈粥'四大字于上。集饥民等候官到，鸣锣散粥。未到则枵腹待至下午，官去随即撤厂平灶，寂然矣。"这种荒政不可能把人民从灾荒中解救出来，也无法避免人民流离失所、"殍者满道"。

（六）文教——兴学与科举

为了满足封建统治队伍培养补充人才的需求，古代县级政权还负有兴办县学和主持科举最初级考试——县试的职能。县学最早出现于西汉，当时称为"校"。隋唐科举制度建立后，县学教育迅速发展起来。唐代县学设博士一人，"专以经术教授诸生"，（《唐六典·京畿及天下诸县官吏》）明文规定京县学生 50 人，畿县、上县学生 40 人，中县学生 25 人，下县学生 20 人。明清县学则设教谕一名，"掌教诲所属生员，训导佐之。"（《明史·职官志》）县令的职责是为县学提供财政支持和行政保障，督促生员专心学习经术。清同治九年，无极知县丁文浚"每月至书院考课勖士，以实学多所奖励，文风为之一振。"（《无极县县志》）按照明清科举制度，参加科举考试的士子只有先通过童生试，取得"生员"即"秀才"资格后，才能参加乡试以上的考试。童生试又分县试、府试、院试三级，所以，县试是最初级的科举考试。县试前，应试的士子向本县礼房报名，填写姓名、年岁、三代履历，并取得本县廪生保给。县试一般进行八股文、试帖诗、经论、律赋等五场考试，成绩优良者取得参加府试资格。县试必须由知县亲自主持，具体工作由县衙承办。

（七）中国封建社会基层政权政府职能的主要特征

前面分述了中国古代县政主要职能，将其综合考察，笔者认为它有如下几个特征。

第一，以维护封建统治为最终目标。

作为封建统治的基石，古代县级政权是历代封建王朝统治政策的具体实施者，是封建统治阶级对广大农民进行直接统治和压迫的工具。它的所有职能都是以维护地主阶级利益为最终目标。农政和荒政客观上对人民有利，但劝课农桑无非是为了能从人民手中取得更多的谷帛，又不至于使人民饥寒过度，民怨四起。实行荒政也不过是为了避免人民在生活绝境中铤而走险，危及封建统治。

第二，以“人治”为主要手段。

历代县政长官都是“一县之主”，在本县境内独揽一切行政权力。历代法律所规定的县令（知县）的权力、职责也就是县级政权的职能。县承、主簿以下官吏在县令（知县）领导之下处理分管的行政事务，协助县令实施县政职能。在这样的体制下，县令在本县境内拥有独断专行和至高无上的权力，他可以按照个人意志进行“人治”式的行政管理。这样，县令个人品德、才干虽不能根本改变人民的政治经济地位，却能减轻或加重人民的疾苦。正如廖从云先生在《中国历代县制考》中所说：“如县令廉能清正，每能体恤民艰，不务苛暴，生民养民之德，宜为万家生佛；若遇贪墨之徒为令长，则民噍类，不堪鱼肉。”

第三，司法与行政合一。

司法审判为县级政权活动的重要组成部分，也是古代县政职能的突出特征。这个问题已述及，不再重复。

第四，宏观控制是古代县级政权实施职能的主要方式。

同其他各级政权一样，县级政权主要通过宏观控制方法实施行政管理，社会成员只要如期如数交纳赋税，正常务农，不损害封建统治秩序，县政衙门并不时时事事加以干预。

第五，古代县政职能主要依靠行政强制来实施。

由于阶级利益的对立，封建国家的政策和行政命令是不可能被人民自愿接受的，人民也不可能自觉服从封建县衙的行政管理，为使统治阶级意志顺利实现，消除人民的不满乃至反抗，封建县级政权只能依靠行政强制手段实施自身的行政管理职能。

后　记

本书系国家自然科学基金重点项目“基于善治取向的我国地方政府规模与结构优化研究”（项目编号：70733003）的终期研究成果，是我们整个研究团队倾注心力的结晶。

对地方政府规模与结构的研究，已成为我国学术界的研究热点之一，此类论著亦有多种。有鉴于斯，笔者不愿编写一部“千人一面”的作品，在众多已有的著作中“滥竽充数”。故在全书的布局与架构上，直面现实，以实证研究为主。全书从文献与背景调研入手，建立基本理论框架和理论假设，然后通过全国抽样调查和典型调查，设计结构和规模测度模型，并将模型付诸实验，通过实验反馈和跟踪调查，修正、完善理论框架和理论假设。这一演绎思路，是希冀在研究方法上有所突破。当然，仁者见仁，智者见智，效果如何，有待学界同仁与读者的检验。

感谢我的学生钱道赓博士、柳青博士、王宝成博士、张楠博士、高娟博士、邓悦博士，他们为我提供了本书相应章节的资料或初稿，没有他们的热心相助，本书是难以如期完成的。

在本书撰写的过程中，我的博士生周宇航、周伟、宋强，以及硕士生黄剑波、曹路、高爱华、耿婷婷、贺佩、阮雪冰、杨希、张晨、张雁翎对初稿的校改倾注了不少精力。

诚然，写作总是一件遗憾的事。这一方面来自于最后的“成品”离开笔之初的预想甚远，另一方面因篇幅所限，有些值得讨论的问题无法容纳，给人以意犹未尽之感。

本书在写作过程中，对参考、借鉴的国内外专家、学者的文章与著作，以脚注的形式列出，但难免有诸多遗漏。对此，敬请读者谅解，并对所有被参考与引用文献资料的作者和译者致以谢意。

因作者水平有限，书中不足之处在所难免，敬请方家指正，并恳请读者朋友提出宝贵意见，以便我在修订时完善。